森林台州

建设理论与实践

台州市林学会　组编

中国农业科学技术出版社

图书在版编目（CIP）数据

森林台州建设理论与实践 / 台州市林学会组编 .—北京：中国农业科学技术出版社，2017. 8

ISBN 978-7-5116-2283-9

Ⅰ. ①森…　Ⅱ. ①台…　Ⅲ. ①林业经济-经济发展-研究-台州市　Ⅳ. ①F326. 275. 53

中国版本图书馆 CIP 数据核字（2015）第 232851 号

责任编辑　张孝安　崔改泵
责任校对　贾海霞

出 版 者　中国农业科学技术出版社
　　北京市中关村南大街 12 号　邮编：100081
电　　话　（010）82109708（编辑室）　（010）82109703（发行部）
　　（010）82109709（读者服务部）
传　　真　（010）82106650
网　　址　http：//www. castp. cn
经 销 者　各地新华书店
印 刷 者　北京富泰印刷有限责任公司
开　　本　787 mm×1 092 mm　1/16
印　　张　24. 5
字　　数　500 千字
版　　次　2017 年 8 月第 1 版　2017 年 8 月第 1 次印刷
定　　价　98. 00 元

《森林台州建设理论与实践》

编辑委员会

前　言

PREFACE

党的“十七大”提出要建设生态文明，使我国成为生态良好的国家。党的“十八大”更是把生态文明建设提升到全新的高度，并纳入中国特色社会主义事业“五位一体”的总体布局，作出了大力推进生态文明，努力建设美丽中国，实现中华民族永续发展的战略部署。林业是生态文明建设的主体，林业兴则生态兴，生态兴则文明兴。林业也是建设美丽中国的基础，美丽中国，绿色是根本。近几年来，台州市各级各地认真贯彻落实科学发展观，把林业建设作为实现经济社会可持续发展的关键和纽带，坚持生态优先、兴林富民，坚持依法治林、科技兴林，全面推进“森林台州”建设，林业工作不仅取得了可喜的成绩，而且越来越受到社会各界的关注。为了交流和总结森林台州建设的经验，更好地研究探索现代林业建设中存在的问题，促进台州林业健康持续发展，我们编写了《森林台州建设理论与实践》这本书。

本书收录了2005—2009年森林台州建设理论与实践的近100篇论文，涵盖生态林业、富民林业、景观林业、和谐林业和基础林业建设等方面。卷末还附有2005—2009年台州市林业科技成果和受表彰的先进集体和个人等内容。本书不仅具有很强的理论性、实用性和可操作性，对广大林业工作者和从事园林绿化、环境保护等相关工作人员有重要的参考价值，而且比较完整地汇编了台州林业科技资料，是一本综合性的台州林业科技信息资料工具书。

本书的编写得到了台州各县（市、区）林业主管部门和林学会的领导及许多专家学者的大力支持和帮助，在此一并表示衷心的感谢。由于水平有限，错漏之处在所难免，敬请读者提出宝贵意见，并给予批评指正。

编　者

2013年6月

目 录

CONTENTS

生态林业篇

富民林业篇

景观林业篇

和谐林业篇

基础林业篇

生态林业篇

阔叶林发展的主要途径和模式选择

王冬米，卢国耀，何理坤

（浙江省台州市林业局，台州　318020）

摘　要： 发展阔叶林是新时期林业建设的战略性工作。本文提出了阔叶林（含针阔混交林）发展的原则和主要途径，探索了阔叶林发展的主要树种和模式。

关键词： 阔叶林；途径；树种选择；发展模式

阔叶林系指由阔叶乔木组成林冠的森林植被类型，是亚热带地区的地带性植被。与针叶林相比，阔叶林生物量大、结构复杂、生物多样性指数高、稳定性好、其生态功能明显。发展阔叶林是优化林种结构、提升林分质量的有效举措，是防止和减轻森林病虫害与森林火灾、提高森林生态安全功能的客观需要，也是丰富森林景观、促进林业增效的必要途径，对于优化生态环境、推进生态文明建设、构建和谐社会等都具有重要的现实意义。因此，发展阔叶林已成为新时期林业建设中带有全局性和方向性的工作。台州市于2002年在浙江省率先启动了百万亩阔叶林发展工程，通过3年的实施取得了明显的成效。本文结合台州市近几年的实践，提出了阔叶林（含针阔混交林）发展的主要途径和模式，旨在为科学地推进阔叶林发展提供参考依据。

1　阔叶林发展应遵循的原则

1.1　生态效益优先原则

以林学、森林生态学和景观生态学原理为指导，坚持以生态效益为主，兼顾景观与防火等功效以及经济效益。

1.2　因地制宜，科学规划的原则

在总体布局上，要充分考虑生态安全和生产环境，把工程设置在最有利于改善生态环境的地段，因地制宜，造、补、改、封等有机结合。

1.3　适地适树的原则

在树种选择上，以乡土树种为主，适当选用外来的优良树种；在混交类型设计上，依照地带性自然顶极群落的组成与结构进行树种配置，以获得最大的稳定性和效益。

1.4　突出重点，分步实施的原则

在全面规划的基础上，统筹安排，逐年实施；充分考虑资金、苗木、人力等因素，生态

区位重要，事关生态安全的重点地区重点考虑，优先发展。

1.5 与相关林业工程建设联动的原则

阔叶林发展应与退耕还林、绿色通道建设、防护林体系建设、景观林建设等重点林业生态工程有机结合，与生物防火林带建设、森林病虫害防治工程有机结合。

2 阔叶林发展的主要途径

近3年，台州市阔叶林发展的主要途径有：人工造林、人工补植、疏伐改造、封育改造和套种改造。

2.1 人工造林

包括对荒山荒地、退耕还林地、各类迹地和通道沿线的绿化造林。造林前进行造林地清理和整地。造林地清理时尽可能保留阔叶树种，禁止炼山。整地采用环保型方式，主要有穴状、鱼鳞坑和带状等整地方式。带状整地沿等高线隔一定距离进行带状松土，带宽视坡度和树种而定，带与带之间保留自然植被带。造林要根据造林地立地条件、树种的生物学特性和造林目的选择适宜树种，以优良乡土树种为主，适当选用适宜的引进树种。苗木规格要达到相应地方标准规定的要求。

2.2 人工补植

对郁闭度在0.5以下林分、疏林或林中隙地，目的阔叶幼树数量较少的地类以及适合于人工补植的各类迹地，通过人工补植阔叶树，且补植密度达到合理造林密度60%以上，把原地类改造为阔叶林或针阔混交林。

2.3 疏伐改造

对林下目的阔叶树较多的针叶林，通过适量疏伐影响阔叶树生长的针叶树，改善阔叶树生长环境等人工促进措施后，实行全面封育，把原有的针叶林定向培育改为阔叶林或针阔混交林。

疏伐改造时严禁1次性全面伐除针叶树，防止林分郁闭度陡降，影响森林景观，造成新的水土流失。提倡培育混交林。

2.4 封育改造

对具有天然更新为阔叶林或针阔混交林条件的荒山荒地、疏林地、各类迹地及郁闭度在0.5以下的低质低效林地和灌木林地，采用全封的方式进行培育。封育期限为5~8年，封育期内视不同封育地类和条件，采取必要的育林措施，如劈草、除萌、割灌、补植（补植密度在合理造林密度的60以下，一般指小块状、零星补植）等措施，保留目的阔叶树种。封育区要配备专职或兼职护林员，落实护林责任，并设立醒目的标志牌。

2.5 套种改造

主要指在松林下套种杨梅等生态经济树种进行阔叶林改造。套种时保留上层松林，采用穴状整地，穴径60~100cm，深度50~70cm。套种密度可适当小些，具体视立地条件、套种的树种和松林密度情况而定。套种后两年内禁止采伐松木，第二年后视套种树种生长需要，分期分批伐去上层松林，为套种的生态经济树种创造适宜的生长环境。前后二次采伐的间隔期至少在一年以上。集约经营程度高的，应根据地形地势配置网格状的防风和水土保持林带。套种和采伐时最好要有目的地保留部分原有林木，培育成松与生态经济树种的混交林。

3 阔叶林营造的主要树种

在适地适树的原则下，生态公益林要从确保生态安全出发，根据树种的主要生态功能、目标景观要求选择树种；生态经济林要从生态经营目标和市场需求出发，选择生态经济型树种，一般选用树体高大、根系发达、适应性强、生态和经济效益兼具的树种；用材林宜选择生长快、生物量大、干形直、采伐期短的速生树种。详见表1所示。

表1 阔叶林建设主要树种

常规树种	特殊树种		
	色叶树种	生态经济型树种	生物防火树种
木荷、樟树、女贞、冬青类、杜英、山合欢、无患子、桤木、喜树、南酸枣、马褂木、杂交马褂木、深山含笑、榉树、黄山木兰、玉兰、乳源木莲、青岗、苦槠、青钱柳、楝树、槐树、榆树、楠木、红楠、浙江楠、花榈木、舟山新木姜子、黄檀、香椿、米老排、银荆、黑荆、台湾相思等	枫香、黄连木、黄山栾树、槭树类、红叶石楠、乌桕、檫木、香果树、蓝果树、欧洲多花蓝果树、欧洲七叶树、美国红枫、日本红枫、美国红栌、黄栌、加拿大紫荆、彩叶柳、红叶椿、金叶含笑、马醉木等	杨梅、竹类、苦丁茶、银杏、柿、油茶、枇杷、锥栗、香椿、枣、石榴、杜仲、厚朴、果桑等	木荷、杨梅、女贞、冬青类、珊瑚树、油茶、浙江红山茶、火力楠、木莲、四川山矾、交让木、深山含笑等

4 阔叶林营造的主要模式

4.1 阔叶林造林的树种配置模式

阔叶林造林的树种配置以小班为单位，原则上采用3种树种以上进行带状、块状、株间混交或随机配置。配置时要考虑种间关系稳定、有利于水土保持等因素。可采用常绿与落叶、深根性与浅根性、乔木、亚乔木和灌木搭配。造林穴以三角形配置为主，即沿等高线成行种植，上下株不成线。自然式混交一般采用小块状大混交的方式，混交的树种可适当多些。根据目的树种的主导功能，混交分生态树种之间混交、生态树种与生态经济型树种之间混交和生态经济型树种之间的混交。详见表2所示。

对小班面积在 $15hm^2$ 以上的，或新造林地位于通道两侧、农事活动频繁，易发生森林火灾的地段，结合阔叶林发展，应配置生物防火林带，主林带宽度24m以上，副林带宽度12m以上。

4.2 人工补植的主要模式

根据补植树种在林地的分布特点，补植可分为均匀补植、局部补植和带状补植3种方式。

4.2.1 均匀补植

补植树种分布相对均匀，改造后形成人工与天然镶嵌分布的混交群落。

4.2.2 局部补植

适用于林隙面积较大，原林分林下阔叶树分布不均匀的林分。改造后形成原有林分与人工栽植林分呈块状镶嵌分布的复杂群落结构。

4.2.3 带状补植

在低效马尾松林内沿等高线开拓出带状造林地，带宽控制在6~8m，间隔带宽2m。在开拓带内，尽量保留原有阔叶树种的幼苗、幼树。改造后形成原有林分与人工栽植林分条带分布、错落有致的混交林。

表 2　阔叶林建设人工造林（补植造林）主要混交模式

混交类型	主要树种	混交树种	造林密度（株/亩）	适用立地条件
生态树种之间混交	木荷	枫香、杜英、黄连木、无患子、黄山栾树、樟树、红楠	120	一般山地
	杜英	枫香、木荷、樟树、女贞、湿地松、火炬松	140~180	立地稍差的山地与沿海丘陵
	木荷、杜英	枫香、檫木、乌桕、蓝果树、红栌	120	通道两侧、城镇周围、风景区等
	樟树	木荷、马褂木、深山含笑	120	立地较好的山地
生态树种与生态经济型树种混交	杨梅	木荷、枫香、杜英、马褂木、香椿、湿地松、樟树	75~90	一般山地
	木荷、杜英	锥栗、板栗	160	缓坡山地
	苦丁茶	马褂木、檫木、银杏	150	缓坡山地
	毛竹	枫香、樟树、檫木	100	退耕地、迹地
生态经济型树种之间混交	杨梅	银杏、板栗、锥栗、杜仲、厚朴、香椿	60	立地条件较好的山地
	毛竹	银杏、香椿	60	立地条件较好的山地
	茶叶	柿子、板栗、银杏	茶叶 3 000 其他 15~25	退耕地、缓坡迹地

4.3　疏伐改造的主要模式

疏伐改造根据原林分的郁闭度情况分以下两种模式。

4.3.1　模式一

对郁闭度在 0.2~0.5 的针叶林分，采用定向培育措施，即通过疏伐、劈抚等手段，保留目的树种的幼苗幼树。若需伐除影响阔叶目的树种生长的针叶树，疏伐强度控制在 15%以内。疏伐后视情况进行适当的补植与否，使目的阔叶树种的数量不低于合理造林密度的 80%。

4.3.2　模式二

对郁闭度在 0.5 以上的针叶林分，采用分期分批疏伐影响目的阔叶树种生长的针叶树，每次疏伐后林分郁闭度保持在 0.5 以上，重点生态公益林实施疏伐改造时，疏伐强度控制在 20%以内；前后疏伐的间隔期应为 2~3 年。疏伐后视情况进行适当的补植与否，使目的阔叶树种的数量不低于合理造林密度的 80%。

刺叶栎在浙江的分布特点和种群结构的研究

彭佳龙[1]，张汝忠[1]，金孝锋[2]，潘洁雅[1]，张　豪[1]

（1. 浙江省仙居县林业局，仙居　317300；2. 浙江大学生命科学学院，杭州　310012）

摘　要：在龙潭头刺叶栎自然保护小区内，对刺叶栎的分布和群落学进行调查研究。根据群落外貌和种类优势度相结合的分类原则，将刺叶栎的生长群落类型分为杉木—木荷林、黄山松—木荷林和白栎—甜槠林3种。刺叶栎在白栎—甜槠林群落中生长势最好，在黄山松—木荷林群落中生长势次之，而在杉木—木荷林群落中生长势较差。刺叶栎一般分布在低山区域，分布的群落总面积187hm^2，总计约8 100株，其年龄结构可分为5个等级。种群结构属于稳定型，但幼苗储备不足，种群易衰退，需加强保护。本文从这些角度出发，也提出了有关保护刺叶栎资源的有关对策和措施。

关键词：刺叶栎；分布特点；种群结构；群落类型；保护对策

刺叶栎（*Quercus spinosa* David），又名铁橡树，为壳斗科（*Fagaceae*）栎属（Quercus）常绿树种，分布于陕西省、甘肃省、四川省、云南省、贵州省、福建省、江西省和台湾省等地。近年发现在浙江省仙居县也有分布。在浙江省范围内因其分布区狭窄、数量少，作为稀有野生植物被列入浙江省级监测物种。据1997—2000年国家林业局组织开展的国家重点保护野生珍稀濒危植物资源调查结果表明，在浙江省范围内，仅在仙居县淡竹乡龙潭头村有自然分布，资源总数为51株。仙居县于2001年把龙潭头刺叶栎分布区规划为省级自然保护小区进行保护。2004年，我们对保护小区刺叶栎的分布范围、种群数量和群落结构等进行了进一步的专题调查研究，现将调查结果报道如下，以期为有效保护其种质资源提供科学依据。

1　自然概况

1.1　地理位置与范围

龙潭头刺叶栎自然保护小区位于仙居县淡竹乡龙潭头村和横溪镇老屋基村交界处，其地理位置介于北纬28°33′46″~28°35′45″，东经120°29′16″~120°30′37″。其东西长2. 15km，南北宽2. 7km，以两村接壤的山岗为中心，面积337hm^2。

1.2　地质地貌

保护小区地质构造以新华夏系和华夏系构造骨架为主，地层出露广泛，地貌特征以沟谷和陡壁为主，岩体裸露率较高。海拔在570~1 100m，最高点杨岭海拔1 134m，属低、中山地貌。

1.3　气候

保护小区处在中亚热带北部亚地带，气候温凉，冷暖干湿分明。热量条件较差，降水较多，冬季寒冷，夏季较短。

1.4　土壤

土壤的成土母岩主要有火成岩、沉积岩和变质岩，由于石砾含量多，岩石裸露，土层浅薄，在山体下部及沟谷地带才有较深厚的土壤。保护小区内土壤类型为红壤和黄壤两大类。以黄红壤和乌黄壤为主，土壤呈粗骨性，立地条件严酷。

2 调查方法

对保护小区范围内，选取高、中、低密度的代表性地段进行典型抽样，布设 20m×20m 的样方 12 个，并进行 GPS 定位，在每个样方的 4 个角上按对角线方向设置 4 个副样方。对主样方调查并记录群落外貌、各层的种类组成和生境特征，以及样方内的刺叶栎的株数、树高、胸径、幼树数量，同时记录出现刺叶栎的副样方数量。采用群落学和森林资源学中使用的常规方法对调查所得的数据进行统计分析，研究仙居龙潭头刺叶栎自然保护小区内刺叶栎的群落学特征、种群数量和种群结构。

3 结果与分析

3.1 分布范围

3.1.1 水平分布

刺叶栎的水平分布范围南自龙潭头村上岙自然村的后门山（北纬 28°33′50″），北至溪口林场（北纬 28°35′10″），东起岭脚路（东经 120°29′16″），西达十八曲岭岗（东经 120°30′37″）。分布面积达 187hm^2。

3.1.2 垂直分布

刺叶栎在保护小区的垂直分布主要分布于海拔 720～11 00m 的低山区域，分布密度最高、数量最集中的是海拔 850～1 050m的范围内。

3.2 群落学特征

3.2.1 生境概况

从调查的样方资料分析，可知刺叶栎分布于海拔 720～1 100m的低山区域；在各个坡向都有出现，但阳坡多于阴坡，东坡和西坡差不多；就坡位而言，以上坡最多，其次是中坡，下坡最少，谷底基本没有出现；坡度范围在 25°～60°，以 35°～45°生长最集中（表 1）；土壤类型主要为红黄壤和乌黄壤。由此可见，刺叶栎的适宜生境是喜阳、坡度较大，裸岩多、土壤较为瘠薄的上坡和山脊。

3.2.2 群落类型及种类组成

刺叶栎所处的群落大多为长期砍伐或采樵后留下的次生林，少数为人工林。群落郁闭度在 0.4~0.9，大多在 0.6~0.8 范围内，乔木层组成种类较多，优势种不明显。根据群落外貌和种类优势度相结合的分类原则，浙江刺叶栎生长的群落类型有杉木—木荷林（*Cunninghamialanceolata*-Schima superba community）、黄山松—木荷林（*Pinus taiwanensis*-Schima superbacommunity）和白栎—甜槠林（*Quercus fabri*-Castanopsis eyrei community）3 种类型。

表 1 刺叶栎各样方生境情况

术方号	地点	海拔（m）	坡向	坡度（°）	坡位	土层厚度（cm）	郁闭度
L01	冷水坑口	725	北	28	下	65	0.6

（续表）

术方号	地点	海拔（m）	坡向	坡度（°）	坡位	土层厚度（cm）	郁闭度
L02	上岭脚	738	南	30	下	65	0.6
L03	吊灯笼	790	东	25	中	50	0.5
L04	吊灯笼	820	山脊	36	中	40	0.7
L05	岭脚	928	北	40	上	42	0.8
L06	吊灯笼岗	980	南	—	岗	40	0.7
L07	王皮坑	960	西	45	上	45	0.8
L08	十八曲岭	1 000	南	48	上	48	0.9
L09	路廊凉亭	920	北	40	上	40	0.8
L10	雾路岗	1 045	山脊	—	岗	40	0.7
L11	叶红岩	1 010	南	60	上	38	0.7
L12	里加辽	830	南	42	中	52	0.6

①杉木—木荷林群落：该群落类型包括 L01、L02、L12 样方。乔木层优势种为杉木（*Cunninghamia lanceolata*）、木荷（*Schimasuperba*）、毛竹（*P^ ZZ0 nc^ s pubescens*），主要的共存乔木有枫香（*Liquidambar formosana*）、杨梅（*Myrica rubra*）、刺叶栎（*Quercus spinosa*）等；灌木层优势种有隔药柃（*Eurya muricata*）、山鸡椒（*Litsea cubeba*），主要共存灌木有中国绣球（*Hydrangea chinensis*）、野山楂（*Crataeguscuneata*）、山莓（*Rubus corchorifolius*）等；草本层优势种有芒萁（*Dicranopteris pedata*）、三脉紫菀（*Aster ageratoides*），以及龙牙草（*Agrimoniapilosa*）、白花前胡（*Peucedanum peaeruptorum*）等；层外植物有香港黄檀（*Dalbergia millettii*）、海金沙（*Lygodium japonicum*）、菝葜（*Smilaxchina*）等。

②黄山松—木荷林群落：该群落类型包括 L05、L06、L08 和 L10 样方。乔木层优势种为黄山松（*Pinus taiwanensis*）、木荷、枫香，主要的共存乔木有山矾（*Symplocos sumuntia*）、化香（*Platycarya strobilacea*）、短柄袍（*Quercusserrata* var. *brevipetiolata*）、刺叶栎等；灌木层优势种有中国绣球、厚皮香（*Ternstroemiagymnanthera*）、盐肤木（*Rhus chinensis*），共存灌木有野山楂、山莓等，草木层以荩草（*Arthraxon hispidus*）为优势，共存草本有秀丽野海棠（*Bredia amoena*）等；层外植物有三叶木通（*Akebia trifoliata*）、南五味子（*Kadsurajaponica*）等。

③白栎—甜槠林群落：该群落类型包括 L03、L04、L07、L09 和 L11 样方。乔木层优势种为白栎（*Quercus fabri*）、甜槠（Castanopsiseyrei）、黄山松，主要的共存乔木有枫香、刺叶栎、马醉木（*Pierisjaponica*）等；灌木层优势种有大叶胡枝子（*Lespedeza davidii*）、映山红（*Rhododendron simsii*），以及山僵（*Linderareflexa*）、蜡瓣花（*Coryiopsis sinensis*）、小果南烛（*Lyonia ovalifolia* var. *elliptica*）等；草本层优势种有芒（*Miscanthus sinensis*）、兔儿伞（*Syneilesis aconitifolia*）等；层外植物有小叶猕猴桃（*Actinidia lanceolata*）等。

3.2.3 刺叶栎适宜生长群落

根据调查和计算，刺叶栎在3种群落类型分布情况为，在杉木一木荷林群落中共有1 235株，在黄山松—木荷林群落中共有2 267株，在白栎—甜槠林中总计有4 598株。刺叶栎在3种群落中的生长势各有差异，在杉木—木荷林群落中生长势较差，在黄山松—木荷林群落中生长势较好，在白栎—甜槠林群落中生长势最好。由此可以看出，刺叶栎最适宜生长在白栎—甜槠林群落中。

3.3 种群数量和结构特征

经调查，保护小区有刺叶栎分布的群落总面积187hm^2，保存有刺叶栎约8 100株。刺叶栎为常绿乔木或呈灌木状，在岩石裸露的峭壁上大多显示低矮，无明显主干，每一植株从基部分出3~5个分枝，成灌木状生长。其习性形成的原因，除该小区因采伐阔叶林烧炭后留下的树桩具萌蘖能力外，可能还与其生境坡度大、岩石多和土壤瘠薄等密切相关，在逆境下亚热带地区的很多树种都显示出萌蘖繁殖的特点，以维持和发展其种群数量。在土层稍厚的原生群落中，特别是在靠近山岗的上坡位以乔木的形态为主。以大小结构代替年龄结构在植物种群动态研究中得到广泛应用。根据样方调查的137株统计，刺叶栎大小级按高度和胸径划分，可分成6级：第一级（Ⅰ）：胸径≤2.5cm，高度<33cm，有16株，占12；第二级（Ⅱ）：胸径≤2.5cm，33cm≤高度<100cm，有26株，占19；第三级（Ⅲ）：胸径≤2.5cm，高度≥100cm，有36株，占26；四级（Ⅳ）：2.5cm<胸径≤7.5cm，有33株，占24；第五级（Ⅴ）：7.5cm<胸径≤22.5cm，有21株，占15；第六级（Ⅵ）：胸径>22.5cm，有5株（最大胸径达到55cm），占4%刺叶栎种群的大小结构如图1所示。从图1中可以看出，刺叶栎的Ⅰ、Ⅱ级幼苗和幼树偏少，种群结构呈衰退型，这种状况是刺叶栎多生长在较严酷的生境以及年龄较少的群落（次生性强）中的反映。

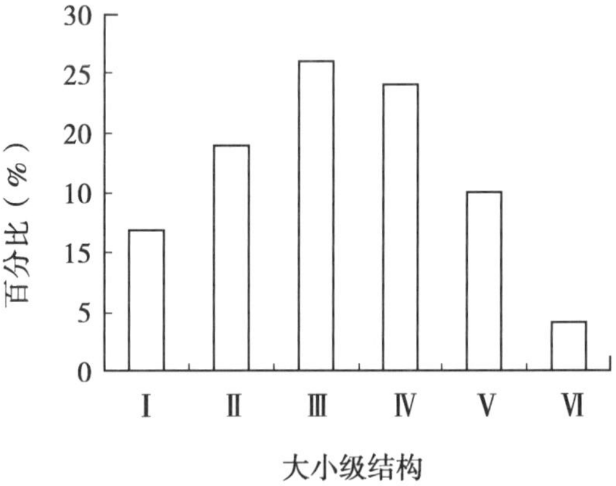

图1 刺叶栎种群的大小结构

4 讨论

4.1 刺叶栎生长缓慢，材质坚硬

20世纪80~90年代，当地群众常作为薪材采伐，甚至于作为烧白炭的上等之材，因而使其遭到过度采伐和严重破坏，致使本来分布狭窄、数量有限的资源处于局部濒危状态。从样方调查的结果来看，刺叶栎主要存在于杉木—木荷林，黄山松—木荷林和白栎—甜槠林 3 种群落类型中。在杉木—木荷林群落的 3 个样地共有 19 株，在黄山松—木荷群落 4 个样地共有 38 株，在白栎—甜槠林群落的 5 个样地共有 80 株。白栎—甜槠林群落，不仅刺叶栎分布数量多，长势好，大树（胸径 55cm 和 45cm）都集中于此，这说明刺叶栎在此群落类型中生长最好。从刺叶栎的种群结构来看，幼苗（Ⅰ级）<幼树（Ⅱ级）<小树Ⅲ级，表明刺叶栎种群的更新不好，这很可能是刺叶栎所处群落的郁闭度较高，光线不足而影响结实，亦有可能是由于刺叶栎分布区大多土层瘠薄、坡度较大、岩石裸露较多，生境条件恶劣，影响了坚果的出苗，导致了其更新不好。

4.2　种群的年龄结构

是种群内不同年龄的个体数量的分布情况，它不仅反映了种群数量动态及其发展趋势，并在很大程度上反映了种群与环境间的相互关系以及它们在群落中的作用和地位。由刺叶栎以大小结构代替的年龄结构可以看出，龙潭头刺叶栎幼苗储备不足（幼苗仅占 12），这使得种群不能迅速增长；而处于中等级的个体较多，种群可以在一定时间内保持相对稳定。虽然刺叶栎的种群结构暂时属于稳定型，但从长期来看，如果不采取有效的保护措施的话，由于刺叶栎幼苗储备不足，种群必将走向衰退，甚至趋于灭亡。刺叶栎虽然有萌蘖能力，但其所处群落郁闭度较大，大多处于 0.6~0.8，群落中的优势种主要为杉木、木荷、黄山松和白栎等高大乔木，影响了群落的透光量，可能影响刺叶栎种子的萌发和幼苗的生长。由此可见，影响刺叶栎群落稳定的因素主要是刺叶栎的幼苗储备不足，因此在保护工作中，应该采取疏伐以增加光照，人工辅助出苗比如破除坚果外壳等措施以增加刺叶栎的幼苗量，保护刺叶栎种群的稳定发展。

4.3　刺叶栎珍稀，重在保护

在浙江省范围内，仅在仙居县淡竹乡龙潭头村有自然分布，分布面积 187hm^2，个体数量约 8 100株，分布区狭窄、数量少，这有可能造成种群近亲交配率提高，降低刺叶栎的繁殖力，使种群进一步衰弱。因此，有效地增加浙江刺叶栎种群与其他分布区的种群间的个体和基因交流，可以达到长期保护刺叶栎的目的。另外，对刺叶栎进行引种迁地保护和人工繁殖，增加有效种群的数目，也可以有效的保护刺叶栎。刺叶栎生长的 3 种群落中，以白栎—甜槠林群落较适宜，因此在刺叶栎的引种迁地保护中，应选择此种群落进行引种，而且应该选择向阳、坡度较大、裸岩多、土壤较为瘠薄的上坡和山脊的适合刺叶栎生长的生境。

4.4　目前对于刺叶栎的研究并不多，且只限于形态描述

因此，刺叶栎群落的动态演变、与其他物种的种间关系、种群内的遗传多样性和人工繁殖技术等有待于进一步研究，以期为刺叶栎的保护提供更多的理论依据。

致谢：本文承蒙浙江大学生命科学学院丁炳扬教授审阅并提出修改意见。

大陈岛木麻黄栽培技术探讨

郭　亮，陶秀富

（浙江省台州市椒江区农林局，台州　318000）

摘　要： 大陈岛风大浪高、土壤缺水贫瘠、生境恶劣、造林树种单一且又遭松材线虫危害。在海岛植被恢复过程中，应用外来树种与乡土树种相结合的方法，采用挖深穴整地、施磷肥、苗木截杆、拌 ABT 生根粉泥浆，春季雨天造林、适当深栽等技术措施，木麻黄苗造林成活率达 90% 以上。

关键词： 大陈岛；木麻黄；栽培技术

大陈岛土壤瘠薄，强海风、盐雾、秋冬季大风、干旱，造成绿化树种缺乏，森林病虫危害严重。20 世纪 80 年代以来，采用项目工程管理和专业队承包造林，木麻黄在大陈岛生态建设中发挥积极作用。大陈岛森林公园是浙江省目前最大的海岛森林公园，下面对大陈岛木麻黄栽培技术进行分析与探讨。

1　自然条件

大陈岛位于浙江省台州市椒江东南洋面 52km 处，121°26′E，28°26′N。陆域面积为 1 190. 23hm^2，最高峰海拔 228. 6m。土壤类型主要为红壤等，有机质丰富，矿化度低 pH 值 6. 0~6. 3。属亚热带海洋性季风气候，年平均温 16. 7℃，最热月（8 月）均温 26. 7℃，最冷月（2 月）均温 6. 9℃，最热、最冷月均比同纬度内陆滞后 1 个月。年均降水 1 387. 5mm，降水量变化明显，尤在台风季节最显著，1989 年 7~9 月总降水量 1 219. 7mm，而 2003 年同期仅 74mm。年均风速 6. 8m/s，风速极值 47. 4m/s。

大陈岛植被现状以黑松（*Pinus thunbergii*）林、白茅（*Imperata cylidricar* var. *major*）草丛和各种农作物群落为主，种类组成简单，外貌低矮、结构单一。地带性植被以青冈（*Cyclobalanopsis glauca*）、红楠（*Machilus thunbergii*）为代表；灌丛以柃木（*Eurya japonica*）、芙蓉菊（*Crossostephium chinense*）等为典型。

据 1984 年森林资源调查，大陈岛有林地面积 295. 1hm^2，荒山面积 524. 5hm^2，森林覆盖率 21%。树种为黑松纯林，其中，黑松幼龄林 273. 4hm^2，蓄积量 1 451m^3。黑松中龄林 18. 6hm^2，蓄积量 519m^3。据水利部门调查，大陈岛水土流失面积 502hm^2，其中，轻度侵蚀 380hm^2，中度侵蚀 120hm^2，强度以上侵蚀 2hm^2。侵蚀类型主要以水力侵蚀的坡面面蚀为主。在风和降雨作用下，裸露地面土壤被剥蚀，移动而产生了土壤侵蚀。为改变大陈岛树种单一而黑松病虫危害严重的状况，在 20 世纪 80 年代，引进木麻黄经小面积造林成功后，1985—1991 年，木麻黄作为大陈岛的主要造林树种而大面积推广。据 1997 年森林资源“二类”调查，有林地增加，荒山荒地减少，森林覆盖率显著提高，在新增林地面积中，木麻黄面积占 61%（表 1 和表 2）。

表 1　大陈岛各类土地面积动态

项目	调查时间		调查之差	年均增量	平均净增
	1984 年	1997 年			
有林地（hm^2）	295. 1	743. 9	448. 8	34. 52	11. 70
防护林（hm^2）	292	729. 9	437. 9	33. 68	11. 53
经济林（hm^2）	3. 1	14. 1	11	0. 85	27. 42
疏林（hm^2）	67. 6	62. 9	-4. 7	0. 36	0. 53
荒山荒地（hm^2）	524. 5	8	-516. 5	39. 73	7. 57
森林覆盖率（%）	21	53. 6	32. 6	2. 51	11. 95

表 2　人工林优势树种面积蓄积变化动态

项目		调查时间		调查之差	年均增量	年增净增
		1984 年	1997 年			
人工林合计	面积（hm^2）	295. 1	740. 1	445	34. 23	11. 60
	蓄积（hm^2）	1 970	14 934	12 964	997. 23	11. 80
黑松	面积（hm^2）	292	429. 4	137. 4	10. 57	3. 62
	蓄积（hm^2）	1 970	4 155	2 185	168. 08	5. 49
木麻黄	面积（hm^2）	0	272. 1	272. 1	20. 93	15. 38
	蓄积（hm^2）	0	10 426	10 426	802. 00	15. 38

2　技术内容

木麻黄原产澳洲及太平洋的一些热带岛屿，生长迅速，抗风力强，是沿海绿化造林的优良树种。我国引种木麻黄已有百年的历史，主要作为华南沿海沙滩造林的先锋树种。因抗寒性差而影响北移引种栽培。经多年驯化，木麻黄现为东南沿海浙江南部复合型海防基干林带主栽树种。自 1987 年以来，根据海岛绿化需要，我们对大陈岛木麻黄引种、立地条件、生长状况等进行调查和观测。

2.1　育苗

20 世纪 70 年代，东南沿海浙江中部台州市椒江区从福建省直接引进木麻黄种源，因苗木受冻而影响造林成活率及保存率。1986 年后，就近从本市玉环县引种，抗逆性得到增强，生长量也大为提高，在大陈岛和椒江区滨海平原大面积栽培后，现已成为沿海防护林主栽树种。

2.1.1　圃地选择

选择水源充足，避风的半阳坡山岙地作苗圃，以解决海岛风大、干旱、日照时间长等不利因素。

2.1.2 播种时间

大陈岛春季气温回升比内陆推迟一个月，播种过早，幼苗出土后易受寒害；播种过迟，易受高温干旱的影响和生长期缩短，势必造成苗木木质化程度不够，质量下降。经试验，大陈岛以 3 月上、中旬为木麻黄的最佳播种期。

2.1.3 苗期选优

同一产地的种源培育出来的幼苗，个体间在生长量、适应性等方面均有一定的差异。木麻黄幼苗阶段分化明显，条播育苗移植选择阴雨天。育苗前期勤管理，后期控制水肥，立秋后停止施肥，秋分后停止灌水。

2.1.4 苗期驯化

大陈岛引种木麻黄，幼苗不采取人工保护措施，顺其自然，使其经受大风、干旱、寒冷等恶劣环境的适应性。

2.2 造林

容易风化的岩石发育形成的土壤往往遭受较为强烈的土壤侵蚀。花岗岩、流汶岩结构松散、黏粒含量低，以石英砂为主，抗蚀能力极弱。大陈岛花岗岩、流汶岩出露面积 3.25km^2。在缺乏植被覆盖的情况下，受台风暴雨的淋洗冲刷，土壤侵蚀较严重。

2.2.1 整地方法

整地为幼树生长创造一个比较适宜的环境和减少海岛水土流失。海岛植被矮小，坡度陡，宜作局部刈割、块状整地。保留植被起到水土保持和挡风作用，有利于提高造林成活率和幼树生长。炼山全垦造林不利于土壤和养分的保持，对环境保护有较大的负面影响。

2.2.2 造林方法

大陈岛早春比较寒冷干燥，造林不宜过早。选择 4 月的阴雨天气，以块状或条状混交造林。株行距 2m×2m，每穴拌施 20g 过磷酸钙。木麻黄苗木截杆 1/4，裸根苗拌 ABT 生根粉泥浆，春季雨天冒雨造林，栽植深度约 30~40cm。栽植时要求穴大、根舒、栽正、压实。

2.2.3 幼林抚育

由于阴雨天造林，林地土壤容易板结，在 6—7 月和 9—10 月进行块状松土除草，培土保墒。保持土表疏松，减少水分蒸发，增强土壤的蓄水和透水能力，改善土壤通气性能，有利于幼树根部呼吸，促进幼树根系的生长。

2.2.4 成林抚育

木麻黄幼龄林不需人工整枝，幼树整枝后会出现树干弯曲，影响高生长。林分郁闭后，树冠开始相互挤压，枝条互相重叠，处在树冠下部的枝条就被上部的枝条荫蔽而慢慢枯死。由于枯死枝的存在，影响森林景观和林分内的卫生状况，并成为森林火灾的隐患，此时需进行人工整枝。

3 结论

第一，在海岛植被恢复过程中，应用外来树种与乡土树种相结合的方法，重建海岛森林生态系统，木麻黄是较佳树种。据 1997 年森林资源调查，大陈岛有林地面积 743.9hm^2，林木蓄积 15 125m^2，森林覆盖率 53.6%；其中，木麻黄面积 272.1hm^2，蓄积 10 426m^3。在新增林地面积中，木麻黄面积占 60.6%。目前，大陈岛已成为我国木麻黄引种北界的海岛最大基地。

第二，研究提出挖深穴整地、施磷肥、苗木截杆、拌 ABT 生根粉泥浆、春季雨天造林等系列技术，木麻黄造林成活率达到 90%，4 年生幼林平均树高 3~4m，均已郁闭成林。为木麻黄继续北移引种栽培提供了科学依据和适用技术。海岛植被逐步恢复，使地表免受雨水直接冲刷，线蚀和片蚀作用减弱，起到保持水土作用。

第三，海岛风口木麻黄造林难度大的原因除秋冬季东北、西北风盛行，强海风挟带盐雾对木麻黄幼苗造成伤害外，秋冬季长期干旱少雨，土壤缺水贫瘠常导致幼林干枯死亡。需采用适当深栽和幼林培土保墒抚育等抗旱技术，造林保存率可提高 10%~20%。据调查和观测资料，由于海岛地貌和微地形的分异，在坡向、坡位等生境条件方面木麻黄林分生长存在较大差异。海风、海浪对树木生长、结构特征有直接作用。浪大波高，影响海岸线附近（坡位下）的木麻黄生长，林分生产力低下，如表 3 所示。

表 3　木麻黄海岛不同立地条件生长调查

林龄（年）	立地条件	密度（株/hm^2）	平均树高（m）	平均胸径（cm）	蓄积量（m^3/hm^2）
9	南坡、坡位中	2 115	10	13	142.5
10	东坡、坡位下	1 680	7	10	51.0
10	东坡、坡位中	1 215	6	10	33.0
10	东南坡、坡位中	1 740	10	12	99.0
10	东南坡、坡位下	1 335	5	9	27.0
10	西北坡、坡位中	1 740	10	12	99.0
10	西北坡、坡位下	1 200	5	6	10.5
10	北坡、坡位中	1 680	7	10	51.0

迹地人工更新的树种选择与造林技术

柯志军，吴道圣

（浙江省台州市仙居县林业局，台州 317300）

迹地人工更新是消灭荒山、培育后备森林资源、实现林业可持续发展和改善生态环境的重要举措，也是培育地方财源、壮大林业产业和增加林农收益的主要途径之一。迹地人工更新主要是“三大迹地”，即采伐迹地、火烧迹地和森林病虫害迹地。浙江一带的采伐迹地和火烧迹地原树种以松木、杉木、柏木为主，森林病虫害迹地原树种以马尾松、黑松为主，还有部分受鞭角华扁叶蜂危害的柏木及柳杉。

我们总结20多年来从事迹地人工更新的实践，认为较成功的迹地人工更新最主要的技术是：造林设计时坚持适地适树的原则，并注重更新树种的乡土化、阔叶化和多样化。只有这样培育的森林才具有较高的稳定性、较大的生长量、较高的蓄积量、经济效益好、森林功能多和物种资源较丰富的森林生态系统。但能使林农认可和接受的关键一条就是迹地人工更新必须具有较大的蓄积生长量和较好的经营效益。只有采用这样的措施和较先进的迹地更新技术才能得到推广应用。

1 杉木采伐迹地、火烧迹地的人工更新

采伐迹地经清理后或火烧迹地伐除受害木后，采用块状整地，规格为80cm×80cm×20cm，造林穴规格为40cm×40cm×30cm，拣除穴内石块、草根。造林配置：3m×4m，初植密度825株/hm^2。树种选择：土壤条件较差的地段以栽植木荷、枫香为主，同时配置10%~20%的湿地松；或短叶松；土壤条件较好的地段以栽植红楠、樟树、蓝果树、马褂木、檫树、深山含笑、泡桐等为主。苗木要求Ⅱ级以上，栽植树种的物种4种以上并进行混交，常绿阔叶树苗木在栽植时剪（摘）除4/5以上叶片。造林后1~3年，前2年块状松土除草抚育1次，并扶正幼树，第3年结合松土除草做好杉木伐桩的除萌工作，每个伐桩仅保留1根生长旺盛、干形通直的萌蘖条，其余抹除。5年后可形成针阔混交林，10~15年即可间伐抚育，结合间伐抚育做好阔叶树的修枝工作，同时可生产杉木间伐材，20年左右就可生产杉木中径材和小径材，30年左右生产中径材和大径材。

2 松木、柏木采伐迹地、火烧迹地、病虫害迹地的人工更新

松、柏的采伐迹地、病虫害迹地保留既有经济价值又有培育前途的阔叶树萌蘖丛，并做好留育和修枝工作，伐除非留育的萌蘖条。火烧迹地受害较轻的阔叶树萌蘖丛应予保留，同样做好留育修枝和伐除非留育的萌蘖条，受害较重的阔叶树萌蘖丛予以伐除，促使重新萌芽成材。上述迹地经清理后，采用块状整地，规格为60cm×60cm×20cm。造林穴规格40cm×40cm×30cm，拣除穴内石块、草根。造林配置为2m×3m、2. 5m×2. 5m和2m×2m，其对应的初植密度是1 580株/hm^2、1 650株/hm^{2}和2 400株/hm^2。树种选择：上坡、山脊地带可以枫

香、木荷为主，同时搭配10%~20%湿地松；山峦、沟谷地带土壤深厚疏松肥沃的可选择毛竹、杉木为造林树种；土壤条件较好的中下坡、山谷、沟边，可选择马褂木、枫香、樟树、银杏、深山含笑、泡桐、檫树、木荷、红楠、山杜英为造林树种，同时搭配20%的湿地松、杉木、柏木（非松木、柏木病虫害迹地）。造林树种的物种数、混交造林、苗木规格、常绿阔叶树苗木的叶片摘除和块状松土除草抚育同上。松木、柏木采伐迹地阔叶树萌蘖丛分布较多且较均匀处，经封育3~5年即可成林，阔叶树萌蘖丛不多或分布不均匀的按迹地人工更新技术补植阔叶树即可。

3 柳杉采伐迹地、火烧迹地、病虫害迹地的人工更新

原树种为柳杉的上述3种迹地在清理造林地时，要保留既有经济价值又有培育前途的阔叶树萌蘖丛，同时做好留育萌蘖条的修枝并伐除非留育萌蘖条。采用块状整地，规格为60cm×60cm×20cm。造林穴规格为40cm×40cm×30cm，捡除穴内石块、草根。造林配置为2m×2m，2m×3m，初植密度2 400株/hm^2，1 650株/hm^2。树种选择以木荷、枫香、马褂木、毛竹、泡桐、深山含笑等为主，适当搭配杉木、短叶松，其比重不超过20%。造林树种的物种数、混交造林、苗木规格、常绿阔叶树苗木的叶片摘除和块状抚育等同上。

4 间伐抚育

当林分出现自然稀疏时及时进行间伐抚育，其强度（按株数计算）控制在20%以下。主要伐除细弱木、虫害木、风倒木、断梢木和过密的中等木，保留优势木群落，同时刈除影响林木生长的杂草灌木，做好保留木的合理修枝。当林分第2次出现自然稀疏时，则根据经营目的确定间伐强度，使林分具有较大的蓄积生长量和较全的功能。

滩地木荷造林

柯志军[1]，吴道圣[1]，林远峰[2]

（1. 浙江省台州市仙居县林业局，台州　317300；2. 浙江省台州市仙居县双庙乡人民政府，台州　317300）

木荷为茶科木荷属常绿乔木，树高可达 27m，胸径 70cm 以上，因花似荷花，又为木本植物，故叫木荷。它分布于长江以南广大地域，垂直分布在海拔 1 200m以下的山坡、沟谷，滩地尚未见木荷的天然分布和人工林。在肥沃、疏松的沙壤土生长良好，稍耐干燥瘠薄土壤，对酸性土壤更适应；喜光，幼树能耐蔽荫。木材结构均匀、致密，加工容易，经充分干燥后少开裂不易变形，是木制工艺品、旋刨细木工、家具的上等用材，也是交通、建筑用材。其树冠浓密，可阻隔林冠火，是我国南方林区的防火树种之一。树干端直，能抗有毒气体是良好的环保树种。花期 5~6 月、花白色、总状花序、腋生或集生枝顶、有芳香，枝叶茂盛常绿又是很好的观赏树种。经滩地木荷造林试验，4 年生幼树平均高 1.8m 以上，并基本郁闭成林。可见，江河、溪流两侧的培泥沙土、卵石培泥沙土也是木荷适生土壤。

1　带状整地

原生植被为溪芒的造林地采用带状整地，带宽 2m，全部挖除溪芒等地被物，深 20cm，保留带宽 1.5m。造林配置 3.5m×2m，初植密度 1 425株/hm^2，造林穴规格：40cm×40cm×30cm。

2　块状整地

原生植被为白茅的造林地，8 月底至 9 月初，采用块状化学除草代替块状人工整地，造林配置 2m×3m，造林密度 1 650株/hm^2。块状化学除草规格 1.5m×1.5m，采用草甘膦为主药剂，每桶喷雾器用 10%草甘膦 0.25kg，加水 12kg，并加适量洗衣粉摇匀后喷雾，以喷遍喷湿又不滴药液为宜，过 15 日后观察，若发现有未枯黄的白茅再补喷草甘膦 1 次。待白茅枯黄后开挖造林穴，其穴规格为：40cm×40cm×30cm，捡除穴内石块、草根。退耕滩地造林配置 2m×2m，初植密度，2 400株/hm^2，造林穴规格同上。

3　造林时间

根据天气情况可安排在 11 月下旬至翌年 3 月中旬。树种配置：木荷 65%、枫香 20%、樟树 10%、湿地松 5%。苗木规格：木荷苗高 50cm 以上，地径 0.7cm 以上，一级侧根长 10cm 以上的要多于 4 根，二级侧根发达，其他搭配苗木为二级苗以上。栽植时摘除木荷、樟树 2/3 的叶片或全部叶片，先回填表土、细土，分层踏实，同时捡除石块草根，并做到根舒、苗直、敲实，苗木根际部培土呈“馒头”状。造林当年至第 3 年，每年 8 月底至 9 月初块状除草松土抚育 1 次，并做好幼树的扶正和修枝。洪水过后要及时清理黏压在幼树上的漂浮物，并扶正幼树和根基部培土。截至第 4 年，木荷、樟树平均高可达 2m 以上，枫香平均高可达 3m 以上，并郁闭成林。

4 结论

江河、溪流两侧滩地营造木荷阔叶林，丰富了滩地造林树种，阔叶混交林、针阔混交林，可提高乔木层树种生物多样性指数和抵御森林火灾的能力，增强林分抗逆性，改善了林地生态环境和景观效应，因木荷林中混交了枫香和樟树，这些树种均有伐桩萌蘖更新能力，可节省采伐迹地更新造林的费用。又因其配置了少量湿地松，具有针阔混交林的优势，提高了滩地林分的生长量、蓄积量和经营效益。因此，滩地营造木荷阔叶林可谓集用材、防洪、抗灾和观赏于一体，是多功能高效益的林分，可大力推广。

玉环木麻黄沿海防护林体系设计及防护效益分析

池方河，陈青英

（浙江省台州市玉环县林业特产局，台州　317600）

摘　要：根据“因地制宜，适地适树，因害设防，讲究实效”的原则设计和建设的以木麻黄为主的“窄林带，小网格”结构防护林体系，在抵御台风、降低风速、减少落果、增加温度、减轻低温危害等方面具有显著的效能，并使受防护林保护的玉环柚（楚门文旦）稳产高产，经济效益显著。

关键词：沿海防护林；木麻黄；规划设计；效益分析

玉环县地处东南沿海地区，海岸线长、人口密集。长期以来，沿海地区受台风、海潮、风沙等自然灾害的侵害，人民饱受其苦。自20世纪80年代起，玉环县相继开展了四期沿海防护林工程建设，陆续在海岸带上建起了以木麻黄为主要树种的防护林带246km，构成了全县沿海绿色屏障，在改善生态状况、抵御自然灾害、保护工农业生产以及社会经济发展和国防建设中发挥了重大的作用。探索木麻黄防护林体系规划和建设技术，分析评价木麻黄防护林的生态防护效能，确保林带防护效能的持久发挥，是我国沿海防护林生态工程建设的需要。

1　概况

1.1　位置

玉环县位于浙江省东南沿海，东经121°5′～121°32′，北纬28°1′～28°19′，陆地面积378km^2，地貌以丘陵岛屿为主，沿海小平原占陆地面积31.8%，人口达46万人，是一个典型人口多，土地少的海岛县。

1.2　气候

属亚热带海洋性季风气候，四季分明，温暖湿润，雨量充沛，年均气温16.9～17.6℃。主要的危害因子有以下方面。

1.2.1　风

年均风速51m/s，风速17m/s的日数平均为62d，约6d就有一次大风。7～9月台风频繁，1985年6号、1994年17号和2004年8号台风的最大风速分别达到47.5m/s、54.3m/s和48m/s。

1.2.2　潮

玉环也是强海潮区，年均潮差达405m，遇台风和高潮汛季节，常出现堤坡缺口，海水倒灌现象。

1.2.3　低温

冬春由于受冷空气侵袭，温差较大，易给经济作物造成冻害。

1.3 土壤植被

1.3.1 土壤

根据玉环县第二次土壤普查结果，全县土壤分为四土类：红壤、潮土、盐土和水稻土。

1.3.2 植被

地处亚热带常绿阔叶林区，现状植被主要以人工针叶林、针阔混交林为主，人工马尾松成为主要的优势树种。

2 设计原则及方案

玉环县从1981年开始，在浙江省林业厅的统一部署下，针对玉环沿海地区自然灾害频繁发生的特点，相继开展了沿海防护林1~4期工程建设，经过20多年的建设实施和不断完善，效果显著，已建成沿海主副林带498条，总长度264km，使全县1 333hm^2围涂玉环柚得到了以木麻黄为主的防护林网的保护，并形成果园和林网相配套的生态经济型林业主体结构，经济效益显著。

2.1 设计原则

“因地制宜，适地适树，因害设防，讲究实效”，一直是沿海围涂发展文旦果园推广“窄林带、小网格”防护林结构为主要设计原则。

2.2 设计方案

2.2.1 树种选择

根据玉环沿海围涂盐碱性土壤和气候特点，要求防护林树种应具有速生、抗风、耐盐碱、根深叶茂、病虫害少等特性。经过几十年的林业生产实践，通过引种推广，选择木麻黄为防护林的主要树种，配套的树种有桉树、女贞、玉环长柿、苦槛蓝、水杉和池杉柳树等。

2.2.2 林带走向

影响玉环沿海最大的因子是风害。设计时按“主林带与主风向、副林带与主林带相垂直”的要求，经测定防风效能达70%以上，若主林带与主风向交角降至70°以下，其防风效能就会明显下降，所以要注意主林带与主风向的交角应小于30°，才能达最佳的防风效益。

2.2.3 林带结构

选用“窄林带、小网格”的林带林网，选择乔灌结合的疏透结构，既能起到防护作用，又有利于玉环柚等作物的生长发育。一般主林带4~10行，副林带2~4行，株行距1.5~2m，单行株距为1m，林下配置1~2行（前堤坡2~4行，株行距1.5m×1.5m或1.5m×2m）。

2.2.4 网格结构及面积

网格内种植的主要作物是玉环柚，为芸香科柑橘属柚类的一个优良品种，常绿，平均高4m，平均单果重1.5kg左右，10月下旬成熟，怕风、怕冻。根据防护林有效防护距离为林带高度20倍的要求及玉环沿海的气候特征，主林带距离为100~150m，副林带距离为200~300m，网格成长方形，面积2.6~3.3hm^2，少数为2~4hm^2。

3 抗击自然灾害能力及效益分析

3.1 风害效应

1994年17号台风和2004年14号台风给玉环的农业生产造成了很大的损失。这两次台风最大风速达 54.3m/s 和 48m/s，玉环境内农作物受害率达 60%以上。我们通过对苔山塘文旦基地木麻黄网格内和网格外的文旦受害情况调查得出：木麻黄网格内的文旦受害率平均为 13.3%，其中幼果脱落 19.4%，枝梢折断 7.2%。网格外文旦受害率平均为 65.9%，其中幼果脱落 78.9%，枝梢折断 52.9%。

3.2 冻害

3.2.1 冻害标准

为了准确区分冻冻害的程度，根据受冻的不同程度将冻害划分为 5 级。

1 级：树势基本上无损害，卷缩、枯黄、脱落或缩存的叶片不到 1/4，晚秋梢偶有冻伤。

2 级：树势微有伤害，影响当年产量或叶片枯黄、脱落或缩存的不到 1/2，晚秋梢偶有冻伤，大枝和树干无伤。

3 级：树势有伤害，影响当年产量较大或叶片枯黄、脱落或缩存的不到 3/4，小枝少量冻伤，大枝和树干无伤。

4 级：树势伤害较严重，当年无产量或 3/4 以上的叶片枯黄、脱落，树干无伤或微伤。

5 级：树势伤害严重，植株有死亡可能叶片和小枝接近死亡，大枝大部受伤或死亡树干受重伤或死亡。

3.2.2 “99 冻害”效应

1999 年的大冻害，给玉环县的果树带来了致命的打击，特别是玉环柚受冻严重。全县受灾面积达 2 846hm^2，冻死玉环柚面积 158hm^2。果园极端低温达-6.5℃，连续 3d 温度低于-3℃，且又是连续干旱，空气相对湿度仅为 30%~69%。这次冻害，木麻黄防护林的小气候条件得到了充分的发挥。据在全县各试验点调查得知，如表 1 所示。

表 1　1999 年浙江省玉环县冻害调查

调查地点	调查对象	有无防护林	受冻级别	受冻情况
清港楚北塘	玉环柚	有	1~2 级	75%受冻
清港盐业村	玉环柚	无	3~4 级	95%受冻，其中 5 级冻害（冻死）的占总面积的 5%
芦浦红沙塘	玉环柚	有	1~2 级	65%玉环柚受冻未出现 5 级冻害
城关人民塘	玉环柚	无	3~4 级	85%受冻，其中 5 级冻害（冻死）面积为 4.2hm^2，占 5%

3.2.3 2004 年 12 月底冻害状况

玉环县又一次遭受强冷空气袭击，果园极端低温达-5.3℃，且连续 2d 气温低于-3℃，造成玉环县以文旦为主的果树大面积受冻，如表 2 所示。据 2005 年 3 月在全县各试验点调查，有木麻黄防护林的果园比没有林带防护的果园受冻要轻得多。

表 2　2004 年浙江省玉环县冻害调查

调查地点	调查对象	有无防护林	受冻级别	85%受冻，对 2005 年的产量造成很大的影响
苔山塘文旦联营基地二大队	玉环柚	有，林网受损严重	3~4 级	30%受冻，对产量够不成影响
苔山塘文旦联营基地四大队	玉环柚	有	1 级	81%受冻，对今年的产量造成一定的影响
城关人民塘	玉环柚	无	2~3 级	20%受冻，对产量没有影响
芦浦红沙塘文旦基地	玉环柚	有	1 级	

3.3　效益分析

从玉环县这 3 次自然灾害的调查情况看，林网对增加果园小气候条件、抗风、保温作用明显，其经济效益十分显著。

3.3.1　风害调查情况

1994 年 17 号和 2004 年 14 号台风，木麻黄防护林对提高果园抗风能力所起的经济效益为林网内与林网外相比幼果脱落减少了 59.5%，每 667m^2 产量提高了 62kg，仅苔山塘文旦联营基地 200hm^2 面积，防护林的作用，使林网内减少了产量损失 187t，按每吨 200 元计算，增加效益为 2 274.8万元。全县有防护林保护的玉环柚 1 500hm^2，可增加效益为 2 781万元。

3.3.2　冻害统计情况

1999 年和 2004 年的大冻害，林网内比林网外受冻率降低了 20%和 50%，受冻级别降低了 2~3 级，林网内 1999 年没有出现冻死，2004 年产量没有受到影响。据不完全统计，1999 年冻后，2000 年和 2001 年 2 个试验点林网内的 200hm^2 玉环柚产量增加 1 050t 和 1 560t，经济效益增加 210 万元和 372 万元。2004 年冻后，2 个试验点林网内 200hm^2 玉环柚产量影响不明显，林网外预计 2005 年产量损失达 30%以上，预计产量损失达到 1 800t，减少效益 360 万元。

3.3.3　防护林效益统计情况

全县有防护林保护的玉环柚 1 500hm^2，可减少损失 32 965t，增加效益为 659 万元。

4　结论

以上事实证明，玉环沿海“窄林带，小网格”防护林防护效能高，能减轻台风、低温的危害程度，改善生态环境，促进玉环柚等经济作物的稳产高产，增加农民的收入，效果显著。

湿地松栽植技术研究

李昌富，尤荣正，戴如甫

（浙江省临海市尤溪镇林特站，临海　317000）

湿地松原产美国南部，一般在海拔600m以下。湿地松适生于夏雨冬旱，有明显干湿季节的亚热带气候对气候的适应性较强。原产地年平均气温15.4℃～21.8℃，绝对最高气温37℃，偶尔达41℃，绝对最低气温-17℃，年平均降水量1 270～1 460mm，从目前引种地区的情况看，凡年平均气温在15℃以上，绝对最低气温于-18℃，年降水量在900mm以下的低山、丘陵、平原地区都适于湿地松的生长。

湿地松在中性以至强酸性或水土流失的红壤陵地、排水不良的沙粘地均生长良好，尤以在低洼沼泽地的边缘生长最好。湿地松较耐旱，在干旱瘠薄的丘陵地也能正常生长，湿地松主根深，侧根发达，故抗风力强，同时该树最为喜光，极不耐阴。当地湿地松对松毛虫的抗性较马尾松强，松毛虫对湿地松抗性也逐渐适应，同样受到松毛虫及松材线虫病的为害。

1　研究地概况

示范基地位于临海市南部的尤溪镇，造林地面积172亩，海拔300～450m，为温暖湿润的亚热带季风气候，全年温湿多雨。四季分明，年平均湿度为16.2℃，年平均降水量为1 374.7mm，占全年降雨量的35%～40%，造林地为山地黄红壤，土层一般深在0.6m左右。质地以中壤沙质壤土，土壤pH值为4.5～5.5，本区域的气候特征是雨水充沛，热量充足，水热同季有利于植物生长，该地带性植被以栲树和木荷占优势的常绿阔叶林。

2　湿地松人工林速生丰产栽培的技术要点

营造纯林为主，鼓励营造混交林。在实际生产中营造纯林已出现许多缺点，病虫害多，防护效果差。

采用良种壮苗：良种壮苗具备较强的生理机能，较大的抗逆能力，较优的干材品质，因而也具备了速生丰产优质的潜在能力。

合理的造林密度：人工林的初植密度大小，对人工林的成材年限与生产水平有很大影响。在林木的群体结构中，疏密度往往决定蓄积。从培育30～40年采伐大中材级的林木长远规划，株行距以3×2.5m为宜，即每亩约90株。同时也应考虑造林地乡土阔叶树种的生长与萌芽成林因素。

精细整地与合理施肥：挖穴时严格操作技术要求，尽早做到提前整地以熟化土壤，蓄水保墒，要考虑苗木大小及造林地土壤质地，挖穴的规格以长60cm、宽40cm、深30cm的要求。以大苗大穴深栽，即“两大一深栽培法”是提高造林成活率的关键。结合栽种时采用磷肥蘸根栽培，这种带肥下种既节约投资成本，而且收效显著。事实证明：林地的合理施肥对人工林的速生丰产有很大的促进作用，是一项经济效益较高的措施。同时结合幼林抚育时，在植苗后第二年冬季施含氮 15%、磷 15%、钾 15%的“芬兰产”进口复合肥每穴每株约 20g 施在幼苗上方 5~10cm 处，后复土防裸露。对林地间施肥与不施肥方法调查对比，13 年生湿地松平均胸径增长约 1 倍，材积增加 3~4 倍。施肥之所以提高林木产量，主要原因是增加了植株的叶面积，提高净光合速率。

3 经营对比方法分析

样地选择及经营方法分析 2005 年 1 月进行抚育经营样地调查，样地选择在林区不同的坡位，坡向设置 3 个样地，每样地采用相邻格子法，把每一样地分成 30×30m 的样方，每块样地面积 900m^2，共计 2 700m^2。并分别对格子内的乔木层进行每木调查，测定乔木层树种的树高、胸径，及样地的林下植被与植株高度大于 2m 的萌芽乡土树种。调查统计指标包括植株高度、胸径和数量，同时对湿地松的生长规律以及生长蓄积量与抚育劳工投放等方面经济效益进行统计分析。

不同抚育方式的对比情况测定，旱瘠农耕地经过 2 次全垦及 1 次施肥林木达到最大的生长量，单株立木最大材积为 0. 2016m^3，根据胸高断面积实验形数法计算平均每亩蓄积为 8. 33m^3，且林分郁闭度较高，而其他阳性树种难以生长，林分生态多样性单一。

对种植 13 年人工林在基本相同的立地条件下，全面进行封山育林，林木间的天然群落结构发生了自然演变阶段。结果表明湿地松人工林林下共有植物约 62 种，主要包括樟科、壳斗科、山茶科及少量耐阴草本植物。大多数林下植物高度在 1. 5~2. 5m，有 15%植株高度在2. 5~3. 5m，大于胸径 5cm 植株数量约占全部林下植株 11. 8%，林下植物丰富。

对旱瘠坡地的人工林在栽种后第 1 年与第 5 年进行了割草抚育，林地间自然生长的乡土阔叶树种与其它耐阴植物除外，林木植被单调，湿地松生长呈退化迹象。

4 结论

通过所经营的近自然林与同龄林相比，可节约经营成本 30%；与相同立地条件下纯人工林相比，林分生长量大体相抵，而且近自然林分结构复杂，生物多样性丰富，凸现出极佳的生态效益。

松、杉、柏森林植物群落外貌、结构特征的研究

王坚娅，吴道圣，张建斌，罗培宏

（浙江省台州市仙居县林业局，台州 317300）

摘　要：马尾松天然林、杉木人工纯林、柏木和杉木人工混交林是亚热带地区常见的森林植物群落，乔木层可划分为3个亚层：第1亚层高151～8m，第2亚层高9～15m，第3亚层高3～9m。灌木层中有许多物种经培育可成大材、良材的阔叶树萌蘖丛，其物种较丰富。组成天然马尾松林物种9种，杉木人工纯林11种，柏木和杉木人工混交林物种20种。灌木层的物种多样性指数高于乔木层和草本层，由橙木、映山红、自栎、乌饭、盐肤、木、山柿、青冈栎、冬青、枫香、红楠、野桃、香港黄檀木等组成，草本层以芒萁五节芒等组成。

关键词：松、杉、柏；植物群落；多样性指数

马尾松（*Pinus massoniana*）天然林、杉木（*Cunninghamia lanceolata*）人工林、柏木（*Cupressus funebris*）和杉木人工混交林是我国南方林区常见的主要森林植被之一。分布广，面积大，是主要的用材林。常绿针叶林乔木树种结构单一，森林稳定性较差，土壤肥力衰退，森林多种功能难以发挥，因此，对其森林植物群落进行一些必要的调查研究，寻求适合现代林业发展所需的森林植物群落的结构类型，提高森林的稳定性、抗逆性和林地的高效永续利用，为经营商品林和生态林提供较详实的依据。

1　方法

1.1　乔木层调查

样地面积20m×30m，在样地内进行每木调查，记载树高、胸径、冠幅、乔木层总覆盖度、坡向、坡度海拔高、枯枝落叶层厚度等。按调查数据计算重要值，优势度按胸高断面积计算。重要值=（相对密度+相对频度+相对优势度）/3。

1.2　灌木层调查

在样地内采用样地对角线法（宽1m），调查灌木层的物种、高度、株（丛）数、覆盖度、起源、灌木层总覆盖度。按调查数据计算灌木层各物种的重要值，优势度按覆盖度计算，重要值计算同上。

1.3　草本层调查

在样地的左上方和右下方各设1块1m×1m的小样地，调查草本层的物种，高度、株（丛）数、覆盖度按调查数据计算草本层各物种的重要值，优势度按覆盖度计算，重要值计算同上。

1.4　生物多样性指数计算

森林植物群落的生物种类越多，其多样性指数值越大，本文采用的计算公式如下：

Simpson 指数：

$$D = 1 - \sum_{i=1}^{s} [N_1(N_i - 1)/N(N - 1)]$$

Shannon-Wiener 指数：

$$H = - \sum P_i \ln P_i$$

均匀度指数：

A Pielou 均匀指数：

$$J_{sw} = - \sum P_i \log P_i / \log S$$

B Alatalo 均匀度指数：

$$Ea = [(\Sigma P_i 2) - 1]/[EXP(- \Sigma P_i \ln P_i) - 1]$$

式中：S 是植物群落的物种数，Ⅳ是所有物种的个体总数，M 是第 i 个物种的个体数，P_i=/N 为第 i 个物种的相对个体数。

2 结果

2.1 森林植物群落的立地条件

马尾松、杉木植物群落多分布于海拔 800m 以下的湿润亚热带地区，柏木分布于海拔 600m 以下地区，样地 1 和样地 2 位于仙居县永安溪南侧的淡竹乡黄坑两侧，样地 3 位于白塔镇西庵寺南侧的下坡。海拔 290m、315m、180m。根据仙居县历年气象资料显示，年日照数 1 932. 6h，年降水量为 1 376. 8mm，年平均气温 17. 2℃，无霜期 251d，属亚热带季风气候。样地陡峭，坡度 25°~33°，土层厚 58~90cm，腐质层厚 0. 5cm，枯枝落叶层厚 1~2cm。样地 3 中，天然马尾松纯林的枯枝落叶层和芒萁的枯死层厚 25cm，$1m^2$ 内枯落物风干重 228g、251g 和 3 011g（含芒箕枯死物）。乔木层、灌木层、草本层的总覆盖度如表 1 所示。

表 1　松、杉、柏森林植物群落调查样地立地概况

立地因子	样地 1	样地 2	样地 3
坡度（°）	27	33. 00	25
坡向	西	西	东南
坡位	下坡	下坡	下坡
海拔（m）	290	315. 00	180
母岩	凝灰岩	凝灰岩	凝灰岩
土层厚度（cm）	58	90. 00	68
腐殖质层厚度（cm）	0. 5	0. 50	0. 5
枯枝落叶层厚度（cm）	1~2	1~2	>25（含芒萁枯死物）
$1m^2$ 枯落物风干重（g）	228	251. 00	3 011
乔木层覆盖度（%）	85	80. 00	40

（续表）

立地因子	样地 1	样地 2	样地 3
灌木层覆盖度（%）	30	40.00	10
草本层覆盖度（%）	84	78.00	100

2.2 植物群落的物种组成

从表 2 和表 4 得知，构成天然马尾松林，杉木人工林植物群落的乔木树种是马尾松、杉木，其重要值 100，又从表 3 得知，由柏木、杉木组成的人工混交林植物群落的乔木树种是柏木、杉木，柏木的重要值 56.51，杉木的重要值 43.49。构成松、杉、柏木和杉木混交林植物群落的灌木层，3 块样地相差较大，样地 1 以菝葜（*Smilax china*）、盐肤木（*Rhus chinensis*）、山胡椒（*Lindera glanca*）等为主，其重要值 13.28～28.46；样地 2 以巨型叶鼠刺（*Itea oblonga*）、盐肤木、冬青（*Ilex purpurea*）、山柿（*Diospyros glaucifolia*）、青冈栎（*Cyclobalanopsis glauca*）、木荷（*Schima superba*）为主，其重要值为 4.84～14.04。样地 3 以檵木（*Loropeatalum chinensis*）、香港黄檀（*Dalbergia millettii*）、映山红（*Rhododendron simsii*）、白栎（*Quercus fabri*）为主，其重要值 3.52～37.12。构成松、杉、柏木和杉木人工混交林植物群落的草本层，3 块样地相差不大，均以芒萁（*Dicranopteris dichotoma*）、五节芒（*Miscanthus floridulus*）为典型植物，芒萁的重要值 40.21、8.21、86.41；五节芒的重要值 21.16、19.18 和 23.59（表 2、表 3、表 4、表 5、表 6 和表 7）。

表 2　样地 1 杉木森林植物群落乔木层树种重要值

树种名称	平均高度（m）	平均胸径（cm）	株（丛）数	相对密度	优势度（cm）	相对优势度	相对频度	重要值	值序
杉木	7.06	8.71	283	100	16 826.14	100	100	100	1

表 3　样地 1 杉木森林植物群落灌木层和草本层树种重要值

层次	树种名称	平均高度（m）	株（丛）数	相对密度	频度（%）	相对频度	优势度（m^2）	相对优势度	重要值	值序
灌木层	茶叶 *Camellia sinensis*	1.4	1	16.67	16.67	16.67	0.30	6.51	13.28	1
	乌饭 *Vaccinium bracteatum*	1.2	1	16.67	16.67	16.67	0.43	9.11	14.15	2
	山胡椒 *Lindera glanca*	1.5	0	16.67	16.67	16.67	0.56	12.15	15.16	3
	盐肤木 *Rhus chinensis*	2.1	1	16.67	16.67	16.67	0.63	13.66	15.67	4
	菝葜 *Smilaxchina*	2.5	1	16.66	16.66	16.66	2.40	52.06	28.46	5
	金樱子 *Rosa laevigata*	1.0	1	16.66	16.66	16.66	0.30	6.51	13.28	6
草本层	五节芒 *Miscanthus floridulus*	2.0	2	9.52	20	11.11	30	42.86	21.16	1
	芒萁 *Dicranopteris dichotoma*	0.30	10	47.62	80	44.44	10	28.57	40.21	2
	木耳菜 *Basela clera*	0.15	5	23.81	50	27.78	10	14.28	21.86	3
	野古草 *Arunaainella aronmola*	0.24	4	19.05	30	16.67	10	14.29	16.67	4

表 4　样地 2 柏木、杉木混交林森林植物群落乔木层树种重要值

树种名称	平均高度（m）	平均胸径（cm）	株（丛）数	相对密度	优势度（cm^2）	相对优势度	相对频度	重要值	值序
柏木	14. 71	14. 78	28	52. 83	4 806. 93	64. 08	52. 63	56. 51	1
杉木	9. 85	11. 71	25	47. 17	2 692. 43	35. 92	47. 37	43. 49	2

表 5　样地 2 柏木、杉木混交林森林植物群落灌木层和草本层树种重要值

层次	树种名称	平均高度（m）	株（丛）数	相对密度	频度（%）	相对频度	优势度（m^2）	相对优势度	重要值
灌木层	山柿 *Diospyros glaucifolia*	0. 90	2	10. 00	20	11. 76	0. 60	7. 31	9. 69
	冬青 *Llex purea*	1. 10	2	10. 00	20	11. 76	1. 12	13. 64	11. 80
	盐肤木 *Rhus chinensis*	0. 70	2	10. 00	20	11. 76	0. 98	11. 94	11. 23
	桃 *Amygdalus persica*	1. 30	1	5. 00	10	5. 88	0. 56	6. 82	5. 90
	野漆树 *Toxicodendron succedaneum*	0. 80	1	5. 00	10	5. 88	0. 36	4. 38	5. 09
	山苍子 *Pitset cubeba*	1. 10	1	5. 00	10	5. 88	0. 30	3. 65	4. 84
	榆树 *Ulmus pumila*	1. 50	1	5. 00	10	5. 88	0. 36	4. 38	5. 09
	毛果南烛 *Lyonia ovalifolia* var. *hebecarpa*	1. 40	1	5. 00	10	5. 88	0. 64	7. 80	6. 23
	巨形叶鼠刺 *Itea oblonga*	1. 05	3	15. 00	20	11. 76	1. 26	15. 35	14. 04
	青风栎 *Cyclobalanopsis glauca*	1. 45	2	10. 00	10	5. 89	0. 56	6. 82	7. 57
	木荷 *Schima superba*	1. 37	2	10. 00	10	5. 89	0. 42	5. 12	7
	红楠 *Machilus thunbergii*	1. 15	1	5. 00	10	5. 89	0. 49	5. 96	5. 62
	枫香 *Liquidambar formosana*	1. 63	1	5. 00	10	5. 89	0. 56	6. 83	5. 90
草本层	五节芒 *Miscanthus floridulus*	1. 85	2	5. 88	20	10. 00	50	41. 67	19. 18
	芒萁 *Dicranopteris dichotoma*	0. 30	1	2. 94	10	5. 00	20	16. 67	8. 21
	野古草 *Arunddinella anomala*	0. 58	10	29. 41	50	25. 00	20	16. 67	23. 69
	白花败酱 *Patrinia villosa*	0. 42	9	26. 48	70	35. 00	20	16. 67	26. 05
	荩草 *Arthraxon hispidus*	0. 30	12	35. 29	50	25. 00	10	8. 32	22. 87

表 6　样地 3 天然马尾松森林植被群落乔木层树种重要值

树种名称	平均高度（m）	平均胸径（cm）	株（丛）数	相对密度	优势度（cm）	相对优势度	相对频度	重要值	值序
马尾松	10. 06	12. 37	47	100	5 648. 42	100	100	100	1

表 7　样地 3 天然马尾松森林植被群落乔木层和草本层树种重要值

层次	植物名称	平均高度（m）	株（丛）数	相对密度	频度（%）	相对频度	优势度（m^2）	相对优势度	重要值	值序
层次	香港黄檀	2. 42	4	10. 81	20	11. 76	3. 60	29. 68	17. 42	1
灌木层	檵木 *Loropeatalum chinensis*	2. 08	19	51. 35	70	41. 18	2. 28	18. 80	37. 12	2
	乌饭 *Vaccinium bracteatum*	0. 81	1	2. 70	10	5. 88	0. 24	1. 98	5. 52	3
	山楂 *Crataegus cuneata*	1. 48	2	5. 41	20	11. 76	0. 48	3. 96	7. 04	4
	映山红 *Rhododendron simsii*	1. 61	9	24. 32	30	17. 66	4. 41	36. 36	26. 11	5
	白栎 *Quercus fabri*	1. 49	2	5. 41	20	11. 76	1. 12	9. 22	8. 79	6
草本层	芒萁 *Dicranopteris dichotoma*	0. 85	97	98	100	83. 33	100	76. 92	86. 41	1
	五节芒 *Miscanthus floridulus*	0. 95	2	2	20	16. 67	30	23. 08	13. 59	2

2. 3　植物群落外貌、特征和结构

2. 3. 1　外貌特征

植物群落的外貌决定于生活型的组成，特别是决定于对群落起着重要作用的主要生活型组成的层次。是群落对外界环境最综合的反映。根据调查数据，采用丹麦生态学家瑙基耶尔（C. Raunkiar. 1889）系统。3 块样地植物高位芽占有绝对优势，分别占群落植物的 63. 64%、75%、77. 78%，样地 1 常绿高位芽占 45. 6%，落叶高位芽占 18. 18%，样地 2 常绿高位芽占 35%，落叶高位芽占 40%，样地 3 常绿高位芽占 55. 56%，落叶高位芽占 22. 22%。样地 1、样地 3 常绿高位芽占优势，样地 2 落叶高位芽占优势。显然，松、杉、柏木和杉木人工混交林的生活型组成较相似，是一个以细矮型、小型、中型高位芽植物组成的常绿与落叶混交林（表 8）。

表 8　松、杉、柏木森林植物群落的生活型组成

生活型类型			样地 1			样地 2			样地 3		
			乔木层（%）	灌木层（%）	草本层（%）	乔木层（%）	灌木层（%）	草本层（%）	乔木层（%）	灌木层（%）	草本层（%）
高位芽植物（PH）	常绿	巨型高位芽	—	—	—	—	—	—	—	—	—
		中型高位芽				10. 00			11. 11		
		小型高位芽	9. 09								
	落叶	巨型高位芽		36. 37			25. 00			44. 45	
		中型高位芽									
		小型高位芽									
		细矮型高位芽		18. 18			40. 00			22. 22	
地上芽植物（CH）								5. 00			
地面芽植物（H）					18. 18			5. 00			
隐芽植物（G）					18. 18			10. 00			22. 22
一年生植物（TVI）					18. 18			5. 00			

注：巨型高位芽指高度在 30m 以上，中型高位芽指高度在 7~30m，小型高位芽指高度在 2~8m，细矮型高位芽指高度在 0. 25 ~2m

2.3.2 垂直结构

3 块样地按植物生长型划分为乔木层、灌木层、草本层，层次结构简单明了。草本层高度 0.15~2.00m，灌木层高度 0.7~2.5m，乔木层高度 3~18m，其中，乔木层又划为 3 个亚层，第 1 亚层高 15~18m 第 2 亚层高 9~15m，第 3 亚层高 3~9m。样地 3 马尾松位于第 1 亚层和第 2 亚层的占 70.22%，样地 2 柏木、杉木位于第 1 亚层和第 2 亚层的占 83.02%，样地 1 位于第 2 亚层的占 9.18%。显然样地 3 和样地 2 在垂直结构方面较相似，样地 1 的乔木层只有 2 个亚层的垂直结构（表 9）。

表 9　松、杉、柏木森林植物群落乔木层立木树高分布和亚层划分

树种名称	第三亚层						第二亚层						第一亚层				
	3~6m			6~9m			9~12m			12~15m			15~18m			18~21m	
	样地 1	样地 2	样地 3	样地 1	样地 2	样地 3	样地 1	样地 2	样地 3	样地 1	样地 2	样地 3	样地 1	样地 2	样地 3	样地 1	样地 2
马尾松			6.38			23.40			46.81			21.28		2.63			
杉木	36.75	5.66		54.07	11.32		8.83	26.42		0.35	1.89		1.88				
柏木											32.08		20.75				
合计	36.75	5.66	6.38	54.07	11.32	23.40	8.83	26.42	46.81	0.35	33.97	21.28	22.63	2.13			

2.4 植物群落多样性组成

由于立地条件、林分起源的各异，3 块样地反映出各自的物种组成，但灌木层的多样性组成要比乔木层、草本层高。群落的物种丰富度指数：样地 1 为 11 种，样地 2 为 20 种，样地 3 为 9 种。群落的多样性指数样地 2 较高，样地 3 次之，样地 1 较低；乔木层、灌木层、草本层的 Simpson 指数样地 1 较高，样地 2 次之，样地较低；而 Shannon-Wienor 指数样地 2 较高，样地 1 次之，样地 3 较低；灌木层、草本层的 Pielou 均匀度指数样地 1 较高，样地 2 次之，样地 3 较低；而 Alatlo 均匀度指数样地 2 较高，样地 1 次之，样地 3 较低。样地 2 在群落结构、物种丰富度指数、均匀度指数方面具有较好的指标值，是混交林较好的结构模型（表 10）。

表 10　松、杉、柏森林植物群落物种多样性组成

多样性指数类型	样地 1				样地 2				样地 3			
	整个群落数	乔木层	灌木层	草本层	整个群落数	乔木层	灌木层	草本层	整个群落数	乔木层	灌木层	草本层
丰富度	11	1	6	4	20	2	13	5	9	1	6	2
Simpson 指数	0.1656	1	1	0.7048	0.8529	0.5080	0.9579	0.7362	0.6425	1	0.6722	0.0400
Shannon-Wienor 指数	0.4596	0	1.7922	1.2347	2.2598	0.6915	2.4844	1.3495	1.3290	—	1.3397	0.0988
Pielou 均匀度指数	0.1917	0	1.0002	0.8906	0.7543	0.9977	0.9686	0.8385	0.6049	—	0.7204	0.1427
Alatalo 均匀度指数	0.4454	0	1.0799	0.7091	0.8935	0.8474	1.4859	0.7726	0.5575	—	0.6019	0.0597

3 讨论

由于立地条件、起源的不同，3 块样地表现出各自的物种组成，其群落物种丰富度 9~20 种，乔木层树种单一问题突出，灌木层物种丰富度 6~13 种，其中，有些物种是阔叶乔木树种的萌蘖丛，经培育可成大材、良材具有相当的经济价值，草本层的物种丰富度 2~5 种。柏木、杉木人工混交林的多样性指数最高，天然马尾松林次之，人工杉木纯林最低。枯枝落叶层厚度：杉木纯林、柏木和杉木人工混交林 1~2cm，天然马尾松纯林 25cm 以上（含芒萁枯死层）。本次调查的 3 块样地其乔木层的生物多样性指数很低，也是森林植物群落稳定性、抗逆性差的主要原因所在。柏木和杉木人工混交林在群落结构、物种丰富度指数、均匀度指数方面具有较好的指标值，是混交林较好的结构模型。针叶树挺拔高大，圆满通直，材质优，用途广，是我国主要用材树种，在国民经济中占有一定的比重。根据本次调查分析，针对所存在的问题，提出相应的解决问题的方法。在人工林经营中极需提高乔木层的生物多样性组成，增加群落的稳定性和抗逆性，达到速生、丰产、优质、高效的经营的和良好的生态效应，为此拟在营林中采取以下措施：

（1）在采伐迹地更新造林时保留阔叶树萌蘖条并做好选育工作。在中幼林抚育时，保留有经济价值、有培育前途的阔叶树萌蘖条，一桩多株的做好选育工作。保留健壮、杆形通直的 1~2 根/桩，其余的应予伐除，并做好修枝工作。

（2）在退耕还林地，火烧迹地，病虫迹地，荒山、荒滩推广针阔混交造林或阔叶树多树种混交造林。针阔混交造林的其阔叶树种比重应达 40%以上。

（3）在天然松、杉、柏、柳的异龄林中，伐除数量成熟、工艺成熟的个体，留育阔叶树萌蘖条。在无阔叶树幼树地段进行块状整地，补植枫香、木荷、马褂木和中华杜英等阔叶树。

（4）一般用材林提倡择伐作业，使较多的物种得以保护和快速成材。

天然常绿阔叶林幼龄林的目标培育

王坚娅，吴道圣，罗培宏，徐志平

（浙江省台州市仙居县林业局，浙江省台州市仙居县天顶林业有限公司，台州　317300）

常绿阔叶林是湿润亚热带地区植被向上发展的顶极植被类型，是自然地理和气候条件长期作用的产物，具有相对稳定的最高级植被类型，生物生长量比较高，资源丰富也是湿润亚热带地区地理景观生态平衡的具体表现。常绿阔叶林遭受采伐或连续破坏后，引起原来森林生态环境的迅速变化，在不受人为干扰的条件下，采伐迹地就会立即被强阳性的先锋树种所侵入，形成由伐桩所萌发的幼树与马尾松、拟赤杨、枫、白栎等强阳性树种组成的针阔混交林或常绿、落叶阔叶混交林；如果不再遭受人为的干扰或破坏，随着时间的推移，森林环境的改善，可以逐渐恢复为次生的常绿阔叶林。根据常绿阔叶林的演替规律，针对目前天然常绿阔叶林幼龄林的林况，实施目标培育，促成次生的常绿阔叶林的恢复，同时达到育成大径级或特大径级的用材林的要求，使次生的常绿阔叶林具有较大的生长量、较高的蓄积量、较高的商品率和出材率，且材种多、形质优用途广、经济价值高，生态效益、经济效益、社会效益较好的木材生产基地。现据我们十多年来对天然常绿阔叶林幼龄林的目标培育实践将其主要技术简述如下。

1　林分调查

在规划作业区内，对林分植被进行全面调查。查清乔木层树种的种类、数量（株、丛）/hm^2，胸径、树高、枝下高、冠幅、干形、病虫害及树冠层密度长度、乔木树种密度及频度、乔木层的总覆盖度以及林下乔木树种的幼树和幼苗的数量和频度，灌木层树种的种类、数量（株、丛）/hm^2、总覆盖度；并记载林间空地或灌木林地段无乔木树种幼树幼苗的范围及面积。根据调查数据进行整理、归类、分析，绘制出调查区域的树种分布现状图。

2　作业设计

首先确定目标培育树种、伐除树种、干扰树种、保留树种。目标培育树种指经适当抚育能快速生长形质优，个体高大，出材率高，用途广，经济价值高，能育成大径材、特大径级材种的树种。伐除树种指没有继续培育价值和意义的成过熟针叶、阔叶树个体，风倒树，病腐木，严重影响其下层阔叶幼树、幼苗正常生长而本身形质又差的“霸王树”或灌木。干扰树是对目标培育树种生长或多或少有干扰的树种，即外来入侵树种。保留树种指林下阔叶乔木树种的幼树、幼苗和针叶乔木树种的珍贵稀有树种，应给予保留。按照区域长期规划和林分经营目的，参照林分调查所提供的资料，结合所确定的标培育树种、伐除树种、干扰树种、保留树种进行作业设计。无地带性乔木树种的林间空地和灌木林地段按补植造林进行设计。

3 目标培育树的实施

3.1 对目标培育树的培育

按作业设计所提供的资料，对每个小班进行目标树、伐除树的确定并做好标识工作。目标培育树和伐除树所用标识应有明显的区别通常对目标培育树采用环形圈标识，伐除树采用X形标识。标识工作全部结束后，在秋冬季节进行伐除伐除树工作，同时对多株一桩的目标树做好选育工作，保留一株生长旺盛、个体高大、干形通直、无病虫害的为目标培育树，并做好修枝工作，伐除多余的萌蘖条（株）；对一桩一株的目标培育树应清除掉影响其生长的干扰树、灌木、杂草和藤蔓。灌木丛中的阔叶乔木树种幼树、幼苗予以适当的抚育，刈除影响其生长的灌木、杂草等，注意及时清理伐除树后的采伐剩余物，不使林内的幼树、幼苗生长受阻。

3.2 补植及幼林抚育

林间空地和无乔木树种幼树幼苗的灌木林地段，采用块状清理植被，面积为100cm×100cm；块状整地，规格为80cm×80cm×2cm；造林穴大小60cm×60cm×3cm；捡除造林穴内石块、树根、草根，选择地带性典型代表树种如：木荷、甜槠、苦槠、红楠、华东楠、枫香、蓝果树、马褂木、深山含笑等进行补植，苗木规格Ⅱ级苗以上，I级苗或超级苗最好。补植造林后3年内，每年在块内松土除草抚育1次，扶正幼树，刈除藤蔓、高草类杂草，促使幼树健康生长。

3.3 目标树的再培育

按作业设计完成第1次抚育性培育后7~10年，当林分出现自然稀疏时，及时进行对目标树的再培育即伐除影响目标树生长的干扰树，过密处的目标树可适当伐除一些细弱木，对目标树的优势木群落在其外围疏伐一部分干扰树，同时做好目标树的修枝工作，保留占全树高1/2左右的有效树冠层长度。对保留树种的幼树、幼苗做好适当的抚育工作，伐除对幼树、幼苗生长有影响的灌木、藤蔓、杂草，使之成为下一轮的目标培育树。待目标树胸径达到40~50cm以上时即可选择利用。

浙江省台州湾秋茄红树林引种试验

郭　亮[1]，金得富[2]

（1. 浙江省台州市椒江区农林局　台州　318000；2. 浙江省台州市椒江区水利局　台州　318000）

摘　要：通过选择人工引种北界秋茄种源和小潮能淹的裸露淤泥质滩涂造林地，采用胚轴扦插并适当密植，结合科学的管理。4 年的引种实验结果表明，在北纬 28°34′的浙江省台州湾椒江口，秋茄红树林能正常生长，认为秋茄红树林逐步北移驯化是可行的。

关键词：红树林；秋茄；引种试验

海岸带地区是地球表面陆域与海域区位优势的集合体，该地区的高生产力和便捷的交通条件使之成为人类活动的中心。世界一半以上的人口、生产和消费活动集中在占全球面积不到 10%的海岸带地区。由于研究地处于海陆交替的气候突变地带，海陆之间巨大的热力差异，形成了显著的季风气候，极易遭受台风暴雨、洪涝干旱等自然灾害的袭击，为生态脆弱带。红树林是热带亚热带海岸潮间带的木本植物群落，湿地红树林直接经济价值不高，而防浪护岸、维持海岸生物多样性和渔业资源、净化水质、美化环境等生态环境功能显著，属于特别容易被价值低估的海岸生态关键。秋茄（*Kandelia candel*）红树林在我国自然分布于福建福鼎（北纬 27°20′），人工引种北界为浙江省乐清（北纬 28°25′），浙江省台州湾（北纬 28°34′）于 2002 年开始引种秋茄并获成功。本文为 4 年来的引种试验小结。

1　材料与方法

1.1　试验地概况

台州市地处浙江东南部沿海，大陆海岸线总长 630. 87km，占浙江省大陆海岸线长度的 34. 28%，其中，基岩及沙砾质海岸线长度 306. 48km，河口海岸线长度 5. 59km，人工及淤泥质海岸线长度 318. 81km，海岸线至平均海平面线的滩涂资源面积 244. 61km^2，滩涂资源集中分布在台州湾等开敞的河口海湾与三门湾、乐清湾等半封闭海湾内。

台州湾属开敞型淤积性海岸，潮间带为淤泥充填，浅海水域面积 38 771hm^2。淤高 4cm/年，2m 等深线最大外移幅度 100m/年。年均淤积量 3. 30×10^{4}t/（km^2 · 年）；湿地平坦开阔，底质为粉泥沙质，沉积层较厚，有机质含量 1. 07% ~ 1. 25%，滩涂土壤盐度为 8. 8‰ ~ 15. 5‰；滩涂植被主要为互花米草群落。台州湾海域系外海高水系和沿岸低盐水系交汇海域，海水理化成分季节变化主要受江浙沿岸流和台湾暖流影响。以长江冲淡水为主的沿岸流为低盐度、高营养盐水体。潮汐属正规半日浅海潮，涨潮时海水上溯至滩涂，落潮时形成主退潮流。

试验点位于浙江省台州市椒江口，北纬 28°34′，东经 121°30′，属中亚热带季风湿润气候。年平均气温 17. 0℃，极端低温为-6. 8℃，年平均降水量为 1 537mm，43%集中在 3—6 月春雨和梅雨。台风暴雨强度大，洪峰流量长，下游感潮，泄洪不畅，常遭遇洪涝灾害。

1.2 试验材料

秋茄胚轴来源于浙江省苍南等地。2002年春季，台州湾椒江口客运码头等处引进福建龙海秋茄胚轴造林试验，面积达3 000m^2。2004年6月，从浙江省苍南引进秋茄胚轴，637kg，在椒江口岩头、海岸滩涂造林，面积7 500m^2；2005年6月初，从苍南调入秋茄胚轴104kg，在海警滩涂造林补植，面积2 000m^2。

1.3 试验方法

于2006年春调查3次引种的秋茄成活率，测定树高、地径、冠幅等生长指标。

2 结果与分析

2.1 生长调查

秋茄植物具有胚萌、泌盐、高渗透压，以及地上根系等生理生态适应性。其支柱根及板状根发达，自树干基部向四周蜿蜒于地面；呼吸根伸出地面。胚萌是其一种特殊繁殖方式，秋茄种子在未离开母树的果实就开始萌芽，并生长发育成绿色的棒状胚轴，成笔状，下端粗重，成熟时脱离果实母体面坠落插入滩地，瞬即生根固着，或坠入海水中随波逐流飘游远播。

据4年观测台州湾椒江口秋茄生长情况，6月初胚轴扦插造林，15d生根，30d显露嫩芽1对，50d展叶2对，新梢年生长12cm。4年秋茄幼树未出现冻害，秋茄胚轴造林当年出苗率89.8%（表1）。

表1 台州湾椒江口秋茄生长量调查

造林时间	树高（cm）		地径（cm）		冠幅（cm）	分枝数
	平均	单株最高	平均	单株最高		
2002	63.2	120.4	2.8	3.9	26.1	7~16
2004	31.5	58.6	1.0	1.7	—	叶5~10对
2005	17.6	34.5	0.6	1.0	—	叶3~6对

2.2 与立地条件关系

秋茄在互花米草群落胚轴扦插造林成活率低，生长速度慢；在裸露的淤泥质滩涂胚轴扦插造林成活率高，株干粗。小潮淹没的潮间带成活率高，生长量也大，小潮不能淹没的潮间带成活率低，生长量小（表2）。

表2 台州湾椒江口1年生秋茄不同立地条件生长调查

指标	互花米草群落	裸露泥质地	小潮淹没处	小潮不能达而大潮能淹
成活率（%）	76.8	88.7	88.7	23.1
苗高（cm）	15.4	20.3	20.3	12.5
地径（cm）	0.5	0.8	0.8	0.5

2.3 与广西、福建秋茄红树林高生长比较

广西壮族自治区现有红树林绝大部分为灌木林和灌木丛，平均高度<2m的红树林面积达78.1%。福建平潭秋茄群落林龄9年的树高为1.88~1.96m。浙江省台州湾椒江口秋茄群

落4年的树高平均为0.63m，单株最高达1.20m。

3 小结与讨论

3.1 适宜的红树植物树种和种源

我国现有红树植物33种，隶属16科20属。环境因素是影响红树植物分布的重要因素，温度对红树林纬向分布，盐度对红树林沿河口湾和潮水河的上溯，潮汐浸淹频率对红树林沿潮滩的横向分布和海岸波浪能量对红树林由港湾向开阔海岸的沿岸分布的主导控制作用。限制红树植物向北扩展的主要是温度，越往北，适生的种类越少，到福建省福鼎（北纬27°20′）仅有秋茄能自然生长，人工引种北界为浙江省乐清（北纬28°25′）。故而选择秋茄为台州湾引种试验树种，种源考虑秋茄引种北缘的浙江省苍南等地为宜。

3.2 适宜的造林方法

红树林造林方法根据种苗来源的不同分为天然苗造林、胚轴造林和容器苗造林等，每种方法都有自己的适用范围，胚轴造林简单易行，成本仅及容器苗造林的21%、天然苗造林的27%，是大规模造林的首选。台州湾红树林造林方法选择胚轴造林。

胚轴造林扦插的深浅直接影响秋茄的出苗率和成活率。台州湾4年来引种试验表明，胚轴扦插深度影响秋茄出苗率，硬质淤泥滩涂插入深度以1/2为妥，软质淤泥滩涂插入深度以2/5为妥，因胚轴在软质淤泥中受潮水影响还要沉降。种植过浅易被潮水冲走，种植过深则沉降于淤泥中。

3.3 适当密植

栽植密度为海岸湿地红树林营造的重要技术环节，关系到林木群体的稳定性和生产力。红树植物生长在潮间带泥滩的脆弱环境中，在人为经常性干扰下，胚轴无法生根和定居，且幼苗一旦受破坏则很难成活。红树植物有群居习性，为了创造良好的森林环境，使幼林尽快郁闭，提高成活率，发挥防浪护坡功能，新造林地适当密植。株行距1m×0.6m，待幼林郁闭后，再移出部分植株，逐步扩大造林面积。

3.4 存在问题

港湾滩涂污染严重。浙东南医化基地位于椒江口岩头，处于南台州湾浅滩上游，医药化工产业排出的各种污染物滞留于滩涂。化工废水的排放对红树林植物生长造成了不良影响，红树林植物可吸收化工废水中的营养元素而为自身利用，重金属元素被红树林植物吸收后大多积累在根部。海滩大量的废弃塑料袋和其他杂物造成的“白色”或“黑色”污染，造成对苗木严重的机械伤害，它们挂在苗木上，随着潮水的涨退和大浪的冲击将岩头滩涂苗木拔起，或将苗木压倒。

人为干扰频繁。椒江口附近村民多数靠海为生他们经常在滩涂中挖掘捕捉渔蟹、围塘养殖等作业，直接影响了岩头滩涂2004年台风后保存的秋茄苗木。

3.5 加强管理

当前，人为干扰已经逐渐成为影响红树植物分布的首要因素。影响红树植物局部分布的最重要因素是波浪掩护条件和潮汐浸淹程度。前者控制红树林沿岸分布，后者控制红树林在潮滩上的横向分布。另外，盐度与底质也有重要影响，通常在受淡水径流影响的淤泥质潮滩上红树林生长茂盛。在互花米草群落中胚轴扦插造林的秋茄红树幼林，每年需割草抚育2~3次。

浙江省天台始丰溪流域生态建设探讨

施灵栋

（浙江省天台县赤城街道林业站，天台　317200）

摘　要： 始丰溪流域位于浙江省天台县，属椒江水系。始丰溪干流在天台县境内流长68.5千米，是天台县主要的工、农业生产和城镇居民的主要水源。经过多年的建设，流域生态状况得到了显著的改善，特别是水质有了明显的提高。通过介绍流域的基本情况、流域生态建设现状和存在问题，提出了生态建设对策。

关键词： 始丰溪；流域；生态；建设

1　基本情况

天台县位于浙江省东部，台州市西北部，地理位置为北纬28°57′02″~29°20′39″和东经121°41′24″~121°15′46″。东西长54.7km，南北宽33.5km。全县设1镇（含3个街道办事处）、5乡计641个行政村总入口55.52万人，人口密度为390人/km^2，土地总面积1 432.1 km^2，其中耕地面积占12.7%，水域面积5.2%，俗称“八山半水分半田，一分道路和庄园”。

1.1　始丰溪概况

始丰溪干流隶属于椒江水系，属山区性溪流。发源于大磐山，在磐安县方前镇注入里石门水库，由街头镇的后求入境，自西向东流经中部腹地，经街头、平桥、城关至福溪街道下湾村出境，入临海市，与仙居县永安溪汇合后称灵江。始丰溪流域面积1 610km^2，主流长119km，其中在天台县境内流域面积1 111.54km，主流长68.5km。始丰溪河流落差686m，多年平均流量20.53m^3/s。

始丰溪支流60多条，在天台县境内40多条，其中年均流量在1m^3/s以下的有苍山倒溪、三茅溪、小溪坑、崔岙溪和雷马溪等5条。

始丰溪不但为沿江城市供水、农田灌溉等工农业生产提供水源，并有丰富的水电开发资源。据水电部门普查统计，水力资源理论蕴藏量为11.59万千瓦，其中，有开发价值的7.5万千瓦，目前已建成大中小型水电站124座，装机容量为2.21万千瓦，年发电量达6074万度，国家重点项目、投资达53亿元的桐柏抽水蓄能电站正在建设。已建成各类水库234座，大型水库里石门总库容达19 900万m^3，小型以上水库控制集水区面积809km^2，占全县总面积的56.9%，蓄水总量28 120万m^3。另建有灌溉干渠72.26km，灌溉面积8 400hm^2，旱涝保收面积5 400hm^2。

1.2　流域自然地理条件

1.2.1　地形地势

始丰溪流域地质构造属华夏陆台闽浙地质北部，主干天台山脉系武夷山仙霞岭中支由西南向东北延伸而来，地貌以切割破碎的山盆地为主要特征。岩石主要为凝灰岩、玄武岩花岗岩和流纹岩等岩浆岩，约占流域面积的3/4以上。整个地势以东北、西北、西南较高东南较低，地形复杂，山峦起伏。有山峰260座，其中800m以下的有141座，以上的有15座。东面苍山顶海拔1 113.4m，南面小大雷山海拔高1 144m，西面大水坑尖海拔高1 019.6m，北面华顶峰海拔高1 098m。流域中部为河谷平原，海拔50～120m，称天台盆地，村庄密集，沟渠密布，土壤肥沃，交通便利，是全县主要的农业产区和人口集聚区。

1.2.2 气候

流域属中亚热带季风气候区，并受局部地形的影响，夏季相对长而热，冬季相对长而冷总的气候特点为四季分明、雨水充沛、光能充裕、热量充足。年平均温度16.8℃，最冷月1月平均气温为5℃，极端最低气温为-9.1℃，最热月7月平均气温为28.3C，极端最高气温为41.7℃。多年平均降水量为1 320.5mm，平均年降水天数为160.2d。水热时空分布不平衡，春季雨日较多，夏季暴雨集中，冬季雨量偏少。7～9月气温高，日照强，蒸发量大，8～9月间，台风比较频繁，虽对生产有一定的破坏性，但台风雨也缓和了干旱。1～2月，气温较低，雨雪较多。≥10℃的活动积温为5 291.8℃，年平均无霜期为234d。

1.2.3 土壤

由于地形复杂、地表岩相和成土母质多样土壤类型丰富，其中山地土壤一般比较肥厚，适宜各种林木生长，具有发展林木的潜在优势。根据土壤普查结果，有5个土类，10个亚类。

黄壤土：约占流域面积13%，主要分布在600～800m以上的山地，成土母质基本上是酸性火山岩的风化残积坡积物。由于地势较高，气温低，湿度大，有机质积累多，潜在养分丰富，pH值4.8～6.3，有机质含量5.78%，全氮含量0.29%，是一种比较好的森林土壤，适合各种用材树种和毛竹的生长。

红壤土：约占流域面积的61.7%，主要分布在海拔600～800m以下的低山、丘陵地区，pH值4.9～6.2，有机质含量1.77%，全氮含量0.09%。

岩性土：约占流域面积的4%，主要分布在流域的北部。

潮土：约占流域面积的3.3%，主要分布在溪流两岸河漫滩地和河谷阶地上。

水稻土：约占流域面积的18%，主要分布在天台盆地河谷平原地带，是天台县主要的农业土壤。

1.2.4 森林植被

森林植被属中亚热带常绿阔叶林北部亚热带，浙闽山丘甜槠、木荷林植被区，天台山、括苍山、山地岛屿植被连片，植被类型和区系成分比较复杂。主要建群种，乔木为樟科、冬青科、槭树科、山茶科、山矾科、金缕梅科、木兰科和壳斗科；灌木为杜鹃科、忍冬科、豆科、蔷薇科、紫金牛科、茜草科等。由于受到人为的干扰，地带性植被常绿阔叶林大部分为松、杉、竹、茶、果等人工植被所替代，保留下来的常绿阔叶林，亦多属次生残林，主要分布在交通不便的偏僻深山区和国家森林公园、名胜古迹等地。

森林植被型有常绿阔叶林、常绿落叶阔叶混交林、针阔混交林、暖性针叶林、温性针叶林、竹林、山顶苔藓矮曲林、灌丛等8个植被型。

1.2.5 野生动物

历史上天台森林植被较好，野生动物种类较多，20世纪60～70年代植被资源破坏严重，野生动物种类和资源日益减少。现存野生动物种类以东洋界动物区系占多数，主要有兽类、鸟类、爬行类、两栖类、鱼类和昆虫。

兽类：全县共有兽类 7 目 19 科 47 种，列为国家保护的有 11 种，其中属国家一类保护的有豹、云豹和华南虎（1956 年曾发现）3 种。

鸟类：共有 16 目 40 科 174 种，大部分为候鸟，属国家一类保护的鸟类有白颈长尾雉 1 种。

爬行类：共有 3 科 54 种，属省级保护的有 4 种。

两栖类：主要有 5 科 19 种，属省级保护的有 1 种。

鱼类：山溪鱼类较多，有 7 目 17 科 44 属 55 种。

昆虫：森林昆虫有 13 目 88 科 708 种。其中，昆虫天敌有 8 目，24 科，71 种；农作物昆虫有 14 目，76 科，177 种，其中，昆虫天敌有 4 目，30 科，42 种。

1.3 流域社会经济状况

始丰溪流域涉及 12 个乡镇（含街道办事处），面积 1 180km^2，占全县总面积的 82. 4%，人口 49. 9 万，占全县人口总数 55. 52 万的 89. 9%，劳动力 28 万人。国民经济总值 474 289 万元，其中，工业产值 203 934万元，农业产值 53 551万元，人均收入 4 134元。

流域土地总面积为 111 154hm^2，其中，林地面积 69 533hm^2，占流域总面积的 62. 6%耕地面积 10 706hm^2，占 9. 6%，其他 30 915hm^2，占 27. 8%。

2 生态建设状况与存在问题

2.1 生态建设状况

始丰溪是天台县的主要河流，也是工农业生产的主要水源，县政府和沿江各乡镇政府（街道）一直重视流域生态建设，并将流域生态建设作为天台县“生态名县”战略思想的建设重点。

2.1.1 林业生态建设

多年来，林业生态建设一直是流域生态建设的重点。特别是近些年来，分别实施了长防林工程、退耕还林工程、绿色通道工程。共造林 2 693hm^2、封山育林 30 168hm^2。目前，在 69 533hm^2 的林地面积中，有林地 60 021hm^2，占 86. 3%；疏林地 108hm^2，占 0. 2%；灌木林地 6 424hm^2，占 9. 2%；苗圃地 7hm^2，占 0%；未成林造林地 322hm^2，占 0. 5%；无立木林地 1 165hm^2，占 1. 7%：宜林地 1 477hm^2，占 2. 1%。林木蓄积 130. 2 万 m^3，森林覆盖率 54. 0%。100 年以上的古树名木 7 471株。根据林地分类区划，省级公益林面积 21 432hm^2，占 30. 8%；地、县（市）级公益林 8 551hm^2，占 12. 3%；商品林 39 550hm^2，占 56. 9%。其中，省级重点公益林的管护得到了全面的落实。

2.1.2 农业生态建设

一是改变传统的农业生产模式，通过无公害蔬菜示范基地建设，带动绿色农业的发展。目前已建立了 5 个蔬菜、花木生产基地计 110hm^2，极大地促进了绿色农业的发展，大量地减少了化肥、农药等的使用。二是通过移民建镇将祖辈居住在生产、生活条件均较差的农户就近安置到中心城镇，既改善了农户的长期家庭生活条件困难的局面，也使迁出地的生态得到了有效的恢复。目前，已安置移民 1 096户计 4 380人。

2.1.3 水利设施建设

通过对在始丰溪两岸侵蚀严重的地段衬砌防洪堤、山塘水库除险加固、灌渠防渗衬砌提水设施建设以及水电站建设，大力提高了始丰溪的防洪、蓄水、发电以及生产生活用水供应等的能力。

2.1.4 污染排放

通过对流域内橡胶、产业用布、药化等数十家企业的污染整治，有效地减少了工业企业的污染源的排放量，使流域的生态质量有了显著的提高。

2.2 当前生态建设中存在的主要问题

虽然始丰溪流域生态建设取得了一定的成效，生态质量总体上有了一定的提高，但仍然存在着有待解决的问题。

一是树种结构单一。在 69 533hm^2 有林地中，93.1%为松林，杉木、柳杉 6.5%，阔叶林只占 0.4%，森林植被总体质量不高，松毛虫等为害较严重，周边县市发生的松材线虫病也直接威胁着天台县。

二是传统的种、养殖业仍占有 90%以上比重全县农作物播种面积 37 224hm^2，化肥、农药的使用量仍有待下降，据县统计部门 2003 年提供的数据，全县化肥施用量 18 222t，农药使用量 474t，部分农药如氧化乐果、呋喃丹等属于限制使用。养殖业中主要的生猪和家禽年末存栏数分别为 21 万头和 58 万羽，部分是规模养殖，但也基本达不到无害化处理的要求。水产养殖污染也是不可忽视的因素。

三是工业企业所排放的工业污水和废气仍形成了比较显著的生态影响。据县环保部门提供的数据，2004 年地表水监测分析表明总体水质有一定下降趋势，尤其是始丰溪下游水质有恶化趋势。水体污染特征为有机型。主要污染因子有总磷、氨氮、高锰酸盐指数等，达不到功能区要求的河段长度为 39.7%；大气中二氧化硫、二氧化氮、总悬浮颗粒略有上升，降水 pH 值年均值为 5.09，全年酸雨率 87.5%，酸雨等级为Ⅳ级，属较重酸雨区；全县排污企业 81 家，废气排放最多的热电、药化和橡胶制品业共 14 家，排放污染物 83 305万标 m^3，占总数的 96.1%；废水排放最多的饮料、医药和交通运输设备制造业共 12 家，废水排放量 223 万 t/年，占总数的 76.1%，2003 年由于废水排放导致始丰溪下游出现大量鱼类死亡现象。

四是非法采石、采矿、采沙挖土等破坏植被现象时有发生。近几年来，全县采石、采矿等林地报批的有 40 多家，未报批的有 10 多家，面积有 12hm^2，部分工程和乡村道路建设，林地占用现象也很突出。由于沙石资源的日益短缺，在全县主流长 68.5km 的始丰溪河床不同程度地取沙导致植被、湿地严重破坏，水体的纳污容量降低，水体的净化作用和稀释功能减弱。

3 生态建设对策

3.1 加强宣传，提高人们的生态意识

生态意识不高是人们为害生态的主要原因，因此，需要大力加强生态保护的宣传，提高人们的生态意识。在宣传广度上，要动员社会各方面的力量，包括政府和民间的资源，开展宣传活动；在宣传对象上，要覆盖各个方面，不留宣传死角，特别是那些直接影响生态的部门、行业、企业等；宣传方式上，采取广播电视、报纸、宣传活动相结合的方式；在宣传内容上，既包括国家和地方的有关法律法规规章，如《中华人民共和国森林法》《中华人民共和国环境保护法》《中华人民共和国水土保持法》等，也包括各种有关的方针政策、制度、生态理念、生态知识、生态规划等。通过宣传使人们对体制认知、自然认知、生态认知不断加强，以全面促进人们生态文明程度的提高，确保生态建设的顺利实施和保障成果，最终实现生态安全和流域的可持续发展。

3.2　强化依法监管，减少破坏生态活动

新时期的生态工作对我们提出了新的要求，已不再是单一部门的环境监管，而是要发挥更多的综合管理职能。必须用大生态的观念来统揽全局工作，在对整个生态实行监督管理中，必须紧紧围绕经济发展的大局，综合考虑问题。在项目的建设和管理上要逐步理顺与计划、规划、经贸、建设、工商等部门的关系，在项目布局和审批上，严格按照建设项目程序。严把环境影响评价关，使重大发展规划、重点建设项目符合生态建设的要求。切实加强对林地、湿地的管理，保护森林资源、野生动植物资源的安全，坚决打击乱占林地、乱砍滥伐、乱捕滥猎的非法犯罪活动。认真做好重点工业污染源的监督管理，以“达标排放”为前提，开展多层次多形式的高密度督查，有力打击企业的环境违法行为，努力遏制工业污染“回潮”反弹，逐步减少污染源的排放。依靠科技创新实现监督手段的信息化，不断提高污染源的远程动态监控能力，完善污染源管理制度，实施污染源长效管理，实现所有污染源稳定达标。结合流域环境纳污容量和污染物排放总量开展区域、流域环境综合整治，摸索总量控制手段，确保始丰溪流域生态质量的不断改善。

3.3　加强林业生态建设，提高森林生态功能

林业是生态建设的主体。要提高始丰溪流域的生态质量，必须加强林业生态建设，发挥林业在生态建设中的主体作用。

第一，要贯彻实施森林分类经营的精神，大力加强流域内生态公益林特别是省级重点公益林的建设，根据所安排的资金做好管护工作。

第二，多方筹集资金，采用多种所有制形式，大力植树造林使无立木林地和宜林地短期内得以绿化。

第三，积极开展现有林分的经营管理工作，加大低产林分的更新改造，调整树种结构，引导成为地带性植被的阔叶林或针阔混交林，提高林分的稳定性和质量。

第四，加强林地资源和林木资源的保护，坚决制止非法占用林地、毁林开荒、毁林采沙采石等的非法行为。通过以上措施，提高森林覆盖率和林分质量，进而提高森林植被的水土保持、水源涵养能力，并提高流域的生态质量。

3.4　大力发展生态农业，优化农业产业结构

在台州市的区划中，天台县始丰溪流域属台州西北水源涵养与旅游生态功能区，水源涵养与生态旅游是主导生态功能，由此必须把始丰溪流域的生态建设放在更加突出的位置，紧紧围绕（天台）生态县建设这一目标，找准切入点，创新工作思路，充分利用自然资源丰富、文化底蕴深厚的生态优势，全面实施“生态名县”战略，建设以循环经济为核心的生态经济体系，树立以绿色优质资源、绿色产业群为主要特征的绿色产业大县总体形象。为此，必须解决畜禽养殖污染、农田种植、水产养殖等农业面源问题，通过实施科学施肥，配

方施肥推广农作物病虫害综合防治等绿色农业技术减少农药、化肥等水体污染物的使用。进一步扩大绿色种植、养殖规模，以绿色农产品作为农业结构和布局的调整方向，大力推广无公害农产品、绿色农产品和有机食品的生产，以创建基地为依托，以项目为支撑，根据地理条件和资源优势，合理区划，形成规模，以此启动生态农业的联片开发。大力推进绿色农产品产加销一条龙、贸工农一体化经营，重点实施以“名优特”产品为龙头的名牌优质战略，抓好生态农业示范园区、绿色生态畜牧养殖小区有机水产品养殖基地的建设和绿色、有机食品认证工程。

3.5 大力发展生态工业，大幅减少污染

生态工业是当今工业发展的必由之路，对于流域的生态建设特别是湿地保护具有相当积极的意义。以资源节约型、清洁生产型、生态环保型为导向，调整和优化产业结构，发展低(原料和能源）消耗、无污染或少污染、高科技、循环型的生态工业；建设一批生态型产业园区，整合园区布局，实现产业集聚，发展规模效应；改造具有一定生产规模和经济效益的现有企业，鼓励运用高新适用技术进行技术革新，推行清洁生产，完成末端治理；禁止在非工业用地上兴办企业，在乡村区域鼓励对家庭作坊的整合，向现代化的生态企业方向发展，避免“镇镇建园、遍地污染”的不利局面。

次生幼龄林封山育林后乔木层物种结构变化研究

吴卫阳，吴道圣，张豪杰，柯志军

（浙江省台州市仙居县林业局，仙居　317300）

摘　要：1999 年在浙江省仙居县俞坑村的封山育林区设置 20m×20m 的固定样地 2 块，对连续 5 年的调查数据进行统计分析，以其对次生幼林乔木物种结构变化进行研究。分析结果，乔木层物种丰富度指数增加了 7~11，乔木物种增加了 2~5 科，3~8 属。自然恢复为以壳斗科、杉科、山茶科、樟科、胡桃科、安息香科等物种为建群种或夹建种的次生常绿阔叶林、针阔混交林。

关键词：次生幼龄林；封山育林；乔木层物种；物种多样性；丰富度指数；多样性指数；均匀度指数

次生幼龄林是具有萌蘖更新能力的乔木树种经采伐后自然恢复而成的林分，或原生、次生常绿阔叶林、针阔混交林遭受破坏后经自我恢复形成的天然群落，是森林植被中具有较高物种丰富度指数、多样性指数、均匀度指数的群落。对常绿阔叶林和针阔混交林的采伐迹地、次生幼龄林、灌丛凭借其生态恢复功能进行森林资源培育，也不失为一种投资少、见效快的育林措施。仙居县是典型的山区县，生态区位十分重要，拥有省级生态公益林 4.9 万 hm^2，市、县级生态公益林 2.7 万 hm^2，各级政府、林业主管部门对生态公益建设尤为重视。为总结封山育林较成功的经验，对较具代表性的淡竹乡俞坑村茶园坪一带的生态公益林进行固定样地观察，以期为封山育林工作提供借鉴。

1　研究地概况

调查地位于仙居县淡竹乡俞坑村茶园坪一带，原生或次生的常绿阔叶林、针阔混交林遭受人为破坏后，从 1995 年开始封育。该地段为低山丘陵地，山体较陡峭，砾石含量高，部分地段岩石裸露达 20%以上。海拔 300~600m，坡度 30°，坡位中坡，坡向东北，土壤为红壤类的砾石乌黄泥土，水肥条件较好。枯枝落叶层厚 1~2cm。调查地属亚热带季风气候，雨量充沛，温暖湿润，日照适宜，四季分明；年均气温 17.2℃，极端最低气温-9.9℃，极端最高气温 41.3℃，≥10℃ 年活动积温 5 450.2h，年降水量 1 376.9mm，年日照时数 1 932.6h，年蒸发量 1 260.8mm。

2　研究方法

2.1　样地设置

1999 年 12 月，在茶园坪选择具有代表性的样地 2 块，一块是常绿阔叶树的次生幼龄林，一块是针阔混交的次生幼龄林，2 块固定样地的林龄较相似。样地面积 20m×30m，边界的四角采用水泥桩定界。

2.2　样地调查

自 1999 年 12 月底开始至 2003 年 12 月底止，每年对固定样地内的胸径在 5cm 以上的立木作每木调查，一桩多株的其胸径在 5cm 以上的则作为单独一株来调查，分别量取胸径、树高、枝下高和冠幅。

2.3 资料统计

对连续 5 年的调查数据进行整理归类，统计 1999 年 12 月底、2003 年 12 月底固定样地内乔木层立木数及物种变化情况，各径阶立木的分布、结构状况。采用小径木标准为：胸径 6~10cm，中径木标准：胸径 12~16cm，大径木标准：胸径 18cm 以上。计算乔木层物种丰富度指数、多样性指数、均匀度指数。其公式为：

物种丰富度指数：S=出现在样地内的物种数　(1)

多样性指数：Simpsom 指数：$D = 1 - \sum_{i=1}^{s} \frac{Ni(Ni-1)}{N(N-1)}$　(2)

Shannon-Wiener 指数：$H = -\sum_{i=1}^{s} Pi\ln Pi$　(3)

均匀度指数：

Pielou 均匀度指数：$Jsw = \frac{-\sum Pi\log Pi}{\log s}$　(4)

Alatalo 均匀度指数：

$$Ea = \frac{(\sum Pi2) - 1}{Exp(-\sum Pi\ln Pi) - 1} \quad (5)$$

上述 5 个公式中：$Pi=Ni/N$，N 是指所有物种的个体数，Ni 是第 i 个物种的个体数，S 是物种数，Pi 是第 i 物种的相对个体数。

3 结果与分析

3.1 乔木层物种组成

从表 1 和表 2 得知，次生幼龄林封育 5 年后，Ⅰ号固定样地乔木层物种从 7 科、8 属 9 种增加到 1 科、16 属 20 种。Ⅱ号固定样地从 14 科、18 属 19 种增加到 16 科、21 属 26 种。2 块样地乔木层物种数量分别增加了 122.2%，36.8%，而科、属的物种增加分别为 85.7%、100%及 14.3%、16.7%。乔木层的物种组成：Ⅰ号固定样地自然恢复为以杉科、壳斗科、山茶科、梧桐科、安息香科等物种为建群种或共建种的针阔混交林；Ⅱ号固定样地自然演替为以壳斗科为建群种，以杉科、山茶科、樟科、胡桃科等树种为共建种的常绿阔叶林。

表 1　Ⅰ号样地封育前后乔木层物种科、属、种的变化

1999 年 12 月				
科名		属名		种名
漆树科	Anacardiaceae	漆树属	*Toxicodendron*	野漆
		盐肤木属	*Rhus*	盐肤木
杉科	Taxodiaceae	杉木属	*Cunninghamia*	杉木

（续表）

科名		属名		种名
1999 年 12 月				
壳斗科	Fagaceae	栲属	*Castanopsis*	苦槠、甜槠
山茶科	Theaceae	木荷属	*Schima*	木荷
安息香科	Styracaceae	拟赤杨属	*Alniphyllum*	拟赤杨
梧桐科	Sterculiaceae	梧桐属	*Firmiana*	梧桐
山矾科	Symplocaceae	山矾属	*Smplocos*	老鼠矢
7 科		8 属		9 种
2003 年 12 月				
科名		属名		种名
漆树科	Anacardiaceae	漆树属	*Toxicodendron*	野漆
		盐肤木属	*Rhus*	盐肤木
杉科	Taxodiaceae	杉木属	*Cunninghamia*	杉木
壳斗科	Fagaceae	栲属	*Castanopsis*	苦槠、甜槠
		栎属	*Quercus*	乌冈栎、白栎
山茶科	Theaceae	木荷属	*Schima*	木荷
安息香科	Styracaceae	拟赤杨属	*Alniphyllum*	拟赤杨
梧桐科	Sterculiaceae	梧桐属	*Firmiana*	梧桐
山矾科	Symplocaceae	山矾属	*Smplocos*	老鼠矢、羊舌树
杜英科	Elaeocarpaceae	杜英属	*Elaeocarpus*	中华杜英
金缕梅科	Hamamelidaceae	枫香树属	*Liquidambar*	枫香
樟科润	Lauraceae	木姜子属	*Litsea*	山苍子
		楠属	*Machilus*	红楠、华东楠
胡桃科	Juglandaceae	化香树属	*Platycarya*	化香树
豆科	Leguminosae	黄檀属	*Dalbergia*	黄檀
柿科	Ebenaceae	柿属	*Diospyros*	野柿
13 科		16 属		20 种

表 2　Ⅱ号样地封育前后乔木层物种科、属、种的变化

科名		属名		种名
1999 年 12 月				
桑科	Moraceae	构属	*Broussonetia*	构树
壳斗科	Fagaceae	栲属	*Castanopsis*	苦槠、甜槠
		青冈属	*Cyclobalanopsis*	乌冈栎、白栎
		栗属	Castanea	茅栗
山茶科	Theaceae	木荷属	*Schima*	木荷
杉科	Taxodiaceae	杉木属	*Cunninghamia*	杉木

（续表）

1999 年 12 月				
科名		属名		种名
杨梅科	Myricaceae	杨梅属	*Myrica*	杨梅
胡桃科	Juglandaceae	化香树属	*Platycarya*	化香树
漆树科	Anacardiaceae	漆树属	*Toxicodendron*	野漆
		南酸枣属	*Choerospondias*	南酸枣
豆科	Leguminosae	山合欢属	*Albizia*	合欢
苦木科	Simaroubaceae	臭椿属	*Ailanthus*	臭椿
山茱萸科	Cornaceae	株木属	*Cornus*	四照花
棒科	Lauraceae	檫木属	*Sassafras*	檫树
		润楠属	*Machilus*	红楠
安息香科	Styracaceae	拟赤杨属	*Alniphyllum*	拟赤杨
山矾科	Symplocaceae	山矾属	*Symplocos*	羊舌树
蔷薇科	Rosaceae	李属	*Prunus*	浙闽樱
14 科		18 属		19 种

2003 年 12 月				
科名		属名		种名
桑科	Moraceae	构属	*Broussonetia*	构树
壳斗科	Fagaceae	栲属	*Castanopsis*	苦槠、甜槠、南岭栲、栲树
		青冈属	*Cyclobalanopsis*	云山青冈、青冈栎、细叶青冈
		栗属	*Castanea*	茅栗
山茶科	Theaceae	木荷属	*Schima*	木荷
杉科	Taxodiaceae	杉木属	*Cunninghamia*	杉木
杨梅科	Myricaceae	杨梅属	*Myrica*	杨梅
胡桃科	Juglandaceae	化香属	*Platycarya*	化香
漆树科	Anacardiaceae	漆树属	*Toxicodendron*	野漆
		南酸枣属	*Choerospondias*	南酸枣
豆科	Leguminosae	山合欢属	*Albizia*	合欢
苦木科	Simaroubaceae	臭椿属	*Ailanthus*	臭椿
山茱萸科	Cornaceae	株木属	*Cornus*	四照花
棒科	Lauraceae	檫木属	*Sassafras*	檫树
		润楠属	*Machilus*	红楠
		木姜子属	*Litsea*	山苍子
安息香科	Styracaceae	拟赤杨属	*Alniphyllum*	拟赤杨
山矾科	Symplocaceae	山矾属	*Symplocos*	羊舌树
蔷薇科	Rosaceae	李属	*Prunus*	浙闽樱
虎耳草科	Saxifragaceae	鼠刺属	*Ltea*	巨型叶鼠刺
冬青科	Aquifoliaceae	冬青属	*Ilex*	冬青
14 科		18 属		19 种

3.2 立木分布结构

从表 3 和表 4 得知：I 号固定样地的乔木层立木从 57 株增加到 121 株，5 年观察期立木数增幅达 112.3%；II 号固定样地乔木层立木从 80 株增加到 174 株，增幅达 117.5%。各径阶立木分布：I 号固定样地调查观察始期小径木占 78.95%，中径木占 19.30%，大径木占 1.75%；调查观察终期小径木占 78.51%，中径木占 19.84%，大径木占 1.65%。II 号固定样地调查观察始期小径木占 92.50%，中径木占 7.5%；调查观察终期小径木占 95.40%，中径木占 4.03%，大径木占 0.57%。群落内各径阶立木分布结构：小径木、中径木、大径木随径阶的增大而急剧减少，其减少速率几乎成几何级数迅速下降，各径阶立木呈“金字塔”结构，小径木构成“金字塔”的塔基，中径木构成“金字塔”的塔身，大径木构成“金字塔”的塔尖，群落处于较稳定状态。

表 3　I 号样地各径阶立木分布

1999 年 12 月

物种	径阶（cm）							小计（株）
	6	8	10	12	14	16	18	
野漆	1							1
杉木	10	9	11	6	4	1	1	42
苦槠	2	1						3
木荷	3							3
梧桐	3							3
甜槠	1							1
拟刺杨	1							1
老鼠矢	1							1
盐肤木	2							2
合计								57

2003 年 12 月

物种	径阶（cm）								小计（株）
	6	8	10	12	14	16	18	20	
野漆	1								1
杉木	13	10	12	12	7	5	1	1	61
苦槠	1	1	1						3
木荷	4	3							7
梧桐	2	3							5
甜槠	7	1							8
拟刺杨	3	2							5
老鼠矢	2								2
盐肤木	2	2							4
中华杜英	2								2

（续表）

物种	径阶（cm）								小计（株）
2003 年 12 月									
	6	8	10	12	14	16	18	20	
乌冈栎	7								7
枫香	4								4
羊舌树	1								1
山苍子	3								3
野柿	3								3
白栎	1								1
华东楠	1								1
红楠	1								1
黄檀	1								1
化香	1								1
合计									121

3.3 乔木层物种多样性组成变化

从表 5 得知，2 块固定样地从调查观察始期到终止期，物种丰富度指数从 9、19 增加到 20、26 观察期内物种丰富度指数增加了 11、7。I 号固定样地乔木层物种 Simpson 指数、Shannon-Wiener 指数、Pielou 指数、Alatalo 指数，从调查观察始期到终止期各种指数增幅各为：61.22%、86.16%、36.22%、48.57%；而Ⅱ号固定样地调查观察始期到终止期其 Simpson 指数、Shannon-Wiener 指数、Pielou 指数、Alatalo 指数增幅较少，基本上处于较稳定状态。分析认为：I 号固定样地调查观察开始时乔木层物种较少，观察终止时乔木层物种增加 11，增幅高达 122.22%，翻了一番多，因此其乔木层多样性指数、均匀度指数有一个较大的上升幅度；而Ⅱ号固定样地整个观察期，乔木层物种增幅只有 36.84%，因而其物种多样性指数、均匀度指数仍处于一种较稳定状态。2 块固定样地 5 年内乔木层物种丰富度指数增加 11、7，说明其群落灌木层内有着较多的乔木树种，单位面积立木密度较高。

表 4　Ⅱ号样地各径阶立木分布

物种	径阶（cm）								小计（株）
1999 年 12 月									
	6	8	10	12	14	16	18	20	
甜槠	4	2							
青冈栎	5	4							6
野漆	2	1							3
化香	4	3							7
杉木	7	6		3		2			18
山合欢		1							1

（续表）

1999 年 12 月

物种	径阶（cm）							小计（株）
	6	8	10	12	14	16	18	20	
木荷	5								5
四照花	1								1
苦槠	1	2							3
南酸枣			1						1
臭椿	2								2
檫树		1							1
拟赤杨	1	3							4
杨梅	1	1							2
红楠	3								3
羊舌树	1								1
浙闽樱	1								1
构树	1								1
茅栗	3	6	1	1					11
合计									80

2003 年 12 月

物种	径阶（cm）								小计（株）
	6	8	10	12	14	16	18	20	
甜槠	9	3	2						14
青冈栎	33	5	4						42
野漆	3	1	1						5
化香	4	3	3						10
杉木	3	5	5		2			1	16
山合欢			1						1
木荷	6	5		2					13
四照花		1							1
苦槠	8	2	1						11
南酸枣						1			1
臭椿	1	1							2
檫树					1				1
拟赤杨	2	2	3						7
杨梅	2		1						3
红楠	5	4							9
羊舌树		1							1

（续表）

物种	径阶（cm）								小计（株）
2003 年 12 月									
	6	8	10	12	14	16	18	20	
浙闽樱	1	1							2
构树	1								1
茅栗	4	2	7		1				14
冬青	5	1							6
云山青冈	3	2							5
细叶青冈	4								4
栲树	1								1
南岭栲	2								2
巨型叶鼠刺	1								1
山苍子	1								1
合计									174

4 问题讨论

第一，乔木层物种多样性指数增幅较大的原因。次生幼龄林多为具有萌蘖更新能力的阔叶树种经采伐后自然恢复而成的一种林分，萌蘖丛亦具有较高的物种多样性指数。经封育，萌蘖条不断地达到检尺标准后，乔木层物种的各类多样性指数也随着增高，随着封育的延续，某些灌木树种也将形成乔木。所以由次生幼龄林封育后形成的次生性常绿阔叶林和针阔混交林乔木层各类多样性指数较高。

第二，对针阔混交林、常绿阔叶林各项指数增幅不同的针阔混交林乔木层物种丰富度指数比常绿阔叶林要低 6~10 种。以上 2 种次生林经封育后，针阔混交林乔木层物种丰富度指数、多样性指数、均匀性指数增幅明显高于次生常绿阔叶林。其原因是次生性常绿阔叶林已基本处于较稳定状态，其生态效益亦处于较佳水平。次生性常绿阔叶林乔木层各类指数增幅越少其相对稳定性越高。

第三，封山育林应进行必要的人工补植常绿阔叶林、针阔混交林采伐迹地的封山育林要视其伐桩的萌蘖更新能力及伐桩分布情况，根据经营目的及土壤条件进行综合考虑，适当补植常绿阔叶乔木树种或补植占林木总株数 10%~20%的针叶树种。选用 4 种以上树种，采用配苗法混交造林，避免机械混交的不足，使每个树种在林地上分布较均匀，增进景观效益。

第四，抚育间伐次生幼龄林、灌丛、常绿阔叶林和针阔混交林的采伐迹地经人为适当的干预（补植、适当控制杂草）而进行封山育林，在做好保护（防火、防病虫害、防偷盗）的前提下，任其自然演替。当幼龄林郁闭度达到 0.85 时，群落开始自然稀疏适时进行间伐抚育。间伐后郁闭度或覆盖度控制在 0.7 左右，林冠的第一层面不能有较大破损，为保留木提供良好的生态位，促使保留木快速生长，提高林分（群落）的质量、生长量和总蓄积量，使之处于较稳定状态，最终实现森林生态系统的全面恢复。

路桥区沿海防护林体系建设工程发展规划探讨

吴才华

（浙江省台州市路桥区林特总站，台州 318050）

摘　要：通过对路桥区沿海防护林体系3个不同建设阶段现状分析，探讨了在建设过程中存在的规划编制不够全面、管护力度不够、树种选择欠科学、绿化不匀、资金投入不足等问题。根据路桥的地理区域特点，因地制宜地提出3个不同类型建设重点及科学编制规划、提高绿化意识、加强队伍建设、加大管护力度、增加资金投入等建设措施。

关键词：路桥区；海防林；工程；规划

1　路桥区沿海防护林体系建设现状

路桥地处浙江中部沿海，我国黄金海岸中段；陆地东西最长33.3km，南北最宽18.8km；内陆总面积274km^2。全区背山面海，低山丘陵与平原相间；沿海海岸曲折，大陆海岸线长26km；岛屿星罗棋布，有大小岛屿15个；浅海滩涂宽广辽阔，面积达21.33km^2。土壤肥沃，物产丰富，是全国闻名的柑橘、枇杷之乡。全区林业用地面积4 577.53km^2，森林覆盖率达20.5%，林业用地绿化率99.7%。

路桥区于1994年经批准台州撤地建市设区以来，先后获得“浙江枇杷之乡”，“中国枇杷之乡”，“全国平原绿化先进县”和“浙江省高标准平原绿化县”称号。沿海防护林体系工程建设，从宜林荒山灭荒、平原绿化和沿海防护林建设向森林生态、林业产业、林业保障三大体系转变，经过了3个发展阶段。

1.1　基本建设阶段

1994年，路桥区在如期完成“灭荒”任务后，开展了以改善平原地区生态环境为主的平原绿化工作。经过5年建设，初步形成一个以海岸基干林带、河流、公路防护林为基本骨架，以小河岸绿化为特色，村庄绿化、城镇绿化、农田防护林网共同发展的综合性绿化体系格局。全区森林覆盖率从15.9%提高到19.3%，主干线绿化绿化率66.7%，农田林网控制率59.4%，1997年，通过平原绿化初级达标验收，1998年，建成全国绿化村1个，省级绿色小城镇2个，市级绿色小城镇2个。平原农区农田林网化已基本建成，有效地保障了农业生产的高产稳产，减轻了自然灾害的危害，改善了生态环境。

1.2　提高完善阶段

1999年，路桥区编制了《路桥区高标准平原绿化建设总体规划》，启动了路桥区新一轮国土绿化工作。该阶段以营造海岸基干林带为主攻方向，以农田防护林网为重点，以建设经济林基地为目标，以村庄绿化和四旁植树为基点，实行带、片、网、点相结合，加快了路桥区沿海防护林体系建设步伐，海防林工程建设已具规模。截至2003年工程达标，全区森林覆盖率达20.5%，林业用地绿化程度达99.6%，农田林网控制率达95.9%，城镇绿化率达

25.7%，村庄绿化率达27.4%，造林乔木树种达22个。共完成造林更新、低产林改造面积378.2hm^2，其中，绿化海岸基干林带长15km，农田林网林带长1 113km，通道主干线长100km。初步形成“带、片、网、点”相结合，“乔、灌、花、草”相搭配的多林种、多树种、多功能的海防林体系，社会效益和生态效益明显提高。

1.3 生态保护与产业发展阶段

2003年，高标准平原绿化达标后，路桥的林业工作重点从平原绿化转移到山上和村庄并重的绿化美化上来。从2004年开始，全区全面实施生物防火林带暨阔叶林发展工程、“绿化示范村”创建和高效林业产业发展等工作。共营造生物防火林带暨针叶林阔叶化改造面积340hm^2；创建2个省级和11个市级绿化示范村，55个市级花园式单位；建立省级“森林食品基地”1个，建立无公害食品基地3个，申报批准“绿色食品”5个，注册“桐屿”牌枇杷、“浙藤”牌葡萄等一批有较高知名度的品牌商标，制订路桥区枇杷地方系列标准，建立15家林业专业合作社，全面落实重点公益林补偿基金制度。林业生态保护与林业产业发展已全面展开。

2 路桥区沿海防护林体系建设存在的问题

2.1 规划编制不够全面，缺少合理的建设布局

路桥区沿海防护林工程建设，一直按照平原绿化发展规划来组织实施，在编制工程规划时，主要突出了海岸基干林带、农田林网建设和荒山绿化，而忽视了滨海湿地的保护管理和城乡绿化一体化等方面的内容。在工程规划执行中，更是把沿海防护林简化为基干林带与滩涂绿化建设。没有真正形成从滨海湿地到海岸基干林带、城乡防护林网、村庄绿化与低效林改造这样一个多层次，相互衔接的复合型防护林体系，在一定程度上制约了整个海防林体系建设的协调发展，造成在建设过程中不能很好地相衔接。

2.2 管护力度不够，林带保存率不高

路桥海防林体系建设重点都处在人们活动频繁地区，工程实施后极容易遭到人类活动的影响和破坏。在沿海地区，由于滩涂养殖效益的逐年提高，在防护林体系内毁林种植，围涂养鱼养虾现象较突出；在农田林区，部分民众绿化意识淡薄，加上农田林网的乔木树种局部遮荫问题，造成人为破坏严重；在丘陵山地，在国家严格保护基本农田后，有些地方把建设用地转向了丘陵缓坡地，这对海防林的保护和发展带来了严峻的挑战。

2.3 绿化树种选择欠科学，难以很好地发挥应有的功能作用

城镇范围内高档次、高品位的绿化数量不多，除城区外，各镇普遍存在着树种单一、结构简单的问题，造成景观雷同，缺乏季相、林相变化及自成景观特色。特别在农业示范园，以大叶黄杨、桧柏、紫薇等灌木树种作农田骨干防护林带更是普遍。根本不具备抵御风、旱、寒等自然灾害的能力和改善农区气候和生产条件，也不能对农田起到保护作用，生态系统稳定性差，致使防护功能先天不足。

2.4 城镇村庄绿化不匀，缺乏相应的生产与防护绿地

各城镇绿化水平高低不一，差距甚远，绿化水平高的超过了30%，绿化水平低的不到10%。从绿化类型看，缺少用于减轻废气污水、尘埃、噪声等污染作用的防护绿地与用于居民义务植树、休闲休憩等功能性绿地。一方面老村庄在拆建过程中对大树古树没有很好地保

留，老宅基地改造时把乡土树种全面伐除；另一方面新村庄规划时没有足够的留地用于绿化，已建房屋没有充分利用房前屋后、宅基空地以及道路、池塘、晒场等田头地角进行绿化，部分地区绿化率曾一度呈下降趋势。

2.5 建设资金投入不足，投资方向不够科学

路桥区高标准平原绿化建设以前，全区每年虽有 20 万~30 万元用于绿化建设，但基本上是区级出苗木，镇一级组织人员进行造林，由于监管不力，至使造林投入不足，成活率、保存率较低。高标准平原绿化建设实施以来，每年投入绿化资金已配套到 100 多万元，且全部实行了工程造林，但投入重点还是农田林网和通道绿化，致使低效低产林改造、村庄绿化和封山育林等海防林体系工程其他重点建设，缺少较大的资金投入。

3 路桥区沿海防护林体系建设区划与今后发展方向

路桥地势狭长，背山面海，低山丘陵与平原相间，地势西高东低，区域性地貌明显，根据各区域环境特点，路桥的沿海防护林体系建设，可规划为 3 个不同类型建设重点。

3.1 海沿基干林带与沿海防护林工程

该区域分布在蓬街、金清 2 镇，大陆海岸线长 26km，海岛总面积 893.33hm^2，浅海滩涂、坦地面积 2 133.33hm^2；正在实施的海涂围垦两个，围垦面积 2 800hm^2，新建标准海塘 20km。本区域地处海岸，根据自然环境特点及农业生产的特殊性，在海沿基干林带建设时，主要的建设目的是防台风、防海潮、保护农田、防止水土流失等。主要营造方式，通过对泥质海岸之潜在宜林地进行地形改造、土壤改良，进行人工造林，营造基干防护林带、片林。具体建设措施，在海堤和潮汐带之间营造消浪林，可栽植秋茄、苦槛蓝等用于消浪、促淤、护塘的红树林；塘内则应种木麻黄、女贞、桉树等树种组成的护沟、护路、农田保护等林带。

3.2 村庄绿化与平原农田林网工程

该区域包括全区 6 个街道 4 个镇，301 个行政村，是村庄绿化与平原农田林网工程建设的重点，区域内河道密布，阡陌纵横，土地肥沃，光热条件好，路、河、渠、堤体系完善，是农业和农村现代化建设的重点，也是路桥当前社会主义新农村建设“建设全面小康村，推进城乡一体”工程具体实施对象。主要的建设项目有以下几方面。

3.2.1 村庄绿化

创建对象是全区 301 个行政村，创建目标是结合路桥“建设全面小康村，推进城乡一体化”工程，改善农村地区的生态环境和提高村民生活质量；创建目的是增加村庄绿量，健全村庄绿化系统，优化村庄绿化布局，构筑多树种、多层次、多功能的村庄森林植被生态系统，为建设小康社会、实现农村现代化提供环境支撑。创建方式是通过人工造林的方式，对村庄中心村建成区宜绿化地段营造景观林、片林、经济林，来发展庭园林业经济，构建村庄绿化景观。

3.2.2 平原农区林网绿化

建设范围是全区 58 条主干线，11 410.13hm^2 农田，总建设长度 1 160km，建设面积 582.4hm^2。建设目的是改善田内小气候，减少了水土流失、农作物抗风倒伏，美化环境及增加农民收入等。建设目标是主干线宜林段全部绿化，全区农田林网控制率 95%以上，网

格控制面积在 $200hm^2$ 以下。营造方式是对平原农区路、河、沟、渠、堤等地段宜林地，采用人工造林的方式，营造农田防护林网。

3.2.3 绿色小城镇与花园式单位创建

创建对象是全区 4 个镇和区内机关、企事业单位、居住小区等。建设目标是通过绿色小城镇与花园式单位创建，加快国土绿化步伐，美化城镇和单位环境。建设方式是对规划范围内的街道（道路）、城市公园、公共绿地、单位附属绿地、功能区隔离带等各类宜林地，采用人工造林的方式，营造以乔木树种为主和行道林带、风景林、隔离林带和各类绿地。

3.3 丘陵山地低效林改造与森林抚育工程

该区域包括市“绿心”、区“绿心”全部山地丘陵，涉及城区 6 个街道。主要建设目的是涵养水源、保持水土、保护生物多样性、防止和减轻森林病虫害和森林火灾、维护生态平衡、丰富森林景观等，与封山育林、景观林改造、培育经济林统一规划建设，主要的建设项目有以下 3 个方面。

3.3.1 针叶林阔叶化改造

建设重点为松材线虫病预防与除治、水土流失治理、城镇生态风景区林想改造等。该工程采用封育、补植和造林的方式更新马尾松，局部镶嵌式把马尾松林调整为阔叶林或阔叶树占优势的针阔混交林。在马尾松林下植被丰富，乔木阔叶林树种多的地段，更新松林，封育阔叶林，培育成常绿阔叶林。在马尾松林下植被稀少，立地条件较好的地段，采用人工更新造林，营造阔叶乔木林或生态经济型阔叶树种。

3.3.2 生物防火林带建设

建设重点是在连片针叶林内、山脊线、林缘、道路两侧、坟山四周营造耐火阔叶树种，阻隔或抑制林火蔓延。按不同经营类型分为创建型、改建型和培育型。重点是考虑防火功能、立地条件、林分现状和农业产业结构调整需要，在树种选择、配置时要具有本地特色和较强的可操作性。

3.3.3 生态景观林建设

建设重点是在森林旅游景区整治风景林，调整林相，封育或补植配置各具特色的观赏树种，主要是体现景观效果。在进行景观改造时，要突出自身特点，避免雷同，可创造各自的特色景观，如营造以“市树”“市花”为特色的桂花林、梅花林等。

4 路桥区沿海防护林体系建设应采取的措施

4.1 加强宣传，提高全民绿化意识

绿化美化，意义重大，要充分利用广播、电视、报纸等新闻媒介，采用多种形式向社会广泛宣传绿化与生态环境保护的重要性，争取广大群众和社会各界的共同参与和支持，使广大市民逐步树立起环境意识、绿化意识，从而进一步调动社会各行业参与绿化、美化建设的积极性和自觉性。

4.2 科学编制林业发展规划

各镇（街道）要根据本辖区的地形、地貌、植被、水体以及发展方向等具体情况，科学编制绿化规划，使生态林业建设与城乡一体化、小康社会建设密切结合。在制定城镇绿地规划时应注意 3 点：一是要保护好各地的自然景观，尤其是要保护好现有绿化基础和潜力的

山体、水体；二是各类建设要按规划预留足够的绿化用地；三是在规划城镇景观时，应把绿化作为重要内容。在规划设计基调树种、种类规模、品种搭配和空间布局时，要优先利用乡土树种，适当引进外来优良树种，充分发挥植物多样性的生态功能。

4.3　加大林业保护管理力度

要认真贯彻执行《中华人民共和国森林法》《浙江省城市绿化管理办法》等法律、法规，加强林业行政执法力度，及时有效地制止侵占绿地或占用林地行为。对擅自占用绿地和任意砍伐树木的违法行为，应追究其相应的法律责任。

4.4　要充分挖掘绿化潜力

在巩固现有各类绿地的基础上，充分利用田头地角、房前屋后、山体沟渠等，多渠道兴建公园、广场、街头小游园、绿化带和防护林。加强垂直绿化、屋顶绿化、阳台绿化、窗台绿化建设，提高村庄绿化园林艺术水平，建设完整的山、河、路、堤的风景林带，提高防护功能。

4.5　要重视苗木基地建设

防护林建设需要高质量、多种类的绿化苗木，应加强苗圃、花圃、草圃建设和造林专业队与园林工程公司的培育扶持工作，鼓励和扶植乡村及个人发展、经营苗木生产，提高苗木自给率。

4.6　多渠道筹措资金，增加资金投入

广辟集资渠道，采用认种认养、出售冠名权等办法，筹措海防林建设资金，形成多渠道的业林建设投资体系和完善的管理措施。要坚持谁投资、谁受益原则，鼓励各企业、各单位、乡村和个人投资林业建设和开发林业风景资源。

沿海防护林对农业减灾增产的初步研究及价值核算

王冬米[1]，梁景彬[2]*，卢国耀[1]，何小广[1]，池方河[3]，谢长明[4]

（1. 浙江省台州市林业局，台州　318020；2. 浙江省温岭市农业林业局，温岭　317500；
3. 浙江省玉环县林业特产局，玉环　317600；4. 浙江省路桥区农业林业局，路桥　318050）

摘　要：沿海防护林对农业减灾增产的效益明显，通过对其作用机制的分析研究，核算出沿海防护林对文旦、柑橘、水稻的减灾增产价值分别为26 600（元/hm^2·年）、3 124（元/hm^2·年）、585（元/hm^2·年），台州市沿海防护林对农业减灾增产总价值为9 934（万元/年），平均单位面积农田的增产价值为1 834（元/hm^2·年），并提出减少防护林带的占地和胁地及改善林带林网的结构，是进一步提高沿海防护林对农业减灾增产的主要途径。

关键词：沿海防护林；效益；价值核算；研究；文献标识码

1　自然概况与气象灾害

浙江省台州市地处浙东南中部，东经120°17′~121°56′、北纬28°01′~29°20，是我国沿海淤泥质滩涂的集中分布区之一；属于中亚热带季风气候，具有明显的海洋性气候特征，温暖湿润，雨量充沛，地理位置优越，全市辖9个县（市、区），其中，有6个分布沿海一带，北起三门湾，南至乐清湾，海岸线长1 660km，其中，大陆海岸线长745km，有大小岛屿687个，沿海平原属潮土和水稻土，适宜粮食作物、水果、林木生长，是浙东温台平原重点产粮区和柑橘、文旦集中产地，已开发耕作的农地面积64 963hm^2。

对台州市农业生产影响最大的自然灾害有台风、风暴潮、寒潮、干旱等。本市风速>17m/s的大风50d/年以上，据1951—2004年气象资料统计，对本市有影响的热带风暴、台风共出现171次，平均3.2次/年，1985年6号、1994年17号、2004年14号台风，其最大风力分别达到47.5m/s、54.3m/s和58.7m/s；强台风一般带来强降雨，如1997年11号台风，平均降雨量690mm，最大达到1 012mm。本市属强海潮区之一，多年平均潮差达4.05m，受台风和潮汛的影响，风暴潮常摧毁一线海塘坝，出现坡堤缺口、海水倒灌。低温寒潮经常出现，倒春寒0.2次/年，晚霜冻0.65次/年，寒潮11次/年，对文旦、柑橘生长影响尤为突出。夏秋往往是蒸发量大于降雨量，引起连续性干旱，沿海农田产生“返盐”现象，造成土壤次生盐渍化危害。这些灾害容易引起作物冻害、倒伏，甚至毁灭，果树落花落果，甚至折枝断干、全株枯死。

2　沿海防护林现状

台州市列入国家沿海防护林体系建设的县（市、区）有：台州市椒江区、路桥区、临海市、温岭市、玉环县和三门县6个。新中国成立以来，台州的沿海防护林建设从无到有，从点到面，逐步向纵深推进。特别是20世纪80年代以来，台州相继实施了沿海防护林建设工程、平原绿化工程、高标准平原绿化工程、青年海塘绿化工程、百万亩阔叶林建设工程等，极大地推动了台州市沿海防护林体系建设进程。至2004年底已建成主副林带1万余条，总长度5 820km，其中基干林带1 053km，林带林网面积2 655hm²。农田林网控制面积54 179hm²，占适宜农田林网化面积的83.4%。主林带4~8行，与主风方向构成>45°的交角，带距一般为200m左右。副林带1~2行，带距200~400m。株行距均1.5~2m。林网透风系数一般为0.3~0.6。网格面积3~6hm²，形成窄林带疏透结构（表1）。树种主要有木麻黄、赤桉、四季杨、女贞、白榆、香樟、山杜英、水杉、池杉、中山杉和珊瑚树等40多种。基本形成乔灌结合，多层次、多树种的林农、林果复合生态系统。

表1　沿海防护林防风效益

网格面积（hm^2）	林带高度（m）	林外风速（m/s）	林内风速（m/s）	降低率（%）	地点	测定时间（年/月）
3	12.3	5.4	1.6	70.4	玉环黄泥坎塘	1992/7
6	11.1	3.5	2.3	34.3	温岭东片农场	1991/12

3　沿海防护林对农业减灾增产效益

沿海防护林对农作物和果树具有稳产高产的作用，这种作用主要表现在以下两个方面：一是林网改良土壤、改善周围小气候，为作物生长创造有利条件，这是一种缓慢的持续性的增产效应；二是林网的抗御、削弱灾害性天气的作用，这是一种以防御性为主的减灾稳产效应，而且后者效应比前者更大。

3.1　沿海防护林对农业增产效应

3.1.1　改良土壤

林带因根系吸水具有明显的生物排水作用，从而降低了地下水位，抑制土壤耕作层返盐的过程。此外，防护林树种本身生长需要一部分盐分，也能降低土壤中的含盐量，为耐盐性较差的作物、果树生长创造条件。温岭市田嘴头塘1981年营造木麻黄林带，1990年测定土壤含盐量为0.28%，与造林前含盐量0.52%相比降低了86%，pH值由8.7降到7.5；台州市路桥区对木麻黄林带附近造林前后土壤含盐量测定，也由1982年的0.34%下降到1987年0.24%，下降了30.4%。台州市20世纪80年代围垦的海涂，已适合水稻、小麦、蔬菜等作物生长。另外，木麻黄、刺槐、紫穗槐等树种还具有固氮改土作用。

3.1.2　改善小气候

防护林具有降低风速、减少蒸发、增加湿度、调节温度等作用。林带的屏障和摩擦作用，降低了风速，使网内作物、果树及土表蒸发蒸腾出来的水分能在近地层滞留较长时间，表现出蒸发减少、湿度增大的作用。同时由于林带的存在，影响了林带附近的总辐射，并通过乱流交换作用，使热量收支各分量发生变化，具有减轻林网内高温灼伤和低温冻害的作用。这种作用随着升温和降温强度的增加而增大，从而使林网内作物、果树的物候期比林网外提早（表2）。防护林这种改善小气候作用随着林带结构、林带高度、生长状况及林网化程度不同而有所差异，在一定范围内，林网网格越小，其改善小气候的作用越明显。据测定，小网格的林网内平均风速能降低70.4%，夏季最高气温下降2.3℃，冬春季最低气温升高1.13℃，蒸发量减少38.3%，相对湿度提高2.7%（表3）。

表 2　沿海防护林温度效益

网格面积（hm^2）	林带高度（m）	林外温度（℃）	林内温度（℃）	升降温度（±℃）	地点	测定时间（年/月）
3	12. 3	32. 6	30. 3	−2. 3	玉环黄泥坎塘	1992/7
6	10. 6	22. 8	21. 9	−0. 9	温岭东片农场	1991/6
4	10. 5	11. 84	12. 97	+1. 13	路桥三甲柑场	1991/3
6	11. 1	2. 50	3. 26	+0. 76	温岭东片农场	1991/12

表 3　沿海防护林水文效应（蒸发量和相对湿度）

网格面积（hm^2）	林带高度（m）	林外蒸发量（mm）	林内蒸发量（mm）	减少百分比（%）	林外相对湿度（%）	林内相对湿度（%）	增加百分比（%）	地点	测定时间（年/月）
3	12. 3	4. 7	2. 9	38. 3	86. 8	89. 5	2. 7	玉环黄泥坎塘	蒸发量 1992/7 湿度 1991/3
6	10. 6	4. 23	3. 65	13. 7	82. 4	83. 1	0. 7	温岭东片农场	1991/6

3. 2　沿海防护林对农业减灾稳产效应

据测定，林带能使强台风风速降低 50%～70%，从而减轻台风对作物、果树的为害。0414 号台风“云娜”正面袭击台州时风力达 58. 7m/s，台州农垦场内有完整防护林带保护的柑橘落果率、断枝率和整株倒伏率明显低于无林带保护的柑橘园（表 4），可见防护林网具有较明显的防护效益。当强冷空气南下气温骤然下降时，由于林带能减弱交流、增加能耗，起到保温增温及缓冲温度升降的作用，可削减降温幅度，延长降温时间，削弱低温对作物、果树的危害，从而起到稳产作用。1986 年 2 月 1 次低温影响后，温岭东片农场林网外文旦植株全冻枯，柑橘冻害指数>30. 4%，而林网内几乎未冻害（表 4）。防护林这种稳产作用随着灾害程度的加重而增大。

表 4　沿海农田防护林抗御灾害效益

序号	网格面积（hm^2）	林带高度（m）	灾害因子	林网内受害情况	林网外受害情况	地点	调查时间（年/月）
1	6	6	10 号台风	林网内因台风落谷粒损失合 102. 6kg/hm^2	林网外因台风落谷粒损失合 505. 4kg/hm^2	台州市农垦场	1983/9
2	3	14	11 号台风（7～8）级	文旦无出现危害	文旦平均落果率达 96. 1%，秋梢株折率 8. 7%，梢折率 1. 7%	玉环解放塘	1984/9
3	3	12	6 号台风（>12 级）	文旦落果率小于 15%	文旦平均落果率 60%，13. 3hm^2 文旦只收 6 000kg	玉环长屿塘	1985/7
4	6	8	14 号台风（>12 级）	柑橘落果率 1. 86%	林带缺口处和林网外柑橘落果率分别为 40. 2% 和 45. 8%	温岭东片农场	1986/8

（续表）

序号	网格面积（hm^2）	林带高度（m）	灾害因子	林网内受害情况	林网外受害情况	地点	调查时间（年/月）
5	7	11	11 号台风（>12 级）	柑橘落果率 3.8%	林带缺口处和林网外柑橘落果率分别为 53.6% 和 60.5%	临海市上盘、红星	1997/8
6	4	8.5	14 号台风（>12 级）	柑橘落果率 3.4%，断枝率 1.3%，整株倒伏率 1.8%	柑橘落果率 32.3%，断枝率 12%，整株倒伏率 10%	台州市农垦场	2004/8
7	7	9	低温	文旦、温州蜜柑都没有冻害	文旦植株全部冻枯，温州蜜柑冻害指数大于 30.4%	温岭东片农场	1986/2

3.3 沿海防护林对农业减灾增产的价值核算

根据多点多年观察调查，沿海农田林网对不同种类作物、果树其减灾增产效益是不同的，其中文旦增产效益最明显，达 75.8%，柑橘为 11.7%，而水稻仅 8.3%（表 5）。同时对防护林内外柑橘坐果率和果实品质调查分析表明，温州蜜柑坐果率林网内比林网外提高 6%，单果重林网内比林网外增加 3.4%，并提高了橘果的含糖量 3%，改善了柑橘品质。

表 5　沿海防护林对农业增产效益

类别	林网内产量（t/hm^2）	林网外产量（t/hm^2）	增产量（t/hm^2）	增产率（%）	地点	调查时间（年）
文旦	24.68	14.04	10.64	75.8	玉环解放塘、苔山塘	1997—2001
柑橘	27.02	24.18	2.84	11.7	温岭东片农场路桥区逢街镇	1993—1996
水稻	5.88	5.43	0.45	8.3	台州市农垦场	1991—1995

注：增产率的计算已包括林网占地，林带边缘胁地的因素

现根据测定的沿海农田防护林对农业增产效益，核算台州市沿海农田林网对农业减灾增产的年价值。

3.3.1　核算因子的设定

3.3.1.1　农田林网控制面积

据 2004 年底统计，台州市农田林网控制面积 54 179hm^2，其中，文旦面积 1 800hm^2，柑橘面积 8 200hm^2，水稻等其他作物面积 44 179hm^2。

3.3.1.2　农作物产品价格

据 2004 年产地销售价调查，文旦鲜果平均价格为 2 500 元/t，柑橘鲜果平均价格为 1 100 元/t，稻谷平均价格为 1 300 元/t，其他作物产品价格按稻谷平均价格计算。

3.3.1.3　农作物增产量

农田林网控制范围内的农作物增产量按表 5 中的数据计算。

3.3.2　农业减灾增产的年价值

3.3.2.1　单位面积减灾增产的年价值：

文旦年增产值 = 10.64×2 500 = 26 600（元/hm^2）

柑橘年增价值 = 2.84×1 100 = 3 124（元/hm^2）

水稻等作物年增价值 = 0.45×1 300 = 585（元/hm^2）

3.3.2.2 减灾增产的年总价值

文旦年增总价值 = 26 600×1 800÷10 000 = 4 788（万元）

柑橘年增总价值 = 3 124×8 200÷10 000 = 2 562（万元）

水稻等作物年增总价值 = 585×44 179÷10 000 = 2 584（万元）

台州市沿海农田林网对农业减灾增产的年价值

= 4 788+2 562+2 584 = 9 934（万元）

4 进一步提高沿海防护林对农业减灾增产的主要途径

4.1 减少防护林带的占地和胁地

充分利用现有道路两侧、江河塘堤及荒滩荒地营造防护林，减少防护林占地；选择木麻黄、水杉等窄树冠树种营造窄林带，在道路、沟渠两侧，坚持以高大乔木树种为主，做到“种南不种北，种西不种东”，北侧和东侧种植亚乔木树种，减少防护林胁地；总体选择高大乔木为主营造防护林带，有效增加防护距离，减少农田林网占农田面积的比例。

4.2 改善防护林带林网的结构

营造多树种多层次乔灌木结合的防护林带，构建多功能多规格的高效防护林网，满足不同农作物的防护需求。如种植文旦、梨及大棚等设施栽培作物，选择小网格紧密型林带，网格面积控制在 4hm^2 以下，林带的透风系数控制在 0.4 以下；如种植柑橘、西瓜等经济作物，选择中网格疏透型林带，网格面积控制在 6hm^2 左右，林带的透风系数控制在 0.5 左右；种植水稻等粮食作物，选择大网格近透风型林带，网格面积控制在 10hm^2 左右，林带的透风系数控制在 0.6 左右。如选择亚乔木树种作为林带的主要树种，其网格面积和透风系数相应降低一个等级。对既需要冬季保暖又需要防风的文旦、柑橘等作物，应配置常绿的乔灌木树种。

晚春造林技术研究

谢金华，陈锡连

（浙江省天台县林业特产局，天台　317200）

摘　要：通过简单易行而有效的技术措施，成功试验且规模推广晚春造林技术，解决了当地春季火烧迹地更新造林季节脱节的矛盾。

关键词：晚春时节；造林措施；技术研究

1　概况

天台县是个位于浙江省中东部，“八山半水分半田”的山区县，农业生产方式和群众祭祖形式相对落后，导致清明节前后森林火灾多发。根据天台县防火办资料，1999—2001 年 3 年中，每年 3 月 21 日至 4 月 10 日 20 多天，全县森林火灾发生次数和损失面积分别占全期的 43.5% 和 43.8%，2003—2005 年（仅有火灾次数统计），相应的火灾次数比例也达 39.1%。由于这一时段生成的火烧迹地已过了正常的造林季节，苗木已转入旺盛生长期，气温较高、干湿度变化大，光照强烈，移栽苗木难以成活（指通常的裸根植苗），所以习惯上这些迹地当年不造林而留到下一年度造林，造成林地资源的浪费。研究相应技术措施将这部分迹地及时造上林，是一项现实而迫切的课题。

2　试验研究方法

研究相应的技术措施克服苗木生长物候期和造林地环境条件的矛盾，使移植苗维持水分养分平衡，成活并转入正常生长，这是本课题的关键。

清明节前后，一般苗木已转入旺盛生长期，新根大量发生，展叶抽梢，根系的吸收能力和枝叶的蒸腾作用都较强烈，此时起苗移栽、根系必受严重损失损伤，生长、吸收能力大受影响，而且由于前期的恢复生长，消耗了许多营养物质，不利于移栽后成活：造林地土壤相对苗圃地更瘠薄，水肥条件差，干湿变化大，光照强烈，蒸发作用强，此时种植苗木，必须尽力减少其蒸腾作用，保护根系，才可能保持其水分养分平衡。采取强度截干，其结果能达成 2 个目的，首先是直接减少水分蒸腾，其次是减少植株生长点，使水分养分供应平衡且集中，易于成活，度过盛夏干旱，保持较强长势。

2.1　树种选择

为达易成活易成材之目的，树种应选择易萌芽，截干后不影响干形的阔叶树种。本课题选择枫香、木荷、苦丁茶、樟树等，作为参试树种。

2.2　苗木要求

以 1 年生以上，有相应粗度的苗木为好，尽量保留根系。因其生物量大，贮藏物质多，缓冲能力强，利于成活生长。

2.3　截干的强度

截干强度从效果看是越强越好，以仅留基部 1~2cm 为宜，使植后暴露在空中部分很少，达到蒸腾少、生长点少养分水分供应集中。

2.4 起苗与栽植

起苗要做到两个到位，即时间到位和操作技术到位。具体就是尽量缩短起苗与造林之间的时间间隔，起苗后立即去叶截干并保湿；栽植时除按设计要求外，特别注意根系保湿，正确栽植，我们特别强调栽植时一般将苗木装入编织袋，便于携带和保湿。

2.5 造林时间

从生产和实际两方面出发，时间段以4月底以前为宜，也切实可行。

3 结果和分析

2002年4月15日，在三合镇椰树村东岗头火烧迹地进行栽植试验，试验地处上坡位原植被白茅，树种为枫香、木荷，系一年生苗经截干到留2~3cm，粘磷肥拌泥浆。对照组去除全部叶片、不截干、不粘根。当年1月12日调查，结果如表1所示。调查结果显示，枫香成活率89.6%，新梢平均38.5cm，木荷成活率93%，新梢平均25.3cm，均达到一般造林合格要求，而对照组成活率达不到合格要求，树高也不及处理组（由于试验地后又遭火灾，未进行后续调查），如表1所示。

2003—2004年，本县造林工程队应用这一成果，对春季造林地进行补植、补密、补漏均取得满意效果。

2005年，本县工程队承包温岭大溪太湖等6村115.73hm² 国债造林项目，全部合格，成活率达90%。该项目因故推迟至4月3日才签订造林合同，于4月5日开始至28日造完，树种为樟树、杜英、木荷、枫香、苦丁茶、马褂木乐昌含笑等。项目组于2006年4月21日调查成活率89.6%，新梢平均19cm。

2006年，同一工程队在温岭大溪田茶村造林5.33hm²，于4月22日开始至4月28日结束项目组于8月4日实地调查，成活率91%，但新梢高度不理想，主要原因有苗木规格不够，截干强度不够立地条件太差等。

通过连续5年的试验和推广，证明在特殊需要情况下，晚春造林是可以实施的，能够成功的（表2）。

表1 天台县晚春造林试验结果调查

树种 \ 组别 \ 树高		≤10 (cm)	11~20 (cm)	21~30 (cm)	31~40 (cm)	41~50 (cm)	>50 (cm)	成活 (株)	死亡 (株)	总株数 (株)	平均高 (cm)	成活率 (%)
枫杳	处理组	9	2	7	10	25	7	60	7	67	38.8	89.6
	对照组	25	20	13	6	11	4	79	28	107	20.9	73.8
木荷	处理组	17	20	19	21	10	6	93	7	100	25.2	93
	对照组	21	16	11	6	3	1	58	38	96	17.5	60.4

表 2　温岭大溪太湖村造林成活率调查统计汇总

项目		成活株数（株）	死亡株数（株）	总株数（株）	成活率（%）	高度累计（cm）	平均高（cm）
年度	地块号						
2005 年	1	183	29	211	86.7	3 481	19.02
	2	39	1	40	97.5	740	18.97
	3	133	11	145	91.7	2 567	19.3
	平均	355	41	396	89.6	6 788	19.1
2006 年	1	91	8	99	91	3 481	19.02

4　晚春造林的效益分析

晚春造林除有实用性，也有明显的经济效益和生态效益。

首先，当年造林与次年造林相比，林地不至荒废一年，减少林地资源和水热光照自然资源的浪费，提早一年郁闭成林。按《生态平衡和自然保护》一书理论，根据本县林分生长率计算（阔叶林平均生长率 0.227 计算），667m^2 可以增加生态效益折合人民币 245.2 元，林木直接经济效益 81.7 元。

其次，由于火烧迹地当年造林减少林地整理和幼林抚育投工可节约工，折合人民币 50 元。

再次，利用了剩余苗木，可实现效益 8.0～21.0 元，若按同年夏秋用容器苗造林，每 667m^2 可节约费用 40 元。综合上述各项，每 667m^2 可产生综合效益 384.9～416.9 元，本课题推广实施的造林 121.06hm^2，收到综合效益为 69.9 万～75.7 万元。晚春造林并非一时一地的实用个例，而是有较普遍的推广应用价值，因而具有一定的经济效益、生态效益和社会效益。

5　问题和讨论

（1）本试验仅限于阔叶树种，对针叶树种未作试验研究，据了解，针叶树种亦能以同样方式造林而获成功，且不影响树木干形。

（2）根据试验结果，苗木磷肥粘根能提高成活率和新梢生长量，具有较高的投入产出效益比，但实际造林工作中由于多方原因很难实施。在造林实践中应采取相应措施克服，以使这一技术更加完备高效。

沿海防护林在抗击"云娜"台风中的作用

谢长明，吴才华，王明月

（浙江省台州市路桥区林特总站，路桥　318050）

摘　要：通过对沿海平原防护林在抗击0414号"云娜"台风中所起的防护作用的观测和分析，证明沿海防护林网格体系在遭受台风袭击时，能有效降低风速，明显减少果树的落果率和断枝率，并能起到防风固土的作用。

关键词：防护林；台风；作用

1　基本情况

1.1　台州市农垦场简况

台州市农垦场地处浙江中部沿海，温黄平原东部，位于东经121°34′10″~121°36′09″，北纬28°30′02″~28°31′05″。该场始建于1976年，现有土地总面积622.8hm^2，主要种植柑橘及其他果蔬类作物。因其濒临东海，每年受台风影响的次数较多。

1.2　"云娜"台风简况

0414号台风"云娜"于2004年8月12日20：00左右在台州市温岭石塘登陆，本次台风范围广，风力强，雨量大，来势凶猛，其最大风力达58.7m/s（相当于17级风力），台州各地普遍降雨在300mm以上，是1956年以来登陆我国大陆强度最大的一次台风。

2　试验材料及方法

2.1　试验材料

2.1.1　台州市农垦场从1978年开始规划营造以木麻黄为主的窄带小网格防护林，网格间距为220m×180m，主林带为4~8行，副林带为1~2行，株行距为1.5m×1.5m，1981年开始大规模造林，至1987年网格基本形成。目前共有林带62条，其中主林带33条，副林带29条，全长共计55 360m，木麻黄D_{max}=48cm，H_{max}=12m，D=26cm，H=8.5m。

2.1.2　台州市农垦场金泉农庄内的早熟温州蜜柑（以下简称1号试验地）种植于1986年前后，处于盛产期，共有柑橘120行，每行67株。该试验地处于一个比较完整的防护林网格内，特别是其东面正好有一条主林带（宽约20m），因此该试验地的果树就受到防护林比较好的保护。

2.1.3　台州市农垦场场部边的早熟温州蜜柑（以下简称2号试验地），同样种植于1986年前年（1984—1988年），也处于盛产期，共有柑橘46行，每行52株，但由于其边上的防护网格不是十分完整，其防护林带往往是缺株断带，因此其防护林效果也不是十分明显。

2.1.4　路桥区蓬街镇花园里橘场位于台州市农垦场北边，我们在该橘场内选择了一块也种植于1986年前后、处于盛产期的早熟温州蜜柑（以下简称3号试验地），该块试验地共有柑橘66行，每行柑橘20株。该橘场周边的防护林带是2002年春季营造，D = 3cm，H = 2.5m，尚未成林，还不能起到有效的防护作用。

2.2 试验方法

通过对3块试验地在遭受“云娜”台风袭击后，果树落果率、断枝率、倒伏率等不同指标的观测，以及对不同地段的防护林带在大风大雨过后表土受冲刷程度的观测，来分析沿海防护林在抗击“云娜”台风中所起的防护作用。试验地块的柑橘行数统一从东向西编序，试验所得数据1号、2号试验地为间株抽查后所得的平均数，3号试验地为所抽查行全部20株的平均数。

3 试验结果与分析

3.1 台风袭击后防护林带自身受损情况及其所起的作用

台州市农垦场的防护林网格自建成以来，在经受历次台风的考验中，一起起着非常重要的防护作用，但由于此次台风的风力特别强大，遭台风袭击，农垦场的防护林带受到了自建场以来前所未有的破坏，场内所有的防护林带均受到不同程度的损坏，其中全株折断的占15%左右，断枝开杈的在50%以上。但正是这些防护林网格有效地降低了风速，保护了果园和其他农作物。据有关资料报道，合格规范的防护林网在台风袭击时能有效降低风速36.8%~68.5%。

3.2 沿海防护林网在台风袭击时所起的防护效果

本次台风袭击台州市沿海时，其风向主要是从东北→西南，所以相对来说，靠近东北边的果树和作物的受损程度应该比西南边的要严重得多，但有防护林带的保护，防护效果就很明显。具体的试验结果如下，如表1、表2和表3所示。

表1 不同地块柑橘落果率的对比情况

地块 / 指标 / 行数	1号试验地		2号试验地		3号试验地		1号与3号相比落果率降低比例（%）
	平均每株落果数（只）	平均落果率（%）	平均每株落果数（只）	平均落果率（%）	平均每株落果数（只）	平均落果率（%）	
第5行	3.5	1.6	22.0	12.2	78.6	43.7	96.3
第15行	4.8	2.2	19.5	10.8	69.3	38.5	94.3
第25行	9.7	4.4	14.9	8.3	41.1	22.8	80.7
第40行	10.1	4.6	24.1	13.4	52.7	29.3	84.3
第60行	8.3	3.8			48.8	27.1	86.0
第80行	8.9	4.0					
平均	7.5	3.4	20.1	11.2	58.1	32.3	89.5

表 2　不同地块柑橘断枝率的对比情况

行数＼指标＼地块	1 号试验地		2 号试验地		3 号试验地		1 号与 3 号相比断枝率降低比例（%）
	平均每株断枝数（支）	平均断枝率（%）	平均每株断枝数（支）	平均断枝率（%）	平均每株断枝数（支）	平均断枝率（%）	
第 5 行	0.7	0.3	2.3	1.3	35.4	17.7	98.3
第 15 行	2.3	0.9	1.3	0.7	27.8	13.9	93.5
第 25 行	3.7	1.5	1.5	0.8	19.4	9.7	84.5
第 40 行	4.2	1.7	2.0	1.1	16.6	8.3	79.5
第 60 行	4.5	1.8			20.8	10.4	82.7
第 80 行	3.8	1.5					
平　均	3.2	1.3	1.8	1.0	24.0	12.0	89.2

表 3　不同地块柑橘倒伏率的对比情况

行数＼指标＼地块	1 号试验地		2 号试验地		3 号试验地		1 号与 3 号相比倒伏率降低比例（%）
	倒伏（整株折断）数（株）	倒伏率（%）	倒伏（整株折断）数（株）	倒伏率（%）	倒伏（整株折断）数（株）	倒伏率（%）	
第 5 行			1	1.9	3	16.7	100
第 15 行	1	1.5			2	10	85
第 25 行	2	3	1	1.9	1	5	40
第 40 行	2	3	1	1.9	2	10	70
第 60 行	1	1.5			2	1	85
第 80 行	1	1.5					
平　均	1.17	1.8	0.75	1.4	2	10	82

通过对以上 3 项指标的分析可以看到，1 号地块由于正处在一个比较完整的防护林网格内，而且其东边刚好有一条主林带。因此，该块果树的受损强度就比较轻，并且是东边比西边轻；2 号地块同样是在防护林网内，但由于其防护林网格不是十分完整，其防护林带往往是缺株断带。因此，其防护效果也明显降低；而 3 号地块由于其周边的防护林带尚未成林，还不能起到有效的防护作用，因此在“云娜”台风袭来时，该块果园受到正面袭击，所受到的损失也最为严重。

3.3　不同地段的防护林带在遭台风袭击后表土受冲刷情况

此次台风风大雨大，台风袭过后许多地方的表土受冲刷十分严重，有许多地段表土几乎冲尽，露出大量石砾，甚至包括金清十塘等尽管已营造了防护林，但刚刚营造，尚未成林或树木生长不好的地段，其表土也受到比较严重的冲刷，而台州市农垦场和其他防护林生长比较好的地段，其表土基本没有受到冲刷。

4 结论与建议

4.1 沿海防护林网功效

沿海防护林网格体系遭受0414号强台风袭击时，能有效地降低风速，保护了网格内的果树和其他农作物，明显减少了果树的落果率和断枝率，落果率平均降低89.5%，断枝率平均降低89.2%，倒伏率平均降低82%。

4.2 沿海防护林网作用

沿海防护林体系建成后，在遭受台风袭击时，能起到防风固土的作用。

4.3 沿海防护林网价值

在遭受0414号强台风袭击后，台州沿海防护林带受损十分严重，各级政府应加大投入，该补植的补植，该抚育的抚育，将受损的林带尽早修补完整，同时对新造林带应加强抚育管理，使其早日成林，形成一个比较完整的防护林网格体系，充分发挥其防护作用。

4.4 沿海防护林网意义

在沿海平原多台风地区应大力营造防护林，提高农田防护林网的控制率，保护农作物，改善生态环境。

沿海山区县生态林业建设存在的问题及发展对策

徐新快[1]，张云生[2]，李鸿飞[3]

（1. 浙江省临海市邵家渡街道林业站，临海　317006；2. 浙江省台州市椒江区农林局，台州　318000）

摘　要：对当前临海市生态林业建设存在问题进行了阐述，并提出了抓好生态林业建设；坚持保护和发展并重的建设方针，培育优质高效林分；推行多元造林，加快建设步伐；切实加强生态林业建设的领导等项对策。

关键词：生态林业；存在问题；对策；临海市

临海市地处浙江省中部沿海，有“七山一水二分田”之称，属山区县，林业用地面积14.5万hm^2有国家、省级重点公益林5.1万hm^2，森林覆盖率62.9%，是“国家级历史文化名城”和“中国优秀旅游城市”，有“一府双城两国保”和云峰国家森林公园、桃渚省级风景名胜区、国家地质公园等。

1　生态林业建设存在的问题

1.1　水土流失局部恶化的现象仍然存在

全市水土流失程度总体向良性方向发展，多属一般面蚀，级别较轻。但部分地区如黄坦、括苍山顶等地，由于人多地少，不合理地开发、利用土地，以及乱占滥垦林地，每遇暴雨，黄水滚滚而下，山地面蚀、沟蚀较为严重，不但损失了表土，还带走了大量的有效养分，降低了肥力，造成生态失衡。

1.2　森林资源分布不均，整体质量不高

1.2.1　森林资源分布不均

山区好于平原，城镇好于村庄。山地宜林地绿化率达到97.5%，处于全省先进行列。平原区的城镇绿化、国道、省道绿化、灵江及永安溪两岸的防护林带达到了较高的要求。但其他如海塘堤坝绿化、农田林网建设等距标准要求相差甚远，特别是村庄绿化，是绿化最薄弱的地方。

1.2.2　森林资源质量不高

一是树种单调。如街道绿化，过分宠爱香樟等常绿树种，忽视了落叶、色叶树种的搭配，显得乏味单调。二是林分郁闭度低。全市林分0.2~0.49的低郁闭度面积占到52.24%，而0.80以上高郁闭度的林分仅有9.62%，林地的生产力、产出率及生态功能较低。三是林相单一。绝大部分是单层纯林，而复层林、混交林很少，结构不稳定，抗灾能力差。四是中幼林分多。可主伐利用的成过熟林面积仅2 866.7hm^2，蓄积25万m^3，分别只占乔木林分总面积和总蓄积的2.9%和9.4%，永续利用程度差。

1.3　森林火灾及病虫危害严重

1.3.1　森林火灾频发

当前，森林植被茂密，林下可燃物日益增多，由于部分市民防火意识淡薄，森林火灾频

发。2000—2006 年，全市共发生森林火灾 273 次，受害面积 1 632. 2hm^2，超过了同期荒山绿化人工造林的面积。特别是 2004 年 1~4 月，发生森林火灾火警 64 次，受害，458. 1hm^2，并发生人员伤亡事故。火灾不但毁灭了森林，造成了环境污染和严重的生态失衡，又危及人民生命财产的安全影响了社会的安定。

1. 3. 2　森林病虫害上升

森林病虫害是“无烟火灾”。20 世纪 90 年代以来，临海市森林病虫害大暴发的面积在缩少，周期在拉长。但小范围、局部性偶发性危害的年份却时有发生。新世纪以来，全市松毛虫发生面积均在 1 333. 3hm^2 左右，其中松树全林枯死面积超过 20hm^2。松材线虫病是国际国内重大的检疫对象。2001 年以来，临海市城区的小两山、花鼓岩等处的森林已发现松材线虫病的感染面积达 100hm^2，有蔓延和逐年扩大的趋势。

1. 4　林地开采对景观的破坏较为严重

近几年来，开山取石挖土、筑路、河道挖沙等，流失了不少林地。特别是岩石开采，由于选址不当，似一块块疮疤，严重破坏了自然景观，又造成水土流失。

2　生态林业建设的对策

2. 1　抓好生态林建设

生态林建设是当前林业工作的首要任务。首先应按照统筹城乡经济发展和城乡一体化建设的要求突出重点，抓住关键。城镇绿化、环城绿带、通道绿化，应做精做细，集中精力和资金，作为重中之重首先抓好；农村绿化要着眼于增加资源总量，提高森林覆盖率。山体绿化以封山育林为主，培育各类复层混交林。其次结合高山移民，实施退耕还林，搞好小流域水土流失治理。中心村的村庄绿化，是绿化难点，要因地制宜，分步实施。通过村庄整治活动，以争创园林式村庄为载体，重点抓好入村道路和村内主干道的绿化。

2. 2　坚持保护和发展并重的建设方针，培育优质高效林分

2. 2. 1　保护好现有森林

一是对公益林实行严格的停伐或限伐保护措施。天然阔叶林、自然保护区森林、风景林、文化纪念林等，严禁任何形式的采伐其他公益林只准抚育或更新采伐，禁止商业性采伐。二是森林防火。要认真贯彻“预防为主，积极消灭”的方针，做到领导重视、宣传到位、扑救及时、查处严肃、投入有保障。建立巡山管火队伍，切实做好火源管理。三是森林病虫害防治。贯彻“预防为主，综合治理”的方针，要十分重视森林病虫害的预测预报工作，以生物和物理防治为主，尽量减少化学防治面积。要把松材线虫病作为当前病虫防治的首要任务来抓，凡发生区的病死木一律连根挖除并就地烧毁，坚决杜绝疫木流失扩散，力争在 3 年内拔除疫点。四是林地保护。要严格征占用林地审核审批制度，严禁在城镇周围及通道两侧开山取土，严厉打击各类乱占滥用林地的违法行为。

2. 2. 2　大力开展植绿、造绿、扩绿运动，努力扩大森林面积，提高森林覆盖率

一是对现有的荒山荒地、火烧迹地及 25°以上的农耕地实行限期绿化。二是努力扩大城镇绿地面积，提高沿海防护林及农田林网的配置标准。三是在农业种植结构调整中，发展绿化苗木产业，或营造各类生态和经济两用林。

2.2.3 优化森林结构

根据本市实际情况，遵照生态优先原则，实行多林种、多树种造林，大力培育和发展阔叶林，尤其是速生、丰产、优质、高效的乡土树种。城镇的街道、公园和住宅区的绿地建设，以乔木造景为主，不但要突出香樟、银杏、桂花、玉兰等市树市花的绿化，又要广种其他乡土树种，乔灌草结合，不搞千遍一律，达到一路一景，一街一景，各具特色。平原林网绿化，做到因地制宜，适地造树，宜乔则乔，宜灌则灌，乔灌结合。林带的宽度、树种的选择、网格的面积，既要考虑绿化，美化和防护的效果，又要尽可能减少林带胁地的损失。选择的树种应具有速生、干形通直、树冠发达、寿命长、生长稳定、抗性强等特点。沿海地区的绿化树种，一定要有较强的抗盐碱能力。近几年来，在标准田林网建设中较多选用了桧柏造林，初期看去整齐划一，但树冠损伤后恢复很慢，久而久之，基本上没有观赏和防护效果，今后要严格控制，少种或不种。首先，山体绿化，以封山育林为主，使其恢复地带性明显、原生型多树种的群落结构稳定，抗性强的混交林、复层林，有利生物多样性的发展，且投资省，成效快。其次，为人工造林，应大力推广生态经济两用树种，如杨梅、银杏、枇杷、苦丁茶等。退耕还林也可以与发展花卉苗木产业结合起来，选用景观树种造林，初植密度大些，幼林郁闭后分年间移出售，达到生态和经济效益兼有。再次，疏伐改造。对于针叶纯林和非目的树种，实行分次定期疏伐，利用林下天然更新能力或人工补植等措施培育阔叶树种。总之，应千方百计利用各种营林措施和手段，大力发展生态林业，效益林业，特别是把城市周围、景区及通道两侧的重点生态公益林培育出能显示色相、季相的林分，充分发挥其生态和景观的效果。

2.3 推行多元造林，加快建设步伐

林业建设范围广、任务重，光靠国家投入还有一定的困难。要激活林业投入机制，实行多元造林。采取多种形式，发动社会各方力量，国家、集体、企业、个人一起上，加快林业发展的步伐。城镇和通道绿化，只有生态和社会效益，应以政府投入为主。对于农村的一般生态公益林建设，在坚持生态优先的原则下，尽可能与经济林建设有机地结合起来，二者效益兼顾，相互促进，共同发展。经营模式上，首先要坚持农民自主开发，联合经营，利益共享。对于一些面积较大，农民目前尚无实力开发的绿化项目，可实行以土地、劳力人股，或实行经营权租赁、竞标拍卖等流转的形式，积极鼓励和引进实力雄厚的工商企业或私营业主，进行统一规划、集中开发、规模经营，建设各类生态果木林、林业观光园、森林公园等，既能加快绿化进度，又能保证绿化质量。

2.4 切实加强生态林业建设的领导

建设山川秀美，实现生态环境良性循环，是经济发展、社会进步必然的客观要求。各级党委和政府要充分认识林业生态建设在国民经济可持续发展中的重要性和紧迫性，做到认识到位，领导到位，责任到位，政策到位，工作到位。实行分级负责，切实加强对绿化工作的领导。绿化建设的主要指标实行责任管理，定期检查，定期通报，严格考核，严格奖惩，并作为干部选拔任用的重要依据。

浙江省仙居县马尾松林分树种结构调整

杨胜利，崔相富，陈绘画

（浙江省仙居县林业局，仙居　317300）

摘　要：本辖区内马尾松林面积占有林地面积53.7%以上，林分中树种结构比例失调，通过对林分进行树种结构调整，建立合理的林分树种结构模式，培育以阔叶树种为主的混交林，增强生态保护功能，以达到防范松材线虫病的目的。

关键词：马尾松林；树种结构调整；针阔混交林；松树线虫

马尾松林是易受松材线虫病感染的树种，一旦受到松材线虫病的侵害，将严重威胁绿化造林成果和生态环境。为了改变这一局面，使马尾松林免遭松材线虫的侵害，需要调整和建立合理的林分树种结构，从而达到防范松材线虫病的目的。

1　松林结构的现状

1.1　分布状况

仙居县面积71 443hm^2，占有林地面积的53.7%以上，笔者在调查中发现，现有松林分布状态可划分为以下3种类型。

第一类型：林内为马尾松纯林为主，保留密度4 500株/hm^2，林下没有阳性植物，只有蕨类植物生长。

第二类型：松林分布以马尾松为主，阔叶树种保留密度450株/hm^2以下，中层有檵木、映山红、乌饭、胡枝子等灌木分布。

第三类型：林分以阔叶树种为主，马尾松保留密度450株/hm^2以下。

1.2　不同海拔高度树种分布

第一类型的马尾松纯林主要分布范围在低海拔山地，即300m以下。第二类型的马尾松树种分布范围在中海拔山地，即300~500m。第三类型的阔叶树种分布范围在中海拔山地，即500~800m。

1.3　各林层树种结构

上层优势树种为马尾松（*Pinus massniana*）、枫香（*L. formosana*）、木荷（*Schima superba*）、青冈栎（*Cyclobalanopsis glauca*）、冬青（*L. purpurea*）、香樟（*Cinnamomum camphora*）、苦槠（*Castanopsis sclerophylla*）、檫木（*Sassafras tzumu*）、山杜英（*Elaeocarpus sylvestris*）等。中部灌木层为青栲（*C. myrsinaefolia*）、檵木（*Loropetalum chinensis*）、野山楂（*Crataegus cuneata*）、乌饭（*Vaccinium bracteatum*）、算盘子（*Glochidion puberum*）、映山红（*Rh. Simsii*）、中华胡子枝（*L. chinensis*）、盐肤木（*Rhus chinensis*）、油茶（*C. oleifera*）等。下部草本层主要为蕨（*Pterdium aquilinum* var. *latiusculum*）、芒萁（*Dicranopteris pedata*）、金樱子（*Rosa laevigata*）和山牡荆（*Vitex quinata*）等。

2　林分树种结构调整模式

2.1　生态公益林建设模式

以生态公益林建设为依托，建立松材线虫防范区，合理调整树种结构，加大松林间伐力度，经过逐年实施，每公顷间伐保留450株左右，严格实行封育，补植枫香、三角枫、山杜英、玉兰、桂花、香樟、木荷、马褂木等阔叶树种，最终使每公顷数达1 000株左右，形成风景秀丽的景观林。

2.2　公路两侧林分树种结构模式

在国防公路、高速公路、省道两侧100m范围内的护路林为生态公益林，在此范围内实施封育，同时可补种上层树种，如枫香、檫树、山杜英和木荷等，道路两侧100m外、坡度在25以内的，根据立地类型和交通状况，立地条件好的可改造为经济林或阔叶树为主的工业原料林，其余的宜果则果，宜竹则竹。立地条件差的实施封育。在马尾松纯林地块，通过有计划地实施间伐，调整马尾松树种所占比例，逐步形成上层、中层和下层植物丰富的立体生态结构。

2.3　偏远山区林分树种结构模式

交通不便的偏远山区以封山育林为主，结合生态公益林建设，实施合理间伐，并逐步调整马尾松林树种结构。通过5~8年的努力，把马尾松林的面积从原来的71 443hm^2减少到35 700hm^2以下，使留下的林分形成以阔叶树种为主的针阔混交林。

3　调整后的林分树种结构模式及经营措施

3.1　风景林模式

按照浙江省特用林建设质量等级标准，上层树种适宜种植白玉兰、紫玉兰、山杜英、桂花、三角枫和香樟等树种，采用3m×3m规格，密度1 600株/hm^2，马尾松450株/hm^2。同时通过封育，留养中层灌木丛，如：杜鹃、乌饭、檵木、胡枝子、紫薇和紫藤等，使森林植被覆盖度达0.6~0.7。

3.2　林果混交林经营模式

按照商品建设技术规程，海拔高度600m以下，坡度不大于25°，适宜种植杨梅的，结合“百里杨梅长廊”建设，营造杨梅林，达300株/hm^2。建造梨、桃、李、枇杷、杏等水果达450~675株/hm^2，马尾松保留密度450株/hm^2以下，使森林植被盖度达到0.4以上。

3.3　针阔混交经营模式

适宜种植木荷、檫树、枫香、马褂木、香樟、杜仲等树种，按照商品林建设技术规程，种植、留养阔叶树种1 200~3 000株/hm^2，留养马尾松450株/hm^2以下。使森林植被盖度达到0.4以上。

3.4　生态林经营模式

按照生态公益林建设技术规程，实施封育，补植枫香、木荷、合欢、苦槠等树种，800~2 000株/hm^2。对马尾松纯林实施间伐，留养450株/hm^2。培育、留养映山红、乌饭、檵木、紫藤、胡枝子等中层灌木树种，培育1 800丛/hm^2以上，使森林植被盖度达到0.6以上。

4 小结

对不同类型的林分进行树种结构模式调整，形成多树种混交的森林群落，林内将产生大量寄生蜂、微生物及鸟类，破坏了松褐天牛的传播途径，改变了原有马尾松纯林易受松材线虫病分割的环境，将对松材线虫病的发生起到一定的抑制作用，同时增强了综合防范松材线虫病的能力。

在生态公益林建设规划区内，以封育为主，适当补植树种，把松树种株数降到 450 株/hm^2 以下，通过林分树种结构调整与改造，把马尾松林纯林比例降到原来 50%，这种做法将使境内的生态环境得到进一步改善，从而达到综合治理松材线虫病的目的。

针叶林阔叶化改造质量评价体系的研究

王冬米，卢国耀[1]，高智慧[2]，何理坤[1]

（1. 浙江省台州市林业局，台州 318020；2. 浙江省林业科学研究院，杭州 310023）

摘 要：建立针叶林阔叶化改造的质量评价指标体系，是科学开展针叶林阔叶化改造的前提。以浙江台州市针叶林阔叶化改造为例，根据有效性、敏感性、实用性、代表性、系统性的原则，选择生物多样性、林分郁闭度、群落结构、植被高度与盖度、枯枝落叶层等5个因子，采用层次分析法赋予权重，初步构建了简易合理、具可操作性的针叶林阔叶化改造质量评价体系，并开展了样地评价和分析。

关键词：针叶林阔叶化；质量评价；指标体系

阔叶林是我国亚热带地区的地带性植被，生物量大、结构复杂、生物多样性指数高、稳定性好，其生态功能与作用明显优于针叶林。针对浙江省“针叶林多阔叶林少”的结构性缺陷，实施针叶林阔叶化改造，调整和优化林种树种结构，提高林分质量，确保生态安全，已成为新时期浙江省林业建设的一大主题。笔者对针叶林阔叶化改造的质量评价指标体系进行研究，旨在为科学地指导针叶林阔叶化改造提供可靠的依据。

1 试验地概况

台州市位于浙江沿海中部（120°17′~121°56′E，28°01′~29°20′N），属亚热带季风气候，年平均气温16.6~17.3℃，最热月（7月）平均温度26.7~28.5℃，极端最高温度41.7℃；最冷月（1月）平均气温5.0~6.9℃，极端最低气温-9.9℃，无霜期235~322d，年降水量1 185~2 029mm，主要灾害性天气为夏秋季的台风、干旱和洪涝。土地总面积94.98万hm^2，其中林业用地59.98万hm^2，森林覆盖率62.2%，地带性植被为常绿阔叶林。地带性植被保留甚少，森林资源的总体质量不佳。为提高森林资源质量，于2002年开始实施了以针叶林阔叶化改造为主的阔叶林发展工程建设，至2006年底，通过疏伐、封育、补植和人工更新等措施，实施针叶林阔叶化改造面积6.59万hm^2。在16个经阔叶化改造的林分中设立样地，对主要目的树种的生长量、林分郁闭度（盖度）、生物多样性、枯枝落叶层厚度等进行调查。

2 针叶林阔叶化改造质量评价体系的构建

2.1 评价指标的选择原则

评价指标体系是衡量被评价事物的标准尺度。要构造一个好的评价体系，评价指标的选择至关重要。针叶林阔叶化改造质量评价指标的筛选应遵循如下原则：（1）有效性原则。选取的指标体系能正确反映出针叶林阔叶化改造的质量。（2）敏感性原则。选取的指标体系对针叶林阔叶化改造的方式、措施、过程及程度变化有足够敏感的反应。（3）实用性原则。选取的质量评价指标既要易于定量测定，又简便实用，并具有适宜的精度水平。（4）代表性原则。通过分析各种因素的主次作用，选取那些有重要影响、代表性强的指标，而不能无限制地扩大指标的选择面，使整个指标体系复杂化。（5）系统性原则。既要能体现森林本身的发生、发展规律，还要体现其对生态、经济、社会环境的调节功能和森林的可持续发展；同时为政府制订林业发展规划与宏观决策等提供科学依据和准确数据信息。

2.2 评价指标体系的特征

影响针叶林阔叶化改造质量的因素很多，质量评价是一个多因子高度综合的评价体系，其具有以下特征：（1）评价体系包含了若干指标；（2）多个评价指标分别说明被评价对象的不同方面，彼此间不存在一个同度量因素；（3）这种评价最终要对被评价对象作出整体判断，用一个综合指标值来衡量。

2.3 评价指标体系的层次结构

根据评价目标和构建指标体系的原则，将针叶林阔叶化发展质量评价指标分为3个层次：即目标层、指标层和指标变量层（表1）。

表1 针叶林阔叶化改造质量评价指标体系

目标层	指标层	指标变量层		
		Ⅰ	Ⅱ	Ⅲ
资源综合效益	A. 物种多样性	①天然阔叶林且物种丰富度100，30分 ②天然阔叶林且物种丰富度<100，27分 ③人工阔叶林目的的树种在5种以上，或混交林≥70%的针阔混交林，24分	①人工阔叶林目的树种4~5种，或混交比50%~69%的天然针阔混交林且物种丰富度≥80，22分 ②人工阔叶林目的树种3种，或混交比50%~69%的天然针阔混交林且物种丰富度<80，18分	①人工阔叶林目的树种3种以下，或混交比30%~49%的天然针阔混交林且物种丰富度<80，15分
	B. 林分郁闭度	①0.90~1.00，30分 ②0.80~0.89，26分 ③0.70~0.79，24分	①0.60~0.69，20分 ②0.50~0.59，16分	①0.40~0.49，14分 ②0.30~0.39，10分 ③0.20~0.29，7分
	C. 群落结构	①乔灌草层完整且乔木有2个以上层次，20分 ②乔灌草层完整且乔木层高为灌木层高2倍以上，18分	③乔灌草层完整且乔木层高为灌木层高2倍以下，16分 ①乔灌草层结构完整，15分	②乔木层、灌木层结构，13分 ③乔木层、草本层结构，11分
	D. 植被高度与盖度	①植被高度≥2.0m且盖度≥0.90，10分 ②植被高度≥2.0m且盖度0.80~0.89，或植被高度1.0~1.9m且盖度≥0.90，9分 ③植被高度1.0~1.9m且盖度0.80~0.89，8分	①植被高度0.5~1.0m且盖度0.70~0.79，7分 ②植被高度0.5~1.0m且盖度0.60~0.69，6分 ③植被高度0.5~1.0m且盖度0.50~0.59或植被高度<0.50m且盖度≥0.50，5分	①植被高度<0.5m且盖度0.40~0.49或植被高度0.5~1.0m且盖度<0.50，4分 ②植被高度<0.5m且盖度<0.40，3分
	E. 枯枝落叶层	①枯枝落叶层厚度>12cm，10分 ②枯枝落叶层厚度6~12cm，9分	①枯枝落叶层厚度4~5cm，7分 ②枯枝落叶层厚度3~4cm，6分	①枯枝落叶层厚度2~3cm，3分 ②枯枝落叶层厚度1~2cm，2分

（1）目标层。森林资源效益具有多样性和综合性特征，森林资源质量的好坏主要从森林资源的综合效益上体现出来。因此，选取综合效益作为针叶林阔叶化改造质量的评价目标。

（2）指标层。有侧重地选择评价所用的项目及其具体类目，建立评价指标体系和评价指标。选择生物多样性、林分郁闭度、群落结构、植被高度与盖度、枯枝落叶层等5个因子构成指标层，各类指标层间既有相关性又有独立性。根据5个因子的不同标准分别划分为Ⅰ、Ⅱ、Ⅲ等级。5个因子按照作用的主次和影响程度，采用层次分析赋予权重，并通过不同林分的标准地试评价，确定物种多样性和林分郁闭度指标各30分、群落结构指标20分、植被高度与盖度和枯枝落叶层指标各10分，合计满分为100分。

（3）指标变量层。对各类指标层的具体细化，要使反映针叶林阔叶化发展质量的各类指标层具有直接的可测性，就必须进一步确定并给出反映指标层的具体指标变量。

2.4　评价方法的运用和分析

评价时，以小班为基本评价单位，将每个评价因子得分值相加，即为一个基本评价单位的得分值。

评价某一行政区域（县或乡或村）实施针叶林阔叶化发展平均质量时，采用对基本评价单位的分值进行面积加权平均的方法进行评定。即 $P=\sum p_i s_i$，式中：P 为某一行政区域针叶林阔叶化改造平均质量；p_i 为小班得分值；s_i 为小班面积。

质量等级：好（≥90）、较好（80~90，含80）、中（70~80，含70）、较差（60~70，含60）、差（<60）。

按照上述的评价指标体系和评价方法，对台州市16个针叶林阔叶化改造后的林分开展标准地调查，并进行质量评价，结果如表2所示。

表2　针叶林阔叶化改造质量评价表

标准地号	地点	原地类	改造措施	改造年度	各指标层分值					合计分值	质量等级
					A	B	C	D	E		
1	临海两水山	马尾松林	疏伐封育	2004	30	26	16	10	6	88	较好
2	临海万安寺	马尾松林	疏伐封育	2005	15	24	20	9	3	71	中
3	临海尤溪	马尾松林	疏伐封育	2004	27	24	16	10	6	83	较好
4	临海利站	火烧迹地	更新改造	2005	18	7	15	6	2	48	差
5	天台岩下	火烧迹地	封育	2004	27	16	15	7	3	68	较差
6	天台岩下	火烧迹地	更新改造	2004	24	7	15	7	2	55	差
7	天台岩下	马尾松林	疏伐封育	2004	24	20	15	8	3	70	中
8	天台石梁	马尾松林	疏伐封育	2004	30	26	20	10	6	92	好
9	黄岩院桥	火烧迹地	更新改造	2005	24	10	11	9	3	57	差
10	黄岩院桥	马尾松林	封育	2005	22	20	20	10	3	75	中
11	黄岩院桥	马尾松林	疏伐补植	2005	15	16	20	10	6	67	中
12	黄岩平田	马尾松林	疏伐封育	2004	27	24	16	10	6	83	较好
13	三门横渡	火烧迹地	疏伐封育	2004	24	20	16	8	3	71	中
14	三门下达田	火烧迹地	更新改造	2005	22	7	16	5	3	53	差
15	仙居步路	马尾松林	疏伐封育	2005	27	24	16	9	6	82	较好
16	仙居神仙居	松杉混交林	疏伐补植	2005	22	20	20	9	3	74	中

从表 2 可见，通过疏伐改造、封育后、天台石梁、临海两水山、黄岩平田、仙居步路 4 块标准地林分质量较高。这是因为通过疏伐、封育后的林分，树种较为丰富，结构较为复杂，物种多样性指数也较高。而 4 块更新改造的标准地分值都在 60 分以下，表明质量还不高，这与实际相符，主要原因是林分尚未郁闭，植被高度及物种多样性较低，通过培育，分值将逐步提高，林分质量会逐步提升。针叶林阔叶化改造是一个渐进的过程，在针叶林阔叶化改造实施初期进行评价，分值较低属正常现象。

3 结 语

该研究提出的针叶林阔叶化改造质量评价方法较全面系统，同时简便实用，所选指标数量适中，并充分考虑了针叶林阔叶化改造的不同途径、措施和共性特征，具有普遍的适用性和可行性。但指标的进一步筛选等，仍需深入研究。

耐水湿树种在水库消落带（滩地）造林技术

吴道圣[1]，张光星[2]，冯黎灵[1]

（1. 浙江省仙居县林业局，仙居　317300；2. 浙江省仙居县安岭乡林业站，仙居　317300）

水库大至长江三峡水库，小至山塘，遍及大江南北，发挥着调节流量、防洪、抗旱、发电、提供生产生活用水等功能。蓄水量受降水量、用水量的影响，水库正常水位均未达到设计标高水位线，其四周，尤其是库尾存在着一定数量消落带（消没区、滩地）。在干旱、半干旱季节出现较大范围的消落带即构成水库的荒漠区。生态环境问题凸显：生物多样性锐减，旅游资源恶化，水土流失加剧和生态缓冲带功能减弱，这些都威胁着库区的生态景观和生态安全。水库消落带在设计标高水位线以下0~3m处，可选择耐水湿树种水杉 *Metasequoia glyptostroboides*、水松 *Glyptostrobus*、池杉 *Taxodium ascendens* Brongn.、落羽杉 *Taxodium distichum* 等树种作为水库消落带绿化、美化造林主要树种。实践已证明，在浙江青山湖水库和仙居县谷坦水库的消落带造林获得成功。栽植后幼树梢端必须高出设计标高水位线，这就必须严格掌握相关的分段造林技术，以保证库区消落带的美化绿化造林成功。

1　设计标高水位线以下0~3m处造林地分标段定界

从水库设计标高水位线向下移动垂直高差1m，立桩定界。在立桩处采用罗盘仪向两侧延伸，调平罗盘使水准泡居中，将倾斜角调至0°并固定，以仪器高为视准高，以每站10~20m的水平距向两侧延长，并每站定桩，几十站或数百站连成1条水平线，即为水库设计标高水位线以下0.0~1.0m造林标段。从设计标高水位线以下1m处向下再移动垂直高差1.0，2.0m，用同样方法界定出设计标高水位线以下，1.0~2.0m、2.0~3.0m标段的造林地界线。

2　树种选择、苗木规格

水库设计标高水位线以下0.0~1.0m标段可选择湿地松 *Pinus elliottii* Engelm.、枫香 *Liquidambar*、枫杨 *Pterocarya stenoptera*、垂柳 *Salix babylonica* L.、水松、水杉、池杉、落羽杉、桤木 *Alnus cremastogyne* Burk. 等树种造林。湿地松苗高25cm以上，地径粗0.4cm以上，其他树种苗高100cm以上，地径粗0.6cm以上，2级侧根长10cm以上有5条，须根发达，无严重机械损伤，无病虫害。设计标高水位线以下1.0~2.0m标段，选择水杉、水松、落羽杉、池杉和桤木等树种造林，苗高2m以上，胸径2cm以上带土球，土球直径30cm以上。设计水位线以下2.0~3.0m标段，选择水杉、水松、池杉、落羽杉为主要造林树种，苗高3m以上，胸径3cm以上，带土球，土球直径40cm以上。水库消落带造林所用苗木只能作适当修枝，绝不能作截干或截顶处理。

3　块状整地

秋冬季节，正值水库枯水期适宜消落带整地设计标高水位线以下0.0~1.0m标段，造林株行距 2m×2m，初植密度 2400 株/hm^2，块状整地规格：60cm×60cm×15cm，造林穴规格 40cm×40cm×30cm，捡除穴内石块。设计标高水位线以下 1.0~2.0m 标段，造林株行距 2m×3m，初植密度 1650 株/hm^2。块状整地规格 80cm×80cm×15cm，造林穴规格 60cm×60cm×40cm，捡除穴内石块。设计标高水位线以下 2.0~3.0m 标段，造林株行距 3m×4m，初植密度 825 株/hm^2，块状整地规格 100cm×100cm×15cm，造林穴规格70cm×70cm×40cm，捡除穴内石块。

4 多树种混交造林（移栽）

4.1 多树种混交造林密度确定及混交技术

造林树种多样性可提高林分的稳定性，从而实现生态安全、改善库区生态景观。消落带采用多树种混交造林，拟用$\sum XiYi$公式计算多树种混交造林密度，式中 Yi 表示第 i 个树种的造林比例，Yi 表示第 i 个树种国家或地方标准密度。根据造林目的要求，选择较合适的树种数量，确定造林比例经公式计算可得到较理想的多树种混交造林密度配苗法混交栽植，把各树种苗木按比例分发给每个栽植人员进行随机定植，同时又可作适当调整，使之达到适地适树，各树种在林地分布较均匀，避免机械混交的不足。

4.2 造林（移栽）

在水库水位未达到造林地前的2~3 月进行造林。设计标高水位线以下 0.0~1.0m 标段，可用裸根苗造林，设计标高水位线以下 0.0~0.5m 地段，选用湿地松、枫香、枫杨、桤木造林。设计标高水位线以下 0.5~1.0m 地段，选用垂柳、水杉、水松、池杉、落羽杉、桤木等树种进行造林。晴天造林采用磷肥拌泥浆蘸根。先回填表土、细土，分层回填分层敲实，做到根舒、苗直，壅土至幼树根际部略成“馒头”状以固定幼树。设计标高水位线以 1.0~2.0m 标段，选用池杉、落羽杉、水杉、水松、桤木等树种 2m 以上大苗，带土球移栽。每穴施入钙镁磷肥 0.2kg，且与穴内土壤拌匀。在移植过程中将本标段所用苗木较高、较粗壮的个体移植于本标段地势较低的地方。把大苗移入栽植穴，解除不能降解的土球包裹物，竖直大苗，先回填表土、细土，用木棍插实土球底下的空隙，分层回填分层敲实，覆土高出土球 15cm 即可。如果附近有石块，用之压在幼树的根际部，并浇透水 1 次。设计标高水位线以下 2.0~3.0m 标段的大苗移栽技术同上，但大苗规格必须达到树高 3m 以上、胸径 3cm 以上，带土球。

5 抚育、消落带扩展造林

5.1 移栽（造林）后幼龄林抚育

设计标高水位线以下 0.0~1.0m 标段，每年块状松土、施肥 1 次，施肥量，120.00kg/(hm^2·年）即施肥量0.05kg/（株·年）。选用 N、P、K 复合肥将复合肥均匀撒施于幼树根际部再松土，并把幼树四周的细土覆盖于肥料之上，使幼树根际部保持“馒头”状。松土、施肥时间：3 月下旬、4 月上旬经 4~5 年的抚育即可郁闭成林。设计标高水位线以下 1.0~2.0m、2.0~3.0m 标段，选用肥料、施肥方法、施肥时间同上。年施肥量分别 165.00kg/hm^2、83.00kg/hm^2 和 0.10kg/（株·年）。把复合肥均匀撒施于幼树根际部100cm×100cm 范围内，把幼树间隙的表土、细土覆盖于复合肥之上，以不见复合肥为度。大苗（幼树）移植后经 2~3 年的抚育管理，可恢复到正常的生长势和年生长量。

5.2 幼中林挖掘部分幼树个体抚育

设计标高水位线以下0.0~1.0m 标段，当郁闭度达 0.8 时，但自然稀疏尚未形成，挖掘部分幼树个体，给保留木提供较适的生态位。挖取树高大于 4m、3m 和 2m 以上的个体，带土球挖掘，土球直径掌握在 40~80cm。可适当修枝，但绝不能截干、截顶，作为水库消落带扩展造林的大规格苗木，把各档次的大苗移栽到相应的造林标段。经挖掘抚育后保留 950 株/hm^2。要求立木分布相对均匀，湿地松不宜移植，抚育后林地不出现较大的林隙。设计标高水位线以下 1.0~2.0m 标段，当郁闭度达 0.8 时，挖取树高大于 5m、4m 和 3m 以上的个体，挖掘后保留 900 株/hm^2，将挖起的大苗（幼树）作为消落带各标段的造林用苗。带土球挖掘，土球直径控制在 60~80cm。其余挖掘要求等同上。

5.3 消落带扩展造林（移栽）

根据需要挖掘抚育林地的具体情况，挖掘前做好调查规划，计算出应挖掘树木各档次树高的数量，作为消落带扩展造林的依据。且必须做好扩展造林的分标段测量定界工作，严格各标段所用造林苗木的规格要求。设计标高水位线以下 2.0~3.0m 标段，造林株行距 3m×4m，初植密度 825 株/hm^2。设计标高水位线以下 3.0~4.0m 的标段，造林株行距 4m×4m，初植密度 600 株/hm^2 设计标高水位线以下 4.0~5.0m 标段，造林株行距 4m×5m，初植密度 500 株/hm^2。造林穴规格 60cm×60cm×30cm、80cm×80cm×40cm、100cm×100cm×50cm。每穴施钙镁磷肥0.2~0.3kg，并与泥土充分拌匀，捡除穴内石块。其余移栽技术、移栽后的抚育管理同上。

5.4 消落带幼中林挖掘部分林木个体抚育、扩展造林、游艇航道建设三同步

水库消落带造林是增加生物多样性、固定库岸遏制水土流失、净化水质、改善优化旅游资源、提高生态缓冲带功能和生态景观效益，最终达到生态安全。因此，消落带幼中林挖掘部分林木个体抚育扩展造林、游艇或游船的航道建设三同步。在旅游航道设定线路上，挖起航道范围的全部林木个体未植树地段不再植树。把幼中林内要挖掘的林木个体按移栽要求进行挖起作为消落带扩展造林用苗。同样，在航道建设中需挖掘的林木个体也按移栽要求挖起用于消落带的扩展造林。消落带造林绿化成功后，水上（林中）航道也自然而成。

6 小结

水库消落带（消没区、滩地）的人工造林必须分标段实施，各标段造林采用相应的苗木规格；造林苗木不得作截干、截顶处理，只能作适当的修枝设计标高水位线以下 1.0~2.0m、2.0~3.0m、3.0~4.0m、4.0~5.0m 标段的造林苗木必须带土球，覆土高出土球 15cm，略成“馒头”状以增强幼树的稳定性。幼树栽植后梢顶必须高出设计标高水位线，否则造林难以成功。设计标高水位线以下 0.0~1.0m、1.0~2.0m 标段的初植密度宜密不宜疏，主要是作为半苗圃性质的造林。当郁闭度达 0.8 时，抚育时移出部分林木个体作为消落带的扩展造林用苗，其成活率、保存率高，造林成本低，可推动消落带的造林绿化。幼中林挖掘部分林木个体的抚育、消落带的扩展造林、林中旅游航道的建设三同步，可减少造林绿化、航道建设费用，有着事半而功倍之效。消落带造林由落叶针叶树种和落叶阔叶树种组成，构成了特有的森林景观，改善且优化了库区旅游资源，遏制水土流失，增加生物多样性，从而达到库区的生态安全。

种群空间格局分布研究进展综述

叶文国[1]，孙　曦[2]

（1. 浙江省天台县林业特产局林业技术推广站，天台　317200；
2. 浙江省天台县福溪街道办事处农业办公室，天台　317200）

摘　要：介绍了种群空间格局分布概念及研究历史概况，在不同阶段采用的各种方法。归纳了种群空间格局的分析方法，根据取样的不同分为样方法和距离法，通过分析比较它们各自的优缺点。并介绍了空间格局分布研究在林业方面的应用情况。

关键词：空间格局；研究进展；分布；距离分析法；点格局分析法

1　引言

空间分布格局的研究对于确定种群特征、种群间相互关系以及种群与环境之间的关系具有非常重要的作用。种群分布格局是植物群落空间结构的基本组成要素，是植物种群生物学特性对环境条件长期适应和选择的结果。群落中种群个体分布类型的测定方法目前也研究得比较深入。

2　相关概念

2.1　分布格局

种群不仅是联结群落与个体的纽带，而且是生物群落、生态系统的基本组成成分；其空间格局是种群自身特性、种间关系及环境条件综合作用的结果。它反映了种群个体在空间水平上彼此间的相互关系，是影响种群发展的重要因素。森林群落中的各乔木种群，以其特有的生态学和形态学属性在与环境因子的相互作用下，成为森林生态系统中基本结构与功能单元。而林分的密度与林分中林木的分布状态，即空间格局，有着直接的联系。

种群个体在水平空间的分布方式或者在水平空间上种群个体之间的相互关系称为分布格局也有人把植被中的非随机分布称为分布格局。一般可以分为 3 个类型：随机分布、均匀分布、集群分布。有的研究者认为应该分为 4 个类型：随机分布、均匀分布、集群分布和镶嵌分布。

2.2　空间格局的抽样与分析方法

空间格局的抽样方法一般有 3 类：①将调查样地分为小样方，计数每个小样方里的个体数；②测量任意树木到其最近邻体的距离；③测量整个调查样地内每个个体的坐标位置点图。

分析方法一般有 3 类：①传统的计算空间格局的方法；②距离法；③空间点格局法。

3　空间格局研究的历史与进展

研究空间格局的历史始于 20 世纪 20 年代，其早期是昆虫学家和生态学家关注的对象，后来引起了统计学家和林学家的注意，因为树木比动物有更好的种群稳定性。

3.1　空间格局的研究内容

包括种群空间格局类型的测定，种群空间格局的时间动态，以及生物种群的空间格局变化与其群落发展之间的关系等。

3.2　种群空间格局的测定

种群空间格局的测定，是空间格局研究的最基本问题，测定方法的发展大致经历了频次检验法分布型指数法、多指标回归法等几个发展阶段。

3.2.1　*频次检验法*

频次检验法是种群测定的最古老的方法，该检验法中包括了多种理论分布型，根据它们的特点可概括为规则型、随机型和聚集型3类。其数据反映了一定面积种群的个数，受样方大小的影响比较大。现实世界中生物种群千差万别，为了研究这些种群空间格局和数量特征，频次检验法得到了蓬勃的发展。在频次检验法的应用研究过程中，理论分布型不断得到补充，参数的拟合方法也日趋完善，不过有两个问题在频次检验法中没有得到了很好的解决，一个是理论分布型的选择，另一个是种群格局特征的表示及相互比较。

3.2.2　*分布型指数法*

分布型指数法正是以其在这两方面具有的优势，在这样的历史背景下得到快速发展。其中，Fisher提出扩散指数，而最早得到广泛应用的分布型指数是David和Moore提出的丛生指标。Clark和Evans（1954）提出的聚集指数R是最早采用的与距离有关的空间格局指数。聚集指数R是相邻最近单株距离的平均值与随机分布下期望的平均距离之比。其计算公式为：

$$R = \frac{\frac{1}{N}\sum_{i=1}^{N} r_i}{\frac{1}{2}\sqrt{\frac{F}{N}}}$$

其中，r_i=第i单株到其相邻最近单株的距离；F=样地面积；N=样地株数；R>1，林木有均匀分布的趋势；R<1，林木有聚集分布的趋势R=1，林木有随机分布的趋势。

聚集指数R计算简单，作为一个单一的数量指标，常用于森林整体空间分布格局的适合性检验。R与每一株树木的空间位置有关，也与样方大小有关，这就导致在不同取样尺度下可能得到不同的林分空间格局结论。在计算时必须找到对R的修正方法。计算聚集指数R时不论采用哪一个计算方法都必须进行边缘校正。对R值的修正方法，可以采用8邻域样地进行边缘校正。

3.2.3　*双指标回归分析法*

1967年，Lloyd提出了平均拥挤度的概念，指出平均拥挤为平均每个个体有多少个在与同单位的其他个体共存，可认为这些其他个体是与第一个个体共占此单位。他将种群密度与分布型的关系作为研究对象。Lwao（1968）发展了Lloyd的理论根据Lloyd（1967）提出的平均拥挤度（M）与平均密度（M）之间的统计规律首创的一种种群格局测定方法。提出了另一种双指标方法，开创了种群空间格局研究的新领域。我国学者张守攻（1990）等也都先后对这种双指标的回归分析法作出过重大贡献。

3.3 种群空间格局的分析

3.3.1 距离分析法

Viktorov（1947）和 Goodal（1952）量测了样方中一株给定林木到其他林木的距离，并用它们来作为距离变化尺度。Cottan & Crutis（1949）则试图用随机选择成对个体树木的方法来查明一定区域森林中树木的平均距离。Dice（1952）是最早使用“最近距离林木法”来检验当前分布与随机分布的差异的。Dice 的测量过程包括有量测任一选定的个体至其最近个体的距离，这种方法极具试验性但它需要好几种测量值，之后 Skellam（1952）提出只需一种测量值的最近邻木法以检验非随机的分布格局，取得比 Dice 法更好的效果。

这一阶段，距离比较法倍受关注，得到各方的支持，Philip. J. Clark&Francis. C. Evans（1954）提出了种群空间关系度量的 R—Scale 法。同年，Hopkins 提出了一种通过测量随机点与最近邻木距离来判定其分布类型的方法，通过比较随机点到最近邻木距离与两棵最近邻木距离之间的差异来判断分布状况。

距离法消除了样方大小对检测结果的影响，但对林分密度的依赖性增加了。并且，无论是样方法还是距离法，都只是对空间格局的聚集强度进行研究，而没有涉及空间格局的纹理问题。Greig—Smith（1952，1964）相邻格子法提供了测定纹理的方法。相邻格子法是一个计算相邻格子样方方差统计量的分析方法，分析过程为划分区组面积；对每一区组面积计算均方；根据均方值与对应的区组面积绘制格局分析图；根据格局分析图判断其空间格局。

3.3.2 点格局方法

1981 年，Ripley. B. D 提出了一种新的检验方法这是一个任意点或到最近树木距离的分布函数的估计量，是一种不带标志的点格局方法（nonmarke point processes），其中点即树的位置，而因子标志（marks）可以是定性（如树种等）或定量（如树高、胸径等）的，在给定株数强度和已知样方面积的情况下，以模拟同等条件下的泊松分布状况产生置信区间，与现实林分的计算值相比较来判定分布类型这种方法是近期被公认为最好的方法。1984 年，Stoyan 提出了带因子的点分布研究，该法以统计方法来计算有关因子在空间上的相互关系，对于任何林分中的任何因子都可以进行计算和判断。

Ripley 提出，用 K（d）函数来描述树木的空间分布（1977）。当应用到树木的位置图时，可以直观地解释为：如果为单位面积的树木株数，则 λK（d）表示从一点出发距离为 d 的范围内期望的树木株数。其计算公式为：

其中：

$$\lambda K(d)=\sum_{\substack{i=1\\j=1}}^{\substack{N\\N}}\frac{\delta_{ij}(d)}{N},\ i\neq j$$

d_{ij} 为树木 i 与树木 j 的距离；

λK（d）为以任一树木为中心，以距离 d 为半径范围内期望树木株数；

N 为样地内树木株数。

$$\delta_{ij}(d)=\begin{cases}1 & \text{如果 } d_{ij}\leqslant d\\0 & \text{如果 } d_{ij}>d\end{cases}$$

对于矩形样地在最短边距离内对 K 函数的估计是无偏的，它使计算更加简单并能在不同的尺度下进行分析。最近邻体分析和 Ripley's K（d）函数是分析种群空间分布格局的两种主要方法。

4 林分空间格局研究的进展

根据分布格局分析尺度，可以把林木空间分布格局分为林分整体格局和林木点格局。林木点格局势以单株树木为中心，某一局部范围内林木的分布特征。林木点格局是林分的局部精细结构，是计算林分整体格局的基础。

林分空间的研究起步相对较晚，它开始于森林生态学的种群格局研究工作，天然林的空间格局研究从 20 世纪 60 年代后期才有零星的报道。

Moriyosi（1980）用树冠两个方向的实测直径作为椭圆的长短轴，用椭圆的重心位置作为理想的树冠中心坐标，研究结果显示，虽然树干的空间分布有一定的聚集性，但树冠中心点的排列却呈现规则的格局形式。但是，由于受到研究空间格局理论的限制，林分空间格局的研究仅限于用频次检验法和分布型指数法得到林分空间格局是否为聚集，聚集强度如何。并且结果受调查样方大小的限制随着距离法的提出，它在林分空间格局研究中得到了广泛的应用。M. Moeur（1996）应用最近邻体法和 Ripley 的 K（d）分析法对美国异叶铁杉（*Tsugheleroph*y）和北美乔柏（*Thujaplicata*）的老龄林的演替作了研究，并且通过对其空间格局的分析，给出了适合老龄林发展的理想的模型。

1982 年，东北林业大学李哈滨等对原始阔叶红松林下红松种群更新格局做了初步探讨，还有我国的很多学者对不同的林木种群做了研究。

汤孟平等（2003）认为，Ripley's K（d）函数是分析种群空间分布格局最常用的方法，边缘校正是此方法的关键问题。指出传统边缘校正中存在第四种情况，并用数学方法证明并得出 L（d）值必然偏大的结论，用天然云冷杉林样地验证了此结论。汤孟平等（2006）在天目山国家级自然保护区内，选择典型常绿阔叶林设置样地，样地大小 100m×100m。用全站仪测定每株树木坐标。用优势度分析法确定群落优势种。采用 Ripleys K（d）函数分析优势种群空间分布格局和种间关联关系。研究结果认为，常绿阔叶树种是天目山国家级自然保护区常绿阔叶林群落的优势种，优势种均呈显著聚集分布，多数优势种间有较强的种间关联性。

5 结语

研究种群的空间格局时，遇到的首要问题也是最基本的问题是种群空间格局的测定。由于样本数据的来源和检验方法的不同，常规的格局测定方法有几十种之多，而每种测定方法又往往只反映了种群格局某一方面的信息，在实际使用时都有很大的局限性。

传统的空间格局研究方法因为将二维的坐标资料转换为一维的样方指数的分布方法和转为距离指数的距离方法时丢失了许多信息，而利用空间点格局法分析种群空间格局则可以避免这些问题，它考虑了点的空间位置，是真正意义上的空间格局分析。

台州主城区沿海防护林体系建设存在问题及对策

张云生[1]，陆文妹[2]

（1. 浙江省台州市椒江区农林局　台州　318000，2. 浙江省台州市第一中学，台州　318000）

摘　要：针对台州主城区沿海防护林体系建设存在的认识不足、森林覆盖率下降明显、分布不均、补助标准太低等问题，提出实施四大工程、提高森林覆盖率；将防护林建设纳入城市建设预算体系；营林措施提倡根据立地条件“一地一策”，允许海岛造林困难地采用灌木工程造林，将抗逆性强的、景观优美的海岛乡土灌木树种列为优良阔叶树种等对策。

关键词：防护林建设；存在问题；政策和技术措施；台州市

浙江省台州市椒江区地处浙中沿海台州湾入口处，海岸线长 51.4km，土地总面积 3.2 万 hm^2，森林覆盖率 20.3%，为科工贸发达的新兴港口城市和中国优秀旅游城市——台州市政府所在地，为省级高标准平原绿化县和省级园林城市。全区辖 11 个镇（乡）、办事处和一个农场，总人口 43.73 万，人口密度 1 370人/km^2，2006 年 GDP 达 201.69 亿元，财政收入 23.62 亿元，为浙江省的经济强县。本区交通十发便捷，省道 75 线、83 线、82 线贯通全区，县、乡道四通八达；台州市最大的水系——椒江自西向东将本区分成江南、江北两部分；平原河流星罗棋布，农田水利基础设施齐全，为典型的水乡泽地。境内人文景观众多，旅游资源丰富，有省级海岛森林公园 1 处。

1　建设现状

椒江区具“山中有城、城中有山、海临城东”的独特景观，拥有漫长的海岸线和众多的海岛，城市处在海陆交替的气候突变地带，极易遭受台风洪涝等自然灾害的袭击，为生态脆弱区，沿海防护林体系建设更具重要意义。椒江区沿海防护林体系包括海岸基干林带、平原农区和城区防护林网、丘陵防护林等 3 道防线构成，具明显的城乡绿化一体化特色。事实上，地处主城区的区位优势决定了其每片公共绿地、每条行道树，甚至一草一木，都已成为沿海防护林体系的组成部分。近几年相继建成江滨公园、市民广场、白云飞瀑、大桥公园等高品位大型绿地和枫山、中心大道、加芷泾等“沿山、沿路、沿河”为特色的景观带，实施万株乔木进城工程，改善绿地结构。目前椒江区建成区绿地面积 1 536hm^2，2013 年新增绿地 25hm^2，绿地率达到 36.3%、绿化覆盖率达到 41.5%和人均公共绿地面积达到 8.65m^2，在 2008 年建成具有山水特色、生态型的国家园林城市。

2　主要做法和经验

2.1　抓骨干防护林带建设

已建宽度 12m 以上骨干防护林带包括三甲九塘 8.35km 长、椒北江堤 8.6km 长、椒江农场6条和7条14km长桉树防护林及化工区与城区之间长1.2km、宽60m的生态环保隔离林等4条林带，其中椒江农场桉树防护林带已列为生态市建设示范点和中国林业科学研究院全国唯一经过遗传改良的巨桉母树林；2002年在椒北江堤外侧滩涂栽植的木麻黄林带，现已初具规模，树高已远远超过江堤，平均树高已达8m，最高达到13m，平均胸径达到12cm，已真正发挥防护、生态和景观作用，成为城市林业的创新点和新景观。这些林带均采用工程队造林、专业队管护的造林模式，应用木麻黄、巨桉、柳桉、重阳木、夹竹桃和樟树等适生树种。

2.2 抓海岛绿化和植被恢复工作

2003年，大陈岛启动120hm^{2}国债造林阔叶林建设试点工作，采用杜英、木荷、木麻黄、枫香等多种树常绿、落叶阔叶林混交建设模式。2004年以来，投入150多万元，清理枯死松木10万株，加速实施针改阔工程，促进柃木等乡土树种生长。2006年，大陈岛又启动海岛绿化美化工程，引进了舟山红楠、普陀樟等优良海岛绿化树种，使用生根粉、保水剂等措施提高造林成活率。

2.3 抓城区山体改造

为配合创建国家园林城市，美化彩化山体，提高阔叶林比例，近3年淑江区在白云山星星广场、葭止头、枫山烈士陵园等处种植欧洲多花蓝果树、美国红枫、苏格兰金莲花树、黄山栾树、乌柏等彩叶树1万多株，林相改造面积达50hm^2，实行专业队造林3年养护，几年后将给山体增添色彩斑斓层林尽染的景观。

2.4 抓高标准平原绿化

淑江区在1999年通过了省绿化委“县级绿化达标”验收，实现了10年绿化椒江的目标，2002年达到浙江省高标准平原绿化县标准，2003年获浙江省政府颁发的“全省高标准平原绿化县”，平原绿化工作取得一定成绩，但仍存在很多薄弱环节，我们着重抓了3项工作。一是结合优化园区建设，构筑东部生态环保隔离林带，种植桉树、香樟等树种，林带长度1 200m，宽60m，面积7.2hm^2。二是加快绿色通道建设，以完善台州“大环线”绿色通道为重点，按照全区公路“十一五”发展计划和河道现状，努力建设高标准、大景观、高效益的绿色通道，做好公路两侧的绿化。三是做好现有农田林网的补植和管护经常性工作，重点是三甲六塘万亩中低产田和洪家灵济万亩中低产田改造的农田林网建设。通过补植乔木改造和完善，增加乔木数量，增强林网的防护功能，推动农业效益的提高。

3 存在问题

3.1 各级政府对沿海防护林体系建设的重要性认识不足，建设经费和用地未落实到位

各级政府对沿海防护林体系建设的重要性还认识不足，未充分认识开展沿海防护林体系建设，是抵御自然灾害、减轻地质灾害的有效措施，是改善沿海地区生态状况，优化投资环境，促进经济社会持续协调发展的客观需要，也是社会主义新农村建设的重要内容。台州市主城区在20世纪80年代曾是全省防护林建设先进县，自20世纪90年代为解决工业用地指标而实施大规模的土地整理，东部沿海防护林全线被毁，我区防护林逐渐衰退，同温岭、玉环等兄弟县（市、区）相比，无论资金投入、造林规模，我区都要逊色得多。防护林体系建设至今未纳入城市建设的预算体系，其建设的经费和用地都得不到保证，以及防护林带建

设存在水利、交通、园林、开发区等各自为政和多头管理现象，这是防护林建设滞后的最主要原因。

3.2 森林覆盖率下降明显，影响生态效益和城市整体环境质量

椒江区森林覆盖率从1997年的26.4%下降到现在的20.3%，下降幅度达6.1个百分点。主要原因，一是2004年6月省林业厅新技术规程规定，森林覆盖率为有林地和灌木林相加面积占全区土地面积的百分数，不含原列入森林覆盖率计算的农村四旁树占地面积；二是由于城市建设征地、土地整理等项目需要，减少了大量平原果树林和四旁树，没有认识到作为生产性绿地的果园和作为防护林带的四旁树也是沿海防护林体系建设的重要构成部分。椒江区森林覆盖率仅达到全省平均森林覆盖率60.5%和全市平均森林覆盖率62.2%的1/3，且呈逐年下降趋势，如此低下的森林覆盖率，加上全区生态公益林普遍林相较差、林带残缺不全导致的生态效益低下，将无法达到改善城市整体环境的效应。

3.3 防护林分布不合理，海防林体系有很大脆弱性，整体效益低下

防护林主要分布在山地（占防护林面积的88%），平原防护林严重不足（仅占防护林面积的12%）。多数山地防护林林相较差，不能有效发挥生态防护作用，还有待改造、提高。海防林体系有很大脆弱性，受强台风和病虫侵袭，海岛防护林成片受损、死亡，多数成灌木林，整体效益低下，严重影响森林植被的生态安全。一是大陈岛2004—2005年受到多次强台风袭击，林木受损面积836hm^2，活立木蓄积损失11 000m^3，海岛林相惨不忍睹。其中，2004年“云娜”台风极大风速58.7m/s（17级），12级风力持续时间16h。林木受损面积450hm^2，占有林地面积60%，200hm^2严重受害的木麻黄、黑荆树85%被连根拔起或“腰折”，“风倒木”达5 000m^3。1985年，营造的9hm^2柏木，距海平面80m，一是遭“云娜”击起的回头浪侵袭，全部死亡。二是自2003年遭受全省50年一遇的干旱而发生松材线虫病成片死亡以来，现全岛368hm^2黑松林全部死亡，损失蓄积3 900m^3。

3.4 沿海防护林造林补助标准太低，难于有效实施

本区地处沿海，海岸一带无山体阻挡，缺少天然屏障，易遭多种自然灾害的频繁侵袭，必须投入一定的资金和土地建成以森林植被为主体的稳定安全的生态屏障。目前，浙江省沿海防护林造林补助标准共3 000元/hm^2，对椒江区立地条件恶劣的海岛和大陆盐碱地造林来说，造林实际投入成本要达到15 000~75 000元/hm^2。造林投入的严重不足，大大影响了沿海防护林建设的进度。如大陈岛近年由于营林投入太少，以及台风、干旱等不利天气因素，导致造林成效不显著。

4 对策

4.1 提高各级政府对沿海防护林体系建设重要性的认识

台州市主城区由于陆海交替、气候多变，导致台风暴雨、洪涝干旱等自然灾害频繁发生。随着经济社会快速发展和全球气候变暖，沿海地区自然灾害发生频率越来越高，加快构筑沿海防护林体系建设，增强沿海地区防御自然灾害能力已成当务之急，各级政府必须提高认识，按照中央、省领导批示精神切实将沿海防护林体系建设工作抓紧抓好。将防护林体系建设经费和用地纳入城市建设的预算体系，林业部门必须参与土地利用等方面的规划论证和必要的审查审批手续，明确防护林带建设由当地林业部门统一协调负责，克服多头管理现象。

4.2 实施五大工程，提高森林覆盖率

4.2.1 山地生态公益林保护发展工程

以保护海岛、椒江流域、城市为重点，抓好3 300hm^{2}生态公益林建设（其中，国家级1 140hm^2，省级1 200hm^2，县级960hm^2），通过区与乡、乡与村签订管理责任书和监管责任书以及管护合同、落实护林员等工作，将生态公益林总数的80%即2 640hm^{2}建成达到省级公益林规程标准的公益林。重点保护主城区“城中之山”，城区白云山、枫山、太湖山等山体为椒江区森林植被最好的区块之一，其每年为台州城区无偿发挥的生态、景观效益十分巨大，对城区山体等自然景观，应加强保护，严禁任何形式的开垦等破坏森林植被的行为，同时，应将这些城区山体列入市本级规划，享受市本级相应特殊生态补偿政策。加强山体植被保护，在封山育林的基础上，开展林相改造和枯死松树清理，将70%以上的松林改造为阔叶林，提高阔叶林、次生林比例，增强山林季相，完善林种树种结构，建设健康森林，促进生态效益最大化，全面提高山地森林环境质量。同时，强化水体周围山地环境的改善，进一步搞好井马水库等周围的环境绿化，以期通过森林连接各种级别的河流、沟渠、塘坝、水库等，实现在整体上改善城市环境，提高城市活力的林水一体化城市森林生态体系。

4.2.2 海岸基干林带工程

主要对海岸基干林带进行生态修复和重建，包括大陆泥质海岸线海塘内侧和海岸线5km范围内的山地片林以及大陈岛岩质海岸线片林绿化。大陆泥质海岸线宜林长度23.5km，其中一线海塘修复补植16.5km（椒北堤塘采用桉树、木麻黄等乔木补植，提高防护林带质量；三甲堤塘采取加强抚育管理，促进林木生长），重建山东十塘3km防护林带，新建十塘二期4km堤坝防护林带，共计面积60hm^2，以完成10m以上宽度，3~5行乔木搭配的高标准大陆海岸基干林带绿化完善合拢任务；大陈岛岩质海岛基干林带，其临海一面坡的岸线长40.83km，面积660hm^2，其中低效林改造长度3.95km，面积30hm^2，采取及时清除大量枯死松树，通过抚育措施，促进海岛乡土树种柃木、野桐等生长，并选用木麻黄、枫香、普陀樟、法国冬青、夹竹桃等树种补植，人工措施促进天然更新，使其全部披上绿装，郁闭度达到0.5以上，提高其林分质量；同时建设好大陆海岸线5km范围内山地片林70hm^2，使其达到省级海岸基干林带优良工程标准。另外，还要加快沿海滩涂绿化，构筑台州主城区第一道生态防线。椒江区城市用地日趋紧张，滩涂绿化大有可为，应大力引种推广，发展滩涂森林是未来城乡绿化和旅游业的希望所在，目前可以在椒北江堤外侧地势高处继续发展木麻黄乔木林带，再在林带外侧栽植秋茄红树林。

4.2.3 绿色通道工程

以完善“大环线”绿色通道以及化工区、滨海工业城主干道绿化为重点，以公路、河道为主线，按照市滨海工业城规划和全区公路“十一五”发展计划及河道现状，建设高标准、大景观、高效益的绿色通道，绿化率均达到95%以上。交通要道两侧山地第一道山坡实行封、改、造并举，使其林分郁闭度达到0.7以上，把每一条公路通道都建成绿色线、风景线、致富线。目前，在已建化工区与城区1.2km、宽60m生态环保林带的基础上，抓紧沿河道、沿公路营建完善3条长3.4km、宽60m生态环保林带，使其真正发挥隔离生态环保林带作用。

4.2.4 农田林网化工程

结合全区13个农业示范园区建设，坚持点、线、带、面结合，针阔叶混交，常绿落叶合理布局，建骨架、配网格，使农田林网控制率达到92%以上，交通干线两侧农田林网控制率达94%以上，网格面积控制在20hm^2 以下，建成美化效果好、防护能力强的高标准农田林网。对现有低效林带，采用桉树、墨西哥落羽杉等乔木补植方法，提高其防护效益。

4.2.5 村镇绿化工程

村镇是防护林体系扩展的一个主要空间，也是城乡绿化一体化的重点，应以省委省政府开展的“万村整治、千村示范”活动为契机，采取相应的经济措施，加快和强化村镇绿化，积极开展创建生态示范村镇、“绿色示范村”和“绿化示范村”活动，争取集镇和村庄的绿化覆盖率达到30%和25%以上。村庄绿化要尊重农民意愿，因地制宜，不搞“一刀切”，突出“农”字，做到既投入少、见效快，又美化环境、增加农民收入，做到绿化美化与改善居住环境相结合，与发展庭院经济相结合，与发展当地的名特优产品相结合，尽量体现当地乡村风貌，突出乡村特色，争取成为“农家乐”旅游点和市民的休闲场所。经济不发达的乡村应积极引导农民栽植经济果木和发展花卉苗木产业，增加农民收入。

4.3 政策保障措施

4.3.1 将防护林体系建设纳入城市建设的预算体系，其建设的经费和用地列入预算

严格执行浙江省政府办公厅浙政办函［2006］70号文件规定“沿海防护林带林网是耕地的配套基础设施，所占用的耕地性质不变、权属不变。对因营造沿海基干林带占用农民耕地的，可采用等价置换、补偿等多种形式处理，切实维护群众利益。在明确土地性质不变的前提下，新围垦区要按规划建设沿海防护林。沿海经济开发区内的企业应按规定造林绿化，对造林面积超过规定标准的，可优先安排一定比例的建设用地”。椒江区区已完成十塘围垦，并正在实施围垦十一塘。作为台州主城区第一道生态防线的十塘防护林用地和经费应列入城市建设预算，并且防护林带用地的宽度应达到30m以上。水利部门应作好堤塘绿化造林地块的预留及前期挖河改地工作，促使造林地块尽快淋盐淡化，降低盐碱地。如瑞安市政府专门出台了《沿海防护林工程用地政策处理实施办法》，划定了用地范围，明确了海防林体系建设工程是公益性生态建设项目，其所使用的土地权属、性质不变，所造的林木及收益归村集体所有，村集体依照林业有关法律法规负责经营管理；制定了补偿标准，因土地权属不变，其用地补偿参照财政部、国家计委、国家林业局《退耕还林还草试点粮食补助资金财政、财务管理暂行办法》和财政部《退耕还林工程现金补助资金管理办法》的有关规定，市财政给予一次性土地补偿27 600元/hm^2，青苗补偿平均4 500元/hm^2。

4.3.2 提高沿海防护林造林补助标准

省林业、财政部门，应重新制定政策，提高沿海防护林造林补助标准，其中，海岛和沿海大陆基干林带困难地造林，实行特殊标准，应从原有3 000元/hm^2 提高到30 000元/hm^2 以上。如浙江省慈溪市按照75 000元/hm^2 造林标准建设海岸基干林带。

4.3.3 进一步放宽林业政策，鼓励投（捐）资建设沿海防护林

在林业产权制度方面，分包到户的责任山依法保持承包关系的稳定，目前仍由集体统一经营管理的山林，实行分类指导，积极探索有效经营形式。在土地所有权不变及限期绿化的前提下，鼓励多元主体跨所有制、跨行业、跨地区投资发展林业，按“谁投资、谁经营、

谁所有”的原则，允许拍卖宜林荒岛、荒山、荒地和荒滩的开发经营权，鼓励企业、社会团体、个人及境外友好人士投（捐）资建设沿海防护林，以尽快增加生态公益林面积，完善沿海防护林体系。如浙江人民广播电台 2006 年 2 月 26 日报道，浙江省温岭市东浦农业开发有限公司 2006 年投入 300 多万元，购买 73hm^2 苗木用于本企业农田林网建设，成为浙江省第一家在海防林建设资金投入最大的企业；宁波市镇海区 2003 年建成的海天生态林带全长 12. 8km、宽 200m，先密植造林 193hm^2，种植黄樟、女贞、珊瑚等 10 多个树种，他们根据树木生长密度逐年加大的规律，采取逐年间密移栽的办法卖大苗，在短短 3 年间，“长”出 300 万元的经济效益。

4. 4　技术保障措施

4. 4. 1　营林和经营措施提倡根据立地条件“一地一策”

对立地条件较差的部分防护林，主要通过封山育林，并且进行补植、抚育的途径，增加和恢复阔叶林的比重，建设健康森林，提高生态效益和景观效果；对林相较差的低效防护林，主要通过卫生伐和带状采伐、带状造林的方法进行改造，淘汰生态效益低、景观差的树种，逐步替换上新的生态效益高的观赏树种，增强生态和景观功能；对发展为生态公益林的疏林地、荒山荒地、火烧迹地等，在严格采取封山育林措施的同时，要及时用人工播种、人工植苗或人工促进天然更新的方式，使其尽快恢复森林植被，达到绿化、美化环境之功能；对风口、裸岩多、土壤瘠薄且不适合栽种的海岛造林困难地，提倡应用抗逆性强的、景观优美的本岛乡土灌木树种绿化，省林业部门应予以认可为针改阔的优良阔叶树种；对成片黑松枯死而乡土灌木树种生长旺盛的海岛防护林地采取伐除枯死黑松、非目的树种和补植、抚育的办法，促使可作为海岛绿化、美化的柃木等优良目的树种健康生长。

4. 4. 2　控制森林采伐

《中华人民共和国森林法》规定，防护林、特用林只准进行抚育和更新性质的采伐。根据椒江区实际，应以抚育间伐为主，严禁皆伐。生态公益林的采伐权，由区林业主管部门直接审批。要鼓励村民使用煤气、煤等，改用节柴灶，减少民用薪柴消耗。

4. 4. 3　开发森林旅游资源

海岛森林公园和各景点的森林，占全区生态公益林面积的 60%。随着小康生活水平和台州市知名度的提高，椒江区森林旅游将成为人们向往的旅游、度假、休闲之地。开发和利用森林旅游资源，把森林旅游和整体旅游结合起来，使森林三大效益得到最佳的结合。

温岭市沿海防护林体系建设现状及对策

林雪锋[1]，张志宏[2]，吴敏霞[1]

（1. 浙江省温岭市农林局　温岭　317500；2. 浙江省华东规划设计院，金华　321001）

摘　要：沿海防护林是生态公益林建设的一部分，是生态环境建设的重要内容。温岭市海岸线长，营造防护林时间早，具有了一定的基础和规模。2005 年 10 月，温岭市被列入国家沿海防护林体系建设试点县之一。本文分析了温岭市沿海防护林体系建设的现状、主要做法和存在的问题，并提出了今后沿海防护林体系建设的对策。

关键词：防护林；建设；现状；对策

1　基本情况

温岭市地处浙江省东南沿海，位于东经 120°09′5″~121°44′00″和北纬 28°12′45″~28°32′02″，东濒东海，南连玉环，西邻乐清及乐清湾，北接台州市区，三面濒海，全市陆域面积为 920km^2。

1.1　地形地貌

温岭市的土地结构为“四山一水五分田”，地势自西向东逐渐降低，西北和西南部多山，以海拔 100m 左右的山体为主，系北雁荡山与括苍山交接余脉。东部和东北部是“温黄平原”的一部分，地势平坦，境内河网密布，有水乡泽国之称，各水汇合于金清水系，自西而东注入东海。全市大陆海岸线长 173km，沿海分布有大小岛屿 169 个。

1.2　气候

温岭市属中亚热带季风气候区，四季分明，雨量充沛，气候温暖湿润，无霜期长，多年平均气温为 17. 3℃，极端最高气温为 39. 9℃，最低气温为-6. 6℃，无霜期为 251d。主要自然灾害有台风、干旱和洪涝，其中，危害最严重的是台风。据气象资料统计，平均 3 年有两个台风严重影响温岭市，其中，有一个台风在温岭市登陆。1997 年，11 号强台风的登陆；2004 年，“云娜”特大台风均在温岭市石塘登陆，全市国民经济遭到严重损失。

1.3　土壤

温岭市绝大部分山地土壤是以红壤为主，占 48. 29%；分布在红壤带之上的黄壤面积很少，仅占 0. 06%；水网平原区多为水稻土，占 43. 85%；滨海地带为盐土，占 5. 45%；部分地区还有一些潮土分布，占 2. 35%。其中，沿海低山丘陵地带以黄泥土、砾石黄泥土、石砾土等土壤为主，土层浅薄，石质性强，pH 值在 7. 5 以上。

1.4　植被

本市属中亚热带常绿阔叶林北部亚热带区，境内森林植被物种丰富。主要建群种乔木为樟科、壳斗科、冬青科、豆科、木兰科、金缕梅科、槭树科、山矾科等，灌木为杜鹃科、山茶科、忍冬科、蔷薇科、紫金牛科和茜草科等。由于受到人为的干扰，地带性植被常绿阔叶林大部分为松、杉、竹、茶、果和次生灌木丛所代替，保留下来的常绿阔叶林亦多属次生残林。平原沿海地带植被主要以柑橘及木麻黄、刺槐、苦楝、水杉、女贞和灌木类黄杨、海桐、木槿等人工林为主。

1.5 社会经济状况

全市共辖11个镇5个街道，831个行政村105个居委会，人口116万，是全国人口密度最高的县市之一。2006年，实现生产总值351.8亿元，财政总收入33.4亿元，其中，地方财政收入15.8亿元，农民人均纯收入8 167元，社会经济综合发展指数和县域经济基本竞争力位居全国百强县市32位和15位。

2 防护林建设概况

为提高沿海地区防御台风灾害能力，改善生态环境，温岭市从1981年至1992年共实施了三期沿海防护林工程。早在1996年温岭市就跨入了“全国平原绿化先进县”行列，2000年高标准平原绿化达标，在沿海地区初步建成了带、网、片相结合的防护林体系，防护林大框架已基本建成。至今为止，已建成沿海防护林基干林带6条，长58.9km，平原林网绿化长度2 704km，控制土地面积2.58万hm^2，林网控制率为93.4%，平均每千米绿化林带控制农田面积为9.53hm^2。

3 沿海防护林体系建设主要做法

3.1 领导重视

3.1.1 领导多次深入调查研究

在温岭市被列入全国沿海防护林体系建设试点县之前，浙江省林业厅陈国富副厅长多次来温岭调研，了解项目建设的可行性，并从战略高度上强调建设沿海防护林的重要性和必要性。温岭市委、市政府领导高度重视，将温岭市10万亩生态景观林（包括沿海防护林）建设纳入市重点工程建设项目。

3.1.2 成立防护林建设领导机构

自温岭市被列入全国沿海防护林体系建设试点县以来，专门成立了温岭市沿海防护林体系建设领导小组，由市长任组长，分管副市长任副组长，相关部门、镇负责人为成员，下设办公室。形成了党政领导亲自抓、办公室具体抓、有关单位配合抓的领导体系。

3.1.3 签订领导干部任期目标责任状

实施沿海防护林工程期间，温岭市人民政府与市农林局签订了绿化造林目标责任状，并纳入了当年的年度目标考核。通过造林目标责任状的实施和年度目标考核，有力地推动了防护林体系建设。

3.2 宣传到位

3.2.1 召开多种形式的座谈会

浙江省林业厅陈国富副厅长深入到一线海塘调研，和温岭市有关领导进行座谈；市农林局多次召集建设乡镇分管领导以及农场、海塘种养殖大户进行座谈，向他们宣传防护林在防御台风等自然灾害上的作用和功效。

3.2.2 借助各种媒体进行宣传

结合印度尼西亚海啸，制作了一个宣传海防林的短片，在电视上连续反复播放，同时利用温岭日报、街道横幅和发放材料等形式进行宣传，使沿海防护林建设深入人心。

3.2.3 设立宣传标志牌

在 2014 年营造的 50m 宽的骨干防护林林带边，农林局花费了 3 万元用于设立宣传标志牌，其中 1 万元用于设立 2 块中型钢架宣传牌，2 万元用于沿途各镇街道小型宣传标志牌，为防护林建设营造了良好的氛围。

3.3 资金筹集多渠道

3.3.1 积极争取国债资金

2003—2004 年，温岭市连续两年争取到中央国债海防林资金 180 万元。温岭市被列入全国沿海防护林体系建设工程启动点后，国家林业局还专门给工程建设安排了 500 万元中央国债资金，有力地支持了温岭市沿海防护林体系建设。

3.3.2 不断加大地方财政资金投入

近年来，温岭市把林业建设摆在经济社会发展的重要位置，把建设经费纳入公共财政预算，每年市财政安排 400 多万元用于林业发展。同时，温岭市把沿海防护林体系建设工程列为重点工程，市财政从重点项目建设经费中安排专项资金 300 万元用于工程建设。

3.3.3 大力鼓励社会民间资金投入

在试点范围内有多家农业企业，为争取这些企业对海防林建设的支持，我们主动上门向他们宣传海防林建设的作用和意义，通过典型事例的分析，结合企业在生产过程中的亲身体验，使他们充分认识到海防林建设的重要性。其中，浙江东浦农业发展有限公司结合自身建设需要，拿出 70 多公顷土地用于营造防护林，并投入 300 多万元建立了 73.33hm^2 苗木，用于本企业农田林网建设。温岭市东海塘开发有限公司在新围垦的东海塘，用于防护林带和红树林建设的资金将近 80 万元。

3.4 规划设计科学

在认真回顾总结 20 多年来防护林建设的经验教训的基础上，温岭市重建海防林的主体——海岸基干林带，并力求在提高基干林带的抗逆性、观赏性和稳定性上取得有新的突破。

3.4.1 明确基干林带的设计原则

针对温岭市 20 世纪 80 年代以来建设的防护林大都毁于冻害、台风和虫害的情况，我们提出了以下 3 项设计原则：①林带应有足够的宽度；②侧重防护效能，兼顾林带景观；③确保林带能稳定、持久地发挥效能。

3.4.2 注重造林树种选择和树种配置

为了体现上述设计原则，在保证林带有一定宽度的基础上，我们把主要精力放在防护林树种选择和树种配置上。根据我市沿海的气候和土壤条件，我们要求基干林带造林树种必须具有较强的抗冻、抗风、耐盐、耐湿性。为此，我们一方面对本市沿海地区的造林树种进行了全面调查，另一方面组织人员到上海市、江苏市、福建市等地考察。2005 年 11 月，在台州市林业局组织下，温岭市又到上虞、慈溪、舟山等地学习取经。通过反复的比较、筛选，确定了主要造林树种采用木麻横、桉树、中山杉等为主，夹竹桃、珊瑚树、海滨木槿、海枣等为辅；采用塔状、中间高两边低的林带的结构。

3.5 工程项目化管理

海防林试点工程，是温岭市林业建设史上投入最大的一项工程。为了用好工程建设资金，确保工程建设质量，温岭市严格实行项目法人制、工程招投标制和工程监理制。工程招标工作全部委托温岭市工程预结算中心代理，进入温岭市招投标交易中心进行公开招标，要求参加竞标企业具有园林三级以上施工资质。2006 年 1 月 17 日，来自全省的 48 家企业参与了工程竞标，有 4 家企业分别获得了 4 个标段的施工资格，北京中环建设工程监理公司获得工程监理资格，对全程质量实施监督管理。同时，温岭市农林局严把检查验收关，发现问题，及时纠正，并要求施工单位返工，努力把我市的海防林试点工程建成优良工程。

4 沿海防护林体系建设存在的问题

4.1 建设用地落实困难

沿海地区是温岭市的经济产业地带，用地矛盾十分突出。建设沿海防护林特别是海岸基干林带，涉及到耕地、水产养殖塘等非林业用地，农用地直接关系到农民的切身利益。2007 年，在推进海防林体系建设时，因土地征用困难而难以实施。

4.2 农民利益得不到保障

根据温岭市经济状况，塘地种植地租每年每 $667m^2$ 均在 400 元以上，租地进行大型基干林带建设，投入成本太高，给予农民的补偿不足，特别是红树林发展，建设区域是农民海水养殖区，地租会更高。

4.3 资金投入仍显不足

沿海防护林工程与一般造林相比，要求更高，难度更大，需投入资金较大。2006 年，温岭市沿海防护林建设造价达到了 2 000元/$667m^2$，这还不包括土地租用、土地改良等费用。如果没有足够的资金投入，沿海防护林工程建设很难实施。

4.4 沿海防护林体系尚不完善

目前，温岭市沿海防护林体系已具有一定规模，但是沿海防护林体系建设尚不完善。温岭市现有防护林大部分为木麻黄纯林，且大多数为 20 世纪 60~70 年代营造，由于树种单一，树龄比较长，半数以上因台风、天牛危害导致林带退化，呈衰退老化现象，缺口残带断株严重，生态稳定性差，防护效应逐渐衰退，防护效能得不到有效发挥。

4.5 林科研成果未能在沿海防护林建设中充分发挥作用

林业科研与林业生产实际需要结合不紧，防护林科研成果能实际应用的不多或应用程度不高。特别是在沿海防护林效益评估、树种选择上研究还不够，每个试点县都是在自行摸索，工程仅只满足于完成了建设目标。

5 沿海防护林体系建设对策探讨

5.1 尽快出台沿海防护林建设有关法律法规，保障建设用地

要把营造防护林带作为一项基础设施建设，特别是新围垦区，必须要求在总体规划时，将沿海防护林建设用地纳入其中，明确一定的比例用于沿海防护林建设。

5.2 科学规划，建设综合海防林体系

沿海防护林的建设必须坚持科学造林、营林、护林，使沿海防护林体系建设逐步健全和完善，做好调查勘测和总体规划设计。同时调整树种结构，营造混交林，提高林带抗风抗病虫害的能力，提高生物稳定性。林网、林带、片林相结合，进一步提高防护效能，建立综合海防林体系。

5.3 建立和完善沿海防护林建设投入和利用机制

加大中央补助，多方筹措资金，使国家、地方和民间共同参与这项公益事业，建立以政府投资为主导，同时民间多方参与的多元投资机制。沿海防护林建设，在生态功能优先的前提下，适当兼顾防护林的经济价值，用经济的理念管理、经营防护林。

5.4 发展生态旅游，推进海防林建设

沿海防护林不但具有防风固沙，涵养水源，抵御海风、海潮，消浪增淤，保护沿海地区生态平衡等作用，而且自身也是一种旅游资源。因此，开展生态旅游并使之成为优美的滨海旅游观光场所和良好的科普基地，对于提高人民生活质量，增加保护建设资金来源，改善沿海地区生态环境有着积极作用。

5.5 健全法规，依法治林，强化管理

政府部门一定要建立健全相关的法规，大力宣传贯彻落实有关政策、法律，使广大人民群众对于管护好海防林有一个全面正确的理解，建立科学的管理机制，妥善处理沿海林地保护与开发的关系，使沿海林地在合理开发中得到有效地保护。

5.6 深化林业科技体制改革，促进林业科技成果的转化

加强林业科研与实际需要的紧密结合，加大沿海防护林的科技投入，设立专项海防林科技攻关课题，如海防林防风消浪、促淤护岸等生态效益的定量测定和评价，海防林经济价值评估与利用，海防林造林树种选择和树种配置等的研究

沿海防护林建设是一项能提供巨大生态效益、经济效益、社会效益的生物系统工程，温岭市作为浙东南沿海防御台风等自然灾害的前沿地区，建设沿海防护林有着深远的意义。只有加大建设、加强保护和管理才能真正发挥沿海防护林生态系统的生态效应、经济效应和社会效应，实现可持续发展。

沿海盐碱地绿化实践与探索

许基全

（浙江省台州市椒江区农林局，椒江 318000）

沿海地区风力强，土壤含盐量高，地下水位高，蒸发强度大，很容易发生干旱。开展沿海盐碱地绿化，关键性技术是做好树种选择、土壤改良和研究采取先进适用的栽培技术措施。

1 绿化树种选择

沿海盐碱地绿化应该选择抗风力强，耐盐碱，耐干旱瘠薄的树种。因为沿海平原地区无山体何阻挡，开展沿海盐碱地绿化的一个重要目的就是为了防御台风、干冷风等风害对沿海平原地区生态环境的影响，防止海风长驱直入。抗风力弱就不适宜生长，更发挥不了防风效能。

1.1 盐碱地绿化应选择耐盐碱性强的树种，这是盐碱地绿化树种选择的基本要求

沿海盐碱地，大多为尚未开发利用的土地，土壤结构尚未形成，蓄水保墒和通气透水性能差，土壤贫瘠，肥力差。在选择绿化树种时，除了要考虑抗风、耐盐碱性能外，还必须同时考虑到树种的耐干旱和耐瘠薄性能。

一般来说，常绿树种比落叶树种更适宜沿海地区生长。因为沿海地区在树木的落叶期干冷风强劲，常绿树种有叶片保护嫩梢和幼芽，树液流动也没有停止，适应性较强。而落叶树种冬季失去叶片蔽护，树液也基本停止流动，极容易受大风、干旱、盐碱危害而出现严重枯梢或全株枯死。在玉环县大鹿山岛，苦楝、喜树等落叶树种，在绿化初期没有得到常绿树种蔽护之前，冬季枯梢十分严重，10年生树高大多仍在2m以下。有了常绿树种的蔽护，枯梢现象才逐年减少。而黑松、女贞、桉树、柏木、木麻黄等常绿树种，没有发现枯梢现象，成为岛上的先锋绿化树种。

1.2 叶色浓绿的树种优于叶色嫩绿的树种

如黑松、木麻黄、夹竹桃等适宜沿海地区绿化的树种，叶色均比较浓绿。

1.3 叶片狭小的树种优于叶片阔大的树种

如柽柳、木麻黄、柏木、侧柏等树种，叶片狭小或基本退化，是很耐干旱、耐盐碱，抗风力也是很强的树种，在浙江沿海盐碱地引种栽培生长良好。

1.4 冬芽粗壮饱满的树种优于冬芽瘦小的树种

我们在大鹿山岛作过观察分析，同样是落叶树种，北美鹅掌楸、海南石梓、盐肤木等冬芽粗壮饱满的树种适应性较强。岛上有一棵1974年栽种的北美鹅掌楸，引种栽培以来没有发现冬季枯梢现象，树高已达20m，胸径6cm，成为岛上的“大树王”，并且也是国内相同树种中最高大的树木之一。

一般耐干旱瘠薄的树种在沿海盐碱地上生长要比喜湿润肥沃的树种更为适宜。因为沿海

盐碱地大多比较干燥瘠薄，耐干旱瘠薄的树种较能适应，喜湿润肥沃的树种由于生态环境不适宜而生长不良。

1.5 根系发达树种在沿海地区生长优于根系不发达树种

这也是无可怀疑的，因为根系发达树种抗风力较强，吸收水分养分能力也较强，当然也比较适宜生长了。

1.6 生长迅速的树种比生长缓慢的树种更适宜沿海地区引种栽培

如桉树、木麻黄等速生树种，已成为浙江沿海地区引种栽培成功的主要外来树种，也是沿海盐碱地营造防风林的主要树种。因为速生树种造林当年或翌年就可郁闭成林，形成森林小气候环境，创造较为适宜树木生长的立地条件。

1.7 枝叶繁茂的树种要比枝叶稀疏的树种更适宜在沿海地区生长

如海桐、夹竹桃、大叶黄杨等枝繁叶茂的树种，在沿海盐碱地普遍生长良好。

1.8 茎干粗壮的树种更适宜于沿海盐碱地生长

因为茎干粗壮的树种抗风能力和耐干旱能力均较强。如海枣、蒲葵、椰子树等，适宜在海滨地区生长，成为典型的海边风光树种。

1.9 有根瘤菌及菌根丰富的树种

如木麻黄、刺槐、紫穗槐等在沿海盐碱地生长比较好。因为这些树种有吸收和固氮作用，能耐瘠薄土壤。

自南向北引种栽培，在沿海地区成功的几率很高，反之效果很不理想。在浙江省中南部沿海地区引种栽培成的外来树种，大多数是从南方引种过来的。自北向南引种的树种，有的虽然可以生长，但病虫害严重，如杨树、榆、白蜡、刺槐、黑松等在浙江沿海地引种栽培生长较好，但病虫害十分严重。而从南方引入的树种，引种到浙江中南部沿海地区以后，病虫害亦相应减少了，如木麻黄青枯病，在广东沿海地区发病率是很高的，而在台州沿海地区未见发生。

在浙江省沿海盐碱地引种栽培已经取得成功并适宜生长的树种主要有木麻黄、巨桉、柳桉、邓恩桉、赤桉、野桉、葡萄桉、夹竹桃、女贞、珊瑚树、海桐、大叶黄杨、苦楝、池杉、落羽杉、墨西哥落羽杉、侧柏、龙柏、柏木、铅笔柏、千头柏、大叶榉、白榆、绒毛白蜡、悬铃木木芙蓉、弗吉尼亚栎、木槿、水腊、火棘月桂、加那列海枣、蒲葵、华棕、布迪椰子、金合欢、柽柳、香樟、罗汉松、紫薇樱花、苏铁、棕榈、刺槐、杨树、紫穗槐、构树、秋茄树、柚子、柿子、枇杷、柑橘梨和葡萄等。

2 土壤改良技术

我国海岸类型主要可分为山地海岸和平原海岸两大类。山地海岸即为岩质海岸，山脉或丘陵直迫岸边，经过海浪长时期的冲刷，崖壁崩落或陡立，岸线曲折，多港湾。平原海岸又可分为泥质海岸和沙质海岸，岸线平直。杭州湾及其以北地区，除辽东半岛、山东半岛以外，大多为平原泥质海岸。杭州湾南除台州湾、温州湾、珠州三角洲以外大多为岩质海岸或沙质海岸。

泥质海岸包括我们通常所称的浅海滩涂、潮间带滩涂、海涂地、沿海盐碱地等。其土壤特点是：地形平坦、地势低洼、易受海潮浸渍，土壤含盐量高，地下水位高。土壤改良技术措施必须根据泥质海岸的特征来进行。除了营造滩涂红树林及防浪护堤林之外，在进行泥质海岸绿化之前，必须首先进行土壤改良工作。

2.1 筑堤围涂，防止海水倒灌

海岸滩涂大多是由江河泥沙冲积海积而成的，一般比较平坦低洼极容易受天文大潮和风暴潮的影响出现海水倒灌，除了红树林等适宜在潮间带滩涂生长的树种外，在规划开展泥质海岸绿化之前，必须事先规划围垦海涂。这项工作主要由水利部门来配合完成，堤坝要求有适当的高度和宽度，一般坝顶要求比平均高潮位线高出3~5m以上。堤坝断面呈梯形，坝顶宽度要求达到5m以上，有一定的宽度可防止海水渗漏，提高安全系数。并要求筑堤十分坚固，达到水利部门制定的50~100年一遇的标准。

2.2 合理开挖河、渠、沟，完善排灌系统，有利于排咸蓄淡

在围垦区内按适当的距离开挖纵横交叉的主干河道和辅助河道，主干河道间隔距离一般为1 000~1 500m，宽度为30m以上；辅助河道间隔距离以200~300m为宜，宽度为6~12m，河道深度要求达到2m以上。在此基础上规划开挖贯通的水渠和排水沟，形成网状的排水系统。并在堤坝出海口和主干河道河口处规划修建数座控水闸，候潮启闭，首先要求尽可能快地排干咸水待河水逐渐淡化后再按一定间隔期开闸排水，达到排咸蓄淡之目的。

2.3 抬土整地

抬土整地是改良沿海盐碱地土壤的主要技术措施。通过抬土整地，可以提高种植点高度，增加土壤表面积，提高土壤通透性，改善土壤理化性状，有利于淋盐养淡，相对降低地下水位，改善立地环境条件。

海盐县黄家埝护塘地，2004年采取挖坑造林的技术，其结果栽下去的树木基本死光。2005年采用抬土整地，当年存活率提高到65%以上。在同一地段，未进行抬土整地栽植的木槿存活率低于20%，而抬土整地存活率达到90%以上。抬土整地的时间最好在通过透雨淋洗，表层土壤含盐量大幅度下降后及时取松表土进行抬土整地。

我们通常采用作高垄、做高墩和苹果形高墩3种抬土整地方法。作高垄整地就是按照造林行距作垅，一般一行作一垄，垄的截断面为抛物线状，垄高要求达到30cm以上。做高墩整地就是按照种植点配置做馒头形土墩，墩高要求达到50cm以上。馒头形高墩在降水量充沛土壤水分饱和时雨水极容易从土墩的表面流失，降低淋盐效果。而苹果形高墩上部边沿要求高于中间5~10cm，可以有效地延缓雨水在墩面滞留的时间，并可使水分从墩的中间向下渗透，提高降盐效果。根据我们对黄家埝护塘地的调查分析，通过抬土整地表层疏松层土壤含盐量当年可下降60%~80%。

可是盐碱地绿化技术至今仍然没有取得重大突破，原因何在？我们认为，还有至今仍然没有引起大家关注和重视的栽培技术措施。

我们认为，树种选择和土壤改良，是沿海盐碱地绿化很重要的两项基础性的技术工作，是为开展沿海盐碱地绿化创造良好的物质基础和环境条件，沿海盐碱地绿化成败的关键在于栽培技术措施适用与否。

3 营林栽培技术措施

一切营林栽培技术措施，都应该根据树种生长特性和沿海盐碱地的特殊立地条件，尽可能地使生长环境能够适应树木生长发育的要求，也要尽可能地选择适宜该立地环境生长的树种，使两者达到和谐统一，以达到我们所要求达到的沿海盐碱地绿化造林目标。通过长期的探索、实践和研究总结，以下几点可供参考。

3.1 开展树木引种驯化

沿海盐碱地之所以成为至今尚未突破的造林困难地，主要是由于当地缺乏适宜生长的树种，如果引进比较适宜生长的树种，绿化难题也就不难攻克了。如玉环县在20世纪60年代以前由于当地缺乏适宜的树种，沿海小岛和滩涂盐碱地基本上是荒芜的，难觅一棵树木。自1964年开始引种木麻黄等优良适生树种获得成功，成为沿海盐碱地和海洋岛屿绿化的主要树种进行大力推广，树立起大鹿山荒岛绿化和黄泥坎塘海涂盐碱地绿化这两面全国沿海绿化工作的旗帜。玉环县在20世纪80年代已成为全国绿化工作先进县、防护林建设先进县和文旦生产基地县。沿海盐碱地绿化，加快了沿海滩涂资源的合理开发利用，改善了沿海地区的生态环境，促进了玉环县经济社会的快速发展，使这个海岛小县跨入全国农村经济综合实力百强县的前列。

3.2 培育壮苗

有了适宜的树种，还必须十分重视培育适宜沿海盐碱地生长的苗木。沿海盐碱地绿化的苗木，要求根系发达，茎干粗壮，高度要适当控制。一般要求就地育苗，苗期一般不采取人工挡风、防寒、浇水抗旱等人为的保护性技术措施，而应该让幼苗期经受大风、盐碱、干旱、低温冻害的锻炼，以达到苗期驯化的目的。在苗木出圃时再进行一次选择，淘汰生长不良，适应性较差的苗木，选用优质苗木进行造林，效果就很好。一般以培育实生苗为好，适应性较强。在大田中培育的一定规格的容器苗成活率更有保障。

3.3 适时造林

包括选择适宜的季节和适宜的天气并在通过透雨淋洗表层土壤含盐量大幅度下降，土壤湿度适宜时及时进行造林。

沿海地区春季造林不宜过早，因为早春干冷风比较强劲，空气和土壤比较干燥，时有冷空气南下。在中亚热带沿海地区一般从2月下旬或3月上旬开始造林比较适宜，3月中旬是比较适宜的造林季节，一些常绿阔叶树种一直可延期到5月中下旬，都是适宜的季节大风天气不适宜栽树，以静风的雾天及细雨天造林最为适宜。一般冷空气来临时也不宜造林，而在雨前的阴天栽树是最为理想的。

3.4 多树种营造混交林

在沿海盐碱地造林，单一树种失败的风险性比较大，而多树种营造复层混交林成功的把握性也更大了。一些抗风能力较弱的树种，不适宜在沿海地区生长的树种，在高大树种蔽护的环境下能良好生长，成为辅助树种，而辅助树种的生长有利于改善林地环境，相辅相成，相互促进。

3.5 松土抚育

只有保持土壤经常疏松状态，才有利于利用天然降水加快淋盐养淡，所以在沿海盐碱地绿化技术中松土抚育工作不容忽视。一般造林成活后必须进行一次松土抚育，如前面所介绍，沿海盐碱地要求选择在阴雨天造林，造林地土壤容易板结，少部分幼树难免会受海风吹袭出现倾斜、根系外露或倒伏。通过及时松土抚育可进行扶植和培土，有利于提高造林成活率和幼树生长。第二次松土抚育应选择在雨季将结束，夏秋高温干旱季节来临之前及时进行。通过松土抚育，可切断毛细管作用，有利于保持下层土壤湿润，减少表土返盐。松土后要求对种植点周围及时进行覆盖。

3.6 林地套种和覆盖

在沿海盐碱地造林后至幼林郁闭前，幼林地最好进行套种，防止土壤裸露，增加土壤有机质和养分，有利于改良土壤理化性质，提高土壤肥力，又可对新造幼林起到挡风作用。适宜套种的作物有田菁、苜蓿及多种豆科作物等。

一般在第一次松土抚育时就可以结合进行套种，第二次抚育时可以适当铲去一小部分套种作物覆盖在幼树周围。在套种作物尚未完全成熟时最好进行全部刈割或铲除后埋入林地或覆盖在林地上。

3.7 适度整枝

在沿海地区，幼龄林及中龄林打枝不能过度，保持适当的树冠有利于改善林地的小环境，有利于林木生长，也可减少土壤水分蒸发量，有利于保持林间空气和土壤的湿度，为有益昆虫和土壤微生物活动创造比较适宜的环境条件。一般幼龄林在郁闭前不提倡打枝，中龄林修枝高度一般亦不宜超过树干高度的1/3。

3.8 合理间伐

在沿海地区绿化造林，密度一般要求适当加大，又控制打枝，幼林郁闭后就往往出现郁闭度过大现象，影响林木生长，因此必须及时进行合理间伐。一般速生树种在幼林郁闭后的第二年就应该开始间伐。为防止间伐后林地环境出现急剧变化，间伐量宜小不宜大，间伐间隔期适当宜短而不宜长。

秦岭冷杉和巴山冷杉种群年龄结构及动态的比较分析

史小华[1]，刘　毅[1]，彭佳龙[2]，张文辉[1]

（1. 西北农林科技大学8 2 杨陵F 712100；2. 浙江省仙居县林业局　仙居　317300）

摘　要：在秦岭林区对不同生境条件下濒危种秦岭冷杉（*Abies chensiensis*）和广布种巴山冷杉（*Abies fargesii*）种群的年龄结构、生命表、存活曲线以及时间序列预测进行了比较分析。结果表明：秦岭冷杉在各个坡向上幼龄林林木株数均明显小于巴山冷杉。在各个坡向上，秦岭冷杉均呈衰退型，而巴山冷杉均呈稳定型。坡向对秦岭冷杉种群存活曲线的影响比巴山冷杉的影响大。在未来的20年、40年及60年，秦岭冷杉种群Ⅱ、Ⅲ龄级的种群表现为先增后减的不稳定趋势，而Ⅳ龄级以后的种群表现为小幅度的增加趋势。巴山冷杉种群各龄级株数在未来的20年、40年及60年均呈明显的增加态势。最后，给出了对不同生境的秦岭冷杉应采取的具体管理措施。

关键词：秦岭冷杉；巴山冷杉；年龄结构；生命表；存活曲线；时间序列

研究不同生境条件下植物种群年龄结构和生命表、存活曲线以及时间序列预测不仅可以反映种群现实状况，还可以展现植物种群与环境抗争的关系，阐明群落未来发展趋势，尤其对于濒危植物的保护和利用研究具有重要意义。在相似的生存条件下，研究近缘广布种与濒危物种种群动态更能反映两者在生物学生态学以及适应力方面存在的差异。

秦岭冷杉（*Abies chensiensis*）为我国特有的国家二级保护植物，仅岛屿化分布于我国甘肃省、陕西省、四川省、湖北省亚热带与温暖带过度的中高山地带1 500~2 100m，以秦岭南坡分布较为集中。近年不少学者分别从地理分布、群落特征、种群生殖生态、个体生物学、球果、种子特征等方面对秦岭冷杉单个物种进行了综合分析，使秦岭冷杉种群生态学规律逐步清楚，但是在解释种群濒危原因，量化说明种群年龄结构衰退程度等方面缺乏参照系，使得秦岭冷杉的濒危状态、濒危机理等表现不够充分。巴山冷杉（*Abies fargesii*）以秦巴山地为分布的水平中心，东起湖北的神农架，沿大巴山、巫山、米仓山至岷山山地，并由秦岭延至河南的伏牛山，向西北到青海东部及甘肃境内，海拔1 900~3 600m，在秦巴山地有广阔的天然纯林，是典型的广布种。本研究选择与秦岭冷杉近缘、分布区重叠的广布种巴山冷杉作为对照，通过对秦岭冷杉和巴山冷杉不同坡向种群年龄结构、生命表、存活曲线及种群数量的时间序列预测分析的比较，从而揭示两者在种群结构方面的差异，探讨了秦岭冷杉种群衰减的原因，进而为其未来保护、经营管理提供依据。

1　研究地概况

野外调查区域在陕西秦岭中段的略阳、宁陕、镇安、周至眉县（东经107°11′~109°09′，北纬33°08′），该区域处于北亚热带暖温带过渡区的中高山地带，海拔1 300~3 400m，年降水量800~1 240mm，年均温13. 8℃，无霜期约200d，土壤类型主要为棕壤与褐土，pH值5. 5~6. 5。植被类型主要是以巴山冷杉、秦岭冷杉为主的温带针叶林或与红桦（*Betulaalbo*-

sinensis）形成的针阔混交林。秦岭林区的冷杉属植物有秦岭冷杉和巴山冷杉 2 种，其中，秦岭冷杉多与红桦、漆树（*Toxicodendron perniciglnnm*）、油松（*Pinus tabulaeformis*）、锐齿栎（*Quercus aliena* var. *acuteserrata*）等形成针阔混交林，或以团块状分布，部分地区可以形成小面积纯林。巴山冷杉在当地可形成大面积纯林。

2 研究方法

材料收集与整理：在充分踏查的基础上，在略阳、宁陕、镇安和周至县按照阴坡（5）（表示在阴坡设置 5 个样地，以下同）、半阴坡（5）、半阳坡（5）、阳坡（3）4 个不同的坡向共设置了 18 块 20m×20m 的样地，为了使二者具有可比性，在眉县和宁陕两地也是按照阴坡（5）、半阴坡（5）、半阳坡（5）、阳坡（3）4 个不同的坡向设置 20m×20m 的典型样地共 18 块，每个样地沿对角线设置 5m×5m 乔灌木样方和 1m×1m 草本样方各 3 个。调查内容包括：①计测海拔高度、坡向、坡位、人为干扰和群落内其他环境因子（表 1）。②测定记录样地内所有乔木个体的坐标位置、种名、树高、胸径、冠幅；样方内灌木和草本植物分品种计数个体数量、盖度、高度和频度。③选择各样地的平均木 1~2 株，分别测量胸径。胸径小于 3cm 的乔木，利用其轮生枝条或基部直径确定年龄；胸径大于 3cm 的，用生长锥钻取胸径处年轮条，室内显微镜下检查年轮数；参考原西北林学院保存的秦岭冷杉和巴山冷杉解析木资料予以修正。秦岭冷杉以海拔 1 800m 为界分 2 组，巴山冷杉以海拔 2 800m 为界分 2 组，求不同年龄的胸径平均值，分别作 2 区域年龄与胸径关系图、拟合曲线，得到胸径与年龄的关系方程［方程分别经过 X^2 检验，均达到极显著水平（$X^2 \leqslant 0.01$）］（表 2）。用表 2 中的方程确定各样地各海拔区间中个体的年龄。

表 1 秦岭冷杉与巴山冷杉群落的环境因子

种群	坡向	坡位	坡度（°）	土壤厚度（cm）	pH 值	0~10cm 土壤有机质质量分数（%）	0~10 cm 土壤含水率（%）	乔木层盖度	种群平均密度（株·hm^2）	人为干扰强度	样地（块）
巴山冷杉	阳坡	上	23	32	6.7	3.5	59	0.70	870	0.8	3
	半阳坡	中	17	43	6.5	4.0	67	0.80	1 020	0.6	5
	半阴坡	中上	30	60	6.3	2.1	77	0.75	1 560	0.5	5
	阴坡	中上	27	68	6.4	2.3	86	0.80	1 980	0.5	5
秦岭冷杉	阳坡	上	22	35	6.1	4.3	23	0.43	340	0.5	3
	半阳坡	中	35	45	6.2	4.6	25	0.50	580	0.7	5
	半阴坡	中上	18	77	6.4	6.7	31	0.75	1 000	0.3	5
	阴坡	中上	25	70	6.4	7.4	31.5	0.78	1 230	0.3	5

表 2　秦岭冷杉与巴山冷杉胸径与年龄的关系议程

种群	海拔（m）	关系方程	X^2 检验值	相关系数
秦岭冷杉	<1 800	$y = 6.20 + 2.26 \times 10^{15} \times 1 - \exp(-X/2.37 \times 10^{15} + 19.59 \times [1 - \exp(-X/1.51)]$	1.3000	0.99
	>1 800	$y = 371.19 - 1\,627.42/(1 + \exp[(X + 138.76)/110.18]$	3.7200	0.99
巴山冷杉	<2 800	$y = -48.22 + 1.2 \times 10^{-4} \times \exp[(X + 804.98)/61.69]$	0.0460	0.95
	>2 800	$y = 10.92 + 2.34 \times \exp(0.0052X - 1)/0.0052$	0.0048	0.98

年龄结构图的绘制：以 20 年为一个龄级，统计每一样地各龄级的株数；用同一坡向上所有样地各龄级株数的和作为各种群年龄结构的基本数据。

种群静态生命表的编制和存活曲线的绘制：以各种群年龄结构数据为基础，编制静态生命表并绘制存活曲线，具体方法见文献。

种群数量动态的时间序列预测模型：$M_t^{(1)} = M_{t-1}^{(1)} +$（$X_t - X$（$t-n$））/n。式中：$M_t^{(1)}$ 是近期 n 个观测值在 t 时刻的平均值，称为第 n 周期的移动平均。本研究以 n 值为各龄级株数 t 分别取 20 年、40 年和 60 年，对未来种群发展趋势进行预测，原理与方法见文献。

3　结果与分析

3.1　秦岭冷杉与巴山冷杉种群年龄结构的差异

不同坡向上，秦岭冷杉种群与巴山冷杉种群株数与年龄的关系如表 3 所示。从 2 种冷杉种群整体年龄结构上看，秦岭冷杉种群呈衰退型，巴山冷杉呈稳定型，但秦岭冷杉在不同坡向上的种群年龄结构差异较巴山冷杉的大。秦岭冷杉在阳坡表现出幼龄株数缺乏，中龄级株数不多，老龄级已经全部衰亡的严重衰退趋势；在半阳坡的幼龄期数量相对较大、更新较好，中龄级密度很小，老龄级已经衰亡；阴坡的成年个体生长良好幼苗更新却不良。巴山冷杉在各个坡向与总和的结构相似均呈稳定型，在阴坡的年龄结构比较合理。

表 3　秦山冷杉与巴山冷杉在不同坡向上的种群年龄结构

种群	坡向	龄级						
		Ⅰ	Ⅱ	Ⅲ	Ⅳ	Ⅴ	Ⅵ	Ⅶ
秦岭冷杉	阳坡	0	76	113	113	0	0	0
	半阳坡	213	208	245	0	12	0	0
	半阴坡	73	387	397	132	64	0	0
	阴坡	64	786	355	146	23	12	12
	总和	88	364	278	98	25	3	3
巴山冷杉	阳坡	433	354	53	53	19	0	0
	半阳坡	954	396	182	97	19	17	17
	半阴坡	990	398	260	131	11	20	20
	阴坡	897	497	293	168	11	26	11
	总和	818	411	197	112	15	16	12

3.2 秦岭冷杉与巴山冷杉种群生命表的差异

从表4可以看出，秦岭冷杉Ⅰ龄级死亡率为负，说明幼苗库不足，该种群要保证持续发展至少需要补充相应数量的幼苗，否则种群将走向衰退，而巴山冷杉的Ⅰ，Ⅱ级苗木的库存量相对较大，累计达到1 230株/hm^2。秦岭冷杉Ⅱ—Ⅳ龄级的累计死亡量为93.2%，而巴山冷杉的Ⅱ—Ⅳ龄级的累计死亡量为48.4%。这一方面说明秦岭冷杉种群的维持依赖于中龄个体，另一方面也说明种群进入中龄期后，个体对营养空间的需求不断增大，基于对光照、水分、养分和空间生态位的竞争，种群自疏和它疏作用增强，导致了高死亡量；而巴山冷杉的幼苗经过Ⅰ龄级阶段高强度的环境选择后，随着树龄的增长，种群的抗性及适应环境的能力随之增强，死亡量逐渐趋于稳定，进一步说明了巴山冷杉成苗后对于环境的适应能力比秦岭冷杉强。通常在编制植物生命表时，为了消除因为年龄波动造成的影响，需要将种群各龄级株数作标准化处理，其中最小龄级（1年生）个体数标准化成1 000，其他龄级株数也要作匀滑处理。这样做虽然符合种群动态模型的一些假设，但不可避免地会掩盖种群数量波动中的某些生态现象。此外，如果种群属于“幼龄株数少的衰退种群”，生命表就无法编制。本研究中没有对相关数据作匀滑处理，将各龄级株数标准化后直接用于各参数计算。由于不同龄级个体数量波动，在死亡量、死亡率、消失率中出现了负值。如果将其理解为种群只有消除这些负值（或者增加同龄级相应株数），种群才能维持稳定，不仅客观反映了种群波动真实情况，而且对种群数量预测有重要的生态意义。张文辉等 在研究太白红杉（*Larix chinensis*）生命表时也作过类似尝试，效果良好。植物种群各龄级株数波动是普遍现象，不作数据匀滑处理似乎更有利于反映种群现实状况。

表4 秦岭冷杉与巴山冷杉种群标准生命表

种群	龄级	a_x	l_x	d_x	q_x	e_x	I_x	T_x	$\ln a_x$	$\ln l_x$	K_x
秦岭冷杉	Ⅰ	87.50	240.38	-759.62	-3 160.00	9.28	620.19	2 230.60	4.47	5.48	-1.43
	Ⅱ	364.00	1 000.00	237.64	237.64	1.61	881.18	1 614.35	5.90	6.91	0.27
	Ⅲ	277.50	762.36	494.16	648.20	0.96	515.28	733.17	5.63	6.64	1.04
	Ⅳ	97.63	268.20	200.21	746.48	0.85	168.10	227.17	4.58	5.59	1.37
	Ⅴ	24.75	67.99	60.10	883.84	0.89	37.95	60.68	3.21	4.22	2.15
	Ⅵ	2.88	7.90	0	0	3.00	7.90	23.70	1.06	2.07	0
	Ⅶ	2.88	7.90	0	0	2.10	3.95	16.61	1.06	2.07	2.07
巴山冷杉	Ⅰ	818.00	1 000.00	497.26	497.26	1.43	751.37	1 425.60	6.71	6.91	0.69
	Ⅱ	411.24	502.74	262.15	521.44	1.36	371.67	681.49	6.02	6.22	0.74
	Ⅲ	196.80	240.59	103.37	429.64	1.29	188.91	309.83	5.28	5.48	0.56
	Ⅳ	112.25	137.22	118.60	564.25	0.88	77.93	120.92	4.72	4.92	2.00
	Ⅴ	15.24	18.63	-0.52	-28.13	2.31	18.89	42.99	2.72	2.92	-0.03

（续表）

种群	龄级	a_x	l_x	d_x	q_x	e_x	I_x	T_x	$\ln a_x$	$\ln l_x$	K_x
巴山冷杉	Ⅵ	15.67	19.15	4.63	241.60	1.26	16.84	24.10	2.75	2.95	0.28
	Ⅶ	11.88	14.53	0	0	0.50	7.26	7.26	2.47	2.68	2.68

注：a_x 为龄级内出现的实际存活数；l_x 为在 x 龄级开始时标准化存活个体数；d_x 为从 x 到 $x+1$ 龄级间隔期内标准化死亡量；q_x 为从 x 到 $x+1$ 龄级间隔期间个体死亡率；e_x 为进入 x 龄级个体的生命期望寿命；I_x 为从 x 到 $x+1$ 龄级间隔期间平均存活的个体数；T_x 为从 x 龄级到超过 x 龄级的个体总数；$\ln a_x$ 存活数和区间寿命的常用对数；$\ln l_x$ 区间寿命的常用对数；K_x 为致死力或消失率；x 取值为 1~7

3.3 秦岭冷杉与巴山冷杉种群存活曲线的差异

从 2 种冷杉总和（图 1）的比较可以看出，若 2 种冷杉种群分别以标准化最高存活量为起点，则巴山冷杉存活曲线基本属于 Deevey C 型，秦岭冷杉存活曲线则介于 Deevey C 和 Deevey B 型之间。从图 1 中可以发现，2 种冷杉在Ⅱ龄级以前的死亡率都很高，Ⅲ龄级死亡率趋于减缓，Ⅴ龄级后死亡率基本趋于稳定。

从同一坡向上 2 种冷杉的存活曲线（图 1）可以看出，秦岭冷杉在Ⅱ—Ⅳ龄级的存活量基本上都大于巴山冷杉，而其他龄级的存活量均小于巴山冷杉。从不同坡向上 2 种冷杉的存活曲线（图 1）可以看出，秦岭冷杉种群在阴坡的存活曲线更接近于 Deevey C 型，表明幼年期的死亡率极高，只有少数个体能生存到生理寿命。半阳坡种群的存活曲线呈 S 型，表明幼年期死亡率较高，而成年以后的死亡率则降低。巴山冷杉种群仅在阳坡的存活曲线明显偏离 Deevey C，而其他坡向的存活曲线基本上都属于 Deevey C 型。

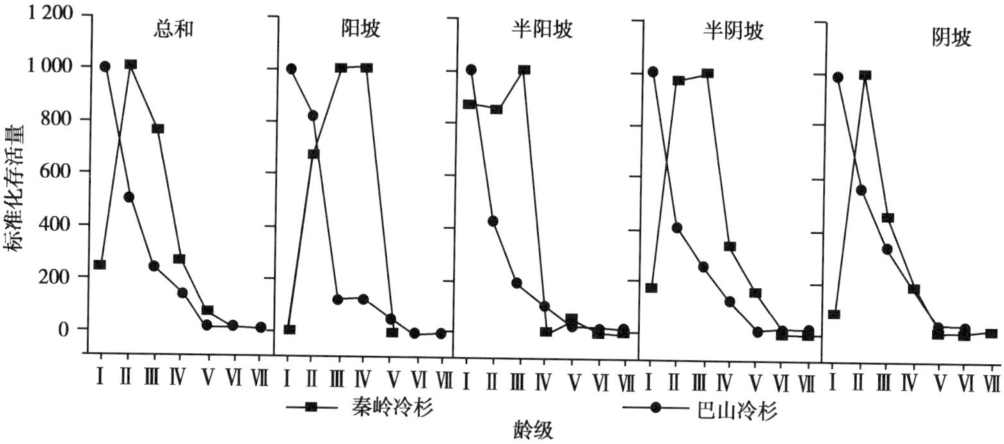

图 1 秦岭冷杉巴山冷杉不同坡向种群的存活曲线

3.4 秦岭冷杉和巴山冷杉种群数量动态的时间序列预测模型

从 2 种冷杉总和（图 2 和图 3）的比较可以看出，秦岭冷杉种群各年龄株数在未来的 20 年、40 年及 60 年分为 2 种不同的进展趋势：Ⅱ、Ⅲ龄级的种群表现为先增后减的不稳定趋势，Ⅳ龄级以后的种群表现为小幅度的增加趋势。巴山冷杉种群各年龄株数在未来的 20 年、40 年及 60 年均呈明显的增加势态。

不同坡向上的 2 种冷杉种群虽然存在环境条件上的差异，但是，各龄级株数峰值在预测序列中依次向后推移，随时间推移，秦岭冷杉各种群呈现出老龄个体逐渐增多，幼龄株数更显不足，最终老龄株数也急剧减少的衰退势态；巴山冷杉在未来的几十年各龄级株数均有不同程度的增加，能够持续稳定的秦岭冷杉种群幼苗在未来的发展中有恢复的潜力。

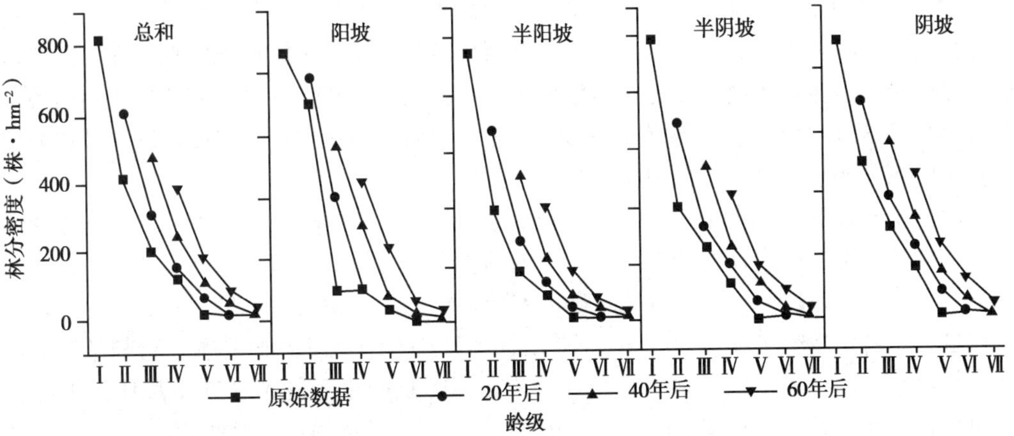

图 2　巴山冷杉不同坡向种群数量动态的时间序列预测

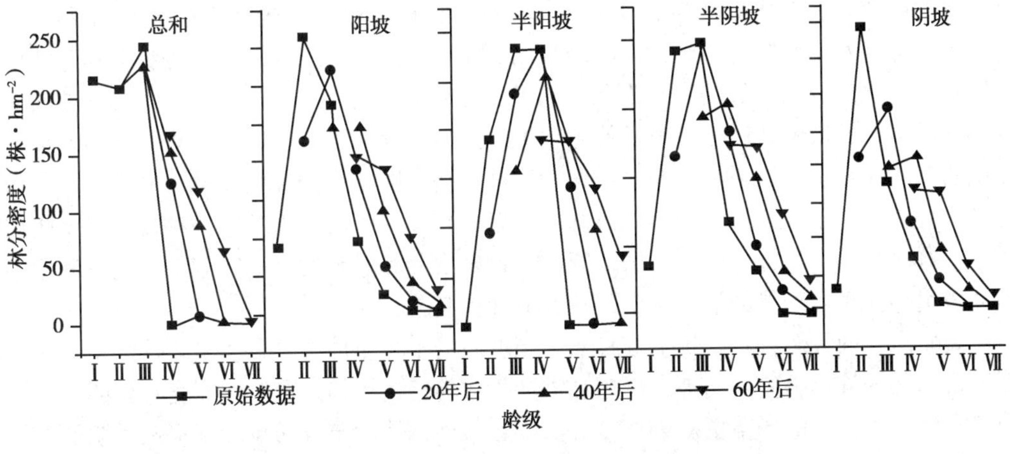

图 3　秦岭冷杉不同坡向种群数量动态的时间序列预测

4　结论与讨论

本研究表明，秦岭冷杉种群数量明显小于广布种巴山冷杉。与巴山冷杉相比，秦岭冷杉各龄级株数特别是幼龄株数少，这是其濒危的一个关键性表征。秦岭冷杉与巴山冷杉均为各群落的优势种群，都是以林下种子为主要繁殖途径，且幼苗都比较耐阴。在同样的生境条件下，巴山冷杉幼龄株数多说明了其在生存能力上的优势，而秦岭冷杉则暴露出了本身内在的缺陷。从受外界干扰的程度来看，巴山冷杉所处的群落稳定性更差，巴山冷杉的样地主要分布于太白山国家森林公园和平和梁旅游度假村周围，游人比较多，建设性的破坏等外界干扰也比较大；而秦岭冷杉样地多分布于林场保护区内或比较偏远的地带，人为破坏、干扰比较少。在这种条件下秦岭冷杉在种群年龄结构上表现出的缺陷，只能归咎于其本身内在的生存能力差。阳坡的秦岭冷杉表现出幼龄株数缺乏，中龄级株数不多，老龄级已经全部衰亡的严重衰退趋势半阳坡的幼龄株数相对比较多，中龄级密度很小，老龄级已经衰亡，说明在半阳坡秦岭冷杉群落中比较小的林分密度为幼苗的更新提供了很好的条件，但是对于耐阴性树种秦岭冷杉而言，半阳坡比较充足的光照条件却对中龄级的生长不利可以预见，在未来秦岭冷杉还是会由于它本身的生物与生态学特性而逐步走向消亡。整个种群分布范围有向阴坡不断缩小的趋势，这种状况必然使得秦岭冷杉在阳坡分布将逐渐消失，在半阳坡以比较快的速度衰退，半阴坡和阴坡的种群规模也是越来越少。

一般植物的标准生命表是基于现有调查数据，能够反映种群的基本属性。秦岭冷杉和巴山冷杉种群的标准生命表是秦岭林区不同生境的 4 个种群的平均值，也就反映了该地区 2 种群的基本规律，通过比较也就能说明二者的差异。秦岭冷杉幼苗库不足，其Ⅱ—Ⅳ龄级的累计死亡量高于巴山冷杉主要是因为秦岭冷杉隔年结实现象比巴山冷杉明显，母树结实力也比较低，并且种子质量差、饱满率极低，即使出苗以后也会由于幼苗初期生长比巴山冷杉喜光，而且生长缓慢最终导致成活率低，幼苗匮乏；在Ⅱ龄级以后由于种间竞争和生理衰老对秦岭冷杉的影响波动比较大而导致其死亡量比较高总之，在整个生长过程中秦岭冷杉对外界环境的影响和人为干扰比较敏感，因而其不同生理期死亡风险性增大，稳定性也就不可避免的出现波动。若以标准化最高存活量为起点秦岭冷杉种群存活曲线介于 Deevey C 和 Deevey B 型之间，这与太白红杉（Larix chinensis）、银杉（Cathaya argyrophylla）等种群的存活曲线相一致，也是濒危植物种群的特有现象；巴山冷杉种群存活曲线总体为 Deevey C。坡向对秦岭冷杉存活曲线的影响比巴山冷杉的影响要大，进一步证明了秦岭冷杉具有易灭绝特征，即对环境的变化比较敏感。对种群数量的时间序列预测表明，半阳坡由于林分密度较小，为林下幼苗生长创造了条件，相对而言幼龄株数较多，是具有扩展潜力的唯一种群，但是阴坡比较适于秦岭冷杉成年植株的生长。因此要在保护好中龄和老龄种群的基础上，充分利用半阳坡的环境优势让秦岭冷杉的后备资源尽快补充壮大起来。

对秦岭冷杉的具体抚育管理应该针对不同坡向的生境条件差异以及秦岭冷杉生物学特性分别采取不同的管理措施：阳坡、半阳坡需加强成年期植株的抚育，注意营造郁闭环境提高其种群密度，为林下的幼苗更新创造良好的郁蔽条件，使幼苗成活率不断提高。阴坡、半阴坡则要适当间伐浓密的灌木层，对浓密的草本活地被物也要进行适度清理或扰动，使秦岭冷杉种子能顺利落入土壤，创造幼苗定居和发展条件，充分利用群落内林窗地段，促进秦岭冷杉团块状更新，形成不同龄级的种群更新体系。

富民林业篇

临海无核蜜橘周年栽培管理历

颜丽菊，邵宝富

（浙江省临海市特产技术推广总站，临海　317000）

临海市地处浙江中部沿海，是“中国无核蜜橘之乡”。由于悠久的栽培历史，独特的自然环境条件，以及先进的科学栽培技术，生产的临海蜜橘果形端庄，色泽艳丽，果皮细薄，肉质脆嫩，汁多化渣，风味浓郁，品质极优，因而深受消费者青睐。近年来，连续10多次在省部级评比中夺魁。目前，全市柑橘种植面积在1.12万hm^2，其中，无核蜜橘占97.9%，栽植遍及全市19个镇（街道），形成东起沿海平原，沿灵江两岸至西部山区闻名遐迩的“百里橘带”，年产量20多万t，产值约4亿元，如岩鱼头橘场2.67hm^2橘园，2003年、2004年产量分别为61t、75t，产值分别为116万元、150万元，其中，优质果售价高达50~60元/kg，创下“全国蜜橘第一贵”，成为全国无核蜜橘优质高效生产的典范。现将临海无核蜜橘周年栽培管理历介绍如表1所示。

表1　临海无核蜜橘周年栽培管理历

时期	作业项目	操作内容及要求
2月中旬至3月上旬	修剪	对高大郁闭的橘树，剪去中心直立枝，回缩1~2个直立大枝，内膛光秃枝留5~10cm短截，剪除密生枝、交叉枝、病虫枝和枯枝
	清洁橘园	清除地面枯枝落叶，集中烧毁，减少越冬病虫
	春季清园	萌芽前选用石硫合剂0.8~1波美度或95%机油乳剂100~150倍或松碱合剂8~10倍全面喷树冠，要求喷药量充足，均匀周到
	看树施芽前肥	上年结果多，冬肥不足，树势偏弱，株施三元复合肥0.25~0.3kg，加尿素0.05~0.1kg，树势强的树可少施或不施
3月中旬至4月上旬	种植绿肥	选播适栽、易种、产量高、养分丰富的夏季绿肥，如印度豆、大绿豆、花生等
	橘园除草	选用20%百草枯水剂200~300ml/667m^2或10%草甘膦水剂750~1 000ml/667m^2喷雾地面杂草
	防治疮痂病，兼治红蜘蛛	上年秋叶疮痂病发病率5%以上的橘园，在春芽长0.2~0.5cm时选用0.5%~0.8%等量式波尔多液或65%代森锰森600~800倍液或77%冠菌酮可湿性粉剂600倍液，防治红蜘蛛，选用速螨酮系列1 500~2 000倍液或25%三唑锡2 000~2 500倍液等防治

（续表）

时期	作业项目	操作内容及要求
4月中旬至5月中旬	防治花蕾蛆	上年花蕾蛆危害率达6%以上的橘园，在花蕾露白（绿豆大小）时，667m^{2}用3%地下伏手3kg或50%辛硫磷150~200g，拌细土撒施，或成虫出土前覆盖地膜
4月中旬至5月中旬	控梢保果	对少花或中花旺长树抹除树冠外部所有春梢，中下部春梢抹去1/3~2/3，留下的春梢3~4叶摘心，抹梢时间在能分辨花枝后越早越好，最迟在开花前1~2d突击完成
	营养保果	根据树势选择保果剂喷1~2次，山地橘园在花蕾期或开花期加喷0.2%硼砂1~2次
	防治疮痂病，兼治木虱、蚜虫、红蜘蛛	花谢2/3时，选喷75%百菌清或70%甲基托布津或80%大生600~800倍液，有蚜虫、木虱的加喷10%吡虫啉2 000倍液或2.5%氯氰菊酯1 500~2 000倍液，有红蜘蛛的加15%哒嗪酮乳油2 000倍液等
5月下旬至6月中旬	抹除夏梢	夏梢抽出后，基部留1~2叶摘心
	橘园除草	6月上中旬选用20%百草枯或10%草甘膦水剂将地面全面除草1次，施药量同上
	开沟排水	地势低洼的园地，雨季前要疏通排水沟，以利排水防涝
	防治疮痂病，兼治疮痂病、黑点病、螨类、木虱、卷叶蛾	当黑粉虱5%叶片或果实有若虫，黄褐园蚧10%叶片或幼果有若虫，矢尖蚧若虫3~4头/梢时，喷99.1%机油乳剂150~200倍或40%速扑杀1 000倍液或40%杀扑磷800倍液加25%噻嗪酮（扑虱灵）1 500倍液加80%大生600~800倍液等进行防治，有红蜘蛛的加喷50%苯丁锡2 500~3 000倍液或73%克螨特2 000~3 000倍液等
6月下旬至7月中下旬	夏季修剪	1. 继续抹除夏梢，于7月20日左右剪除所有夏梢，统一放出秋梢 2. 春季实施大枝修建的橘树，加强新梢管护，注意内膛枝培养 3. 剪除病虫枝、扰乱枝、密生枝、朝天果、特大（小）果、病虫果、畸形果、裂果
	施壮果、逼梢肥	6月底前株施三元复合肥0.5~0.8kg，加硫酸钾0.2~0.25kg
	抗旱、压绿	干旱时橘园浇（灌）水，6月底翻压绿肥或割草，生物覆盖
	防治锈螨、兼治蚧虱类、黑点病、炭疽病	锈壁虱每视野2~3头（10倍放大镜）、蚧虱类5%~10%幼果有若虫，炭疽病稍、叶、果发病率5%，黑点病上年病重园应加强防治，药剂同5月下旬至6月上旬
8月上旬至8月下旬	捕杀、毒杀天牛	见虫即治
	橘园控水	可采用地膜覆盖或树冠避雨
	橘园除草	8月下旬橘园全面除草1次，药剂同上
	根外追肥	叶面喷含钙、磷等叶面肥，隔7~10d喷1次，连续喷1~2次
	防治潜叶蛾，兼治炭疽病	50%嫩梢有若虫时选用2%阿维菌素3 000倍液或灭蝇胺3 000~4 000倍液，加80%大生或75%锰杀生600~800倍液等防治

（续表）

时期	作业项目	操作内容及要求
9 月上旬 至 10 月下旬	橘园继续控水	方法同上
	控制晚秋梢	9 月上旬以后抽发的晚梢全部抹除
	防治螨类、蚧类、夜蛾	锈壁虱等螨类达到防治指标时，选用苯丁锡、三唑锡等。1%果实有夜蛾危害时，用杀虫灯诱杀或选用 5.7%天皇百树或 20%甲氰菊酯乳油 2 000倍液防治，用药注意采收安全间隔期
采果后	施采果肥	株施三元复合肥 0.5～0.6kg，尿素 0.15～0.2kg，磷肥 0.5～0.75kg，加腐熟栏肥 20～30kg 或腐熟饼肥 1.5～2kg，采果后及时施下
	采后修剪	剪除病虫枝、枯枝，集中烧毁
	冬季清园	选用 0.8～1 波美度石硫合剂或 50%清园宝粉剂 800 倍液等，采后即喷药

桐屿枇杷的现状与发展对策

王明月

（浙江省路桥区农业林业局，路桥 318050）

桐屿街道是路桥区的枇杷主产区，也是全国最大的枇杷商品生产基地之一，总产量曾在历史上有过占全国1/4的记录。1996年被国家农业部等部门联合命名为“中国枇杷之乡”。近几年来，随着市场经济的快速发展和人们饮食习惯的变化，桐屿枇杷经历了重重困难，虽经过不少努力，取得了一定成效，但至今仍未摆脱困境，重振雄风。

1 基本概况

路桥地处浙江中部温黄平原，东濒东海，南接温岭，西邻黄岩，北连椒江，内陆总面积27 500hm^2，其中林业用地4 576hm^2，占16.6%；桐屿镇位于路桥西北部，与黄岩、椒江接壤，全镇陆地总面积3 296hm^2，其中林业用地1 452hm^2，占44%。在低山丘陵中枇杷面积现有360多hm^2，枇杷是路桥区四大水果种植品种之一，而桐屿街道又是路桥区枇杷的主要产区，栽培历史悠久，据地方志记载，在明万历年间，就已有枇杷的种植；曾是全国最大的枇杷商品生产基地之一，全街道枇杷总产量曾在历史上有过占全国1/4的记录；1996年，被农业部等单位联合命名为“中国枇杷之乡”，1999年，被浙江省林业厅评为“浙江枇杷之乡”。枇杷这一特色水果，在20世纪80年代作为桐屿镇一大支柱产业，确实起到了十分重要的作用，但进入20世纪90年代以来，由于市场经济的快速发展，随着比较效益的下降和人们饮食习惯的变化，加上桐屿镇枇杷的品种单一、品质差、缺乏竞争能力，出现销售难、价格低、效益差，面临着重重困难。为重振桐屿镇枇杷雄风，无愧于中国枇杷之乡的称号，从1997年开始，在各级政府和各有关部门的重视和支持下，桐屿街道下大决心，采取了一系列措施，走枇杷产业化发展的道路，通过近十年的努力，使桐屿镇枇杷的产业管理、经营规模、果品质量、经济效益等方面都取得了一定成效。

2 发展现状

2.1 建立桐屿千亩枇杷示范园区

我们首先选择在小稠村，建起千亩枇杷优质高效示范园区，以点带面，指导和推动全镇的枇杷产业化建设。第一，是加强园区基础建设。主干道路的硬化、绿化和园区内作业道路的修筑；建造2m宽、1m宽和0.5m宽的沟渠；建造蓄水量1万m^3以上的泵站；建造园区管理房和1 440m^3的商品化处理房。累计投入135万元。第二，改良品种。彻底改造衰老树，更换低产劣质品种，控制树冠，强壮树势。第三，提高品质。加强肥水管理，推广疏果套袋等实用技术。经过2年的努力，1998年园区枇杷总产量达到1 500t，经济收入750万元，比未建时的产量1 000t和经济收入350万元，分别增长50%和113%，1998年8月已顺利通过市级验收。

2.2 建立小稠枇杷股份合作社

为发挥股份合作制的机制优势，探索枇杷适度规模经营和产销一体化的新路子，1997年，我们把地辖枇杷观光园的20亩的枇杷园作价入股，组建枇杷股份合作社，实行企业化管理，独立核算，自负盈亏，利益均占，风险共担。同时，以小稠枇杷股份合作社营销组为基础，带动全街道近40户的长途贩运户从事枇杷鲜果长途贩销。

2.3 办好“桐屿枇杷旅游观光活动”

从1997年开始在小稠村举办枇杷旅游观光活动，以街道、村两级联合开发，由小稠枇杷股份合作社具体承办。通过集观光、旅游、品尝、销售于一体的观光活动，让更多的人了解桐屿，了解枇杷，进一步提高桐屿枇杷及中国枇杷之乡”——桐屿街道的知名度；通过枇杷牵线搭桥，加强交流合作促进桐屿经济的全面发展。通过连年来观光活动的举办，取得了良好的社会效益和一定的经济效益。

2.4 组建路桥枇杷研究所

为适应桐屿枇杷产业化建设的需要，在1997年着手组建跨地域、跨部门，集科研、生产、经营为一体的经济实体——路桥枇杷研究所。研究所有专职研究人员4人，技术实施人员28人，兼职研究人员和技术顾问10人，其中，具有高级职称专家5人。研究所的主要职能：一是开展枇杷有关课题的研究工作；二是指导和协调桐屿枇杷的产业化工作；三是做好全街道枇杷生产规划、基地建设、技术推广工作；四是参与“桐屿枇杷系列标准”的制订和做好“桐屿牌”枇杷商标的注册申报及使用管理工作等。

2.5 做好注册“桐屿”牌枇杷商标注册和使用管理工作

为提高在市场经济条件下桐屿枇杷的竞争力，在1998年就把注册“桐屿牌”枇杷商标作为枇杷产业化建设的一个突破口来抓。商标注册后，开始对全街道的枇杷实行商标使用的统一管理，凡街道内果农要求使用商标的，必须先经果品质量检验，符合要求的，并统一使用规定的包装箱，实施商标的统一管理，把好枇杷销售的质量关，有利于提高果农的品牌意识，也有利于提高桐屿枇杷的知名度。通过使用管理，效果明显，影响力不断提高。

2.6 制订发布“路桥枇杷系列标准”

注册“桐屿牌”枇杷商标后，制订发布“路桥枇杷系列标准”工作势在必行，是实施今后品牌战略的必备条件，加上桐屿枇杷生产历史悠久，形成了自身一整套苗木培育、栽培管理、病虫害防治、采摘包装、短期贮藏的经验和技术，制订系列标准的条件已经成熟。为此，区农业林业局、区技术监督局和桐屿街道一起组织专业人员，搜集资料、组织起草。1999年5月，通过专家会审，6月通过区技术监督局发布。这是路桥区第一个农副产品的系列标准。把系列标准中的商品果标准运用到商标的使用管理上，按级分类，效果很好，经济效益明显。

2.7 推广实用新技术

枇杷产业化建设的基础是优质枇杷，我们在抓好各环节的同时，积极推广果农容易接受的实用新技术，像枇杷夏剪与疏果套袋技术是一项复壮树势，防止裂果，提高果品质量的实用技术，我们利用广播、现场会、培训会、印发技术资料等方式进行连续不断地推广，现在桐屿街道的枇杷疏果率达到85%以上，套袋率达到70%以上。市场上套袋比不套袋的枇杷价格高2~3倍，效益明显。

2.8 建立完善农民合作组织

从2001年建立第一家大红袍果业合作社开始，现在已有4家枇杷合作社，其中，大红袍果业合作社被评为全国先进农民合作社。

3 存在问题

3.1 经营分散、管理粗放，整体档次上不去

1997年组建的小稠枇杷股份合作社，其目的之一就是探索枇杷适度规模经营和产销一体化的新路子，当时也提出了适度规模经营4种办法：即实行股份制枇杷园；种果能手承包；内部调整；低产园全部收归村集体所有。真正实行起来，仍然困难重重，时至今日，全街道的枇杷生产除小部分合作社经营外，大部分仍还停留在一家一户经营的传统方式上。这样，对枇杷品种调整、更新改造、科学管理、新技术应用、市场开拓、综合利用以及对科技的投入和果园基础设施建设等方面都带来不利影响，已严重制约了桐屿枇杷产业化的发展。

3.2 品种单一、品质差，形不成拳头产品

桐屿枇杷大多是在20世纪80年代发展起来的，绝大部分属红砂类品种，其中洛阳青为当家品种，占全街道枇杷的85%以上，当初主要作罐头厂加工的原料，随着水果罐头市场的疲软，直接影响了果农的生产积极性，而洛阳青品种产量虽高，但果粒小、果形果质差，除加工糖水罐头外，很难适应市场鲜销。只有更新品种才有出路。但大面积更新存在不少困难：如资金问题、技术力量问题、思想观念问题、替代品种问题等。

4 对策与措施

4.1 积极探索，深化改革，推进枇杷生产的适度规模经营

桐屿街道是枇杷生产的老区、主产区，枇杷面广量大，只能尊重现状，积极引导，在果农意愿的基础上，推进枇杷生产的适度规模经营。这是制约桐屿镇枇杷发展的一个老大难问题，也是桐屿镇枇杷产业化所面临的一个必须解决的问题，只有解决好这个问题，才能加快桐屿枇杷产业化建设的步子。近几年兴起的农民合作组织是好办法，果农也开始尝到了合作社的甜头。

4.2 加快品种结构调整的速度

市场的竞争实际上就是质量和品牌的竞争，也是时间速度的竞争。只有压缩与市场需求不相适应的品种，加快引进、更新市场上适销对路的优良品种，才能产优果、买高价，彻底改变果贱伤农的被动现象。

4.3 提高果品质量

有优良品种并不等于优质大果，如何培育出安全优质大果，这是摆在果农面前要做好的另一文章，优质果是效益水果的最关键的物质基础，也是今后桐屿街道“桐屿牌”枇杷重振雄风的关键所在。

4.4 进一步加快产业化建设的步伐

桐屿枇杷产业化建设是一项长期艰巨的任务，虽然起步良好，也取得了一定成效，积累了不少经验，但仅仅是起步，要继续保持朝持续、快速、健康的方向发展，需要不断努力，弥补薄弱环节，加快建设速度，使桐屿枇杷产业化真正达到“栽培优质化，加工综合化，流通系统化，科技现代化和观光经营化”的目标。

茶柿混交退耕还林生态治理模式效益分析

卢国耀[1]，王国英[2]，高智慧[3]，叶文国[2]，孙林峰[4]

（1. 浙江省台州市林业局，黄岩　318020；2. 浙江省天台县林特局，天台　317200）
（3. 浙江省林业科学研究院，杭州　310023；4. 浙江省天台县雷峰乡林业站，天台　317200）

摘　要：通过对浙江省天台县雷峰乡西山头村茶柿混交林土壤含水量、不同年龄柿树冠幅、茶叶与柿子产量、产值的调查，初步分析了茶柿混交林的生态效益和经济效益，并提出了茶柿混交模式在退耕还林生态治理工程中的合理栽植密度与混交方式。

关键词：茶柿混交；退耕还林；模式

由于坡耕地人为耕作频繁，生态功能十分脆弱，已成为水土流失的主要来源。因此，坡耕地的植被恢复和生态重建显得十分重要。但农村人多地少，纯生态树种组合的退耕还林经济效益低，农民难以接受。据报道，与茶叶混交的模式主要有：板栗+茶、香椿+茶、泡桐+茶、枣+茶、檫树+茶等，通过混交提高了茶叶质量，增加了经济和生态效益。在安徽虽也有柿茶套种的模式，但只限于一般的套种，不是一种退耕还林的生态治理模式，且经济效益较低，推广面积较小。

为了探索和推广既有生态效益又具有一定的经济效益，能为群众接受的退耕还林生态治理模式，我们对浙江省天台县雷峰乡西山头村在坡耕地上发展茶柿混交林取得显著效益这一典型事例进行了调查分析，旨在为适宜地区的大面积推广提供借鉴。该村位于天台县西南部，海拔400m。四面环山，属中亚热带季风区，四季分明，温暖湿润，气候宜人。年平均气温16.8℃，最热的7月平均气温28.2℃，最冷的1月平均气温4.9℃，年平均降水量在1 300~1 600mm之间。光照充足、无霜期240d。全村121户，人口407人，有坡耕地56.67hm^2，人均0.14hm^2，实行退耕还林前，当地群众就有在坡耕地上零星种植柿子（俗名红朱柿）的习惯。为了发展村级集体经济，该村在20世纪70年代利用坡耕地发展茶园11.33hm^2，原来零星分布的柿树仍被保留，形成了茶柿混交的雏形。2000年以来，随着茶叶市场的好转，群众发展茶叶的积极性非常高，至2004年底，全村已有44.67hm^2的坡耕地实行退耕，采用茶柿混交模式。2004年，仅茶、柿一项年产值就达310万元（其中，13.33hm^2，柿树为4年生，尚未投产），人均7 600多元。在该村的带动下，目前天台县已推广茶柿混交退耕还林生态治理模式466.67hm^2。

1　研究方法与内容

1.1　柿树生长量调查

采用随机抽样调查方法，测定5年生、8年生和30年生柿树的树高、冠幅、枝下高、地径。柿树品种为红朱柿。

1.2　茶、柿根系分布调查

利用土壤剖面法，调查茶柿混交后各自的根系分布情况。

1.3　土壤含水量的测定

分别在成年柿树与茶混交林地、成年茶纯林地、台刈改造茶园地、坡耕地等四种地类上设立样地，于2004年7月25日、8月11日、8月31日和9月26日雨后不同的晴天数，用取样器在每个样地的10cm深土层，21~40cm深土层各取4个土样，测定不同地类的土壤含水量。

1.4　产量、产值调查

对2000年种植的茶柿混交林，划分为山岗、山弯、山田3个区块，每区块随机抽取3户作为样户，调查2004年茶叶、柿子的产量与产值。

2　结果与分析

2.1　调查结果

2.1.1　柿树生长量

测定5年生、8年生和30年生柿树的树高、冠幅、枝下高及地径，结果如表1所示。

从表1可以看出，5年生以前柿树生长较慢，至5年生时，树冠垂直投影面积只有3.2m^2；5~8年，树冠扩展较快，至8年生时，树冠垂直投影面积达21.4m^2；30年生柿树树冠垂直投影面积达49.1m^2。经调查访问，15年生以后，柿树树冠基本定形，向外扩展非常缓慢。

表1　红朱柿生长量调查

年龄	树高（m）	冠幅（m×m）	单株树冠投影面积（m^2）	枝下高（m）	地径（cm）
5年生	3.00	2.06×1.97	3.2	0.75	8
8年生	4.78	5.30×5.13	21.4	1.07	16
30年生	6.91	8.01×7.80	49.1	1.25	28

2.1.2　土壤含水量

如表2所示，土壤含水量排序为成年茶柿混交林（25.09%）>成年纯茶园（23.89%）>台刈茶园地（22.74%）>坡耕地（21.38%）。成年茶柿混交林土壤含水量比坡耕地提高17.4%、比纯茶园也提高5%。

表2　土壤含水量测定结果

采样日期（日/月）	成年柿茶园（%）		成年纯茶园（%）		坡耕地（%）		台刈茶园地（%）		雨后天数（d）
	1~20	21~40	1~20	21~40	1~20	21~20	1~20	21~40	
7/25	23.16	24.15	22.63	23.59	20.75	20.76	21.20	22.30	10
8/11	22.01	23.88	21.04	21.96	17.96	18.59	18.41	19.56	13
8/31	25.70	26.77	24.01	24.70	23.81	22.32	24.60	23.80	6
9/26	26.98	28.06	25.67	27.45	23.08	23.73	25.85	26.19	3
平均	24.46	25.72	23.34	24.43	21.40	21.35	22.52	22.96	

注：8月31日，采样前下过零星小雨

2.1.3 茶柿混交林根系分布情况

土壤剖面调查表明，茶树的根系主要分布在0~40cm范围以内，其吸收根（<2mm）大部分分布在10~30cm以内，而柿树主根系特别发达，其吸收根主要分布在40cm左右土层内，二者的吸收面呈立体分布，不在同一个界面上，争水争肥的矛盾相对较小。

2.1.4 产量与产值

调查结果显示，2004年在遭受早春霜冻，夏季干旱，秋季冰雹，14号台风等自然灾害的严重危害以及柿还未进入盛产期的情况下，9户样户的3 180.16m^2 5年生茶柿混交林，柿平均产量为430kg/667m^2，产值1 391元，单株平均产量20kg，茶叶平均产值4 151元/667m^2。茶柿合计平均产值5 542元/667m^2（表3）。与茶叶纯林的3 978元/667m^2（表4）比较，5年生茶柿混交林的产值比茶叶纯林高1 564元/667m^2，增幅达39.3%。

表3 5年生茶柿混交林产量产值调查

处理	地名	面积（667m^2）	茶			柿			茶柿	
			产量（kg）	产值（元）	667m^{2}产值（元）	产量（kg）	株数（株）	产值（元）	667m^{2}产值（元）	产值（元）
山弯	小平岢后	0.30	10.5	1 134	3 780	300	10	705	2 350	6 130
	榛树弯	0.35	11.0	1 278	3 650	225	8	756	2 160	5 810
	平头后面	2.6	60.5	11 024	4 240	946	47	3 369	1 296	5 536
中岗	小平头	0.30	7.5	1 236	4 120	100	5	351	1 170	5 290
	中央岗头	0.30	6.5	969	3 230	175	7	507	1 690	4 920
	殿前岗头	0.05	2.5	355	7 100	25	2	66	1 320	8 420
山田	长流	0.4	15.5	2 056	5 140	125	9	440	1 100	6 240
	和尚平头	0.25	6.5	955	3 820	110	6	290	1 160	4 980
	糠筛山	0.22	6.0	794	3 610	43	5	150	680	4 290
	合计	4.77	126.5	19 801	4 151	2 049	99	6 634	1 391	5 542

表4 纯茶园产量产值调查

地名	面积（667m^2）	产量（kg）	产值（元）	667m^{2}产值（元）
石猪栏	2.3	152.5	8 938	3 886
木小湾	0.8	53	3 394	4 243
合计	3.1	205.5	12 332	3 978

2.2 茶柿混交林的经济效益分析

根据西山头村的实践，营造茶柿混交林，造林当年投资1 000元/667m^2，其中，苗木费450元，肥料费150元，种植与抚育管理费400元。从第5年开始，抚育费600元/(667m^2·年)，茶叶的采收和加工费用占茶叶总收入的50%左右，柿的采收费用为0.2元/kg。在正常的管理水平下，茶叶在造林后第二年就有产出，667m^{2}产值在300元以上，第3年成倍增长，从第5年开始，每667m^{2}产值达到4 000元以上，高者可达到7 000元以上。柿树在种植的第4年即能少量挂果，第5年，平均株产20kg，高者达30kg以上；进入盛产期后，柿树株产可达 200kg 以上。5 年生茶柿混交林，亩产值可达 5 542元，其中，茶叶 4 151元，柿 1 391元，扣除成本，每 667m^2 纯收入 2 842元（表 5）。

表 5　茶柿混交林的经济效益分析　（单位：元/667m^2）

项目	第 1 年	第 2 年	第 3 年	第 4 年	第 5 年
造林费	700				
抚育费	300	300	350	400	600
采收加工费			200	1 500	2 100
茶叶收入		350	1 000	3 000	4 151
柿子收入					1 391
纯收入	-1 000	50	450	1 100	2 842

2.3　茶柿混交的合理配置模式

2.3.1　柿树种植密度的确定

根据茶叶生产技术规程 NY/5018—20014 的规定，除北方茶区外其他茶区集中连片的茶园可适当种植遮阴树，遮光率控制在 20%~30%。相关的研究成果表明，适当的遮阴，有利于茶树的正常生长，有利于茶叶品质的提高。再结合不同年龄柿树的生长量（主要指冠幅）和产量的变化情况，认为柿的初植密度以 20 株/667m^2 为宜，即株行距 8m×4m。以这一密度为例，5 年生时，每亩柿树垂直投影面积为 64m^2，对茶树的遮荫作用还不大；进入 8 年生后每 667m^2 柿树垂直投影面积猛增到 428m^2，这时，可根据经营目标，如以茶叶为主导产品，则把柿树的密度调整到 10 株/667m^2，即株行距 8m×8m。这样既提高柿树在初产期的产量，能较早获得生态效益和经济效益，又便于以后的定植。

2.3.2　茶树密度

采用双条栽方式，行距 1.5m，株距 0.25m×0.25m。每 667m^2 需茶苗 3 000~3 500株。

2.3.3　茶柿混交方式

在生产实践上，可因地制宜，每间隔 3 行茶套种 1 行柿，行内柿的株距为 8m，如地块比较狭窄，则柿树种在外侧（坎边树）。

3　小结

茶柿混交是乔灌结合、立体绿化、复合经营的一种理想模式。茶树是常绿灌木树种，树冠密度高，根系浅而发达，保水保土性能好，而柿树是落叶乔木树种，高大挺拔，根系深扎，夏季枝叶茂盛。柿树能为茶树遮阴，提供散射光，提高茶叶品质，冬季落叶后能让茶树照射到足够多的阳光，以便来年及时发芽。茶与柿混交不仅达到了绿化效果，减少水土流失，产生显著的生态效益，而且茶、柿都是理想的经济树种，二者混交，可以实现互补，合理利用空间，提高土地的利用率，从而提高经济效益。

因此，茶柿混交更是一种理想的退耕还林生态治理模式，它较好地解决了退耕还林中生态效益与经济效益的矛盾。同时，也为农村富余劳动力提供了部分就业机会，大面积推广以生态经济型树种为造林树种的退耕还林生态治理模式，如茶柿混交模式，是山区改善生态环境、脱贫致富的一条有效途径。

东魁杨梅森林食品基地建设及配套生产技术

金建国，林　松

（浙江省台州市黄岩区林业特产局，台州　318020）

东魁杨梅是黄岩特色水果，平均单果重为25g，最大果重达50g，具有味甜，风味浓，耐贮运等突出优点，深受市场欢迎。为了达到果品优质安全生产，2001年以来，黄岩积极探索和实施东魁杨梅优质安全生产技术，在森林食品基地建设，优质栽培技术及安全生产管理等方面做了多方面工作。掌握了配套的生产管理技术，建成万亩特色东魁杨梅基地，产品质优、生态、安全。2003年来，先后被认定为浙江省森林食品基地和浙江省十大效益林业精品示范基地，产品获浙江省农业博览会金奖，其中九峰牌东魁杨梅被确认为浙江名牌产品。

1　森林食品基地环境选择与园地管理

东魁杨梅森林食品基地对环境要求特别严格。基地应选择森林生产环境良好，生物多样性保持较好，森林茂密、空气清新，温度适宜，远离污染源，并具有可持续生产能力的农（林）业生态区域，土壤、空气、水质量环境均达到国家标准规定的一级（类）标准（要求）的区域，同时，根据东魁杨梅的生长特性，基地坡度小于25度，海拔高度低于500m，蕨类、杜鹃、松、杉、毛竹等植被生长良好，pH值为4~6，土层深厚，排水良好的红壤和黄壤。

基地果园按水土保持技术标准并结合坡地坡度、地形等特点修筑等高标准化梯田或鱼鳞坑，不能清耕。要保护好山坡植被。防止水土流失。并建立蓄水池，以满足灌溉、喷药、施肥等要求，要培土和柴草覆盖，改善园地肥力，促进东魁杨梅生长和结果。

2　森林食品基地主要生产管理技术

2.1　施肥

根据东魁杨梅需肥特点和土壤肥力。肥料以有机钾肥为主，按NY/T 394—2000（绿色食品肥料使用准则）实行。基地施肥都是以猪牛栏肥（厩肥）、豆饼、焦泥灰等有机肥和硫酸钾肥为主，限制使用化学氮肥。施肥时间，成年结果树施2~3次肥。分别为花前肥（1月下旬至2月下旬）、壮果肥（4月下旬至5月上旬）、采后肥（6月下旬至7月上旬）。花前肥以钾肥为主，配合适量氮肥。一般株施焦泥灰15~20kg，或硫酸钾0.5~1.0kg，如花量多，可在上年11月施下，以迟效肥为主，草木灰或堆肥或腐熟栏肥（15~20）kg/株，加硫酸钾（0.5~1.0）kg。树势弱的加施适量尿素；采后肥以有机肥为主，配合少量速效肥料，株施草木灰或堆肥或腐熟栏肥或饼肥2kg加焦泥灰10kg或硫酸钾复合肥（0.5~1.0）kg，树势强的，结果少的。可不施采后肥，壮果肥要视树施，挂果较多的，可株施硫酸钾

1kg。对树势弱可根外追肥，用于快速补肥或补给微量元素。选择含有各种营养成分，不含化学合成的生长调节剂的叶面肥，喷施时间宜选择阴天或傍晚。一般选用喷施宝、高效复合稀土液肥等。采前40d禁止喷布任何叶面肥。

2.2 整形修剪

生产符合森林食品要求的魁杨梅必须有良好的树冠结构，以培养矮开张的树冠，达到立体结果，树冠高度控在3.5m以下。结果树修剪以疏删为主，适当短截，开张侧枝，促发抽生一定数量的春梢（结果枝与春梢数量的比率以1.0：1.5宜），培养粗壮的中短结果枝（以春梢和夏梢为主），控制秋梢旺发。具体操作方法是使幼树的定干高度在15cm以下，主枝选留3~4个，使主枝与主干的斜角呈45度上。修剪分两次进行，第一次在采果后，以大枝修剪为主。如锯掉直立的，或两树交叉的树冠下部近地面的一些大枝；还有更新结果枝群，一般不剪小枝；第二次在11月中下旬至次年1月下旬，以剪小枝为主，删去直立枝、病虫枝、弱枝、密生枝、晚秋梢，其中对强树势的树要早剪，弱树势的树应迟剪，对少花树剪去部分无花枝，多花树剪去部分有花枝。

2.3 疏花疏果疏花疏果

是东魁杨梅获得优质丰产的重要措施之一。常采取石硫合剂疏花和人工疏花疏果等方法进行合理操作，多花树在春季萌芽前进行适度修剪，疏除过密、过弱的花枝，尤其是树冠上部的花枝，以减少花量，促发抽生春梢，确保挂果适量。疏果在果实生理落果结束后进行，并在果实膨大期前完成，一般分2~3次。先疏除病虫果、畸形果、小果，后按结果枝粗壮长度合理留果，平均每个结果枝约留2果，长结果枝（15cm以上）留3~4果，中果枝（5.0~15.0cm）留2~3果，短果枝留1果。

2.4 病虫害防治

这是安全生产的关键环节。基地东魁杨梅病虫害防治应贯彻预防为主的方针，通过加强预测预报，营林措施（如通过立体经营、营造混交林、建立合理密度的树林），生物防治（利用天敌以虫治虫等），物理防治（如黑光灯诱杀）等防治方法，有效地控制东魁杨梅病虫害的暴发并将其为害降到经济允许水平以下。如因各种原因必须使用农药的，要做到适时用药、合理用药，推广应用植物源和生物源农药，严禁使用高毒高残农药。一是加强栽培管理改善通风透光条件，增强树势；二是合理修剪，去除病虫枝、清理枯枝，并集中烧毁减少病虫害侵染：三是保护和利用天敌，发挥生物防治作用；四是利用杀虫灯或激素进行诱杀；五是选用石硫合剂等高效低毒低残留的农药。采前40d禁止用药。

3 适时采收

东魁杨梅果实以优质得效益，适期采摘相当重要。为确保市场高价位，要勤于分次采摘，选熟留红，应采摘转紫黑色完熟果，不采摘红色未成熟和赤黑色太成熟的东魁杨梅果实，此外还要注意轻摘轻放，勿压倾倒，分级浅装，平稳搬运，以提高效益。采摘时间宜在清晨或傍晚，下雨或雨后初晴不宜采收。

高效复合林业经营类型探讨

王国英，叶文国，梁国新

（浙江省天台县林业特产局，天台 317200）

摘 要：利用物种的乔木灌木、常绿落叶、耐阴喜光、深根浅根、收益期长短等各种特性进行有机配置，形成林业高效复合经营类型，达到林业高效的建设目标通过对林-茶、林-菜、林-药、林-草和林-桐五种类型的复合经营类型，对高效复合类型林业进行了探讨。

关键词：高效复合；有机配置；复合经营类型

近年来，国家实施了退耕还林工程的建设，这项工程作为“德政”工程深受群众赞誉。我国幅员辽阔，地域差异较大，选择不同地域退耕还林生态治理模式对巩固退耕还林成果关系重大。因此，迫切需要寻求适合当地自然条件和社会经济环境的高效复合林业经营模式，以提高生态和经济效益，确保退耕还林工程的顺利实施和成果的巩固。几年来，通过在退耕还林工程建设及森林野菜开发利用等工作，按物种的乔木灌木、常绿落叶、耐阴喜光、深根浅根、收益期长短等不同特性进行有机配置实现高效林业的实践中提出林-茶、林-菜、林-药、林-草和林-桐 5 种复合经营类型进行探讨。

1 林-茶复合类型

是指在经济果木林等林内套种茶树或在茶园内栽植经济果木等树种形成经济果木为上层、茶树为下层的复合经营类型。复合原理为充分利用茶树喜散光、忌直光的生态学特性，通过上层林木的适度蔽荫效果，提高茶叶产量和品质；又利用茶树形成的良好地被覆盖，增加林内湿度，从而促进经济果木的生长。另外，该类型在具有较高的经济效益同时，具有良好的保持水土等生态功能。

柿-茶复合式。该模式能形成相对较稳定的群落结构，柿茶垂直复合，成年柿树平均高约 7m，栽培技术要求茶树高控制在 0.7～0.8m，这种高度差形成了明显的双层结构。下层茶叶整齐、覆盖度高，减少了雨水对地表的直接侵蚀，茶还有很强的拦截泥沙，固土涵水功能；而落叶乔木柿与常绿灌木茶形成的复合结构，能充分利用空间和太阳能，且林相整齐，景观效果也较好。天台林业特产局结合退耕还林工程建设，研究了柿茶混交生态治理模式 $33.33hm^2$，5 年来基地 $667m^2$ 平均产值达 5 542元，经济效益比纯茶园提高 39.3%。柿、茶两个树种在我国分布广泛，栽培地域辽阔，年平均气温 10～21℃，极端最低温度-15℃，年降水量区 1 000mm 以上，海拔 600m 以下，土壤 pH 值 6～6.5 的山地大都适合此模式。

最佳配置为：每 $667m^2$ 10 株柿树，茶树 1 500丛（每丛 2 株苗），柿树初值密度也可为 20 株/亩，10 年后再定株。

2 林-菜复合类型

是指森林野菜结合原生的立地环境进行仿生栽培的复合类型。鸭儿芹、败酱、紫萼和三脉紫菀等森林野菜的自然生长需要适当的蔽荫，特别在炎热的夏天，容易被日光灼伤。采用上层林木的蔽荫作用，在林冠下套种森林野菜，不仅保持森林野菜的自然品质，还可降低夏天人工遮阴的成本投入，提高了森林的经济效益与生态效益。

厚朴-三脉紫菀式。厚朴生长快，干形直，树枝广展，枝下较高，是浙江省优良乡土树种，集药材、用材、观赏于一体。每 667m^2 厚朴的年产值约 1 000元。三脉紫菀为菊科多年生草本，生于海拔 50~1 400m 的路旁、林下。可采用种子繁殖，1 年种植后可以连续采收 5 年，生长季每 10d 可采收 1 次，适应性广，在适当蔽荫条件下生长更好。三脉紫菀清脆嫩绿，品味纯真，清香可口，还具一定的药用价值，制作脱水型产品的折率为 13%。每 667m^2 三脉紫菀的年产值 2 000元。在厚朴林下套种野菜操作也方便，两者复合种植后 667m^2 产值达 3 000元。厚朴与三脉紫菀都适宜微酸性土壤，该复合模式在海拔稍高地区值得推广。

板栗—败酱复合式。白花败酱为败酱科多年生草本，生于海拔 50~1 200m 的山地林下、林缘或溪边，是当地山区群众习惯采食的野菜，繁殖容易，播种、扦插均可，管理方便，萌芽率很强，第一次采摘后，每株平均萌发 15 个茎芽，常年采收，667m^2 产量 2 000kg，每 667m^2 平均年产值 2 000元。板栗园套种白花败酱后，667m^2 产值达 3 000元，比纯板栗园年产值 1 000元的经济效益提高了 200%，该模式适合华中板栗产区。

3 林-药复合类型

是指在林果行间或树冠下种植药用植物的栽培形式，山地果园地形多变复杂，为多种药用植物提供了适宜的生长条件，可种植元胡、白术、延胡索、麦冬、半夏、浙贝、前胡和铁皮石斛等药用植物。

马尾松-乌药复合式。乌药为樟科常绿灌木，通过在马尾松林下套种乌药，有利于保持水土、改良土壤、提高土地利用率，同时能获得较好的经济效益，并达到以短养长的目的。

天台乌药为我国传统常用中药材，被誉为“长生不老之药”。2005 年 5 月，天台乌药通过国家原产地审定。乌药苗木无性繁殖已成功，为实施推广该模式打下良好的基础。

4 林-草复合类型

板栗、山核桃、香榧等果木，既是优良的经济树种又是很好的生态树种，但是长期以来由于单一的利益驱动和对生态建设认识上的不足，致使林分生态系统功能下降，产区生态环境日益恶化，特别是地下物种的稀少，虽然给采果带来便利，却对生态遭遇影响。选用低矮的草本植物栽值于林下，不仅保持林地的绿色环境，有效地保持水土，还可增加经济效益。

板栗-假俭草复合式。假俭科为禾本科假俭草属多年生草本。该模式是在板栗林内种植假俭草而形成的复合模式，充分利用板栗的林冠大，蔽荫、降温效果好，而假俭草喜温但不耐高温，喜阴而不耐强光特点，形成互补优势，使两者达到上下立体复合效果，由于假俭草系多年生地坪植物，地表覆盖速度快，有利于提高林内湿度、降低高温季节的地表温度，促进板栗生长，植被的增加可起到保持水土作用。同时，假俭草可作牧草及良好而耐踏之草坪材料，可以在林内发展养殖业，或作草坪生产销售，增加经济效益。

5 林-桐复合类型

杨桐为山茶科杨桐属一种散生的常绿小乔木。杨桐枝叶是日本代替焚香拜佛的最流行祭祀用品，每年都要从我国大量进口，经济价值高。杨桐喜生于湿润、肥沃、庇荫之地，是林下栽培的优良植物之一，但需一定的散射光，否则品质较差，商品性不强。

马尾松-杨桐复合式。松树纯林是浙江省的主要林分类型，经济效益低、生态功能差，且由于林分结构单一、森林病虫害危害加剧，已成为林分改造的重点和难点之一。该模式选择马尾松与杨桐的复合，利用了松树喜光、杨桐适当蔽荫的生物生态学特性，通过上层松树蔽荫作用，促进下层杨桐的生长。该模式形成的针阔复合结构，能起到防治地力衰退、保持水土、增加生物多样性、提高景观功能的作用。其经济效益为 20~30cm 长的小枝条，产地收购价每根 0.1 元，5~7 年生的基地，每 667m^2 产值为 5 000元。

总之，高效林业复合经营已成为农业、林业、水土保护、生态环境、社会经济及其他科学等多学科的交叉研究领域，而类型配置是最基础的研究内容，只有选择适宜的经营类型，才能促使生态效益、经济效益、社会效益取得同步增长。

授粉对玉环柚果实品质和裂果的影响

陈青英，卢方良，柳兴岳，王素芳

（浙江省玉环县林业特产局，玉环 317600）

采前裂果严重影响玉环柚的发展。一般年份玉环柚的裂果率为20%~30%，特殊年份高达50%，造成的经济损失较大。为减少玉环柚裂果，同时确保玉环柚品质，2003—2004年我们选择土栾、梨形文旦、琯溪蜜柚、四季抛、早香柚和沙田柚等6个品种，对玉环柚进行了授粉试验，取得了一定的效果，现将试验结果报道如下。

1 材料与方法

试验园位于浙江省玉环县苔山塘文旦联营基地，为围垦海涂地，土壤为碱黏土，pH值8.3，土壤有机质含量0.89%，土壤熟化程度高。试验园立地条件一致，树体生长健壮，丰产性能好。供试玉环柚树为18年生，平均树高2.8m，平均冠幅4.5m。

试验设7个处理，于4月15日至5月10日玉环柚初花期至盛花期，疏花后分别用当年采集烘干的土栾、梨形文旦、琯溪蜜柚、四季抛、早香柚、沙田柚的花粉进行人工授粉，以不授粉的玉环柚为对照，各处理的其他管理措施相同，单株小区，3次重复。玉环柚采收时间为，11月5—10日，采收时统计每处理株挂果数、总挂果数、裂果数，每株随机抽取3个果贮藏至12月15日和翌年2月20日进行果实品质分析。

2 结果与分析

2.1 授粉品种对玉环柚裂果的影响

授粉品种对玉环柚裂果有明显的影响。与对照相比，各处理的裂果率均明显低于对照，但授粉品种不同，玉环柚的裂果率也不同。以琯溪蜜柚授粉的裂果率最低，裂果率比对照低10.4个百分点，其他依次是沙田柚、土栾、早香柚、四季抛、梨形文旦，其裂果率分别比对照低10.0个百分点、9.9个百分点、9.3个百分点、9.5个百分点和8.4个百分点（表1）。

表1 玉环柚授不同品种花粉的裂果率

授粉品种	总挂果数（个）	株挂果数（个）	总裂果数（个）	裂果率（%）
土栾	279	93	28	10.0
梨形文旦	227	76	26	11.5
琯溪蜜柚	211	70	20	9.5
早香柚	218	73	23	10.6

（续表）

授粉品种	总挂果数（个）	株挂果数（个）	总裂果数（个）	裂果率（%）
四季抛	260	87	27	10.4
沙田柚	274	91	27	9.9
对照	267	89	53	19.9

2.2　授粉品种对玉环柚品质的影响

授粉品种对玉环柚的品质有明显的影响。6个处理的可溶性固形物含量以早香柚授粉的最高，为11.3%，与对照相同，最低的是琯溪蜜柚授粉的，为10.0%；6个处理的可食率均比对照高，以早香柚、四季抛授粉的最高为69%，最低的是梨形文旦和沙田柚授粉的为64%，对照为63%；6个处理中，首先是以早香柚和四季抛授粉的风味最佳，没有异味，甜酸适口、化渣，其次是沙田柚和琯溪蜜柚授粉的汁多、化渣、无异味，但风味偏淡，梨形文旦和土栾授粉的玉环柚风味最差，有异味；首先单果重以沙田柚授粉的最大，为1 838g，其次为土栾和琯溪蜜柚，分别为1 750g和1 667g，四季抛、早香柚和梨形文旦授粉的琯溪蜜柚单果重均小于对照。对照的单果重为1 523g（表2）。

2.3　授粉品种对玉环柚果实种子数的影响

不同品种授粉的玉环柚果实的种子均不相同。从2年的试验结果看，以四季抛授粉的种子数最少，为每囊4.02粒，其次是沙田柚每囊5.84粒，早香柚每囊5.94粒，琯溪蜜柚每囊6.16粒，种子数最多的是梨形文旦和土栾，为每囊7.42粒和9.88粒，对照的种子数为0（表2）。

表2　玉环柚授不同品种花粉的果实品质

授粉品种	单果重（g）	囊瓣种子数（粒）	皮厚（cm）	可溶性固形物含量（%）	可食率（%）	果实外观	风味
土栾	1 750	9.88	1.25	10.5	66	端正、黄色、油泡细、整齐	有异味、味较浓、汁较少、较化渣
梨形文旦	1 447	7.42	1.50	10.6	64	端正、黄色、油泡细、整齐	有异味、味浓、较化渣、汁中等
琯溪蜜柚	1 667	6.16	1.35	10.0	68	端正、黄色、油泡略粗、整齐	味淡、汁多、化渣、无异味
早香柚	1 472	5.94	1.40	11.3	69	端正、黄色、油泡细、整齐	甜酸适口、汁多、化渣、味浓、无异味
四季抛	1 505	4.02	1.25	10.6	69	端正、黄色、油泡细、整齐	汁多、较化渣、味浓、无异味
沙田柚	1 838	5.84	1.45	11.0	64	端正、黄色、油泡细、整齐	甜酸适口、汁多、化渣、无异味
对照	1 523	0	1.60	11.3	63	端正、黄色、油泡细、整齐	甜酸适口、汁多、化渣、味浓

3 小结

异花授粉是降低玉环柚裂果率的一条有效途径，选择适合的授粉品种，是使玉环柚裂果少、品质好的保证。供试的 6 个授粉品种中，综合考虑各个指标，以早香柚、沙田柚、四季抛 3 个品种作为玉环柚的授粉品种较为理想，土栾和梨形文旦授粉后，玉环柚果实出现异味，影响了果实的品质，不提倡作为授粉品种。异花授粉虽然降低了玉环柚的裂果率，但授粉后玉环柚果实均有种子，改变了玉环柚无核的特性。玉环柚的裂果问题还有待于进一步研究，以期寻找到既能减少裂果，又不改变玉环柚果实品质和特性的有效措施。

仙居杨梅标准化体系建设现状及改进对策

吴相祝，李再兵，王康强，沈伟兴

（浙江省仙居县林业局，仙居　317300）

世界杨梅出中国，中国杨梅在浙江。仙居是浙江乃至全国的杨梅主产地之一，目前仙居县杨梅种植面积 6 667hm^2，其中投产面积 2 667hm^2，产量 3.2×10^4t，产值 2.56 亿元。全县 40 万农业人口仅杨梅单项人均收入 60 多元，杨梅单项收入在 10 万元以上的有户，5 万元以上的有 20 户，超万元的有 50 多户。仙居杨梅产品已连续 4 年远销法国俄罗斯、越南等国家以及我国香港、澳门地区。近 3 年来，杨梅产业对仙居的经济和社会发展产生了爆炸式的冲击和震撼，带动了相关产业的蓬勃发展，小小杨梅，做出了大产业，有关人士将这种效应叫做“仙居杨梅现象”。因此，如何加快建立健全仙居杨梅标准化体系，是进一步保证仙居杨梅质量安全及提高经济效益的关键。

1　仙居杨梅标准化建设现状

仙居县委、县政府从 1998 年开始就把杨梅产业确定为发展仙居农村经济的主导产业，加大了对杨梅产业的扶持力度，在政策和资金安排上予以倾斜，并成立了以分管县长为组长的杨梅产业发展领导小组，负责杨梅产业发展过程中相关问题的协调和领导工作。要求以标准化模式栽培为基础，无公害生产为突破口，至 2010 年，全县实现杨梅产值 10 亿元的奋斗目标。通过几年的努力，杨梅产业在标准化建设方面取得了一定的成效。

1.1　标准化体系初步建立

2001 年由仙居县林业局起草，县质量技术监督局制订发布的仙居县地方标准一仙居杨梅系列标准（DB 331024—2001），在此基础上，按照国家绿色食品的要求制定了《仙居杨梅质量管理制度》、《仙居杨梅技术规程》等相关标准，为仙居杨梅的质量安全生产提供了一套便于操作的技术规程，杨梅生产的标准化体系基本建成。同时积极编制杨梅标准化栽培模式图，把推广杨梅标准化栽培模式图作为标准化的工程来抓。为农业标准推广奠定了基础，有效地提高了标准转化率。

1.2　标准化栽培技术全面推广

2001 年开始全面实施仙居县杨梅系列地方标准和其他相关标准，通过电视、报纸、培训班、讲座、发放资料等多种形式，分别从质量和安全两个角度着手，对农民、科技人员和相关企业人员进行质量安全生产技术培训，对相关企业进行产品加工质量安全知识的培训近年来共举办各种培训班 130 多期，受训上万人次，印发资料 2 万余份，并根据生产需要，经常组织科技人员到现场作技术指导解决实际问题。

1.3　标准化建设扶持力度得到了加强

为推进杨梅产业的持续、稳定、快速发展，县政府出台“1998—2000 年农业产业化规划”，提出了“万亩杨梅上高山”的口号，把杨梅产业列为全县八大产业之一。2002年，把“百里杨梅长廊工程”列为县委、县政府农业重点工程。同时每年都专门召开杨梅产业研讨会和举办杨梅节，请省市有关领导专家学者参加，共商杨梅产业发展大计。制定了优惠扶持政策，对杨梅主导产业标准化建设进行扶持，在税收、信贷，用地、工商登记等各方面给予倾斜。

1.4 产品认证、品牌战略成效显著

2001年3月，仙居杨梅被省环保局、省重点食品商会、省营养协会联合推荐为浙江市场绿色消费健康维权产品，“仙绿”牌仙居杨梅通过了国家绿色食品发展中心认证和国家质监总局的原产地保护认证，获准使用绿色食品和原产地保护注册标志，还获得了浙江名牌等多种名牌产品和金奖称号；“仙”牌、“仙居仙”牌、“仙乡缘”牌等仙居杨梅产品先后获得了绿色食品认证和多种荣誉称号，产品质量稳定，使得生产者称心，贩销者开心，消费者放心。

1.5 标准化生产科技示范基地建设初具规模

为做大做强仙居杨梅产业，全面推广标准化栽培，近几年来，由县科技人员和省市有关专家协同攻关，组织开展的杨梅梯度栽培项目已通过省级鉴定，使杨梅挂在树上的供应期延长到52d；杨梅贮藏保鲜研究取得阶段性的成果，通过边研究边推广应用，可使杨梅保鲜期达15~20d，为其远距离销售打下了基础；2003年，杨梅绿色食品基地建设项目被国家科技部列入国家级星火项目；2004年，万亩高山杨梅森林食品基地被国家林业局、财政部列入农业综合开发项目；县政府还组织实施了“十”字形的百里杨梅长廊工程以及以广度乡为中心的万亩高山杨梅工程，通过建立基地、树立典型、依托科技，为全县6 667hm^2杨梅生产起辐射作用。

1.6 标准化生产带动了各产业的迅速发展

一是仙居杨梅产业的火爆场面促进了自身产业的发展，果农精益求精培育优质杨梅，扩大种植规模，实施产业化经营，集约化管理，社会化服务，决心做强做精杨梅产业。二是促进了第二产业的发展。浙江神仙居酒业有限公司，已成功开发出杨梅干红、杨梅利口酒和杨梅原汁等系列产品，年加工杨梅已达5 000t。2014年该企业因县内杨梅高价销售而远远不能满足加工的原料需求，只得舍近求远往金华、宁波、绍兴、丽水等地去收购杨梅；浙江扬眉饮品有限公司投入了3 000多万元的资金兴办杨梅饮料厂，企业投产后，一期可加工转化2×10^4t多杨梅。仙居杨梅产业的发展还拉动产品贮藏保鲜、包装、交通运输等行业的发展。三是促进了第三产业的发展。把杨梅采摘与观光旅游相结合，推出了“仙梅”果园观光旅游系列活动，出现了杨梅产销两旺的喜人局面，还掀起了新一轮的旅游高潮。据不完全统计，6月来仙居县旅游的达16.1万人次，同比增长33.92%；门票总收入166.53万元，同比增长17.83%；旅游总收入6 000万元。其中，仙梅果园观光旅游达到1万余人次。仙居杨梅产业的兴旺还带动了宾馆，餐饮等服务业的强劲增长。

2 仙居杨梅标准化建设中存在的主要问题

2.1 全社会对仙居杨梅标准化的重视和认识不够

一是少数生产者受眼前利益驱动只讲数量，不求质量，肥料种类结构不合理，有机肥比例偏少，施肥技术欠科学，土壤酸化严重，板结坚硬，使其果形变小，品质下降，以及受早期价格利益影响，出现采青现象，影响仙居杨梅质量；二是不法销售者假冒仙居杨梅，销售

伪劣产品现象极为普遍，在仙居杨梅成熟上市前，本县及杭州上海等地的市场就随处可见标有“仙居杨梅”“仙梅”牌子的杨梅出售；三是少数企业对标准化的意义认识不足，易受利益驱动，降低杨梅的质量标准等。

2.2 杨梅标准的检测有待健全

杨梅产品检测手段落后。目前对杨梅质量安全检测的最常用方法是凭肉眼去查看，凭经验去判断是否使用高毒高残留农药，以及农药、化肥用量是否超标，激素是否滥用等，这与市场经济要求是不相适应的。

2.3 杨梅标准化建设的支持体系不够有力

一是仙居县杨梅产业发展不平衡，分散经营的农户占绝对优势，组织化程度还不高，杨梅生产经营的专业合作社和协会尚只有20多家，统一实施标准化经营难度很大；二是仙居县广大果农科技水平较低，严格按照标准化的要求进行生产经营有一定困难；三是杨梅市场建设滞后，功能残缺不全，管理粗放。同时，缺乏健全有效的市场准入机制，按标准化生产出来的仙居杨梅也难以体现优质优价，直接影响了果农进行标准化生产的积极性；四是缺少足够的资金支持。县财政虽然作了很大投入，但与产业发展的要求还有很大的差距。由于县财政困难，缺乏有效的激励措施，在一定程度上挫伤了从事产业人员的积极性，并影响着技术培训和示范推广的普及率与力度，尤其是果农们不愿意投更多的资金用于标准化生产。

2.4 杨梅标准化建设的监管体系不够健全

目前，我国对农产品质量安全监督管理的法律法规不够健全，内容不够完善，执法措施不严，因而难以对仙居杨梅实施有效的监管。近年来，尽管仙居县对杨梅质量安全管理从源头到加工、流通，以及到消费者手中都实行了全程监管和跟踪，但农资市场无证无照经营屡禁不止，农资生产者的大局意识和社会责任感不强，经营销售假冒伪劣仍有不同程度存在，国家明令禁止的高毒高残留农药并没有完全从农资市场上彻底清理出去，果农们在生产过程中超标准使用或不正确使用农药、化肥的现象仍时有发生，并受周边地区不良信息的影响，跃跃欲试激素或营养液的意念有所触动，仙居杨梅品质有待进一步稳定和提高。

3 对策和措施

3.1 不断完善杨梅标准化体系建设

一是要完善杨梅质量标准体系，包括行业标准、地方标准和企业标准。要随着生产技术的不断改进和国际市场要求的提高及人民生活水平的不断改善，及时完善标准，提升标准水平，逐步形成结构合理、重点突出、特色鲜明、面向国际的产品质量标准体系。二是健全杨梅质量安全监管体系。依托现有的技术和执法队伍，整合力量，加强对杨梅生产过程的监督检查和整治，特别是国家明令禁止生产、销售和使用的农药、植物生长调节剂等的整治。严格控制农药、化肥超标、超剂量使用。对不按照标准生产、非法经营的给予处罚，严厉打击假冒伪劣产品。确保仙居杨梅的质量安全。三是建立健全杨梅质量安全检测体系。设立或委托中介机构开展常规检测。充分发挥各协会、合作社、果农相互监督的作用，尽快建立机动性强、贴近农村的快速检测网络。同时，要建立健全农业龙头企业、生产基地、销售市场的质量检测点，形成布局合理、功能齐全、服务便捷的杨梅质量安全检测网络。四是要建立杨梅标准化信息网络体系。及时准确地发布杨梅标准化信息，传播最新研究成果和相关知识从而推动杨梅标准化建设向前发展。

3.2 加强杨梅标准化生产技术指导

深入研究杨梅产业化方面的内容。加强对杨梅标准化生产、加工、贮藏保鲜、包装、运输、销售等各环节的技术指导和知识培训。相关部门要各负其责，形成合力，重点培训基层干部、技术人员和一线生产经营者，大力普及杨梅标准化知识，提高运用标准化知识的能力。果园提倡使用生物农药和物理防治病虫害，少施化肥，多施焦泥灰、饼肥、猪牛栏肥，以增加有机质含量，改良土壤团粒结构，提高品质。建立杨梅生产技术全过程的监管档案。保证杨梅的生产环境标准、操作技术规程、质量安全标准等有效付诸实施，切实提高仙居杨梅的质量安全水平。

3.3 切实推进杨梅标准化生产

一是进一步加大宣传力度。要认真组织开展形式多样富有实效的杨梅标准化宣传。仙居县委县政府要继续举办一年一度的“仙梅”旅游节活动，并争取到上海、南京等地进行产品宣传推介，接轨大上海，融入长三角。以进一步提高仙居杨梅的知名度和市场竞争力，拓宽销售半径，增加市场销售份额。二是进一步搞好杨梅标准化示范基地建设，充分发挥辐射带动作用。重点抓好国家级和省级的标准化示范基地建设，大力推广“龙头企业+农户+科技标准+基地”的运作模式，以标准指导和规范果农的种植行为，积极引导杨梅专业合作社规范运作，健康发展，提高杨梅生产组织化程度和标准化实施力度。三是加快县级杨梅果品中心市场建设，改善产地批发市场基础设施，逐步建立健全市场准入制度。要加大营销力度，充分利用绿色通道组织优质杨梅到各大中城市销售。四是积极开展做好杨梅产品质量认证，实施品牌战略。按照标准化要求组织生产。充分发挥县果品产销协会杨梅分会等协会和专业合作社的作用，积极争取“仙居杨梅”证明商标早日批准，用“仙居杨梅”证明商标来整合全县杨梅品牌，实行杨梅产地编码制度，抓好已认证产品和名牌产品的质量跟踪管理。

3.4 加强组织领导，加大扶持力度

一是加强组织领导。要增加对杨梅标准化建设考核内容，加大考核力度，改进考核方式，完善考核办法。有关部门要全力支持杨梅标准化建设，在项目申报、注册登记、融资信贷收费管理等方面给予支持，做好服务。二是加大政策扶持和投入力度。要进一步做好杨梅产业定位。在符合上级产业政策的前提下，县、乡（镇）政府要加大实施杨梅产业激励政策，推进杨梅标准化建设。从基础设施、标准化示范、市场建设、质量安全监管等方面加大投入和扶持力度。要鼓励企业和社会化组织投资杨梅标准化建设领域，开创杨梅标准化投入的多元化局面。三是鼓励出口创汇。根据 WTO 的农业协定关联果树（UP 果树）之规定，积极组织和鼓励有关企业、销售组织参与国际化竞争，推动仙居杨梅产品进入国际市场。

仙居杨梅产业现状及对策

吴相祝，吴自辉，王康强，张建斌

（浙江省仙居县林业局，仙居　317300）

“中国杨梅第一县”——仙居县，地处浙江东南沿海山区，是由国家林业局命名的“中国杨梅之乡”。仙居杨梅是由仙居县生产的优质杨梅的一个商品名称。近年来，在历届仙居县委县政府的高度重视下，加快农业产业结构调整，推进仙居杨梅产业化进程，提升仙居杨梅产业层次，强化仙居杨梅质量安全，仙居杨梅已成为本县农业增效农民增收的一个支柱产业。

1　仙居杨梅产业现状

1.1　仙居杨梅生产环境独特

全县境内森林覆盖率高达 77.9%，1 000m 以上的山峰有 109 座；是海洋性气候与大陆性气候的交汇点。境内群山环抱、山清水秀、空气清新、四季分明、雨量充沛、日照充足、昼夜温差大，优越的地理、生态环境为仙居杨梅的安全优质栽培提供了可靠的保证。

1.2　仙居杨梅品质极优

仙居杨梅果大核小色美味甜，口感好；仙居杨梅产品质量安全可靠，推行绿色、生态、标准化生产，从生产源头到分期采摘、分级包装、储存保鲜、加工运输以及市场营销，均实行严格的全程质量监管，建立生产台账制度，确保产品优质安全。

1.3　仙居杨梅鲜果供应期长

仙居杨梅品种多样化，早、中、晚熟品种优化组合，布局合理，根据山多、地形地貌复杂多变、垂直分布各异的特点，研究推广“梯度栽培”新技术，仙居杨梅鲜果采摘供应期从过去的 15d 延伸到现在近 50d，即 6 月初至 7 月中旬成熟，可与云南省杨梅鲜果供应期媲美。

1.4　仙居杨梅产业规模大

目前，仙居杨梅种植面积达 8 000hm^2，约占浙江省杨梅种植面积的 1/10 强，占全国杨梅种植面积的 1/15 弱；仙居杨梅总产量达 4.5×10^4t，约占浙江省杨梅总产量的 1/8，占全国杨梅总产量的 1/15；仙居杨梅总产值达 3.8 亿元，约占浙江省杨梅总产值的 1/7，占全国杨梅总产值的 1/13。仙居杨梅仅此一项为全县农民人均增收 900 余元。全县仙居杨梅产业就业人数 10 万多人。有权威人士惊叹：仙居杨梅是“小品种做成了大产业，小题目做出了大文章”。

1.5　仙居杨梅产业化程度高

全县创建了 1 个高标准示范园区和 5 个绿色标准化示范基地；组建了 60 多家仙居杨梅专业合作社、协会等合作经济组织，产地批发市场 16 个，建有冷藏库 40 多座，配备了杨梅运输冷藏车 5 辆，真空包装设备 40 多套，加上仙居拥有并推广了全国领先的储存保鲜技术；浙江扬眉饮品有限公司建立了全国首家“杨梅博物馆”；全面启动了杨梅观光园建设，建成高标准仙居杨梅观光园 10 多个，日接待游客能力达 2 万余人次。产业文化日趋浓厚，每年举办仙居杨梅节，有力地带动了旅游等第三产业的快速发展，形成了空前独特的仙居杨梅经济现象。

1.6 仙居杨梅品牌响

仙居杨梅又名仙梅，近年来已获得了国家质检总局的原产地域保护注册认证；国家工商总局的仙居杨梅证明商标地理标志注册认证；成功获得了在法国、俄罗斯、西班牙、澳大利亚、美国等13个国家的仙居杨梅证明商标国际注册证书，仙居杨梅品牌在法律上将得到有力保护。同时还被评为第一、第二届浙江省十大精品杨梅、台州市著名商标、浙江省农产品证明商标十大创牌先锋、浙江省名牌农产品、中国国际农博会名牌产品、浙江省农博会金奖。

1.7 仙居杨梅加工能力强

全县有“浙江聚仙庄饮品有限公司”、“浙江杨梅饮品有限公司”两家大型杨梅深加工企业，年可加工转化杨梅 3×10^4t，开发了杨梅酒、杨梅原汁、杨梅浓缩汁、杨梅醋饮等10多个系列产品。研发、加工、销售能力居全国杨梅同行企业之最。

1.8 仙居杨梅市场覆盖面广

仙居杨梅产品立足上海、杭州市场，面向大江南北，基本覆盖了全国各大中城市。随着台缙、诸永高速的开通，仙居县的交通区位条件大大改善，已成为浙江地区杨梅的集散中心。产品已连续多年出口到法国、美国、西班牙、意大利、澳大利亚等10多个国家和地区。

2 存在的主要问题

2.1 栽培管理失当

栽培管理水平参差不齐。施肥种类单一，重化肥轻有机肥的现象较为普遍。土壤退化明显，板结、酸化严重，有机质含量降低；果园缺乏病虫害联防机制，一户杨梅病虫害暴发成灾，将殃及全村所有杨梅和其他产区；缺乏可持续的生态栽培，即满山遍野“剃光头”，植被遭受严重破坏，生态失衡，害虫天敌无处立足，水土流失严重，保肥保水能力削弱。标准化栽培到位率不高，矮化栽培、优质速生丰产栽培等优新技术还未全面普及应用。

2.2 自然灾害频发

每年，仙居杨梅因遭受自然灾害的损失在20%~30%。

2.2.1 风害的影响

仙居杨梅成熟季节遇大风、龙卷风的影响为害极大，机械损伤较重，商品性降低。

2.2.2 雨害的影响

仙居杨梅成熟季节恰是梅雨季节，连续长时间下雨，杨梅无法采摘，糖度降低，转色困难，品质就无法保证，落果较为严重。

2.2.3 病虫为害的影响

杨梅白腐病、肉疮病和吸果夜蛾等病虫为害会严重影响杨梅品质、商品性和产量。

2.2.4 高温为害的影响

东魁杨梅成熟后期，多日连续高温，易导致高温逼熟，会严重影响杨梅品质和贮藏性。

2.3 果园基础设施薄弱

杨梅多在山区种植，基础设施差，集约化经营程度低，如作业道、避雨栽培设施、喷滴灌溉水利设施、物理防治病虫害设施等较为缺乏。

2.4 市场建设及营销的缺陷

产地市场缺乏整体规划，市场功能不全，设施简陋。高档杨梅，即精品杨梅，可作礼品杨梅销售，量少市场潜力大，但确保质量安全是关键；中档杨梅，面广量大，市场定位欠明确，营销组织队伍力量较薄弱，丰年销售压力重重；低档杨梅，尚有市场空间。果农心里价位太高。

2.5 品牌意识较为淡薄

仙居县杨梅专业合作社、企业注册的商标较多，统一使用管理仙居杨梅证明商标品牌尚有一定的难度，经验不足。

3 对策与措施

今后，仙居杨梅产业要紧紧围绕“质量、安全、效益”这一中心，依托科技进步，把握市场需求，实施品牌战略，努力开创杨梅生产良种化、基地化、生态化、无害化、技术标准化、产品品牌化、经营产业化的现代仙居杨梅产业发展新局面。

3.1 加强组织领导，大力推进仙居杨梅产业化进程

建立健全仙居杨梅管理协调领导小组，统筹组织协调生产加工贮藏运输营销等方面工作。下设 4 个办公室，一是综合管理协调办公室，挂靠在综合部门，具体负责处理日常事务工作；二是品牌保护和监管办公室，挂靠在执法部门，具体负责做好品牌保护、质量安全监管工作，强化行政执法措施保障生产经营运行秩序；三是品质提升办公室，挂靠在业务技术指导部门，具体负责组织开展科学研究、技术推广和普及活动产销形势分析，确保仙居杨梅品质提升，质量稳定；四是产业文化办公室，挂靠在文化宣传部门，具体负责做好杨梅文化挖掘和宣传，组织举办杨梅节庆和产品推介活动。力求做到仙居杨梅产业纵向到底、横向到边的管理格局，层层落实工作责任制，大力推进仙居杨梅产业化进程。

3.2 强化市场推介宣传，促进仙居杨梅产品销售

正确指导杨梅合作社、营销企业做好精品仙居杨梅的分级包装、守法经营，确保仙居杨梅质量稳定；积极引导贩销企业和贩销大户做好中档仙居杨梅的促销工作，出台相关激励政策，及时授以产销信息；努力帮助加工企业吸收消化低档仙居杨梅。并以制作电影、电视 DV 片、文艺节目和利用报刊、杂志、宣传画册、网络平台等多种形式开展宣传活动，加强产销信息的对接，积极引导多种消费方式。每年还要组织开展一次赴上海市、深圳市或杭州市等大中城市杨梅推介会、旅游促销会，拓展消费渠道。所有宣传画册、参会人员服装、展台台布、杨梅篮等物品上均印有仙居杨梅证明商标标志印记，进一步扩大外地客商和消费者对仙居杨梅的了解与认识，提高仙居杨梅的影响力和知名度，拓展仙居杨梅的销售渠道，加快产品的销售，提高产品市场占有率。

3.3 强化全程质量监管，确保仙居杨梅质量安全

3.3.1 强化生产源头监管

加强对农资市场的监管，禁止禁用农药和激素的销售，做好农药购买人员身份和数量登记工作，加强对仙居杨梅标准化生产技术的辅导，建立生产台账制度，竖立禁止有关农资投入品的告示牌，推广杨梅病虫害统防统治工作，禁用高毒高残留农药，少喷化学合成营养液，加强产地环境和产品质量监测工作，严格把好产品准出关，决不允许仙居杨梅发生类似食品安全问题，确保仙居杨梅质量安全。

3.3.2 强化流通环节监管

指导做好仙居杨梅的分级包装，建立产地编码和质量安全可追溯制度，严厉打击以假乱真、以次充好、短斤缺两和冒充仙居杨梅、未经许可使用仙居杨梅证明商标包装箱等不法行为，规范市场营销秩序，联合组织检查全县商标印制企业，强化对商标印刷企业监管，指导规范商标的印制工作。严格把好市场准入关。

3.4 实施质量提升工程，维护仙居杨梅品牌信誉

3.4.1 加强果园栽培管理

一改单一施化肥为重施有机肥，增施钾肥（草木灰），提倡套作绿肥；二改大树圆头型栽培为低干矮冠多主枝型的矮化栽培；三改土壤硬化栽培为勤深翻改土栽培；四改土壤植被“剃光头”栽培为生态复合栽培；五改树冠喷雾化学药剂栽培为喷硼砂、磷酸二氢钾等营养液栽培。推广使用杀虫灯、黄板黏卡诱杀等物理杀虫措施，推广果园种植绿肥技术，扩大绿肥种植规模，提高土壤有机质含量，确保产品等级不下降，品质不退化。

3.4.2 推行仙居杨梅标准化体系建设，加大品牌整合力度

推行仙居杨梅标准化无公害生产，大力发展有机、绿色、无公害产品，确保产品安全、消费者放心。鼓励各果农组建或加入杨梅专业合作社，提高组织化程度，加强做好仙居杨梅证明商标的使用管理工作，出台“礼品仙居杨梅管理规定”，扩大使用仙居杨梅证明商标规模，以提高仙居杨梅知名度，增加效益。

3.5 大力开展科技活动，进一步提高仙居杨梅科技管理水平

加强与科研院所、大专院校的科研合作和联系，建立县所、县校科研合作平台，聘请专家顾问；加强产前产后重大课题联合攻关和研究，重点对良种选育、采后保鲜贮运等重大难题进行攻关，力求延长货架期；深入开展杨梅的安全生产全程质量控制技术的研究；大力开展杨梅药用与营养保健研究，为杨梅果品的综合开发提供技术支撑。充分发挥县乡镇农技推广人员和村级技术辅导质量监管员作用，进一步落实科技人员联系基地制度，以点带面，重视基地建设。充分利用农村劳动力素质培训工程、科普工程、电教培训工程等平台，开展科技培训工作。把杨梅标准、品牌、质量、安全等方面作为培训重点，努力推广杨梅标准化栽培技术，提高广大果农的质量安全意识和科技文化素质，普及和推广科技知识。

3.6 加强杨梅观光园建设，进一步提高仙居杨梅经济效益

加大资金投入力度，鼓励工商资本投资杨梅产业，改善仙居杨梅基础设施条件，规范仙居杨梅观光园区秩序，开展仙居杨梅观光园区认定工作，并向社会公布，接受社会各阶层监督，使仙居杨梅休闲观光上一个新台阶。

鸭儿芹等五种森林蔬菜人工栽培技术研究

王国英

（浙江省天台县林业特产局，天台　317200）

摘　要：采用大棚设施栽培和林下仿生栽培方法对鸭儿芹、三脉紫菀、败酱、马兰和牛繁缕五种森林蔬菜进行人工栽培，结果表明在大棚设施条件下采用以5：1：4的锯木屑+猪粪+黄心土配制的人工基质栽培产量达4 715kg/(667m^2·年)，比大棚设施条件下的土壤栽培和露地栽培产量高30.1%和87.3%；林下仿生栽培条件下的产量分别是露地遮阳网蔽荫和无遮阳网蔽荫对照的2.3倍和5.1倍。同时还对鸭儿芹等五种森林蔬菜人工栽培的经济效益做了分析。

关键词：森林蔬菜；栽培技术；仿生栽培

森林蔬菜作为森林资源的一部分，种类繁多，营养丰富，具有一定的食疗功能，深受人们喜爱。据不完全统计，浙江有森林蔬菜种类450多种，隶属79科229属（不包括食用菌和苔藓、地衣类植物），约占全国的64%以上。天台县森林蔬菜资源有308种，隶属78科18属。为开发利用森林蔬菜资源，从众多的森林蔬菜种类中选取鸭儿芹（*Cryptotaenia japonica*）、三脉紫菀（*Aster ageratoides*）、败酱（*Patrinia villosa*）、马兰（*Kalimeris indica*）和牛繁缕（*Malachium aquaticum*）5种进行人工栽培，现将研究结果报道如下。

1　研究地点和方法

1.1　研究地点

研究地点设在天台县城郊的圃前，海拔50m，年平均气温16.7℃，最热的7月平均气温28.8℃，最冷的1月平均气温4.9℃，极端最高温度41.7℃，年平均降雨量1 300~1 600mm。土壤为水稻土老黄筋泥田土种，pH值为5.5~6.5。

1.2　研究方法

分别采用钢架大棚园艺化设施栽培和林下仿生栽培两种栽培方法。

1.2.1　钢架大棚园艺化设施栽培分别设置3个处理

处理1：在大棚内围砌栽培床，床内按5：1：4的锯木屑+猪粪+黄心土配制成人工基质，基质厚度20cm，并配备滴灌设施；处理2：在大棚内构筑栽培床，栽培基质为本地田园土；处理3：大棚外进行露地栽培作对照试验种类为三脉紫菀、败酱、牛繁缕和马兰4种森林蔬菜，其中，三脉紫菀、牛繁缕采用种子直播，败酱、马兰采用小苗丛植，每丛3株，株行距10cm×10cm。

1.2.2　林下仿生栽培分别设置3个处理

处理1：在5年生桂花苗圃地内利用桂花林冠自然蔽阴作用进行林下仿生栽培；处理2：在露地搭建高度为60cm的遮阳网荫棚进行人工蔽荫栽培；处理3：无任何遮阴的露地对照

栽培。试验种类为鸭儿芹，采用播种栽培，播前用始温 45℃温水浸种 24h，播时用细沙混播，播种量 1g/m^2 左右。调查方法采用随机抽样调查，随机抽取 4 个面积 10m^2 的样方（三脉紫菀抽取 6m^2），分别调查记录生长情况和收获产量。

2 结果与分析

2.1 园艺化设施栽培

2.1.1 生长量分析

根据马兰 10 月 13 日栽植后，翌年 3 月 26 日第一次采收时的调查记录，以及败酱第二次采收时调查记录的植株萌芽情况表明（表 1），园艺化大棚设施栽培中的马兰，人工基质栽培的萌芽数平均为 17 株，土壤栽培的萌芽数平均为 14 株，分别比露地栽培对照的萌芽数 9 株高 88.9%和 55.6%。园艺化大棚设施栽培中的败酱，人工栽培基质的萌芽数平均为 26 株，土壤栽培的萌芽数平均为 19 株，分别比露地栽培对照的萌芽数 12 株高 116.7%和 58.3%。

在园艺化大棚设施栽培中，人工基质栽培的马兰和败酱的萌芽数也分别明显高于土壤栽培分别达到 21.4%和 36.8%。

表 1 败酱、马兰第 1 次萌芽数观察*（单位：株）

处理	大棚设施栽培										露地栽培对照				
	人工基质					土壤基质					土壤基质				
样地号	1	2	3	4	平均	1	2	3	4	平均	1	2	3	4	平均
马兰	18	18	16	15	17	14	11	17	12	14	10	8	9	8	9
败酱	28	21	26	27	26	18	17	24	18	19	11	12	12	13	12

* 每处理设置 4 个样地，每个样地随机调查 20 株，取其平均数

根据产量统计（表 2），败酱、三脉紫菀、牛繁缕、马兰 4 种森林蔬菜，在设施栽培条件下，人工基质栽培产量分别为 6 373kg、2311kg、6 470kg 和 3 702kg（667m^2·年），土壤栽培产量分别为 4 856kg、1 523kg、5 369kg 和 2 734kg/（667m^2·年）。4 种森林蔬菜在基质栽培条件下的平均年产量为 4 715kg/亩，比土壤栽培的平均年产量 3 623kg/亩高 30.1%。从表 2 还看出，在大棚设施栽培条件下采用的人工基质培和土壤栽培的产量，分别要比露地栽培对照产量 2 517kg（667m^2·年）高 87.3%和 43.9%。

表 2 森林蔬菜年产记录*

处理		大棚设施栽培				露地栽培对照	
		人工基质		土壤基质		土壤基质	
项目	测试面积（m^2）	测试面积产量（kg）	单位面积产量（kg/667m^2）	测试面积产量（kg）	单位面积产量（kg/667m^2）	测试面积产量（kg）	单位面积产量（kg/667m^2）
败酱	10	95.60	6 376	72.80	4 856	83.30	2 778
三脉紫菀	6	20.79	23.11	13.70	1 523	9.30	1 034
牛繁缕	10	97.00	6 470	80.50	5 369	67.00	4 469

（续表）

处理		大棚设施栽培				露地栽培对照	
		人工基质		土壤基质		土壤基质	
项目	测试面积（m^2）	测试面积产量（kg）	单位面积产量（kg/667m^2）	测试面积产量（kg）	单位面积产量（kg/667m^2）	测试面积产量（kg）	单位面积产量（kg/667m^2）
马兰	10	55.50	3 702	41.00	2 734	26.80	1 788
平均	—	—	4 715	—	3 623	—	2 517

* 表中数值为2002—2004年3年的平均数

2.1.2 经济效益分析

根据市场价格统计（表3），三脉紫菀平均售价为3元/kg，败酱、牛繁缕和马兰的平均售价为2元/kg，在大棚设施栽培条件下人工基质栽培和土壤栽培的单位平均产值分别为10 007元/667m^2·年和7 623元/（667m^2·年），比露地栽培的对照产值5 013元/（667m^2·年）分别高99.6%和52.1%。

表3 4种森林蔬菜年产值统计

林林蔬菜种类	鲜菜价格（元/kg）	大棚设施栽培				露地栽培对照	
		人工基质		土壤基质		土壤基质	
		产量（kg/667m^2）	产值（元/667m^2）	产量（kg/667m^2）	产值（元/667m^2）	产量（kg/667m^2）	产值（元/667m^2）
		6 376	15 752	4 856	9 712	2 778	5 556
三脉紫菀	3	2 311	6 933	1 523	4 572	1 034	3 102
牛繁缕	2	6 470	12 940	5 369	10 738	4 469	8 938
马兰	2	3 702	7 404	2 734	5 468	1 788	3 576
平均	—	4 715	10 007	3 623	7 623	2 517	5 293

从表4看出，扣除田租、大棚设施、基质种子、肥料和劳动工资等成本，设施栽培条件下的人工基质栽培的纯收入为5 680元/（667m^2·年），利润是产值的56.8%，设施栽培条件下的土壤栽培的纯收为3 482元/（667m^2·年），利润是产值的45.7%，露地栽培的对照纯收入为2 563元/（667m^2·年），利润是产值的48.4%。可见森林蔬菜在设施栽培条件下的基质栽培的经济效益非常显著。

表 4　四种林林蔬菜园艺化设施栽培经济效益分析*

项目	大棚设施栽培		露地栽培对照
	人工基质	土壤基质	土壤基质
田租（元/667m²）	450	450	450
大棚（元/667m²）	1 800	1 800	—
基质（元/667m²）	447	—	—
种子（元/667m²）	780	780	780
肥料（元/667m²）	250	300	300
管护（元/667m²）	600	800	1 200
成本合计（元/667m²）	4 327	4 130	2 730
产值（元/667m²）	10 007	7 623	5 293
纯收入（元/667m²）	5 680	3 482	2 563

*：大棚与基质成本按 5 年平均分摊，露地管护费中拔草工增加 40d 工作日计 600 元

2.2　林下仿生栽培

2.2.1　生长量分析

2005 年 3 月 25 日播种，于 4 月 10 日左右出苗的鸭儿芹在林下仿生栽培、遮阳网蔽荫栽培和露地无遮阳对照栽培 3 种栽培方式下。根据播种后 50d 的生长量调查和采收情况记录（表 5）。鸭儿芹在林下仿生栽培条件下，播后 50d 平均苗高 20.83cm，比遮阳网蔽荫栽培和露地栽培对照分别高 9cm 和 12.85cm。林下仿生栽培条件下采收量为 7.08kg，分别是遮阳网蔽荫栽培采收量 3.1kg 和露地栽培对照采收量 1.4kg 的 2~3 倍和 5.1 倍。并且在林下仿生栽培条件下的鸭儿芹产品相对较嫩绿，外观质量较好。

表 5　鸭儿芹不同栽培方式第一次采收产量分析

处理号	测试面积（cm）	林下仿生栽培		遮阳网蔽荫栽培		露地无遮阳栽培对照	
		苗高（cm）	采收量（kg）	苗高（cm）	采收量（kg）	苗高（cm）	采收量（kg）
1	10	20	7.1	11.1	3.0	8.4	1.4
2	10	20.5	7.3	12.5	3.2	7.5	1.3
3	10	21.2	6.9	11.8	2.9	8.1	1.5
4	10	19.8	7.0	11.9	3.1	7.9	1.3
平均	10	20.83	7.08	11.83	3.1	7.98	1.4

2.2.2　经济效益分析

根据表 6 统计结果，鸭儿芹在林下仿生栽培条件下，首次采收的平均产量和产值分别为 472kg/667m² 和 1 416元/667m²，分别是遮阳网蔽荫栽培和露地栽培对照产量及其产值的 2.3 倍和 5.1 倍。鸭儿芹以采摘嫩苗及嫩茎叶作蔬菜，在高温条件下 35d 左右、低温条件下 50d

左右，可周年栽培，全年可种植 8 茬。可见鸭儿芹在林下仿生栽培的经济非常显著。

表 6　鸭儿芹不同栽培方式第一次采收产量和产值分析表 *

处理号	林下仿生栽培		遮阳网蔽荫栽培		露地无遮阳栽培	
	产量（kg/667m²）	产值（元/667m²）	产量（kg/667m²）	产值（元/667m²）	产量（kg/667m²）	产值（元/667m²）
1	474	1 422	200	600	93	279
2	487	1 461	213	639	87	261
3	460	1 380	193	579	100	300
4	467	1 401	207	621	87	261
平均	472	1 416	203	610	92	275

*：鸭儿芹价格按批发价 3 元/kg 计

3　小结与讨论

园艺化设施栽培森林蔬菜不受季节影响，产量高，质量好，高投入，高收益，适合城市郊区森林蔬菜的净菜生产。林下仿生栽培利用绿化大苗圃地套种森林蔬菜进行立体栽培，既免除蔽荫生产成本，又提高单位面积产量和产品质量，从而提高经济效益。开发利用森林蔬菜对于丰富蔬菜品种，增强膳食保健，调整蔬菜产业结构，开拓农业特色经济和发展森林野菜新兴产业，以及提高农民收入和建设新农村等具有非常重要的意义。

浙江台州黄花梨大树上部嫁接翠冠梨的效应

王洪祥[1]，王继灿[2]，王冬米[3]，张利平[1]

（1. 浙江省柑橘研究所，台州　318020；2. 浙江省天台县林业特产局　天台　317200；3. 浙江省台州市林业局　黄岩　318020）

梨是天台县传统水果之一，近年来天台县一些农民种植梨的积极性较高，面积不断扩大，据统计 2003 年底栽培面积为 230hm^2，产量达 3 581t。但生产上存在优质果率偏低、果实成熟采收期易遭强风袭击致产量不稳定等问题。翠冠梨是近年来浙江省选育推广的优良早熟梨品种，果实成熟期在 7~9 月台风暴风多发期之前。为合理利用光能，发挥不同成熟期品种的立体结果性能，提高优质果率减轻台风带来的损失，2000—2004 年我们开展了黄花梨树冠上部高接翠冠梨的试验。

1　材料与方法

1.1　试验园概况

试验在天台县滩头乡塘徐村的 9 年生黄花梨园内进行。土壤属冲击沙壤土，有效土层深 55cm 左右，土质疏松，排水与透气性均较好，pH 值 5.2 左右，有机质含量 3.23%。地下水位 100cm 以下。园地位于山谷小盆地内，四面环山，小气候良好，管理较好，树势较强。株行距为 4m×6m，株高 3.5m 左右，植株已经封行。近两年平均产量约 28t/hm^2，平均价格 2.4 元/kg 左右。

1.2　试验设计

2000 年 11 月下旬，在 4 年生的翠冠梨树上剪取无病虫、有 3~4 个饱满芽的 1 年生枝条，保存在不干不湿的沙堆中用于翌年嫁接。次年 2 月 27 日至 3 月 4 日，利用多头切接法为主进行嫁接，对缺枝处利用腹接法插枝补空。高接之前对植株上部进行整形，整形量占总枝叶量的 1/3 左右，然后进行高位嫁接，中下部不嫁接，只做轻微修剪。高接时要因树而宜，随枝高接，粗壮枝上嫁接 2 个接穗，细枝上嫁接 1 个接穗。高接当年对翠冠梨部分进行疏花，不允许结果，摘除从黄花梨露骨枝上抽出的嫩梢。高接的翠冠梨部分从第二年开始结果，但如果结果量较多，则进行疏果。高接面积 0.2hm^2，共 87 株。高接园的周年管理与旁边对照园（品种同样为黄花梨）相同，2001 年果实未套袋，2002 年起对果实进行套袋，纸袋使用上虞市盖北佳士利果袋厂生产的双层纸袋，外层内表黑色、外表黄褐色，内层黑色。

1.3　调查方法

嫁接后观察枝条生长和开花结果情况。按对角线法从试验园选定调查树，高接园和对照园各确定 20 株测定平均产量，选定其中 5 株测定果实品质。采收时，每个品种从每株东、南、西、北、中 5 个方位各选摘中等大小的 4 个果实，每处理共 100 个果，进行果实外观品质评价，其中 25 个果实进行内在品质测定。并从附近管理基本相同的翠冠梨树上选取 25 个果，与高接试验树的果实进行品质比较。对两个品种立体结果的经济效益进行评价。同时，在台风过境或者大风暴雨后观察并评价台风暴雨带来的影响。

2 结果与分析

2.1 高接对枝条生长和花果量的影响

高位嫁接部分枝条的生长量在当年能达到嫁接前的80%左右，第二年能恢复到甚至超过原来的枝叶量。表明黄花梨树冠上部高位嫁接翠冠梨后，树冠恢复很快，两年可完全恢复。上部翠冠梨可培养的枝条比对照树多，树冠叶幕层结构更加合理，上下部叶片均比对照树厚，有利于不同成熟期品种立体结果层的形成，高接当年（2001 年），虽然高接树总花量比对照树有所减少，但中下部没有嫁接的枝条花量明显增加，着果率较高。2002—2004 年，高接树上部翠冠梨花的密度明显比周边对照园的翠冠梨高，中下部黄花梨的花量比对照树的稍密，单株着果率明显提高。

2.2 高接对产量、品质和效益的影响

高接树黄花梨与对照黄花梨相比，果形、外观基本无差异，但总体上可溶性固形物、单果重、优质果率、售价均有提高；这种差异同样在高接树翠冠梨与对照翠冠梨间呈现。2001 年，高接当年单株产值下降 13. 63%，2002 年，高接树单株产值提高 33. 53%，2003 年，高接树单株产值提高 56. 10%，2004 年，高接树单株产值提高 1 179. 28%（表 1）。不过高接树单株的管理成本比对照树略有增加，2001 年约增 22 元，2002 年约增 12 元，2003 年约增 13 元，2004 年约增 28 元，4 年合计约增加 75 元。黄花梨大树上部枝条高接翠冠梨后，2 个品种的采收期相差 1 个月左右，未高接黄花梨与翠冠梨成熟期相差 20d 左右，高接使上市期延长。扣除增加的成本，4 年合计单株增效 182. 7 元。其他 3~21 年生黄花梨高接翠冠梨后，枝叶生长和结果情况同样明显较好，增效显著，每公顷增收 26 500~45 600元。

2.3 抗台风暴雨的效果

2001 年 7 月 6 日，曾受台风外围影响，黄花梨不管是高接树还是对照树均未受到明显影响；8 月 5 日，曾遭大暴雨的袭击，翠冠梨已经采收，高接树中下部黄花梨的落果率为 3. 7%，而对照树黄花梨的落果率达 8. 1%。2002 年 7 月 31 日和 8 月 5 日两次遭大暴雨袭击，高接树中下部黄花梨的落果率分别为 2. 4%、3. 1%，而对照黄花梨的落果率分别达 6. 4%、7. 7%。2003 年 8 月 2 日，曾受台风外围影响，但黄花梨已于 8 月 19 日采收。2004 年 7 月 3 日，曾受台风外围影响，高接树上部翠冠梨的落果率为 1. 9%，而对照翠冠梨的落果率达 4. 8%；黄花梨不管是高接树，还是对照树均未受到明显影响。2004 年 8 月 12 日，遭遇到了强台风的正面袭击，高接树中下部黄花梨落果率为 91. 7%，对照树黄花梨的落果率达 95. 1%。7~9 月，沿海地区台风暴风相对较多，尤其是 8 月以后，易遭遇到强台风袭击，正值黄花梨的成熟采收期，此时高接树上部翠冠梨已经采收，植株上部的抗风能力得以加强，梨高接树中下部的黄花梨受台风暴雨的影响整体上小于对照树黄花梨。

表 1　黄花梨大树上部高接翠冠后的效果

年份	处理	品种	采收期月/日	株产（kg）	优质果率（%）	可溶性固形物（%）	单果重（g）	正形果率（%）	果面颜色	果面光滑度	锈斑	病虫伤果率（%）	平均价格（元/kg）
2001	高接	黄花	8/22	55.7	59.0	11.0	289	71.0	浅褐	欠光滑	少	15.0	2.6
	对照	黄花	8/18	72.9	53.0	11.1	254	72.0	浅褐	欠光滑	少	14.0	2.3
2002	高接	黄花	8/21	53.2	55.0	11.4	278	75.0	浅黄	较光滑	少	9.0	3.2
		翠冠	7/23	18.1	67.0	12.1	296	61.0	黄	较光滑	少	15.0	4.0
	对照	黄花	8/17	67.3	51.0	10.9	257	69.0	浅黄	较光滑	少	11.0	2.7
		翠冠	7/27		61.0	11.7	265	56.0	黄	较光滑	较少	17.0	3.2
2003	高接	黄花	8/19	58.4	65.0	11.3	269	78.0	浅黄	较光滑	少	7.0	2.8
		翠冠	7/19	31.9	74.0	12.3	287	59.0	黄	较光滑	少	13.0	3.6
	对照	黄花	8/17	74.3	58.0	10.9	245	72.0	浅黄	较光滑	少	11.0	2.4
		翠冠	7/24		63.0	11.8	252	52.0	黄	较光滑	较少	19.0	3.0
2004	高接	黄花	8/16	4.8	7.0	11.5	286	63.0	浅黄	欠光滑	多	68.0	2.8
		翠冠	7/19	30.6	71.0	12.3	282	64.0	黄	较光滑	少	11.0	3.8
	对照	黄花	8/16	3.9	6.0	11.2	264	64.0	浅黄	欠光滑	多	70.0	2.6
		翠冠	7/22		64.0	11.9	254	58.0	黄	较光滑	少	16.0	3.1

注：优质果标准为单果重 250g 以上，果形端正，果皮较光滑，果面锈斑和病虫伤果面积在 5%以下且单个斑块面积小于 1%。2004 年遭受台风，黄花梨大减产。

3　小结与讨论

试验结果表明，9 年生黄花梨大树上部枝嫁接翠冠梨后，树冠恢复快，第二年叶幕层完全形成；上部枝条分布更加合理；上部翠冠梨的成熟期提早，中下部黄花梨的成熟期略为推迟，两品种的着果率、优质果率、可溶性固形物、单果重、售价及总产量均明显提高，4 年合计增加经济效益 182.7 元/株，即每公顷增收 76 734元，高接第 2 年可收回成本，第 3 年起增加效益就比较可观。高接树抵抗台风暴雨的性能明显增强。梨树上部生长势相对较强，翠冠梨高接在上部，枝叶抽生能力强，叶幕层形成快，且有利于上部树冠的改造和恢复。同株树上有翠冠梨和黄花梨两个品种，由于花期基本相同，有利于异花授粉，提高结实率；同时，由于两品种枝叶生长、果实发育等生物学特性存在差异，在光合作用、养分运转、吸收与消耗方面得到互补，有利于整体品质、产量的提高。梨树树冠上、下部间生长势及光热条件等存在差异，一般上部果实成熟期略早，而黄花梨上部高接早熟的翠冠梨后，高接树上部翠冠梨成熟期相对提早，翠冠梨采收后，上部枝条恢复到原来的位置，中下部通风透光条件得到改善，有利于中下部黄花梨的发育，故成熟期相对延迟。成熟较迟的黄花梨等品种树冠上部高接成熟较早的翠冠梨等品种值得推广，尤其是多台风的沿海地区更值得推广应用。

浅议浙江省柿业发展现状和前景

何理坤[1]，陈方永[2]，赵　凯[2]，卢国耀[1]，王冬米[1]，
王国英[3]，倪海枝[2]，任正初[2]

（1. 浙江省台州市林业局，黄岩　318020；2. 浙江省柑橘研究所，台州　318020；3. 天台县林业特产局　天台　317200）

浙江省是柿种植、发展的小省，面积、产量不及全国的5%。柿在全省属规模栽培的品种不到10个，均为涩柿。据2008年统计，全省柿栽培面积约为$0.72\times10^4hm^2$，产量3.62×10^4t，分别占全省水果面积$30.07\times10^4hm^2$、产量326.6×10^4t的2.39%和1.10%。柿规模经营的收益已成为山区农民脱贫致富的重要收入来源。与此同时，原创性品种的自主知识产权保护、种质资源的抢救性保护已越来越受到各地的重视。柿的发展已成为浙江省水果业发展的新亮点。

1　浙江柿产业发展现状

1.1　全省品种资源分布状况

据有关资料查证和课题组调查，全省现有柿38个品种，其中，列入国家柿资源圃名录的34个，课题组发现需补登记的有天台红朱柿、临海水柿、兰溪大红柿、永康方山柿4个，同时还有一批野柿在自然生长。全省柿主要分布在金华、台州、杭州、宁波、丽水、温州6个市，其他5个市也有一些栽培。这些柿品种中以天台红朱柿、永康方山柿、兰溪大红柿、玉环长柿等为重要品种。

1.1.1　兰溪大红柿

系兰溪市的地方品种，主要分布于黄店、马涧和柏社等乡镇，栽培面积约1 000hm^2、年产鲜柿3 000多t，是金华市的精品水果之一，获得“浙江农展会金奖”、“浙江农博会金奖”等荣誉。其基本特征：植株高大、最高可达15m，树冠开张、冠径达12m，主干和主枝树皮灰白色、呈长方形龟裂，不易剥落。果实圆形或扁圆形，单果鲜重145g，纵径5.2cm、横径6.2cm，脱涩后果皮大红色，果面光洁艳丽，果肉柔软质细，风味郁香甘甜，品质佳，果核3~5粒。当地3月下旬至4月上旬萌芽，5月中旬始花，9月中下旬成熟，11月上旬落叶。一般嫁接苗栽种后3年挂果，8~10年进入盛果期，经济寿命长达100多年。高产稳产，盛果期的单株产量约100kg，最高可达750kg。

1.1.2　永康方山柿

方山柿是牛奶柿、大柿、小柿（丁香柿）、毛理曲柿4个品系的统称。在栽培过程中，人们通过嫁接栽培，在品种上择优汰劣，目前以牛奶柿、大柿和小柿3个产品为主。其中又以大柿和小柿最为著名。主产于永康市新楼乡方山口、凌宅、上丁、下丁等村，是当地优良的地方传统名果；并于2002年通过浙江省林业厅良种认定委员会的认定。其基本的特性：

方山柿属涩柿。树势强健，树冠高大，干性强。枝条中密，略软，节间长。叶中大，卵椭圆形，浓绿色。果实扁圆形，果顶广平，顶尖稍凹或平，果顶面有4条浅沟；果实平均纵横径5~7cm，单果重130~160g。成熟果表皮橙红色，果肉橙黄色，脱涩后果皮很薄，果肉纤维少，味甘甜，可溶性固形物19%；无核或少核。3月上旬萌芽，4月底至5月上旬开花，9月下旬果实转色，10月中旬至11月上旬成熟。方山柿喜光，对土地要求不严：平地、丘陵、山地、高海拔山区均可栽培。但以种植在腐殖质多、香灰土类的土壤，避风向阳的地方，果实品质更佳；丰产性强。经济寿命达到百年以上。

1.1.3　玉环长柿

又名红彤柿、牛奶柿，始于三合潭南山口，清雍正年间（1723—1735）已广为种植，现有长方柿、蜜柿等品系。为玉环县三大传统名果之一，至今已有300多年的栽培历史，现栽培面积已达670hm^2。玉环长柿以优异的品质在浙江省首届涩柿评比会上获一等奖。树势强健，树身高大，分枝茂密，树冠整齐，呈不规则圆头形；叶片粗宽，呈青绿色，宜土层深厚、有机质含量丰富的土壤种植。种植品种以长方柿最优，挂果期呈橙红色，脱涩成熟后转米红色，色泽鲜艳，果皮薄而易剥落，肉质柔软多纤维，味甜而水分适中，清凉爽口，色味形俱佳。可溶性固形物含量14%~18%以上，无核或少核，平均果重138g，最大果重260g，成熟期在10月下旬至11月上旬。

1.1.4　天台山红朱柿

2006年10月，经华中农业大学园艺林学院检测证实为天台县特有的优良地方品种，风味优异。果实平均单重130g，呈长圆形，因熟透呈朱红色而得名。果实易剥离，肉质细腻，甘凉如蜜，可食率达91%。该品种含有丰富的蛋白质、钙、磷、铁、钾、胡萝卜素、维生素C等。9月下旬至10月上中旬成熟。1998年省优质农产品称号。详情有待立题研究。

1.2　品牌意识较强

浙江是商品经济比较发达的省份之一，主产区果农对品牌十分重视，玉环、永康、兰溪、天台等县市的柿产品在省级和全国农产品评比中多次获得荣誉，经营者以新闻、娱乐活动等一系列宣传工作进行品牌宣传，从而享誉四方。

1.3　经济效益显著

浙江省的柿产品以鲜销为主。凡是有相应规模和品牌的柿产品市场销售的行情都比较看好，近几年来常年的鲜果销售价在6~10元/kg。柿加工品一般都用质量较差的果实进行加工，销售价不稳定，对此经营者和消费者并不看好。

1.4　复合种植（经营）促进产业发展

柿园进行复合栽培是提高单位面积效益的有效途径。为此，全省各地都进行了有效探索，主要是树种之间混种。传统的做法是与茶叶混种，其基本模式有：板栗+茶、香椿+茶、泡桐+茶、枣+茶、檫树+茶等。通过混种提高了茶叶质量，增加了经济和生态效益。但天台县的柿茶混种是近年来一种新的经济增长模式，目前已在全省及全国各地推广，其经验先后受到浙江省林业厅和国家林业局的充分肯定，科研推广成果2005年获得浙江省科技进步三等奖。天台县是地方品种天台红朱柿的原产地。以前，农户栽培柿树多为粗放的单一经营，县林特部门在科研单位的支持下广泛实践，总结出了柿茶混种复合栽培技术，把经济效益与退耕还林的生态效益紧密结合起来，达到一种双收，一举多得的要求。从茶叶与柿子各自的生物学特性分析，茶树是常绿灌木树种，喜散光，忌直光，树冠密度高，根系浅而发达，保水保土性能好；柿树是落叶乔木树种，高大挺拔，根系深扎，夏季枝叶茂盛，能够为茶树遮阴，提供散射光，有利于提高茶叶的质量，冬季柿树落叶后，能够让茶树吸收到足够的阳光，以便来年及时发芽。可见，柿树与茶树是理想的经济树种。实行落叶乔木与常绿灌木茶树的套种，形成的复合结构，使林相整齐，并能够产生良好的经济、生态和景观效益，促进产业发展。据该地5年生示范基地效益统计，实现产值5 542元/667m^2，比纯茶园产值3 978元增收40%，比坡地粮食作物产值500元/667m^2左右的收益要高10倍。

2 几点思考

浙江柿发展的基本特点是栽培为主，规模集约经营正在起步。品牌意识较强，挖潜求变创新力度较大，做法引人注目。工商资本开始介入，发展势头强劲。柑橘树种的黄龙病侵袭，使管理简单、经济效益相对较高的柿种植业得到较快发展已成为现实，一部分果农为此开始调整产业结构。加上国家实施退耕还林政策，林产品的市场价格和立地条件决定了在高山、陡坡地区种植柿树作为经济林发展是科学选择，符合各方利益。这个观点在近年来柿苗价格的普遍上涨，各地苗圃的不断建立上得到印证。与此同时，工商业的激烈竞争态势，使以当地一些民营企业为主的投资者开始投资农业，开发山区。为此，台州、温州等市民营经济发达的地区开始出现规模经营的果园。

浙江柿业发展的形势比较喜人，但发展的后劲不足。突出表现在多数的政府财政对于科技的投入不足。目前柿发展过程中砧木嫁接的亲和性、主要栽培品种的生物学特征、特性的研究还处于相当肤浅的状态。这些有待于科技工作者走市场发展之路，以思路引人投资，以业绩创造科研工作的活力。对此，要设法与民营企业家对接，以民资为主走市场经济的科研开发之路。有鉴于此，我们计划对台州市、丽水市区域内的柿资源进行普查，对同物异名、异物同名的品种进行鉴别，并设法进行种质创新利用。目前，前期工作已经启动，卢国耀和王国英等对浙江柿和当地野柿嫁接育苗的对比试验之后，确定天台红朱柿嫁接苗的培育宜以浙江柿为砧木，嫁接苗的成活率可达91.7%。同时开始对天台红朱柿、临海水柿、玉环长柿等资源的生物学特性进行观察、检测记载，小型资源圃开始筹建，并得到有关单位的支持。

景观林业篇

华顶国家森林公园的旅游发展对策

徐太方[1]，林春燕[2]

（1. 浙江省天台县天台山景区管理总站，天台 317200；2. 浙江省天台县林业特产局，天台 317200）

摘 要：介绍了华顶国家森林公园的风景资源特点及其旅游开发利用现状，分析了存在问题，提出了加强森林和风景旅游资源保护、科学规划、分期实施等发展对策。

关键词：华顶国家森林公园；风景资源；开发利用；发展对策

1 概况

华顶国家森林公园建立于1979年，是在浙江省天台县华顶林场的基础上建立起来的，位于浙江省天台县东北部，坐落于国家重点风景名胜区——天台国家风景名胜区内，东经120°59′30″~121°09′，北纬29°11′24″~29°20′30″，海拔500~1 100m，主峰拜经台海拔1 098 m，森林覆盖率96.9%。在气候分区上，属亚热带中部季风气候，光照充足，四季分明，雨水充沛。夏冬季风交替明显，夏季凉爽，极端最高气温33.6℃，最热月7月平均气温为23.5℃；冬季寒冷，极端最低气温达-14.0℃，年平均气温12.7℃，年降水量约1 700mm，无霜期184d，常年平均相对湿度85%。

2 景观资源特点

2.1 植物景观

华顶国家森林公园森林植被茂盛，类型多样，生物资源丰富。种子植物有133科，1 235种；木本植物8科，574种。其中属国家重点保护的珍稀物种有天台鹅耳枥（*Carpinus putoensis*）、天台水青冈（*Fagus tientaiensis*）、七子花（*Heptacodium miconioides*）、青钱柳（*Cyclocarya paliurus*）、马褂木（*Liriodendron chinense*）、银杏（*Kinkgo biloba*）、华顶杜鹃（*Rhododendro huadingense*）、中华水韭（*Isoetes sinensis*）等25种。主要植被类型有：常绿阔叶林（甜槠 *Castarnopis eyrei*+木荷 *Schima superba*），暖性针叶林（马尾松 *Pinus massoniana*、黄山松 *P. taiwanensis*、柳杉 *Cryptomeria fortunei*），山地矮林（云锦杜鹃 *Rhododendron fortunei*+箬竹 *Indocalamus tessellatus*），草地灌丛以及毛竹林和云雾茶园。野生动物有黄鹿、云豹、金钱豹、野兔、松鼠、花鼠、杜鹃、画眉、啄木鸟和老鹰等。主要植物景观如下。

2.1.1 云锦鹃霞

华顶拜经台、归云峰、西茅蓬和华顶讲寺周围，广布高山云锦杜鹃，在归云洞、拜经台处集生成林，树龄逾千年，树干苍劲，枝繁叶茂，每年5月，淡红、嫩黄之花竞相开放，花大而艳，一树千花，广袤数百亩，望之似锦若霞，蔚为壮观。其树之古、面之广、花之盛，浙江少见，为天台山一大植物奇观。

2.1.2 柳杉古林

海拔900m的华顶讲寺、西茅蓬、东茅蓬四周，为浓荫遮蔽的古柳杉林所覆盖，树龄达千年，大者四人合抱。古树经高山云雾、冰雪、寒风历炼，老干参天，苍翠髯髯。

2.1.3 黄山松风景林

归云峰至拜经台、华顶讲寺至药师庵的黄山松林，干冠奇特，千姿百态，或苍劲挺拔，或虬枝盘结；树冠若旗若伞盖，或聚或散，有极高的美学价值和可观览度。

2.1.4 浙江七子花群落

广泛分布于华顶狮子岩坑坡谷中下部，千余亩集生成片，每至8月，白色顶生圆锥花序，竞相开放，清馨素雅；微风拂煦、花枝摇曳，宛若阵阵白云飘铺于广阔的山谷，给人以博大高雅之美，这样的群体景观在浙江亦为少见。

2.1.5 玉树银花

华顶山巅，严寒隆冬，“雾凇、雨凇”常见。届时，遍山皆白，树木、灌草周身如披银戴玉，高低参差、满山玉树银花，在灿烂的阳光下，晶莹闪烁，蔚为壮观，既是冬季植物景观，又是天象景观。

2.2 天象景观

华顶山高又近临东海，为世纪曙光升起的地方，属亚热带季风气候区，因此四季变化无穷的云雾、日出、雨凇等天象景观频繁显现。主要有以下景观。

2.2.1 华顶归云

华顶山上高寒，经常云雾飞绕，犹如海涛翻腾，山岛耸峙；傍晚云气氤氲盘结，如幢如盖，如狮如象，若归宿于此，故称“华顶归云”。在华顶讲寺前北眺归云峰处望“归云”最为神奇，该处小地形独特，云雾常常被东西向一脉山脊所挡，极易逗留云雾，为天台山八景之一。

2.2.2 经台观日

在李白所说的高四万八千丈的最高峰——拜经台观日，“经台观日”胜于泰山。这里离东海仅50km，只有泰山到黄海距离的四分之一，又有群山烘托，故日出的时间更早，景象也更为壮观。

2.2.3 华顶雾凇、雨凇、雪凇

当气温下降到-2～-7℃，有雾或毛毛细雨时，在树木草灌、闪石表面附着的冻结物或者凝华物，洁白而松脆，气象学上称“雾凇”；而当雨滴在物面冻结成透明的冻结物，称作“雨凇”；如是雪后凝结物，则为“雪凇”。华顶山高气寒，遍山皆白，满山玉树银花，琼枝玉叶。在灿烂的阳光下，晶莹闪烁，犹如瑶池仙境，有“南国雪域”之美称。

2.3 地文景观

华顶国家森林公园处于花岗岩裸露节理发育，森林植被繁茂的地区，故多奇峰怪石、溪流瀑布、幽洞、峡谷等风景。主要有：华顶、归云、天柱等名峰；石梁飞瀑、小铜壶滴漏、铗剑泉等奇瀑；黄经洞、归云洞等幽洞；护法神龟、羲之笔、灵芝石、龙门、龙床等怪石。

汇成了公园绚丽多姿、神奇灵秀的自然景观。

2.3.1　华顶主峰

华顶为天台山脉主峰，海拔 1 098m。因四周群峰矗立、众山拱环如瓣，峦岭层叠似波浪，华顶犹若清莲方开，正当花心，故名“花顶”，山顶边缘有成片的怪姿畸态、黝黑苍劲的高山矮林状黄山松林；南坡满山遍野的云锦杜鹃林。晴日登山顶远眺，东望沧（东）海，南顾雁荡（山），西招括苍（山），北睨钱塘（江），四方千里，尽在眼底。故而“华顶观日”为台山十景之一。

2.3.2　石梁飞瀑

坐落在金溪和大兴坑溪合流处，有一座系花岗岩“天生桥”。其地两崖峭壁对峙，一石如苍龙耸脊，飞架于两崖之间，最大跨度为 33m，梁厚约 3m，梁面狭不盈尺；两涧合流，瀑布三折穿梁下而出，飞流垂落 40m 而入惠泽潭中。这就是举世闻名的“石梁飞瀑”。飞瀑如虹，悬崖飘曳，势若雷霆，涛激喷雪云涌，空谷传响，声振山林，气势壮观，亦为天台山八景之一。

2.3.3　归云洞

归云洞位于华顶讲寺北，临峰贴崖，洞口朝南，洞体较小，高六尺，宽三尺，深仅数人。其上有一裸崖，缝隙间生有几株平顶黄山松；洞北一海空谷，洞南（下）满目青山，洞东一脉山脊，洞西则为一陷缓坡，坡面分布成片云锦杜鹃。归云洞的奇妙之处在于洞前的云雾出没和飘绕变幻。

2.4　人文景观

华顶国家森林公园是仙佛双栖之地，以山高地寒、云雾缭绕、茅蓬林立著称，茅盈、葛玄、葛洪魏夫人、许迈、白云先生等高道，昙猷、智者大师、湛然、德韶、延寿等高僧曾在这里修炼、坐禅，修建了茶圃、经台、寺观。还有王羲之、李白、陆游、齐召南等文人学士，曾在这里揽胜挥毫，留下了众多著名诗文，成为传统文化聚精荟萃的渊薮。著名景点如下。

2.4.1　葛仙茶圃

道教鼻祖葛玄（汉末句容人，164—244 年）入华顶山结茅修炼、开山植茶，在归云洞前留下数棵“古茶树”，经国际茶文化研究会专家考证，是天台云雾茶、西湖龙井茶、日本韩国茶叶的祖先——“茶祖”。

2.4.2　黄经洞

黄经洞位于拜经台西北山腰突伸而出的悬崖上。据传因当年晋代大书法家王羲之和白云先生书写《黄庭经》于此而得名。是王羲之学习书法和理悟永字八法之所在。

2.4.3　华顶讲寺

华顶讲寺背依归云峰下，南朝陈太建八年，智者大师宴坐于此。后晋天福元年（935 年），有“智者再来”之誉的禅宗法眼宗二祖——德韶国师，在此山麓创建华顶圆觉道场（华顶讲寺）。宋治平三年（106 年）改名善兴寺。屡毁于火，现存后殿系 1929 年兴建，院正中主殿已复建，寺院前一排千年古柳杉，须四人合抱，参天蔽日，成为古刹沧桑的见证。

2.4.4　拜经台

智者初到天台山，曾经一个人到天台山脉主峰——华顶山峰巅露天坐禅，向西天虔诚拜读《楞严经》，于是得名为“拜经台”。

2.4.5 太白读书堂

拜经台南侧下数百米有一茅蓬，相传为唐代大诗人李白隐读于此，留有《天台晓望》《梦游天姥吟留别》等诗文，1948 年 8 月中共浙东临委曾在此举行重要会议，兼有革命纪念地性质。

3 开发利用现状

3.1 旅游开发初具规模

华顶国家森林公园经过十余年开发，森林旅游初具规模，建设了华顶园门、归云亭、杜鹃亭、葛玄茶圃、羲之墨池、儿童乐园、华顶品茗茶室、云锦杜鹃古树林浏览园以及游步道等一批旅游基础设施；完成了天石天华景区公路拓宽和沙改油工程，连接与连通“上三高速”“甬台温”“沪宁杭”等高速公路。建成了华顶、小铜壹、方广和石梁等 5 个大小停车场，共计 12 800m^2；改扩建宾馆饭店达 3 000m^2，建成移动通信基站 4 座。旅游基础设施的改善，极大地提高了森林公园的品位、档次，为华顶森林旅游业的发展夯实了基础。1997 年开始，加大了宣传力度，连续 6 年举办了华顶云锦杜鹃节，极大地提高了华顶国家森林公园的知名度和美誉度。年游客量从原来的 3 万人次增加到目前的 18 万人次。

3.2 存在的问题

3.2.1 旅游产品结构较单一

目前到华顶国家森林公园旅游的游客主要以观赏“石梁飞瀑”和“华顶杜鹃”为主，公园提供的也是观赏型旅游产品，缺乏深度挖掘。客源市场开发力度不够，对外地客源市场的开拓尤为薄弱，在吸引客源上缺乏主动。

3.2.2 部分旅游景点质量不高

近几年进行了部分景点开发，如华顶讲寺的扩建、新建西茅蓬娱乐区、陈望台旅游道等，虽然能满足一部分游客需求，但与原有环境不协调，与天台山国家风景名胜区的等级、规模都不相称。

3.2.3 交通基础设施落后

还没有形成华顶、大兴坑、石梁、铜壹之间环线公路，不利于黄金周游客集聚与疏导，不利于景区发展的网络带动作用。

3.2.4 环境卫生管理不力

环境卫生条件较差，在华顶景区，由于附近村民任意放牧，牛粪随处可见，不仅影响了环境卫生，也污染了饮用水源。

3.2.5 军事存在限制了旅游开发

华顶峰驻有海防部队，对拜经台主景点的复建极为不利。

4 发展对策

4.1 坚持可持续发展，加强森林和风景旅游资源的保护

坚持保护第一、利用第二的可持续发展的原则，充分考虑资源与环境的承载能力，充分发挥森林公园的生态景观效益　在进一步加大开发力度的同时，要制止一切有损风景资源的经营活动，保持和创造一流的环境质量，凡是可能对资源和环境造成破坏的旅游项目，不论其经济效益有多高都要严格控制。加强景区内环境污染的监管力度，采用处罚和宣传双管齐

下的办法，彻底杜绝附近村民任意放牧行为。

4.1.1　森林景观资源的保护

森林植被是维持森林公园生态环境的主体，境内茂盛的森林植被是开发森林旅游业的物质基础，必须予以严格的保护，要严格按总体规划制定的分区分级保护措施组织实施。对森林植被的建设与保护要进行科学的规划，落实严密的保护措施，重点加强对古柳杉林、云锦杜鹃古树林和浙江七子花群落的保护，采取有效的科学管理措施，阻止云锦杜鹃衰退，使其群落复壮；做好防病、防火等各项工作；采取合理的营林措施，努力改善林间卫生条件；同时，要结合公园路网建设、游步道营建等，加快生物防火林带的建设步伐。

4.1.2　风景资源与文化遗产的保护

按照《中华人民共和国森林法》《风景名胜区管理暂行条例 》等有关规定，切实加强风景资源的保护。保护好风景资源就是保护了人类宝贵的自然文化遗产。要做到保护与开发的有机统一，开发要以更有利于保护原有的资源为前提。华顶公园历史遗迹资源十分丰富，除了华顶讲寺、黄经洞、归云洞外，原有七十二茅蓬，是修禅者居栖处及香客歇息、避暑的地方。虽已对太白读书堂、长春庵、耕耘庵等茅蓬进行了抢救性的修复建设与开发，但众多的茅蓬遗址需要进行建档、立碑保护。

4.2　科学规划，分期实施

森林公园建设是一个渐进发展的过程，要全面规划、合理布局、分期建设、滚动发展，积极争取与天台山风景名胜区规划相协调。规划布局要以飞瀑幽洞、云锦鹃霞、四季天象景观为特色，融宗教人文景观于一体，开展观光游览、休闲保健、度假避暑、宗教朝觐等旅游活动；充分利用华顶森林公园及其附近风景名胜区的风景资源，尽力与周边县市组成旅游网络，促进旅游业的发展。公园建筑、旅游设施的布局要合理，体量要适中外观造型、色彩设计必须与风景资源环境相协调，要体现华顶森林公园独特的历史文化特色。建设必须经过详细设计、论证，经主管部门批准后再实施，实行精品工程。另外，建筑物的风格、色彩、体量等应严格把关。

4.3　加大旅游景点和旅游产品的开发力度

随着物质生活水平的不断提高，人们对森林旅游和生态旅游的需求与日俱增，有关资料表明，森林生态旅游将占据21世纪旅游业的主导地位。华顶森林公园现有的旅游产品结构单一，仅以“观光旅游型”为主，因此开发旅游产品迫在眉睫。

4.3.1　重建拜经台

拜经台是天台山主峰，是旅游登顶和观日的主景点。因为主峰驻有海防部队，对拜经台主景点的恢复建设难度极大。建议向东移地500m复制建设拜经台，开发天台山主峰以登顶、览胜、观日为主的名山旅游产品。

4.3.2　复建茅蓬遗址

避暑旅游产品华顶国家森林公园植被繁茂、气候凉爽、环境宜人，到处有像太白读书堂这样以石为墙茅草覆顶、冬暖夏凉的茅蓬，原有七十二茅蓬，是修禅者居栖及香客歇息、避暑之地。在适宜复建的茅蓬遗址深度开发避暑，使之成为国内有名的避暑胜地。

4.3.3　开发建设森林浴场

森林中空气的氧气含量高；森林能释放杀菌素，可杀死空气中多种病毒；森林空气中负离子浓度一般为600~3 000个/cm^3，空气负离子被称为“空气维他命”，国内外医学研究表明，空气负离子具有强身、防治疾病、调节人体代谢的功能，同时对周围环境有降尘、灭菌等功能，呼吸空气负离子有利于身体健康。华顶国家森林公园夏季气候凉爽、地形环境舒适、森林植被良好，是开展森林浴的理想场所。因此，开发华顶森林浴场前景广阔。

4.3.4 建立科普教育和爱国主义教育基地

华顶国家森林公园内有东汉茶祖——葛玄茗圃，佛教名蓝——华顶讲寺，兰亭文化的源头——黄经洞，唐诗之路的终点——太白读书堂（也是革命纪念地）。而且生物资源丰富类型多样。

4.4 加强宣传推介，提高景区知名度

要提高华顶国家森林公园的知名度，不断扩大客源市场，除了提高服务水平，改善基础设施建设外，还要策划并开展全方位、多形式的旅游宣传推介促销工作。积极参与全国性或区域性的旅游促销会，进行展览促销编印旅游手册、森林公园简介、导游图等宣传资料；通过与各大旅行社联营等方式建立起多渠道、多层次、全方位的营销网络体系；建立华顶国家森林公园旅游网站，向社会全面介绍其森林旅游产品和旅游特色。

4.5 加强培训，提高从业人员素质

旅游开发其实是一个科技含量很高的行业，需要大量高素质的专业管理人才，而华顶国家森林公园的职员大都是林场从事林业生产的职工转岗而来，文化素质参差不齐，针对旅游从业人员的现状，可以通过举办短期培训班、专题培训等多种方式，提高现有从业人员的经营管理水平和服务质量。通过培训使经营管理者成为一个懂经营、懂管理、懂科学、懂艺术、懂森林、懂旅游、懂建设、懂服务的复合型人才。同时，要创造条件，广泛吸收人才参与森林公园的开发与建设。

4.6 拓宽融资渠道，筹措开发资金

从华顶国家森林公园的现状来看，资金缺乏是制约华顶国家森林公园发展的重要因素之一。华顶森林公园要实现可持续发展的目标，在短时间内需要大量的资金投入，这就需要筹集资金。主要措施有：①争取政府拨款，森林生态旅游与一般性旅游不同，它不完全以追求经济效益为目的，而是侧重于生态环境保护、科学普及，在充分发挥生态效益、社会效益的基础上适当获得经济效益，森林生态旅游是宣传、贯彻、落实环保国策的窗口，是环境教育和科普的课堂，把提高环保意识和科学文化素质作为中心任务，属于公益事业，因此要争取政 府的大力支持；②招商引资，国家财政的支持是有限的，在森林公园的经营管理上，可以探索实行所有权与经营权的分离。在保证森林公园总体建设目标的前提下，加大招商引资力度，加快森林公园的开发步伐。可采用出让单一景点经营权的形式进行招商，也可以通过股份制改造形式，把森林公园的经营管理推向市场。

神仙居景区景观林改造技术探讨

彭佳龙，沈宝江，潘建勇

（浙江省仙居县林业局，仙居　317300）

摘　要：通过对神仙居景区森林植被现状的调查，结合景区旅游观光的需要，模拟仙居县俞坑自然保护区次生常绿阔叶林的群落结构、树种组成、生活型组成类型进行景观林改造。采用渐伐针叶树、保留阔叶乔木树种、培育阔叶乔木树种萌蘖丛、保留有益灌木、林下补植和林间空地栽植常绿阔叶树、块状清理植被、块状整地造林、次生常绿阔叶林幼龄林的间伐抚育等营林技术措施，使原生植被得到有效的保存，促进植被演替过程，构建物种丰富、群落稳定、地域特色鲜明、景观优美的针阔混交林或常绿阔叶林。

关键词：景观林改造；渐伐针叶树；培育阔叶树；林下补植阔叶树；人工促进演替

神仙居景区地处浙东沿海，东经120°34′16″~120°37′30″，北纬28°40′26″~28°44′4″，距仙居县城西南约25km，是国家重点风景区——仙居风景名胜区的核心部分，区域总面积1 450hm^2。景区以奇特的地质地貌和流泉瀑布而闻名，但景区植被以针叶林为主，物种单调、结构简单、群落稳定性差、森林品位低。其森林植物群落处于前期演替阶段，植被退化程度较高，森林生态景观效应较差，难以满足游客对景区的多种需求，因此对景区范围的针叶林进行优化改造，通过营造混交林，特别是营造常绿树种与落叶树种的混交林，可加速植被演替过程，使林分尽早进入稳定状态，现就有关改造技术探讨如下。

1　概况

1.1　水热条件

神仙居景区属中亚热带季风气候区，温暖湿润，雨量充沛，光照充足，每年7~9月有台风影响。年均气温17.2℃，年降水量1 443.8mm，年蒸发量1 189.6mm，年日照时数1 785.5h，年日照率40%，≥10℃年活动积温为2 909℃，无霜期246d，年相对湿度77%，适合林木生长。根据中国植被区划，其地带性植被是以甜槠（*Castanopsis eyrei*）、木荷（*Schima superba*）等为优势种的常绿阔叶林种，其中，壳斗科、樟科、冬青科、厚皮香科、山茶科、木兰科等为建群种或共建种。

1.2　植被现状和特点

神仙居景区区域面积1 450hm^2，其中有林地面积1 348.5hm^2，森林覆盖率达93%。景区绿化程度高，但植被质量较差。由于长期人类活动的干扰，使得地带性植被——常绿阔叶林处于严重退化状态，除个别地段保留有小面积次生常绿阔叶林幼龄林、灌丛和湿地枫杨林外，其余大部分是针叶林。景区有马尾松（*Pinus massoniana*）林1 070.1hm^2，杉木（*Cunninghamia lanceolata*）林48.7hm^2，柏木（*Cupressus funebris*）林4.2hm^2，针叶林占景区有林地面积的83.3%；针阔混交林159.5hm^2，占11.8%；次生常绿阔叶林66.0hm^2，占4.9%。次生常绿阔叶林多分布于景区的边缘地带，主要乔木树种有青冈栎（*Cyclobalanopsis glauca*）、苦槠（*Cas-*

tanopsis scleropylla）、木荷、枫香（*Liquidambar formosana*）、华东楠（*Machilus leptophylla*）等；灌木有橙木（*Loropetalum chinensis*）、映山红（*Rhododendrom simsii*）、乌药（*Lindera aggregata*）、马银花（*Rhododendron ovatum*）、连蕊茶（*Camellia fraternal*）、格药柃（*Eurya rubiginosa*）等，草本植物以芒萁（*Dicranopteris pedata*）、五节芒（*Miscanthus floridulus*）为主。景区通道两侧主要分布着天然马尾松林，景区湿地森林主要是人工枫杨（*Pterocarya stenoptera*）、柏木、水杉（*Metasequoia glyptostroboides*）组成的混交林，沟谷地带森林植被为天然马尾松林，人工柏木、杉木林，针阔混交林；沟谷两侧山体是天然马尾松林、针阔混交林、次生常绿阔叶林人工林林下植被稀少，天然林林下植被物种较丰富。

2 景观林改造的理论和原则

按照森林生态学、群落学的要求，结合森林风景学、美学原理，以保护自然环境和自然景观为前提，以因地制宜、适地适树为原则，进行景观林改造。通过间伐部分针叶树，采用具有地带性典型代表树种进行林下补植或林间空地造林，从而达到针阔混交林或常绿阔叶林演替阶段，使景区物种多样性、群落结构较复杂，进一步提高森林生态系统的稳定性和景观质量，逐步过渡到地带性顶极植被。运用营造林技术措施促进群落演替过程，使退化的植被尽快得以恢复。其林下补植和林间空地的造林树种选择，参照本区域地带性植被和邻近生境条件相似、保存完好的俞坑自然保护区次生性常绿阔叶林植被分布、群落结构、物种组成、生活型组成类型来确定。改造技术措施以综合改造为主，结合补植改造和封育改造，改造强度控制在蓄积的20%以内。在改造过程中，保留阔叶乔木树种及其萌蘖丛和有益灌木，对阔叶乔木树种的萌蘖丛做好选育、定株、间伐和修枝；林下补植、林间空地造林采用块状清理植被，块状整地造林，使原生林下植被得以较好的保存，创造出春花烂漫、夏荫浓郁、秋色斑斓、冬景苍翠的四季美景，以丰富知识性、趣味性、科学性和良好的生态景观满足游客的需求。

3 景观林改造设计方案

3.1 景区入口、通道两侧山体

该地段为连续山体，生境较干燥且土层浅薄。原生森林植被以天然马尾松林为主，其中伴有少量枫香、木荷、苦槠、化香（*Platycarya strobilancea*）、黄檀（*Dalbergia hupeana*）等，灌木层以白栎（*Quercus fabri*）、映山红、乌饭（*Vaccinium mandarinorum*）、连蕊茶、乌药等为主，草本层以芒萁为主。景观林改造要达到美学效果：春季山花烂漫，夏季浓荫密布、气味芬芳，秋季层林尽染，冬季常绿与落叶相间，体现浑厚的自然美色彩，达到地带性顶极植被生态平衡的自然地理景观的意境美。选用木荷、苦槠、甜槠、山桐子（*Idesia polycarpa*）、枫香、红楠（*Machilus thunbergii*）、华东楠、山杜英（*Elaeocarpus sylvestris*）、深山含笑（*Michilia maudiae*）等为林下补植和林间空地造林树种。

马尾松林间伐后，其郁闭度控制在0.6左右，林冠的第一层面不能有较大的破损。间伐过程中保留阔叶乔木树种及其萌蘖丛，并做好选育、定株、间伐和修枝工作。采用块状清理植被、块状整地造林。造林密度：800~1 200株/hm^2。块状清理植被规格：150cm×150cm，块状整地规格：100cm×100cm×20cm，种植穴规格：40cm×40cm×30cm，捡除穴内石块和草根。补植、造林树种选用5种以上。苗木规格：I级苗。林下补植、林间空地造林，应用配苗法进行混交栽植，使各树种在林地上分布较均匀，常绿阔叶树摘除全部叶片后采用磷肥拌泥浆蘸根造林。林下补植、林间空地造林后3~5年，每年块状松土除草、施肥1次。通道两侧行道树用山杜英、樟树（*Cinnamomum camphora*）大苗进行栽植，修建公路后所形成宕口，种植藤蔓进行复绿。

3.2 沿溪湿地、沟谷地带

3.2.1 沿溪湿地

神仙居景区是典型的沿溪、沟谷地形地貌，西罨寺溪水长流，沿溪湿地生境湿润肥沃。原生森林植被由人工柏木林、人工枫杨和水杉混交林组成，湿地边缘地区尚有天然马尾松、枫香、樟树、杨梅等分布，灌木层：白栎、盐肤木（*Rhus chinensis*）、乌药、隔药柃、茶树（*Camellia sinensis*）、老鼠矢（*Symplocos stellaris*）及木质藤本植物；草本层以五节芒、溪芒（*Misscanthus sinensis*）为主。是景区内主游道的所经之地要求达到美学效果：季相鲜明，色彩清晰，春有花，夏绿荫，秋黄绿相间，冬阳光洒于林地，常绿落叶反差强烈，宛若油彩画，体现大自然的意境美、色彩美。选用湿地松（*Pinus eliottii*）、垂柳（*Salix babylonica*）、桃树（*Prunnus persica*）、枫香、桤木（*Alnus cremastogyne*）、水杉、池杉（*Taxodium ascendens*）进行林下补植和林间空地造林，桃树、垂柳植于临水二侧。柏木林经间伐后其郁闭度控制在0.5~0.6，枫杨、水杉混交林经适当的间伐抚育，伐除细弱木、病腐木、劣等木和过密处的中等木。林下补植和林间空地造林，湿地松采用1年生苗木，其他4~5种苗木采用2年生或3年生大苗，带土球移栽，其营造林技术同上。卵石较多处则采用加客土栽植。

3.2.2 沟谷地带

沟谷地带由坡积土形成较平缓的坡地，生境湿润、肥沃、土层深厚，是水肥从源到汇地带，适宜多种树种生长。原生森林植被由人工柏木林、杉木林组成，部分是天然马尾松残次林，松林中有少数木荷、枫香、华东楠、拟赤杨（*Alniphvllum fortunei*）等阔叶树种伴生。游步道从沟谷平缓地穿过，也是景区的主要浏览区，游步道两侧植有含笑（*Michelia figo*）、木荷、苦槠、樟树、雪松（*Cedrus deodara*）等。沟谷地带要达到美学效果：春有花、夏有绿、秋有色，冬常绿与落叶对比反差的自然美。景观林改造选用红楠、华东楠、深山含笑、木荷、银杏（*Ginkgo biloba*）、山杜英、金钱松（*Pseudolarix kaempferi*）、花榈木（*Ormosia henryi*）枫香、樟树等进行林下补植和林间空地造林。

人工杉木林、柏木林和天然马尾松林间伐后郁闭度控制在0.6左右，在间伐过程中保留一桩多株的杉木、弯曲多姿的马尾松个体、阔叶乔木树种和其萌蘖丛，对阔叶乔木树种萌蘖丛的抚育同上。造林补植选用阔叶树树种数同上，用胸径3~5cm大苗带土球移栽。常绿阔叶树苗木摘除全部叶片后再栽植，修剪过密处的小侧枝但不能作截顶处理。其营造林技术同上。精细管理促使快速生长，尽快达到复层式林冠结构的针阔混交林演替阶段。

3.3 沟谷两侧山体

3.3.1 非地带性植被

陡坡（坡度36°以上）、岩石崩积堆，以灌丛、木质或草质藤蔓植物为主体的植被类型人工造林或补植均十分困难，宜长期封禁，使其自然演替，某些灌丛可演替成森林，显示其独特的自然景观美。

3.3.2　次生常绿阔叶林的幼龄林

地理位置较偏僻，人为干扰较少，土层较浅薄，林地露岩较多，水肥条件较好，乔木树种的物种丰富度指数较高，但一桩多株现象较普遍，常有马尾松散生于其中。拟达到的美学效果：春夏有花、秋冬有色，体现次生常绿阔叶林的色彩美、形象美、视觉美。次生常绿阔叶林的幼龄林间伐抚育：对一桩多株的进行选育、定株、间伐和修枝，清除林下细弱木、病虫木、劣等木和过密处的中等木，保留珍贵稀有的针叶树种。间伐后郁闭度控制在 0.7 左右，林冠的第一层面不能有较大的破损，在间伐过程中刈除有害灌木、杂草、藤本植物，为保留木提供较适宜的生态位。

3.3.3　针阔混交林

连续山体，人类干扰较少，坡度较平缓，土层深厚，水肥条件中等，由原生或次生常绿阔叶林遭受破坏后所形成的一种森林植被。马尾松占据林冠的第一层面，阔叶树位于林冠的第二层面。拟达到的美学效果：春季山花烂漫，夏季浓荫密布，秋季层林似染，冬季常绿落叶反差强烈而分外鲜明，形成形象美、意境美。采用伐针留阔间伐抚育，伐除幼小针叶树和过密处的中等木，保留形体美的针叶树，间伐后的郁闭度在 0.6 左右，促使第二层面的阔叶树快速生长，构建多层次林冠结构。对一桩多株的阔叶树萌蘖丛的抚育同上。无阔叶乔木树种的灌丛地段，选用枫香、苦槠进行补植造林，其补植造林技术同上。山脊地段适当保留一些马尾松，4 月花开，树冠塔形或广卵形，形成特色风景。

3.3.4　针叶林

参照景区入口、通道两侧的针叶林改造。

4　讨论

神仙居景区景观林改造，在现有退化植被的基础上改建并确保不破坏原有植被，使改造后的景观林具有一定的稳定性，要在较长的时间内使其处于较稳定状态，不被外来物种侵入。因此，模拟本地区俞坑自然保护区保存较完整的天然次生性常绿阔叶林的群落结构、树种组成、物种多样性、生活型组成类型来改造。遵循群落演替规律来指导营造林工作，采用块状清理植被、块状整地造林，从而较完整地保留原生植被。间伐过程中保留阔叶乔木树种及其萌蘖丛，并对萌蘖丛作选育、定株、间伐和修枝，促使复层式林冠结构的形成。对灌木层只伐除有害灌木，使乔、灌、草结构合理，提高群落结构的复杂性。林下补植、林间空地造林采用地带性典型代表树种，选用树种 5 种以上。应用配苗法混交栽植，使各树种在林地上分布较均匀，且较近似于自然状态使之形成具有 3 个亚层的乔木层结构，层次深厚、结构复杂。

景观林改造经伐针叶树留阔叶树后，进行林下补植和林间空地造林，不同地段采用不同规格的苗木，沿溪、沟谷地带造林采用胸径 35cm 的大苗，带土球移栽。常绿阔叶树大苗栽植摘除全部叶片，过密处的小侧枝作适当修剪，保持树冠的整体完好，不作截顶处理，成活后可尽显物种的自然美，增进景观的意境美。块状松土除草抚育、施肥技术，促使快速生长，尽早达到良好的景观效应。补植造林后经 3~5 年抚育管理，即可形成多层次结构的针阔混交林，此时则应逐渐伐除影响阔叶树生长的针叶树，给阔叶树提供适宜的生态位，并过渡到常绿阔叶林。阔叶林中应保留 10%左右的针叶树，以增进景观林的和谐美。

致谢：本文承蒙仙居县林业局高级工程师吴道圣审阅并提出修改意见，谨表示感谢！

温岭市新农村绿化建设的探索与实践

柳希来[1]，夏均彬[2]，胡云芳[3]，刘才宝[2]，吴敏霞[1]，林雪朝[1]

（1. 温岭市农业林业局，温岭　317500；2. 温岭市温峤镇政府，
温岭　317500；3. 温岭市大溪镇政府，温岭　317500）

1　新农村建设概况

温岭市位于浙江省东南沿海、东南和西南三面濒海，陆域面积 920km^2，呈四山一水五分田的地貌特征，海岸线长 317km，辖 5 个街道 11 个镇，人口 116 万。温岭市属于中亚热带沿海季风气候，四季分明，无霜期长。年平均气温 17.22℃，年平均降雨量 1 672mm。因新世纪第一缕曙光的照耀而闻名全国的浙江省温岭市，新农村绿化建设同样令人瞩目。

温岭市实施“十村示范、百村整治”和“村村新”工程，统筹城乡一 体化发展。目前，全市累计投入资金近 15 亿元，完成整治达标村 183 个，建成全面小康建设示范村 61 个。按照绿色生态理念，所有的示范村和整治达标村都开展了植树绿化行动。如胜南、松建和王府基等村，绿化自筹投入都在 100 万元以上。市财政每年补助新农村绿化建设资金用于火烧迹地造林、沿海防护林、农田林带建设在 350 万元以上（不包括建设．交通部门投入绿化）。近几年，在公路村庄道路 河岸。房前屋后种植绿化大苗木 200 多万株，农村生态环境得到了明显改观。按照城乡一体化发展的思路，计划用 3 个五年，把全市 836 个行政村建设成 91 个中心村（辐射 343 个行政村）。129 个城镇型合作社区（覆盖 464 个行政村），以达到人口相对集聚、社会福利共享、基础设施配套，生态环境改善城乡一体发展的新农村目标。到 2020 年，建成“全面小康建设示范村”160 个，村村建设成为环境整治达标村。

为整体推进新农村建设，市委和市政府相继出台了一系列新农村建设的激励政策。一是“以奖代补”政策。二是“村留地”开发政策。三是土地整理复垦和标准农田建设的奖补政策。四是村民住宅“立改套”政策。“立改套”节约出来的土地 1.0%返还给村集体进行自主开发建设。五是市里出台了《 加强农业农村工作的若干意见》。规定温岭市每年安排“三农”生产性扶持资金 3 000多万元。

2　新农村生态建设类型

2003—2006 年村庄整治建设达到示范村和整治达标村的 244 个村中，通过典型实地调查、大致分为 7 种类型。

2.1　平原农区观光型

此类型占全市整治村的 48%左右。如松门镇胜南村，在 2002 年建设用地复垦建成的基础上，2003 年开始村庄整治工作。全村 998 人，2006 年人均收入 9 395元，集体经济收入 45 万元。主要经济来源靠种植大棚西瓜、蔬菜、外出务工等收入村庄中心建成区建有中心广场，该广场总面积为 4 280m^2，绿地面积达 3 000m^2，广场绿地率占 70%。村庄中心河岸建

有千米绿色长廊，实施千米河坎彻石、千米河堤硬化。千米河道亮化、千米河岸绿化。沿河栽植垂柳碧桃等6 000多种，铺草坪4 000m^2，提供村民休闲、观光。

2.2　水网绕村型

温岭平原水网交错，按照“人水和谐”的生态理念，结合河道整治建设村庄，此类型占整治村的10%左右。如泽国镇水澄村，近年来投入140多万元开展河道整治，整治河道1 700m，绿化河岸6 000多m^2，实现了堤固、河畅、水清、岸绿、景美的田园风光。

2.3　新建型

此类包括高山移民迁建型和城郊拆迁新建型两种。

2.3.1　高山移民迁建型。此类村庄原在高山，交通不便，村民陆续迁移下山，占整治村的4%左右。比较有代表性的如小溪岭头村，全村222户，734人，全村实现了工农业总产值2 960万元。村民主要经济来源靠外出经商和务工。1998年，开始实施高山移民搬迁工作，现已将小溪岭头村初步建设成为拥有新颖别致的居住区、环境优美的休闲区、绿色生态的观光区和富裕文明的新社区的社会主义新农村。

2.3.2　城郊拆迁新建型　此类占整治村的2%左右。如城西街道王府基村有336户，常住人口896人。2006年，农民人均收入8 700元。从2001年开始，编制完成生态型、农村新型社区规划，大力开展村庄整治努力完善各项功能设施村容村貌焕然一新。投资近千万元开展道路硬化、小区绿化等各项基础设施建设。投资500万元建成建筑面积3 700m^2的村社区综合服务中心；绿化率达30%。

2.4　丘陵古村保护型

此类丘陵半山区村庄比较多，占全市整治村的20%左右。通过村庄整治对原有的古建筑、古树名木、古文物加以保护。村庄中心区900年以上的古樟树就有四棵，是该村的吉祥名木。全村1 418人，2006年人均收入9 272元，村民主要经济来源靠办砖窑和外出打工、种植经济作物收入。

2.5　海岛渔村（石屋）复建型

海岛村庄整治建设占5%左右，较典型的如流水坑村。该村位于温岭市石塘镇最东端，是中国大陆新千年第一缕曙光首照地，因此被誉为曙光村。全村311户，1 004人，拥有钢质渔轮50艘。2006年，渔民人均收入8 000多元。近年来，该村凭借得天独厚的旅游资源，大力发展“渔家乐”旅游观光、休闲渔耕文化项目。经过整治复建的流水坑村，石屋石巷、石径错落有致，风格独特渔港、海湾、岛礁处处入画。

2.6　滨海新村型

此类型是靠近海边的半山区、平原村庄，占整治村的10%左右。如松门镇松建村，有1 867人，2006年人均收入7 300元。农民主要收入靠海塘地种植业、滩涂养殖业和外出务工。2002年开始建设用地复垦，旧房拆迁，已建中心小区面积66 700m^2。全村绿化面积33 350m^2，绿地覆盖率50%以上；建有中心广场；公园占地面积1 200m^2，绿化面积9 800m^2，绿地率81.5%，人均公共绿地12m^2。

2.7　l+X中心村组建型

此类型占村庄整治数的1%。如箬横镇浦岙村。2003年10月，由原6个小村合并成1个中心村。现有1 402户，常住人口4 305人，2006年村级集体经济收入160万元。农民人均收入达到1万元以上。村民80%以上从事石雕艺术加工业。2006年全村该行业创产值4亿多元，有的从事种植业。该村分为5个功能区小康型住宅区、公益文化区、工业聚集区、农业示范园区、青龙庵风景区。在公益文化区内建有石文化广场，村庄绿化率达到32%。

3 新农村绿化建设模式

温岭市新农村绿化模式有7种类型，基本属于新建和老村改造两大类。

3.1 老村改造类

原先村庄绿化普遍建有经济型片林，如果木、竹子、桑园，以及房前屋后栽有乡土树种水杉、香樟等。如大溪镇三池窟村中心河道水杉林立，气势非凡。绝大部分的自然村庄绿化以生态经济型为主结合旧村改造、村庄环境整治，利用房前屋后，场边隙地栽植了适应性强，外观好看，且符合本地的乡土乔木树种、经济林木、竹子等改善居住条件，提高村民的生活质量和生活情趣。

3.2 新建类

新村绿化以景观环保型为主，已形成良好生态环境，进一步完善住宅、交通、通讯设施以向现代文明发展。村庄中心区绿化以景观为主。结合新村建设，采用植物造景，建设公共生态绿地生态小游园，胜南村还建了生态公厕，有条件的地方营造了片林；提倡垂直绿化和屋顶绿化，兼顾乔木、灌木、藤本、草坪的结构，如小溪岭头村。新建村一般树较小，尚未形成森林环境，但多已高标准建成“城市园林住宅小区”。

4 村外生态环境建设

4.1 道路与河岸绿化

乡村道路绿化的布局以乔木为主适当配置灌木，兼顾景观效果选择香樟、桉树、水杉、山杜英、桂花、女贞、紫薇等树种，形成高大挺拔的落叶阔叶树与常绿阔叶树复层配置结构与层次鲜明的绿色景观。下层种植四季鲜明的草花，给村民以绿、美的视觉效应。

农村河道绿化以防护林为主兼顾景观和经济效益。选择耐湿观赏树种，如香樟、山杜英、夹竹桃、垂柳、金丝柳、落羽杉、水蜜桃、碧桃，以形成层次分明色调丰富的河岸景观，构建景观生态屏障。

4.2 农田林带、林网

充分利用本地区河网密、机耕路多的自然地形，建设以生态效益与经济效益并举的农田林网。即在营造农田林带时，以机耕路，河流为主，建立乔木林带，在乔木林带的控制下，对小河流、沟渠等地段营造以经济效益为目的的经济林带。树种选择乡土耐湿景观乔木树种和经济林树种。如水杉、落羽杉、山杜英、桧柏、紫薇、柑橘、柿、梨、果桑等林网控制面积一般不大于15hm^2。

4.3 海岸基干林带

建设牢固的海岸生态屏障是维护新农村生态安全和改善农村生态环境的重大举措。沿海防护林的海岸基干林带的宽度，一般山地丘陵为200m，泥质海岸10m以上，加上沿线海塘，累计可达到50~100m选择抗风力强、耐盐碱、耐水温的树种，如木麻黄、桉树、女贞、法国冬青、落羽杉、夹竹桃、紫穗槐等。近几年，在东片海塘营造的桉树、女贞、夹竹桃混交防护林长势喜人。

4.4 山体林相改造

目前，温岭2.67万hm^2山地有林地，马尾松针叶林占了80%以上，树种结构不合理。现在逐步把针叶低效林改造为阔叶林、针阔混交林及高效经济林；对火烧迹地实行全面绿化；对坡耕地逐步退耕还林。新造林全部采用阔叶树种，逐步扭转森林植被的逆向演替状况，主要造林树种为香樟、枫香、木荷、甜槠、青冈栎等。

5 保障措施

5.1 政策措施

大部分村庄都是老村旧房，屋挨屋，可绿化的空地少，村级集体经济薄弱，绿化水平低。这些问题需要落实解放。要开拓思路，创新机制，积极实行“谁绿化谁所有，谁投资谁受益，谁经营谁得利”等政策，充分调动社会各界对绿化造林和投资林业的积极性。在绿化区内建设一批名特优经济林等生态经济型示范基地，使绿化建设与农业产业结构调整和农民创收有机结合起来。落实生态公益林补偿政策。多渠道筹措绿化建设资金，坚持政策主渠道投资、村级集体出资、企业、个人支持赞助的原则，多方筹措，保证足够的资金投入新农村绿化。同时把新农村绿化与义务植树有机结合起来，建立绿化义务植树基地，减少绿化支出。

5.2 规划措施

要把新农村绿化规划纳入新农村建设的整体规划，统筹安排。重视示范点建设，严格按照工程建设要求精心施工，建一片成一片，以点带面，促进整个新农村的绿化建设。重视种苗基地建设，自办中心苗圃，发展优良乡土阔叶树种，引种和筛选适应性强、观赏性好，具有较强的生态环保与生理保健功能和较高经济效益的优良绿化树种。

5.3 管护措施

要倡导绿化建设的公众参与和管理模式，应调动村民参与绿化的积极性，制定有效的管理方式与机制。制定村规民约，村与涉及农户签订树木保护责任书，村一级配备养护管理员，通过技术培训，加强养护，确保新农村绿化成果。

台风对沿海城市树木的影响及对策

张云生[1]，陆文妹[2]

（1. 浙江省台州市椒江区农林局，台州　318000；2. 浙江省台州市第一中学　台州　318000）

摘　要：台风是一种破坏力很强的自然灾害，针对台风对沿海城市树木的影响和造成破坏的主要原因，提出因地制宜，选择合适树种；不提倡大树进城，常规采用乡土大苗绿化；加强新栽树种的加固和管理；重视树木保护，避免树木根系受损；台风过后应尽快抢救等管理、种植方面构筑防御台风体系的策略。

关键词：台风灾害；沿海城市；城市树木；防御台风体系；对策

以前，我国曾把热带气旋统称为台风，只有在台风中心附近最大风力大于 12 级以上时称强台风。1989 年，世界气象组织规定，按照热带气旋中心附近平均最大风力的大小，把热带气旋划为 4 类：热带低压、热带风暴、强热带风暴、台风。热带气旋中心附近平均最大风力达 12 级以上（速度在 32.6m/s 以上）称台风。浙江省沿海地区是台风频繁发生区和受灾区，如 2004 年 8 月 12 日 14 号台风“云娜”在台州市大陈岛极大风速达到 58.7m/s。(17 级)，12 级以上风力持续时间累计达到 16h，是浙江省 20 世纪 90 年代以来遇到的最严重的台风，风力突破历史极值，给台州市、温州市等浙江沿海地区带来了重创，城市树木受到的破坏也相当严重，仅台州市区，近 3 年来新栽树木的 80%，约 100 多万株在此次台风中不同程度受损。灾后，社会各界人士纷纷反思这样一个问题：为什么树倒枝断的“顽疾”在每次台风中都会“上演”？沿海城市夏季遭遇台风次数非常频繁，平均每年有 2.5 次。几乎每次来台风树木都会遭到不同程度的破坏。城市树木如何选择合适的抗台风树种，如何构筑防御台风体系已成为行业人士经常探讨和必须解决的问题。

1　台风灾害对城市树木的影响种类和原因

1.1　台风灾害对城市树木的影响种类

树木受台风损害有多种情况，有的拦腰折断，有的连根拔起，有的倾斜，有的吹断小枝，还有的主干树皮损伤和护树设施的损坏。如 2004 年“云娜”台风过后，仅台州市椒江区林木受害面积达 1 700hm^2，其中，重灾区大陈岛林木受损面积 45hm^2，严重受害 200hm^2 的 85%树木被连根拔起和“腰折”，风倒木达 500 多 m^3，十塘防护林 100%遭毁并淹水 3d，九塘防护林 80%受损。

1.2　台风灾害对城市树木的影响原因

树木受台风损害的原因千差万别，有的树种本身抗风力差，通常浅根、高大、树冠大、叶密的树种生长后期形成空心、机械组织不发达、生长迅速而枝叶茂盛的树种，抗风能力弱，风害较重；有的立地条件差，地处风口；有的是生长不良和病虫害为害使树势衰弱；有的是新种植或移植的树木根系尚未恢复；有的是频繁的城市道路改造令树木根系受到损伤影响植物正常生长；有的是老式的水泥桩老化，在大风来临时发生断裂，连累树木一同倾斜，或护树架遇上护树板断裂、护树带脱落，或捆绑方法存在缺陷等，均无法达到护树的效果；还有的受广告牌等外力的损害。

2 对策

2.1 因地制宜，选择合适树种

纵观几次台风过后，倒在地上的大都是法国梧桐、杨树、广玉兰、泡桐等，几乎次次台风次次倒。它们都属于浅根性树种，抗风能力很差。强台风和暴雨很容易将其连根拔起，由此会影响交通和危及行人安全，在高压线附近还会导致停电等事故发生。因此，考虑到沿海的特殊地理位置，应选择适应当地环境、树形优美，深根性的、抗风性能强的树种，这是提高沿海城市树木抗台风能力的基本措施，也即提高树木抗风能力，关键要选好树种。在城市特有的生态条件下，选择树种要对各种不利因素进行综合考虑，广东罗文扬等专家提出以下一些抗风树种的选择标准：生长速度和树的高度适中；主干通直，分枝位置高（一般要求2.8m以上），以免遭受车辆及人为危害，起风时伤及行人及妨碍车辆安全行驶；根系发达且深（最好具有板根），较矮，树冠较小，叶疏；机械组织发达，木质坚实，韧性好，在生长后期不形成空心树干；适应城市生态环境，寿命长，病虫害少，特别是不易受白蚁为害，对烟尘抗性强；萌生性强，耐修剪整形；种苗来源丰富，大苗移植容易成活，以便风灾后补植。如香樟、杜英、马褂木、银杏、重阳木、大叶紫薇、小叶榕等。另外，选择合适的地方种植，对于树木来说也是非常必要的。一般都要根据地形、土壤、建筑物的密度、风口等不同情况因地制宜地选择不同的树种。在一些建筑物密集的地方，两栋楼之间的夹道处种植的树木应抗风，而在建筑物前后的空旷处树木抗风性则可相对弱一些；对行道树而言，如果风向与街道平行，风力聚集形成风口，风力增强，风害也随之增大，种植设计时要注意风口易受风害的地方，挑选抗风树种；在海边应种植耐盐碱的绿化树木，因正处迎风地带，抗风性能应强一些，根系要发达；水位高的地方应种植耐涝的绿化树木；在干旱的地方应种植耐旱的树木。另外，还要合理配植，林荫大道、景区等树木，在允许的条件下，采取适当的密度，采用多列种植或群植，树木的群体越大，树木的抗风能力越强。

2.2 不提倡大树进城，常规采用乡土大苗绿化

近几年来，每个城市在大规模的城市绿化建设中，都从外地移植了大量树木。令人惋惜的是，这些移植树木在历次台风中绝大多数不同程度地受损，是台风袭击中最容易刮倒和死亡率最高的的一类。移植树木一般都需要有个适应期，经过3~5年才能扎根。但沿海城市每隔几年都会有强台风正面登陆，植的树木还没扎根，台风就过来了，对树木的生长非常不利，严重的还会断根截枝甚至死掉。此外，外地移植过来的大树不一定能适应当地的气候。另外台风过后，抢救大树也是一个难题，成本高，抢救起来费时费力。俗话说“十年树木”，树木生长都需要一个较长的时间过程，新加坡的城市森林景观经过20多年的生长历史才形成的。树木从小树长起，根深蒂固，无论对防御台风，还是健壮生长，都是非常有益的，而建设成本也较种植大树低得多。从考虑树木更新和可持续发展的角度出发，以后应尽量减少大树移栽，建议大量采用乡土类大苗搞城市绿化。

2.3 加强新栽树种的加固和管理

多次台风袭击的结果，暴露了城市树木加固不足的缺点。新种植树木抗风力弱，只有通过护树设施进行防护。但护树所用的木板、橡胶带均容易老化，应在台风季节来临前按时更换老化的，加固松动的护树设施。据悉，上海市等地在台风季节，都对新栽树种采取了连片加固的方法，还使用了防护钢架，配橡皮垫和加固螺丝加固，防风效果很好。各城市要根据本地实际制订《行道树养护技术规程》，在树木的日常维护中，尤其在台风季节来临前，加大对树木尤其是大树冠多叶树种的定期重修，降低树的高度，缩小树冠，使树冠大小和抗风能力相称，还要尽量剪除多余的内膛枝，使树冠保持通透性，减少风阻，在保持树木较高绿量的前提下，对过散过长的枝条要及时剪除，保持树冠成伞形或倒卵形或塔形，减少整株树的受风面积，以降低台风影响；对绿化树木的施肥，要从引导绿化树木根系向深处伸展的目的出发，适当深施；树木成活后，浇水要适当控制，浇水过勤，地面常保持湿润，根系向表土方向生长，根系就生得浅；适当少浇水，对树木进行干旱锻炼，树根就会向更深的土层伸展，以寻找水源，适应环境，树木的根扎得深，其抗风能力就强；改良绿化树木栽植地点的土壤质地，有利于绿化树木的生长，要适时进行松土，有条件时可换土，四周地面可采用水泥砖间隔留空铺砌，在中间填砾石和植草等办法。

2.4 重视树木保护，避免树木根系受损

城市树木往往缺乏足够的泥土空间供根部伸展，泥土劣质，往往含有大量的砂石成分，即使根部健康茁壮，也难以提供稳健的介质，承托大树的重量；并且由于马路底下浅窄的空间内往往埋设大批公用服务所需的电缆、水管等，故此挖地开土工程不断，令树根经常受到损坏。规划设计要从实际出发，要有全面、科学、长远和可持续观点，要设计出符合本地实际情况的绿化方案，做到在规划设计新道路、景点时，为行道树创造良好的立地条件，特别是要为行道树的生长留足充足的地面与空间，地下管道、线路布置，要在植树前完成，管线外缘与树干外缘的水平距离至少0.8m，道路施工阶段要完成绿地用喷水管的预埋和表井安装，避免发生因行车造成水管泄漏。对原有道路绿化带要采取相应的预防措施，除选择适合的树种，种植于适当的位置和充分预备的土壤中，还要有适时妥善的护理，加强对树木保护免其受到挖沟筑沟等工程的危害。另外，还要着重保护古树名木，要争取保险公司支持，积极探索如何给古树名木投农业保险；加强对古村名木的生存环境研究和基础保护工作，从填坑培土、增施肥料、防治病虫害发生着手，提高古树名木的复壮能力和抗性；对树干已有空洞的要填土封洞，阻止雨水渗透，防止树体腐烂、霉变和病虫侵袭，增强树木长势；还要注意加固树体，尽量减少台风对古树名木的损坏。

2.5 台风过后应尽快抢救

台风过后，刮倒的树木受到重创，也阻碍了城市交通。并且由于台风后气温仍然很高，水分蒸发太快，而根系由于损坏，吸收水分能力大大降低，吸收和蒸发的不平衡很容易造成树木的枯萎，必须尽快抢救，一般应在24h内完成。但刮倒、刮斜的树木也不能立即扶起来，首先得对其进行截枝剪叶，减少树木的水分蒸发量，避免树木由于水分不足而造成脱水，必须修剪枝叶后才可把树木扶起来并进行培土。刚扶起来的树木由于树大土松，很容易造成树木的再次倒伏，还必须用竹木、钢丝索对其固定，才能保证树木的成活率。

仙居农村生态环境建设初探

王坚娅，张才荣

（浙江省仙居县林业局，仙居 317000）

摘　要：通过对仙居县农村生态环境建设现状的分析，从现代农村环境恶化问题入手，对发展生态产业、控制生活污染源、利用清洁能源3方面进行了探索，以促进新农村建设的可持续发展。

关键词：新农村建设，生态环境，生态建设

仙居县农村人口占全县人口的76.8%，土地面积占全县面积的97.1%，是仙居社会发展的主要力量。随着社会的发展，一些城市污染源向农村转移，农业、畜禽业、殖业生产在一定程度上具备了现代工业的污染特征，人口居住日益集中使得城市环境问题在农村地区也普遍出现。农村的生态环境日益恶化，改善农村生态环境已成为各级政府的当务之急。

1　农村生态环境现状分析

1.1　自然环境良好

仙居农村山清水秀，景色迷人，自然条件得天独厚。①境内有永安溪纵贯全境，流域面积2 702km^2，境内流域面积10km^2以上的支流有28条，水质均达到一级饮用水标准，尤其是朱溪港流域面积374.5km^2，流域面积大，流域内植被良好，自然资源丰富，是台州良好的淡水供养基地。②生态优势明显。仙居县地处亚热带，四季日照充足，气候温和，雨量充沛，农村水源充足，森林覆盖率达78%，县内动植物资源丰富，具有较好的生态优势。

1.2　生态环境日益恶化

1.2.1　自然灾害增多

仙居县的地质灾害主要表现为山体滑坡和洪涝灾害。洪涝主要有两种类型：①梅雨型，多发生在6—7月的梅雨期。②台风暴雨型，主要发生在7—9月，由突发性高强暴雨造成，常造成镇区内部严重积水。近年来，洪涝灾害频次增多，损失逐年递增。2004年，云娜台风洪涝灾害损失严重，经济损失达16亿元。

1.2.2　水环境恶化

①由于长期缺乏治理，尤其是永安溪下游，河道积沙严重，两侧岸堤受雨水的冲刷不断坍塌，河床抬高，水生作物丛生，过水断面萎缩，泄洪排水能力下降。②水系污染严重。河道普遍较狭窄，河床较高，水体容量较小，水体自净淡化能力低、水质差，生活污染物排放量比重不断上升，农田超标污灌面积有所增加，废水污水随意排入和垃圾倾倒现象严重。

1.3　环境恶化原因分析

通过调查发现，造成农村环境恶化的原因有：①人类对森林资源等生态环境的破坏。②现代农业生产手段的过度使用。③村镇等农村聚居点因缺乏规划和环境管理滞后。④乡镇

企业和农村集约化养殖场布局不当、污染治理不够。

通过对仙居农村工业、农民生活、畜禽养殖、水产养殖、农田生产五方面对生态环境影响情况进行调查，各项指标如表 1 所示。调查中发现，现在农村的生活污水多是通过化粪池处理后外排，处理量很少，大量污水直接排入水体，畜禽养殖多以堆肥方式处理废弃物，污水则直接排入水体。从调查结果看，目前，仙居县农村环境污染源以畜禽养殖和居民生活为主，农业污染次之，水产养殖和工业污染第三位。

表 1　仙居县农村污染调查结果统计

类别	规模	污染物排放量/（t·年）			响排名	说明
		CODcr	TN	TP		
生活污染	集镇 7.4 万人，村 26.3 万人	2 350.1	348.1	79.9	2	数据采用环保排放系数法计算
工业污染	企业 467 家，年用水 140.5 万 t，排废水 4.92 万 t	89.5	—	—	4	
畜牧养殖	猪 56.8 万头、羊 4.5 万头、家禽 1 056.2万只	1.45 万	754.7	160.4	1	
农田污染	3.45 万 hm^2	189.0	682.3	11.87	3	
水产养殖	养殖面积为 373.57hm^2，年饵料流失量 2 767.5t，年药物流失 1.3t				5	

2　生态环境保护及建设

2.1　以保护为主，适度发展生态产业

生态产业是促进生态环境保护和建设的积极途径，可有效增加农民收入，是协调环境开发的关键纽带。仙居生态产业建设的重点包括生态环境保护、生态农业、生态养殖业等。

2.1.1　加强生态环境保护

①以保护为主，实施生态保育区建设。仙居森林覆盖率达 78%，以生态保育区的建设来实施重点保护。生态保育区内大力推进以生态公益林、生态保护林、生态经济林为主要内容的生态林建设，在原有管护技术的基础上，按生态公益林的不同林种的建设要求，优化森林结构，合理安排经营管护活动，促进森林生态系统的稳定性和森林群落的正向演替，有利于森林可持续经营和资源的可持续发展。②开展小流域综合治理。通过专项的小流域综合治理，疏浚、拓宽、扩岸、筑堰、清障、水土保持等，一方面消除洪水隐患，另一方面解决水质污染，最终实现“水清、流畅、岸绿、景美”。③做好水源涵养区保护。在做好森林资源保护和生态环境保护的前提下，适当加大周边森林资源保护，使仙居县成为台州市淡水供养中心，台州饮用水源库。

2.1.2　推行生态养殖

遵循“资源化、减量化、无害化、生态化”的原则，加强畜禽资源的综合开发和利用，实行科学的种养结合模式。①发展规模养殖。引导农民规模养殖，扶持上规模的养殖大户，改变分散养殖难以控制的弊端，采用合理的生态产业链来削减污染量。加强规模化养殖场畜

禽废水的处理，重点突出生猪养殖废水的处理。借助绿色家园畜禽粪便资源化的成功经验，推广畜禽养殖废水处理的经典工艺，提高畜禽废水排放处理达标率以及畜禽粪便的综合利用率。②推行立体养殖模式：鸡舍（上层）—猪舍（中层）—鱼池（下层）；鱼（上层）—鳖（下层）等，形成生态循环。③加强畜禽排泄物污染的控制。采用多种技术对畜禽粪便进行处理，提高畜禽粪便作为农业肥料的利用效率，杀灭病原菌；降低饲料中的矿物质及粗蛋白含量，以达到降低粪便中的氮和矿物质含量的目的。

2.1.3 发展生态农业

充分利用当地环境资源优势，依托科技，大力发展无公害农产品、绿色食品，重点发展无公害绿色农产品。①推广生态农业模式。根据各村的实际，实施立体农业，避免农业生产的单一化，维护生态系统平衡。推广立体种植和立体种养模式。立体种植果树—蔬菜，果树和各类低秆作物的间种，如黄豆和匍匐类作物如番薯、南瓜、西瓜等，提高植被覆盖率和土地利用率；立体种养：果园、竹园内推行养鸡，鸡吃虫草、鸡粪还田。②加强农产品监管。逐步形成农药、化肥安全使用技术规范和实施方案，主要解决动植物、畜禽药物残留与卫生质量，农产品的农药残留和重金属污染等问题，推广使用可降解地膜，合理使用有机肥，规范外来物种监管。③开展观光农业休闲旅游。逐步开展观光农业的建设，如水果、蔬菜基地、竹基地等都具有农业观光的潜力，将农产品种养基地建成“农家乐”、“体验特色”的休闲观光农业旅游基地。

2.2 综合利用清洁能源和资源

因地制宜地开发利用太阳能、生物质能等新型能源和可再生能源缓解能源瓶颈制约。根据城乡一体化目标，通过农业废弃物的综合利用，生活垃圾资源化等措施有效地改善农村环境，建立健全防洪减灾安全体系，水资源供给保障体系，实现城乡供水一体化，确保农村饮用水安全。

积极开展人畜粪便的综合利用，发展沼气发酵技术。在广大农户中大力建设户用沼气池，与“改厕、改圈、改厨”相结合，推广“猪—沼—作物”等能源生态农业模式；同时，提倡养殖场与农田（水田、旱地）、茶（果、桑）园、养殖水面和山林统一布局，建立种植业和养殖业紧密结合的生态工程，实施“畜禽养殖—发酵池增肥或沼气供热（或有机肥料生产）—田园种植”的循环。

2.3 加快新农村建设，控制生活污染源

①进行村容村貌整治。统一规划，合理布局，按照“一村一品”建设特色生态村，通过政府引导、财政补助、村里出钱、群众出资出力的办法，完善中心村地下排污设施，集中处理生活污水，清理村周围、村内、房屋周围的垃圾、粪坑等卫生死角，柴垛整齐，禽畜圈养。②加强农民素质教育。深入开展新农村建设有关知识和生态环保教育，大力倡导循环经济发展模式，这不仅可以克服其污染治理中的诸多障碍，还能统筹解决农村资源、能源、环境问题，也避免了化肥、农药可能造成的污染。

小城镇绿化要走节约型之路

王坚娅，张才荣，周秀琴

（浙江省仙居县林业局，仙居　317300）

摘　要：以仙居县城镇绿化建设为例，分析了仙居县城绿化建设存在的问题，提出应将节约理念用于绿化规划、建设、管理的全过程，引导和实现城镇绿化发展模式的转变，从而创建具有仙居特色的节约型绿化城镇。

关键词：小城镇；特色；园林绿化；规划

城市园林绿化是城市重要的基础设施，是改善城市生态环境的主要载体，如何在资金、水、土地资源短缺的情况下开展园林绿化工作，并使它们发挥更大的社会效益和生态效益，以及景观效应，这就要不断创新绿化模式，大力实施节约型绿化。文中以仙居县城镇绿化建设为例，按照建设资源节约型、环境友好型社会的要求，将节约理念用于绿化规划、建设、管理的全过程，引导和实现城镇绿化发展模式的转变，促进城镇园林绿化的可持续发展。

1　仙居县城绿化建设现状及存在的主要问题

1.1　仙居县城绿化建设现状

仙居县城地处浙东南沿海，四面环山，有盂溪、永安溪、三桥渠交汇穿城而过，具有得天独厚的山水自然生态优势，近年来，仙居县城绿化建设随着城市建设的发展，建设步伐不断加速。尤其是2001年以来，以环城南路道路绿化和永安公园绿化为标志的城镇绿化建设快速发展。

到目前为止，城区共有绿化面积314.06万m^2，其中，公共绿地（公园绿化）31.87万m^2，城区绿化3项指标分别为绿化覆盖率25.8%（建成区14.7km^2），绿地率21.4%（建成区14.7km^2），人均公共绿地面积4.2m^2（常住人口7.67万人），基本形成了较为完整的城市绿化系统。

1.2　存在的主要问题

1.2.1　规划跟着建设走

一直以来，仙居的园林绿化总是跟着城市建设走、跟着领导的意图走，领导说哪里需要就先做哪里，涉及具体某一绿化项目，往往是依据领导的要求去办。

1.2.2　资源浪费现象严重

①重复投资。没有统一的绿化体系规划，一个领导一种思路，使有的道路绿化刚刚建成又进行改造造成了重复建设，不仅浪费资金，而且社会影响极坏。②自然资源浪费。周边及城中山体破坏现象严重，很多植被良好的山坡地被单位和个人破坏或开发建设，加上大量大树古树下山进城，不仅浪费资源，而且破坏生态环境。

1.2.3 绿化建设管理混乱

①绿地被占用、挪用、移用现象严重。②有人建，无人管，建设和管理脱节，使有的绿地常年无人管理，有的道路竣工后行道树几年无人种，有的小区和单位房子建成后其绿地成为可有可无的附属品。

2 对策建议

有一些城市热衷于建大广场、雕塑，用花岗岩、大理石等高档丰富，但是资金、水、土地等资源短缺，根据仙居得天独厚的自然山水优势，结合仙居当前的人、财、物力，走一条有仙居特色的小城镇节约型园林绿化建设之路。

2.1 结合当地特色，规划节约型园林绿化

仙居绿化规划要从周边山体绿化改造入手，结合城中山水，从节约用地、美化环境的角度出发，做到“三节一环保”。“三节”就是节地、节水、节财。节地就是要认认真真保护城市中原有的生态绿地、水面、水系、苗圃、公园，以最少的改造或不改造获得良好的生态效益。节水就是要大力发展节水型的树种、草种、花种，大力普及节水灌溉技术和雨水利用技术。节财就是要防止高价设计、高价买绿、高价建绿，要用最少的钱产生更多的绿量，要注意充分利用本地树种、草种，这最经济、维护费用也最低。“一环保”是追求生态环保、人居环境改善的节约型园林绿化。

规划中还要把握几项原则：①以人为本原则。坚持以取悦人、方便人、服务人为宗旨，遵循以人的感知为设计依据，运用生态学的原理，提供山清水秀的休闲空间，创造生态文明的人居环境，达到人与自然的和谐共生。②合理布局原则。充分利用仙居特有的山水优势，按照节约型绿化的要求进行点、线、面合理布局城区绿化系统规划，使之点成景、线成荫、面成林，城在山中、楼在林中、人在花中、水穿城过的现代化生态园林城市。③经济和特色相结合原则。仙居经济比较落后，不可能像大城市和经济发达地区，大规模地引进稀有品种，但可以重点培育乡土树种，充分利用本地的自然资源，如杨梅、溪石等，既不失品位，又节约资金。

2.2 保护为主，适度开发，建设节约型园林绿化

2.2.1 做好自然资源的保护

仙居县城四面环山，有盂溪、永安溪、三桥渠交汇穿城而过，具有得天独厚的山水自然生态优势，保护好这些山体、水体是建设节约型绿化的前提，严禁破坏自然景观的行为，对山体、水体周边的建筑严格控制其高度和密度及风格，做到宁可留下空间，不图一时发展、搞低品位开发。通过精心设计，逐步实施绿化建设，使之形成沿山公园体系和沿溪绿化体系，为人们提供更多的登山、亲水、望景的山清水秀的休闲空间。

2.2.2 打响山水品牌，抓好绿化精品建设

围绕有山、有水的自然优势，做美、做强、做精“山水”品牌，主要抓好滨水空间、环城山体公园、生态小区三大精品区域建设，支撑城市特色形象，并把山水城市延伸到乡村，与旅游景区、田园风光结合起来，使游人尽享大自然情趣，真正体现“仙人居住”的特点，成为旅游、休闲活动的最佳去处。同时，充分利用城中山水，城市周边的龙皇山、南峰山、福应山、烈士山以及城中的小山体和永安溪、盂溪、三桥溪水体实施自然生态绿化建

设，在建设中要尽可能保持原有的地形地貌特征，通过合理配置绿化植物、改良土壤等措施，实现植物正常生长与土壤功效的提高，使绿化建设节地、节水又节约资金。

2.2.3　开展节地型绿化建设

①在保证城市绿化用地的前提下提高土地的利用率，大力推广立体绿化，充分利用墙体、屋顶、桥体等，尽量保持绿化场所原有的地貌特征，避免进行大规模的地形改造；尽量做到土方就地平衡，走节约型的绿化道路。②要充分保留城市中的自然山坡林地、河道水系、湿地等，仙居周边有很多山体，城中有很多河道、小山，这些都是城市宝贵的生态资源对这些资源进行认真保护、精心管护、合理利用。

2.3　广开财路，加强管理，全面推进园林绿化事业

2.3.1　确保资金到位

①加大政府资金投入力度，每年确定一定资金用于绿化建设，改善投资环境。②加大社会资金引入力度，不断拓宽融资渠道，通过 BT 和 BOT 等形式，加快公共绿地建设。

2.3.2　完善节财措施

①慎重对待改造工作，在决定改造前，应先进行科学地分析，对改造工作的合理性和必要性作出正确的判断，认为确需改造的再进行改造。②开展节约型绿化建设。在绿化上要坚持节约用水的原则，多培育和种植一些节水型植物，刹住大树进城风，坚决纠正高价买绿、高价建绿的问题、纠正盲目用名贵树种、珍稀花木、奇特苗木等费钱又破坏生态的做法，坚持用乡土树种、耐旱树种，推行雨水回用、雨洪截留、污水上山就地回用等。③引入生态绿化理念，在绿化苗木的选择上，注意大中小苗的搭配比例，合理配置乔、灌、草，尽可能地做到就地取材，在节约费用的同时又不降低绿化档次。

2.3.3　加强管理，依法治绿

①严格按照规划进行设计和施工管理，坚决按规划实施，对于不符合节约型园林绿化要求的在建项目要责令其停建、整改；对于不符合要求的已建项目要逐步进行改造和完善。不得任意更改现有和规划绿地的性质和利用方向，不搞“下不为例”，坚决执行建设部规定的绿地标准，不得随意降低。②依据省市园林绿化有关法律法规及规章，加大执法力度，严格依法办事，严厉打击侵害园林绿化行为。同时，规划审批和建设管理部门要严把审批关，规范报批和验收制度，真正做到建设一片，绿化一片，杜绝占用、挪用、挤用绿地行为。

猕猴桃的观赏特性及园林应用

汪秀媛

（浙江省台州市绿化委员会办公室，台州　317000）

摘　要：猕猴桃为落叶缠绕藤本，不仅是我国珍贵的果树，而且又是具有极高的观赏特性和园林特殊用途的植物。本文针对其观赏特性和园林应用前景给予了详细论述，旨在促进猕猴桃在园林绿化中的应用进程。

关键词：猕猴桃；观赏特性；园林；应用

猕猴桃（*Actinidia chinensis* Planch.），又称藤梨、猿梨，为猕猴桃科猕猴桃属植物，原产我国河南省、陕西省以及西南诸省，长江流域及以南地区和台湾省等都有野生分布，资源十分丰富。20世纪末起，由于国家和各地政府、部门的重视，科研和生产上都取得了显著成效，猕猴桃成为我国20多年来新发展的特产果树，令世人瞩目。但是，对于干、枝、叶、花、果都具有极高的观赏价值的猕猴桃，一直以来却被忽视了其园林价值、观赏特性和园林应用的深入研究与有效推广。随着我国园林事业的快速发展，充分挖掘和开发利用具有潜力的园林绿化树种资源，对于满足城市绿化树种的多样性，具有十分重要的意义。而猕猴桃不失为一种理想的园林绿化树种。笔者根据多年的实践、观察和调查研究，现将有关猕猴桃的观赏特性及园林应用作一论述，以供大家参考。

1　观赏特性

猕猴桃为落叶缠绕藤木，其枝蔓长可达10m以上，人工种植需搭支架攀附支撑。生长迅速，成形快，枝蔓更新能力强，植株形态优美，枝蔓缠绕，绿叶浓密，花大量多，气味芬芳，果形奇特，浓香味美，观赏价值极大，寿命可达百年以上。

1.1　树干虬曲，枝蔓缠绕

猕猴桃枝蔓由主干、主蔓、侧蔓和新梢组成，树干虬曲，枝蔓缠绕，形态优美。新梢表皮褐绿、灰褐等色；皮孔呈椭圆形凸起；茸毛有软毛、硬毛和刺毛等。老枝皮褐色、灰褐或黑褐色，茸毛多脱落或仅留痕迹。嫩枝髓部大，白色，呈水浸状；老枝髓部片状，浅褐色至深褐色，但主干部分充实，呈木质化；根茎及主干表皮附片状，黑褐色或灰褐，剥落；干枝弯曲或缠绕，最大围径100cm，呈苍老强健，犹如群龙之首。

实生苗第一年生长缓慢，一般不分枝；二三年后生长加快，开始分枝；或从主茎基部萌生出2~3根强壮枝，从而使树体呈现丛生状态。

猕猴桃枝蔓无卷须，其短枝时没有攀缘能力，一般称“枝条”不称“蔓”，当长到一定高度，由于组织幼嫩、叶片增多和肥大倒伏时，依靠其缠绕能力，呈逆时针方向自动地沿他物攀缘而上或枝蔓相互纠缠一起生长，故总称“枝蔓”。

枝蔓的自然更新能力很强。树冠下部及架面下层，由于光照不足，生长不良，一般3~4年就自行枯死，其下部另萌生出新的枝蔓。另外，当枝蔓长到一定程度，即将停止生长时，顶端部分自行干枯脱落，故顶部新梢概由附近腋芽抽生而成。

此外，猕猴桃为腋芽。叶腋中间大者为主芽，萌芽后成枝蔓，副芽多潜伏，当主芽受伤或枝蔓重剪后，副芽便能萌发为枝蔓。同时，芽具有早熟性，一年可多次抽梢，因而树冠形成快。

自11月中旬开始落叶至翌年3月下旬为枝蔓休眠期，虽处严冬季节，但仍生机勃勃，腋芽饱满，枝蔓坚挺，棚架上的枝蔓犹如群龙飞腾，回归大海，别有风韵。

1.2 绿叶繁茂，浓荫覆地

猕猴桃的叶千姿百态，绿叶茂盛，十分美丽。叶片薄大，厚度约1mm，一般长12.5~14cm，宽13~14.5cm，叶柄长11.5~12.5cm。纸质、半革把风或革质。叶形有圆形、近圆形、心形、椭圆形、广椭圆形等；尖端渐尖、急尖、圆、平或凹；叶基楔形、钝圆形、倒心形等。叶面黄绿、绿至深绿色，嫩叶有时呈红褐色，叶面光滑或有毛；叶背色浅，淡绿或粉绿色，被有较多的短茸毛或星状茸毛。叶脉突出于叶背，羽状网脉，着生较粗壮的茸毛。叶缘锯齿稀或密，或细锐。叶柄较粗，肉质、光滑或有棕色茸毛，黄绿、微红或浅棕色，基部反而呈红色或紫色。

叶片的大小依着生节位而不同。枝条基部和顶部的叶片较小，中部最大，这与新梢生长期内的温度、湿度变化有关。

一般3月下旬至11月中下旬为叶生长期，中、前期猕猴桃生长旺盛，叶片从小到大，从少到多，全期叶量大，一片浓绿，郁郁葱葱。

1.3 繁花淡雅、芬芳宜人

猕猴桃为雌雄异株单性花。雌株的花其雄蕊退化，子房发育正常；雄株的花则雌蕊退化。极少数有雌雄同株的植株。雌花多单生；雄花多为聚伞花序，通常有雄花3朵，少数2朵，偶有4~6朵，单生花很少。猕猴桃花量大，一株成年大树，可达成千上万朵鲜花。

花初开时乳白色，具有浓郁芳香，后变橙黄色。花径3~7cm，花瓣5~9枚，一般5~6枚，倒长卵形或匙形，基部微呈波状，脉纹显著；萼片5~6枚，具锈色茸毛，淡黄绿色。

花蕾期从3月下旬至4月下中旬，约1个多月，花期一般10d左右，单花寿命一般为2~4d。花开放时间多集中在清晨开放。盛花时节，繁花似海，芬芳宜人。

1.4 果形奇特，浓香味美

猕猴桃果实为中轴胎座，由多心皮发育而成的浆果，一般单果重30~100g，最大达200g以上。果实形状有圆形、近圆形、椭圆形、圆柱形、圆锥形等。果面粗糙，呈黄褐、褐色或深褐等；其上密被棕褐色或黄褐色茸毛，果实成熟时茸毛残存或脱落；果面有浅褐色、棕黄色或灰白色的和稀密不等的果点；果顶平、圆、凹、微尖或乳头状尖突，柱痕有或无。果梗较长，通常3~5cm；萼片宿存或脱落。果肉翠绿、浅绿或黄色，有的在内果皮的种子附近呈现桃红色，果汁多，风味酸甜可口，成熟后具有芳香味。

猕猴桃从谢花至果实成熟，需经130~160d。其中，前期快速生长，几乎直线上升，占总生长量70%以上，使人惊奇不已。

10月寒风起，果熟进入成熟期，果色由青绿转黄、棕褐，茸毛棕褐光亮，果实飘香，尤其平棚架下，只只果实活脱脱像猕猴桃嬉戏高空中，荡秋千、翻筋斗，真叫人百看不厌。同时果实散发出的浓香气，更使人流连忘返。

2 园林应用

猕猴桃树干虬曲，枝蔓缠绕，形态优美；绿叶茂密，浓荫遮地；花繁色丽，芬芳宜人；果形奇特，浓香味美，具有极高的观赏效果。又因适应性强，分布广，抗病虫危害，并兼有生产经济效益，故具有十分广阔的园林应用前景，最适于庭院、公园、疗养院、绿地和居住小区配植。因猕猴桃为落叶缠绕藤本，除个别植株缠绕于大树或枯树独木成林作观赏外，大多数种植时须人为设立支架扶持，主要有以下几种种植方式。

2.1 藤廊

又称花廊、长廊。这是我国古老传统的园艺艺术之一，它集园林建筑小（精）品（支架）与观赏性强的藤本植物于一体，拓宽了设计空间和观赏内涵，进而提高了整体艺术水准，在园林中具有特殊作用，适用于庭院、公园、疗养院、居住小区开阔地，是构图艺术上局部地段上的主景或副景，常作为赏花、休憩的场所，也是构建舒心、安静、自然，环境优美的常用技法。材料古时大都以坚石、硬木作法、横樑，坚固耐用。现以金属架、钢筋水泥或坚石、硬木制作，精巧美观。一般高、宽 3m 左右，长不限，有直有曲等形式。两边种植猕猴桃，单一品种；或分段种植紫藤、葡萄等多种植物，这样，一年四季可观赏多种的枝、叶、花、果等景色。另外，柱与横樑等骨架，经精雕细刻多种艺术图案，更是锦上添花，趣味无穷。

2.2 藤架

又称花架、花棚。这也是我国古代园艺艺术精品之一。适用于庭院、公园、疗养院空隙地，是构图艺术上的配景，或主景，常作为人们欣赏、休憩、遮阴、纳凉等主要场景。材料古时以坚石、硬木制作柱、樑，坚固耐用，且自然、大方。现以钢筋水泥或坚石、硬木等制作。一般高 3m 左右，长度不限，正方或长方等。周边种植猕猴桃，常以单主干龙形或多主干扇形整形修剪，管理方便，成形较快，枝蔓均匀，生长良好，观赏效果好。

2.3 花篱

又叫藤篱、绿篱或墙篱。这也是庭院、公园、路边、绿地常用的园艺艺术之一。常作为观赏、分隔空间、防护或作背景。若作为路边、边界等处，既作花带观赏，又兼作隔离的目的，宜以壁篱式或“丁”字形式的支架种植，先立支架，后种植。可用单一品种或多个品种分段种植，若多品种种植，一年中可观赏多种景观，多种特色相映成趣，为该处增添一道靓丽的风景。支架以钢筋水泥或金属制作立柱，高 2.5~3m，间距 2.5m 左右，柱间用铁丝横拉。猕猴桃株距 4~5m，采用单干水平，或多主干扇形整形，生长快，开花结果都较好。若以路边、单位边界处以防护为主要目的，应以壁篱式为好，用钢筋水泥或金属制作立柱，高 3m，间距 3m，立柱间以铁丝横拉。猕猴桃株距 3m。另外，也有利用原单位透风式栅栏围墙配上绿篱，这也是一种可行的办法。

2.4 坡面绿化

这是在某些公园、庭院、森林公园、绿地的坡地面、山坡露岩、假山岩石面等处，往往土薄少土或陡坡之处，难以种植乔灌木，或必须以绿色植物作美化装饰时，可用此法。因猕猴桃适应性强，枝叶茂盛，进行深挖穴、多填土、增肥、勤浇水，再经过整形修剪等艺术加工，定能收到观花观果美化及保土、保水、绿化的理想效果。

另外，凉棚、拱门等多种形式种植，先搭坚固的支架，后种猕猴桃，也是常用方式之一。还有利用各种建筑物、电杆等，前期将猕猴桃枝蔓以牵引物（如铁丝等）作过渡，最后利用枝蔓缠绕能力作固定，并进行各种园艺艺术加工，定会达到美化、绿化的满意效果。此法既经济简便，又美化绿化环境，一举两得。

3 结语

猕猴桃属种类繁多，种质资源十分丰富，今后必须重视园林观赏良种研究。如选育花色艳、花期长、香气浓和叶色艳丽常绿及具浓香、果形奇特美观，挂果期长的良种。并尽快建立起良种苗和园林特种苗的繁育基地，以满足园林发展需要。

猕猴桃支架在园林观赏中十分重要，必须牢固、美观，但投资成本较大。另外，与其他乔灌木、草花等配植及观赏、生产两者关系问题，都必须认真研究。

城市园林发展与园林城市的创建

牟群英

（浙江省台州市黄岩区林业特产局，台州　318020）

摘　要：从保护生态与环境、发展民族文化、提高城市质量出发，园林绿地规划设计要在继承的基础上大力搞好创新，把发动群众参与园林绿化和加强法制相结合，面向社会需要加大人才培养的力度，搞好园林事业的改革开放。

关键词：城市；园林化；设计；绿化

1　城市园林化的含义

园林城市是在中国传统园林和现代园林基础上，紧密结合城市发展，顺应当代人的需要，以整个城市辖区为载体，以实现整个城市辖区的园林化和建设国家园林城市为目的的一种新型园林。它的总目标是“空气清新，环境优美，生态良好，人居和谐”。它的一个突出特点是城中有乡，郊区有镇，城镇有森林，林中有城镇，互相渗透，共同提高。

2　城市园林发展的原因

2.1　保护生态与环境的由来

经过工业化、城市化的急速发展，环境已经变得如此恶劣，生态失去平衡，大自然饱受蹂躏，空气、水、土壤遭受污染，部分动植物灭绝，森林消失，水土流失，沙漠化，温室效应等使人类生活品质下降，各种“城市病”随之而起威胁人类的健康。这些问题的出现促使人们觉悟到保护环境就是保护人类自身，必须从工业化的黑色道路向可持续发展的绿色道路转折。建设园林城市可使人类与自然和谐发展，维护生物多样性。

2.2　发展民族文化特色的要求

由于信息传播和网络化的发展，加剧了文化国际化。城市和建筑的标准化和商品化使建筑和城市特色逐步消失，城市面貌千篇一律，文脉难以继承。文化是衡量经济和技术进步的真正尺度，只有文化的发展，才能进一步带动经济的发展和社会的进步。在科技经济国际化的时代，更加要求文化的民族化、地方化和多样化，越是民族的越是全球的。园林由于更贴近人的生活，承载着大量历史文化的积淀，反映当地的自然和人文景观，建造园林所用材料，如植物、山石等更具有地方特色，因而更有利于产生具有民族化、地方化的效果。中国园林有着悠久的历史文化传统和特点，在发展过程中又产生了许多不同的地方流派和民族风格，对东亚国家和欧洲的园林曾产生过巨大的影响，这些传统特色要很好地继承和发扬。随着时代的前进，创作具有时代精神，符合现代人生活需要，又具有民族、地方文化特色的园林，是时代对园林工作者的呼唤。

2.3　城市化程度进一步提高的要求

城市化是经济发展的结果，城市化程度的提高，又会促进经济的发展。据统计，全世界居住在城镇的人口占全球人口的一半以上，我国2006年城镇人口约占44%，据预测，到2050年我国城市化率将达75%。城市化程度的提高将会使小城市增多，大城市扩大。城市是人口大量聚居的地方，城市生态环境的好坏，对市民的身心健康影响至深。因此，园林城市的建设也越来越重要。

2.4 步入老龄化社会的要求

据统计，我国60岁以上的老人已达1.3亿，占总人口的10%，等到2020年，这个比率将达到16%，进入老年型国家的行列。目前，我国已有1/4的省市率先进入了老龄化社会，包括北京市、上海市、天津市、浙江省和山东省等经济较发达地区。老龄化社会将带来一系列的社会问题，如退休制度、劳保制度、社会福利政策、医疗保健、保险业以及居住环境等。老龄化社会对园林也提出了更多的要求，从公园、绿地的分布，服务半径，到园内的布局、设施，都要求能满足老年人散步、健身、娱乐、休闲和交往的需要，以创造一个有利于老年人身心健康的环境。

2.5 人们休闲与旅游的要求

随着经济的增长和科学技术的进步，劳动生产效率提高使工作时间缩短，人们的闲暇时间增多。紧张快节奏的工作之后，人们迫切需要很好地利用闲暇时间去放松一下身心，消除疲劳。从近年节假日七天长假期掀起的旅游热、假日经济等情况可以看出，城市居民在经济收入提高了以后，对大自然的热切渴求。这就要求园林工作者跳出小园林的围墙，扩展到风景名胜区的领域，去满足人对绿色、对自然环境的迫切需求。

3 创建园林城市的几项措施

根据国家绿地规划要求，借鉴国外城市绿化成功经验，改变过去那种用绿化点缀城市，见缝插针、小打小闹的城市绿化模式，着重于整体城市大环境建设和旧城区改造的同时，同步建设高质量、高标准的园林城市。

3.1 设计要在继承的基础上大力搞好创新

中国传统园林凝聚了深厚的中国传统文化，历来都受到人们喜爱，其风格、技艺在世界上也是独树一帜的。我们应该很好地加以继承，将其引入现代园林，使之发扬光大。要继承中国传统园林，绝不能简单地模拟仿建，必须大力创新，否则就没有了生命。为了实现创新，很重要的一点是园林设计师要转变认识、放开眼界。说转变认识就是要从狭隘的圈子中摆脱出来。不仅点能成园，线也能成园，面也能成园。放开眼界，则是要把眼界扩展到环境的设计。园林是环境的主体，环境中除植被、山石、水体、建筑构成的园林外，雕塑、道路、灯光、游乐设施以及标志物等物体，并且还要联系每一个空间环境的艺术设计，要将环境中的诸多因素从位置、体量到色彩处理得和谐，与园林浑然一体。放开眼界，就是不仅要注重平面绿化，还要注重立体绿化；不仅要进行地面绿化有条件的地方还要力争搞好屋顶和阳台的绿化。这样做不仅增加了景观，扩大了观赏面，更重要的是由于绿化覆盖率的提高，有利于改善城市生态环境状况，能够更好地发挥大园林的作用。园林城市的设计要讲求风格。风格是地理、历史、政治、经济、文化艺术及造园所使用的材料等诸多因素构成的，而且是经过较长的时间积淀形成的。其中地理气候条件是最大限制因素，而文化艺术则是最积极活跃的因素。

3.2 要把发动群众参与园林绿化和加强法制相结合

建园林城市是一项公益事业，具有社会性、群众性，离开社会和群众的支持参与是不可能办好的。为使群众能热爱并积极参与，应以多种方式广泛地进行有关园林绿化和人类关系的宣传教育，进行有关树木花草种养知识的宣传教育，以提高其认识，培育其兴趣，力争把爱护园林绿化形成社会风气，成为群众的自觉行为。更重要的是要制定相应政策，大力倡导社会、单位及个人出资搞好各个单位的园林绿化或投资各种类型的公园和风景区。没有社会单位及个人多渠道投资，光靠政府拨款是不可能建成大园林的。同时要大力加强园林绿化的法制力度，使各项事业行之有效。

3.3 要面向社会需要加大人才培养的力度

园林城市的成败得失，从根本上说取决于人才的有无和多少，因此，要把人才培养工作当作一项根本大事来抓，根据全社会的需要，采取多渠道想方设法加大培养力度。园林绿化事业所需要人才是多类型、多档次的，要按所需类型、档次分别加以培养。既要注重学校的培养，也要注重实践自学培养和继续教育的培养。在培养过程中，除了进行知识性、业务性教育外，更要重视品德教育，没有为人民服务的思想，没有强烈的事业心和责任感，纵然有知识懂业务，也成不了对人民有用的优秀人才。

3.4 搞好园林事业的改革开放

多年来，园林系统都是按事业单位加以管理，这种局面、这种管法很不适应大园林的需要，应该根据政事分离、政企分离、重心下移的原则进行体制改革，从体制上、机制上实现根本性的转变。应该从政策上鼓励社会、单位和个人兴办园林企业，从事园林设计施工和苗木经营等活动。

可以预期，通过改革开放定会迸发出巨大活力，定会使园林城市蓬勃发展。创建园林城市，即建成适合人们高质量生活、工作、游憩的生态环境，这是社会发展的要求，也是满足群众需求的唯一途径。只有这样才能达到发达国家的水平、走进世界先进行列。

路桥区创建“森林城市”现状分析及建议

吴才华，王明月

（浙江省台州市路桥区林特总站，路桥 318050）

摘　要：通过对路桥区林业生态建设比较优势和存在问题的现状分析，认为创建森林城市对提升路桥城市品位、构建“二个社会”、创造良好人居环境和拓宽环境治理模式等方面意义重大，并对如何开展森林城市创建提出了建立组织机构、编制建设规划、开展森林文化宣传等七方面的建议意见。

关键词：路桥区；森林城市；现状；对策

1　基本概况

路桥区地处浙江中部沿海，1994年8月22日经国务院批准设立，是台州市的主体城区之一，交通便捷，经济发达。全区辖4镇6街道333个村（居），总人口43.6万人。2008年，全区实现国内生产总值270.31亿元，比2007年增长10.2%，全区人均生产总值为62 206元，比2007年增长9.3%。财政总收入32.7亿元。城镇居民人均可支配收入29 131元。

全区总面积2.75万hm^2，其中陆地面积2.74万hm^2，林业用地面积0.46万hm^2（其中，防护林面积0.18万hm^2），是典型的少山平原县。

建区以来，路桥区的经济和社会各方面都得到了快速的发展，国土绿化作为经济、社会和环境协调发展的一个重要组成部分，也取得了显著成效。全区已累计绿化投入31 000多万元，林业绿化面积866.67hm^2，森林覆盖率20.5%，林业用地绿化率99.7%；建成区绿化覆盖率34.7%，人均公共绿地面积8.6m^2/人；农村村庄绿化率27.4%，农田林网控制率95.9%。分别在1997年被国家林业部授予“全国平原绿化先进县”和2003年被省绿化委命名为“浙江省高标准平原绿化县”称号。全区2/3村庄已进行了村庄整治，150多个单位获得国家、省、市级“全国绿化村”、“绿化示范村”、“花园式单位”等绿化先进荣誉称号，并计划在市“绿心”和金清黄琅建立森林公园和湿地公园。

2　现状分析

2.1　比较优势

2.1.1　城市绿化与生态环境保护建设取得显著成绩

通过多年努力，已初步形成了大环境绿化美化为基础，以道路、街道绿化为网络，以小区、单位、庭院绿化为依托，以公园、街头绿地为点缀的点、线、面相结合的绿化体系。先后荣获“中国优秀旅游城市”、“省级园林城市”等称号，并正在创建“国家卫生城市”“国家环保模范城市”“国家园林城市”“全国文明城市”及“生态区”建设。

2.1.2 良好的自然条件与生态优势

地处亚热带季风气候区，热量丰富，雨水充沛，土壤肥沃，树木种类多，植物生长季节长。多年的森林保护和城市绿化建设．在城市周边建有石浜山公园、中央山公园、莲花山公园、桐屿“绿心”等环抱城市的大型森林区块，为森林城市建设提供了良好的森林绿地基础。

2.1.3 市民绿色环保意识增强

经济的发展，市民生活水平的提高，“生态安全”越来越受到人们的关注。改善人居生态环境、回归森林大自然已成为路桥市民的强烈意愿与追求。

2.1.4 森林结构日趋合理

在全省率先开展并完成护林带建设和针叶林阔叶化改造任务，使森林结构日趋合理，为预防和减轻森林火灾与病虫危害，提高森林在保护和完善生态环境中作用及生态效益日益明显。

2.2 存在问题

2.2.1 经济社会的快速发展与生态环境的建设、保护滞后矛盾比较突出

路桥区域经济虽然比较发达，2008 年，路桥区财政总收入 32.71 亿元，城镇居民人均可支配收入 29 131元，但每年用于林业生态建设资金 10 年不变，没有同步增长，建设明显滞后。大气污染，土壤污染，水污染在一定区域内还比较严重，城市热岛效应加剧。

2.2.2 城区绿化总体水平不高，亮点不多

公共休闲绿地缺少森林文化，尤其是乔木树种的比例有待于进一步提高。这是创建活动需要解决的难点问题。

2.2.3 森林资源保护困难

近几年，每年因经济建设征占用林地面积都在 20hm^2 以上，供需矛盾日益尖锐，林地面积逐年减少；现有资源多数分布在城区及城镇周围，人员上山活动频繁，人为破坏和森林火灾时有发生，保护难度加大。

2.2.4 森林公园、湿地公园或一定规模的片林或环城林带（133.33hm^2 以上）建设滞后

到 2008 年底，全区还没有建成一处森林公园、湿地公园或一定规模的片林或环城林带。

2.2.5 管理体制条块分割，协调机制不完善 城区部分由城建局管，公路由交通局管，河道由水利局管，小城镇部分由镇（街道）城建办管，山上和农田林网由农林局管，条块分割，各自绿化，缺乏有效的统筹协调机制。

2.2.6 城乡之间、村居之间绿化不平衡

城区及周边村庄绿化率相对较高，农村绿化率普遍低下；多数村庄没有建设规划和绿化规划；部分村庄只建新房不绿化，绿化率反而下降。现全区共有村庄 301 个，2008 年底，达到市级以上“绿化示范村”的累计只有 32 个，离 30%以上达到市级以上“绿化示范村”的建设标准缺口很大，这是路桥区创建活动的薄弱环节。

2.3 作用意义

2.3.1 有利于提升路桥城市品位

路桥区继创建“中国优秀旅游城市”、“省级园林城市”后，正在创建“国家卫生城市”“国家环保模范城市”“国家园林城市”“全国文明城市”及“生态区”建设。如果在

此基础上进一步加强生态环境建设与保护，创建森林城市，将会进一步提升我区的城市整体形象，进一步促进城市“品牌效应”的形成。同时，森林城市的创建，对扩大我区的美誉度和知名度，吸引人才、凝聚人心、促进各类生产要素的有效整合与聚集，扩大招商引资力度、加快经济社会发展都有着十分重要的作用。

2.3.2 有利于构建“二个社会”

城市森林建设要求将市区、市郊和农村纳入统一的大系统中一起谋划，共同建设。不但对加强人与人、人与自然的“和谐”有积极的促进作用，更是小康社会建设的重要保障。表现在：通过绿化宜林荒山、构筑农田林网、发展庭院林业，可以实现村民家居环境、村庄环境和自然环境的和谐优美；通过倡导森林文化、弘扬生态文明，可以增强农民群众的生态道德意识；通过发展林业产业，可以实现农村生活宽裕、带动农民致富，从而有力地推动农村的绿化美化与和谐稳定

2.3.3 有利于创造良好人居环境

近年来，路桥区一直在积极开展“生态区”建设，并取得了明显成效。但是，路桥区的生态基础还比较薄弱，森林资源质量仍然不高，林业投入也严重不足，与人民群众对生态环境的要求还有较大的差距。森林作为陆地生态环境的主体，也是城市中唯一有生命的基础设施，在美化城市景观、改善人居环境、吸收降解城市污染物、减轻或消除城市热岛效应、净化大气环境、降低噪音等方面，具有城市其他基础设施不可替代的作用。

2.3.4 有利于拓宽环境治理模式

路桥区作为一座沿海经济较发达城市，各项经济、社会指标走在全省前列，商品经济活跃，民资丰厚是最大的特点和优点。但是，环境污染问题也非常突出，虽然路桥区现在搞“洁净家园”、扩建污水处理设施、对垃圾集中填埋，但对已污染土壤、汽车尾气污染、空气中的灰尘、各种噪音等，最经济最有效最彻底的办法就是植树造林。创建森林城市，大搞绿化造林，就是利用森林的净化空气、涵养水源、保持水土、修复污染土壤的特殊功能，治理我区的污染环境，改善生态状况。同时，通过森林城市的创建，还可以促进森林浴、森林旅游、森林食品、森林公园等一系列森林品牌的建设，从而促进我区沿山经济的全面发展。

3 建议意见

从路桥区的社会经济发展和国土绿化现状出发，按照攻难点，抓薄弱点和创亮点的总体思路，不断提高以城区为中心的区域绿化总体水平，城乡统筹，加大投入，通过4年努力完成创建任务，即2009—2011年完成建设任务，2012年查漏补缺、完成申报工作。

3.1 建立创建组织机构

创建“省级森林城市”，是一个实实在在的、内容丰富的系统工程，并不是一个单位、一个部门能够承担的工作，需要全区各部门、各单位及社会各个方面团结协作，共同努力，特别是需要林业、城建、交通、水利等部门各司其职、统筹合作。要建立以区委区政府主要负责人为组长，相关单位领导为成员的创建领导小组，统筹协调全区的创建工作，并设置办公室，专人负责。

3.2 编制创建建设规划

编制《路桥区森林城市总体规划》，该规划要与“十一五”林业生态建设相结合，与新

农村建设相结合，特别是要注重把林业生态体系建设和产业体系建设结合起来，正确处理生态效益与经济效益、眼前利益与长远利益的关系。在此基础上完成石浜山市级森林公园或金清黄琅市级湿地公园规划编制工作，并组织实施项目建设。

3.3 开展森林文化宣传

建设森林生态科普宣传设施。在城区主要区域设立永久性大型创建森林城市宣传牌、宣传标语；新闻媒体开设创建活动宣传栏目；在重点区位新建森林或湿地等生态科普知识教育基地或场所，并定期举办各类生态科普宣传活动，提高全民创建森林城市知晓率和支持率。

3.4 健全义务植树制度

对全区符合义务植树条件的公民，建立义务植树登记卡；对义务植树有困难的单位，收取每人每年 10 元的义务植树费；在各单位团体开展林木绿地认建、认养等绿化活动，在主要区块建立各类义务植树纪念林。

3.5 提升城区绿化品位

针对城区绿化总体水平不高，亮点不多现状，继续推进乔木进城工程，对“沿山、沿路、沿河、沿江、沿廊”五沿区块和入城口、街头绿地、小游园、边角地等地段实施绿化提升改造，提高绿化档次，增加绿化亮点。

3.6 推进村庄绿化步伐

强化技术指导，提供优质服务，把好规划设计、树种选择、绿化模式、苗木质量等环节，大力实施村庄绿化工程，每年争创省、市级绿化示范村 20 个以上，3 年全区 30%以上的村庄绿化达到市级以上“绿化示范村”标准。

3.7 加强森林资源保护

处理好保护森林资源、绿地资源和城市发展的关系，充分利用现有的河流、山体、水塘等自然植被群落，保护好自然山水；加强森林消防工作、打击盗砍滥伐等各类破坏森林资源事件。

台州沿海地区村庄绿化树种应用现状与发展对策

吴才华

（浙江省台州市路桥区林特总站，台州　318050）

摘　要：论述了台州沿海地区村庄绿化树种配置现状，分析了村庄绿化树种配置单调的原因，对台州未来村庄绿化提出了建议和对策：认为合理规划，控制建设成本，注重村庄特色，加强栽培管护，是今后村庄绿化所面临的重要课题。

关键词：村庄绿化；植物资源；开发利用

村庄是农村社会基本的地域单位和聚居形式，村庄的状况反映了农业、农村、农民的发展状况。村庄绿化是改善农村人居环境、提高村民生活质量的民生工程，对促进人与自然和谐，推进生态文明建设，具有独特和不可替代的作用。如何构筑多树种、多层次、多功能的村庄森林植被生态系统，在很大程度上取决于村庄绿化树种的选择和配置，加快选择本地植物资源，引进观赏价值较高绿化树种，不仅是构建、创造具有地方特色村庄景观的迫切需要，也是农村小康社会建设及居住环境的可持续发展的要求。

1　台州沿海地区村庄绿化树种应用现状

近几年，台州各市（县、区）严格按照省、市级创建“绿化示范村”建设标准，加大村庄绿化建设力度，已创建或准备创建的各种类型的村庄中，以植物造景为主体的各类绿地，乔、灌、地被（含草坪）、花、攀绿植物以及利用人工群落、自然群落的绿地的数量和面积在成倍地增加，但绿地中树种选择的多样性没有得到充分体现，树种格调仍显得单一、类同。台州沿海地区村庄绿化主要有两种类型，城郊村和平原村，城郊村地处城市周围，大部分是城市拆建安置的村民，绿化已列入在新农村建设项目，相对来说绿化树种比较丰富，有的村已达20多种品种，绿化覆盖率30%以上，但乔木树种比例普遍在70%以下，这类村庄的比例占全市的10%左右；而占主体的平原村绿化树种非常单调，乔木树种的桂花、香樟、桧柏、水杉，灌木的杜鹃、红花继木，地被植物的马尼拉，这些绿化植物占村庄绿化中绿化植物的比例达90%以上，有的村庄甚至于只种植桂花、香樟等一两个树种，致使村庄间绿化类同现象非常突出，而许多适应性强、观赏性较好的乡土植物和经济树种，未能得到充分利用，如、垂柳、红楠、苦楝、中山杉、苦槠、乌桕、厚朴、花榈木、鸡爪槭、喜树、南天竹、菖蒲、荷花、睡莲、水葱和柚、枇杷、石榴、无花果、桃、梨、李、柿、银杏和葡萄等。乡土植物使用过少，甚至许多野生乡土植物被从房前屋后、庭园中清除，不仅有悖于村庄绿化多样性保护，而且使绿化植物缺乏地方特色。

2　村庄绿化树种单一的原因

2.1　村庄绿化留地不足

台州沿海地区人多地少，经济发达，但村庄环境基础却较差，绿量偏少，自然村落分散，村庄绿化覆盖率的平均水平不足15%，有的地方甚至在5%以下，农民的住宅排列紧密，家前屋后空地硬化程度较高，违章搭建随处可见。绿化空间的减少，增加了树种选择的难度。

2.2 树种选择的随意性与盲目性

目前在村庄绿化过程中，尽管部分村庄对村庄绿化进行了设计，然而，有些设计人员对村庄绿化植物种类及其生态要求知之甚少，在村庄绿地植物选择上，随意套用城市园林绿化设计模式。不管树种的生态要求，有什么苗木就设计什么树种，有什么苗木就栽什么树种。而有的村庄“民主”意识太浓，随意改变设计树种，不按照设计施工，村民喜欢什么树种，就栽什么树种，不考虑是否适合当地的气候土壤状况，不计成本大量栽植，结果是栽后树木大量死亡，或者即使当时勉强成活，但生长衰弱，管理起来十分困难，难以达到预期的绿化景观效果，造成大量不必要的物力、财力上的浪费。

2.3 重视觉感受，轻生态效益

近年来，各地都开展园林城市创建，建设了大广场，大绿化，一时间草坪加上色块图案和广场上的大乔木成为园林中的时尚，农村也不例外。的确，草坪加色块图案能给人宽阔和心旷神怡的感觉，也能使园林洁净明朗，大树移植可增加广场气派，缩短生长周期，但从实际效果看，此种模式养护费用相当高，而发挥的生态效益远不如乔灌草复合群落。

2.4 对原有植被利用率低，缺乏特色

在绿化施工时，很少顾及原地址的自然条件，轻易地砍树、填沟、平地，原有植被踪迹全无。公共绿地建设以草坪为主，点缀少量乔、灌木，辅以部分色块绿化和西式园林形式，形成简单、单纯的园林风格，难以创造丰富而多变的园林景观，导致千人一面的状况。

2.5 乡土树种的开发利用与推广滞后

虽然绿化设计者已意识到在村庄绿化设计中实现树种配置多样性的重要，并在设计上也开始应用许多新的树木品种（包括乡土树种和引种树种）。但是，由于乡土树种的开发利用与推广滞后，在绿化设计中要求的树木品种、规格、数量，在实际施工时往往又采购不到，最终导致只能更改设计。

3 台州村庄绿化树种资源

台州市地处浙江东南沿海中部，中国黄金海岸中段。背山面海，地势西高东低，低山丘陵与平原地貌相间，平原是本区的主要地貌类型。属亚热带季风气候型，植物物种资源十分丰富。据调查，仅木本植物约有1 300余种，而能够适应土壤气候特点的园林植物，即更加丰富，在因地制宜对当地植物资源进行开发的同时，适当引进成熟的能适应本地区气候条件的外地树种，提倡配置部分珍贵树种。宜采用观花、观叶、观果植物有机结合，同时兼顾保健植物、鸟嗜植物、香源植物、蜜源植物和固氮植物等。现按适合不同地段有应用前景的主要种类予以介绍。

3.1 公共绿地

3.1.1 乔木

湿地松、桂花、红枫、香樟、垂柳、红叶石楠、樱花、海棠、花石榴、中山杉、水松、水紫树、乌桕、墨西哥落羽杉、珊瑚朴、银杏、杜英、山合欢、朴树、无患子、茶花、马褂木、木麻黄、红叶李、桉树、海枣、木芙蓉、榆树、重阳木、竹类、栾树、玉兰。

3.1.2 灌木

金叶女贞、鸡爪槭、月季、黄馨、小蜡、红花继木、茶梅、火棘、火蜡、南天竹。

3.1.3 藤本

多花紫藤、紫藤、油麻藤、常春藤。

3.1.4 水生植物

香蒲、菖蒲、水葱、野菱、荷花、睡莲。

3.2 道路绿化

3.2.1 乔木

梧桐、臭椿、黄山栾树、马褂木、黄连木、无患子、桂花、红叶李、石榴、珊瑚树、椤木石楠、红叶石楠、茶花。

3.2.2 灌木

大叶黄杨、海桐、火棘、金叶女贞、小蜡、水蜡、红花继木、月季、云南黄馨。

3.2.3 草花

菊花、大丽花、鸡冠花、千日红等。

3.3 河岸绿化

3.3.1 乔木

垂柳、湿地松、苦楝、榆树、乌柏、朴树、枫杨、江南桤木、南酸枣。

3.3.2 灌木

桃树、龙爪槐、月季、紫薇、云南黄馨、迎春。

3.4 庭院绿化

3.4.1 经济林

柚、香抛、枇杷、石榴、无花果、桃、梨、李、柿、银杏、板栗、葡萄、早竹。

3.4.2 乔木

桂花、榉树、朴树、香椿、银杏、马褂木、无患子、茶花、黄山栾树。

3.4.3 灌木

含笑、蜡梅、雀舌黄杨、杜鹃、月季、米兰、罗汉竹、方竹、紫竹、南天竹。

3.4.4 草花

一串红、菊花、代代花、紫金牛、兰花、麦冬、吉祥草。

3.4.5 藤本

野蔷薇、薜荔、爬山虎、扶芳藤、凌霄等、葡萄、紫藤、鸡血藤。

4 开发利用与发展要求

4.1 统筹兼顾、合理规划

在城郊型村庄新农村规划中，要把绿化美化作为一项重要的基础设施纳入总体规划，一次留足30%的绿化用地，并与新村建设同步实施。对旧村改建的村庄，在尽可能多留绿化用地的前提下，对原有的绿化地要保留好；荒废地、闲散地、垃圾堆放地、违章搭建的猪棚之类，可以整治清理后用来搞绿化；结合河塘清淤，清淤后在河塘两边搞绿化；在农家院子、房前屋后、房顶阳台植树种草，搞一些立体绿化；在村庄四周种植经济林、苗圃地增加绿化面积。有条件的地方，可通过绿化美化，发展“农家乐”旅游，拓宽增收渠道，也可结合“林业特色村”建设，新建产业基地，做强做大特色产业。

4.2 控制成本、量力而行

一要原有绿化尽可能保留，不要为了追求好看，砍了杂树种新树；二要多种大苗，不移栽大树；三要栽树密度要适当，以乔为主，“乔、灌、草”合理搭配；四要提倡原生态景观，少搞、不搞人工景观；五要选择易成活、管护成本低，具有相生与互补性绿化树种进行混交。

4.3 保持风貌、注重特色

村庄绿化要有农村特色，在村容村貌建设上不能急功近利，不要大兴土木建广场、小花园，不搞高标准的常青树、花灌木、草坪、喷泉、雕塑等，建一块 300m^2 以上的公共休闲绿地即可。在树种选择上不必都去种城市热门树种，可以多种乡土树种，充分体现“一棵树就是一段历史”的森林文化氛围。村庄绿化还可以与发展庭园经济相结合，多栽种既有很好的景观效果，又有较高经济效益的经济林。除了有别于城市之外，各村之间也要根据本村的地形地貌，文化历史，产业结构的不同，打造特有的风格特色

4.4 科学栽植、加强管护

村庄绿化由于大量使用大苗、壮苗，带土移栽，有的还承包给专业的园林工程公司，栽植成活率大幅提高，造林季节明显延长。但是，对自行组织实施的村庄，春秋两季仍是植树的最佳季节，一定要定好点，打好窝，施足底肥，并及时浇好浇透定根水；要落实好管护措施，制订村规民约，防止人畜践踏、损毁；采取多种形式，筹集和落实好补栽补植管护资金；选好管护人员，加强技术培训；加强施肥、浇水、修枝整形和病虫害防治等工作；严格奖惩，确保管护工作全面落实。

总之，村庄绿化是一项系统工程，必须根据各村的气候、人文、新农村建设的需要，合理选择适合本地的绿化树种，把江南水乡丰富多彩的植物资源体现到村庄的道路绿化、庭院绿化、河道绿化、垂直绿化及公共绿地绿化等各个方面，营造花团锦簇，绿树成荫，四季飘香的优美环境空间，体现台州城乡绿化一体化的整体形象。

天目山国家自然保护区
森林游憩价值评估

尤建林[1]，韦新良[1]，李　东[1]，黄俊臻[1]，赵明水[2]

（1. 浙江林学院环境科技学院，临安　311300；
2. 浙江省天目山国家级自然保护区管理局，临安　311311）

摘　要：使用旅行费用法对天目山国家级自然保护区森林游憩价值进行评估。针对旅行费用法存在的两个缺点：1. 与社会经济条件密切相关；2. 只能评价森林游憩的利用价值，分别引入发展阶段系数之比以及条件价值法中对森林游憩非利用价值的评估，加以调整。评估结果表明，旅行费用是影响游客到天目山国家级自然保护区游玩的最重要因子。2007 年，天目山国家级自然保护区的森林游憩价值为 39 727.4万元，人均 1 805.8元，消费者剩余 8 599.6万元，人均 390.9 元，评估结果与最近国内外所做同类研究相近，过程相对较为合理、客观。

关键词：森林游憩；天目山；游憩价值；价值评估

生态公益林区也逐渐开发了森林旅游项目。自然保护区是珍稀自然资源的集中地，长期以来其价值没有得到真实评估，这极大地影响了政府对这种公共资源的财政投入及保护力度。保护区的价值包含众多组成部分，自然资源又包括直接和间接等使用价值，存在价值、选择价值和遗产价值等非使用价值，游憩价值是其中的一个重要组成部分。通过将其量化评估，可间接反映保护区的部分经济价值，为保护区内自然资源的保护、管理和规划提供科学的依据。

1　天目山国家自然保护区概况

天目山地处浙江省西北部临安市境内，由东西两峰组成，东峰大仙顶海拔 1 480m，称东天目山；西峰仙人顶海拔 1 506m，称西天目山，两峰遥相对峙。天目山国家级自然保护区位于西天目山，所辖地域总面积 4 284 hm^2，地理位置为北纬 30°18′~30°25′，东经 119°23′~119°29′，距杭州市 94km。

天目山气候属中亚热带向北亚热带过渡型，受海洋暖湿气流影响，季风强盛，四季分明。天目山是中国中亚热带常绿阔叶林保存较好地区。天然植被垂直分布明显：海拔 1 100m以下为常绿阔叶林，1 100~1 400m 为落叶、常绿阔叶和针叶混交林；1 400m 以上为稀疏灌木。西天目山南坡于 1956 年划为全国自然保护区，1986 年成为国家级自然保护区。保护区内空气富含负离子，疗养保健之功效显著，是“天然氧吧”，避暑休闲胜地。

2　评估方法选择

2.1　游客调查

本文调查方法采用抽样调查，调查问卷在投入使用前进行过试验，根据试验结果以及实际需要，确定样本。

调查正式从 2007 年 3 月 20 日开始，至 8 月 25 日结束，共 6 个月的时间。中间分 3—4 月为淡季，“五一”假期游客集中期以及 7—8 月旺季，基本代表了天目山游客的季节分布状况。本次调查共发放问卷 600 份，回收 600 份，有效问卷 593 份，回收率达到 100%，有效率达到 98.8%。由于采用半访谈式调查，针对调查中游客不明白的地方，给予了充分、完整的解答，因此回收率很高，问卷的完整程度也比较好。

本次调查所得 593 份问卷，其中 3 月和 4 月共计 142 份，占 24.0%；“五一”假期共计 192 份，占 32.4%；7 月旺季所得问卷共计 259 份，占 43.6%。本次调查问卷在风景区内得到 462 份，占 77.9%；于农家乐中得到 131 份，占 22.1%。

2.2 方法选择

目前，关于森林游憩地价值评估的方法研究不少，主要有以下几种：第一，政策性评估，主要方法有普罗丹法和阿特奎逊法等两种。第二，生产性评估，主要有平均成本法和直接成本法。第三，消费性评估，主要方法有游憩费用法。第四，替代性评估，主要方法有机会成本法和市场价值法。第五，间接性评估，主要为旅行费用法。第六，直接性评估，主要为条件价值法。

在以上这些方法中，政策性评估法缺少必要的理论基础，生产性评估比较适合刚开发的游憩地，游憩费用法的缺点在于仅计算消费者支出，替代性评估不能说明游憩效益和某种替代效益是一样的。间接性评估中的旅行费用法是目前国内外比较流行的 2 种评价方法之一，创造性的使用了消费者剩余这个概念，其缺点是旅行费用法只能评估森林游憩地的使用价值，不能评估森林游憩的非使用价值，相比其他方法而言能比较完整的评估森林游憩地的价值。直接性评估的主要方法有条件价值法。条件价值法也使用了消费者剩余这个概念，并且能评估森林游憩地的非使用价值，故而和旅行费用法一样，是国内外比较流行的 2 种评价方法之一。其缺点是在调查问卷中容易产生各种偏差，从而对评估结果产生影响。

针对以上的分析，本文选用目前公认的森林游憩价值评估最流行、也比较不容易产生偏差的旅行费用法对天目山国家级自然保护区进行游憩价值评估。

2.3 方法改进

2.3.1 旅行费用法简介

旅行费用法（Travel cost method）又称为 TCM 法。1959 年，美国学者 Clawson 创立了该法。旅行费用法目前主要有 3 种模型：第一，分区模型（Zonal travel cost method，简称 ZTCM）；第二，个人模型（Individual travel cost method，简称 ITCM）；第三，随机效用模型（Random utility method，简称 RUM）。

本文选用的是旅行费用法分区模型。分区模型主要分以下几个步骤：①出发区的划分。②统计游览区游客基本情况。③计算旅行成本。④建立游客人数与旅行费用等因子的相关关系方程，求出旅游需求曲线。⑤求出消费者剩余。

2.3.2 方法改进

如上所述，旅行费用法最大的贡献是对消费者剩余的创造性的利用。而旅行费用法的局限性是其评价的游憩价值与区域的社会经济条件密切相关。由于 TCM 建立在分析游憩地旅游人数的基础之上，而旅游人数与区域的社会经济条件（收入分配、交通状况、民族风俗习惯等）密切相关，因此，TCM 计算出的消费者剩余并不仅仅反映森林游憩价值，而是区域社会经济结构与森林游憩价值的一种共同反映。另外，旅行费用法只能评估森林游憩地的使用价值，对非使用价值尚未涉足。

针对以上旅行费用法的缺点，根据各个区域的经济发展不同，首次提出了用发展阶段系数之比（k）乘以用 TCM 评估出来的游憩价值结果，以此来消除旅行费用法的局限性。

$$L = \frac{1}{1 + e^{-t}} = \frac{1}{1 + e^{(3-T)}} = \frac{1}{1 + e^{(3-\frac{1}{E_n})}}$$

$$K = \frac{L_2}{L_1}$$

其中，L：发展阶段系数；

e：自然对数底；

T：时间；

E_n：恩格尔系数；

L_1：表示森林游憩地所在地区的发展阶段系数；

L_2：表示国家各个地区的平均发展阶段系数；

即：$V = K \times V_{TCM}$。

旅行费用法还有一个缺点是只能评价游憩地的使用价值，对非使用价值不能评价。为了准确评价天目山森林游憩价值，克服旅行费用法的缺点，将评估结果加上 CVM 方法中的非使用价值部分，并将最终的结果作为评价出的价值，即 $V_{总} = V + V_{CVM非利用}$。

3 结果

3.1 旅行费用支出计算

目前，旅行费用法中的旅行费用到底应该包括哪些国内外尚未有统一的说法。本文根据“最密切联系原则”，即看这笔费用是否影响旅游率，确定旅行实际花费，包括往返交通费用、门票费用、食宿费用等服务费用。

现将天目山游客基本情况统计结果如表 1 所示。

表 1　天目山游客基本情况统计

出发省区市	游客总数（人）	出发区人数（万人）	月均收入（元）	旅行费用（万元）	旅行时间（d）	人均可支配收入（元）	消费者剩余（万元）
贵州	372	3 757	4 250	0. 3405	2	10 678. 4	8. 455599
黑龙江	372	3 823	3 000	0. 2921	8	10 245. 28	20. 36 212
河北	372	6 898	4 250	0. 3305	15	11 690. 47	10. 1392
河南	372	9 392	2 000	0. 2595	10	11 477. 05	36. 80475
广西	743	4 719	1 400	0. 23675	4. 5	12 200. 44	55. 62993
江西	743	4 339	2 525	0. 236	5	11 451. 69	56. 39271
天津	743	1 075	2 900	0. 2212	6. 5	16 357. 35	73. 77931
重庆	743	2 808	2 500	0. 2245	8	12 590. 78	69. 4882

（续表）

出发省区市	游客总数（人）	出发区人数（万人）	月均收入（元）	旅行费用（万元）	旅行时间（d）	人均可支配收入（元）	消费者剩余（万元）
福建	1 115	3 558	2 050	0.21717	5.3	15 505.42	79.38068
四川	1 115	8 169	3 125	0.21397	9.3	11 098.28	84.12978
湖北	1 486	5 693	1 662.5	0.21275	4.5	11 485.8	86.01428
北京	2 601	1 581	3 414.3	0.2018	5.2	21 988.71	104.9352
山东	2 601	9 309	2 064	0.1975	6.4	14 264.7	113.4569
安徽	2 973	6 110	1 362.5	0.1885	5	11 473.58	133.5993
广东	4 088	9 304	2 735	0.17903	6.3	17 699.3	158.666
衢州	4 459	222	2 845.8	0.13653	4.2	14 541	343.2696
绍兴	5 574	458.1	2 390	0.132	4.4	19 486	372.6993
湖州	5 946	280	2 781.5	0.12122	3.6	17 503	453.2823
丽水	5 946	228.6	2 837.5	0.12169	4.2	13 958	449.4303
台州	5 946	573.4	2 073	0.11853	6.7	19 036	475.9725
舟山	6 318	103.5	3 000	0.11435	4.3	17 525	513.5054
金华	6 318	510	2 446.4	0.11126	3.2	17 806	543.1409
温州	8 176	790.1	2 376.2	0.10593	3.2	21 716	598.3351
宁波	9 291	689.5	2 363	0.1043	3.5	19 642	616.309
嘉兴	13 378	418.6	2 726.4	0.10132	3.6	17 828	650.5768
江苏	24 527	7 550	2 439.5	0.09855	4.5	20 573.82	684.1362
上海	40 135	1 815	2 322.7	0.0953	6.1	23 622.73	725.7245
杭州	63 547	786.2	2 027.8	0.073304	5.5	19 027	1 082.008

注：各省出发区人口数据来自国家统计局，浙江省内各地市出发区人口数据来自浙江省人民政府，各地的人均可支配收入来自国家统计局，其余数据根据调查资料算术平均得到。

3.2 消费者剩余计算

由表1可见，因各地到天目山的旅行费用、旅行时间以及各地的人均可支配收入、月均收入等各不相同，导致了到天目山旅游的人数也各不相同。现用SPSS统计软件对以上数据进行逐步回归，得到游玩人数和旅行费用的回归函数为：

$$Y=7.827\times X^{-3.273} \tag{1}$$

式中，Y为出发区游客总数；X为旅行费用。

判定系数 $R^2=0.926$；$F=323.029$。

查F分布表，$F>F_{0.05}(1, 27)=4.21$，由此可见，旅行人数和旅行费用之间关系显著，回归模型成立。

方程与实际值的拟合情况如图1所示。

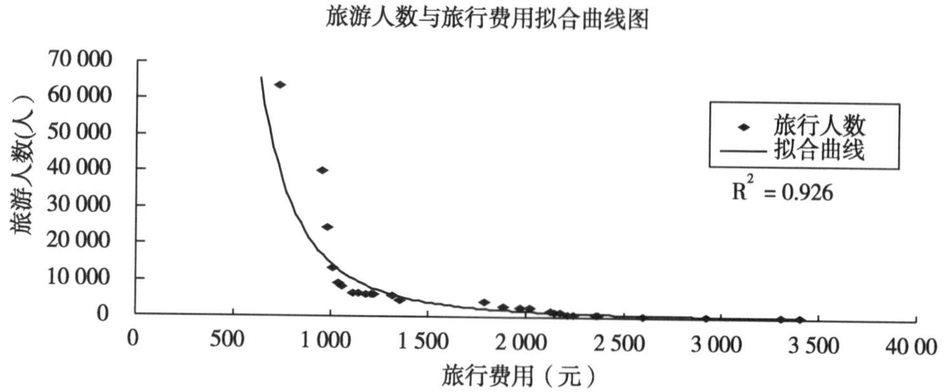

图1 游客人数与旅行费用的拟合曲线

从该回归模型看，随着旅行费用的增加，前来天目山自然保护区游玩的人越来越少，说明旅行费用对旅行人数的影响是负效应的，两者呈负相关关系。

在假定各客源地人口、收入、旅行时间保持不变的条件下，只考虑追加旅游费用对旅游人数产生的影响。当总旅行费用增加到某一数值时，旅游人数会减少到零，即旅游需求为零。可以根据式（1）求出旅游人数为零时的最大旅行费用。最大旅行费用减去实际旅行费用，即为各出发区的追加费用。拟合各出发区的追加费用与旅行人数，可以得到旅行人数与追加费用之间的函数关系式：

$$Y=e^{(-22.831+18.158X)} \tag{2}$$

式中，Y 为游客总数，X 为追加费用。

判定系数 $R^2=0.875$，$F=181.782$。

查 F 分布表，有 $F>F_{0.05}(1,27)=4.21$，可知方程成立。

对式（2）进行积分，可得消费者剩余，即 $CS=\int_{p}^{pm} y(x)\,dx$。

式中，CS 为消费者剩余，P 为当前出发区到天目山自然保护区的旅行花费，PM 是追加费用。具体结果如表 1 中的消费者剩余，加总各出发区的消费者剩余，得 CS=8599.6 万元。

3.3 评估结果

游客旅行的时间价值计算。旅行时间价值=游客人数×平均工作时间×每小时平均工资×价值比 F（F=1/3），得天目山游客的时间价值 Vt= 4 293.3万元。

游客旅行总实际花费。在本文中，将调查得到的各种花费的加权平均值乘以各地区的游客人数，得到总旅行实际花费为 Vc= 25 348.5万元。

发展阶段系数比计算。根据方法改进里面的公式，计算得 K=0.933。

天目山森林游憩非利用价值计算。根据调查所得，计算天目山国家级自然保护区森林游憩非利用价值为 $V_{非}$ = 4 048.2万元。

$V_{总}=K\times V_{TCM}+V_{非}=K\times(Vc+Vt+CS)+V_{非}=0.933\times(25\ 348.5+4\ 293.3+8\ 599.6)+4\ 048.2$

$=3\ 9727.4$万元。

4 结论与讨论

4.1 结论

旅行费用法是近年来国内外研究最多的森林游憩价值评估方法之一，但是其原模型存在着一定的缺陷。其一是评价结果会随着地区经济发展的不同而变化，其二是旅行费用法的评估对像是森林游憩的使用价值，对森林游憩的非使用价值则尚未有好的处理方法。本文针对旅行费用法存在的固有缺陷，对第一个问题引进了发展阶段系数之比来修正评估结果，对第二个问题则引进了条件价值法（CVM）对非利用价值的评估。根据调查结果，使用修正后的旅行费用法对天目山国家级自然保护区森林游憩价值进行评估，评估结果为 39 727.4万元，评估结果与未修正过的旅行费用法结果比较相近。从评估的过程来看，相对未修正过的旅行费用法，修正后的方法比较客观、合理。

4.2 讨论

根据“最密切联系原则”，摄影和购买纪念品的费用并不影响到目的地旅游的人数。故本文在计算消费者剩余时，使用的旅行费用包括了往返交通费、食宿费、门票以及其他费用，将摄影和购买纪念品未计算入内。在计算游客时间价值时，游客为进行森林游憩活动而放弃的收入占实际收入的比率尚未有统一的说法，有些研究取 1/4，有些研究取 1/3，还有一些研究取 40%，本文是取 1/3，这个取值的不同会造成评估结果有一定的不同。在天目山国家级自然保护区周边还有其他一些景点，但游客基本以天目山国家级自然保护区为中心，其次在调查过程中，调查人员对本次调查仅针对天目山国家级自然保护区向游客作了详细说明，故本文未考虑多目的地因素。

和谐林业篇

利用计算机技术编制采伐限额

朱灵龙[1]，方夏初[1]，林　辉[2]

（1. 浙江省温岭市农业林业局，温岭　317500；
2. 国家林业局华东林业调查规划设计院，金华　321001）

摘　要：温岭市利用经理期内的二类调查数据，结合补充调查，通过数学模型更新资源数据，采用地理信息系统计算机辅助制图、数据库等计算机技术，按时、高效、高质量地完成了“十一五”编限工作。

关键词：计算机技术；GPS；资源数据更新；采伐限额

温岭市农业林业局为编制“十一五”年森林采伐限额，需要全市的森林资源数据。资源数据的获取一般是采用二类调查或一类清查来完成，但是全面调查工作量巨大，费时费力而且耗费大量的资金，为确保按时、高效、高质量完成编限工作，根据温岭市的实际情况，决定采用补充调查。因为温岭市二类调查是在 1999 年完成，其基本数据可靠，尚在经理期内。采用补充调查，再通过数学模型更新资源数据，可以满足编限工作的需要。

1　存档资料的应用

1999 年的二类调查的大部分资料都已经输入计算机，所以，本次工作就可以充分利用已存档的计算机资料。

首先，小班卡片的重新生成，应用浙江省林勘院统一编制的二类调查数据处理系统，转入 1999 年的调查数据，通过其中的一览表生成功能，生成小班一览表，以 Word 文档方式存储在计算机中并通过 A3 幅面的打印机输出。共有 25 917条记录，这一步工作用了一周时间，一个人次的工作量。如果采用传统誊抄的方式，这将是一项艰巨的工作，需要 100 个工作日，而且存在着手工誊抄不可避免的差错，与打印的卡片相比，其清晰度、可识别性都有很大差距。

其次，图件的利用。利用 1999 年已数字化的资源图件，通过绘图仪绘出了一套彩色新图，图面清晰，层次分明，资源信息突出，同时地形信息清楚。如果是用复印的图件，其清晰度就大打折扣，地形信息与资源信息全是黑色，难以区分，给工作带来不便。

最后，查阅林地征占用、森林火灾、林木采伐、枯死木清理、松材线虫为害等文档记载资料，在室内先完成外业的预备工作，对应到相关的图面以及小班卡片资料，作相应的记录。

2 资源数据更新

在本次补充调查外业工作中，使用GPS测定变化小班的边界，以精确的坐标数据确定了小班位置和范围，提高了外业工作的精度，使外业工作更趋科学化、合理性，以一种理性的工作方式替代以前的感性工作方式。数据记载在前期数据小班一览表的空白行上（小班一览表是隔行打印，有足够空间填写新内容），并说明变化原因。

第一，内业工作对图面资料进行更新，依据外业采集的小班界线数据，输入计算机中，与原有数字化信息进行叠加，调整相应的界线。原有数字化图件在AutoCAD系统中，以DWG格式存储，鉴于AutoCAD软件强大的编辑功能，这一步工作仍然在AutoCAD中完成，并修改相应的小班号。全部完成此项工作之后，把数据导入ArcInfo系统中，进行拓扑关系检查，修正错误，并生成小班的面域，求出变化小班的面积，与原来小班的面积进行平差，保证总面积的一致性。

第二，对小班数据进行变更，根据浙江省二类数据处理软件的要求，把1999年的数据拷贝至2003年，在此基础上，对经外业调查已变化的小班因子进行修改。本期的资源数据增加了森林类别、群落结构、自然度、工程类别、事权等级、重点界定、保护等级等因子项，通过数据库工具，对这些因子项进行替换，直接填入数据库。对照生态公益林界定数据，修改森林类别、事权等级、重点界定、保护等级等因子项，增加分类经营的内容使资源数据更加完善。有面积变化的小班采用Acrlnfo求得，并经过平差的数据填入。工作过程中每修改完毕一个村，就进行面积检查，保证行政村面积的一致性，同时进行因子项之间的逻辑关系检查及时修正错误。这期间问题比较多的是林种因子的变化，由于两期的调查标准有所变化，在林种上表现得特别明显，对这一点进行专门处理，有规律可寻的变化采用一次性替换，其余则通过逻辑检查进行个别修正。

第三，对自然生长的资源进行模型更新处理。这一部分主要依据浙江省的平均生长率，应用数学模型对数据进行更新。根据实际情况，对于松门、石塘等沿海地区，因生态环境恶劣，林木生长量极低，与浙江省的平均生长量相距太大，所以对这一部分数据不进行计算机模型生长更新。更新之后的数据其中林业用地30 818hm^2，林业用地中有林地面积24 291 hm^2，全市活立木总蓄积547 752m^3，其中，有林地蓄积501 582m^3，占91.57%；疏林蓄积256m^3，占0.05%；四旁树蓄积41 131m^3，占7.51%；散生木蓄积4 783m^3，占0.87%。

第四，完成计算机制图工作。原有图件都是在AutoCAD系统中，而且小班界线也已经更新，只需要对注记进行更新，就能完成1:1万的山林现状图的更新工作。在ArcInfo中通过VBA编程生成Auto—CAD的Script文件实现注记的更新。其原理是从数据库中提取注记内容，结合地理信息系统的小班注记的点坐标，形成AutoCAD的文本命令，以文本形式写入文件，文件的后缀为.scr。再在AutoCAD中运行Script文件，生成注记文本。这样就有效地更新小班注记，使图件与数据统一对应起来。再根据乡镇行政范围的变更，作出相对应的调整，就完成了以乡镇为单位的山林现状图。全市的森林资源分布图，需要按树种、地类进行着色，这一步工作在AutoCAD中实现起来有一定的工作量，因为通过手工着色容易引起不必要的错误，而且地形信息是以矢量方式入图，在ArcInfo中可以非常完善地实现成图工作，所以全市森林资源分布图在Arclnf中完成。在ArcInfo中导入地形信息，并根据图件资料对道路进行更新，同时对矢量数据符号化，各小班数据赋以相应的颜色，最后增加图饰，就完成图件的制作。通过绘图仪输出图件，整个过程省时、省力，同时所得的图件清晰、美观。

3 限额的编制

以二类资源的统计数据为基本数据，编制一般用材林资源统计表、防护林资源统计表、应抚育资源统计表、低产（效）林改造资源统计表、其他资源统计表、毛竹资源统计表等数据。把这些数据输入国家林业局统一编制的采伐限额测算软件。根据实际情况，结合有关技术标准，确定相应的测算参数：应抚育资源中防护林、特用林的采伐强度为15%，一般用材林的采伐强度为25%，采伐周期为5年；低产（效）林改造资源数据采用防护林、特用林中郁闭度小于0.5的中龄林资源数据，采伐强度为100%，采伐周期为5年；其他采伐资源中薪炭林的采伐周期为17年，疏林、四旁树、散生木的采伐周期为31年，采伐强度都为100%。计算得出年森林采伐限额总量为17 006m^3，其中，主伐69 843m^3，抚育采伐量458m^3，更新采伐量117m^3低产（效）林改造采伐2 364m^3，其他采伐量708m^3，毛竹采伐量为39.88万株。

针对温岭市的实际情况，以测算数据为基础根据相关的法规及政策，对采伐限额进行了分析确定。温岭市经济发达，人民生活水平较高（2006年农民人均纯收入达6 594元），而林木生产利润低，靠采伐林木谋生的人几乎没有，所以温岭市的林业生产主要是以社会生态效益为主要目的，以木材生产为主要目的的主伐量需求并不是很大，主伐量调整为6 000m^3；同时由于对林分的管护较松加上原来造林密度偏大，而且以马尾松纯林为主造成林分卫生条件比较差，出现自然整枝和自然枯死现象，因此，加大抚育采伐的强度，抚育采伐量调整为800m^3；近年来森林病虫害特别是松材线虫对森林的为害日趋严重，林分结构急需进行调整，由单一的纯林结构向混交林结构过渡，因此，需要增加更新采伐量，调整为2 900m^3；低产（效）林改造，计算结果已基本满足生产需求，采伐量调整为2 300m^3；其他采伐量主要为薪炭林及四旁树的采伐，根据温岭市的实际情况，这方面的需求并不是很高，调整为5 000m^3；毛竹林由于缺乏抚育，毛竹纤细，老龄竹偏多，急需采伐竹龄偏大的老竹。留养新竹，毛竹采伐量增加为50万株。同时由于温岭市地处浙江沿海，每年受台风影响较大，台风过后林木毁坏严重，对这些林木需要进行处理，特别增加1 000m^3的采伐量。通过以上的分析及调整处理，初步确定温岭市“十一五”期间合理年森林采伐限额总量为18 000m^3。

4 讨论

在温岭市“十一五”采伐限额的编制过程中全面应用了计算机技术。这也是温岭市林业局一贯坚持采用新技术应用于林业生产的收获，充分发挥了科技是第一生产力的作用，在时间紧、任务重的情况下，高效、高质量地完成了任务（本次工作，前后共花费了3个月的时间，比邻近县市提前了近2个月时间）。

但是，采伐限额的确定，与温岭市的实际情况以及国家对采伐限额制定的相关政策是密切相关的。应用计算机技术测算出的合理采伐限额，只是依据有森林资源以及资源消长状况而得到的一个参考数据，这个数据是为各级行政管理部门决策审批的一个参考依据。本文主要讨论采伐限额测算过程中着重在技术方面分析计算机的应用，对于采伐限额的审批、确定，在此不作讨论。

台州市珍稀濒危植物资源调查

马桂莲，戴云喜

（浙江省台州市黄岩区林业特产局　台州　318020）

摘　要：台州市有高等植物约3万种，其中处于濒危和受到威胁的大约有3 000种，保护工作十分迫切和繁重。介绍了台州市珍稀濒危植物的生态条件，自然环境以及种类和分布，重点列举了22种国家级保护的珍稀植物的情况，并提出了对这些珍稀濒危植物的发掘利用与保护的措施。

关键词：珍稀濒危植物；资源调查；台州市

植物是人类赖以生存的极为重要的物质条件，它为人类提供了生活所必需的粮食、蔬菜、油料、果品、药材等多种多样的产品。同时，又可涵养水源、保持水土、防风固沙和调节气候，植物不仅对科学技术的发明和革新以致文化、艺术、教育等起重要作用，还有巨大的经济价值。珍稀植物尤其是一些濒临灭绝的特有种，是自然历史的遗产，也是国家的一份宝贵财富。保护和发展珍稀植物，对发展经济，改善自然环境，维护生态平衡，以及挽救濒危植物种质资源，开展科学研究和丰富人们文化生活都有重要的意义。

台州市高等植物约有3万种，目前处于濒危和受到威胁的大约有3 000种，形势是十分危急的，而一个物种的消灭，将使其他10～30种生物受到威胁。保护好植物资源，特别对珍稀濒危植物的保护更是一项刻不容缓的、迫在眉睫的工作。为此，我们对台州市珍稀濒危植物作了全面的调查。

1　自然环境条件

台州市位于浙江东南沿海中部。东濒东海，南邻温州市，西与金华、丽水市为界，北与绍兴、宁波市接壤，介于东经120°17′～121°56′，北纬28°01′～29°21′。陆域总面积9 411 hm^2，其中山地丘陵面积占72%。土壤主要是红壤、山地黄壤、黄红壤、平原冲积土、水稻土和盐碱土，高山夹有少量香灰土和石碜香灰土。

台州市西部山脉纵横，层峦叠嶂。在仙居、天台及临海西南和黄岩西部交界处，海拔千米以上的山峰多达170多座，最高峰是临海与仙居边境的括苍山米筛浪，海拔1 382m。由于山峦起伏、地形多变，垂直高度相差悬殊，因而形成了植物区系既丰富又复杂的特点。这里气候温和，雨量充沛，土壤肥沃，日照充足，为植被发育和多类型的林木生长繁衍创造了得天独厚的条件，构成以常绿针叶林和阔叶林相混交的植被类型。并蕴藏着一批数量可观的处于濒危状态的珍稀树种和有关奇树异花的趣闻轶事，还有许多古树名木和丽树名花，其中，百年以上古树就有14 771株。

2　珍稀濒危植物资源

几年来，通过对台州市各地山区的野外实地调查和有关资料的研究，台州市共有国家级保护的珍稀植物22种，其中，一级保护2种：南方红豆杉、水松；二级保护10种：夏蜡梅、香果树、福建柏、银杏、浙江七子花、鹅掌楸、金钱松、长叶榧、蛛网萼和伯乐树；三级保护10种：金刚大、领春木、银钟花、天目木姜子、黄山木兰、凹叶厚朴、红豆树、八角莲、紫茎、厚朴。除此外，还有许多珍稀树种，如青钱柳、天台大叶槭、天台鹅耳枥、竹柏、天台槐蓝、蓝果树、黄山紫茎、红茴香、华东楠、浙江樟、月桂、肉桂、七叶树、细叶香桂、榧树、三尖杉、山拐枣（*Poliotlyrsis sinensis* Oliv.）和猴欢喜等。

2.1 国家一级保护植物

2.1.1 南方红豆杉（*Taxus marirei*）

属红豆杉科红豆杉属常绿乔木。红豆杉起源于约1亿年前的中生代白垩纪，是经过第四纪冰川而幸存下来的孑遗植物，对植物遗传和分类等具有一定的科研价值。树皮、叶片含有的单宁（紫杉醇）物质，对癌细胞有一定的抑止作用。

2.1.2 水松（*Glyptostrobus penssilis*）

属杉科水松属落叶乔木。天台龙皇堂的杉科植物，目前列为国家10种一级保护植物中的1种，水松比较少见。

2.2 国家二级保护植物

2.2.1 夏蜡梅（*Calycanthus chinensis* Cheng et S. Y. Chang.）

属蜡梅科夏蜡梅属落叶灌木。为浙江省特有的孑遗种，于20世纪60年代初才被发现，主要分布区为天台大雷山。夏蜡梅于5月开花，花大而美丽，粉白色，具芬芳，具有观赏和科研价值。

2.2.2 香果树（*Emmenopterys henryi* Oliv.）

为茜草科香果树属落叶乔木，是我国特有的单型属，为古老孑遗种。主要分布在天台华顶，岭里等。香果树叶大花形奇特，树姿壮丽，是庭园优良绿化树种，树皮纤维可制蜡纸和人造棉，木材供建筑、桥梁等。

2.2.3 福建柏［*Fokienia hodginsii*（Dunn）Henry et Thomas.］

也叫建柏滇柏，为柏科福建柏属针叶大乔木。福建柏属是东亚特有的单型属，只有福建柏一种，属于古老成分。台州市各地有引种栽培，目前尚未发现原生树种。福建柏边材淡红，心材深褐，纹理细致，坚实耐用，可供建筑、桥梁、土木工程及家具用材。树姿壮丽，是优良的园林绿化树种。

2.2.4 银杏（*Ginkgo biloba* Linn.）

银杏属，是我国特有的单型属，为中生代孑遗植物，为我国三大“活化石”之一。银杏是裸子植物门中的独生子，除观赏、用材、食用及药用价值外，在科研上还有独特的作用，它保持着两亿年前遗传下来的雄精细胞有纤毛、能游动的特性，为研究原始裸子植物提供了“活标本”。台州市现存百年古银杏76株，三门县横渡镇铁强村村口，有株胸径达240cm，高22m的古树，已有1 000多年的历史，是台州的银杏老寿星。

2.2.5 浙江七子花（*Heptacodium miconioides* Rehd.）

为忍冬科七子花属落叶小乔木，是我国特有的单型属，产于天台山等地。天台山狮子岩坑中下段，目前尚保留着1200多株的种群，平均高度4~5m，平均胸径7.5cm。七子花幼枝红褐色，略呈四棱形，花朵7月开放，粉红色，单花共7朵组成一轮，花期长达73~78d，果实于10月下旬成熟。

2.2.6　鹅掌楸［*Liriodendron chinense*（Hemsl.）Sarg.］

为木兰科鹅掌楸属落叶乔木。是第三纪古热带植物区系的孑遗种，和银杏一样被称为“活化石”，又系中国–北美间断分布属种。产于天台华顶及黄岩屿头等地，台州市黄岩里岙村，海拔760m的梯田边，有株胸径80cm，树高22.5m的大树，树龄约150年，是台州市少见的木兰科珍稀树种。花单生于枝顶，花期4月，花黄绿色杯状，有香气，是园林绿化优良树种。

2.2.7　金钱松［*Pseudolarisc amabilis*（Nels）Rehb.］

又名金松，为松科金钱松属落叶乔木，是我国特有的单型属种，第三纪古热带植物区系的孑遗树种。自然分布天台华顶山、黄岩茅畲等地。老枝松针辐射状轮生，似古钱币，秋来叶色金黄，故名。为我国特产，是世界五大观赏树种之一。台州市自然分布不多，各地多见引种栽培。黄岩茅畲乡上横村南岙有株近百年的大树，胸径38cm，树高20m，生长旺盛。天台华顶斗室坑有150年生大树5株，其中，最大的胸径64cm，树高18m。金钱松树形美观，树叶金黄，是名贵的园林绿化树种，其根皮“土槿皮”，含土槿皮酸、鞣质等，可杀虫、治癣，具有良好的疗效。

2.2.8　长叶榧（*Taxus jackii* Chun）

为红豆杉科红豆杉属常绿乔木，是东亚北美的一个间断分布属。长叶榧是我国特有的古老孑遗种。1924年，由当时金陵大学教授秦仁昌在仙居县城南20km处发现采集，作为模式标本，经中国树木分类专家陈焕镛教授正式命名。长叶榧木材坚实，纹理直，有香气、果实可食。并含抗癌成分（紫杉醇），目前为国内外学者所关注。该种在仙居俞坑林区和陈岭乡葛丰坑、石长坑、陈坑有成片分布，其中，安岭乡石舍村有株古树，树龄已有150年，高14m，胸径44cm，目前为国内最大植株，是亟待保护和发展的珍稀树种。

2.2.9　蛛网萼（*Platycrater arguta* Sieb. et Zucc.）

为虎耳草科蛛网萼属落叶灌木，俗称梅花甜茶。此种系东亚特有单型属，东亚北美植物区系中的中国日本变型。产于台州温岭太湖洪武尖。蛛网萼为小灌木，高50~100cm。花二型，放射花有1枚盾状萼瓣，近三角形，故又名盾儿花。孕性花白色，花瓣四片，雄蕊多数。

2.2.10　伯乐树（*Breschneiaera sinensis* Hemsl.）

为伯乐树种落叶阔叶乔木，也叫钟萼木（钟萼木科），龙泉叫山桃。在科属关系上，是我国的特有种，单型属，是第三纪古热带植物区的孑遗种，产于天台、仙居等。伯乐树为落叶大乔木，单数羽状复叶长达80cm，小叶3~6对，对生，矩园形，长9~20cm，叶柄长10~18cm，总状花序顶生，花瓣5，粉红色，长约2cm，花萼钟状，故有钟萼木之名。树姿优美，花色鲜艳，宜作园林绿化树种，树皮、种子均可入药。同时伯乐树对研究被子植物系统发育和古地理具有重要的学术意义。

2.3　国家三级保护植物

2.3.1　金刚大（*Croomia japonica* Miq.）

为百部科金刚大属多年生草本植物，根状茎横走，节多而密。茎直立，不分枝，高15~40cm，基部有鞘。叶3~5枚，互生于茎上部，卵形。花小，黄绿色，生于山谷林下，根药用，有祛风解毒之效，还可作农药。天台俞坑林区见有分布。

2.3.2　领春木（*Euptelea pleiospermum* Hook. f. et Thoms.）

为昆栏树科（领春木科、云叶科）领春木属落叶小乔木。领春木系单型属植物，东亚成分的特征科，第三纪孑遗种。产于天台华顶山。领春木花两性，早春先叶开放6~12朵簇生，花药比花丝长，8—9月果熟。

2.3.3　银钟花（*Halesia macgorii* Chun）

为野茉莉科（安息香科）银钟花属落叶乔木，是东亚与北美间断分布属，为古老孑遗植物。产于天台与临海交界的大富山，银钟花在大雷山岭里、下辽均有大树，木材灰白色，纹理细，材质轻软，有工艺价值。本种花于3—4月开放，纯白色有清香，下垂似钟，故有银钟花之名。核果周围具4宽翅，美丽而奇异，为庭园优良绿化树种。

2.3.4　天目木姜子（*Litsea auriculata* Chien et Cheng.）

为樟科木姜子属落叶乔木，属于我国东部特有树种。产于天台山等地，垂直分布于海拔800~1 600m的山坡谷地针阔混交林内。每年3—4月开花，花与叶同时开放。果实于月中旬成熟。木材带黄色，重而致密，家具良材。果与根皮可治蛲虫，叶捣烂治筋伤。

2.3.5　黄山木兰（*Magnolia cylindrica* Wils.）为木兰科木兰属落叶乔木。系我国东部特有种。产于仙居、龙泉等地。垂直分布于海拔600~1 700m，生于阴山坡沟谷落叶、阔叶混交林内。由于本种花蕾可代“辛夷”、“望春花”入药，每当早春，常为当地群众连枝采剪，不仅影响天然更新，用种子繁殖也受到限制，因此分布区日见狭窄，野生植株逐渐稀少。且其花色鲜艳，具芳香，是极其珍贵的园林绿化树种。

2.3.6　凹叶厚朴［*Magnolia* spp. Biloba（Rehd. et Wils.）Law］

为木兰科木兰属落叶乔木。也叫庐山厚朴，是我国特有的珍贵树种，分布于天台华顶山、仙居俞坑、黄岩布袋坑等地。垂直分布于海拔400~1 500m。凹叶厚朴木材黄褐色，纹理直、结构细，为工艺良材；根皮、树皮、花和种子皆可入药，有温中下气，燥湿行滞，化食消痰、驱风镇痛之功效。叶大荫浓，树体雅致，花大而美丽，具芳香，为园林绿化优良树种。

2.3.7　红豆树（*Ormosia hosiei* Hemsl. et Wils.）

蝶形花科红豆属常绿（鄂西红豆半落叶）乔木。是我国特有的珍贵用材（观赏）树种。产于台州仙居俞坑、天台苍山、黄岩上垟、九峰等地。我国红豆树属植物近40种，大多分布于热带地区，台州市常见的有鄂西红豆、毛叶红豆两种，毛叶红豆也叫花榈木。九峰公园有株40年生的鄂西红豆，秋季落叶，仅树冠下部少量叶不落，结果鲜红色。花榈木常绿，种子鲜红，但比鄂西红豆小而光滑圆润。红豆树木材坚实有光泽，花纹极其美观，其美观胜于红木和紫檀，是上等家具、工艺雕刻的用材。树冠浓荫复地，蔚然可爱，为优良绿化树种。

2.3.8　紫茎（*Stewartia sinensis* Rehd. et Wils.）

为山茶科紫茎属落叶小乔木（灌木），是我国特有的古老孑遗植物，系东亚北美间断分布种。产于天台。垂直分布在海拔600~1 900m，由于分布区植被不断遭到破坏，生境恶化，其天然更新能力弱，因此，植株日益减少，分布区愈来愈狭窄。紫茎木材极坚硬，纹理致密，细木工良材，种子油可食用或工业用。

2.3.9 八角莲［*Dysosma versipllis*（Hance）M. Cheng.］

为小檗科八角莲属多年生草本。别名有独角莲、独脚莲八角盘和一碗水。根状茎粗壮横生，茎直立，高20~30cm，不分枝。茎生叶1或2片，盾状。花期5~6月，果期8~9月。全草药用，有散风祛痰、解毒消肿和杀虫之功效。本种喜生长于阔叶林或竹林下阴湿处。仙居俞坑林区和黄岩决要有分布。

2.3.10 厚朴（*Magnolia officinalis* Rehd. et Wils.）

为木兰科木兰属落叶乔木。产于仙居俞坑、黄岩屿头、天台华顶等地，叶革质，倒卵状椭圆形，长20~45cm，宽10~24cm，是木兰科中叶片最大的树种。3月花与叶同时开放，花白色美丽并有芳香可供园林绿化用。树皮、根皮、花、种子和芽均可入药，尤以树皮（厚朴）为著名中药材，有温中下气、燥湿行滞、化食消痰、驱风镇痛之功效。

2.4 其他珍稀濒危植物

除上述珍稀濒危植物外，还有胡桃科中的青钱柳是古老孑遗珍稀树种，它的发现增创了台州市植物分布的新纪录。木兰科中的披针叶茴香（木蟹树，莽草）野含笑、深山含笑等，披针叶茴香果实有毒，不能作为八角茴香而食用。槭树科中的天台大叶槭、樟叶槭、茶条槭，茶条槭可以代茶。樟科植物中的浙江樟、肉桂、月桂、沉水樟等。肉桂和月桂是香料和药用植物。肉桂少见，目前仅见黄岩九峰有40年生大树1株。罗汉松科中的百日青、竹柏，七叶树科中的七叶树，其种子为著名中药；另外，芸香科的樗叶花椒，杜英科的猴欢喜，冬青科的小果冬青、大叶冬青，苏木科的肥皂荚，紫金牛科的密花树，山茱萸科的青荚叶，山茶科的厚皮香以及天台国清寺内的南京椴等，都是台州少见的稀有树种。其中大叶冬青是有名的药用饮料（苦丁茶），有降压治癌的功效。

在竹类植物中，比较珍贵和具有观赏价值的有方竹属中的方竹、观音竹；竹属中的佛肚竹、葫芦竹（大佛肚竹）、凤尾竹、花孝顺竹；刚竹属中的花毛竹（变型）、龟甲竹（变型）、紫竹、斑竹（湘妃竹）；苦竹属中的菲白竹、大明竹，倭竹属中的鹅毛竹、小紫竹等都是本市观赏竹类的佼佼者。

3 珍稀濒危植物的利用和保护对策与措施

由于对珍稀濒危植物认识不足，一般是在古树名木调查时立了一块保护牌，平时没有采取任何措施。珍稀濒危植物是自然历史的宝贵遗产，应得到应有的保护。为了更好地保护、发展和合理利用珍稀植物资源，应做到以下几项工作。

林权争议现场勘验技术探讨

王明生

（浙江省仙居县林业局，仙居　317300）

摘　要：为了审核当事人提供的山林权属证据，调处林权争议，调处人员必须进行现场勘验，要在研究证据材料的基础上，把握勘验目的，进行实地勘察，把证据材料与争议山场联系起来，利用地形图绘制勘验图面资料，为争议调处提供现场证据。

关键词：林权争议；勘验技术；探讨

森林、林木和林地的所有权或者使用权争议（以下简称林权争议）的现场勘验，是为了查明争议山场的面积和所在位置和山林权属证据材料所涉及的有关山场地物、地貌、地名的所在位置以及经营管理状况等，把书证与实地山场有机地联系起来，绘制争议山场图面材料，为处理林权争议提供现场证据。现场勘验是处理林权争议工作不可或缺的一个极其重要的环节。

在现场勘验过程中，调处人员主要是把握勘验目的、内容，当事人负责现场指认，绘图技术人员则根据勘验目的、内容和当事人的指认绘制勘验图。因此，现场勘验图的真实性决定于当事人指认的真实性，并不代表全体参加勘验人员的观点（林木、林分状况等反映山场现状的除外）。勘验人员要力求去伪存真，认真辨别当事人的指认与实地的相关性。

1　准备工作

1.1　研究证据材料

准备工作，首先是对争议双方当事人提供的证据材料进行初步的研究。一般地，从证据材料和当事人的陈述中，可以确定争议山场在地形图中的大略位置，找到争议山场的地形图。然后对照地形图分析双方的证据材料，摘录出需要到实地勘验的地物地貌、四至地名和有关事项，明确勘验目的。由于发生林权争议的山场多在山区，交通不便，山路遥远，组织一次现场勘验活动不是一件简单的事情。有的林权争议因为准备工作不充分，一个地方经多次勘验，情况还没有全部搞清楚；有的甚至连续上山 20 次/年，造成大量的人力物力浪费，因此，要分析对全案可能有用的现场情况，以便一并勘验。

1.2　确定参加勘验人员

一般的，勘验人员中应包括争议双方当事人（法人代表）、双方当事人均认为对山场情况熟悉而又信得过的人各 1~2 人。有关单位代表、林权争议调处人员、绘图技术人员等应当参加勘验。

1.3　准备测绘工具

测绘工具主要有 1：10 000比例尺的地形图（如有 1：5 000或 1：2 500比例尺的更好）复印件，测绳、皮尺、钢卷尺等测量工具，绘图笔、铅笔、橡皮等绘图工具以及记录纸、印泥等笔录用具。

2 现场勘验

2.1 常规勘验

林权争议现场勘验，主要是查明林权争议双方当事人出具的证据材料涉及现场地物地貌和小地名一般地，包括争议山场的四至范围、面积，能够反映经营管理状况的林分起源、树种分布、树龄、林木蓄积等山场现状，争议山场所在地行政区域位置，争议山场地物地貌的名称（岗、垅、坑等的小地名）等。有时，为了增强真实感，勘验时还应对一些地物拍摄照片。

2.2 注意当事人指认有异

争议双方对同一地物地貌的不同叫法或同一地名指认的不同地物，往往关系到争议的实质性问题，勘验时要特别注意。如台州市与丽水市为位于仙居县横溪镇苍岭坑村与缙云县壶镇镇南田村毗连地区的“龙潭坑”林权起了争议，1954 年，双方达成了协议，规定仙居、缙云两县以“南起海临尖岗直至金瓶垅至两里半（小村）上首下风门头……”为界。海临尖、下风门头等地名双方指认一致，但对“金瓶垅”指认不一致。海临尖的东边和西边都有一条很明显的垅，仙居方认为海临尖西边的垅叫金瓶垅，缙云方认为海临尖东边的垅叫金瓶垅，东西两条“垅”之间面积约 250hm^2。由于双方对“金瓶垅”的位置认定不一致，这起林权争议，至今没有得到解决，成为这一地区严重的社会不稳定因素。因此，现场勘验时，需要对现场认真勘验。

2.3 注意周围情况

除了争议山场内的地物地貌勘验外，还应对争议山场周围的小地名和现状做必要的了解。如 1998 年仙居县横溪镇后山根村与湫山乡抱龙村为“双天龙”山界争议。争议山场位于两村山林交界处，双方对山界的不同指认，涉及 3. 2hm^2 山林的归属问题。争议山场东面为后山根村山，西面为抱龙村山，即后山根村山林的西边与抱龙村山林的东边接界。双方都出具了《山林所有权证》，抱龙村山林所有权证四至为：东垅至尖，南坑，西小坑，北高尖，面积 3. 33hm^2；后山根村山林所有权证四至为：东拱桥路。南坑，西双天龙垅至凹缺，北分水岗，面积 4. 53hm^2。抱龙村“东垅至尖”的垅与后山根村“西双天龙垅至凹缺”的垅所在位置，就是两村的界址所在。山林所有权证四至对照现场，后山根村的东、南、北三方无异议；抱龙村南、北两方无异议，但西面有多条“小坑”，到底是哪一条小坑，难以确认。调处人员就从勘验抱龙村相邻山林的权属证书四至地名着手，查明了“小坑”的确切位置，从而由“小坑”的位置推断两村山界——“垅”的位置。后来，仙居县人民政府根据《浙江省森林管理条例》和《林木林地权属争议处理办法》的有关规定确定了两村的山界位置，法院一审、二审均维持了县政府的处理决定。

3 绘图

3.1 利用地形图绘制图面材料

一般是利用地形图复印件，自行设计图例，在地形图上绘制《争议山场勘验图》；如果争议山场面积较小，在地形图上难以表达清楚的，以绘制《争议山场勘验示意图》为好。

3.2　绘图技术人员必须按照当事人的指认制图

现场勘验图是根据当事人提供的证据所涉及的地物地貌和小地名，以及调处人员认为需要了解的情况，经当事人的现场指认和调处人员的辨别后，由绘图技术人员在地形图上找出相应的位置绘制而成；如果当事人与调处人员的辨别意见不一致，应当分别在图上标明。现场勘验图实质是当事人向调处机关提供的一件书面证据。

3.3　注意地物变化

利用地形图绘制林权争议现场勘验图，要注意实地与地形图上原有的标记是否有不相符的地方。因为地形图的绘制时间往往在几年甚至十几年前，离现场勘验使用，已经有了一定的时间差；在这段时间内，一些地物可能已经发生了变化，如河流改道，道路改道，原有人工建筑物损毁、迁建，新建建筑物，林分林相改变等。如果不注意这些变化，在绘制现场勘验图时就有可能发生错误。

3.4　标明异议地名

勘验时，双方当事人往往对现场地物地貌的名称有不同说法，争议的焦点很可能就在这些地方。现场勘验图应当将当事双方共同认可的小地名标注清楚，更要将双方不同的指认标注出来。但如果是只有一方当事人参加勘验，则可不标注对方的不同说法。

3.5　标记确切图名

确定现场勘验图的图名，一般可用《现场指认图》或《现场勘验图》。如果只有一方当事人指认而另一方当事人不在场，则此时的勘验图只能作为单方提供的现场证据，图名切不可称“确认图”；称“确认图”，就意味着在另一方不在场的情况下，全体参加勘验人员都认同了。如果是双方共同指认，而且指认一致，则属争议双方的确认图。

3.6　标署参加勘验人员姓名

参加勘验人员应当在图上署名。争议双方当事人应作为“指认人”，调处人员和有关机关代表作为“在场人”或“勘验人”，绘图技术人员作为“绘图人”在图上签名或者盖章（或指印），最后标署勘验时间。

4　制作现场勘验笔录

在绘图技术人员绘图的同时，调处人员应当制作现场勘验笔录，对勘验时间、地点，勘验过程，勘验事项及结果，参加勘验人员的姓名、身份、单位等记录在案。全体参加勘验人员应当在现场勘验笔录上签名或者盖章（或指印）。

5　小结

林权争议现场勘验不单是一个技术问题，还有一个社会问题。因为对现场地物地貌的指认，往往是争议双方当事人的指认，不排除人为主观意志。因此，现场勘验人员除了要精通勘验技术外，还要善于听取和分析双方的意见，最终将勘验结果制作成文字和图面资料，作为处理林权争议的重要依据。

浙江省仙居县古树名木资源调查与保护

王明生，杨胜利

（浙江省仙居县林业局，仙居　317300）

摘　要：仙居县古树名木资源自然分布范围遍布全县的18个乡镇，共有34科、63属、79种，3 671株。为保护古树名木资源，仙居县给受保护古树名木挂上号牌，从而使古树名木保护工作得到进一步规范。

关键词：古树名木；野生资源；分布范围

古树名木是森林资源的重要组成部分，具有重要的科学、文化、经济价值。仙居古树名木繁多。民国时期，县内大树古树到处可见，村村有风水树、路荫树、坟头树，面积大小不一。苍岭、黄榆岭、白丈岭、长岗岭、马宗岭等主要道路两旁，古木参天，遮云蔽日；几百年的樟树、苦槠、枫香、松树等古树，到处可见。

1　仙居县森林资源概况

仙居县地处浙江东南山区，北纬28.5°~29°，东经120°~121°。仙居东西长63.6km，南北宽57.6km；东连临海、黄岩，南接永嘉，西邻缙云，北靠天台、磐安。全县土地总面积20.03万hm^2，其中，林地面积15.69万hm^2，占全县总面积的78.7%；森林面积13.31万hm^2，林木总蓄积316.7万m^2，森林覆盖率77.2%，森林面积、蓄积和覆盖率均居台州市前列。

2　调查方法

根据浙江省古树名木普查建档技术操作细则要求，对全县范围内百年以上树龄的古树名木进行普查，采用实地调查，逐株检尺胸围、测定树高，用数码相机全景拍照，GPS定位的方法进行捌查，树种定名采用前期资料和标本鉴定的方法进行。

3　调查结果

3.1　分布

据调查，仙居古树分布在全县18个乡镇586个行政村1 000多个自然村，共3 671株。树龄500年以上的一级保护古树名木有13科18属32株，其中，树龄1 000年以上的古树有5科7属8株，树龄300~499年的二级保护古树名木353株，100~299年三级保护古树名木3 286株（表1）。连片10株以上的古树群落有85个，共有古树名木1 829株。

表 1　仙居县古树名木分布情况

乡镇	合计	古树保护级别			分布状态	
		一级	二级	三级	散生	群落
安岭乡	56	3	15	38	56	
溪港乡	335	5	22	308	176	159
湫山乡	364	3	33	328	225	139
横溪镇	369	1	34	334	181	188
埠头镇	147	2	10	135	66	81
皤滩乡	191		12	179	80	111
白塔镇	109		15	94	65	44
淡竹乡	739		44	695	181	558
田市镇	41		9	32	41	
官路镇	89	3	29	57	74	15
城关镇	153	3	22	128	142	11
步路乡	35	2	13	20	35	
上张乡	82	1	12	69	72	10
广度乡	518	1	20	497	163	355
大战乡	51	1	2	48	41	10
下各镇	40		8	32	40	
双庙乡	26		6	20	26	
朱溪镇	326	7	47	272	178	148
合计	3 671	32	353	3 286	1 842	1 829

3.2　种类

全县列入《国家重点保护野生植物名录（第一批）》一级保护植物的名木古树有，银杏（*Ginkgo biloba*）南方红豆杉（*Taxus chinensis* var. *mairei*）、苏铁（*Cycas revoluta*）3 种，共计 63 株，二级保护植物的有长叶榧（*Torreya jackii* Chun）、榧树（*Torreya grandis*）、樟树（*Cinnamomum camphora*）、花榈木（*Ormosia henryi*）、凹叶厚朴（*Magnolia officnalis* subsp biloba）等 5 种，共计 679 株。

全县分布数量最多的古树树种及株数分别为：苦槠 685 株、樟树 667 株，马尾松 604 株，其次为枫香 480 株，柳杉 177 株，甜槠 169 株，柏科 160 株，青冈栎 159 株，南方红豆杉 58 株。全县百年以上古树 34 科 63 属 79 种 3 671株。详见表 2 所示。

表 2　仙居县古树名木种类

树种	科属	株数
苦储 *Castanopsis sclerophylla*	壳斗科栲属	685
樟树 *Cinnamomum camphora*	樟科樟属	667
马尾松 *Pinus massoniana*	松科松属	604
枫香 *Liquidambar formosana*	金缕梅科枫香属	480
柳杉 *Crytomeria forturei*	杉科柳杉属	177
甜槠 *Castanopsis eyrei*	壳斗科栲属	169
青冈栎 *Crclobalnopsis glauca*	壳斗科青冈属	159
柏木 *Cupressus funebris* Endl.	柏科柏木属	120
南方红豆杉 *Taxus wallichiana*	红豆杉科红豆杉属	58

（续表）

树种	科属	株数
木荷 *Schima superba gard* Champ	山茶科木荷属	57
黄山松 *Pinus taiwanensis* Hayata	松科松属	38
榔榆 *Ulmus patvifolia*	榆科榆属	36
蓝果树 *Nyssa siensis* Oliv	蓝果树科蓝果树属	31
枫杨 *Pterocarya stenoptera*	胡桃科枫杨属	30
板栗 *Castanea mollissima*	壳斗科栗属	29
锥栗 *Castnea henryi*	壳斗科栗属	25
刺柏 *Juniperus formosana* Hayata	柏科刺柏属	22
木犀 *Osmantacaiafragrans*	木犀科木犀属	21
黄檀 *Dablergia hupeana* Hance	蝶形花科黄檀属	17
白栎 *Quercus fabri* Hance	壳斗科麻栎属	17
黄连木 *Pistacia chinsis*	漆树科黄连木属	16
朴树 *Celtis sinensis*	榆科朴属	16
蚊母树 *Distylium racemosum*	金缕梅科蚊母树属	16
钩栗 *Castanopsis cihetana* Hance	壳斗科栲属	15
红楠 *Machilus thunbergii* S. et Z.	樟科润楠属	12
杉木 *Cunninghamia lanceolata*	杉科杉木属	10
侧柏 *Biota orientalis* Endl	柏科侧柏属	8
响叶杨 *Populus adenopoda* Maxim	杨柳科杨属	8
杨梅 *Myrica rubra* Sieb et Zucc	杨梅科杨梅属	8
罗汉松 *Podocarpus macrophyllus*	罗汉松科罗汉松属	7
柿 *Diospyros kaki* L. F.	柿树科柿树属	7
沙梨 *Pyrus pyrifolia nakai* var. *culta nakai*	蔷薇科梨属	7
榧树 *Torreya grandis*	三尖杉科三尖杉属	6
圆柏 *Juniperus chinensis* L.	柏科圆柏属	5
冬青 *Ilex chinensis* sims	冬青科冬青属	4
糙叶树 *Aphanantne aspere* Planch	榆科糙叶树属	4
香椿 *Toona sinensis* Roem	楝科香椿属	4
玉兰 *Magnolia heptapeta*（Bochoz）Dandy	木兰科木兰属	4
重阳木 *Bischofia trifoliate*（Roxb hook）	大戟科重阳木属	4
银杏 *Ginkgo biloba*	银杏科银杏属	3
福建柏 *Fokienia hodginsii*	柏科建柏属	3

（续表）

树种	科 属	株数
石楠 *Photinia serrulata* Lindl	蔷薇科石楠属	3
豆梨 *Pyrus calleryana*	蔷薇科梨属	3
凹叶厚朴 *Magnolia officnalis* subsp. *biloba*	玉兰科玉兰属	3
杜英 *Elaeocarpus sylvestris*	杜英科杜英属	3
苏铁 *Cycas revolute*	苏铁科苏铁属	2
龙柏 *Sabina chinensis*	柏科圆柏属	2
皂荚 *Cleditsia sinensis* Lam.	苏木科皂荚属	2
四川山矾 *Symplocos setchuensis* Brand	山矾科山矾属	2
山矾 *Symplocos caudate* Wall	山矾科山矾属	2
楸树 *Catalpa bungei* C. A. Meyer	紫葳科梓树属	2
光皮桦 *Betula lumifera* Winkl	桦木科桦木属	2
乌桕 *Sapium sebiferum* Roxb	大戟科乌桕属	2
大叶冬青 *Ilex latifolia* Thumb	冬青科冬青属	2
花榈木 *Ormosia henryi*	蝶形花科红豆树属	2
木 *Loroperalum chinense* Oliv	金缕梅科木属	2
油茶 *Camellia oleosa*（Lour） rehd	山茶科山茶属	2
紫藤 *Wisteria sinensis* Sweet	蝶形花科紫藤属	2
小叶青冈 *Cyclobalanopsis myrsinaefolia* Oerst.	壳斗科青冈属	2
山柿 *Diospyrus kaki* var. *sylvestris mak*	柿树科柿树属	2
乌冈栎 *Quercus phillyraeoides* A. Gray	壳斗科栎属	2
茅栗 *Castanea seguinii* Dode	壳斗科栗属	1
木瓜 *Chaenomeles sinensis* Koehne	蔷薇科木瓜属	1
青檀 *Pterocltis Tatarinowii* Maxim	榆科青檀属	1
细枝柃 *Eurya loquiana* Dunn	山茶科柃属	1
薜荔 *Ficus pumila* L.	桑科榕属	1
长叶榧 *Torreya jackii* Chun	红豆杉科榧树属	1
褐叶青冈 *Cyclobalanopsis stewardiana*	壳斗科青冈属	1
槐树 *Sophora japonica* L.	蝶形花科槐树属	1
黄杨 *Buxus sinica cheng* ex M. Cheng	黄杨科黄杨属	1
栲树 *Castanopsis hystrixa* Dc.	壳斗科苦槠属	1
枳 *Hovenia dulcis* Thunb	鼠李科枳属	1
梧桐 *Firmiana simplex* W. F.	梧桐科梧桐属	1

（续表）

树种	科属	株数
牡荆 *Vitex negundo* Linn var. *cannabifolia*	马鞭草科牡荆属	1
红淡比 *Cleyera japomica* Thunb.	山茶科红淡比属	1
雷公鹅耳枥 *Carpinus viminea* Wall	榛科鹅耳枥属	1
豹皮樟 *Litsea rotundifolia hemsl* var. *oblongibolia allen*	樟科木姜子属	1
麻栎 *Quercus acutissima* Carr	壳斗科麻栎属	1
桑 *Morus* alba L.	桑科桑属	1
合计		3 671

4　现状与保护

仙居县的古树名木主要依靠村民的自觉保护留存下来的，幸存下来古树名木资源以风水树、水口树、祖宗树、坟头树居多，它与宗教、民俗文化融为一体，承载了中华民族的悠久历史义化传统。而现在，有的村干部保护古树名木观念淡薄，有的甚至以办集体事业为借口砍伐古树名木，致使古树名木遭到一定的破坏，为切实加强古树名木的保护，仙居县人民政府于1998年出台了《仙居县古树名木保护管理办法》，林业、园林等有关部门为3 000多株重点的古树名木挂上保护牌，使古树名木保护管理开始走上规范化、法制化轨道。

5　问题与建议

由于各种原因，现有不少古树名木生长比较脆弱，如有的地方在古树名木树冠下浇铸水泥地，建成游乐场所或村老年活动中心，频繁的人为活动严重影响了古树的正常生长。建议对古树名木加强保护：①采取必要的培土、施肥、防治病虫害等复壮技术措施，促进树势恢复。②有条件的情况下安装避雷装置以防雷击。③对村庄旁边人为活动频繁的地方，以树冠为界建立护栏或者砌上石墙，高度1~2m，上面再填平泥土，如遇干旱天气进行必要的浇水，有条件的地方可以委托老人协会管护。④在古树名木较为集中的林区可以划定保护小区加以保护。

天台县国家重点保护植物资源及其保护价值探析

徐翼虎，王小明，许　斌

（浙江省天台县里石门水库渔林场，天台　317205）

摘　要：对分布于天台县14种国家重点保护野生植物的基本特征、生长环境及利用价值作了初步研究，并提出了保护国家重点保护野生植物的建议，为天台县国家重点保护野生植物的保护和发展提供参考依据。

关键词：国家重点保护野生植物；资源；价值；保护建议；浙江天台

天台县东连宁海、三门，西接磐安，南邻仙居、临海，北界新昌，地处北纬28°57′02″~29°20′39″、东经120°41′24″~121°15′46″。总面积1 420.7km，其中，山丘占82.3%。天台为四面环山、中部较为平坦的丘陵盆地，整个地势东北、西北、西部较高，东南较低。东部最高为苍山顶，海拔1 113m，西南部最高为大雷山，海拔1 229.4m，北部最高为华顶山，海拔1 098m。中部始丰溪两岸为河谷平原，海拔50~120m。气候属中亚热带季风区，具有盆地气候的特点，四季分明，温暖湿润，气候宜人。年平均气温16.8℃，最热的7月平均气温28.2℃，最冷的1月平均气温4.9℃，无霜期为234d，年平均降水量为1 300~1 600mm。山地土层厚度在30~100cm，呈酸性，pH值为4.5~6.0，土壤含钾量较高，含磷量低，尚属湿润肥沃。由于水热条件好，植物生长茂盛，地带性植被类型主要为中亚热带常绿阔叶林，并且在部分地方发育保存较好。

1　天台县国家重点保护野生植物资源

根据1999年8月4日国务院公布的《国家重点保护植物名录（第一批）》统计，天台县天然分布的国家重点保护野生植物共有14种，约占浙江省总数（52种）的26.9%，分属11科12属，其中裸子植物3种，被子植物11种，均为国家二级重点保护植物。从生活习性上看，有乔木11种，草本3种。它们是金钱松（Pseudolarix-kaempferi）、榧树（*Torreya grandis*）、长叶榧（*T.jackii*）、樟树（*Cinnamomum camphora*）、香果树（*Emmenopterys henryi*）、天台鹅耳枥（*Carpinus tientaiensis*）、七子花（*Heptacodium miconioides*）、花榈木（*Ormosia henryi*）、厚朴（*Magnolia officnalis*）、凹叶厚朴（*M. officinalis* spp. *bioba*）、榉树（*Zelkova schneideciana*）、野大豆（*Glyxine soja*）、野荞麦（*Fago pyrum dibotrys*）、野菱（*Trapainusa maximoniczii*）。上述14种国家重点保护野生植物中，七子花、香果树、金钱松为我国特有的单种属植物，天台鹅耳枥仅分布在天台山华顶西茅棚（表1）。

表1　天台县国家重点保护野生植物及其用途

种名	科名	性状及生境	主要用途
金钱松	松科	落叶乔木，生于海拔200~650m山上部山坡林中	观赏、用材、药用
榧树	红豆杉科	常绿乔木，生于海拔400~650m山上部山谷林中	用材、食用用、观赏
长叶榧	红豆杉科	常绿小乔木，生于海拔600~800m山谷常绿阔叶次生林中	科研、食用
樟树	樟科	常绿乔木，生于海拔300~900m山下部林中至山脚平原河边	用材、观赏、药用
厚朴	木兰科	落叶乔木，生于海拔300~800m山上部林中	用材、观赏、药用
凹叶厚朴	木兰科	落叶乔木，生于海拔300~900m山中下部山坡林中	用材、观赏、药用
野荞麦	蓼科	多年生草本，生于海拔50~500m山坡荒地、旷野路边及水沟边	药用
野菱	菱科	多年生草本，生于海拔<300m湖泊及池塘内	科研、食用
花榈木	豆科	常绿乔木，生于海拔100~600m山谷、山坡林中或林缘	用材、观赏、药用
野大豆	豆科	一年生草本，生于海拔50~500m向阳山坡灌丛中或林缘、路边、田边	科研、牧草、药用
香果树	茜草科	落叶乔木，生于海拔650~900m山坡谷地及溪边	科研、观赏、用材
天台鹅耳枥	桦木科	特产于天台县天台山西茅栅，生于海拔800~900m山坡林中，仅存21株，分布面积约0.3hm^2	科研、观赏
七子花	忍冬科	落叶小乔木，生于海拔650~800m山谷、溪边的阴湿环境中	观赏
榉树	榆科	落叶乔木，生于海拔400~650m常绿阔叶林或混交林内	观赏、用材

2　天台县国家重点保护野生植物的价值

2.1　药用植物

保护植物绝大多数都可作为药用植物进行开发利用在天台县重点保护植物中有许多种类具有极高的药用价值，如花榈木枝叶供药用，主治跌打损伤、风湿性关节炎及无名肿毒。野大豆全草入药，有补气血、强壮、利尿、平肝、止血之效，其种子名“野料豆”，入药可益肾止汗。厚朴树皮入药称“厚朴”，著名中药材。金钱松根皮入药称“土荆皮”。

2.2　花卉观赏植物

天台县国家重点保护野生植物中有不少种类在花卉观赏方面有较大的潜力，如七子花姿态优美，花期长；树干洁白、光滑，可与紫薇媲美；花形奇特，花色红白相间，繁花集于长花序，远望酷似群蜂采蜜，甚为奇观。七子花可作为优良的园林绿化观赏树种，具有较高的经济价值。

2.3 食用植物

一些保护植物的种子或地下茎富含淀粉等碳水化合物可作为食用植物资源进行开发，如长叶榧种子可食，又可榨油，榧树为著名干果和重要木本油料。

2.4 优质用材植物

绝大多数国家重点保护野生植物都可作材用植物资源进行开发其中有不少极其优质的材用植物，如鹅掌楸有光泽，纹理清晰，是制造胶合板的优良材料。

2.5 有许多种类兼具多种用途

如榧树，木材纹理直、有弹性、不开裂、耐用，是建筑、造船、家具的优良木材；假种皮可提取芳香油，作为化工原料种子可食，又可榨油；且树姿优美，是良好的园林绿化树种也可供工矿区绿化用，能适应有硫化物污染的环境。再如金钱松树皮和近根基干皮是制取酊剂和复方酊剂的原料，对治疗疔疮和顽癣有显著效果；木材纹理直、耐水湿，为建筑桥梁、船舶、家具等的优良材料；而且与北美世界爷、智利南洋杉、日本金松、喜马拉雅雪松合称为世界五大优良庭园观赏树种。

2.6 其他资源植物的用途

如香果树和榉树的树皮可作人造棉及制绳索原料；香樟可以提取芳香油。

2.7 具有较高学术价值的植物

在植物区系研究、系统进化、类群亲缘、系统发育、地理分布、系统分类等方面也具有极重要的科学价值。如野大豆是大豆的近缘种，在遗传育种中，可以利用这些不同种质的近缘种进行杂交，以获得优质高产的新品种。金钱松、长叶榧等均属孑遗植物，在地史变迁、古气候、古地理及古植物区系等研究方面均有重要的学术意义。

3 保护建议

天台县天然分布的国家重点保护野生植物有广泛用途和巨大价值，为了更好地保护和利用这些野生植物，特提出以下保护建议：加强野生植物资源保护的制度建设，相关部门应积极争取政府的支持，制定一套行之有效的保护措施和管理体系，并加强对林区农民的宣传和教育；建立珍稀植物和种群资源档案，对数量少的物种应采取挂牌保护措施，并对其生境范围采取封山保护；建立野生珍稀植物种质基因库，保存种子和各种繁殖体，以适应野生植物保护工作发展的要求；采取就地保护、迁地保护、引种栽培等多种形式，进行综合保护和繁殖发展。

天台县林木种质资源及保护利用

谢金华，林君阳，王国英，叶文国

（浙江省天台县林业特产局，天台　317200）

摘　要：在全县范围采用踏查、走访咨询、标本与资料收集的方法，调查得出天台县共有木本植物 86 科 270 属 670 种。其中有国家重点保护野生植物 13 种（一级重点保护 2 种，二级重点保护 11 种）。本文就天台县对夏蜡梅（*Calycanthus chinehsis* Cheng et S. Y. Chang）等四种浙江省珍稀濒危保护植物和天台县特色农家品种天台红朱柿（*Diospyroskaki* cv. Tiantai-Hongzhu）的保护利用现状进行了概述。并就天台县林木资源特点提出了加强宣传教育、要制止盲目的次生林改造、加强就地保护和迁地保护、做好良种选育和扩大繁殖研究等保护利用建议。

关键词：林木种质资源；保护利用；天台红朱柿

林木种质资源，也称森林植物种质资源，是以森林植物种为单位的遗传多样性资源，是林木遗传多样性的载体，是物种多样性和生态系统多样性的前提和基础，是国家重要的基础战略资源，也是林业生产力发展的基础性和战略性资源。由于其价值的潜在性与隐蔽性不容易引起人们的重视，在自然因素及人为因素的作用下，我国林木种质资源流失严重，并且优良基因种质占流失的绝大部分。因此，为了未来的发展，对林木种质资源进行全面清查对珍稀、濒危、特色种质资源进行有效保护和合理开发，已是刻不容缓。

1　天台县自然概况

天台县位于浙江省东部沿海，地处东经 120°41′24″、北纬 28°57′02″~29°20′39″之间。全县总面积 14. 32 万 hm^2。其中，山地面积 10. 80 万 hm^2，林业用地 9. 938 万 hm^2。地质构造属华夏陆台闽浙地盾北部，主干天台山脉系武夷山脉仙霞岭中支，由西南东北延伸而来，形成四面环山，中部平坦的丘陵盆地。天台县东濒海洋，属中亚热带季风候四季分明、降水丰富、热量充足，又因受盆地和小区域气候的影响，夏季相应长而热，冬季长而冷的气候特征。年平均气温为 16. 8℃，年降水量为 1 320. 5 mm，年日照时数为 2 036. 6 h，无霜期，234d。山地土壤以酸性火山岩母质形成的红壤土和黄壤土为主，天台盆地河谷平原地带土壤为潮土和水稻土类。森林植被主要有常绿阔叶林、常绿落叶阔叶林、针阔混交林暖性针叶林、温性针叶林、竹林、山顶矮林灌丛等 8 个植被型。主要建群种，乔木有樟科冬青科、槭树科、山茶科、山矾科、金缕梅科木兰科和壳斗科；灌木主要有杜鹃科、冬青科豆科、蔷薇科紫金牛科和茜草科等。

2　天台县林木种质资源现状

林木种质资源，包括原生种质资源、人工种质资源和引进种质资源。根据浙江省林业厅浙林种〔2005〕86 号《关于开展全省林木种质资源清查工作的通知》的文件精神，作者等名专业技术人员花费 1 年时间在全县范围内开展林木种质资源清查工作。调查方法是：以乡镇林业站为单位，在调查的基础上，通过查阅历史资料和走访咨询当地群众等方式，负责摸清本辖区内天然分布的原生种质，生产中发现、创造、收集的人工种质，发掘的乡土特异种质，企业自行引进的外来品种以及当前生产上应用的树种、品种资源等，上报县林特局调查小组。调查小组根据各林业站上报的资料确定调查路线，对具有代表性的林分和植株进行实地调查，以及标本的采集、摄影等，并填报相关表格。

经统计，天台县共有木本植物670种，隶属86科270属。其中，裸子植物8科23属3种；被子植物双子叶75科234属593种，单子叶3科13属39种。全县原生树种563种，隶属229属77科（表1）；人工栽培树种107种，隶属66属39科（表2）。分布有国家重点保护一、二级野生植物13种，隶属于11科12属（表3）；此外，尚有浙江省珍稀植物杜仲、核桃、天目木姜子、短穗竹、紫茎、银钟花、乌药、隋梅、云锦杜鹃、华顶杜鹃等树种。

表1　天台县原生林森种质资源科内属种数统计

科名	属种	科名	属种	科名	属种	科名	属种
银杏科	1/1	松科	2/2	杉科	2/2	柏科	2/2
罗汉松科	1/1	粗理科	1/2	红豆杉科	2/2	杨柳科	1/3
杨梅科	1/1	胡烤科	4/4	桦木科	4/8	壳斗科	6/25
榆科	6/12	桑科	4/14	荨麻科	2/3	铁青树科	1/1
毛茛科	1/8	木通科	3/5	大血藤科	1/1	小蘗科	2/3
防巳科	3/3	木兰科	4/5	蜡梅科	1/1	梅科	7/21
虎耳草科	5/11	海桐花科	1/1	金楼梅科	4/5	杜仲科	1/1
蓄薇科	12/59	豆科	16/33	芸香科	6/10	苦木科	2/2
楝科	2/2	大戟科	7/13	交让本科	1/2	黄杨科	1/2
漆树科	4/6	冬青科	1/21	卫矛科	1/16	省沽油科	2/2
槭科	1/23	无患子科	3/3	清凤藤科	2/3	鼠李科	5/10
葡萄科	3/10	杜英科	1/1	椴树科	2/8	梧桐科	1/1
猕猴桃科	1/6	茶科	6/16	大凤子科	2/3	旌节花科	1/1
瑞香科	2/2	胡颓子科	1/9	千屈菜科	1/2	蓝果树科	1/1
八角飒科	1/3	桃金娘科	1/1	野牡丹科	1/1	五加科	6/9
山茱萸科	3/5	杜鹃花科	4/11	紫金牛科	3/5	柿科	1/2
山矾科	1/8	野茉莉科	3/8	木犀科	5/9	马钱科	2/2
夹竹桃科	1/1	紫草科	1/1	马鞭草科	5/13	茄科	2/2
苦苣苔科	1/1	茜草科	10/13	忍冬科	6/19	禾本科	7/24
百合科	2/5						

表 2　天台县人工林木种质资源科内属种数统计

科名	属种	科名	属种	科名	属种	科名	属种
苏铁科	1/1	松科	4/9	杉科	4/5	柏科	4/10
罗汉松科	1/1	木麻黄科	1/1	杨柳科	2/6	胡桃科	2/2
桦木科	1/1	榆科	1/1	毛莨科	1/1	木兰科	2/4
蜡梅科	1/1	樟科	1/1	虎耳草科	1/1	海桐花科	1/1
悬铃木科	1/1	蔷薇科	5/9	豆科	5/7	芸香科	2/5
楝科	1/1	大戟科	1/1	漆树科	1/1	卫矛科	1/3
槭科	1/2	七叶树科	1/1	鼠李科	1/2	锦葵科	1/2
茶科	1/1	石楡科	1/1	蓝果树科	1/1	柿科	1/1
野菜将科	1/1	木樨科	2/5	夹竹桃科	1/1	玄蓼科	1/3
紫葳科	2/2	禾本科	3/7	棕饵科	3/3		

表 3　天台县野生国家级重点保护植物名录

种名	科/属	分布	保护等级
银杏 *Ginkgo biloba* L.	银杏科/银杏属	国清寺、城关	Ⅰ
南方红豆杉 *Taxus chinenris*（Pilger）Rehd var. *mairei*（Lemce et Levl）Cheng et L. K. Fu	“红豆杉科/ 红豆杉属”	方广、欢岙、金岭	Ⅰ
金钱松 *Pseudolartx amabilis*（J. Nelson）Rehder	松科/金钱松属	华顶、国清寺	Ⅱ
框树 *Torreya grardis* Fort. ex Lindl	红豆杉科/框树属	大同	Ⅱ
天台鹅耳枥 *Carpinus tienlaiensis* Cheng	鹅耳枥属	华项	Ⅱ
浙江七子花 *Heptacodium micanioides* Rehd.	忍冬科/七子花属	华项	Ⅱ
香樟 *Cinnamomum camphora*（L.）Presl	樟科/樟属	全县各地	Ⅱ

（续表）

种名	科/属	分布	保护等级
花桐木 *Ormosia henryi* Prain	豆科/红豆树属	苍山	Ⅱ
厚朴 *Magnalia officinalis* Rebd. et Wils.	木兰科/木兰属	华顶、大同	Ⅱ
凹叶厚朴 *Magnolia officinalis* subsp. *biloba*	木兰科/木兰属	华顶、大同	Ⅱ
香果树 *Emmenopterys henryi* Oliv.	茜草科/香果树属	华顶、岭里	Ⅱ
榉树 *Zeltova schneideriana* Hand. Mazz.	榆科/榉树属	国清寺	Ⅱ
夏蜡梅 *Cahyeanthus chinensis* Cbeng et S. Y. Chang	蜡梅科/夏蜡梅属	大雷山、龙溪紫岩	Ⅱ

3 天台县珍稀树种及特色品种的保护利用

3.1 夏蜡梅

夏蜡梅（*Calycanthus chinensis* Cheng et S. Y. Chang），为蜡梅科夏蜡梅属落叶灌木，生长于海拔470~1 200m的中山地带，多见于溪沟两旁的常绿阔叶林下及沟谷地段。为浙江特有种，现仅分布在浙江省临安市和天台县的狭小范围内，野生资源十分有限，被列为国家二级濒危保护植物。由于森林砍伐，其生境渐趋恶化，分布区日渐缩小，需对夏蜡梅进行科学有效的保护。作者了解到，目前国内学者已经对夏蜡梅的生物学等多方面进行了研究。天台县作为夏蜡梅自然分布地之一，在大雷山、龙溪乡、紫岩等处相继发现分布居群，总分布面积近333.33hm^2。目前，天台县政府已经在大雷山设置保护点，并积极开展繁殖试验。县林特局王国英高级工程师进行了夏蜡梅种子发芽率试验，未经任何处理的种子播种后圃地自然发芽率达66%。并且已经将夏蜡梅从自然分布地成功移栽至华顶山和苍山等地，有利于扩大夏腊梅适生地范围及其种群数量。浙江林学院的教授正对临安、天台两地的夏蜡梅进行花粉杂交试验，将为以后夏蜡梅种群的恢复、重建提供科学依据。

3.2 浙江七子花

七子花（*Heptacodium miconioides* Rehd.）与浙江七子花（*H. jasminoides* Airy-Shaw.）同种，为忍冬科七子花属落叶小乔木，是我国特有的单种属植物，分布于浙江省、安徽省（宣城、泾县）和湖北省（兴山），而浙江省是其分布中心。由于受生境破坏和长期樵采的影响，使原本分布范围狭窄的七子花更为稀少，故被列为国家二级重点保护野生植物。据调查，浙江省有七子花分布的群落总面积为54.28hm^2，保存有七子花约近3万株（丛），其中，天台山脉有10.1hm^2，达0.57万株，其分布面积和种群数量分别占全省总数的18.7%和19.2%。早在1980年，天台县已经对浙江七子花扦插试验成功，现扦插成活率达90%以上。另外也进行了种子繁殖试验，但一直未成功。2008年，浙江省种苗站从天台县采种，进行种子繁殖试验，希望能突破种子繁殖的难关。

3.3 天台鹅耳枥

天台鹅耳枥（*Carpinus lientaiensisi* Cheng），为桦木科鹅耳枥属落叶乔木，我国特有，仅产于浙江天台山海拔900m以上的山林中，为第三纪上始新世古老残留种。天台华顶山仅存上百年的母株13棵，由于人们对天然林的滥砍乱伐、毁林开荒，造成了其适生生境面积的缩小和非连续性分布，以至生境日趋恶化，自然生长越来越受到威胁。另外，天台鹅耳枥的天然更新能力较弱，致使种源不断减少，濒临灭绝，处于极危状态，被列为国家二级重点保护野生植物。天台鹅耳枥对研究桦木科植物地理、植物区系和生物多样性等方面均有较高的科研价值，但目前有关天台鹅耳枥保护生物学的研究国内外均未见报道。县林特局已经对天台鹅耳枥野生植物保护进行立项，目前正积极开展就地保护工作。

3.4 天台乌药

乌药［*Lindera aggregate*（Sims）Kosterm］，为樟科山胡椒属常绿灌木或小乔木，在长江流域以南各省均有分布，而天台道地产者乌药质嫩、色白、品质佳，又被称为天台乌药。野生于海拔2 001~000m的阳坡地、山谷或林灌丛中，是低山丘陵地带灌丛植被的主要树种。乌药根中含有多种倍半萜类成分，有一些属于桉烷的衍生物，以及挥发油成分，具有很高的药用价值，目前天台山乌药生物工程有限公司已经成功研发出“乌药精及其制品”并获国家专利；2004年，被浙江省科技厅鉴定为省级新产品，属国内首创；2005年，被国家质量监督检验检疫局公布为原产地域保护；2006年，天台县被国家林业局命名为“中国乌药之乡”。乌药来源单一，均为野生，目前乌药的扦插繁殖技术已经攻关，并建立了天台乌药种质资源基地1.33hm^2，栽培基地近133.33hm^2，为乌药的大规模开发利用提供了原料保障。另外，研究发现，乌药叶含黄酮类、超氧化物歧化酶（SOD）等有效成分，具有开发利用价值，有利于乌药的合理利用和持续发展。

3.5 天台红朱柿

天台红朱柿（*Diospyros kaki* cv. Tiantai-Hongzhu），因果实朱红色，又为天台所特有而得名，是天台县特色品种。为落叶乔木，适宜于海拔200~600m的山地上种植并适宜与茶叶混交，是茶柿混交退耕还林生态治理模式中的优良树种。县林特局王国英等人进行了红朱柿嫁接育苗技术试验，确定了红株柿嫁接繁殖的适宜时间、方法、砧木和接穗处理方法等，对促进天台乃至浙江退耕还林地区柿树的产业化发展具有重要的意义。目前天台县在雷峰、平桥、街头等乡镇已共发展红朱柿100hm^2，并完成了良种选育工作，提交了良种申报，将使该品种的优良性状得到充分的利用。

4 资源特点分析及保护利用建议

根据资源清查结果可知，我县林木种质资源较丰富，但是，多数属、种数量小，珍稀树木分布零散。原生种中既有中生代的孑遗种又有我国的特有种、天台特有种或为分类上孤立的单属单种。这些幸存的保护对象，基本上呈零星小群落状分布或以单株、丛状存在，生存环境十分脆弱。而一些种类只发现数个单株或株丛，一旦被毁，将从本地绝迹。因此，保护这些物种的工作迫在眉睫。

第一，要加强宣传教育，提高民众的林木种质资源保护意识，自觉地加以保护。同时健全法律体系，严厉打击不法分子采挖珍稀树种。

第二，要制止盲目的次生林改造，在生产活动中应认真贯彻执行林业部《关于切实保护国家珍贵濒危树种的紧急通知》精神，对有珍稀树种生存的次生林予以保留。

第三，加强就地保护，同时在国有林场中设置珍稀濒危树种收集区，实行迁地保护。如在华顶林场设置珍稀树种专类保护区，保护我县目前仍保存较好的天然植被和浙江七子花、天台鹅耳枥、华顶杜鹃、天目木姜子等珍稀树种的种群及生态系统。

第四，加强对濒危树种保护生物学的基础研究工作，探索快速有效的繁殖方法，通过人工繁育扩大种群规模。同时进行在平原城镇适应性和栽培技术的试验，为园林绿化或观赏栽培提供技术保证，发挥其应有经济和生态效益。县级林业局由于技术力量和研究设备等条件限制，应做好立项申报工作，积极争取上级林业部门的资金支持和高等院校的技术支持。

第五，农家特色品种是经长期选优和栽培驯化形成的，具有综合的优良性状，但不是完美无缺的，因此，要继续保持农家品种的优良性状，并不断改进栽培技术，使达到高额而稳定的产量。做好良种的扩大繁殖和推广工作。

南方林区生物防火林带建设初探

万泽辉[1]，张光星[2]，吴道圣[1]

（1. 浙江省仙居县林业局，仙居　317300；2. 浙江省仙居县安岭乡林业工作站，仙居　317314）

摘　要： 经生物防火林带工程建设的实践和探索。根据生物防火林带的作用机理。模拟湿润亚热带地区顶极植被常绿阔叶林的生物多样性、生活型组成类型和结构的复杂性，结合建设地不同林地的实际情况，提出针叶林地、针阔混交林地、毛竹林地、果园、灌木林地及乔木树种疏林地的生物防火林带建设技术。旨在较短时期（4~6 年）内产生阻隔林火效能，减免森林火灾所造成的损失。为人类的生存、经济社会的发展提供资源保障。

关键词： 南方林区；不同林地；生物防火林带；建设；技术

森林火灾的多发日益引起社会各界对生态环境破坏的高度重视，为减少森林火灾的发生，为扑灭森林火灾，人类也付出了相当的代价；国内外对森林火灾的成因、生物带防火线、生物防火林带阻隔林火的作用机理、抗火树种筛选、林带树种配置、林带结构等方面作了大量的研究。生物防火林带的建设将有望把森林被动防火转向森林自我防火。生物防火林带的网络结构将森林有效地进行分隔、保护，加上林区规范用火和严格火源管理，森林火灾发生的几率和受损率可降到较低水平，从而达到森林安全、环境优美。新建生物防火林带又要形成网络结构，其工程量大、投资额多，且建设期较长（7 年以上），财力上一时又难以筹集，在防火时间上又不能等待。从生态环境保护的紧迫性、森林防火的主动性、工程建设的节约性和实用性等方面综合考虑，生物防火林带建设从新建转向有林地、灌木林地和疏林地的改建，使之在较短时期（4~6 年）内能产生阻隔林火效能。在中国南方的山谷地带土壤阴湿肥沃，适宜常绿阔叶树生长，是营造防火林带的有利位置。因此改建比新建生物防火林带更具时效性。

1　针叶林地改建

针叶林包括马尾松 *Pinus massoniana*、杉木 *Cunninghamia lanceolata*、柏木 *Cupressus funebris*、柳杉 *Cryptomeria fortunei*、湿地松 *Pinus elliottii*、黄山松 *Pinus taiwanensis*、金钱松 *Pseudolarix amabilis* 等树种组成的纯林或针叶树混交林，林内或多或少常有阔叶乔木树种混生。按生物防火林带主副林带的规格，在林带要求达到的宽度范围内伐除数量成熟、工艺成熟和幼小针叶树个体，暂时保留占林带林木总株数 20%~30%（即 50~60 株/667m^2）中幼龄针叶树个体，过 5~8 年后再全部伐除，使其有一段针阔混交的过渡期。保留阔叶乔木树种，并做好萌蘖丛的选育、定株、间伐和修枝工作，每桩萌蘖条保留 1~3 株，伐除生长势弱、形质差、细弱的萌蘖条。保留常绿灌木树种，使其形成低矮层林冠用以阻隔地表火的蔓延。伐除落叶灌木树种，刈除五节芒 *Miscanthus floridulus*、芒萁 *Dicranopteris dichotoma* 等易燃性杂草，挖除五节芒伐桩把可燃物全部清理出林带范围外。

针叶树大部分伐除后视其阔叶乔木树种分布情况，采用 2m×2m 的栽植配置进行块状整地，块状整地规格：80cm×80cm×20cm，栽植穴规格：40cm×40cm×30cm。捡除穴内石块、草根。选用地带性顶极植被典型代表树种即抗林火树种木荷 *Schima superba*、苦槠 *Castanopsisi sclerophylla*、青冈栎 *Cyclobalanopsis glauca*、红楠 *Machilus thunbergii*、华东楠 *Machilus leptophylla*、甜槠 *Castanopsis eyrei*、栲树 *Castanopsis fargesii*、深山含笑 *Michelia maudiae*、杨梅 *Myrica rubra*、柑橘 *Citrus reticulata* 等为造林树种。苗木规格：I 级苗。常绿阔叶树苗木在栽植前摘除 80%以上的叶片，每株略留数片叶子即可，但需保护好顶芽圈。选用树种 4 种以上，运用配苗法混交栽植，使各树种在林地上分布较均匀，避免机械混交的不足，晴天造林采用磷肥拌泥浆蘸根。栽植时间：2 月中、下旬至 3 月中旬末。造林后 4 年内，年块状松土除草抚育 1~2 次、施肥 1 次。选用复合肥，施肥量：150kg/（hm^2·年），运用上坡半月形开沟施肥法，距幼树的半径为 30cm。4 年后林带即可郁闭成林，当林带平均高达 3m 时，其阻隔林火效能初成，此时全部伐除针叶树。

2 针阔混交林地改建

按生物防火林带规划设计要求在相应的针阔混交林内伐除全部针叶树种，保留阔叶乔木树种。萌蘖丛的选育、定株、间伐和修枝、灌木层清理、易燃性杂草及木质和草质藤本植物的刈除、五节芒伐桩的挖除、采伐剩余物和死可燃物的清除等同上。伐除针叶树后视其阔叶乔木树种的分布情况，采用林下补植造林配置，具体造林配置选用：2m×2.5m、2m×3m、2.5m×2.5m。块状整地规格、造林穴规格、树种选用、苗木规格、多树种配苗法混交造林、栽植要求、抚育、施肥等技术同上。

3 毛竹（高杆竹）林地改建

生物防火林带规划设计通过毛竹林地段，在林带规定的宽度内结合竹林的肥培管理，伐除针叶树和灌木挖除五节芒、杉木和灌木伐桩，保留阔叶乔木树种，对一桩多株的萌蘖丛做好选育、定株、间伐和修枝工作。把可燃物清理出林带外。经营水平较高的毛竹林、笋竹两用林、笋用林地即为防火林带，低矮竹林改建生物防火林带参照针叶林地。

4 柑橘、杨梅、板栗、枇杷林地改建

林田、林地交界地段，生物防火林带往往要穿过柑橘、杨梅、板栗、枇杷林地，果园地段改建生物防火林带结合果园秋末冬初的深挖过程清除易燃性杂草，就可达到阻隔地表火蔓延之效果。

5 灌木林地改建

生物防火林带规划设计经过油茶、茶叶林地，在林带规定的宽度范围内结合茶园肥培管理，在秋末冬初清除易燃性杂草，即能起到阻隔地表火蔓延之效。经营管理水平较高的茶园是现成的防火林带。已荒芜的茶园，采用块状清理植被、块状整地造林。栽植配置：2.5m×2.5m，初植密度：1 600株/hm^2。块状清理植被规格：1.5m×1.5m，块状整地规格 80cm×80cm×20cm，栽植穴规格：40cm×4cm×30cm。树种选用、选用树种数量、苗木规格、造林

要求、抚育、施肥等同上。由荒芜茶园改建的生物防火林带具有低矮层和高层林冠结构，其林带配置结构较为合理，能有效地阻隔地表火和林冠火的蔓延。

生物防火林带规划设计穿过其他灌木林地，在林带宽度规定的范围内伐除落叶灌木，挖除五节芒、芒萁等易燃性杂草。对阔叶树萌蘖丛做好选育、定株、间伐和修枝工作。灌丛分布不均匀、较稀疏地段（<900 株·丛/hm^2）其土壤条件尚可，补植常绿阔叶树，具体要求参照针阔混交林的改建技术。灌丛分布较密地段（>2 000株·丛/hm^2）做好选育、定株、间伐，一桩多株的保留 1~3 根，伐除细弱下层木、劣等木，保留 1 600株·丛/hm^2。间伐后其覆盖度保持在 75%以上。灌木林地改建生物防火林带后即能产生阻隔地表火效能，随着灌木林平均树高不断增高，其阻隔林冠火的效能也随之出现。由灌木林改建的生物防火林带其抗林火效能最终达到地带性顶极植被。

6　乔木树种疏林地改建

生物防火林带穿过毛竹疏林地，在规定的林带宽度范围内伐除针叶树、灌木（包括木质藤本植物），保留阔叶乔木树种，挖除杉木和灌木伐桩，把可燃物清理出林带外。在春笋大年新竹展枝放叶后施复合肥 150kg/hm^2，在春笋小年的老竹换叶后新叶长出时和 6 月中旬行鞭期各施尿素 75kg/hm^2。

同时，做好留笋养竹，以此提高竹林密度，促成防火林带产生阻隔林火功能。防火林带穿过乔木疏林地，按其规划设计的宽度，在规定的林带宽度范围内伐除幼小的针叶树、落叶灌木及木质藤本植物。割除五节芒、芒萁等易燃杂草和草质藤本植物，保留常绿灌木、阔叶乔木树种，做好阔叶树萌蘖丛选育、定株、间伐和修枝工作。挖除五节芒伐桩，将可燃物清理出林带外。造林配置：2m×2m，初植密度：2 500株/hm^2。其他改建技术参照针叶林地。林带郁闭度达 0. 5 时即伐除全部针叶树。

7　讨论

生物防火林带是阻隔森林火灾蔓延、扩大的有效措施，实质上是人为提高森林自防能力。有林地、灌木林地、疏林地改建生物防火林带，模拟地带性顶极植被一次生性常绿阔叶林的物种多样性，生活型组成类型和结构的复杂性。改建中保留了常绿灌木树种使之成为低矮层林冠，以便发挥阻隔地表火的蔓延。保留阔叶乔木树种，对一桩多株的萌蘖丛作选育定株、间伐和修枝，促成高层林冠的形成，可有效地阻隔林冠火、飞火（火球）。林带规定宽度内清除采伐剩余物和可燃物后，按造林配置或补植造林配置栽植常绿阔叶树，采用多树种、配苗法混交造林形成林带的中层林冠。由改建而成的生物防火林带具有高层、中层、低层林冠结构，林带树种组成多样性，相对稳定性较高，形成对林冠火、地表火的双重立体阻隔与调控。

毛竹（高杆竹类）、果园、茶园林地改建生物防火林带建设期短、投资较少、改建后即能起到阻隔林火作用，且具有一定的经济效益。针叶林地、针阔混交林地改建生物防火林带简言之即为“伐针留阔、造林或林下补植常绿阔叶树、保留常绿灌木树种、清除易燃性杂草”。灌木林地改建生物防火林带本质上就是天然常绿阔叶林幼龄林的目标培育。疏林地改建生物防火林带就是林下补植，只不过选用树种是常绿阔叶树而已。有林地、灌木林地、疏林地改建生物防火林带技术简单易行又行之有效，可在森林防火设施建设中推广应用。

明火上坟引发森林火灾调查分析

梁国新[1]，王国英[2]，谢金华[2]，蔡银章[3]

（1. 浙江省天台县平桥林业站　天台　317200；2. 浙江省天台县林业特产局　天台　317200；3. 浙江省天台县华顶林场　天台　317200）

摘　要：根据天台县1999—2008年森林火灾发生实际情况，对已查明火灾原因的记录资料进行分析，在180d防火期中，清明节前后20d火灾发生率十年平均为42.99%，而引发火灾主要原因是明火上坟。为搞好森林防火工作，清明节禁止燃放烟花爆竹，民意调查结果，有72%支持禁止明火上坟，选择先进文明祭祖形式。

关键词：森林火灾；明火上坟；烟花爆竹

森林火灾给人们带来了极大的危害，而传统的明火上坟是引发森林火灾的重要原因，本项目的调查研究，对于提醒人们转变旧观念，选择植树种花等较先进文明祭祖形式，达到降低森林火灾发生率，减少森林火灾所造成的损失具有很大的意义。

1　概况

天台位于浙江省中东部，是一个“八山半水分半田”的山区县，辖7镇5乡3街道，总人口55.6万，土地总面积14万hm^2，有林地面积8.67万hm^2，其中，生态公益林2.67万hm^2，森林覆盖率67.2%。随着液化气及电器的普及使用，森林植被得到充分保护，多山的天台森林植被日益茂盛，生态环境得到了有效改善，而森林防火工作的压力也越来越大。每年11月1日至翌年4月30日是浙江省森林防火期。这一时期天台县各级党委、政府和森林消防组织精心部署，狠抓落实，高度重视森林消防工作。但是清明节前后因明火上坟、烧纸钱、放鞭炮仍频繁引发的森林火灾还是防不胜防。

2　调查方法与结果分析

2.1　防火期森林火灾发生率调查

根据天台县森林防火办公室1999—2008年期间已查明森林火灾（包括火警、火情）原因的资料统计分析，每年3月21日至4月9日这20d，森林火灾发生率占全年的40%左右（表1）。

表1　天台县森林火灾情况调查情况

灾情＼年份		1999	2000	2001	2002	2003	2004	2005	2006	2007	2008	10年合计
全年火灾起数		65	61	93	121	174	204	131	108	122	166	1 245
3月21日至4月9日	火灾起数	26	30	56	67	58	82	59	49	44	58	529
	占全年起数（%）	40	49.2	60.2	55.4	33.3	40.2	45	45.4	36.1	34.9	42.49

从表1中可见，在180d防火期中，清明前后20d森林火灾发生率占总数的比例是：10年平均为42.49%，数据充分说明传统的放鞭炮、烧纸钱等明火上坟方式引发森林火灾的严重程度。加上天台人们祭祖时间不止清明这段时间，有的在正月初一就开始拜坟，因此实际危害远在这个平均数之上。

2.2 森林火灾原因调查分析

要通过表2对2006年、2007年和2008年3年森林火灾原因资料统计分析，明火上坟占全年百分比分别为58.9%、49.2%和51.6%，而每年的3月21日至4月9日20d内分别为92.8%、95.2%和86.4%。

表2 森林火灾原因分析（%）

时间＼原因		上坟放鞭炮、烧纸烛	烧灰、烧地（田）坎草	丢烟蒂	痴呆人玩火	小孩玩火	放火	电动车自然	电猫	施工用火
2006年	全年	58.9	27.8	5.5	7.8					
	3月21日至4月9日	92.8	7.							
2007年	全年	49.2	25.5	12.7	3.6	3.6	1.8	1.8	1.8	
	3月21日至4月9日	95.2		4.8						
2008年	全年	51.6	31.3	9.3	4.7					3.1
	3月21日至4月9日	86.4	13.6							

2.3 周边森林火灾发生情况比较

周边县市三门、临海等地实施禁止烟花爆竹的燃放，森林火灾情况明显好转。临海市2005年未禁止烟花爆竹，清明期间共发生森林火灾36起。2006—2008年，清明全面禁止燃放烟花爆竹，几乎没有森林火灾发生。

2.4 民意调查分析

天台县防火办、绿化办通过“森林防火意识调查问卷”形式，发放400份，回收365份，调查对象有中学生、农民、干部、城关居民、太极拳协会等群体，涉及街头、石梁、坦头、泳溪、白鹤、城关部分社区，回收问卷中，“是否赞成清明节禁止鞭炮销售、明火上坟祭祖”，平均有72%答者持赞成态度，其中，学生群体只有42%赞成，大多数觉得放鞭炮特开心。而太极拳协会和落雁社区分别有70%和95%赞成，他们认为放鞭炮虽然开心刺激但引发火灾造成经济损失太大，得不偿失。

2.5 天台县森林消防对策

针对天台森林防火的现状，政府及职能部门高度重视，采取相应的防范措施，积极应对。

2.5.1 责任明确

明确责任，落实任务。县政府高度重视森林消防工作，每年召开由乡镇（街道）党政一把手参加的全县森林消防工作会议，与各乡镇（街道）签订了森林消防工作责任状。采取“乡镇领导负总责，班子成员包片，驻村干部包村，村干部包山头地块”的网络化管理模式，把森林消防的责任一级一级落到实处，落到山头地块。

2.5.2 森林消防宣传

防火期县森林消防指挥部和各乡镇（街道）充分利用报纸、电视、短信、宣传车、标语等各类宣传工具，调动一切积极因素，开展立体轰炸式宣传。“森林消防宣传月”期间，天天可见森林消防的宣传内容。

2.5.3 火源管理

火源管理是森林消防的关键。有442名专职护林员在巡山管护。为保证护林员的到岗到位，全县各地在签订聘用合同时，明确职责、明确报酬、明确奖罚措施。面对清明上坟的重点时间段，组织大量的防火巡查员和卡点管火员，入山路口的卡点有人登记收火种，山地有人巡逻。

2.5.4 组建消防队伍

从2006年开始，县政府把森林消防经费纳入到财政预算。初步建成森林消防扑救网络体系，目前全县建成并有统一装备的森林消防队共42支，做到每个乡镇（街道）都有自己扑火队伍，县级有7支跨区域可调动的机动力量，保证一旦发生火情，森林消防队能快速到达现场，实现“打早、打小、打了”的目标。

2.5.5 生态防火

生物防火林带是利用耐火树种阻隔火灾蔓延的一种措施，已在农地与山林结合部营造一定宽度的常绿耐火防火林带60km，以后逐年增加投入，继续扩建。

2.5.6 应急处置

加强应急制度建设。县政府颁布了《天台县重大森林火灾应急预案》，国家级风景区等重点联防区建立了森林火灾的预防和扑救预案，森林消防指挥部及各乡镇（街道）都建立了森林消防的值班报告制度，在清明重点防火期内保证24h信息畅通。清明节3天假期，林特局工作人员不放假，坚持值班。

2.5.7 加强监管

为确保森林消防的责任和措施真正落到实处，清明节期间，县效能办和县委县政府督查室，把防火责任的落实作为督查工作的一项重要内容，变原先的听取乡镇（街道）汇报为到实地抽查，电视台记者作跟踪报道，发现巡查护林人员不到岗、消防工作责任落实不到位的，对驻村干部及相关责任人予以效能追究。

3 结论

清明节明火上坟烧纸钱放鞭炮引发森林火灾，不仅牵动各级领导的心，政府及职能部门在预防和扑救中投入大量的人力物力财力，造成严重经济损失，而且火灾给森林资源造成极大破坏，导致生态环境进一步恶化。因此清明节禁止鞭炮销售和明火上坟祭祖是降低森林火灾发生率的有效举措。

鞭角华扁叶蜂允许为害测度与抽样分析

郑永祥[1]，彭佳龙[1]，王明生[1]，陈洪利[2]

（1. 浙江省仙居县林业局，仙居 317300；
2. 浙江省仙居县广度乡林业工作站，仙居 317300）

摘 要：为摸索鞭角华扁叶蜂允许为害指标和抽样技术，通过摘叶模拟为害测定允许为害水平，开展了鞭角华扁叶蜂的生活史、食叶量、空间分布和抽样技术等研究。结果表明鞭角华扁叶蜂一年发生1代，以老熟幼虫在土中筑土室变为预蛹越夏、越冬，幼虫为害期5月中旬至7月上旬，虫龄为7龄，滞育期幼虫长达290~330d。饲养观察幼虫平均食叶量为3.64g/条，取叶量集中在5~7龄幼虫占总食叶量的84.26%。柏木鲜叶量与胸径之间的关系为$W=551.4772+360.5996D+58.9472D^2$。摘叶模拟为害各失叶强度的方差和多重比较分析认为：失叶强度35%、50%与对照相比，在胸径、树高生长量没有显著差异；材积生长量显著差异，失叶强度50%与对照差异显著，35%与对照没有显著差异；确定失叶强度35%为允许为害水平，以食叶量、鲜叶量来推算为害期幼虫允许为害指标，利用繁殖量公式来推算滞育期幼虫允许为害指标。滞育期幼虫空间分布为聚集分布，分布成分为个体群，利用Iwao模型的α、β值和允许为害指标，确定抽样理论数和序贯抽样模式，对角线法、Z字形法和平行线法抽样没有显著差异。

关键词：鞭角华扁叶蜂；幼虫；允许为害指标；空间分布；抽样技术；柏木

鞭角华扁叶蜂［*Chinolyda flagellicornis*（F. Smith）］属膜翅目（Hymenoptera）、扁叶蜂科（Pamphiliidae）、华扁叶蜂属（*Chinolyda*），分布在浙江省、四川省、湖北省、福建省等省份，是柏木（*Cupressus funebris* Endl.）、柳杉（*Cryptomeria fortunei* Hooibrenk ex Otto et Dietr.）的的重要食叶害虫，暴发时虫口密度高，暴食性强，往往使整片柏木、柳杉针叶被食殆尽，形同火烧。1988—2001年，笔者在研究该虫的生物学特性和综合防治技术的基础上，同时开展了幼虫食叶量、柏木鲜叶量、摘叶摸拟为害、滞育期幼虫空间分布型和抽样技术等进行观察与调查。本文以传统的方差分析和多重比较方法，确定柏木的允许为害水平，研究了鞭角华扁叶蜂的允许为害指标和抽样技术，为其有效防治提供理论基础。

1 材料与方法

1.1 试验地概况

试验地设于浙江省仙居县萍溪林场田塘林区、淡竹乡下芦、原杨府乡桐桥、横溪镇溪口和朱溪镇朱四的柏木林地，年平均温度17.2℃，年平均降雨量1 376.8mm，海拔除萍溪林场田塘林区为400~600m外，其他都为70~150m；林下植被为稀疏的扁茅草和小灌木，土壤为沙壤土和黄壤土。柏木生长一般，中龄，郁闭度为0.7~0.9。

1.2 生活史观察

1989—1991年，观察鞭角华扁叶蜂的成虫、卵、为害期幼虫、滞育期幼虫和蛹等各虫态的生活史和生活习性；1991—1997年，进行自然种群消长规律观察，2000—2001年，在淡竹乡下芦村、朱溪镇朱四村又进行各虫态的自然死亡情况调查。

1.3 幼虫食叶量和柏木鲜叶量的测定

1992—1994年，从萍溪林场田塘林区的柏木林地，采回即将孵化的鞭角华扁叶蜂虫卵带回室内饲养观察，将集中孵化的幼虫进行饲养，每天观察记录2次即8：00~9：00和16：00~17：00，记录幼虫虫龄、数量，及时添加鲜叶，用架设天平测定添加的鲜叶量和残留叶量，计算每条幼虫各虫龄的平均食叶量。观察成活到7龄幼虫125条。

1995、1996年5月，在淡竹乡下芦、原杨府乡桐桥和横溪镇溪口的3块柏木林地，随机抽取胸径为2~20cm径阶的柏木46株，测定其胸径、树高和枝下高，每径阶4~6株，每株隔4根枝条取一样枝摘鲜叶放入塑料袋并进行编号，带回室内用天平测定枝条的鲜叶量，来推算每株柏木的鲜叶量，计算每一径阶抽样柏木的平均胸径、树高、树冠高度和鲜叶量。

1.4 允许为害指标的测定

1996年5月在淡竹乡下芦的柏木林地，选择胸径径阶12cm的柏木做摘叶模拟为害试验，处理强度分别为摘叶25%、50%、75%、90%和对照不摘叶各10株，测定其胸径、树高。当年10月再次测定柏木胸径、树高。1997年在分析的上年基础上，选择胸径径阶10cm的柏木再次做摘叶模拟为害试验，处理强度为35%、50%和对照不摘叶各10株，测定方法同上。

用方差分析和多重比较确定允许为害水平，以鞭角华扁叶蜂幼虫食叶量、柏木平均胸径与鲜叶量的关系，来推算鞭角华扁叶蜂为害期幼虫柏木各径级允许为害指标；利用繁殖量公式来推算滞育期幼虫允许为害指标。

表1 柏木各径阶样木的平均胸径、树高和鲜叶量

平均胸径（cm）	平均树高（m）	平均树冠高（m）	平均鲜叶量（g）
2.6	3.1	2.7	1 986
4.1	3.6	2.9	3 106
6.05	5.4	3.7	5 627
8.11	7.0	5.4	7 200
10.37	8.7	6.8	9 339
12.2	11.0	7.6	12 973
13.5	11.9	9.2	16 128
16.57	13.5	11.1	22 105
18.02	16.8	13.5	26 773
20.0	18.6	15.1	32 781

1.5 抽样技术

1.5.1 抽样方式

1989至1990年8月，在萍溪林场田塘林区的鞭角华扁叶蜂为害的柏木林分内，分轻、中、重为害程度抽取5m×5m的样地各1块，按对角线法、Z字形法、平行线法3种调查类型，每种类型抽取25块0.5m×0.5m样方调查滞育期幼虫数量，抽样时如柏木林分郁闭度为0.7则在树冠下抽取块数占总抽样块数的70%，且以树干为中心树冠下的上、下方抽样的块数相同。并对样地内进行全面调查，换算成每0.5m×0.5m样方的平均虫口密度。进行F值显著性检验，分析各抽样方式是否存在显著性差异。

1.5.2 空间分布和抽样技术

1991年8月，在萍溪林场田塘、小屋基、上辽和坞梯等4个林区13个小班进行滞育期幼虫虫情调查测定空间分布，利用Iwao模型的α、β值和允许为害指标，确定抽样理论数和序贯抽样模式。

2 结果与分析

2.1 鞭角华扁叶蜂生活史与柏木鲜叶量分析

根据笔者的观察研究，鞭角华扁叶蜂一年发生1代，以老熟幼虫在土中筑土室变为预蛹越夏、越冬。翌年4月中旬开始化蛹，5月中旬为盛期，6月上旬为末期；成虫5月上旬末开始羽化，下旬为盛期，6月下旬为末期；5月中旬初卵始见，6月上旬初为盛期，上旬为末期；幼虫5月中旬末始见，6月中旬为盛期，7月上旬为末期；老熟幼虫6月下旬开始坠地入土进入越夏、越冬，7月上旬为盛期，中旬为末期。成虫个体在室内饲养观察未经交尾雌虫寿命达16~19d，经交尾的1~12d，雄虫1~4d；卵个体6~16d，平均8.3d；幼虫个体16.8~23.6d，平均19.0d；越夏、越冬的滞育期幼虫长达290~330d。2000—2001年是暴发后期，滞育期幼虫、蛹、成虫、卵和为害期幼虫的自然死亡率分别为16.2%、28.5%、21.0%、14.3%和21.8%，比暴发初期、盛期的各虫态的自然死亡率都要高，说明自然制约增强；再加上连续十余年的防治，虫口密度较以前大幅度降低，发生面积锐减，2002年只有小面积轻微发生，自然种群增长趋势得到遏制，故以后没有进行作业防治，依靠自然制约，维护生态平衡。

鞭角华扁叶蜂幼虫1~7龄幼虫平均食叶量3.64g/条，1~2龄、3龄、4龄、5龄、6龄和7龄幼虫食叶量分别为0.07g/条、0.12g/条、0.31g/条、0.58g/条、0.95g/条和1.61g/条，幼虫5~7龄食叶量3.14g/条，占总食叶量的84.26%，7龄幼虫占总食叶量的42.23%。

经测定，柏木的平均胸径（D）、平均树高（H）、平均树冠高度（L）和平均鲜叶量（W）（见表1）。经各种方法作图认为W分别与D、H、L呈线性关系，回归分析相关系数r都在0.99以上（表2），呈极显著关系。从相关系数看，以序号4为最大，应选此式，但由于柏木的树高比较高，不大容易测定树高和树冠高，考虑到调查的方便，用胸径来推算鲜叶量，相关系数也较高，与序号4相近，能达到精度的要求，应此选择序号1来推算柏木鲜叶量，即用$W=551.4772+360.5996D+58.9472D^2$来推算柏木各径阶的鲜叶量。

表 2　柏木鲜叶量与相关因子的关系

序号	关系式	参数值	相关系数
1	$W=a+bD$	$a=23.4836$，$b=7.6777$	$r=0.9972^{***}$
2	$W=a+bH$	$a=24.0176$，$b=8.5429$	$r=0.9950^{***}$
3	$W=a+bL$	$a=27.9715$，$b=10.4018$	$r=0.9910^{***}$
4	$W=a+b(D+H)$	$a=23.3510$，$b=4.0603$	$r=0.9981^{***}$
5	$W=a+b(D+L)$	$a=24.7860$，$b=4.4472$	$r=0.9978^{***}$

2.2　鞭角华扁叶蜂允许为害指标分析

计算每株柏木的胸径、树高、材积增长量，经方差和多重比较分析，1996 年的 4 种处理强度与对照相比，差异极显著。胸径、树高生长量比较：失叶强度 75%、90%与对照差异极显著，25%、50%与对照差异不显著；材积生长量比较：失叶强度 75%、90%与对照差异极显著，50%与对照差异显著，25%与对照差异不显著。1997 年的 2 种处理强度即失叶强度 35%和 50%与对照相比，在胸径、树高生长量没有显著差异；材积生长量显著差异，失叶强度 50%与对照差异显著，35%与对照没有显著差异。不同摘叶强度下的材积生长量多重比较如表 3 所示。在柏木受害林分观察调查，失叶强度 40%以下的柏木受害后能迅速恢复生长；失叶 50%以上柏木顶梢有时有危害现象，并随失叶强度的增强而表现的愈加明显；失叶大于 75%时，柏木的顶梢致死率在 30%以上，为害后很难恢复正常生长。结合不同摘叶强度下的材积生长量多重比较分析，选择柏木失叶量 35%作为允许为害水平，从生物体的承受能力、抗病虫能力和自我恢复能力等综合分析是可行的。

表 3　柏木摘叶模拟为害材积生长量多重比较

年份	不同摘叶强度的生长量					
	CK	25%	35%	50%	75%	90%
1996	平均值	0.00603	0.00582	0.00431	0.00306	0.00150
	$x_i-0.0015$	0.00453^{***}	0.00432^{***}	0.00281^{***}	0.00158	
	$x-0.00306$	0.00297^{***}	0.00276^{***}	0.00125		
	$x_i-0.00431$	0.00172^{*}	0.00151			
	$x_i-0.00582$	0.00021				
1997	平均值	0.00363	0.00302	0.00269		
	$x_i-0.00269$	0.00094^{*}	0.00033			
	$x_i-0.00302$	0.00061				

注：* 表示差异显著；*** 表示差异极显著

因此，确定柏木失叶量 35%为允许为害水平，鞭角华扁叶蜂幼虫食叶量 3.64g/条，柏木平均胸径与鲜叶量的关系 $W=551.4772+360.5996D+58.9472D^2$，则柏木林分平均胸径径阶 4cm、6cm、8cm、10cm、12cm、14cm、16cm、18cm 和 20cm 的为害期幼虫允许为害指标分别为 283 头/株、466 头/株、694 头/株、967 头/株、1 286头/株、1 650头/株、2 059头/株、2 514头/株和 3 014头/株。

利用繁殖量公式：$P=P_0$［（1-M）×e×f/（m+f）］和为害期幼虫允许为害指标来推算滞育期幼虫允许为害指标。根据笔者的观察研究：鞭角华扁叶蜂雌雄比为 2∶1，产卵量 34.8 粒/头，卵期、为害期幼虫、滞育期幼虫、蛹期和成虫期死亡率分别为 15.74%、15.99%、12.91%、16.2%和 14.71%，一般柏木林分胸径径阶 10cm 以下活立木 2 550株/hm^2、12cm 1 950 株/hm^2、14cm 1 500 株/hm^2、16cm 1 275 株/hm^2、18cm 1 050 株/hm^2 和 20cm900 株/hm^2，则柏木林分平均胸径径阶 4cm、6cm、8cm、10cm、12cm、14cm、16cm、18cm 和 20cm 的滞育期幼虫允许为害指标分别为 8 条/m^2、12 条/m^2、18 条/m^2、25 条/m^2、25 条/m^2、25 条/m^2、26 条/m^2、26 条/m^2 和 27 条/m^2。柏木平均胸径 10cm 以上的允许为害指标相差不大，在 25~27 条/m^2，由于当时仙居县的柏木林分的平均胸径径阶一般在10~12cm 以上，故取 25 条/m^2 作为滞育期幼虫允许为害指标。

2.3　鞭角华扁叶蜂 抽样技术分析

根据各种抽样方式，进行 F 值显著性检验，受害轻、中、重柏木林分的滞育期幼虫各种抽样方式无显著性差异（F0.05=2.37）。理论上 3 种抽样方式均可适用。在实际应用中，笔者正常采用对角线法进行调查，比较方便实用。根据笔者调查研究，通过空间分布型各种参数指标的测定、Taylor 幂法则、Iwao 的 $\overset{*}{m}-\bar{X}$ 的模型等分析认为鞭角华扁叶蜂滞育期幼虫为聚集分布，个体间相互吸引，种群空间格局的基本成分为个体群，且种群密度越高聚集强度越大，具有一个公共 k_c 值为 4.2384 的负二项分布；Taylor 幂法则为 $\lg S^2=0.92312+1.25725\lg\bar{X}$，$r=0.9304$，$n=12$；Iwao 的 $\overset{*}{m}-\bar{X}$ 的模型为 $\overset{*}{m}=12.48205+1.15478\bar{X}$，$r=0.98040$，$n=12$。滞育期幼虫平均虫口密度在 5 条/$m^2$、10 条/$m^2$、15 条/$m^2$、20 条/$m^2$、25 条/$m^2$、30 条/$m^2$、35 条/$m^2$、40 条/$m^2$、45 条/$m^2$ 和 50 条/m^2 时，90%抽样可靠性指标下林间理论抽样块数分别为 286 块、151 块、106 块、83 块、70 块、61 块、55 块、50 块、46 块和 43 块。从垂直分布上分析，滞育期幼虫在较为疏松的黄泥沙壤土层分布深度 0~31cm，9~17cm 间虫数上总虫量的 53.1%；在较为结实的黄泥土层，分布深度在 0~18cm，2~9cm 间虫数占总虫量的 79.9%；滞育期幼虫多分布在树冠下面，据调查柏木树冠下的虫口密度是其他的 1.72~4.15 倍。

按照 Iwao 提出的 $T_{0(N)}=Nm_0\pm t\sqrt{N[(\alpha+1)m_0+(\beta-1)m_0^2]}$ 序贯柚样模式，根据 $\overset{*}{m}-\bar{X}$ 的模型 $\alpha=12.48205$、$\beta=1.15478$，一般 t 取 1，柏木林地平均径阶 10cm 以上滞育期幼虫允许为害指标 $m_0=25$ 条/m^2，则 $T_{0(N)}=25N\pm20.8276N$；柏木林地平均胸径在 8cm 及以下的根据各径阶的允许为害指标来求算 $T_{0(N)}$ 的上、下限。防治可按照序贯抽样模式来进行抽样调查，如果抽样的块数（N）的累计虫量大于 $T_{0(N)}$ 指标的上限则防治，小于 $T_{0(N)}$ 指标的下限则不防治；在中间的则继续抽样，直至抽样块数超过 90%以上精度的理论抽样块数，以上下限的中值和柏木林地生长的实际情况决定防与不防的界限。在林间抽样调查时，对每次抽样的样本进行统计，累计虫数是否达到或低于 $T_{0(N)}$ 的上限或下限，来决定抽样是否结束。

3 讨论

一般应用经济损害允许水平（EIL）和经济阈值（ET）制定防治指标，其蕴含了生态学和经济学的精华，是综合防治的基本原则。经济损害允许水平（EIL）和经济阈值（ET）的基础是生物体的生长增量与防治费用之间的关系，注重经济价值，广泛应用于以经济效益为主的农业作物病虫害防治；在森林生态系统中有关 EIL 和 ET 的研究也有大量的报道。森林生态系统的形成需要漫长的过程，不但具有经济效益，还有一个重要的生态功能。森林在生长初期时个体小、抗病虫力弱、价值低价值增量小，发生病虫害时主要从生态的角度去考量防治；在生长盛期时个体较大、抗病虫能力较强、产品价值高、价值增量高，也比较适合参照经济损害允许水平和经济阈值制定防治指标，但可能远在允许为害水平以内就开始了防治，考虑生物体承受能力和森林耐害性、补偿能力、自我恢复功能，笔者认为以传统的方差分析和多重比较方法，确定生物体的允许为害水平，据此来制定允许为害指标作为森林病虫害防治指标的方法较为科学。鞭角华扁叶蜂在浙江仙居自 20 世纪 80 年代发生到今，经历了 3 个阶段，第一阶段是 20 世纪 80 年代未暴发初期；第二阶段是 20 世纪 90 年代的暴发盛期；第三阶段是 21 世纪初的暴发末期，也称衰退期，各虫态的自然死亡率较高，自然抑制能力明显增强。2002 年种群增长趋势得到有效的遏制，2003 年没有进行作业防治，依靠自然制约，至今没有灾情出现，现在虫口密度极低，其自然平衡机制和暴发成因及衰退的因素等有待今后进一步的研究。滞育期幼虫持续时间长，种群比较稳定是鞭角华扁叶蜂的一大特点，这个时候也是开展测报、抽样调查的最佳时期；对角线法、Z 字形法和平行线法抽样没有显著差异；序贯抽样模式操作简单，具有很强的实用价值。在抽样时应注意柏木林分的郁闭度变化情况相应确定柏木树冠下的调查样方的数量，且树冠下的上、下方抽样块数相同，这一点笔者认为很重要，因为老熟幼虫入土时多掉在树冠下，而形成树冠下的虫口密度远高于非树冠下的虫口，由于环境的因素树冠下的下方更有利老熟幼虫的聚集，要精确调查虫口密度必须注意这一点；并应用立地类型来判断滞育期幼虫分布深度。

鞭角华扁叶蜂滞育幼虫空间密度估计的研究

陈绘画，项云飞

（浙江省仙居县林业局，仙居　317300）

摘　要：利用生物地理统计学的原理和方法研究鞭角华扁叶蜂滞育幼虫的虫口密度与其所处的空间位置之间的关系，创建了鞭角华扁叶蜂滞育幼虫虫口密度的半方差函数模型。在此基础上，用不同空间位置上的已知种群密度观测值估计其他空间位置上的未知种群密度，取得了令人满意的估计效果。

关键词：鞭角华扁叶蜂；滞育幼虫；空间密度估计；生物地理统计学

虫口密度调查是森林害虫综合管理和发生量预测预报等工作的基础。对某一林分开展某种害虫的虫口密度调查，通常是根据该害虫的空间格局确定抽样方法及抽样数量，然后由所抽取的样本估计该林分的虫口密度。但是，这种建立在经典的生物统计学和统计生态学空间格局分析基础上的抽样估计方法，却难以解决多块样地的空间密度估计问题，只能对全部样地进行逐块调查以获得每块样地的虫口密度。因此需要一种既考虑样本数值又考虑样本的空间位置及样本间距离的空间格局分析方法，以解决多块样地的空间密度估计问题。生物地理统计学能较好地解决这个问题，故本文以每块样地的虫口密度为样本，应用生物地理统计学的原理和方法来研究相对稳定的鞭角华扁叶蜂 *Chinolyda flagellicornis* 滞育幼虫（又称入土幼虫）的多块样地空间密度估计问题，为鞭角华扁叶蜂的发生量预测预报及综合控制提供依据。

1　材料与方法

1.1　材料来源

1999 年 3—4 月，在全县的柏木、柳杉林分中开展鞭角华扁叶蜂危害情况调查。选择淡竹乡遭受鞭角华扁叶蜂危害的（10.5×4.7）km^2 范围内的柏木、柳杉林分 218 个小班的鞭角华扁叶蜂虫情调查资料进行研究。

1.2　调查方法

以小班为单位，在 1∶10 000的地形图上标出面积在 667m^2 以上的柏木或柳杉林位置。按随机抽样方式，确定面积为 667~6 670m^2 的林分抽取 15 块样方；大于 6 670m^2 的，每增加 6 670m^2，增加 2 块样方。样方面积均为 1m×1m。然后清理样方内及其周围杂草，在样方一侧挖一条 35cm 深的沟，再从沟边开始向样方内仔细深挖，深度达 35cm 以上，记录各样方内鞭角华扁叶蜂滞育幼虫的数量。

1.3　半方差函数模型

以 Z_i和 Z_{i+h}分别表示间隔为 h 的两个样本的测量值，则在样本空间内，所有这些间隔为 h 的样本对间数值的空间相关性或平均差异性可用半方差函数 $\Upsilon(h)$ 表示，即：

$$Y(h)=\sum (Z_i-Z_{i+h})^2/[2N(h)] \quad (1)$$

求和∑是对 i 从 1 到 $N(h)$ 进行的，$N(h)$ 是相距 h 的点对的个数，据文献，在计算 $Y(h)$ 时，$N(h)$ 值不应少于总样本数的一半。

常用的半方差函数模型有线性模型、球状模型、指数模型、双曲平方模型、高斯模型、幂率模型、空穴模型等。本文应用指数模型：

$$Y(h)=C_0+C_1[1-\exp(-3h/A_e)] \quad (2)$$

其中，$C_0\geqslant 0$，$C_1\geqslant 0$，$A_e>0$。式中 C_0 代表金块常数，相关范围是 A_e，当 $h\to+\propto$ 时，$Y(h)\to C_0+C_1$，设 $S=C_0+C_1$，则 S 代表基台值。

1.4 空间密度估计

假设在一个研究区域内有 n 个空间观测点，各观测点的坐标值和观测值 Z_i（$i=1, 2, \cdots, n$）均已知，Z_0 为该研究区域内坐标值已知、观测值未知的观测点，则 Z_0 可用这 n 个观测地点观测值的线性组合表示，即：

$$Z_0=\sum w_i Z_i \quad (3)$$

式中：w_i 为未知加权。式（3）由无偏估计和方差最小两个准则来确定：

无偏条件：$\sum w_i=1$

最优条件：$MS_e=\delta^2+\sum\sum w_i w_j C_{ij}-2\sum w_i C_{i0}$ 最小。

式中：MS_e 为误差方差，δ^2 为估计点随机函数 Z_0 的方差，C_{ij} 为空间观测值已知的各观测点间的协方差函数，C_{i0} 为观测值已知的各观测点与待测点间的协方差。求无偏条件与最优条件极小值的方法是 Lagrange 乘数法，设 Lagrange 函数为：

$$L=\delta^2+\sum\sum w_i w_j C_{ij}-2\sum w_i C_{i0}+\lambda(\sum w_i-1) \quad (4)$$

其中，λ 是 Lagrange 乘子常数（未知）。L 是权 w_i 和 λ 的函数。对式（4）式求解得：

$$CW=D \quad (5)$$

其中，矩阵 C、D、W 分别是：

$$C=\begin{vmatrix} C_{11} & \cdots & C_{1n} & 1 \\ & \cdots & & \\ C_{n1} & \cdots & C_{nn} & 1 \\ 1 & \cdots & 1 & 0 \end{vmatrix}$$

$D=(C_{10}\cdots C_{n0}1)'$，$W=(w_1 \quad \cdots w_n\lambda)'$

求解可得（假设矩阵 C 的逆存在）$W=C^{-1}D$，其中，C^{-1} 是 C 的逆矩阵。由 W 即可求出 Z_0 的最优线性无偏估计值。

2 结果与分析

2.1 各观测点拟合的半方差函数模型

将 218 块调查样地分为两组，每组 109 块。一组作为虫口密度已知建立半方差函数模型；另一组用于虫口密度估计结果的检验。应用公式（1）计算：已知虫口密度样地的半方差，然后运用公式（2）对其进行拟合，得半方差函数模型为：

$$Y(h)=8263.67\times(1-\exp(-3h/2078)) \quad r=0.5926 \quad r_{0.001}=0.5541 \quad (6)$$

$\delta^2=8153.96$，由于 $C(0)=\delta^2$，$Y(h)=C(0)-C(h)$，因此：

$$C(h)=8263.67\times\exp(-3h/2078)-109.71 \quad (7)$$

2.2 空间密度估计结果

空间密度估计的步骤为：分别求算全部观测值已知样地之间的两两距离，代入式（7）再扩展得观测值已知样地的协方差矩阵 C，求 C 的逆矩阵（假设矩阵 C 的逆存在）C^{-1}；求待估点到各观测值已知点的距离，代入式（7）再扩展得矩阵 D，矩阵 C^{-1} 与矩阵 D 相乘得各观测值已知点的权值矩阵，权值与对应的观测值相乘后再相加即得估计点的估计值。

OK 方法是一种局部最优的线性无偏估计，其基本假设是一般情况下离估计点越近的样本点对估计值的贡献越大，距离越远的样本点贡献越小，因而估计值的大小一般由与估计点距离最近的几个样本点的值决定。就本文而言，除少数几个估计点外，大部分估计点的估计值取决于与其距离最近的 3 个样本点的观测值。

点 Z_{48}（5 500，3 050，332）、Z_{46}（5 400，2 700，280）、Z_{50}（5 600，3 150，290）、Z_{51}（5 700，3 200，265）为到点 Z_{46}（5 350，2 950，270）距离最近的前几个样本点，其距离分别为：190.6m、255.1m、320.7m、430.1m。从 OK 权值看，Z_{48}、Z_{46} 的权值分别为 0.5035、0.3524；Z_{50}、Z_{51} 的权值分别为 0.0303、-0.0106，小于点 Z_{35}（4 500，3 100，233）（到点 Z_{46} 的距离为 863.9m）的权值 0.0596。其原因为点 Z_{46}、Z_{48}、Z_{50} 和 Z_{51} 在一直线上，点 Z_{48} 与 Z_{46} 的距离最近，因它的存在，使得 Z_{50}、Z_{51} 对 Z_{46} 的影响大大减弱了，这就是空间密度估计过程中出现的屏蔽效应。

2.3 空间密度估计结果的 F 检验

令待估点的预测值为 x，实际值为 y，y= a + bx，则：

$$F=[(N(a-0)^2+2(a-0)(b-1)\sum x_i+(b-1)^2\sum x_i^2/2)/\sum(y_i-(a+bx_i))]^2/(N-2))$$

$$=\{[(a\sum y_i+b\sum x_iy_i)-(2\sum x_iy_i-\sum x_i^2)]/2)/[(\sum y_i^2-(a\sum y_i+b\sum x_iy_i)]/(N-2)\}$$

式中，N 为实际值个数。按自由度 $f_1=2$，$f_2=N-2$，若 $F<F_{0.05}$，则（a，b）与（0，1）无显著差异，预测值可信；反之，$F>F_{0.05}$，则（a，b）与（0，1）差异显著，预测值不可信。

经计算，这 109 组预留样地的 F 检验结果为：

$F=0.2156<F_{0.05}^{(2,100)}=3.09$

另外，对这 109 块预留样地虫口密度的实际值与估计值的误差作空间相关性检验，结果表明，实际值与估计值之间的误差不具空间相关性。

因此，109 块预留样地虫口密度的预测结果比较满意。

3 小结与讨论

第一，利用生物地理统计学的理论和方法解决的多块样地虫口密度估计问题，既可满足一般的虫情调查精度，又可以节省时间和经费，提高了工作效率。

第二，由于各样地的面积大小不一、形状各异，给准确确定样地的位置带来一定的困难，从而影响半函数方差的计算精度以及样地平均虫口密度估计的精度。同时以不同的半方差函数模型拟合半方差函数、相同的半方差函数模型在基台值不同或金块效应值不同或相关范围不同的情况下均能给各样地的估计值带来一定的影响。

第三，若留下较多的检验样本，则用于建立模型的样本数量也许就不够，得到的空间估值也就不准确；但若用于检验的样本数量太少，检验的准确性又值得怀疑，因而在样本数量一定的情况下，确定多少样本参与建模和多少样本留下检验有一定的难度。

加强栽培管理可有效控制柑橘黄龙病的发生

陈青英

（浙江省玉环县特产技术推广站，玉环　317600）

1　概况

玉环柚是玉环县的传统名果，是玉环农业经济的支柱产业和特色产业。至今全县玉环柚种植面积已达 3 067hm^2，常年产量 4×10^4t。1997 年后，玉环柚随着南方主要果品的结构性过剩与滞销，售价大跌；1999 年又遇大冻，果农种果积极性受到严重挫折，造成玉环柚园失管严重。至 2001 年，玉环柚大面积发生柑橘木虱，2002 年 11 月，被确诊为发生柑橘黄龙病，柑橘黄龙病的发生对玉环柚的产业构成了严重的威胁。为尽快封锁、控制该病的蔓延，挽救玉环柚产业，我们在全面开展柑橘黄龙病的普查、病树挖除及木虱统一防治工作同时，积极探索柑橘黄龙病防控的有效途径，通过近两年的探索，认为栽培管理与柑橘黄龙病的发生有着密切的关系。

2　肥培管理与玉环柚黄龙病发生的关系

2.1　失管柚园与正常柚园发病率的比较

从 2002 年底全县柑橘黄龙病普查的情况看，发病率超过 15%的，均为失管柚园。主要有以下几方面原因。一是被工业、道路建设征用的青苗补偿款尚未到位的果园。如城关办事处的人民塘，由于 2000 年被县政府定为机电工业园区，部分果园当年就被征用建厂房，造成其他果园排水受阻，长年积水，果农早在 2000 年就放弃了管理，等待征用。因此人民塘在这次柑橘黄龙病的普查中，发病率高居全县榜首。二是部分零星果园由于连年没有产量，果农放松了管理，减弱了树势。如楚门镇的石角、田岙等山区半山区村，农民主要以外出打工收入为主，玉环柚等果树的收入是靠天帮忙，年成好就多收点，年成不好就颗粒无收，从不去管理，这样就滋长了木虱的快速增殖，导致柑橘黄龙病发病面积大、发病重。而玉环县大部分管理正常的果园，由于木虱防治及时、彻底，树势强健，树体自身抗病能力强，发病相对就要轻。如龙溪国庆塘、陈屿长屿塘、芦浦红沙塘等文旦基地，在这次柑橘黄龙病的普查中，发病率均在 5%以下，龙溪国庆塘还是全县最早发现有柑橘黄龙病的果园。

2.2　受冻柚园与玉环柚黄龙病发生的关系

1999 年 12 月，玉环县遭受大冻，极端低温-6.5℃，玉环柚受冻严重，如苔山塘文旦基地四级以上冻害就占总面积的 57%，受冻后树势伤害严重，树干、枝条冻伤，甚至死亡，造成树势衰退，引发柑橘黄龙病。自 1999 年冻害后，苔山塘文旦基地连年没有产量，部分果农丧失了种果积极性，放弃了管理，使树体逐年衰弱，至 2002 年普查，黄龙病的发病率为 12%。而同样是海涂果园的红沙塘文旦基地，其树势生长在冻害前比苔山塘文旦基地要差，但由于 1999 年冻害对其影响不大，树势生长健壮，2002 年的普查，其黄龙病的发病率仅为 3%，所以说树势的强健与否直接关系到黄龙病发病率的高低。

2.3 加强栽培管理与发病率的关系

从 2002 年底被确诊为玉环发生柑橘黄龙病后，在落实防控措施，挖除病株的同时，在苔山塘文旦联营基地和烊根村开展了通过加强肥培管理，控制柑橘黄龙病发生的试验。通过全面推广玉环柚优高栽培模式，采用开天窗、剪大枝、培育自然开心型的强健树冠，推行先攻后控的施肥技术及疏花疏果和病虫害综合防治等一整套优高栽培技术，注重培养强势的树体，提高了树体自身的抗病虫能力，特别重视在病虫害防治时兼治木虱，降低了木虱的繁殖和危害，使柑橘黄龙病的疫情得到有效的控制。通过两年的试验，苔山塘文旦基地的发病率从 12%降至 3.7%，烊根村文旦示范园区的发病率也从 10.3%降至 1.3%。因此加强栽培管理可有效地控制柑橘黄龙病的发生。

3 小结

3.1 实行健康栽培，是控制疫情发生和蔓延的有效途径

根据玉环县这几年玉环柚黄龙病防治的经验来看，培育植株树势强健是控制柑橘黄龙病发生程度和扩散速度的有效措施。因此在黄龙病防控时，要特别注重健康栽培，培育强健的树体，提高抗逆能力，降低发病，控制疫情蔓延。苔山塘文旦联营基地和烊根村这两年的成功防控就是一个很好的例子。

3.2 保挖并举，视发生情况区别对待

在实行健康栽培的同时，柑橘黄龙病的防控主要还是靠挖除病株来达到防治目的。鉴于玉环全县各地零散种植玉环柚广泛，且发病严重，必须采取保挖并举的办法。保就是保玉环柚重点基地、重点产区，如苔山塘文旦基地、烊根村文旦示范园区、龙溪国庆塘文旦基地等，对这些园中被确诊为柑桶黄龙病侵染的发病单株，要坚决挖除，发现一株挖除一株，以减少污染源。并加强树体培养，提高树体自身的抗病能力确保重点基地、重点产区玉环柚的正常生长。挖就是对发病严重或因失管造成柚园严重早衰、黄化，且木虱虫口密度高的，必须动员果农弃园重种，控制疫情蔓延，达到防治应有的效果。

3.3 建立疫情监测体系，加大检疫防治措施的落实

在全县范围内建立柑橘黄龙病、柑橘木虱的疫情监测体系，及时掌握疫情发生动态及木虱发生规律，为挖除病树、检疫防治提供科学依据。建立玉环柚脱毒苗繁育基地，进行脱毒苗培育，从源头上杜绝黄龙病的传播。加强玉环柚生产、包装、贮运过程中的病虫害调查和防治，确保无疫病玉环柚苗木和果品的生产。

加大植检执法力度，严厉查处违章调运柑橘苗木，对本县繁育的柑橘类苗木，经严格检疫，确定无检疫对象后方可外运；严禁从有柑橘黄龙病疫情发生的地区调运苗木，严防病源传播蔓延。切实加强对黄龙病传媒——木虱的调查和防治，每年春、夏、秋梢抽发期要进行集中防治，以减少和消灭木虱的虫口密度，达到防控黄龙病的目的。

柑橘黄龙病的防控，并非一朝一夕，是一项长期而艰巨的任务。因此要树立与柑橘黄龙病长期斗争的思想，培育强健的树势，提高树体抗逆能力，并落实好各项防控措施，确保玉环柚产业的健康发展。

临海柑橘黄龙病发生的可能性及预防对策

颜丽菊[1]，高玲英[2]

（1. 浙江省临海市林业特产局　临海　317000；2. 浙江省临海市白水洋镇农技站　临海　317000）

柑橘黄龙病是我国柑橘的检疫性病害，一度时期对我国广东省、福建省、广西壮族自治区（自然区域）的柑橘造成毁灭性打击。浙江省柑橘黄龙病自20世纪80年代主要分布在瓯江以南部分橘区，随着气温变暖，90年代以来逐渐向北扩展，近年来台州南部的玉环、温岭、黄岩等部分柑橘也相继发病，并呈现快速流行、向北蔓延和病情加重之势，对柑橘生产造成严重的威胁。临海是中国无核蜜橘之乡，柑橘是全市农民经济收入的主要来源。分析临海发生柑橘黄龙病的可能性，制定预防对策，有效控制该病的发生与蔓延是十分重要和迫切的。

1　临海柑橘黄龙病发生可能性

1.1　周边县市柑橘发病情况

临海地处浙江中部沿海，东经120°49′~121°41′，北纬28°40′~29°04′，处在黄龙病发生的边缘地区，南与椒江、黄岩接壤，周边黄岩、温岭、玉环和温州等地均有黄龙病。每年玉环文旦果实大量进入临海市销售，未经检疫的柑橘、苗木、接穗也时有由民间带入，而带病苗木、接穗恰恰是柑橘黄龙病传播的主要途径。因此，一不小心，极易将病菌传入。

1.2　柑橘木虱普遍存在

据2002年调查，柑橘木虱在临海各镇（街道）均有零星发生，以104国道沿线为多，发生面积约1 200hm^2，对汛桥、永丰两地柑橘木虱送检，结果表明，带毒率达11.7%以上，而柑橘木虱是柑橘黄龙病的主要传播媒介，如不及时防治，带毒的木虱会将黄龙病传播开来。

1.3　气候变暖

近年来，由于冬季平均气温呈现显著上升趋势，冷冬年份少，2002年、2003年临海市1月（最冷月）平均气温分别为6.2℃、8.4℃，1月平均最低气温分别为2.5℃、4.3℃，1月最低气温分别为-2.1℃、-1℃，且低温时间越来越短，为柑橘木虱生存提供了有利条件。

以上分析认为，临海柑橘黄龙病有发病条件，如不严格预防，极有可能暴发柑橘黄龙病对柑橘安全生产埋下严重隐患。

2　柑橘黄龙病的严重危害性

临海全市现有柑橘面积1.2×10^{4}hm^2，柑橘已成为全市农民经济收入的主要来源。一旦发生柑橘黄龙病，防除极为困难，柑橘感病后叶片、枝梢黄化，果实变小、畸形、味酸、无光泽失去商品价值。得病后3~5年内丧失结果能力，最后橘树枯死，对柑橘生产危害极大，同时橘果实、苗木将不能外调，这势必给我市农村经济带来巨大的损失。

3 柑橘黄龙病预防对策及成效

针对柑橘黄龙病发生的可能性和危害的严重性，为防止柑橘黄龙病的传入和危害，防患于未然，我们采取紧急积极主动的预防措施，通过3年有效的防控，取得了良好的效果，柑橘木虱也得到了有效的控制，柑橘产业呈现稳定、持续、健康发展。2003年，全市柑橘产量达23×10^4t，产值近4亿元。柑橘主产区涌泉镇2133hm^2柑橘，产量6×10^4t，产值1.8亿元，最高价格达50元/kg，涌泉岩鱼头橘场2.7hm^2橘园，收入150万元，经济效益显著。具体预防对策。

3.1 加强领导，建立和健全柑橘黄龙病防控体系

市里建立柑橘黄龙病防控工作指挥部，由分管领导担任总指挥，统一组织领导，部署落实全市柑橘黄龙病防控工作。各镇（街道）、合作社成立相应组织，做好本镇（街道）、合作社柑橘黄龙病防控工作的指挥、牵头和落实；农业部门成立技术指导组，加强对柑橘黄龙病防控的技术指导；交通运输和邮政部门凭有效植物检疫证明受理运输和邮寄柑橘苗木业务；财政、公安等其他有关部门积极配合，协同做好防控工作。

3.2 加强对柑橘黄龙病知识和防除技能的宣传与培训，确保防控工作顺利、有效开展

充分利用广播、会议、培训、印发资料等进行广泛宣传，使广大果树防控、植保技术人员和柑橘生产者对柑橘黄龙病危害性有充分认识，知道柑橘木虱是传播黄龙病的媒介昆虫，而黄龙病又是柑橘毁灭性病害，从而增强对黄龙病的防范意识，提高防控的紧迫性和自觉性，同时加强柑橘黄龙病防控业务技术培训，提高广大果农识别和掌握柑橘黄龙病、柑橘木虱及其防除技能，一旦发生能被及时发现和扑灭。

3.3 严格执行检疫制度，禁止疫情发生地苗木接穗调入

改革开放后人员流动日益频繁，人为携带、传播带病苗木、接穗，成为黄龙病传播蔓延的主要途径。因此，临海市非常重视植物检疫工作，严格植物检疫制度，加大法律、法规宣传和执法力度，加强柑橘苗木市场管理，杜绝带病苗木及一切带病材料进入，对未经检疫调运或从疫情发生地调入柑橘苗木接穗的，进行依法从严查处，当众销毁；如需从外地调入橘苗的，必须到市植检站办理《检疫要求书》，进行全程检疫，本地自繁的橘苗如需到市场上销售的，必须到镇（街道）农技站办理产地检疫合格证，凭证出售，确保新种苗木无病害。

3.4 全面杀灭柑橘木虱，减少黄龙病传毒几率

媒介木虱的发生量是决定病害蔓延速度的主要因素，木虱发生量多则病害蔓延快，反之则慢：临海市柑橘木虱虽呈零星分布，但发生的面广。因此，杀灭木虱，是防止黄龙病蔓延的关键措施。一是做好普查、摸底，彻底查清柑橘木虱的分布和危害情况；二是做好预测预报，抓住柑橘木虱发生的关键时期，发布病虫情报，以镇（街道）为单位，统一防治，及时扑灭，提高防效；三是所有橘园，尤其是失管橘园或房前屋后零星橘树及其他芸香科寄主植物，均做到全面喷治，不留死角；四是选用10%吡虫啉1 000~1 500倍液加阿维菌素2 000~300倍液或5%啶虫脒2 500~3 000倍液或1%灭虫灵乳油2 000倍液等高效低毒药剂，轮换交替使用，提高药效。

3.5 加强栽培管理，培育健壮树势，提高橘树抗病能力

3.5.1 集中配方施肥

温州蜜柑一年施 2~3 次肥料，做到夏肥重施，采果肥及时施春肥看树施；增施磷、钾肥，适控氮肥，适施有机肥，及时补充硼、锌、钼等微量元素，使橘树抽梢整齐，壮而不旺长，提高抗病力。

3.5.2 加强嫩梢管护

柑橘嫩梢抽发量多少与木虱虫口有明显的正相关，抽梢集中，整齐，嫩梢期短，不利于木虱长期产卵和生存，针对这一特点，春季结合控梢保果，对少花或中花旺长树在开花前抹除树冠外围所有春梢，中下部春梢抹去 1/2~2/3，留下的春梢留 3~4 片叶摘心，加快春梢老熟；结果树夏梢全部抹除；温州蜜柑于 7 月 20 日以后统一放出秋梢，9 月中旬以后抽发的晚秋梢全部抹除。这样，既提高了柑橘坐果率，又使各次新梢抽发整齐一致，缩短了嫩梢期，可有效地减少木虱的生活、繁殖场所和传播，同时便于喷药防治。

3.5.3 合理整枝修剪

彻底剪除枯枝、病虫枝，对树冠高大郁闭橘树采取开天窗，降低树冠促进通风透光，增强树势。

3.5.4 优化病虫防治

狠抓冬、春两季的清园。结合整枝修剪，彻底清除病虫枝、枯枝落叶并集中烧毁。在此基础上，于采后、春芽萌发前，选择石硫合剂或松脂合剂或机油乳剂等全面清园，降低柑橘木虱等病虫越冬基数；生长季节在重点抓好疮痂病、黑点病、蚧类、螨类等影响果实品质和外观的病虫害防治的同时，萌芽抽梢期，结合蚜虫、潜叶蛾、木虱防治，保护好新梢。

3.6 加强对失管橘园与房前屋后零星橘园的管理

房前屋后零星种植的橘树，往往管理比较粗放，全年几乎不喷药不施肥，放任生长。这类失管的橘树，一般树势比较弱，抽梢比较零乱，往往是柑橘木虱发生较多的场所。因此，集中力量加强这类橘树的管理，该砍掉的砍掉该管理的管理，使柑橘木虱防治不留死角。

3.7 发现病株或可疑病株，及时挖除，并集中销毁，以绝后患

在挖除病株前应对病株及附近橘树喷杀虫剂，以防止柑橘木虱向周围柑橘转移传播。

松材线虫病综合预防技术研究

崔相富[1]，陈绘画[1]，杨胜利[1]，崔晓君[2]

（1. 浙江省仙居县森林植物检疫站，仙居 317300；
2. 中国计量学院，杭州 310000）

摘　要：对松林中的枯死木、流通领域的松木及其制品，以及树体内的活体松褐天牛肢体进行抽样和分离监测，研究松材线虫病的综合监测预警技术体系。并且将外地调入和本地调出的森林植物及其产品全面实施动态源头管理，使所有监测对象都在预防控制管理渠道之中，形成操作性强和简便实用的长效管理机制。
关键词：松材线虫病；综合防控；仙居；浙江

仙居以松木原料为基础的木制工艺品出口交货值达 18 亿元，还有以松林为景观的国家级风景名胜区。针对松材线虫病的传播威胁，经多年综合防控预警体系及防范机制研究，有效地控制了松材线虫病在仙居的传播。现将研究结果报告如下。

1　材料与方法

1.1　用 M-99 引诱剂对松褐天牛种群动态监测

M-99 引诱剂和天牛诱捕器由浙江省森防检疫站提供。将引诱剂装在天牛诱捕器上分别挂于 50 年生的大北地溪林地与南峰山公园、40 年生的清口园林地和 25 年生河埠林地距地面 2m 高的树干上。天牛诱集罐内盛满水并溶解 10g 皂粉以增加黏性，每 7d 检查效果并视情况更换引诱剂。监测种群动态规律和降低林间种群密度。

1.2　建立《产地检疫合格登记证》源头监管平台

通过建立《产地检疫合格登记证》源头监管平台，实行企业等“松材线虫病防范责任书”、“森检要求书”的预控制。外地调入材、电缆盘等凭《木材运输证》和《植物检疫证》审验、复检合格；人造板类企业用材凭增值税发票；当地林农松木商品材凭货证相符的《木材采伐许可证》，一并录入《产地检疫合格登记证》实行动态预警信息监管渠道，企业重新出运的产品凭登记证换发《植物检疫证书》并核销证内存贮量。

1.3　松褐天牛肢体、林间枯死木分离检验预警监测技术

利用对大北地溪、河埠、清口园、南峰山、黄梁陈等 7hm^2 林地内诱集 1 365头、人工零星捕获 37 头、枯死木内搜集 23 头松褐天牛成虫。分别按 10%、50%和 80%的比例进行随机抽样肢体解剖分离，对诱集罐内的虫尸浸泡液抽样进行离心机 3 000转/min。5min 离心后的浓缩液进行镜检。林间枯死木用直径 2cm 钻头的手摇钻在树干基部 2m 区段内取样 200g，室内 30℃水温浸泡，12h 后先 2 000转/min 离心浓缩后镜检。

1.4　烘房灭虫试验

对调入材并有栖息活体天牛幼、成虫的厚 2cm、4cm 和 4. 5cm 含水率≤25%和≥35%松木板材进行极端 80℃、100℃的 48h 和 72h 高温烘干处理。研究供试材料中的不同灭虫效果。

1.5 饵木诱杀

将伐倒木锯成2m长，3根1组，呈“△”形支撑在铺有新鲜松枝林地上，7d换1次松枝保鲜。饵木每堆相隔50~100m。隔20d左右加1根，60d后全部取回室内检查诱杀效果。

1.6 松褐天牛化学防治试验

利用山东潍坊奥维特农药有限公司生产的30%马·氰乳油分别稀释100倍、300倍和500倍液用泰山—18型机动喷雾器进行林间常规喷雾，3个重复，1组对照。喷药360h后对天牛危害木进行效果检查。

1.7 生物生态调控技术

选用当地林农喜好的优良阔叶经济林种如杨梅等对低山丘陵的马尾松林进行带状、块状、片状或零星等方式更新，采用全垦、套种、补植等技术造林，分一次性或分年逐步淘汰马尾松林。

2 结果与分析

2.1 松材线虫病的综合监测预警技术体系研究

2.1.1 松褐天牛成虫种群数量变动规律

2002年，大北地溪林地马尾松人工纯林中115头成虫观察显示，成虫期为5月17日至8月21日计96d，高峰期在7月23日；翌年86头成虫观察，成虫期为5月26日至8月25日计91d，高峰期6月16日与7月14日。2003年，清口园林地193头成虫观察显示，成虫期为5月20日至9月18日计120d，高峰期6月25日和7月15日。河埠桥头林地209头成虫观察，成虫期5月13日至9月18日计127d，高峰期出现在6月10日与7月15日。南峰山公园16头成虫观察，成虫期为5月28日至8月19日计82d，高峰期为6月10日。详见图1和图2所示。

图1表明，天牛成虫期与树龄有一定的关系，50年生成熟林天牛发生期平均90天左右，35年生发生120d左右。图2表明，6成虫有1个高峰期3个次高峰，9成虫有1个主高峰期和2个次高峰期。

2.1.2 综合源头监测长效预警技术

针对645家加工企业、800家外挂加工户、20余家花木花卉公司和电力、电信、通信等部门年购买来自全国各地木材市场8万余m^3的松木原料，松木包装物、松木电缆盘等存在的疫情传播风险，长期以来实施了图3和图4的疫情综合防控预警新机制，将全部松木成品、半成品、松木包装材料、电缆盘等纳入了复检、除害等监管程序，及时消除了疫情传播隐患。

2.1.3 松褐天牛肢体、林间枯死木分离检验预警监测结果

表1表明：当地马尾松林的虫害木和流通领域松褐天牛虫栖木较普遍有拟松材线虫（*Bursaphelenchus mucronatus*）、前孔隐滑刃线虫（*Cryptaphelenchoides propora* sp.）松柱形垫刃线虫（*Crlindrotylenchus* Pini）白尖线虫（*Aphelenchoides besyi*）、墙草滑刃线虫（*Aphelenchoides parietiums*）等存在，而松褐天牛虫体则较少发现。

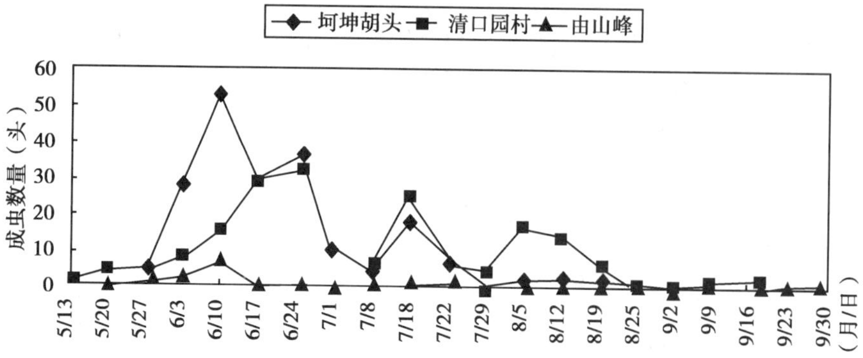

图 1　2003 年松褐天牛地域种群数量变化比较

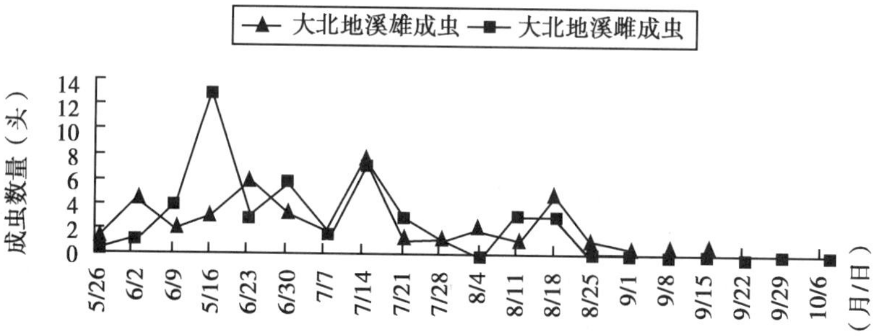

图 2　2003 年松褐天牛地域♀♂成虫种群数量变化比较

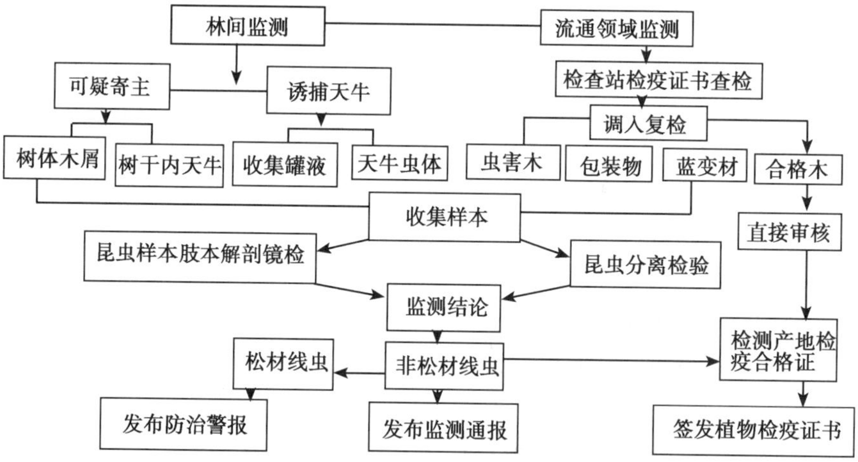

图 3　综合预警信息监测网络体系

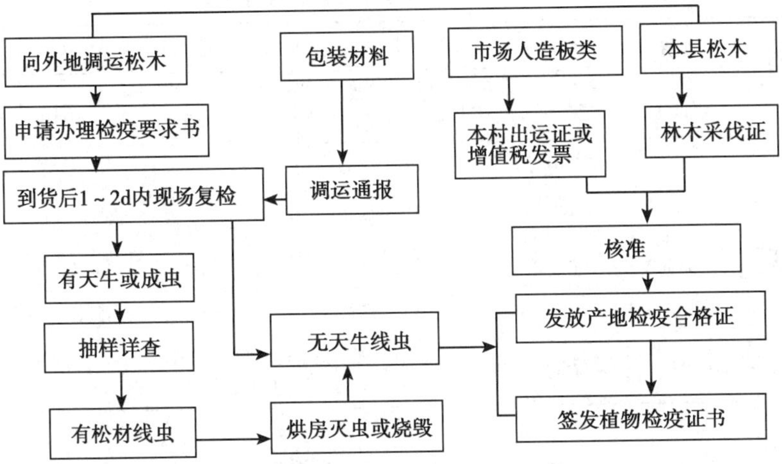

图4　产地检疫一本账预警监管体系

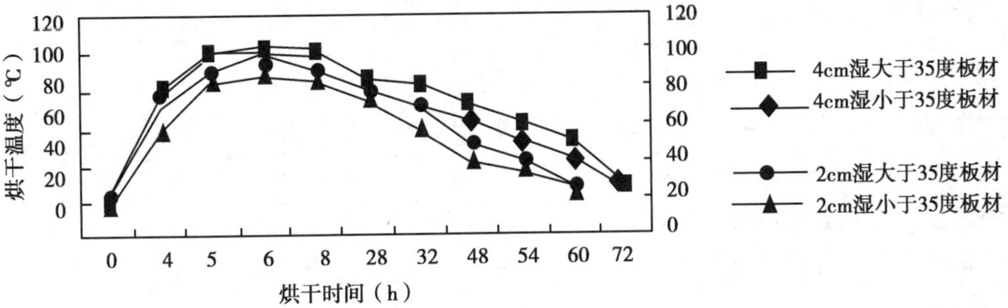

图5　4cm不同干燥度烘干效果

表1　松褐天牛肢体、林间枯死木分离检验预警监测结果

年度	1. 林地虫害木监测						2. 调入松材、包装箱、电缆盘						3. 松褐天牛虫体					4. 天牛浸泡液	
	枯死株数	样本株数	检查样本	结果			抽查样本	镜检数量	结果				检查数量（虫）	内♀成虫	结果			样本数	结果
				松材线虫	拟松材线虫	其他			松材线虫	拟松材线虫	其他线虫	空白			松材线虫	拟松材线虫	其他		松材线虫
2002	26	20	112	0	26	26	16	59	0	50	50	9	20	8	0	9	13	5	0
2003	27	13	80	0	30	30	81	102	0	83	83	19	99	37	0	35	47	12	0
2004	30	23	138	0	35	58	56	83	0	77	77	7	89	39	0	23	32	7	0

表 2　烘房干燥灭虫试验结果

试验时间（年/月/日）	试验地点	烘房客积（m^3）	烘房产地及型号	供试验松木			实测干燥度（℃）	干烘时间（h）		抽查虫道数量	检查灭虫效果			
				数量（m^3）	厚度（cm）	干燥度（℃）		累计（h）	极端（℃）		合计	死虫	活虫	死亡率（%）
2003/5/15	利发			8	2	≥35	13.5	48	80	56	2	3	0	100
2033/6/22	艺厂	25.44（顶通气道高度）	大众烘干机（仙居下各生产）	10	2	≤25	14			65	0	0	0	100
2004/8/24	大庙后			9	4	≥35	15	72	100	38	5	5	0	100
2004/9/28	加工点			17	4	≤25	14			45	2	2	0	100
200/7/16	成龙工艺厂	20	双塔牌烘干	10	4.5	≥3.5	18	85（对照）	72	5	3	2	60.0	

表 3　饵木诱杀松褐天牛效果统计

试验时间（年/月/日）	试验地点	饵木规格	饵木长度（cm）	数量（根）	检查时间（月/日）	效果		
		小头直径（cm）				幼虫	卵	计
2002/5/15	大北地溪林地	8～12	1.5～2	6	7/20	5	2	7
2002/5/17	河埠桥头林地	8～12	1.5～2	6	7/21	6	3	9
CK	河埠桥头林地	胸径 14	活立木	1	8/10	0	0	0
2003/5/12	大北地溪林地	8～15	1.5～2	6	7/16	4	1	5
2003/5/16	河埠桥头林地	8～12	1.5～2	6	7/18	8	2	10
CK	大北地溪林地	胸径 18	活立木	1	8/15	0	0	0

表 4　30%马·氰乳油防治松褐天牛效果统计

试验浓度	试验地点	喷药时间（年/月/日）	重复	胸径（cm）	检查日期（月/日）	树干长度（m）	侵入孔（个）	羽化孔（个）	死亡数			合计	校正死亡率（%）
									成虫	蛹	幼虫		
1∶100			3		6/17	4	56	25	10	12	9	31	54.13
1∶300	大北地溪	04/5/30	3	10～16		4	60	31	8	11	10	29	47.22
1∶500			3			4	41	27	3	3	8	14	33.44
CK			1			4	48	48	0	1	1	2	2.22
1∶100			3	8～14		4	29	13	5	7	4	16	55.17
2∶300	清口园	04/6/10	3	8～12	6/25	4	27	14	4	5	6	13	48.10
3∶500			3	8～15		4	24	16	2	3	3	8	33.33
CK			1			4	13	7	0	0	0	0	0

表 5　松林结构调整统计

年度	松林面积（hm^2）	松林结构调整面积（hm^2）				累计发展阔叶经济林（hm^2）	上升百分比（%）
		阔叶经济林	自然灾害调整	合计	占有林地面积（%）		
1999	71 443.07	—	—	—	53.67	14 573.33	
2000	69 802.77	1 566.73	73.30	1 640.03	52.44	16 140.07	23.10
2001	68 952.60	814.67	35.50	850.17	51.80	16 954.73	24.55
2002	67 955.50	825.00	45.40	870.40	51.05	17 779.73	26.06
2003	66 958.4	864.00	133.10	997.1	50.30	18 643.73	27.67
2004	65 754.8	801.6	402.00	1 203.6	49.40	18 112.00	29.21

2.2　松褐天牛虫栖木烘房高温灭虫除害结果

图 5 表明，板材厚含水率高，加温要快，高温持续时间长，否则要缓慢加温到高点后快速降温，防止板材变形失去利用价值。表 2 说明在板材含水率低于 15%时，天牛灭杀率都达 100%。而板材厚度 4.5cm、含水率 35%的相同处理时间，含水率高达 18%，杀灭效果为 60%。烘房高温干燥灭虫技术处理板材内钻蛀性、隐蔽性昆虫。灭虫安全性高，方法简便，效果好、费用低廉，优于溴甲烷密封熏蒸处理。

2.3　引诱剂诱杀

经对大北地溪、清口同、河埠、黄梁陈等永安溪沿溪林地以及城关东门、南峰山等地悬挂天牛诱捕器 120 只次使用 M—99 型引诱剂，2002 年诱杀松褐灭牛成虫 158 头，2003 年度 844 头，2004 年 363 头，累计达 1 356头，大北地溪林地固定诱集点虫口密度下降 21.5%。

2.4　饵木诱杀试验

两年内 4 个诱饵木样本数共诱集天牛幼虫、虫卵总数 31 头（块），饵木边上的对照木经检查未见灭牛产卵，效果为 16：0 和 15：0，饵木对松褐天牛成虫具有一定的诱惑力，这对减少林间低密度种群数量有参考价值，但作为林间的主要防治措施，其效果不够明（表 3）。

2.5　30%马·氰乳油 1：100、1：300 和 1：500 倍液喷雾防治试验

结果表明：100 倍液 15d 校正死亡率 54.13%，300 倍液为 47.22%，500 倍液为 33.44%，对照死亡率为 2.22%（表 4）。

3　生物调控与生物多样性的长效防控

杨梅阔叶经济林的生物生态林种结构调整。杨梅是当地传统的阔叶经济类果木，适生性强，适宜于海拔 500m 以下高程的低山陵地区大面积栽种。仙居利用杨梅树种结构调整面积扩大到了 6 667hm^2，松林比例由 1999 年的 53.67%下降到 2004 年的 49.40%（表 5），低山地带基本形成了杨梅等生物生态阔叶经济林，森林的整体生态安全性得到明显增强。

80%必得利可湿性粉剂防治温州蜜柑疮痂病的效果

梁克宏[1]，黄茜斌[1]，金建国[1]，许渭根[2]

（1. 浙江省台州市黄岩区林业特产局　台州　318020；2. 浙江省植物保护总站　杭州　310000）

80%必得利 MZ—120 可湿性粉剂是河北双吉化工有限公司生产的新型广谱杀菌剂，其主要成分是一种全络合态的锰锌离子有机化合物，具有高效、安全、广谱、稳定、耐雨水冲刷等特点，是全国农业技术推广中心重点推广产品之一。于 2005 年在黄岩新丰开发农场山地柑橘园进行了田间小区试验和大区示范试验，以探索该药剂对柑橘疮痂病的防治效果。

1　材料与方法

1.1　供试药剂

80%必得利可湿生粉剂（河北双吉化工有限公司、浙江省植保站提供）；45%大生可湿性粉剂（美国陶氏益农公司生产、浙江省植保站提供）。

1.2　供试品种及防治对象

供试品种为种植在低山缓坡地 15 年生的早熟温州蜜柑（宫川）。防治对象为柑橘疮痂病。

1.3　试验方法

1.3.1　试验设计

小区试验：设 80%必得利可湿性生粉剂 600 倍液，800 倍液和 1 000倍液、45%大生 600 倍液及清水对照共 5 个处理；每小区选 10 棵柑橘树，设 3 次重复，顺序排列。大区示范：设 80%必得利可湿性生粉剂 600 倍液、45%大生 600 倍液两个处理。大区示范面积共 20hm^2，其中，3. 3hm^2 喷 45%大生 600 倍液，16. 7hm^2 喷 80%必得利可湿性生粉剂 600 倍液。

1.3.2　喷药时间

试验区共喷药两次：第一次喷药在 5 月 3 日柑橘新芽长约 2~3mm 时进行，防治柑橘春梢疮痂病，第二次喷药时间为 5 月 18 日，在柑橘花谢 2/3 时防治柑橘幼果疮痂病。大区示范园喷药时间在 5 月 3—4 日、5 月 18—20 日。田间试验用背负式喷雾器喷药，以新叶、幼果均匀淋湿为度，用水量约 120kg/667m^2。

1.3.3　调查方法

5 月 26 日田间调查今年春梢发病情况：每重复随机抽取 40 片新叶，每处理共调查 120 片新叶；6 月 7 日田间调查幼果发病情况：每重复随机抽取 40 个幼果，每处理共调查 120 个幼果；根据发病分级标准计算叶片、幼果病情指数并统计防效。叶片的分级标准是：0 级无病斑；1 级有 1~2 个小病斑；2 级有 3~7 个小病斑；3 级为发病较重、病斑面积 1/2 以内，叶片不扭曲；4 级为病斑面积在 1/2 以上，叶片扭曲。果实的分级标准是：0 级无病斑；1 级病斑细小、零星分布；2 级为果面 1/4 以下有病斑；3 级为果面 1/4~1/2 有病斑；4 级为果面 1/2 以上有病斑。

2 结果与分析据

田间试验调查结果（表1），80%必得利600倍液、800倍液和1 000倍液对柑橘春梢叶片疮痂病的防治效果分别为73.03%、67.42%和37.06%，45%大生600倍液处理的防效为71.09%。由试验结果可知必得利600倍液防效与大生600倍液防效比较理想，在叶疮痂病发生较重（对照区病叶率达到61.7%）的情况下还能达到70%以上的防治效果，两者之间基本没有明显差异：必得利800倍液处理的防效稍差；而必得利1 000倍液处理的效果较差只有37.06%，不能有效控制病害的发生。据柑橘幼果疮痂病防治效果调查，80%必得利600倍液、800倍液和1 000倍液的防治效果分另44.64%、32.06%和18.45%，45%大生600倍液处理的防效为42.73%。对照区柑橘幼果发病率为56.7%，发病程度比较严重，因此各处理防效均呈现偏低的现象，但就防治结果看，仍以80%必得利600倍液和45%大生600倍液处理的防效最高而且两者之间的差异不明显，必得利800倍液处理的防效较差，必得利1 000倍液的防效最差。必得利各浓度梯度之间的差异较大。大区示范园防效表现与小区试验基本一致。根据2005年黄岩的气象资料，由于2004年冬季的低温影响，2005年物候期较往年推迟，再由于4月底和5月上旬阴雨天气较多，在生产上只能抢晴天喷药，第一次喷药的时间较柑橘疮痂病防治适期有所延迟，因此，试验园春梢叶发病率较高，故导致新叶、幼果的整体防效偏低。

表1 80%必得利MZ-120防治柑橘疮痂病的效果

处理	叶片				果实			
	调查数量（片）	病叶率（%）	病指	防效（%）	调查数量（片）	病叶率（%）	病指	防效（%）
必得利600倍液	120	19.2	5.00	73.03	120	34.20	11.88	44.64
必得利800倍液	120	24.2	6.04	67.42	120	44.17	14.58	32.06
必得利1 000倍液	120	40.8	11.67	37.06	120	58.30	17.50	18.45
大生600倍液	120	25.0	5.21	71.90	120	39.20	12.29	42.73
清水对照CK	120	61.7	18.54	—	120	56.70	21.46	—

3 小结

3.1

80%必得利MZ-120可湿性粉剂对柑橘疮痂病有较好的防治效果，其600倍液对柑橘疮痂病的防效与常规农药大生600倍液相当，在试验过程中各处理区柑橘新梢、叶片、幼果均没有发现药害现象，可以在柑橘生产区试验推广。

3.2

80%必得利MZ-120可湿性粉剂对防治柑橘疮痂病的适宜稀释倍数以600倍液为宜，建议在柑橘春芽长2~3mm、花谢2/3时各喷1次药防治春叶、幼果疮痂病，多雨地区应抢晴天喷药，以免错过防治适期。为确保防效，对去年春梢发病基数较高的园地可在柑橘幼果生理落果前期增加1次喷药。

谈柑橘树脂病的危害与防治

罗冬芳

（浙江省临海市特产技术推广总站，临海　317000）

近年来，柑橘在浙江台州地区栽培面积不断扩大，取得了非常好的经济效益。但在生产中，经常发生柑橘树脂病，对农户造成不少的损失，尤其是2005年的云娜、卡努台风，造成2006年的树脂病大范围发生，成为农户重点防治的对象。

柑橘树脂病，俗称“烂脚病”。病菌在枯枝及病死树皮上越冬，翌年春季产生大量分生孢子。从冻伤、虫伤、剪口伤等处入侵，借风雨、昆虫传播。此病主要为害枝干，也为害叶片和果实，在叶片上又名“沙皮病”，果实上又名“蒂腐病”。橘树被害后枝叶凋萎，严重时整株枯死。

1　症状

枝干受害后，表现为流胶和干枯两种类型。流胶型最初病部呈现灰褐色水渍状，组织变松软，皮层上有细小的裂缝，随即流出褐色胶液，边缘皮层干枯坏死翘起，有的病斑周缘逐渐产生愈合组织，死皮开始脱落，木质部裸露。干枯型病部无显著流胶现象，皮层变红褐色，干枯略下陷微有裂缝，但皮层不很快脱落，病、健部交界处有一条明显隆起的界线。两种症状病菌都能透过皮层侵染木质部，使木质部变成浅灰褐色，并在病、健交界处形成一条黄褐色或黑褐色的菌带。病斑表面或表皮下密生黑色小粒点（即分生孢子器）。受害叶片、枝干及青果，表面散生许多黄褐色或黑褐色小粒，密集成片，手摸感到粗糙，凹凸不平，常与锈壁虱为害的症状相似，故又称砂皮病，但砂皮病粒硬而突起．而锈壁虱为害后不凸起。果实受害常发生在成熟果实上，以贮藏期较多。首先从果蒂产生小渍状圆形褐色病斑，随后病斑扩大，向脐部发展，边缘呈波纹状，果心腐烂比果皮快，当果皮1/3～1/2腐烂时，果心已全部腐烂，故又叫“穿心烂”。若在田间发生，其症状与叶片的症状相似。

2　发病特点

本病病原菌为一种子囊菌，以菌丝和分生孢子器（病部小褐点）在枝干病部越冬，次年春天产生分生孢子，借风雨及昆虫传播，由伤口侵入。本病发生与气温、降水和空气湿度均有密切关系，月平均气温在18～25℃时最有利于病菌的活动，因此，5—6月及9—10月为发病盛期。常因寒潮及早霜使枝干冻伤，而容易诱发此病。如遇降雨则流胶发生更重。不良的栽培管理，如肥料供应不足，施肥不及时或配合不当，土壤保水、排水性能差，天牛、吉丁虫等虫害严重，冬季重剪等，均可导致树势衰弱，从而诱发此病。

柑橘对树脂病的抗病性随不同品种而有差异，以温州蜜柑、甜橙和金柑发病较严重，其次为槾橘、朱红橘、乳橘和早橘，本地早橘抗病性较强。

3 综合防治

3.1 栽培管理方面

柑橘是喜温作物，防寒防冻是柑橘冬季管理的关键环节，预防措施有：①主干刷白。入冬前，刮去果树枝干枯皮，剔除霉层，给主干、主枝刷一层涂白剂，即可杀灭该病病菌及多种越冬害虫，同时增强树体反射能力，使昼夜温差变化比较稳定，避免“日烧夜冻”。冬季涂白剂一般可按硫磺粉1kg，生石灰5kg，水30kg，食盐0.2kg的比例配制面成。夏季涂白剂制作方法：水50kg加入生石灰30kg、植物油0.2kg、食盐0.6kg、敌敌畏乳油0.25kg和硫磺0.5kg，充分混合搅成糊状即成。5月上中旬涂可兼治吉丁虫、天牛等产卵。②包扎枝干及覆盖。大冻前，用稻草缠绕所有桔树的主干和主枝。捆草时可将稻草顶部用绳捆紧，以防树干结冰，反遭冻害。橘园可在桔树行间覆盖作物秸秆、树叶，既能提高地温，又能保摘。对小橘树每隔1m左右插一个弧形支架，盖上塑料薄膜，四周用土压实、压严，翌春气温回升后，先揭薄膜两端“放风”，待幼树适应外界环境后，揭开全部薄膜。③春季发病前，彻底剪除病枝、病叶和病死树，并喷洒0.8～1°Be′石灰硫磺合剂或晶体石硫合剂80～120倍液，控制病菌扩散为害，并且冬季禁止重剪。

3.2 刮治病部或直接涂药

对已发病的树，可在春季用利刀彻底挖除病斑组织，周围超出病斑1cm左右，并纵横划数条裂口至木质部。用75%酒精消毒伤口，然后连续涂药2次，间隔7d。对树脂病疗效较好的药剂主要有下列6种：①50%多菌灵可湿性粉剂100倍液。②50%甲基托布津可湿性粉剂100倍液。③100倍抗菌剂402液。④牛粪黄泥浆。⑤1：4食用碱水。⑥水柏油（制作方法：1份沥青、2份柴油或煤油，用火加热。待沥青溶解于油中搅匀即成）。水柏油色黑，涂于枝干后在高温干燥的夏季易诱发日灼，故高温来临前可用涂白剂将其涂白。

3.3 喷药保护

为预防叶片和果实的发病。也可结合疮痂病和黄斑病的防治，喷0.5%～0.8%波尔多液、65%代森锌500倍液、80%大生液或75%猛杀生600～800倍液。任选一种，交替使用。

3.4 防止果实贮藏期腐烂

果实适当早收，并剔除病、伤果实，然后包装入箱贮藏。

应用 M-99 引诱剂防治松褐天牛效果初探

颜福彬[1]，林雪锋[1]，吴敏霞[1]，金华松[2]，苏加昌[3]

（1. 浙江省温岭市农业林业局　温岭　317500；2. 浙江省温岭市城南林技站　温岭；
3. 浙江省温岭市新河镇林技站　温岭）

摘　要：根据温岭市松褐天牛成虫羽化始见期 4 月底、终见期 10 月初、7 月下旬为羽化高峰期的基本规律，应用 M-99 引诱剂对松褐天牛进行防治试验，平均每年每只诱捕器诱捕松褐天牛 101 只，防治效果明显。

关键词：M-99 引诱剂；防治效果；松褐天牛；发生规律

松褐天牛（*Monochamus alternatus* Hope），鞘翅目（Coleoptera）天牛科（*Cerambycidae*），是松科植物的主要害虫，也是松材线虫病的传播媒介，如何降低虫口密度，减缓传播速度，是松材线虫病预防和防治的关键。而应用化学引诱剂诱杀方法，是防治松褐天牛重要而有效措施之一。化学引诱剂诱杀具有效果好、操作方便、安全、适用性强等特点。温岭市近两年来根据松褐天牛成虫发生规律，应用 M-99 引诱剂防治松褐天牛试验进行探索，为有效控制松褐天牛的发生和危害提供科学依据。

1　试验地情况

温岭市位于浙江东南沿海。属中亚热带沿海季风气候，年平均气温 17.22℃，年平均降雨量 1 672mm。有林地面积为 29 640hm^2，松林面积达 21 710hm^2，占全市有林地面积的 71.2%。进入 20 世纪 90 年代，温岭市松林的病虫害发生了根本性的转变，以前的主要害虫——马尾松毛虫趋于稳定下降。这主要是通过封山，松林郁闭度提高，林内植被丰富，湿度增大，有益昆虫种类数量增多，有效地遏制了马尾松毛虫喜阳、高温、干燥，易爆发成灾的生境。但另一方面，只封山，不育林，也给林分卫生状况带来许多问题。如衰弱木、濒死木、“老头树”的大量存在，给次要害虫，特别是给松褐天牛创造了良好生存环境。根据温岭市连续多年森林病虫害发生隋况分析，形势相当严峻，松褐天牛已成为温岭市发生面积最多、最广的森林病虫害（图 1）。

例如，2003 年秋季，全市松褐天牛发生面积为 1 714hm^2，竟占全市森林病虫害总发生面积的 90.5%。据最近 3 年松褐天牛的虫情监测结果分析（表 1），发生范围还在继续扩展，危害面积呈现上升的趋势，面对如此严峻的形势，我们采取了不断清理枯死树、引诱剂诱杀、释放白僵菌等种种防治措施，枯死率和株数已呈明显下降趋势，特别是通过 2003 年、2004 年两年的使用引诱剂诱杀试验来看，效果比较明显。

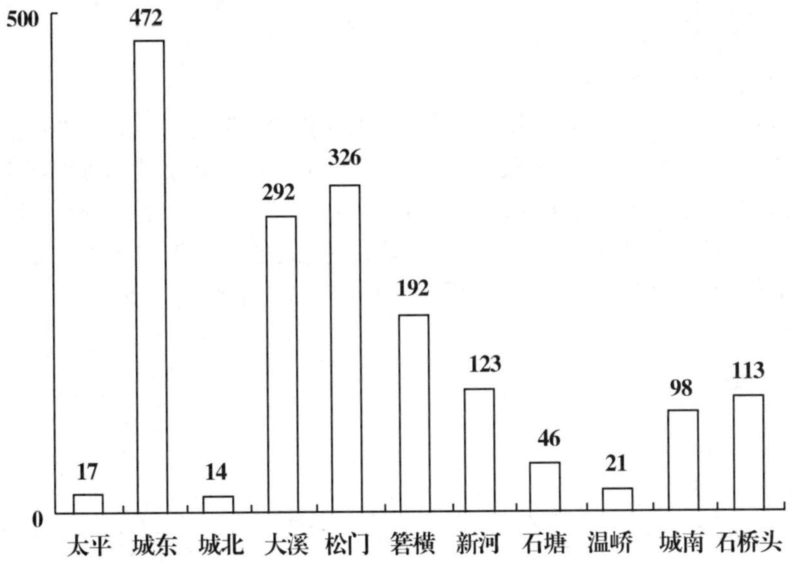

图 1　温岭市 2003 年松褐天牛为害主要区域及为害面积（单位：hm^2）

表 1　温岭市 2001—2003 年松褐天牛发生情况统计表

年度	监测面积（hm^2）	为害面积（hm^2）	危害率（%）	枯死株数（株）	枯死率（%）
2001 年	21 710	764	3.5	121 590	1.94
2002 年	21 710	922	4.2	20 704	0.33
2003 年	21 710	1 714	7.9	13 141	0.21

2　试验材料和方法

2.1　试验材料

引诱剂采用浙江省森防站和中国林科院亚林所共同研制由宁波中化化学品有限公司生产的 M99-I 引诱剂，并由用铁皮（银色）制成的屋脊型诱捕器盛装。

2.2　试验方法

选择了温岭市城东街道、城北街道、泽国镇、大溪镇、新河镇 5 个镇的松林内有代表性的 7 个点，每个点放置二只诱捕器进行诱捕试验。每年松褐天牛成虫羽化初期（4 月下旬开始，在松林的山顶或林道旁空气较流通处悬挂诱捕器，每只诱捕器之间相距 100m，诱捕器下端离地面 1.3m 左右，第一次在诱捕器内放置诱杀松褐天牛专用的 M99 引诱剂 200ml，以后每隔 15d 添加 150ml，在松褐天牛羽化初期每天观察 1 次，高峰期每 3d 观察 1 次，末期每天观察 1 次，并收集登记。

3 试验结果分析

3.1 温岭市松褐天牛成虫发生规律

从图 2 和图 3 中可看出，温岭市松褐天牛成虫羽化始见期为 4 月底至 5 月初，羽化盛见期 2003 年为 5 月上旬至 7 月初，羽化末见期在 10 月初；2004 年羽化始见期在 5 月初，盛见期在 5 月至 7 月初，末见期在 9 月 15 日。对比两年的松褐天牛羽化历期，我们发现温岭市松褐天牛的羽化始见期均在 4 月底至 5 月初，盛见期也均在 5 月下旬至 7 月初，末见期 2004 年比 2003 年提早了 15d 以上。其主要的原因 2004 年温岭市经受了 50 年一遇的 14 号“云娜”强台风袭击。

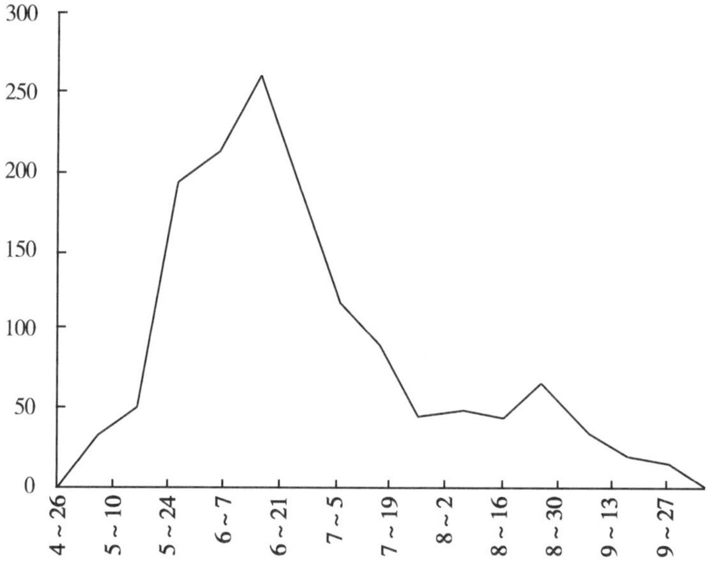

图 2 2003 年林间 M — 99 引诱剂诱捕松褐天牛成虫羽化期

3.2 诱捕效果

温岭市在 7 个点悬挂 14 只诱捕器，从 4 月下旬开始观察收集天牛成虫，从表 2 看，2003 年始见期在 4 月 26 日，盛期为 5 月下旬至 7 月初，末见期约为 10 月 10 日，全年共诱捕天牛 1 420只，平均每只诱捕器诱捕 101. 4 只；2004 年始见期在 5 月 5 日，盛期为 5 月下旬至 7 月下旬，末见期约为 9 月 19 日，全年共诱捕天牛 1 403只，平均每只诱捕器诱捕 100. 2 只。

表 2 诱捕器诱捕效果统计

年度	诱捕量（只）	始见期	高峰期	末见期
2003	1 420	4 月 26 日	5 月下旬至 7 月初	10 月 10 日
2004	1 403	5 月 5 日	5 月下旬至 7 月下旬	9 月 19 日

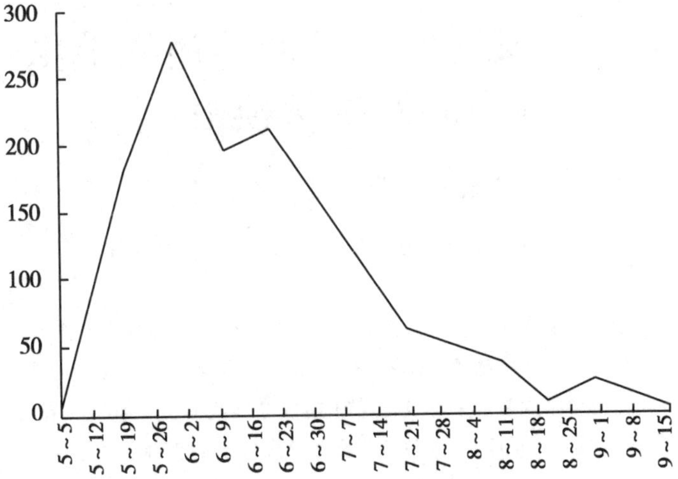

图 3　2004 年林间 M-99 引诱剂诱捕松褐天牛成虫羽化期

4　结论

4.1　诱捕效果

分析根据温岭市松褐天牛成虫发生规律，应用 M-99 引诱剂防治松褐天牛，效果是非常明显的，平均每只诱捕器年诱捕天牛 101 只。如果每 hm^2 林地放置 4~5 只，成片放置，那会有效地降低林间松褐天牛的虫口密度，极大地减少受松材线虫病的感染的几率。

4.2　经济成本分析

利用 M-99 引诱剂防治松褐天牛成本为：诱捕器 60 元/只，重复利用 3 年，每年 20 元只；每只诱捕器用 M-99 引诱剂每年 1.5kg（2 元/kg），每年需 30 元；架设诱捕器和补充引诱剂人工费 8 元/只。一只诱捕器防治松褐天牛控制面积 0.33hm^2，每 hm^2 防治成本为 17 元。从经济成本而言，采用 M-99 引诱剂防治松褐天牛与其他防治方法相比较还是比较合算的。当然，对松褐天牛防治仍需要进行综合防治，才能达到更好效果。

基于广义时空回归的马尾松毛虫空间发生量预报

陈绘画，张建薇，周钦富

（浙江省仙居县林业局，仙居 317300）

摘 要：利用1983年9月至1989年9月马尾松虫情调查资料，研究全县各调查点的马尾松毛虫有虫面积和虫口密度的时空变化规律，建立1个线性、10个非线性的广义时空回归模型。结果表明，所建立的空间发生量预报模型均具有较好的预报效果对未参与建模的1989年3代的虫口密度、有虫面积进行预报检验，Gauss模型预报虫口密度的准确率为100%；其他各模型对两者的预报准确率均为66.7%。

关键词：马尾松毛虫；间发生量；广义时空回归

马尾松毛虫（*Dendrolimus Punctatus* Walker）是我国南方马尾松（*Pinusmassoniana*）林的历史性大害虫，开展马尾松毛虫有虫面积和虫口密度的预测预报是综合管理马尾松毛虫的基础。前人多根据气象因子与马尾松毛虫有虫面积的相互关系，利用逐步回归分析、判别分析、模糊聚类分析、马尔可夫链分析、区划分析、人工神经网络分析等多种方法对有虫面积进行预测预报；董振辉等还开发出有虫面积预测的专用测报软件。这些预报方法在控制马尾松毛虫的危害、降低虫害损失方面发挥了巨大的作用。然而上述预报方法能预测特定区域的马尾松毛虫可能发生危害的总面积，对区域内不同地点的危害面积却无法作进一步的详细预报。因此，作者选择1983年9月至1989年9月各代马尾松毛虫调查资料，对空间某区域的马尾松毛虫虫口密度、有虫面积与其所处的空间位置及时间顺序的关系即时空变化规律进行研究，在此基础上建立预报马尾松毛虫有虫面积、虫口密度空间发生情况的广义时空回归模型，为综合控制马尾松毛虫的危害提供科学的方法。

1 材料与方法

1.1 材料来源

浙江省仙居县于1982年发现有马尾松毛虫为害。自1983年起，每年均4月、7月和9月调查各代虫情的危害情况。选择1983年9月至1989年9月共19代的马尾松毛虫调查资料，以村为虫口密度、有虫面积的预报统计单位，在1：10 000的地形图上标出各村的位置，总村数为193个；将1987年9月1988年9月共16代调查数据用于建立空间发生量预报的数学模型，1989年3代的调查数据用于检验模型预报的结果。

1.2 广义时空回归模型

趋势面分析是多元回归分析的特殊形式，它是用空间位置坐标作为自变量，进行空间分布规律分析。趋势面分析并不局限于空间位置坐标，二维趋势面分析方法还有各向同性趋势面分析、周期性趋势面分析等，三维趋势面分析中利用时间和空间位置等进行时空分布规律的分析等。线性的广义时空回归模型则是自回归趋势面模型的推广，它考虑了昆虫种群之间的时空相关性，同时克服了趋势面分析只研究现象的变化趋势而不研究现象精确值的缺点，是一种既有多变量时空回归又有时空自回归的模型，本文的线性广义时空回归模型如下：

$$Y_{ijt+1}=c+a_0Y_{ijt}+a_1L^1Y_{ijt}+b_{11}L^1X_{(1)ijt}+b_{12}L^1X_{(2)ijt}+\varepsilon_{ijt+1} \tag{1}$$

式中，c 是常数项，a_0是一阶时空自回归系数，a_1、b_{12}是邻居时空回归的回归系数，b_{11}是邻居空间回归的回归系数，Y_{ijt}为 t 时点（i，j）的观测值，L^1Y_{ijt}为 t 时离点（i，j）最近的 4 邻居点的加权平均观测值［本文采用逆距离幂加权：$W(d)=d^{-a}$，a=2］，L^1Y_{ijt}为 t 时点（i，j）到邻居点中观测值不为 0 的点的最短距离值，$L^1X_{(2)ijt}$为 t 时离点（i，j），距离最近的观测值不为 0 的点的观测值，ε_{ijt+1}为误差项。

现实世界中严格的线性模型并不多见，它们或多或少都带有某种程度的近似；在不少情况下，非线性模型可能更加符合实际。如果以 $a_0Y_{ijt}+a_1L^1Y_{ijt}+b_{11}L^1X_{(1)ijt}+b_{12}L^1X_{(2)ijt}$代替非线性模型如 Weibull（常用于一维分布模型）、Logistic（数量生长方程）、Richards（数量生长方程）等方程中的自变量，还可以得到非线性形式的广义时空回归模型，本文采用下列常用的 10 种非线性模型：

$$\text{Weibull：} y=K(1-\exp(1-a(x-b)^c)) \tag{2}$$

$$\text{Logistic：} y=K/(1+a\exp(bx)) \tag{3}$$

$$\text{Richards：} y=K/(1+b\exp(-ax))^{1/(1-c)} \tag{4}$$

$$\text{Gauss：} y=a(1-c\exp(bx^2)) \tag{5}$$

$$\text{Michaclis Menten：} y=ax/(x+b) \tag{6}$$

$$\text{Johnson \& Schumacher：} y=a\exp(-b/(x+c)) \tag{7}$$

$$\text{指数函数：} y=a\exp(bx) \tag{8}$$

$$\text{幂函数：} y=ax^b \tag{9}$$

$$S\text{型曲线：} y=1/(a+b\exp(-x)) \tag{10}$$

$$\text{负指数函数：} y=a\exp(b/x) \tag{11}$$

表 1　虫口密度的 11 种广义时空回归模型拟合参数

模型名称	模型参数								r	$r_{0.01}$
	K	a	b	c	a_0	a_1	b_{11}	b_{12}		
线性模型				1.2691	0.3951	0.0263	−0.1083	0.0474	0.4797	0.115
Weibull	128.46	0.0038	−2.4372	1.0000	0.8708	0.0675	−0.1676	0.0956	0.4799	0.115
Logistic	23.9883	12.316	0.1357		−0.7374	−0.1721	1.7144	−0.0046	0.4646	0.115
Richards	25.6889	0.0217	2.8686	0.5000	3.3136	0.6987	−5.7027	0.1007	0.4677	0.115
Gauss		22.7326	−1.0000	0.9294	0.0437	0.0111	0.0024	−0.0105	0.4590	0.115
Michaelis Menten		6.9505	−11.04		−3.7006	−1.3602	−1.8971	0.3976	0.3416	0.115
Johnson & Schunacher		56.5967	2.1051	0.5689	0.0307	0.0035	−0.0152	0.0030	0.4760	0.115
指数函数		2.7113	−0.0286		−0.3092	1.3619	21.0241	−1.4883	0.4309	0.115
幂函数		0.3146	0.7015		7.0685	0.8152	1.9207	0.5278	0.4758	0.115
S 型曲线		0.0417	0.5134		0.1001	0.0234	−0.2327	0.0006	0.4646	0.115
负指数函数		12.5743	−12.1182		1.7137	0.4195	1.2320	0.1050	0.4042	0.115

式（2-11）中，K、a、b、c 为待定系数，$x=a_0Y_{ijt}+a_1L^1Y_{ijt}+b_{11}L^1X_{(1)ijt}+b_{12}L^1X_{(2)ijt}$，$Y_{ijt}$、$L^1Y_{ijt}$、$L^1X_{(1)ijt}$、$L^1X_{(2)ijt}$表示的意义同上。

2　模型的拟合结果与检验

2.1　广义时空回归模型的拟合结果及分析

经拟合，虫口密度的广义时空回归线性模型和非线性模型的参数如表 1 所示；有虫面积的广义时空回归线性模型和非线性模型的参数如表 2 所示。

表 2　有虫面积的 10 种非线性广义时空回归模型拟合参数

模型名称	模型参数								r	$r_{0.01}$
	K	a	b	c	a_0	a_1	b_{11}	b_{12}		
线性模型				9.4138	0.4726	0.0459	−0.5026	0.0240	0.5515	0.115
Weibull	271.44	0.0006	−49.5329	1.0000	3.3307	0.1949	−1.3409	0.2559	0.5523	0.115
Logistic	109.08	7.4782	0.0172		−1.3024	−0.1613	9.9470	−0.0302	0.5504	0.115
Richards	113.59	0.0034	2.0712	0.5000	5.0365	0.5393	−26.990	0.2005	0.5516	0.115
Gauss		94.055	−1.0000	0.8672	−0.0125	0.0022	0.0207	−0.0025	0.5409	0.115
Michaelis Menten		23.5588	−578.837		−116.53	70.382	697.15	−293.41	0.1476	0.115
Johnson & Schunacher		245.0	−17.948	−5.545	−70.0	−5.0	101.0	−5.0	0.5533	0.115
指数函数		18.4247	−0.0069		−1.5888	−0.6226	48.948	0.4762	0.5066	0.115
幂函数		1.6547	0.7080		1.4545	0.1353	2.7787	0.1282	0.5487	0.115
S 形曲线		0.0092	0.0686		0.0224	0.0028	−0.1714	0.0005	0.5504	0.115
负指数函数		72.892	−31.512		0.9161	0.1646	3.6999	0.1072	0.4848	0.115

从表 1 和表 2 可以看出，无论是虫口密度还是有虫面积的广义时空回归线性模型，他们于空间某点 t+1 时的理论值与该点 t 时的观测值、该点 t 时距离最近的 4 邻居点的加权平均观测值、t 时离该点距离最近的观测值不为 0 的点的观测值成正比，与 t 时该点到邻居点中观测值不为 0 的点的最短距离值成反比，说明虫源地的自身及最近 4 个邻居点对下一代马尾松毛虫的虫口密度或有虫面积影响较大，这与马尾松毛虫从虫源地向外扩散、迁移的实际相符合：在发生大面积危害前，在同一地点必然要进行量的积累；离虫源地近的区域受到的影响大、远的区域则小。

因此，在实际防治工作中，首先应控制虫源地的危害，将虫源地的虫口密度降下来。限于篇幅，对非线性模型所拟合的结果不再一一详述。

2.2　预报结果的检验

1989 年，3 代马尾松毛虫实际发生危害的村数分别是 141、143 和 138；其有虫面积分别是 4 533. 1hm^2、4 118. 3hm^2和 5 116. 0hm^2；平均虫口密度分别为 2. 5419 头/株、2. 8122 头/株1. 9604 头/株。Gauss 模型预报发生危害的村数均为 193 个；有虫总面积分别是 3 999. 8 hm^2、24 255. 5hm^2，3 950. 65hm^2；全县平均虫口密度分别为 2. 12 头/株、2. 35 头/株、2. 26

头/株。193 个测报点中各测报点的有虫面积预报值与实际值的最大预测误差绝对值分别是 134.175hm², 89.635hm²、2 116.23hm²；各测报点的平均虫口密度预报值与实际值的最大预测误差绝对值分别为 48.35 头/株 20.78 头触，18.03 头/株。

线性模型预报结果为发生危害的村数均为 193 个；有虫总面积分别是 4 208.45hm², 4 208.45hm², 4 080.75hm²；平均虫口密度分别为 2.38 头/株、2.45 头/株、2.59 头/株。19 个测报点中各测报点有虫面积预报值与实际值的最大预测误差绝对值分别是 136.225hm², 90.235hm²，113.185hm²；各测报点平均虫口密度预报值与实际值的最大预测误差绝对值分别为 48.73 头/株、22.63 头/株、16.51 头/株。

设所建模型发生量的预报值为 X_{1j}，193 个测报点的实际观测值为 X_{2j}，则：

$$D_j = X_{1j} | - X_{2j} \qquad j = 1, 2, \cdots, n \tag{12}$$

若 D 为来自分布 N（δ，σ_d^2）的独立观测值，则变量

$$t = \frac{\overline{D} - \delta}{sd/\sqrt{n}} \tag{13}$$

服从自由度为 $n-1$ 的大分布，其中：

$$\overline{D} = \frac{1}{n}\sum_{j=1}^{n} D_j,\ s_d^2 = \frac{1}{n-1}\sum_{j=1}^{n}(D_j - \overline{D})^2$$

因此，在显著性水平为 a 时，可通过比较 | t | 与 t_{n-1}（a/2），来检验假设 Ho：δ=0 和 H_1：δ≠0。即若 | t | < t_{n-1}(a/2)，则预报值与实测值差异不显著；若 | t | > t_{n-1}（a/2），则预报值与实测值有显著差异。上述 11 种模型的预报检验结果详见表 3 和表 4 所示。

从表 3 和表 4 可以得到：预报未参与建模的 1989 年 3 代虫口密度或有虫面积，Gauss 模型预报虫口密度的准确率为 100%；其他各模型对两者的预报准确率则均为 66.7%。

表 3　虫口密度的 11 种模型空间发生量预报结果的检验

模型名称	*t* 值			$r_{192(0.05)}$	预报结果
	1989 年 4 月	1989 年 7 月	1989 年 9 月		
线性模型	0.3534	1.1360	2.7222	1.96	9 月不准确
Weibull	0.4006	1.2513	−2.6940	1.96	9 月不准确
Logistic	0.3269	0.7928	−2.3209	1.96	9 月不准确
Richards	0.3456	0.8471	−2.3825	1.96	9 月不准确
Gauss	0.9485	1.4117	−1.2656	1.96	全部准确
Michaelis Menten	−0.3934	0.8744	−4.6345	1.96	9 月不准确
Johnson & Schunacher	0.3598	1.0925	−2.6747	1.96	9 月不准确
指数函数	−0.1900	1.0688	−2.3254	1.96	9 月不准确
幂函数	0.4811	1.6472	−3.1281	1.96	9 月不准确
S 型曲线	0.3264	0.7923	−2.3223	1.96	9 月不准确
负指数函数	1.6867	4.2180	−0.8954	1.96	7 月不准确

表 4　有虫面积的 11 种模型空间发生量预报结果的检验

模型名称	t 值			$r_{192(0.05)}$	预报结果
	1989 年 4 月	1989 年 7 月	1989 年 9 月		
线性模型	1.0284	0.3922	3.2133	1.96	9 月不准确
Weibull	1.3963	0.1374	3.6190	1.96	9 月不准确
Logistic	1.0342	−0.6142	3.0909	1.96	9 月不准确
Richards	1.0678	−0.5357	3.1596	1.96	9 月不准确
Gauss	1.6831	−0.2894	3.5883	1.96	全部准确
Michaelis Menten	1.2472	0.3100	2.9943	1.96	9 月不准确
Johnson & Schunacher	1.0071	−0.4567	3.2073	1.96	9 月不准确
指数函数	0.3949	−1.0365	2.4751	1.96	9 月不准确
幂函数	1.2005	−0.0176	3.5500	1.96	9 月不准确
S 型曲线	1.0536	−0.5871	3.1106	1.96	9 月不准确
负指数函数	1.8512	1.3428	4.4473	1.96	7 月不准确

3　小结与讨论

3.1　马尾松毛虫虫口密度

根据空间某点的马尾松毛虫虫口密度或有虫面积与它的邻居点的虫口密度或有虫面积及其自身的虫口密度或有虫面积的时空关系建立的预报马尾松毛虫空间发生量的数学模型，无论是模型的拟合精度还是预报结果都令人较为满意，这为林业有害生物发生量的预报又增添了一种新的方法。

3.2　以村为预报基本统计单位

由于是以村为预报的基本统计单位，有些村的调查样地离村近，有些村则较远，且方向不一；同时，同一村有时只有 1 个调查样地，有时则有 2 个甚至 3 个样地，所有这些都给计算结果及预报结果的准确性带来一定的影响。

3.3　建立模型预报马尾松毛虫发生

尽管本文运用 11 种方法建立模型预报马尾松毛虫空间发生量，取得比较满意的预报效果，但由于马尾松毛虫的发生及变化是一个极其复杂的系统，同时人们难以全面认识各种环境因子对马尾松毛虫的综合影响，因此，希望用 1 种数学模型来准确预报马尾松毛虫的发生情况是不够科学的。

基于预测克立格方法的马尾松毛虫空间发生量预报

陈绘画，崔相富，张建薇

（浙江省仙居县林业局，仙居　317300）

摘　要：根据1983年9月至1989年9月马尾松毛虫的虫情调查资料，用预测克立格方法研究全县各调查点的马尾松毛虫有虫面积、虫口密度的时空变化规律，建立马尾松毛虫有虫面积、虫口密度的空间预报模型。结果表明：用该方法预报全县马尾松毛虫空间发生量具有很好的预报效果，对未参与建模的1989年3代的虫口密度、有虫面积的预报准确率均为100%。

关键词：马尾松毛虫；空间发生量；预测克立格方法

马尾松毛虫（*Dendrolimus punctatus* Walker）是我国南方马尾松（*Pinus massoniana* Lamb.）林的历史性大害虫，对有虫面积和虫口密度的预测预报是综合管理马尾松毛虫的基础工作。前人在对马尾松毛虫进行发生量预报时，多以某个县级行政区为预报的基本单位，预报该县的有虫总面积，却不能预报各乡、村或地块的有虫面积。因此，作者选择1983年9月至1989年9月各代的马尾松毛虫调查资料，用预测克立格方法建立模型预报马尾松毛虫有虫面积、虫口密度在空间的发生情况，为综合控制马尾松毛虫的危害提供科学的工具。

1　材料与方法

1.1　材料来源

浙江省仙居县于1982年发现有马尾松毛虫为害，自1983年起，每年均在相对固定的时间（4月、7月、9月）调查各代虫情的危害情况。作者选择1983年9月至1989年9月共19代马尾松毛虫调查资料，以村为虫口密度、有虫面积的预报统计单位，在1：10 000的地形图上标出各村的位置，总村数为193个；将1983年9月至1988年9月的调查数据用于建立空间发生量预报的数学模型，1989年各代的调查数据用于检验所建立模型预报结果。

1.2　预测克立格方法

预测克立格方法是普通克立格方法的推广，普通克立格方法只考虑空间方向，并不涉及时间；预测克立格方法则综合考虑了空间、时间两个方向。它于20世纪90年代由昆虫学家Hohn等创建。

以 Z_i和 Z_{i+h}分别表示间隔为 h 的两个样本的测量值，则所有这些间隔为 h 的样本对之间数值的空间相关性或平均差异性可用半方差函数Υ（h）表示，即：

$$\Upsilon(h)=\sum(Z_i-Z_{i+h})^2/(2N(h)) \tag{1}$$

求和∑是对 i 从1到 N（h）进行的，N（h）是相距 h 的点对的个数，据文献，在计算Υ（h）时，N（h）值不应少于总样本数的一半。

本文的半方差函数模型应用指数套合的模型：

$$Y_s(h) = C_1 \times [1 - \exp(-h/A_e)] + C_2 \times [1 - \exp(-h/r_s)] \quad (2)$$

式中，C_1、C_2为待定参数，A_e、r_s为相关距离，h 为距离。式（2）为空间相关的半方差函数模型，时间相关的半方差函数模型为：

$$Y_t(t) = C_1 \times [1 - \exp(-t/A_e)] + C_2 \times [1 - \exp(-t/r_t)] \quad (3)$$

时空相关的统一半方差函数模型为：

$$Y_s(h) = C_1 \times [1 - \exp(-h/A_e)] + C_2 \times [1 - \exp(-h/r)] \quad (4)$$

其中：$r = 1.414 r_s r_t / \sqrt{(r_s^2 + r_t^2)}$。

假设在一个研究区域内有 n 个空间观测点，各观测点的坐标值和观测值 Z_i（$i = 1, 2, \cdots, n$）均已知，Z_0为该研究区域内坐标值已知、观测值未知的观测点，则 Z_0可用这 n 个观测点的观测值的线性组合表示，即

$$Z_0 = \sum w_i Z_i \quad (5)$$

式中：w_i为未知加权。式 5 由无偏估计和方差最小两个准则来确定：

无偏条件：$\sum w_i = 1$

最优条件：$MS_e = \delta^2 + \sum\sum w_i w_j C_{ij} - 2\sum w_i C_{i0}$最小

式中：MS_e为误差方差，δ^2 为估计点随机函数 Z_0的方差，C_{ij}为空间观测值已知的各观测点间的协方差函数，C_{i0}为观测值已知的各观测点与待测点间的协方差。求无偏条件与最优条件极小值的方法是 Lagrange 乘数法，设 Lagrange 函数为：

$$L = \delta^2 + \sum\sum w_i w_j C_{ij} - 2\sum w_i C_{i0} + \lambda\left(\sum w_i - 1\right) \quad (6)$$

其中：λ 是 Lagrange 乘子常数（未知）。L 是权 w_i和 λ 的函数。对式（6）求解得：

$$CW = D \quad (7)$$

其中：矩阵 C、D、W 分别是：

$$C = \begin{bmatrix} C11 & \cdots & C1n & 1 \\ \cdots & \cdots & \cdots & \cdots \\ Cn1 & \cdots & Cnn & 1 \\ 1 & \cdots & 1 & 1 \end{bmatrix} \qquad D = \begin{bmatrix} C10 \\ \cdots \\ Cn0 \\ 1 \end{bmatrix} \qquad W = \begin{bmatrix} w1 \\ \cdots \\ wn \\ \lambda \end{bmatrix}$$

求解可得（假设矩阵 C 的逆存在）$W = C^{-1}D$，其中 C^{-1}是 C 的逆矩阵。由 W 即可求出 Z_0的最优线性无偏估计值。

2 结果与分析

2.1 预测克立格模型的建立

利用 MATLAB 软件强大的计算功能和良好的可扩展功能，可以迅速地得到相应的计算结果。虫口密度空间相关的半方差函数模型为：

$$Y_s(h) = 10 \times [1-\exp(-h/1)] + 27 \times [1-\exp(-h/2.3694)] \quad r = 0.4386 \quad r_{0.05} = 0.4329 \quad (8)$$

式（8）表明，虫口密度的最大相关范围达 7.11km（3×2.3694km），27%的距离为 $h<3$km 的方差变化性和 73%的距离为 $h<7.11$km 的方差变化性。时间相关的半方差函数则显示出时间影响可以达到 7 代（每次调查作为 1 代，下同），其中 27%的后效是 3 代。虫口密度时间

相关的半方差函数模型为：

$$Y_t(t) = 10\times[1-\exp(-t/1)] + 27\times[1-\exp(-t/2.2427)] \quad r=0.6109 \quad r_{0.02}=0.5923 \tag{9}$$

因此，虫口密度时空相关的半方差函数模型为：

$$Y(h) = 10\times[1-\exp(-h/1)] + 27\times[1-\exp(-h/2.3031)] \tag{10}$$

$\delta^2 = 38.2975$，由于 $C(0)=\delta^2$，$Y(h)=C(0)-C(h)$，因此：

$$C(h) = 38.2975 - 10\times[1-\exp(-h/1)] - 27\times[1-\exp(-h/2.3031)] \tag{11}$$

有虫面积的相关范围达 7.79km（3×2.5970km），20%的距离为 $h<6$ km 的方差变化性和 80%的距离为 $h<7.79$ km 的方差变化性。时间相关的半方差函数则显示出时间影响可以达到 18 代，其中 20%的后效是 6 代。有虫面积空间相关的半方差函数模型为：

$$Y_s(h) = 200\times[1-\exp(-h/2)] + 800\times[1-\exp(-h/2.5970)] \quad r=0.5841 \quad r_{0.01}=0.5487 \tag{12}$$

有虫面积时间相关的半方差函数模型为：

$$Y_t(h) = 200\times[1-\exp(-t/2)] + 800\times[1-\exp(-t/6.1084)] \quad r=0.778 \quad r_{0.001}=0.7603 \tag{13}$$

因此，有虫面积时空相关的半方差函数模型为：

$$Y(h) = 200\times[1-\exp(-h/2)] + 800\times[1-\exp(-h/3.3794)] \tag{14}$$

$\delta^2 = 849.0908$，由于 $C(0)=\delta^2$，$Y(h)=C(0)-C(h)$，因此：

$$C(h) = 849.0908 - 200\times[1-\exp(-h/1)] - 800\times[1-\exp(-h/3.3794)] \tag{15}$$

2.2 预报结果的检验

设所建模型发生量的预报值为 X_{1j}，实际观测值为 X_{2j}，则：

$$D_j = X_{1j} - X_{2j} \qquad j=1, 2, \cdots, n \tag{16}$$

若 D_j 为来自分布 $N(\delta, \sigma_d^2)$ 的独立观测值，则变量

$$t = \frac{\bar{D} - \delta}{s_d/\sqrt{n}} \tag{17}$$

服从自由度为 n-1 的大分布，其中

$$\bar{D} = \frac{1}{n}\sum_{j=1}^{n} D_j, \quad s_d^2 = \frac{1}{n-1}\sum_{j=1}^{n}(D_j - \bar{D})^2$$

因此，在显著性水平为 α 时，可通过比较 $|t|$ 与 $t_{n-1}(\alpha/2)$，来检验假设 $H_0: \delta=0$ 和 $H_1: \delta \neq 0$。即若 $|t| < t_{n-1}(\alpha/2)$，则预报值与实测值差异不显著；若 $|t| > t_{n-1}(\alpha/2)$，则预报值与实测值有显著差异。模型的预报结果详如表 1 所示。

从表 1 可以得到：无论是虫口密度还是有虫面积，预报未参与建模的 1989 年 3 代虫口密度或有虫面积，预测克立格模型的预报准确率均为 100%。

表 1　虫口密度、有虫面积空间定点发生量预报结果的检验

项目名称	预报时间	$\lvert t \rvert$ 值	$t_{192(0.05)}$	预报结果
虫口密度	1989 年越冬代	0.0841	1.96	准确
	1989 年第一代	0.9208	1.96	准确
	1989 年第二代	0.5960	1.96	准确
有虫面积	1989 年越冬代	0.2612	1.96	准确
	1989 年第一代	1.0828	1.96	准确
	1989 年第二代	1.3869	1.96	准确

3　小结与讨论

由于是以村为预报的基本统计单位，有些村的调查样地离村近，有些村则较远，且方向不一；同时，同一村有时只有 1 个调查样地，有时则有 2 个甚至 3 个；加上空间和时间单位的不同，所有这些都给计算结果及预报结果的准确性带来一定的影响。

利用预测克立格方法预报发生量时，空间某点上一代对下一代的影响权重难以确定，即对下一代邻居点的影响以两点间的距离表示，但对下一代自身点的影响则不能用 0 距离表示，因为若用 0 距离，则下一代的预报值就是上一代的实际发生值。本文在预报虫口密度时，同一点上一代对下一代的影响权重采用该点与最近邻居点间距离的 1/20 代替。预报 1989 年越冬代、第一代的有虫面积时，用该点与最近邻居点间距离的 1/10 代替；预报第二代时，则用该点与最近邻居点间距离的 1/4 代替。

尽管本文建立的模型对马尾松毛虫的发生量进行空间定点预报，且取得满意的预报效果，但由于马尾松毛虫的发生及变化是一个极其复杂的系统。同时人们难以全面认识各种环境因子对马尾松毛虫的综合影响，因此希望用一种数学模型来准确预报马尾松毛虫的发生情况是不够科学的。

枇杷不同物候期的灰斑病防治方法

李金超[1]，戴云喜[2]，林　松[2]

（1. 浙江省台州市黄岩区上郑乡林特站　黄岩　318023；2. 浙江省黄岩区林业特产局　台州　318020）

灰斑病是枇杷的主要病害，在全国各枇杷产区都有发生。黄岩区是枇杷主产区，通过几年观察，灰斑病不仅侵染叶片和果实，还能侵害花穗和枝干，造成严重为害。在防治枇杷灰斑病上积累了一定经验，现将枇杷不同物候期的灰斑病防治方法总结如下。

1　叶片灰斑病

灰斑病的主要侵害部位是叶片。被害叶片上呈现许多褐红色或褐黄色的斑点和斑块，形成大量落叶。

1.1　春梢叶片灰斑病

大多发生在4月上旬至下旬，是急性灰斑病，造成大量的急性落叶，此时由于枇杷树上有果实，因波尔多液或石硫合剂对枇杷花或果实会产生药害，所以，在树上有花有果的时期，绝对不能使用这两类药剂（包括其相似的药剂）。此时要采用70%甲基托布津600倍液，或50%多菌灵可湿性粉剂800倍液，或75%百菌清可湿性粉剂500倍液，40%福星乳油800倍液等内吸性药剂交替喷洒防治。

1.2　夏梢或秋梢叶片灰斑病

从6月下旬至9月下旬发生，要在夏梢和秋梢芽萌到2~3 cm时开始喷药，待新叶展开后，再连续喷药。萌芽初期，可选用预防性农药。①无机铜类农药，如：0.3%~0.4%波尔多液，或80%必备可湿性粉剂500倍液；或77% 2 000型可杀得可湿性粉剂800倍液。②硫钙类农药，如波美0.3度石硫合剂液，或石硫胶悬剂200倍液。③代森锰锌类农药，如：75%代森锰锌可湿性粉剂600倍液，或80%大生M-45可湿性粉剂800倍液，80%山德生可湿性粉剂500倍液。展叶后可用甲基托布津、多菌灵百菌清、福星等内吸性药剂交替喷洒。

1.3　喷药要求

只选用一种农药，不要二药混配或与其他营养液混用；要在上午待露水干后才喷，也避免中午喷药，下午在5：00结束；要仔细喷洒，做到树冠的上、中、下，内外都能均匀地喷到药液，切勿马虎；所用水要清洁，避免使用盐、碱或其他化学物质污染的水。

2　花穗灰斑病

被害花穗的支轴或总轴产生褐色病斑，使花轴腐烂，形成大量枯死花或烂花。防治方法如下。

2.1　花穗初露时

选用代森锰锌类药剂预防病菌侵染花穗。但是，切勿使用波尔多液与石硫合剂等两类药剂，避免花穗受药害。

2.2 花穗展散或花朵始开

选用甲基托布津、多菌灵、百菌清、福星等内吸性药剂交替喷洒。

3 果实灰斑病

大多在果实成熟期，出现果面黑褐色果实凹陷的病斑（似炭疽病病斑或日焦病）。病斑上产生棕红色至深褐色的小点，病果腐烂。防治方法如下。

3.1 在2月下旬至4月上旬进行多次的疏果，使果实发育良好，增强抗病力。

3.2 在4月上、中旬进行果实套袋，减少病菌侵染。

3.3 套袋以前，先喷洒1次代森锰锌，或多菌灵，或百菌清等药剂。待药渍干后再套袋。

4 枝干灰斑病

主要发生在3~4年生的枝序和小枝上，亦有大侧枝或主干发病。病斑暗黑色，常年都有发生，有干枯或软腐流胶等症状。致使枝枯或树死。防治方法如下。

4.1 用快刀刮净病斑；并将刮下的碎屑进行烧毁或深埋，减少病菌蔓延。然后用凿子将伤口剃平。

4.2 伤口涂药。可选用以下药剂：①1%~2%"402"抗菌剂。②多菌灵胶悬剂5倍液。③"843"康复剂。④波美5度的石硫合剂。

4.3 冬春季（3月上旬以前）施药用波美3度的石硫合剂进行全面的清园。要求不喷洒在树冠上；但要在主干、畦面、沟道、道路和园边喷洒药剂。

漂白粉防治杨梅赤衣病试验

林金祥[1]，王增标[2]，李春斌[3]，江和星[4]，吴承玉[5]，徐克全[6]

（1. 浙江省玉环县楚门镇林业站，玉环 317605；2. 玉环县楚门镇农技站，玉环 317605；
3. 玉环县沙门镇林业站，玉环 317607；4. 玉环县芦浦镇农渔办，玉环 317604，
5. 玉环县陈屿办事处林业站，玉环 317603；6. 玉环县农业办公室，玉环 317600）

摘 要：通过漂白粉、80%代森锌可湿性粉剂、硫酸铜等3种农药，在杨梅的几个生长期进行赤衣病防治对比试验，结果表明使用漂白粉防治杨梅赤衣病效果较好。

关键词：漂白粉；代森锌；硫酸铜；杨梅赤衣病

杨梅赤衣病是由鲑色伏革菌（*Corticium salmonicolor*）侵染所致，近年来新发现为害杨梅枝条。该病一般从3月上旬开始发生，5~7月盛发，11月后转入休眠越冬，整个生长季节出现5月下旬至7月上旬和9月上旬至10月上旬2个发病高峰期。病害的发生与温度和雨量有密切关系，4~6月温暖多雨季节发病严重。树龄大、管理粗放的杨梅园发病也较重。近几年，赤衣病在浙江省各地杨梅产区均普遍发生，且呈现发病逐年加重的趋势，部分管理粗放的杨梅园发病率达到45%以上，严重影响杨梅产业的发展。各地在防治该病当中试用了各种杀菌剂，均难达到理想效果。我们从2004年开始试用卫生消毒用的漂白粉稀释液喷施病株枝干，取得了较为理想的防治效果，经连续3年反复试验和对比，证明漂白粉是防治杨梅赤衣病的理想药剂，现将试验结果报道如下。

1 材料与方法

1.1 试验材料

试验地设在玉环县彭宅村杨梅基地成年园内，试验药剂选择浙江菱化集团有限公司红吉牌有效氯含量>28%的漂白粉；辽宁省沈阳农药厂生产的80%代森锌可湿性粉剂；山东省第二农药厂生产的硫酸铜。

1.2 试验方法

1.2.1 试验时间

2004年、2005年和2006年分别在谢花后、夏梢抽发期、采果后等3个时期采用漂白粉等药剂进行防治对比试验。

1.2.2 试验区的设计

选择试验区内100株成年赤衣病发病杨梅树划分为10个试验小区，随机选用漂白粉120倍液、150倍液和200倍液；80%代森锌可湿性粉剂600倍液、650倍液和700倍液；硫

酸铜 100 倍液、200 倍液和 300 倍液；清水对照。试验不设重复。

1. 2. 3　用药方法

将试验使用药剂按设计浓度配好后，均匀喷施在病树主干和树冠病枝上。

2　结果与分析

2. 1　2004 年试验

2004 年在谢花后（3 月 15 日）喷药，结果如表 1 可见，漂白粉的防治效果明显优于其他 2 种药剂，其中，120 倍液漂白粉的防效尤其突出。

2. 2　2005 年试验

2005 年在夏梢抽发期（6 月 24 日）喷药，并检验喷药对夏梢的影响。从表 2 看出，夏梢抽发期随着温度提高，药效也增强，3 种农药 9 种配剂药剂的防治效果也相对提高，而其中代森锌和硫酸铜的防治效果仍不如漂白粉。且夏梢生长不受喷药影响。

2. 3　2006 年试验

2006 年采果后（7 月 7 日）喷药试验，结果如表 3 所示。从表 3 可见，采果后是赤衣病发病临界期，随着温度提高，药效进一步增强，试验配剂的防治效果大大提高，并且仍然以漂白粉的防效为最佳。在采果后用漂白粉 150 倍液可有效控制赤衣病。

表 1　漂白粉纺织杨梅赤衣病效果（2004 年）

药剂名称	处理浓度（%）	药前发病率（%）	药后发病率（%）	防治效果（%）
漂白粉	120	43	0	100
	150	40	5	95
	200	45	9	91
代森锰锌	600	45	12	88
	650	43	18	82
	700	41	20	80
硫酸铜	100	40	11	89
	200	41	16	84
	300	45	19	81
清水对照	—	40	41	—

表 2　漂白粉纺织杨梅赤衣病效果（2005 年）

药剂名称	处理浓度（%）	药前发病率（%）	药后发病率（%）	防治效果（%）
漂白粉	120	42	0	100
	150	45	7	93
	200	43	10	90

（续表）

药剂名称	处理浓度（%）	药前发病率（%）	药后发病率（%）	防治效果（%）
代森锰锌	600	41	15	85
	650	43	20	80
	700	43	25	75
硫酸铜	100	41	13	87
	200	43	18	82
	300	45	21	79
清水对照	—	45	47	—

表 3　漂白粉纺织杨梅赤衣病效果（2006 年）

药剂名称	处理浓度（%）	药前发病率（%）	药后发病率（%）	防治效果（%）
漂白粉	120	40	0	100
	150	41	0	100
	200	43	5	95
代森锰锌	600	41	7	93
	650	43	11	89
	700	45	15	85
硫酸铜	100	44	9	81
	200	45	12	88
	300	41	17	83
清水对照	—	43	44	—

3　小结

从连续 3 年的试验结果可见，漂白粉的防治效果比代森锌和硫酸铜要高。通常用量为每桶（15kg）水加漂白粉 0. 125kg，折算成本每喷雾桶只需 0. 1 元，采用漂白粉防治赤衣病具有效果好，成本低、使用安全、使用方便、对杨梅生长影响小等优点，可在各地大力推广。谢花后、夏梢抽发期、采果后均是防治适宜期，谢花后和夏梢抽发期可选用 120 倍液的漂白粉稀释液；采果后选用 150 倍液的漂白粉稀释液即可。

台州市竹子害虫的发生与防治初步调查

胡荣达[1]，陈荣桂[2]，蔡燕玉[3]，吴敏祥[4]，郑学良[5]

（1. 浙江省黄岩区林业特产局，台州 318020；2. 浙江省黄岩区上蛘乡林业特产站，台州 318020；3. 浙江省黄岩区高桥街道林业特产站，台州 318020）

台州市有竹林 3.53 万 hm^2，20 世纪 90 年代以来受异常气候和生态环境的影响，黄脊竹蝗 *Ceracris kiangsu* Tsai、山竹缘蝽 *Notobitus montanus* Hsiao、竹镂舟蛾 *Loudonta disper*（Kiriakoff）等害虫相继暴发成灾，作者 2004—2006 年对该市竹子害虫的发生和防治进行了初步调查，现简报如下。

1 竹子害虫种类调查

对台州市竹林采取系统调查和拉网式调查。系统调查在 5 月上旬及 8 月中旬开始，每 5d 调查 1 次共计调查 3 次；拉网式调查在 5 月上旬和 8 月下旬各进行 1 次。在台州市的黄岩、路桥、椒江的每个乡镇随机取 3 块样地，每块样地取 10 个点，每点 $60m^2$（2m×30m），捕捉点内全部竹虫，带回室内进行鉴定拉网式调查（即等距离取样法，每人间距 30m，前进一定距离取一样点）捕捉点内全部竹虫，研究主要害虫的种群消长和活动规律。

台州市地处浙江东南沿海，属中亚热带季风气候，温暖湿润，雨量充沛，年降水量 1 675.8mm，适宜许多害虫生长，竹林面积虽然不大，但种类较多危害严重，通过对采集标本的鉴定，共发现竹子害虫 19 种，其中优势害虫 4 种，常发害虫 5 种（表 1）。

表 1　台州市竹子害虫种类及其发生程度

种类	发生程度
黄纹竹斑蛾 *Allobremeria plurilineata* Alberti	+
竹篦舟蛾 *Besaia goddrica*（Schaus）	+++
黄脊竹蝗 *Ceracris kiangsu* Tsai	+++
白囊袋蛾 *Chalioides kondonis* Matsumurs	+
竹金黄镰翅野螟 *Circobotys aurealis*（Leech）	+
竹绒野蛾 *Crocidophora evenoralis* Walker	+
竹云纹野螟 *Demobotys pervulgalis*（Hampson）	+

（续表）

种类	发生程度
白翅叶蝉 *Erythroneura subrufa*（Motschulsky）	+
竹镂舟蛾 *Loudonta disper*（Kiriakoff）	+++
黄翅大白蚁 *Macrotermes barneyi* Light	+
山竹缘蝽 *Notbitus montanus* Hsiao	+++
黑翅土白蚁 *Odontotermes formosanus*（Sniraki）	+
竹笋禾夜蛾 *Oligia vulgaris*（Butler）	+
一字竹象甲 *Otidognathus davidis* Fairmaire	+
竹小象甲 *O. nigripictus* Fairmaire	+
华竹毒蛾 *Pantana sinica* Moore	++
两色绿刺物 *Parasa bicolor*（Walker）	+
竹蝉 *Platylomia pieli* Kato	+
大青叶蝉 *Tettigoniella viridis*（Linnaeus）	+

注：+++优势种，++常发种，+偶发种

2 发生与环境因素的关系

台州每年7~9月台风经常发生，强台风侵袭后翌年竹子害虫一般发生较重。2000年以来，台州市在2002年、2004年和2005年遭受3次特大台风袭击，台风过后的次年台州各地竹子害虫均大暴发。2003年全市竹子害虫发生面积1 624hm^2，2005年发生面积1 846hm^2，2006年发生面积1 755hm^2，最严重的黄岩区、椒江区所有竹林都受其害，最高虫口达351头/株。其原因是台风过后竹林地面板结，杂草丛生，加上耕作粗放，有利于竹子害虫取食、产卵、孵化。

一般在干旱情况下竹子害虫也发生较重。其原因可能是一方面由于干旱地下水位低，扩大了蝗虫等竹子害虫取食产卵场所；另一方面干旱气温高，能促进各种竹子害虫的生长发育，幼虫成活率高，成虫繁殖力强。如2001年和2002年，台州连续高温干旱，造成2002年和2003年竹篦舟蛾、山竹缘蝽等害虫大发生。土地经过耕作能破坏竹蝗和山竹缘蝽产卵场所，抑制害虫发生。耕翻深度达30cm左右时，虫卵便能被深埋地下，幼虫因无法出土而死亡；被翻在土壤上层、表层的虫卵，一部分能孵化出土，另一部分被天敌所食或受冻死亡。同时，耕作使土壤疏松，改善竹林环境卫生，提高竹林自身抗病虫能力。

3 防治技术

3.1 营林抚育

通过人工措施改善竹林的林相，提高竹林内的卫生条件，可以提高竹林的抗病能力，有效抑制竹林害虫的为害。我们于2006年2月对黄岩区上洋乡象岙村13hm^2遭受黄脊竹蝗、山竹缘蝽等轻度为害的竹林进行了林相改造试验，伐除所有Ⅳ度以上老竹、风倒竹及衰弱竹，2~3 月结合削山除草进行施肥（复合肥 150kg/hm^2 或农家肥 1.5 万 kg/hm^2）。2006 年 5~6 月调查发现，通过营林抚育措施，该片竹林已很难找到黄脊竹蝗、山竹缘蝽若虫，有效控制了竹子害虫的发生危害。

3.2 化学防治

2004 年 3 月，在黄岩区富山乡田岙村对山竹缘蝽危害进行了竹腔注射防治。针对山竹缘蝽若虫、成虫遇惊即飞的习性，在毛竹笋长到笋高 1.5m 左右时，用 50%杀螟松乳油原液竹腔注射，每笋注药 0.5ml，防治次日调查死亡率达 93%。

2005 年 4~6 月，在黄岩区高桥街道胜利村开展了黄脊竹蝗中度为害时期的化学防治对比试验，将防治区划分为 A、B、C、D 四块，每块 1hm^2，A 块于 4 月底初龄跳蝻时用 2.5%溴氰菊酯乳油 7.5kg 加水 1 200kg；B 块于 4 月底初龄跳蝻时用森得保可湿性粉剂 7.5kg；C 块于 5 月中旬 3 龄若虫上竹后用 2.5%溴氰菊酯乳油 7.5kg 加水 1 200kg；D 块于 5 月中旬 3 龄若虫上竹后用森得保可湿性粉剂 7.5kg 进行防治，结果显示防治效果 B>A>D>C。

3.15%阿维菌素·吡虫啉 EC 防治柑橘蚜虫的田间药效试验

林　松[1]，黄振东[2]，郑灵卫[3]，梁克宏[1]，蒲占湑[2]，张小亚[2]

（1. 黄岩区林业特产局　台州　318020；2. 浙江省柑橘研究所　台州　318020；
3. 院桥镇林特站　台州　318020）

3.15%阿维菌素·吡虫啉 EC 是浙江升华拜克生物股份有限公司研制的一种柑橘杀虫剂，为明确该药剂对柑橘蚜虫的防治效果、使用剂量及对柑橘的安全性，2008 年春在黄岩进行了小区试验。

1　材料与方法

1.1　试验地选择

实验地选择位于浙江省台州市黄岩区的浙江省柑橘研究所本部试验站为试验地，该地为水稻田，黏土，该实验地常年柑橘锈壁虱危害比较严重，试验区的土壤类型、施肥和耕作体系与当地水稻田柑橘栽培实践基本一致，种植柑橘品种为温州蜜柑（*Citrus unshu* Marc.）。

1.2　试验设计和安排

供试药剂：3.15%阿维菌素·吡虫啉 EC，浙江升华拜克生物股份有限公司生产。设 2 000倍液、3 000倍液、4 000倍液 3 个处理，对照药剂：1.8%阿维菌素 EC，浙江升华拜克生物股份有限公司生产，设 3 000倍液处理，10%吡虫啉 WP，杭州泰丰化工有限公司生产，设 3 000倍液处理，供试药剂、对照药剂和空白对照的小区随机排列，共 6 个处理，每处理小区为 2 株橘树，重复 4 次，周围设保护行。

1.3　施药方法

按常规采用树冠喷雾法，喷雾器械选用黄岩果农常用的单管喷雾器，于 2008 年 5 月 7 日下午喷药，喷药 1 次，每 667m^2 用药液量为 200kg，喷药当天，天气晴朗，气温 13～27℃，沿海海面东北到东风 5～7 级。

1.4　调查方法、时间和次数

分别于药前调查虫口基数，药后 1d、3d 目测施药后对柑橘树新梢嫩叶及幼果的安全性，药后 1d、3d、7d 和 14d 分别调查各小区新梢叶片上的活虫数，每小区调查 2 株树，每株树按东、西、南、北、中定 5 个新叶萌发枝梢，调查每片新叶上的蚜虫头数。

1.5　药效计算方法

A 蚜虫口减退率（%）=（pt0 活虫数—pt1 活虫数）/pt0 活虫数×100；

B 防治效果（%）=（pt 虫口减退率±清水对照虫口减退率）/（100±清水对照虫口减退率）×100；C 显著性测定采用邓肯氏新复极差（DMRT）法。

2 结果与分析

表 1 3.15%阿维菌素・吡虫啉 EC 对柑橘蚜虫的田间药效试验结果

处理	药后 1d	药后 3d	药后 7d	药后 14d
	防效（%）	防效（%）	防效（%）	防效（%）
3.15%阿维菌素・吡虫啉 EC2 000 倍液	87.10 aA	92.60 aA	92.62 aA	90.54
3.15%阿维菌素・吡虫啉 EC3 000 倍液	80.24 abA	92.46 aA	95.21 aA	94.63
3.15%阿维菌素・吡虫啉 EC4 000 倍液	72.93 bcAB	89.71 aA	89.33 aA	75.62
1.8%阿维菌素 EC3 000 倍液	66.54 cB	64.00 bB	69.23 bA	87.46
10%吡虫啉 WP3 000 倍液	90.47 aA	91.82 aA	97.11 aA	76.24

注：小写字母表示差异显著程度为 P=0.05，大写字母表示差异显著程度为 P=0.01

在柑橘蚜虫盛发期，春季春梢抽发，新叶生长期，采用 3.15%阿维菌素・吡虫啉 EC，以 2 000~4 000倍树冠喷雾，需要喷湿叶片正、反两面可有效防治柑橘蚜虫。

由表 1 可见，从药后 1d 的防效看，供试药剂 3.15%阿维菌素・吡虫啉 EC 2 000倍、3 000倍的防效较好与对照药剂 10%吡虫啉 WP 3 000倍液处理相当，在 P=0.01 和 0.05 下无显著性差异，但显著好于 1.8%阿维菌素 EC 3 000倍液处理，供试药剂 3.15%阿维菌素・吡虫啉 EC 4 000倍液处理在 P=0.05 下与供试药剂 3.15%阿维菌素・吡虫啉 EC 2 000倍液、3 000倍液处理差异显著，但在 P=0.01 下与供试药剂 3.15%阿维菌素・吡虫啉 EC 2 000倍液、3 000倍液处理差异不显著。

药后 3d，供试药剂 3.15%阿维菌素・吡虫啉 EC 2 000倍液、3 000倍液和 4 000倍液与对照药剂 10%吡虫啉 WP 3 000倍液处理的防效在 P=0.01 和 0.05 下均无差异显著性，但显著好于 1.8%阿维菌素 EC 3 000倍液处理。

药后 7d，供试药剂 3.15%阿维菌素・吡虫啉 EC 2 000倍液、3 000倍液和 4 000倍液与对照药剂 10%吡虫啉 WP 3 000倍液处理、1.8%阿维菌素 EC 3 000倍液的防效在 P=0.01 下均无差异显著性，但在 P=0.05 下，1.8%阿维菌素 EC 3 000倍液的防效显著差于其他各处理。

药后 14d，各处理差异在 P=0.01 和 0.05 下均不显著。

试验结果表明：该供试药剂是有效防治柑橘蚜虫的一种药剂，试验中也未见其对柑橘组织有为害作用。

3 结论

柑橘蚜虫发生危害柑橘叶片，并诱发煤烟病，它还可吸毒传播柑橘衰退病，该试验表明，采用 3.15%阿维菌素・吡虫啉 EC，以 2 000~4 000倍液树冠喷雾可有效防治柑橘蚜虫，是值得推广的农药品种。

果桑菌核病的综合防治技术

朱敏华[1]，卢志芳[2]，吴其龙[2]，娄仲鹏[2]

（1. 浙江省临海市特产技术推广总站，临海　317000；2. 临海市大田办事处林特站，临海　317004）

果桑是近几年新兴的经济林新品种，果桑的果实称桑椹（桑果、桑乌等），桑椹的保健药用价值在古籍药书如《中国大药典》《本草拾遗》《本草求真》《随息居饮食谱》等中均有记载。桑椹味甘性寒，具有生津止渴、补肝益肾，滋阴补血、明目安神等功效。现代医药研究表明，桑椹有增强免疫功能，促进造血细胞的生长，防止人体动脉硬化、促进新陈代谢的作用，长期食用桑椹可以延年益寿，对身体大有裨益。桑椹因其风味独特、营养丰富、保健效果好，鲜食和加工兼用，经济效益高，近年来，临海市果桑发展迅速，但是由于主栽"大十"果桑品种易感桑椹菌核病，严重影响产量和效益，通过几年来的防治技术研究，现将技术总结如下。

1　病果症状

桑椹菌核病是果桑的主要病害，它是肥大性菌核病、缩小性菌核病、小粒性菌核病的统称，俗称"白果病"，因感病桑果病变后多呈现灰白色而得名。该病发生严重时可造成毁灭性灾害，致使桑果无法正常成熟收获，严重影响桑果产量和品质。3 种桑椹菌核病分别由 3 种不同的病原真菌引起，病果表现出不同的症状。①桑椹肥大性菌核病病菌 *Ciboria shiraiana* P. Henn. 亦称白杯盘菌（桑实杯盘菌），属子囊菌亚门真菌。肥大性菌核病受害桑果肥大，其椹小粒的花被及子房肿胀，病果呈现乳白色或灰白色，捻破后可闻到带酒精味腐烂臭气，病果中心有一块黑色干硬的大菌核。②桑椹缩小性菌核病病菌 *Mitrula shiraiana*（P. Henn）Ito etlmai 亦称白井地杖菌，属子囊菌亚门真菌。缩小性菌核病受害桑果显著缩小，呈现灰白色，质地坚硬，表面有细皱纹，分布暗褐色小斑点，病果中心有黑色坚硬的菌核。③桑小粒性菌核病病菌 *Ciboria caruncu-loides* Siegler et Jankins 亦称肉阜状杯盘菌，属子囊菌亚门真菌。小粒性菌核病则是桑果的个别或多个椹小粒染病，感病椹小粒呈现灰褐色，其子房特别肥大而使之显得膨大突出，子房内有小形菌核。④根据对发病果桑园的观察，3 种菌核病在同一地块同时有发生，但以肥大性菌核病占绝大部分，其次为小粒性菌核病，而缩小性菌核病仅为个别发生。

2　发生规律

桑椹菌核病病原菌以菌核在土壤中越冬，到次年春季果桑开花期间，遇适宜条件时，土壤中的菌核萌发抽生出子囊盘，盘内子实体上的子囊释放出子囊孢子，子囊孢子借助风力传播到雌花上，引起初次侵染。病原菌入侵雌花后，菌丝大量增殖并侵入子房内，先形成分生孢子梗和分生孢子，最后由菌丝形成菌核，菌核随病果落地，果肉腐烂而菌核残留入土中越冬。病原菌的分生孢子可引起再次侵染，但由于果桑花期短，当年再次侵染几率很小，往往到明年春季温暖多雨、土壤潮湿有利于菌核萌发时，引起再次侵染。

3 发病因素

本病的发生与果桑开花期间的气候条件有密切关系，在果桑开花期间，若雨水多，土壤湿润，天气暖和，则有利于土壤中的菌核萌发和子囊盘抽生，从而使本病严重发生。一般通风透光差、低洼高湿、树势弱、树龄大，上一年发病严重的果桑园发病严重。另外病原菌的积累也是引起本病严重发生的重要因素，一般栽种前一两年发病轻微的果桑园，如不进行清园和防治，病情会逐年加重，若果桑开花期间遇阴雨温暖天气，会使本病爆发而严重影响桑果产量，甚至会颗粒无收。

4 防治方法

采取物理方法和化学方法相结合，可对核菌病起到有效的防治效果。

4.1 物理方法

4.1.1 清除病果

在桑果发育期间经常巡园，及时摘除树上病果和散落到地上的病果，远离果桑园集中烧毁或深埋，以减少病原菌在果桑园的积累，这是控制来年病情的一个重要措施。

4.1.2 果桑园深耕

对发病严重的果桑园，在采果期结束后对园地进行一次全面的深耕或冬季结合施冬肥对果桑园进行深耕，可使部分病原菌被深埋土中而不利于其萌发。

4.1.3 铲除病原菌或地膜覆盖

遇春季雨水多的年份，在桑树开花期间经常巡视果桑园，若发现地面有病原菌子囊盘抽出，即用锄头除去，消除病原菌，或在果桑树开花前用农用薄膜覆盖地面，可有效隔离病原菌，使之无法侵染桑树花器。

4.2 化学方法

在果桑树开花初期应重视防治，用50%多菌灵可湿性粉剂600~800倍液或70%甲基托布津粉剂800~1 000倍液或80%大生 M-45 可湿性粉剂600~800倍液交替防治，每隔7d左右喷1次，直到花期结束，一般喷4~5次可对该病起到良好的防治效果。

5 防治中应注意的问题

第一，桑椹菌核病的控制主要靠预防，而等到病果出现，就难以防治，因此对此病发生的地块，除了当年采取清除病果等方法外，在冬季需用石硫合剂清园1次，翌年还需采取化学方法预防，才可达到有效控制病害的目的。

第二，对新植果桑园，一旦发现有病果，要及时摘除易地集中处理，减少病原的积累，切不可掉以轻心。

第三，掌握好用药时期是取得良好防治效果的关键，如果上一年有菌核病发生，则在桑芽脱苞时就开始药物防治，喷药时，除桑花外，还要对地面、树干、枝条及道路、沟渠等进行全面喷洒。而在桑果发育期或发现病果之时才用药，为时已晚，效果几无，此时应摘除病果，待来年采取办法加以防治。

第四，选择合理的种植密度。每667m^2栽300株为宜，既可增加光照，提高桑果品质，又可减少果桑白果病的发生概率。

基于粒子群优化神经网络混合模型预测马尾松毛虫发生量

陈绘画，崔相富，杨胜利

（浙江省仙居县林业局，仙居　317300）

摘　要： 针对 BP 网络具有局部精确搜索但易陷入局部极小、粒子群算法具有全局寻优的特点，将二者结合起来形成一种训练神经网络的新算法—POS—BP 算法。根据相关系数法、均生函数法及逐步回归法分别选取与马尾松毛虫有虫面积、虫口密度、有虫株率相关关系密切的气象因子和延拓均生函数序列作为样本的输入特征，分别建立马尾松毛虫有虫面积、虫口密度、有虫株率与气象因子和延拓均生函数序列的 PSO—BP 混合模型。结果表明：建立的各 PSO—BP 混合模型，具有令人满意的拟合精度和预测精度。当隐含层神经元个数为 13 个，预报因子数为 6 个时，3 组预留有虫面积的平均预测误差为 4.01%；虫口密度 PSO—BP 混合模型的隐层神经元个数为 9 个，预报因子数为 4 个时，预留样本的平均预测误差为 3.32%；有虫株率 PSO—BP 混合模型的隐层神经元个数为 9 个，预报因子数为 4 个时，预留样本的平均预测误差为 2.83%。上述 3 个指标的预测准确率均为 100%。

关键词： 马尾松毛虫；粒子群神经网络；发生量；预测预报；PSO—BP 混合模型

林业有害生物预测预报是预防林业有害生物发生的极其重要的组成部分，是开展科学防灾救灾的基础。加强对林业有害生物发生趋势和危害程度的研究，在其未大发生前及时采取措施，可使林业有害生物对森林资源危害及生态环境破坏造成的损失减少到最低限度，同时还能使林业有害生物的综合管理工作收到事半功倍之效。

马尾松毛虫（*Dendrolimus punctatus* Walker）是我国南方马尾松林（*Pinus massoniana*）的历史性大害虫。马尾松毛虫的发生及其种群数量变化，具有周期性暴发的特点，除受到其自身的遗传特性影响外，还受气候、林相、植被、食料和天敌 5 类因子的影响，但林相、植被、食料和天敌 4 类因子是定性变量，很难量化，更难以预测其变化。前人根据气象因子与马尾松毛虫发生量的相互关系，利用逐步回归分析、判别分析、模糊聚类分析、马尔可夫链分析、区划分析、灰色系统分析等多种方法对其有虫面积进行预测预报；董振辉等还开发出有虫面积预测的专用测报软件。但马尾松毛虫的危害不仅与气象因子密切相关，也与其自身的种群动态变化规律密切相关，并且是非线性关系。近 10 多年来迅速发展起来的人工神经网络（ANN）模型，由于具有自适应学习和记忆联想能力，使得它为解决复杂的非线性问题提供了有用的工具，其预测能力大大优于多元回归分析和判别分析，因而人们又利用 BP 算法的原理和方法，建立马尾松毛虫发生量的 BP 模型，预测其发生情况。上述各研究或根据马尾松毛虫的危害情况与气象因子的关系建立相应的模型进行预测预报，或根据时间序列原理建立马尾松毛虫为害情况的模型进行预测预报，没有同时考虑气象因子和马尾松毛虫前几代为害情况对当前危害情况的影响。另外 BP 算法是基于梯度的方法，也存在一些缺点，主要是易陷入局部极小、学习速度慢、网络训练失败的可能性较大和引起振荡效应等。粒子群优化算法（Particle Swarm Optimization，PSO）源于对鸟群捕食行为的研究，系统初始化为一组随机解，粒子在解空间追随最优的粒子进行搜索，通过迭代搜寻最优值，所以用它来完成前期的搜索能较好的克服 BP 算法的缺点。本研究利用浙江省仙居县 1983—1990 年的各代马尾松毛虫虫情调查资料，将 PSO 算法、BP 算法结合起来，形成一种新的训练算法—PSO—BP 算法，来研究马尾松毛虫的有虫面积、虫口密度、有虫株率与其自身的变化规律及气象因子之间的关系，分别建立马尾松毛虫有虫面积、虫口密度、有虫株率的 PSO—BP 混合模型，对 PSO—BP 混合模型在林业有害生物预测预报中的应用进行积极的探索。

1 材料与方法

1.1 材料来源

马尾松毛虫资料来自浙江省仙居县森林病虫防治站，气象资料来自浙江省仙居县气象局。该县于 1982 年发现有马尾松毛虫为害，自 1983 起，每年均在 4 月（出蛰）、7 月（第 1 代）和 9 月（第 2 代）调查各代虫情的危害情况。将 1983—1989 年的各代虫情调查结果进行建模，1990 年的 3 代虫情调查结果用作回报检验。

1.2 预报因子的选择

1.2.1 均生函数方法

用于建模的有虫面积、虫口密度、有虫株率数据根据调查时间的先后顺序，按下式分别进行标准差规格化处理。

$$P_n = (P—P_m) / P_t \tag{1}$$

式中：P、P_n 分别为规格化前、后的数据，P_m、P_t 分别为原始数据 P 的平均值和标准差。

对规格化后的有虫面积、虫口密度、有虫株率序列作一阶、二阶差分运算，再利用式（2）。

$$\bar{x}_i(i) = \frac{1}{n_t}\sum_{j=0}^{n_1-1} x(x + jl) \tag{2}$$

对原序列、一阶差分序列和二阶差分序列作均值生成函数计算。式中：i=1，2，…，l，1≤l≤M，且 n_i=INT（N/l），M 一般可以视样本数的大小取 INT（N/2）或 INT（N/3），其 INT 表示取整。

对原序列和一阶、二阶差分均生函数序列作周期性延拓计算。

$$f_t(t) = \bar{x}_1\left[t - l\text{INT}\left(\frac{t-1}{l}\right)\right] \tag{3}$$

式中：t=1，2，…，N；l=1，2，…，M。这样使各均生函数序列定义域扩展到整个需要的同一时间轴上。然后再对有虫面积虫口密度、有虫株率的延拓均生函数序列与相应的规格化后的有虫面积、虫口密度、有虫株率原序列作相关分析，凡与有虫面积、虫口密度、有虫株率相关系数大于 $R_{0.95}$ 的即选人。

1.2.2 气象因子的选择将

1983—1989 年的各代马尾松毛虫的有虫面积、虫口密度、有虫株率作为因变量。从上一年 4 月开始至当年 3 月的旬平均气温、旬降雨量、旬平均相对湿度等 8 个气象因子作为出蛰代的预报因子，即自变量；相应地，从上年 7 月至当年 6 月的 8 个气象因子作为第 1 代预报因子；第2代预报因子则为上年9月至当年8月的8个气象因子。因自变量个数太多（气象因子加上延拓均生函数序列，共计315个），因此分两步选取预报因子。第一步，先用相关系数法选取，凡气象因子与因变量的相关系数大于$R_{0.95}$的即选人。第二步，将相关系数法选出的气象因子、延拓均生函数序列与各因变量进行逐步回归，从而选出与各因变量相关关系最密切的因子作为预报因子。

1.3 数据预处理

在实施粒子群优化算法前，先对最终人选的各气象因子及有虫面积、虫口密度、有虫株率、延拓均生函数序列按式（1）进行标准差归一化数据处理。

1.4 PSO 算法

PSO 算法是模拟鸟群的捕食行为，将每个优化问题的解看作搜索空间中的一只鸟，即所谓的粒子，所有的粒子都有一个由被优化的函数决定的适应值及一个决定它们飞翔方向和距离的速度，然后粒子们就追随当前的最优粒子在解空间中搜索。PSO 首先初始化一群随机粒子（随机解），然后通过迭代找到最优解。在每一次迭代中，粒子通过跟踪2个“极值”来更新自己。一个是粒子本身所找到的最优解，即个体极值P；另一个是整个种群目前找到的最优解，即全局极值g。找到这2个最优解后，每一个粒子就根据下面2个公式来更新自己的速度和位置：

$$v_{k+1} = c_0 v_k + c_1(p_k - x_k) + c_2(g_k - x_k) \tag{4}$$

$$x_{k+1} = x_k + v_{k+1} \tag{5}$$

式中：v_k是粒子的速度向量；x_k是当前粒子的位置；p_k是粒子本身所找到的最优解的位置；g_k是整个种群目前找到的最优解的位置；c_0、c_1、c_2是群体认知系数，c_0一般取介于（0，1）之间的随机数，c_1、c_2取（0，2）之间的随机数；v_{k+1}是v_k、p_k-x_k和g_k-x_k矢量的和。

粒子通过不断的学习与更新，最终到达解空间中最优解所在的位置，搜索过程结束，输出全局最优解g。在更新过程中，粒子每一维的最大速率被限制为V_{max}粒子每一维的坐标也被限制在允许范围之内。

1.5 PSO—BP 算法

在实施BP算法之前，先用PSO算法搜索出全局最优解，以此作为BP算法的初始权值，再由BP算法进行训练，具体步骤为以下6个方面。

①初始化粒子群；②计算每个粒子新位置的适应值；③根据粒子适应值更新个体极值与全局极值；④根据公式（4）和（5）更新自己的速度和位置；⑤达到最大迭代次数，则输出全局最优解，否则转②，继续进行搜索操作；⑥以PSO算法搜索出的最优全局解作为初始权值，用BP算法训练网络，直到指定训练次数或指定精度。

2 结果与分析

2.1 预报因子的确定

2.1.1 有虫面积预报因子的确定

利用相关系数法共筛选出13个因子，然后进行逐步回归，最终确定6个预报因子：1982—1988年每年7月下旬、10月下旬、12月下旬的相对湿度；1983—1989年每年1月下旬、4月下旬、6月下旬的相对湿度；1982—1988年每年11月下旬，1983—1989年每年2月下旬、4月下旬的降雨量；1982—1988年每年6月中旬、9月中旬、11月中旬的最高气温；延拓均生函数原序列第7列；延拓均生函数原序列第9列。

2.1.2 虫口密度预报因子的确定

利用相关系数法共筛选出6个因子，然后进行逐步回归，最终确定4个预报因子：1982—1988年每年6月下旬、9月下旬、11月下旬的雨日；延拓均生函数原序列第5列；延拓均生函数原序列第8列；延拓均生函数原序列第9列。

2.1.3 有虫株率预报因子的确定

利用相关系数法共筛选出9个因子，然后进行逐步回归，最终确定4个预报因子：1982—1988年每年6月中旬、9月中旬、11月中旬的降雨量；延拓均生函数原序列第7列；延拓均生函数原序列第8列；延拓均生函数原序列第9列。

2.2 PSO—BP混合模型模拟结果

2.2.1 有虫面积的PSO—BP混合模型

MATLAB粒子群算法工具箱中的pso. m函数调用getpsoOptions. m函数时，get_ psoOptions. m函数的Obj结构体lb（变量下限）参数取-10，ub（变量上限）参数取20，Vars结构体SwarmSize（粒子群种群大小）参数取50，Iterations（迭代代数）参数取980，SParams结构体Vmax（最大速度）参数取10，其他参数均取默认值。经980次迭代后，将求得的最优全局解值作为BP网络的初始权值和阈值，然后进行BP网络训练。BP网络使用的参数设置如下：输入层神经元个数m=6输出层神经元个数n=1，隐含层神经元为2m+n=13，显示间隔次数disp_ fqre=200，最大循环次数max_ epoch=150，目标误差err_ goal=1×10^{-20}，学习速率lr=0. 02。

训练结束后的有虫面积21组学习信息的网络输出值列于表1。

表1 马尾松毛虫各代PSO-BP混合模型的实际值、拟合值和预测检验结果

调查时间年/月	有虫面积			虫口密度			有虫株率（%）		
	实际值/hm^{-2}	理论值/hm^{-2}	误差/10	实际值/条/株	理论值/条/株	误差（%）	实际值	理论值	误差
1983/4	4 333. 3	4 477. 3	3. 32	3. 61	3. 5415	1. 9	0. 4215	0. 3838	8. 94
1983/7	1 912. 7	1 890. 9	1. 14	7. 2	7. 2132	0. 18	0. 817	0. 7996	2. 13
1983/9	6 383. 3	6 362. 6	0. 32	1. 65	1. 6558	0. 35	0. 2876	0. 2724	5. 29
1984/4	4 826. 0	4 847. 5	0. 45	3. 11	2. 9564	4. 94	0. 3854	0. 3671	4. 74
1984/7	4 510. 3	4 538. 3	0. 62	4. 5	4. 4864	0. 3	0. 3565	0. 3387	4. 99
1984/9	6 051. 7	6 154. 7	1. 7	7. 91	7. 8973	0. 16	0. 5802	0. 5402	6. 89
1985/4	4 210. 3	4 138. 0	1. 72	4. 29	4. 3003	0. 24	0. 4853	0. 4549	6. 26
1985/7	4 972. 7	4 862. 3	2. 22	1. 76	1. 732	1. 59	0. 3634	0. 342	5. 89
1985/9	3 941. 0	3 913. 8	0. 69	1. 55	1. 5766	1. 72	0. 295	0. 2957	0. 24

（续表）

调查时间年/月	有虫面积			虫口密度			有虫株率/%		
	实际值/ hm^{-2}	理论值/ hm^{-2}	误差/10	实际值/条/株	理论值/条/株	误差（%）	实际值	理论值	误差
1986/4	3 106.0	3 102.5	0.11	2.93	2.9227	0.25	0.5627	0.5332	5.24
1986/7	3 097.6	3 070.9	0.86	0.84	0.8188	2.52	0.2447	0.2268	7.32
1986/9	3 135.6	3 147.7	0.39	0.67	0.6709	0.13	0.2342	0.2259	3.54
1987/4	3 205.3	3 333.9	4.01	1.16	1.3429	15.77	0.339	0.3283	3.16
1987/7	2 828.3	2 903.6	2.66	1.22	1.2192	0.07	0.2627	0.2499	4.87
1987/9	4 772.5	4 846.1	1.54	7.5	7.5185	0.25	0.4461	0.4082	8.5
1988/4	4 018.0	3 999.8	0.45	2.37	2.4279	2.44	0.5089	0.4836	4.97
1988/7	5 341.1	5 199.5	2.65	3.38	3.4384	1.73	0.63942	0.3702	6.09
1988/9	4 572.0	4 524.4	1.04	2.38	2.3213	2.47	0.4499	0.4267	5.16
1989/4	4 309.7	4 269.5	0.93	3.42	3.4437	0.69	0.4374	0.4044	7.54
1989/7	4 316.0	4 247.5	1.59	2.76	2.7583	0.06	0.4969	0.4933	0.72
1989/9	5 309.3	5 261.	0.9	1.96	1.9451	0.76	0.402	0.3916	2.59
1990/4	4 177.8	4 386.1	4.99	1.68	1.2439	9.86	0.312	0.2977	4.58
1990/7	2 932.3	2 790.6	4.83	1.95	1.9512	0.06	0.279	0.2897	3.84
1990/9	2 041.3	1 996.4	2.2	0.73	0.7296	0.05	0.2918	0.292	0.07

2.2.2 虫口密度的 PSO—BP 混合模型

MATLAB 粒子群算法工具箱中的 pso. m 函数调用 getpso Options. m 函数时，各参数设置为：lb=-10；ub=20；Swarm Size=20；Iterations= 8 000；V_{max}=10，其他参数均取默认值。经 8 000次迭代后，进行 BP 网络训练。BP 网络的参数设置如下：m=4，n=1，2 m+n=9，disp_ fqre= 200，max_ epoch=1750，err_ goal=1×10^{-20}，lr=0.02。

训练结束后的虫口密度 21 组学习信息的网络输出值列于表 1 所示。

2.2.3 有虫株率的 PSO—BP 混合模型

MATLAB 粒子群算法工具箱中的 pso. in 函数调用 gelpsoOptions. m 函数时，各参数设置为：lb= -10；ub=20；SwarmSize=10；Iterations=887；V_{max}=10，其他参数均取默认值。经 887 次迭代后，进行 B P 网络训练。B P 网络的参数设置如下：m= 4，n=1，2m+n=9，disp_ fqre=200，max_ epoch=980，err_ gdal=1×10^{-20}，lr=0.02。

训练结束后的有虫株率 21 组学习信息的网络输出值列于表 1。

从表 1 的结果可以看出，用粒子群优化神经网络所建立的有虫面积 PSO—BP 混合模型，平均模拟相对误差为 1.40%：虫口密度模型的平均模拟相对误差为 1.83%；有虫株率模型的平均模拟相对误差为 5.00%。说明用粒子群优化神经网络方法模拟马尾松毛虫的有虫面积、虫口密度、有虫抹率，其效果是非常理想的。

2.3 预报与验证

经过训练后的 PSO—BP 网络，还具有联想学习功能（网络的泛化学习功能），即可以预测出没有参与建模各代马尾松毛虫的有虫面积、虫口密度、有虫株率。

利用 PSO—BP 网络的联想学习功能，预测出没有参与建模各代马尾松毛虫有虫面积的理论值，从而得到 1990 年 4 月、7 月、9 月 3 组有虫面积的平均预测误差为 4.01%，预测准确率为 100%（表 1）。

表 1 中预留的 3 组虫口密度的平均预测误差为 3.32%，预测准确率为 100%。预留的 3 组有虫株率的平均预测误差为 2.83%，预测准确率为 100%。

3 讨论

PSO—BP 算法结合了 PSO 算法的全局搜索和 BP 网络局部精确搜索的优点，克服了 BP 算法易陷入局部最小点、收敛速度慢的问题，同时预报因子与马尾松毛虫的危害情况之间并非单纯的线性关系，采用延拓均生函数序列和气象因子作为预报因子的 PSO—BP 混合预报模型能够更充分地利用每一代马尾松毛虫的有虫面积、虫口密度、有虫株率与各预报因子间相互关系的信息，使得有虫面积、虫口密度、有虫株率的 PSO—BP 混合模型的拟合精度和预测精度都得到进一步的提高。尽管本研究建立的 PSO～BP 混合模型对马尾松毛虫发生量的预报取得了满意的效果，但由于马尾松毛虫的发生及变化是一个极其复杂的系统，同时人们难以全面认识各种环境因子对马尾松毛虫的综合影响，因此希望用一种数学模型来准确预报马尾松毛虫的发生情况是不够科学的。由于马尾松毛虫多发生在人工纯林区中，人类活动对其种群变化影响较大，如过度的砍伐灌木引起松林内生态失衡；长期采取化学、生物等防治措施，改变了马尾松毛虫自然种群变动规律，封山育林使松林的生态环境有了很大改善。所有这些使得气候对马尾松毛虫发生的影响作用受到干扰，同时由于缺少系统的有关食料、天敌、林相、植被等因素对马尾松毛虫发生影响的资料，因此马尾松毛虫发生量的预报精度有待今后进一步的提高。

括苍山北麓松林间鞘翅目主要昆虫种群动态研究

崔相富[1]，陈绘画[1]，赵锦年[2]，杨胜利[1]，周钦富[1]

（1. 浙江省仙居县林业局，仙居 317300；2. 中国林业科学研究院亚热带林业研究所，富阳 311400）

摘 要：应用林木蛀干害虫引诱剂开展苍括山北麓海拔高 100m 以下成熟与中幼马尾松林鞘翅目类昆虫动态研究，发现栖息有危害马尾松枝叶和树干的昆虫 9 科 33 种，包括 3 种具携带松材线虫能力昆虫，即松墨天牛、短角幽天牛和马尾松角胫象；天敌资源昆虫 1 科 1 种。供试林班中，天牛科、小蠹科和象甲科是优势群体，天牛科种类最多，达 11 种，对主要昆虫种类（特别是松墨天牛）成虫主要特性进行了调查分析，提出了相应防控建议。

关键词：鞘翅目；种群动态；松林；括苍山

鞘翅目（Coleoptera）昆虫往往给林木造成重大灾害，如由松墨天牛（*Monochamus alternatus* Hope）成虫携带传播的松材线虫［*Bursaphelenchus xyophilus*（Steiner et Bubrer）Nickle］所引起 的松树（*Pinus spp.*）毁灭性病害，给我国松林生态资源及发生区的木制工业、木质包装业和地方经济可持续发展造成了重大影响。对此，我国众多昆虫学家对松材线虫及其传播媒介和其他鞘翅目害虫作了大量研究。“十五”期间，笔者在实施省级“十大国家级风景名胜区松材线虫病预防工程”建设的同时，为探索本地区林木钻蛀性有害昆虫资源管理目录数据库，经过多年研究，基本上搞清了钻蛀性昆虫 9 科 33 种和其中的主要优势种群，包括具携带传播松材线虫病疫情能力的松墨天牛、短角幽天牛、马尾松角胫象等 3 种昆虫，为制定主要有害昆虫种群的预测预报技术、组织林农开展防治和实施松材线虫病预警体系建设提供了重要依据，并在生产上具有较好的应用与参考价值，现整理报道如下。

1 研究地点、材料与方法

1.1 试验地基本概况

仙居县地处北纬 28°28′14″~28°59′48″，东经 120°17′16″~120°55′51″的括苍山中段北麓，试验地大北地溪林场，距县城西 10km，地处官路镇萍溪村边人工林面积 51. 5hm^2，其中马尾松（*Pinus massoniana* Lamb）林面积 40. 2hm^2，林龄 55 年，平均树高 31m，平均胸径 22cm，极端胸径 60cm，林分蓄积量 10 340m^3；I-69 杨［*Populus deltoids* Bartr. cv. ‘Lux’（1-69/55）］6. 4hm^2，马尾松和枫杨混交林 1. 8hm^2，枫杨、食用竹、梨树 3. 1hm^2。该林场 20 世纪 70~80 年代为浙江省重点马尾松良种采种基地，呈东南方向长条状地形，南边临永安溪主干流，林地海拔高程 66. 5m，按照林间自然林道及林分布局分成 9 个小班。仙居城关河埠桥头马尾松林面积 6. 0hm^2，树龄 22 年，平均树高 10m，海拔高 40m；清口园马尾松林 13. 3hm^2，海拔高 48m，树龄 43 年，平均树高 22m，胸径 18cm，茶溪村试验地距县城

19km，均为永安溪主干流畔防洪林林分。

1.2 研究材料与方法

1.2.1 蛀干类害虫引诱剂（即 M^{99-1}）

由浙江省森林病虫害防治检疫局、中国林业科学研究院亚热带林业研究所、宁波中化化学品有限公司生产。成品中主要有效成分为 α－蒎烯、β－蒎烯、乙醛溶剂等（专利号 ZL03115289.9），装于高 15cm，直径 6.5cm 暗绿塑料瓶内，瓶口外径 3cm，每瓶装 300g 防挥发锡纸和防潮纸板双层加瓶盖封装。

1.2.2 防撞板诱捕器

为小型折叠式铝皮制诱捕器组成的陷阱装置，顶部伞形作防雨和整体支架一部，直径 45cm，中间高宽 45cm×20cm 三片呈 120 的档虫板，板中间为诱芯，下部为一漏斗，上下口直径各为 43cm 与 11cm，其底部可套挂 400ml 杯状盛水器，用于收集引诱来的昆虫，近杯底 1/3 处留溢水孔。

1.2.3 研究方法

根据松墨天牛一般在 0~14 龄期内性未成熟对引诱剂缺乏反应和性成熟期、产卵期对引诱剂反应敏感的生物学特性，笔者在大北地溪林场按“K”字形小班、行走方便林道和地势开阔的林地架设诱捕器，距地面 1.5m 处两相近松树间铅丝上。参照余杭松墨天牛放飞回收最佳引诱效果为 60m，有效半径距离 70m 和其代表样地面积 1.5hm^2，设计方式，设置两引诱点间距 80~130m，单只距林缘 40~70m，共设诱捕器 22 只，其中，东区 5$^{\#}$小班 5 只，东北区 6$^{\#}$小班 6 只，西北区 2$^{\#}$小班 6 只，西南区 1$^{\#}$小班 5 只；清口园林地 8 只，茶溪林地 5 只，神仙居景区林地 5 只，全县 2005 年 30 只，2006 年 55 只。诱芯瓶口用 0.5cm 竹筷打洞 3 个，保持 20d 左右的自然挥发引诱效果，每周二将杯内所收集的昆虫和皂液倒于 150 目不锈钢网上滤干，昆虫用干燥草纸包裹装入信封，记上诱捕器号，给盛水杯重新加上清水 100ml 和 1.5g 肥皂粉。取回室内的昆虫进行分类、编号、计数与记载，由亚林所赵锦年研究员指导昆虫种类鉴定，列出种类名单及虫量。

2 结果与分析

2.1 昆虫种类分布及发生期与发生量概况

经对大北地溪林场 2 年观察资料中的鞘翅目优势种群进行统计，查明由 9 科 33 种钻蛀性昆虫组成，其中，天牛科 Cerambycidae 11 种，象甲科 Curculionidae 4 种，小蠹科 Scolytidae 4 种，长蠹科 Bostrychidea 2 种，吉丁虫科 Buprestidae 1 种，锹甲科 Lucanidae 5 种，郭公虫科 Cleridea 1 种，金龟科 Scarabaeidea 3 种，叩甲科 Elateridae 2 种。主要种类及不同时期动态详如表 1 和表 2 所示。

2.2 林间优势昆虫种群动态结果分析

2.2.1 不同小班号间的昆虫种群分布差异显著性方差分析

由于大北地溪林场各小班内的次层林和小班周边松林中伴生有栎、枫杨、毛竹、水杉、香樟、1-69 杨等阔叶树种（表 3），有可能存在影响昆虫种群林间栖息密度的差异，经用 Excel 2003 数据分析工具对表 3 的 4 个小班各自所诱集的各科昆虫数量进行无重复方差单因素分析，结果如表 4 所示。

表 1　大北地溪林场鞘翅目昆虫诱集量统计

种类	样地号																						合计	%
	1	2	3	4	5	6	7	8	9	10	11	12	13	14	15	16	17	18	19	20	21	22		
短角幽天牛	44	70	35	67	61	60	38	68	79	15	66	78	74	25	28	45	67	15	36	8	50	17	1 046	10.2
松褐天牛	2	10	4	7	3	0	4	6	3	6	1	2	10	5	6	4	10	7	4	5	7	4	110	1.1
棕泥色天牛	2	0	1	1	1	0	0	1	0	2	0	0	5	5	0	3	4	0	2	2	2	5	36	0.4
竹长蠹象	6	13	5	0	1	2	2	1	3	1	2	3	8	3	1	3	4	4	1	2	1	2	68	0.7
木蠹象	96	81	111	130	165	60	136	220	131	117	234	97	136	258	543	267	401	461	349	421	207	115	4 736	46.1
松瘤象	4	2	2	1	0	1	1	3	1	3	15	0	9	2	2	5	15	5	16	9	16	11	123	1.2
多瘤雪片象	5	5	3	1	1	7	2	8	3	1	4	0	3	4	17	7	0	6	13	11	2	3	106	1.1
马尾松角胫象	7	9	5	17	4	6	19	11	20	8	8	5	17	35	99	44	15	36	67	72	3	2	509	5.1
松梢小蠹	127	152	131	87	126	193	129	253	106	33	47	64	86	36	67	142	569	79	195	236	153	269	3 280	32.0
削尾小蠹	8	0	3	0	3	5	1	7	1	1	2	1	1	1	1	2	2	3	0	6	3	4	55	0.5
宽而材小蠹	8	0	4	4	2	1	1	6	0	2	1	0	1	1	1	3	0	0	1	2	1	1	40	0.4
异色郭公虫	2	12	3	16	3	13	2	10	9	2	6	3	9	17	15	3	2	12	9	10	7	1	166	1.0
福州揪甲	1	0	1	0	0	1	0	0	0	0	2	1	1	1	0	1	1	1	1	2	2	1	17	0.2
(合计)	312	354	308	331	370	349	335	594	356	191	388	244	360	393	780	529	1 090	629	694	796	454	435	10 292	100

表 4 中的昆虫种群分布密度 F 值为 16.6689，大于 $\alpha_{0.05}$值，表明昆虫种群因林相组合不同确实存在着极显著差异，林缘的 5#小班昆虫分布密度最高，1#小班次之，处于林分中心的 6#小班昆虫分布密度低。

表 2　鞘翅目昆虫主要种类及危害对象

科	种类	寄主
天牛科 *Cenabycida*	短角幽天牛 *Spondylis buprestoides*（L.）	马尾松、湿地松、黄山松
	松幽天牛 *Asemum amurens* Kbaatz	马尾松、黄山松
	松墨天牛 *Monochamus alternatus* Hope	马尾松、黑松、黄山松等松类植物
	四突坡天牛 *Pterolophia chekiangensis* Cressitt	马尾松、枫扬
	樟泥色天牛 *Uraecha angusta*（Pascoe）	樟科，松类植物
	二点红天牛 *Purptricenus petasifer* Fairm	梨、柳
	狭胸桔天牛 *Philus antennatus*（Gyll.）	湿地松、柑橘类植物
	光肩星天牛 *Anoplophora glabripennis*（Motsch.）	枫杨、柳、栎、杨
	孤纹虎天牛 *Chlorophorus miwai* Gressit	杨树为主
	红足缨天牛 *Allotraeus grahami* Gresaitt	桑属植物
	白带坡天牛 *Pterolophia albanina* Gressitt	核桃树为主

（续表）

科	种类	寄主
象甲科 *Curculionidae*	松瘤象 *Hyposipalus gigas* Linnaeus	马尾松、湿地松等松类植物
	多瘤雪片象 *Niphades verrucosus*（Voss）	马尾松、湿地松
	木蠹象 *Pissoddes* sp.	马尾松、湿地松等松类植物
	马尾松角胫象 *Shirahathiso patruelis*（Voss）	马尾松、湿地松
小蠹科 *Scolytidea*	马尾松梢小蠹 *Cryphalus massonianus* Tsai et Li	马尾松、湿地松
	削尾材小蠹 *Xyleborus mutlatus* Blandford	马尾松、板栗
	横坑切梢小蠹 *Tamicus minar* Harig	马尾松等松属树种
	阔面材小蠹 *Xyleborus validus* Eiehhoff	马尾松
长蠹科 *Bostrychidea*	竹大长蠹 *Bostrychopsis parallela*（Lesne）	毛竹及阔叶树板材
	角胸长蠹 *Parabostrychus* sp.	栾树及阔叶树板材
吉丁虫科 *Buprestidse*	日本松脊吉丁 *Chalcophora japonic* Gory	马尾松
锹甲科 *Lucanidae*	福州锹甲 *Lucanus fortunei* Saundem	不明
	戈氏大草甲 *Episcopha gorhomi* Lewis	马尾松等松类植物
金龟科 *Scarabaeidea*	铜绿丽金龟 *Anomala corpulenta* Mostchulsky	马尾松、湿地松、枫杨、栎
	大绿丽金龟 *Anomala capripes* Hope	马尾松、枫扬、栎
	鲜黄鳃金象 *Metabolus tunidifrons* Fairmaire	马尾松、枫杨、栎
郭公虫科 *Cleridea*	异色郭公虫 *Tillus notatus*（Klug）	小蠹类、天牛类天敌

注：寄主拉丁文学名：马尾松 *Pinus massoniana* Lamb.，湿地松 *P. elliottii* Engelm.，黄山松 *P. taiwanensis* Hayata.，黑松 *P. thunbergii* Parl.，松属 *Pinus* Linn.，杨树 *Populus* spp.，科 Lauraceae，梨 *Pyrus bretschneideri* Rehd.，柳 *Salix* spp.，栎 *Quercus* spp.，桑属 *Morus* L.，核桃 *Juglans regia* L.，板栗 *Castanea mollissima* BL.，枫杨 *Pterocarya stenoptera*（C. DC.），毛竹 *Phyllostachys edulis*（Carr.）H. de Lehaie，栾树 *Koelreuteria paniculata* Laxm.，柑橘 *Citrus reticulate* Blanco。

表 3 大北地溪不同林分组合昆虫数量动态分布

小班号	树高（m）	胸径（cm）	郁闭度	面积（hm^2）	林分组成	诱捕器（只）	天牛科（头）	小蠹科（头）	象甲科（头）	长蠹科（头）	郭公虫科（头）	锹甲科（头）	合计（头）
1#+2#	32	22	0.9	17.5	松+樟	5	266	944	1 513	9	40	3	2 775
2#	31	21	0.9	5.9	松+毛竹+水杉	5	338	1 056	812	25	38	5	2 274
5#+8#	27	20	0.7	12.5	松+I-69 杨+枫杨+栎+樟	6	224	907	2 222	15	49	4	3 421
6#+2#	31	24	0.8	11.5	松+毛竹+樟+栎	6	364	468	927	19	39	5	1 822

2.2.2 天牛科昆虫动态

本科乡土昆虫有 11 种，其中，优势种群 3 种，短角幽天牛占当年观察总量的 10.2%、松墨天牛占 1.1%、樟泥色天牛占 0.4%。

表 4　小班区间昆虫种群分布单因素方差分析

差异源	*SS*	*df*	*MS*	*F*	*P*-valus	$F_{0.05}$
种群间	6 206 442.5	4	1 551 611.0	16.66888	7.66125	3.25916
小班间	337 450.0	3	112 483.3	1.20840	0.34869	3.49029
误差	1 117 011.5	12	93 084.3			
(总计)	7 660 904.0	19				

2.2.3　象甲科昆虫动态

为本年度观察量最大的乡土优势种群，其中，木蠹象占当年观察总数的 46.1%，马尾松角胫象占总虫量的 4.95%，多瘤雪片象占总虫量的 1.03%，松瘤象占总虫量的 1.2%，成虫期动态详如表 5 所示（下同）。

2.2.3.1　木蠹象成虫特点

成虫期自 4 月 29 日至 10 月 3 日计 187d，盛期 5 月 9 日至 6 月 13 日计 35d，8 月 1 日为最后 1 次小高峰。

2.2.3.2　马尾松角胫象成虫特点

成虫期自 5 月 23 日至 7 月 11 日计 58d，盛期 5 月 23 日至 6 月 1 日计 21d，5 月 30 日为主高峰期，与松墨天牛的高峰期相一致，均是入夏后伐倒木、风折木、火烧松木病害木、衰弱木等上的先锋侵入性昆虫。

2.2.3.3　多瘤雪片象成虫特点

成虫期自 4 月 2 日至 9 月 19 日计 173d，高峰期自 5 月 16 日至 6 月 13 日计 28d，主高峰期 6 月 23 日。

表 5　4 种象虫成虫羽化数量动态（2006 年）　　（%）

种类	4月	5月				6月				7月				8月					9月				10月		合计
	29	9	16	23	30	6	13	21	27	4	11	18	25	1	8	15	22	29	7	13	19	26	3	10	
大蠹象	2.9	24.5	6.9	5.9	14.7	6.1	9.8	5.1	2	3.4	3.8	1.9	2.2	2.2	1.8	1.9	1.1	1.3	0.4	0.5	0.8	0.5	0.3		100
松瘤象	4.9	20.3	17.1	6.5	12.2	5.7	7.3	1.6	0	6.5	2.4	1.6	0.8	1.6	0.8	1.6	2.4	0.8	1.8	2.5	0	0	0.8	0.8	100
多瘤雪片象	0.5	6.7	17	12.4	21.7	4.7	10.3	1	2	6.7	4.7	1	1	1	2.8	0.9	0.9	0	2.8	0	1.9	0			100
马尾松角胫象	0	0	6	18	25.3	15.9	16.6	7.6	5.3	4.4	0.9	0	0	0	0	0	0	0	0						100

2.2.3.4　松瘤象成虫期特点

成虫期自 4 月 29 日至 10 月 10 日计 194d，常年活动于林间，盛期 5 月 9 日至 5 月 30 日计 21d，主高峰期于 5 月 9 日，与木蠹象发生高峰期相同。

2.2.4　小蠹科昆虫动态

松梢小蠹占总虫量的 31.9%，宽面材小蠹占总虫量的 0.4%，削尾材小蠹占总虫量的 0.53%。本科 3 种昆虫动态详如表 6 所示。

2.2.4.1　松梢小蠹成虫特点

成虫期自 4 月 29 到 10 月 17 日计 171d，盛期 5 月 9 日至 6 月 13 日计 35d，主高峰期 5

月 9 日。

表 6　竹大长蠹和 3 种小蠹虫成虫羽化数量动态（2006 年）　（%）

种类	4月	5月				6月				7月				8月					9月				10月					合计
	29	9	16	23	30	6	13	21	27	4	11	18	25	1	8	15	22	29	7	13	19	26	3	10	17	24		
竹大长蠹	0	0	0	1.5	0	0	25	8.8	0	7.3	16.1	12	3	1.5	2.9	11.8	1.5	1.5	2.9	1.5	2.7	0					100
松梢小蠹	2.8	32.4	8.6	7.3	8	3.7	9.3	3.8	0.9	3.7	1.7	1.7	4	3.7	2.2	2.1	1.5	1.4	0.6	0	0.3	0.2	0.05	0.02	0.03	0	100
削尾小蠹	0	0	21.8	10.9	1.8	0	0	5.5	0	9	0	1.8	5.5	0	2	1.8	9.1	9	0	11	0	7.3	1.8	0	0	1.87	100
宽面材小蠹	0	0	0	2.5	0	2.5	5	0	2.5	0	12.5	7.5	2.5	7.5	0	12.5	2.5	12.5	10	5	0	15	0				100

2.2.4.2　宽面材小蠹成虫特点

成虫期 5 月 23 日至 9 月 26 日计 127d，盛期于 7 月 11 日至 8 月 15 日计 35d。

2.2.4.3　削尾材小蠹成虫特点

成虫期于 5 月 1 日至 10 月 3 日计 162d，盛期 5 月 16 日至 23 日和 8 月 22 日至 9 月 13 日分别为 7d 和 21d，主高峰期月 16 日，次高峰 9 月 13 日。

2.2.5　长蠹科昆虫动态

竹大长蠹占总虫量的 0.7%，其特点：成虫期为 5 月 23 日至 9 月 19 日计 171d，盛期 6 月 13 日至 8 月 15 日计 63d，主高峰期 6 月 13 日，次高峰 7 月 11 日，第二次高峰期 8 月，15 日。

2.2.6　郭公虫科动态

异色郭公虫是松梢小蠹的天敌资源，占总虫量的 0.1%，其特点：成虫期 4 月 29 日至 7 月 4 日计 96d，高峰期于 5 月 9 日。

3　松墨天牛在平原成熟林中的种群性比动态

3.1　松墨天牛雌雄成虫动态

仙居属松墨天牛种群密度较低地带，经对 40~55 年林龄（成熟林）及 22 年林龄（中龄林）的马尾松林中动态观察：大北地溪、清口园、茶溪、南峰山马尾松成熟林内雌雄性比平均为1.22∶1（0.91~1.67），♀>♂；河埠、神仙居景区中龄林分平均为 1∶1.03（0.87~1.36），♂>♀（表 7）。本研究结果表明成熟林间雌雄成虫动态与富阳、绍兴、新昌、象山、淳安、余杭等地区存在明显不同，而中龄林则基本相吻合。

表 7　不同地点和年份间松墨天牛雌雄性比　（头）

年份	大北地溪			河埠			清口园			南峰山			茶溪			神仙居景区		
	♀	♂	♀∶♂	♀	♂	♀∶♂	♀	♂	♀∶♂	♀	♂	♀∶♂	♀	♂	♀∶♂	♀	♂	♀∶♂
2002	58	52	1.38	—	—	—	—	—	—	32	29	1.10	—	—	—	—	—	—
2003	45	41	1.10	98	104	0.94	113	78	1.45	27	25	1.08	—	—	—	—	—	—
2005	30	29	1.03	54	57	0.95	73	60	1.22	—	—	—	52	57	0.91	30	22	1.36
2006	74	57	1.30	—	—	—	79	54	1.46	—	—	—	46	38	1.21	83	95	0.87

3.2　大北地溪松墨天牛雌雄成虫羽化动态

除大北地溪林场除 2004 年受“云娜”台风严重影响无完整资料外，分别将 2002 年、

2003 年、2005 年和 2006 年的 4 年累积♀♂性比资料进行动态分析，结果如表 8 所示。

表 10 表明，2006 年大北地溪的松墨天牛成虫始见期为 5 月 9 日，比 2005 年 6 月 7 日提前 28d，比 2002 年、2003 年度的 6 月 2 日和 5 日分别提前 23d 和 22d。松墨天牛成虫的逸出期早迟主要与当年 3~4 月的每旬气温升高 0.6℃原因及昆虫的发育积温相关。

表 8　松墨天牛雌雄成虫不同年份历期羽化数量动态（2006 年）

年份	性别	5月/9日	5月/1日	5月/23日	5月/30日	6月/7日	6月/14日	6月/21日	6月/28日	7月/5日	7月/12日	7月/19日	7月/26日	8月/4日	8月/11日	8月/18日	8月/26日	9月/5日	9月/13日	9月/19日
2002	♀	0	0	0	0	19	13.8	6.9	12.6	5	8.6	3.4	19	8.4	0	1.7	0	0	0	1.6
	♂			0		25	26.9	7.7	5.7	7.8	15.5	3.8	3.8	3.8	0	0	0			
2003	♀			0		2.2	37.8	6.7	13.3	2.2	15.6	6.6	2.2	0	6.7	6.7	0			
	♂			2.4		12.2	12.2	14.6	7.3	4.9	19.5	2.4	2.4	4.9	2.5	12.2	2.5			
2005	♀			0		6.7	6.7	3.3	16.7	16.7	0	10	10	3.3	10	13.3	3.3			
	♂			0		3.4	13.8	13.8	10.3	6.9	3.5	3.4	3.5	20.7	3.5	6.9	10.3			
2006	♀	5.3	4.3	0	4.3	5.3	3.2	2.1	5.3	8.5	19.1	12.8	5.2	1.1	1.1	5.3	4.3	4.3	5.3	3.2
	♂	5.4	2.7	0	5.4	5.4	5.4	10.8	0	8.1	10.8	16.3	0	2.7	2.7	5.4	2.7	5.4	5.4	5.4

4　结论及讨论

第一，仙居和南方省区一样同是松材线虫病适生区，现已查明人工马尾松林中分布能携带松材线虫病的有松墨天牛、短角幽天牛、马尾松角胫象 3 种昆虫，短角幽天牛种群在黄山分布区海拔达 1 660m，分离镜检到携带拟松材线虫等占镜检总线虫数的 18.4%，携虫量为 200 头/条。海拔高 100m 以下马尾松林分布区与人们的生活农业与企业生产、森林生态系统紧密相连，是松材线虫等有害生物率先扩散侵害的区域，严格检疫控制携带松材线虫的媒介可有效预防疫情扩散，建议应将短角幽天牛、马尾松角胫象这 2 种昆虫列入松材线虫病预防控制传播名单。

第二，短角幽天牛种群在括苍山北麓的仙居是当地的主要乡土昆虫种群之一，其密度是松墨天牛的 10 倍，成虫期长，有明显的夏、秋两个成虫羽化高峰期，有可能 1 年发生 2 代或 1.5 代，但括苍山南麓的乐清市雁荡山国家级风景名胜区则未能引诱到该虫。对于短角幽天牛种群的分布范围、生活史和生物学特性有待继续研究。

第三，仙居松林间短角幽天牛种群密度呈倍数超越松墨天牛种群，有可能在生物学方面存在着强势种群干扰弱势种群的繁衍所致，但短角幽天牛携带松材线虫病原的能力劣于松墨天牛，因其种群数量的优势对疫情传播的危险性有待进行研究。

第四，天牛科、象甲科、小蠹科等鞘翅目蛀干类昆虫是直接危害松林的重要害虫，部分昆虫又是传播松材线虫的主要媒介，连续采用蛀干类害虫引诱剂控制法可降低林间昆虫种群的数量，特别是引诱松墨天牛可平均减少产卵量 15.9 粒/头，降低马尾松枯死率 97.4%，同时也降低松材线虫等有害生物的传播风险。

第五，木蠹象、松梢小蠹是松林间的强势群体，其中木蠹象已被多个省份评价为中等有害生物，宜建立一套有效的预测预报管理方法。

清理松枯死木对松墨天牛种群密度的影响

郑永祥[1]，刘汝明[2]，崔相富[1]

（1. 浙江仙居县林业局，仙居　317300；2. 浙江衢州市柯城区林业局，衢州　324000）

松墨天牛 *Monochamus alternatus* Hope 是我国松林的主要蛀干害虫，也是松材线虫病 *Bursaphelenchus xylophilus*（Steiner et Buhrer）Nickle 的主要传播媒介。该虫在浙江省仙居、衢州柯城两地的松林普遍危害。为预防松材线虫病发生，降低松墨天牛种群密度，2005 年，我们对松枯死木进行了清理，并应用蛀干类害虫引诱剂监测清理和未清理林分，预防效果十分明显。

1　材料与方法

设清理枯死松木试验地 3 块，其中，松墨天牛严重危害的 2 块（仙居县官路镇大北地溪林杨，面积约 20hm^2；衢州柯城区的烂柯山景区的松林，面积 30hm^2），轻度危害 1 块（仙居县横溪镇洋山岙村旁的松林，面积约 30hm^2）；未清理松枯死木的对照试验地 3 块，松墨天牛严重危害的 2 块（仙居县南峰街道河埠大桥旁的松林，面积约 10hm^2；衢州柯城区的九华乡官溪的松林，面积 20hm^2），轻度危害 1 块（仙居县白塔镇神仙居景区的松林，面积约 20hm^2）。监测用蛀干类害虫引诱剂和诱捕器由浙江省林业有害生物防治检疫局和中国林科院亚林所共同研制。

2005 年 4 月中下旬至 10 月上旬在试验地悬挂诱捕器，并放置蛀干类害虫引诱剂，每周观察 1 次（一般在周四），记录松墨天牛数量，引诱剂每 2 个星期更换 1 次，每块试验地悬挂诱捕器 4~10 个。统计每周每块试验地每只诱捕器引诱到的松墨天牛的数量。

2　结果与分析

2.1　重度受害松林内枯死松木清理与未清理效果比较

在浙江仙居县，松枯死木未清理的河埠大桥旁松林内松墨天牛成虫活动期为 4 月底至 9 月中旬，6 月初有 1 个明显的活动高峰期，在 8 月上中旬有 1 个活动小高峰期，平均每只诱捕器引诱到的松墨天牛计 61 头；而在清理过松枯死木的大北地溪林场松林内松墨天牛成虫活动期为 5 月下旬至 9 月下旬，没有明显的活动高峰期，平均每只诱捕器引诱到的松墨天牛数量为 6.3 头，只占未清理松林的 10.3%。

在浙江衢州柯城区未清理松枯死木的九华乡官溪松林内松墨天牛成虫活动期为 5 月中下旬至 9 月中下旬，7 月 20 日前后有 1 个明显的活动高峰期，6 月中旬有 1 个次高峰期，平均每只诱捕器引诱到的松墨天牛计 45. 3 头；而在清理过松枯死木的衢州柯城区的烂柯山景区松林内，松墨天牛成虫活动期为 6 月初至 9 月中旬，没有明显的活动高峰期，平均每只诱捕器引诱到的松墨天牛数量为 6. 93 头，只占未清理松林的 15. 3%。诱捕监测动态如图 1 所示。

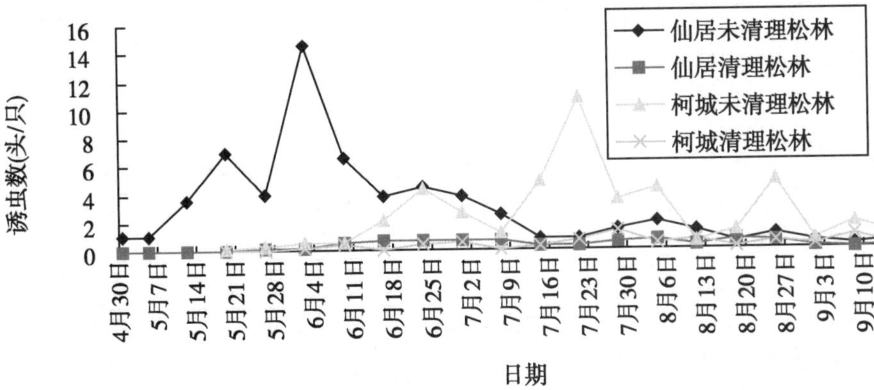

图 1　受害严重松林诱捕松墨天牛监测动态

2. 2　轻度受害的松林松枯死木清理与未清理效果比较

浙江仙居县松未清理枯死木的神仙居景区松林内，松墨天牛成虫活动期为 5 月底至 9 月中旬，7 月中下旬有 1 个明显的活动高峰期，6 月下旬和 9 月初均有 1 个次高峰，平均每只诱捕器引诱到的松墨天牛数量计 26 头；而在清理过松枯死木的洋山岙松林内，松墨天牛成虫活动期为 5 月底至 9 月下旬，但活动高峰期不甚明显，平均每只诱捕器诱虫 7 头，占未清理松林的 26. 9%（图 2）。

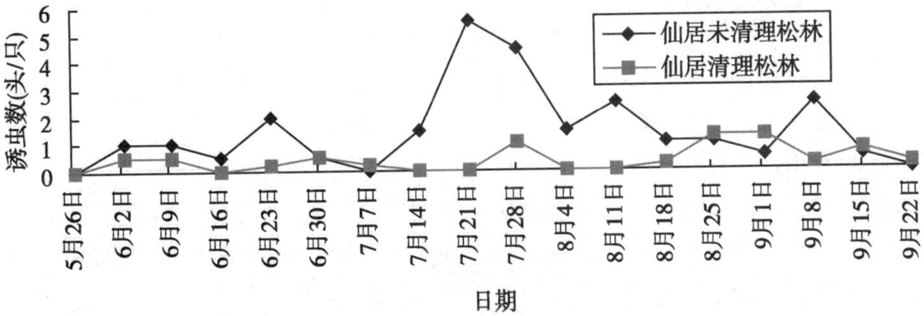

图 2　轻度受害松林诱捕松墨天牛监测动态

由此可见，清理过松枯死木的松林，由于虫源减少，引诱到的松墨天牛数量很少，只占未清理过松林的 10. 3%~26. 9%。预防效果十分明显。如果长期坚持并彻底清除枯死松木，松墨天牛的种群还会不断降低。作为切断松材线虫病传播媒介，遏制松材线虫病蔓延的有效措施，该方法值得推广。

M-99 引诱剂诱杀松褐天牛试验总结

林高峰，项　峰，张建兵

（浙江省温岭市农业林业局，温岭　317500）

摘　要：总结了 M-99 引诱剂连续两年在温岭市沿海松褐天牛高发区诱杀松褐天牛试验经验，探索了浙东沿海常受强风暴雨冲击的特殊环境下，M99 引诱剂诱杀松褐天牛有效半径和最适宜的防治时间。

关键词：M99 引诱剂；诱杀；试验

温岭市位于浙江省东南沿海。东、东南和西南三面濒海，属于中亚热带沿海季风气候，四季分明，温湿适中，热量充裕，雨量充沛，光照适宜，早春回温迟，秋季降温慢，无霜期长。年平均气温 17.22℃，年平均降雨量 1 672mm。全市陆域面积 920km^2，大陆海岸线长达 317km，有林地面积 29 640.40hm^2，森林覆盖率 35%，构成“四山一水五分田”的地貌特征，境内森林植被物种丰富，其中常见林分多数为：针叶林（马尾松、黑松纯林、杉木纯林）、松阔混交林、经济林等。全市松林面积为 21 710.27hm^2，占有林地面积的七成多：其中已划为生态公益作用的松林面积有 13 227.80hm^2。主要是分布在大陆海岸线及沿海岛屿的纯松林，约占全市有林地面积的 43.4%，历年来松林受松褐天牛的蛀干为害十分严重，主因是松褐天牛密度居高不下。

松褐天牛（*Monochamus alternatus* Hope）不仅是松林的主要蛀干害虫，更重要的它是国际、国内的重大森林植物检疫对象松材线虫病（*Bursaphelenchus xylophilus*）疫病的主要传播媒介；且从全国松材线虫发生区的公布情况来看，也多首发在江苏省、广东省、山东省、台湾省、香港等沿海地区，浙江的情况更是如此，先是海岛舟山、象山沿海地带，现在发展到宁波、绍兴、台州及温州的乐清。M-99 引诱剂是浙江省森防站、中国亚林所针对松褐天牛而共同研制的专用诱杀松褐天牛的化学引诱剂，效果显著；但在沿海松林中的引诱效果数据不多，很有必要进行详细的试验，以积累更多科学实践经验，方便推广应用；这对降低松褐天牛虫口密度和松材线虫病疫病的传播，对保护大陆海岸线国土安全、生态环境和地方经济的可持续发展具有十分重要的意义。

1　材料和方法

1.1　试验材料

1.1.1　枯死树段

每年冬季清理松褐天牛为害的枯死木时，认真选择天牛侵入孔较多、且经检验不含松材线虫的新鲜枯死树，锯成所需的 100~120cm 长度的松树段 200 个，在室内通风（最好是棚内）的自然常温下待用。

1.1.2　其他试验设施

浙江省森林病虫防治检疫站与中国林科院亚林所共同研制的 M99 引诱剂（当年生产和

存放两年的各若干瓶，其中存放两年的由省站提供6瓶药剂）及诱捕器若干，能放置下100个松树段的透明（方便观察收集）网箱2个，有透气网盖的大号金鱼缸4只，不同颜色的记号笔若干、测距皮尺2把。

1.2　试验方法

1.2.1　M99引诱剂有效距离试验

试验区分设2个，分别在温岭市新河镇的披云山（后转到长屿山）和泽国镇的丹崖山。4月下旬分别在披云山和丹崖山选择山形较缓的阳坡，按诱捕器设置规定各安置诱捕器3套，呈正三角形排列，两诱捕器之间均相距60m（图1），并在两个诱捕器连线（即正三角形边）的延线上，分别用测距皮尺测定10m、20m、40m、60m的点用各种颜色作好标记，作为下一步松褐天牛羽化出来后的放飞点；每个诱捕器内放置已经打开瓶盖的M99引诱剂1瓶，每隔15d更换1次。

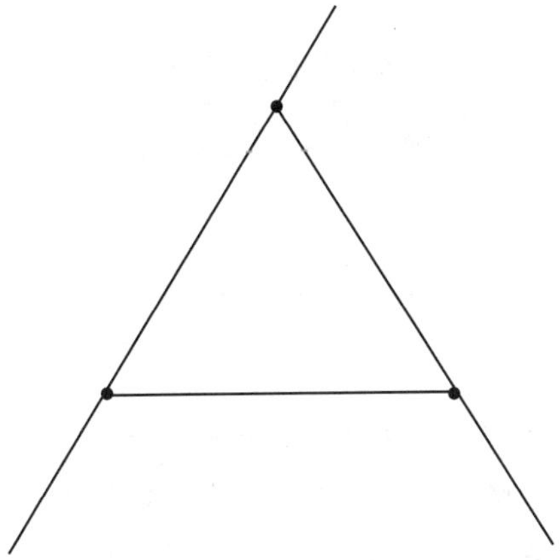

图1　诱捕器

另两地同时各设置内放100个松树段的透明网箱1个，4月下旬开始每天早上由专人观察、记录网箱内松褐天牛羽化数量，并用不同颜色的记号笔标记后，放入置有新鲜松枝的大金鱼缸内，盖上透气网盖任松褐天牛自行补充营养1d，于次日傍晚在规定的颜色点进行放飞（不同颜色规定了不同距离，如图1所示，红色即为10m），次日早上统计诱捕到的数量，各种颜色诱捕到天牛数量与这种颜色天牛总放飞数量之比，就可计算这种颜色所代表距离的天牛放飞回收率。

1.2.2　M99引诱剂药效期限试验

试验设在温岭市新河镇的历年检测为松褐天牛虫口高密集的长屿山。在用当年生产的M-99引诱剂正常诱捕的情况下。选择在诱捕范围松林边缘的3个诱捕器，在换M-99引诱剂时（每隔15d更换1次引诱剂），选择已存放两年的M-99引诱剂换上，做对照的也一起同时换上当年生产的M-99引诱剂。任何二个诱捕器间隔距离均在50m以上。接着，每隔2~3天同时进行新、老M-99引诱剂引诱松褐天牛数量检查，记录并比较新、老M-99引诱剂诱捕松褐天牛数量多少，以此来检测存放两年的M-99引诱剂的药效期限。

2 结果与分析

2.1 M-99 引诱剂有效距离试验

据杭州市余杭区的 M-99 引诱剂有效引诱距离试验，距离 60m 处人工放飞松褐天牛成虫的诱捕回收率达 70%. 距离 70m 处放飞松褐天牛成虫诱捕回收率达 35. 9%，80m 处放飞松褐天牛成虫诱捕回收率为 0；使用 M-99 引诱剂有效引诱距离试验的二年来的结果是放飞松褐天牛成虫的诱捕回收率几乎为零，即使在 10m 处放飞也一样，每个试验区只有 1~2 次回收到标有颜色（即试验组放飞）的松褐天牛成虫，且回收到的数量极少；但有一点是肯定的，那就是：如是找问题，定是在培养的放飞的松褐天牛上，如果不是沿海风力太大等特殊因素造成，就是培养的松褐天牛放飞时活动力不够强，因为 3 个试验诱捕器诱捕到松林内自然生长的松褐天牛的数量还是比较正常、比较多的（表 1），有待以后进一步找原因，深入分析和试验。

表 1 M-99 引诱剂试验统计

试验地点	总诱捕天牛量（只）	其中有标记天牛量
披云山	68	2
丹岸山	54	2

2.2 M-99 引诱剂药效期限试验

设在温岭市新河镇长屿山的 M-99 引诱剂药效期限试验非常成功。这两年的试验结果一致表明，存放二年的 M-99 引诱剂诱捕到松褐天牛成虫的数量为零；即使在新河长屿山上松褐天牛成虫虫口密度如此高的情况下，诱捕效果为零，说明 M-99 引诱剂不能长时间贮存，应该每年提前作好计划，按需生产分配给使用单位。

3 小结

3.1 M-99 引诱剂的参与试验结果

M-99 引诱剂有效引诱距离试验和药效期限试验，虽然没有取得圆满成功，但经过这样的实践，课题组人员的收益很多。比如参与试验的专业技术人员详细记录了非自然环境下，即在室内棚子内的条件下松褐天牛羽化高峰期的变化，这对森防检疫人员监督松木经营加工企业，防范松材线虫病管理工作是非常重要的基础知识。

3.2 在整个试验过程中的收获

为了搞好试验，试验组成员不断钻专业知识，不断向各位专家领导请教学习，增长了不少专业知识，增进了领导和专家的感情交流，全体 M-99 引诱剂课题组成员一致认为，这才是最重要的收获。本试验因地点、人员水平等条件限制，没有取得令人兴奋的成果，但课题组由衷感激省站领导对本试验的关心和支持，课题组有信心作进一步试验，期待更大发现！

马尾松毛虫发生量时空回归预测的研究

陈绘画，项云飞，杨胜利

（浙江省仙居县林业局，仙居 317300）

摘 要：[目的] 为控制马尾松毛虫的危害提供理论依据。[方法] 以1983年9月至1989年9月浙江省仙居县虫情调查资料和气象资料为研究对象，考察各调查点马尾松毛虫有虫面积随气象因子及时间、空间的动态变化，建立马尾松毛虫发生量的时空回归预测模型，并用所建立模型对1989年3代马尾松毛虫有虫面积进行预报检验。[结果] 共建立了1个线性、8个非线性马尾松毛虫发生量时空回归预测模型。1989年3代马尾松毛虫实际为害村数及有虫面积分别为141hm²、143hm²、138hm² 和4 533.1hm²、4 181.3hm²、5 166.0hm²，9个模型预报的3代马尾松毛虫的发生村数均为193村，线性模型预报的3代马尾松毛虫的发生面积分别为3 978.5hm²、4 159.5hm²、3 427.5hm²，非线性模型预报的各测报点3代马尾松毛虫的发生面积分别与实际最大相差71.7hm²、99.9hm²、119.9hm²。[结论] 所建立模型对马尾松毛虫有虫面积的预报准确率均为66.7%。

关键词：马尾松毛虫；时空回归；预测

马尾松毛虫（*Dendrolimus punctatus* Walker）是我国南方马尾松（*Pinus massoniana* Lamb.）林的历史性大害虫，对马尾松毛虫有虫面积的预测预报是综合治理马尾松毛虫的基础工作。前人根据气象因子与马尾松毛虫发生量的关系建立了多种毛虫发生量预报模型，另外，陈绘画等研究了某地上一代及该地周围马尾松毛虫发生情况对该地下一代马尾松毛虫发生量的影响，陈绘画等还从生物地理统计学角度预测马尾松毛虫的发生情况。但马尾松毛虫的发生不仅受气象因子的影响，还受时间和空间的影响，因此，预测马尾松毛虫的发生情况必须同时考虑气象因子、时间及空间的影响。笔者以1983年9月至1989年9月浙江省仙居县各代马尾松毛虫调查资料为研究对象，对空间某区域的马尾松毛虫有虫面积及其影响因子进行研究，对空间某区域马尾松毛虫有虫面积及其影响因子进行研究，在此基础上建立了马尾松毛虫发生情况的时空回归预测模型，以期为综合控制马尾松毛虫的危害和开展林业有害生物空间发生量的预报提供理论依据。

1 资料与方法

1.1 材料来源

1983年9月至1989年9月马尾松毛虫发生资料来自浙江省仙居县森林病虫防治站，气象资料来自浙江省仙居县气象局。该县于1982年发现有马尾松毛虫为害，自1983年起，每年在相对固定的时间内（每年的4月、7月、9月）调查各代虫情的危害情况。该研究马尾松毛虫调查资料以村为有虫面积预报统计单位，虫害发生总村数为193个。根据1983年9月至1988年9月的马尾松毛虫发生调查数据建立其空间发生量预报模型，将1989年各代马尾松毛虫的调查数据用于检验所建立模型对马尾松毛虫空间发生量预报结果的准确性。

1.2 预报因子的选择

1.2.1 气象因子的选择

将1983—1988年各村各代马尾松毛虫有虫面积作为因变量。从上年4月至当年3月的旬平均气温、旬降雨量、旬平均相对湿度等8个气象因子作为马尾松毛虫出蛰代预报因子，即自变量；相应地，从上年7月至当年6月的8个气象因子作为第一代预报因子；上年9月至当年8月的8个气象因子作为第二代预报因子。因自变量个数太多（共计288个）且各村与因变量关系密切的自变量个数不同，因此，分二步选取预报因子。第一步，根据相关系数选取，凡与因变量相关系数大于 $R_{0.90}$ 的气象因子均选入。第二步，对选出的气象因子进行主成分分析，进而确定预报因子。

1.2.2 主成分分析

主成分分析的主要步骤是：先由原始数据阵（设为 n 行 p 列）求出相关阵 V（p 阶方阵），再求出 V 的 p 个特征值（按由大至小的顺序排好）λ_1，λ_2，…，λ_p 及相应的正交标准化的特征向量 ν_1，ν_2，…，ν_p。其中以 ν_1 的各个分量为系数求出的各变量的线性组合即为第一主成分。同样，以 ν_2 各分量为系数求出各变量的线性组合即为第二主成分。……然后根据累积贡献率确定入选主成分的个数。详见参考文献。

1.2.3 半方差函数模型

以 Z_i 和 Z_{i+h} 分别表示间隔为 h 的两个样本的测量值，则在样本空间内，所有间隔为 h 的样本对间数值的空间相关性或平均差异性可用半方差函数 Y（h）表示，即：

$$\gamma(h) = \sum (Z_i - Z_{i+h})^2/[2N(h)] \quad i=1,\ 2,\ 3,\ \cdots,\ N(h) \tag{1}$$

式中：$N(h)$ 是相距 h 的点对的个数，根据参考文献，在计算 $\gamma(h)$ 时，$N(h)$ 值不应少于总样本数的一半。

该研究中的半方差函数模型为指数模型：

$$\gamma(h) = C_0 + C_1 \times [1 - \exp(-h/A_e)] \tag{2}$$

式中：C_0、C_1 为待定参数，其相关距离为 $3A_e$，h 为距离。

1.3 时空预测模型

马尾松毛虫的发生除受到其自身的生物学、生态学特性影响外，还受到气候、林相、植被、食料和天敌5类因子的影响，但林相、植被、食料和天敌4类因子为定性变量，很难进行数值表现，更难以预测其变化，而气象因子与马尾松毛虫的发生、生长及种群数量变化的关系密切，同时，马尾松毛虫的发生还受某地及其相关范围内上一代马尾松毛虫发生情况的影响，故可用时空混合回归函数来预测该地马尾松毛虫的发生量，以明确区域性马尾松毛虫发生量随时间和空间的变化规律，该研究建立的马尾松毛虫发生混合时空线性模型为：

$$Y_{i,j,t+1} = c + \sum_{l=1}^{L} a_l X_l + \sum_{t=1}^{T} a_{1t} W(t) Y_{i,j,t} + \sum_{t=1}^{T}\sum_{h=1}^{H} a_{2h} W(t) W(h) Z_{i,j,t} \tag{3}$$

式中：c、a_l、a_{1t}、a_{2h} 为待定参数，$Y_{i,j,t}$、$Z_{i,j,t}$ 为 t 时点（i，j）的观测值，X_l 为主成分分析确定的5个气象因子自变量，$W(h)$ 为空间相关的权值，$W(t)$ 为时间相关的权值。8个时空回归预测的非线性模型为：

$$\text{Weibull：} y = K[1 - \exp(-a(x-b)^c)] \tag{4}$$

$$\text{Logistic：} y = K/[1 + a\exp(bx)] \tag{5}$$

$$\text{Richards}: y = K/[1 + b\exp(-ax)]^{1/(1-c)} \tag{6}$$

$$\text{Gauss}: y = a[1 - c\exp(bx^2)] \tag{7}$$

$$\text{Michaelis Menten}: y = ax/(x + b) \tag{8}$$

$$\text{房室模型}: y = K\exp(-ax) - b\exp(-cx) \tag{9}$$

$$\text{渐近回归函数}: y = a + b\exp(cx) \tag{10}$$

$$\text{S 型曲线}: y = 1/[a + b\exp(-x)] \tag{11}$$

式中：K、a、b、c 为待定系数，$x = \sum_{l=1}^{L} a_l X_l + \sum_{t=1}^{T} a_{1t} W(t) Y_{i,j,t} + \sum_{t=1}^{T} \sum_{h>0}^{H} a_{2h} W(t) W(h) Z_{i,j,t}$，其余同上。

2 模型拟合结果与检验

2.1 自变量的确定

2.1.1 气象因子

根据相关系数分别选出与各村马尾松毛虫有虫面积密切相关的气象因子，经主成分分析，确定前 5 个主成分为关键预报因子，即 $L = 5$。

2.1.2 时间相关因子

有虫面积时间相关的半方差函数模型为：

$$\gamma_a(t) = 10 + 740 \times [1 - \exp(-t/2.0779)] \quad r = 0.6549 \quad r_{0.01} = 0.6411 \tag{12}$$

式（12）表明，马尾松毛虫有虫面积对后代马尾松毛虫发生的影响达 6 代（2.0779×3），因此该研究将时间相关确定为 6 代，即 $T = 6$；根据参考文，得有虫面积时间相关的权值为：

$$W_a(t) = \exp(-t/2.0779) \tag{13}$$

2.1.3 空间相关因子

有虫面积空间相关的半方差函数模型为：

$$\gamma_a(h) = 10 + 875 \times [1 - \exp(-h/1.9655)] \quad (r = 0.7891 \quad r_{0.001} = 0.6652) \tag{14}$$

式（14）表明，马尾松毛虫有虫面积的空间相关距离为 5.8965km，说明在半径为 5.90km 的圆内各点马尾松毛虫发生面积均对圆心处马尾松毛虫发生量产生影响，即 $H = 5.90$。有虫面积空间相关的权值为：

$$W_a(h) = \exp(-h/1.9655) \tag{15}$$

由于各村相关范围内的村数不同，为不使各村间总权值差异过大，故取 $\sum_{h>0}^{H} W(h) = 1$。

2.2 时空回归预测模型参数拟合

经拟合，有虫面积的时空回归预测线性和非线性模型参数如表 1 所示。

2.3 预报模型的检验

1989 年 3 代马尾松毛虫实际发生为害的村数分别是：141 村、143 村和 138 村；有虫总面积分别是：4 533.1hm^2、4 181.3hm^2 和 5 116.0hm^2。线性模型预报 1989 年 3 代马尾松毛虫的发生情况为：发生为害村数均是 193 村；有虫总面积分别是：3 978. 5hm^2、4 159. 5hm^2 和 3 427. 5hm^2。193 个测报点中各测报点有虫面积预报值与实际值最大误差的绝对值分别为：69. 9hm^2、89. 2hm^2 和 113. 9hm^2。

8 个非线性模型预报 1989 年 3 代马尾松毛虫的发生情况为：发生为害村数均为 193 村。193 个测报点中各测报点有虫面积预报值与实际值的最大误差 1988 年越冬代出现在房室模型，为 71. 7hm^2；1989 年第一代出现在 Michaelis Menten 模型，99. 8hm^2；1989 年第二代出现在S-曲线模型，119. 9hm^2。

设所建立模型对马尾松毛虫发生量的预报值为 X_{1j}，实际观测值为 X_{2j}，则：

$$D_j = X_{1j} - X_{2j} \qquad j=1,\ 2,\ \cdots,\ n \tag{16}$$

若 D_j为来自 N（δ，σ_d^2）分布的独立观测值，则变量为：

$$t = \frac{\bar{D} - \delta}{s_d / \sqrt{n}} \tag{17}$$

服从自由度为 n-1 的大分布，其中：

$$\bar{D} = \frac{1}{n}\sum_{j=1}^{n} D_j\ ,\ s_d^2 = \frac{1}{n-1}\sum_{j=1}^{n}(D_j - \bar{D})^2$$

有虫面积的 9 种时空混合回归预测模型拟合参数如表 1 所示。

表 1　有虫面积的 9 种时空混合回归预测模型拟合参数

参数	Weibull	Logistic	Richards	Gauss	Michaelis Menten	房室模型	渐近回归函数	S-曲线	线性模型
K	-116. 815	111. 8054	160. 9975			55. 5381			
a	-0. 043	9. 4977	0. 0049	116. 261	46. 3436	-0. 103	-116. 9923	0. 0089	
b	1. 7168	-0. 2713	-0. 0241	0. 9115	6. 2588	46. 6634	125. 9431	0. 0849	
c	1		0. 9982	-0. 0009		0. 0647	-0. 0181		8. 4266
a_1	0. 0578	-0. 0865	0. 392	-0. 3736	-0. 0499	-0. 0364	0. 1372	-0. 0235	-0. 3459
a_2	-0. 0231	0. 0473	-0. 1632	0. 2457	0. 0858	0. 0145	-0. 0549	0. 0128	0. 106
a_3	0. 0964	-0. 1941	0. 7727	-0. 6696	0. 0011	-0. 0593	0. 2287	-0. 0527	-0. 5148
a_4	-0. 1105	0. 1932	-0. 7905	0. 6695	0. 0518	0. 0688	-0. 2622	0. 0524	0. 5149
a_5	0. 0514	-0. 1	0. 4275	-0. 2952	0. 1359	-0. 0312	0. 122	-0. 0271	-0. 2968
a_{11}	-0. 1247	0. 15	-0. 7189	0. 4241	0. 3585	0. 0793	-0. 2961	0. 0407	0. 8084
a_{12}	0. 0109	-0. 0007	0. 0361	-0. 0262	0. 1691	-0. 0071	0. 0259	-0. 0002	0. 0191
a_{13}	-0. 0137	-0. 0113	-0. 0123	-0. 0398	-0. 1742	0. 0091	-0. 0324	-0. 0031	-0. 0039
a_{14}	-0. 0084	0. 0482	-0. 1668	0. 1509	-0. 1065	0. 0045	-0. 02	0. 0131	0. 092
a_{15}	-0. 0475	0. 0218	-0. 1346	0. 0041	0. 4168	0. 0314	-0. 1126	0. 0059	0. 223
a_{16}	-0. 2437	0. 2885	-1. 4226	0. 8001	0. 0286	0. 1537	-0. 5786	0. 0783	1. 455
a_{21}	-0. 0052	-0. 0007	-0. 0103	0. 0552	0. 0255	0. 0035	-0. 0123	-0. 0002	0. 0198
a_{22}	-0. 047	0. 0591	-0. 2813	0. 1726	0. 0762	0. 0296	-0. 1116	0. 016	0. 298
a_{23}	0. 1224	-0. 1774	0. 788	-0. 4224	-0. 0543	-0. 077	0. 2906	-0. 0481	-0. 7957

（续表）

参数	Weibull	Logistic	Richards	Gauss	Michaelis Menten	房室模型	渐近回归函数	S-曲线	线性模型
a_{24}	0.2058	-0.3812	1.6701	-0.8546	0.0195	-0.1264	0.4885	-0.1034	-1.0997
a_{25}	-0.6335	1.0737	-4.6231	3.0405	0.8033	0.393	-1.5037	0.2913	3.5252
a_{26}	0.5108	-0.6234	2.988	-1.2743	-0.9234	-0.3228	1.2128	-0.1691	-3.0647
r	0.5671	0.5597	0.5634	0.5558	0.4391	0.5671	0.5671	0.5597	0.5643
$r_{0.001}$	0.3211	0.3211	0.3211	0.3211	0.3211	0.3211	0.3211	0.3211	0.3211

因此，在显著性水平为 α 时，可通过比较 $|t|$ 与 $t_{n-1}(\alpha/2)$，来检验假设 $H_0: \delta = 0$ 和 $H_1: \delta \neq 0$。即若 $|t| < t_{n-1}(\alpha/2)$，则预报值与实测值差异不显著；若 $|t| > t_{n-1}(\alpha/2)$，则预报值与实测值差异显著。上述9种模型对1989年3代马尾松毛虫有虫面积的预报结果如表2所示。

由表2可知，所建立模型对1989年3代马尾松毛虫有虫面积的预报准确率均为66.7%。

表2　9种模型对毛虫空间发生量的预报结果

模型名称	t 值			$t_{(1920.05)}$	预报结果
	1989年4月	1989年7月	1989年9月		
线性模型	-0.8632	-0.0879	-5.2393	1.96	1989年9月不准确
Linear model Weibull	-1.2104	-0.0674	-4.8424	1.96	1989年9月不准确
Weibull Logistic	-1.3610	-0.1852	-5.0435	1.96	1989年9月不准确
Logistic Richards	-0.6302	0.7645	-4.3666	1.96	1989年9月不准确
Richaeds Gauss	-1.8630	-0.5071	-4.6401	1.96	1989年9月不准确
Gauss Michaelis Ment-en	0.8072	-0.3256	-3.3748	1.96	1989年9月不准确
Michaelis Menten					
房室模型	-1.1849	-0.0762	-4.8114	1.96	1989年9月不准确
Compartmental model					
渐近回归函数	-1.2051	-0.0627	-4.8387	1.96	1989年9月不准确
Asymptotically regression function					
S型曲线	-1.7860	-0.2124	-5.6826	1.96	1989年9月不准确
S-curve					

3　结论与讨论

（1）通过分析马尾松毛虫发生与气象因子及发生地的时空相关性，建立了马尾松毛虫发生量的时空混合回归预测模型，利用模型预测下一代马尾松毛虫的发生量，取得了较好的预测结果。

（2）马尾松毛虫的发生是其本身的生物学、生态学特性及各种环境因子综合作用的结果。目前，人们对马尾松毛虫的生物学、生态学特性已进行了系统的研究，且取得了许多成果，但各地环境因子差异较大，而有关各种环境因子对马尾松毛虫发生的综合影响研究较少因此，如何提高马尾松毛虫的预测精度还有待于进一步研究。

（3）由于该研究以村为预报的基本统计单位，以村庄所在位置代替调查样地的位置，而有些村调查样地离村较近，有些村调查样地离村较远，且调查样地方向不一；同时，有的村只设 1 个调查样地，有的村则设 2~3 个样地，故该研究有关数据的计算及预报结果可能存在一定误差。

松材线虫病的防控措施探讨

陈　萍，胡荣达

（浙江省台州市黄岩区林特局，台州　318020）

摘　要： 台州市以松树为优势的树种次生植被抗病虫的能力较弱，松材线虫病发生形势十分严峻。为此，分析松材线虫病的特点，提出防控松材线虫病的具体对策：动员各方力量展开防控，实施全方位疫情监测，加强防控的针对性，提高防控科技含量。

关键词： 马尾松；松材线虫；天牛；防控

1　概况分析

台州地处浙江中部沿海，全市地貌属丘陵低山，面积 9 411km^2，其中，山地、丘陵占 73%，素有“七山一水二分田”之称，自然资源丰富，森林覆盖率 70%。据 1997 年森林资源调查，林分中平均每 667m^2 林木蓄积量 2. 35m^2，远低于全国平均水平。森林植被类型主要有针叶林、针阔叶混交林、常绿阔叶林、常绿落叶阔叶混交林、毛竹林、灌草丛和经济林，均为人工植被和次生植被，以暖性针叶林和针阔叶混交林为主体。有 40 多科 700 多种，花卉品种 14 种，药材近百种。但现有森林林分质量较差，植被种类组成和空间结构简单，马尾松是优势树种，但抗病虫能力较弱。

马尾松生长快，寿命长，适应性强，树势挺拔，苍劲雄伟，是营造风景林，疗养林的好树种。马尾松对土壤要求不严，能耐干旱瘠薄的土壤，在黏土、沙土、石砾土以及阳坡土层薄或石缝中都可生长，在成林特性上多为先锋树种。当原始林遭到破坏或火灾后，它们很易发展起来而占据裸露空间。据调查，台州市的马尾松大部分是在 20 世纪 70 年代常绿阔叶林被破坏后种植的次生植被，但台州市过多的土壤水分对旱生植物松树生长不利，所以这些松林并不稳定，当它们形成适当的森林环境后，又为一些比较耐阴的基本成林树种的发生、发育创造条件，以致最后又被它们更替。我市于 2002 年发生松材线虫病，该病是松树的一种毁灭性病害，松材线虫病又称松树枯萎病、松树癌症。松材线虫病是由线虫引起的、以松褐天牛为主要传播媒介的松树病害。松材线虫长得有些像蛔虫，但要小好几百倍，放在显微镜下，放大 1~300 倍才能看见，颜色自得有些透明会蠕动。主要依靠松褐天牛当作“工具”四处传播。几年来，政府十分重视防治工作，采取许多措施，在一定程度上延缓该病的发展速度，但还是给我市森林资源和生态环境造成严重的破坏。松材线虫病发生形势依然十分严峻，新疫点随时可能爆发。

2 松材线虫病特点

2.1 适生区范围广

我国大部分地区具有适宜松材线虫病发生的气候和寄主条件，海南省、广东省、广西壮族自治区、福建省、台湾省、浙江省、江西省、湖南省、贵州省和湖北省为易发生省区。

2.2 传播迅速

松材线虫病的传播主要靠媒介昆虫和人为携带罹病木材及其制品来完成。主要媒介昆虫松褐天牛广泛分布于我国河北省以南的广大地区，使松材线虫的自然扩散具备一定传播条件。其远距离传播主要是人为携带感病木材及其制品所致，从我国发生情况看，人为传播的现象较为严重。我国大陆自 1982 年在南京发现松材线虫病后，20 余年来，已先后在安徽省、广东省、山东省、浙江省等省相继发生。

2.3 防治工作难

松材线虫病寄主主要以松树为主，少数亦非松属针叶树。目前我国大陆在自然状况下发病均以黑松和马尾松为主，而这两种松树正是我国重要的造林绿化树种。由于松材线虫和松褐天牛大部分时间均在寄主树干内取食、为害，防治困难。松树一旦感染，其致病力强，寄主死亡速度快，且初始不易发现，很难治愈。松树从染病到死亡通常只需 2 个月左右时间，松林染疫后发病迅速，从染病到毁灭只需 3~5 年时间，因此，人们称之为松树的癌症。

3 防控工作中存在的主要问题

在开展松材线虫病防控工作中，台州市在组织协调、宣传发动、检疫检验、松林监测等方面做了大量工作，取得了一定成绩，但是面对当前松材线虫病严峻的防控形势，工作中仍然存在一些问题：

3.1 疫情监测任务重、难度大

松材线虫病主要靠人为远距离传播，松木及其制品，特别是松木包装物涉及社会多方面，检查复检难度非常大。目前，只能对主要的事业、企业木材经营加工单位实施松木及其制品的调运监测，对摩托车等个体经销单位很难监测到位，难免留下传播隐患。

3.2 监测队伍严重缺员，复检工作难以到位

虽然台州市建立了市、乡、村三级监测网络，但主要是县森防森检站专职检疫员对外来松木及其制品进行监测，乡镇林技员、乡村护林员等主要对松林进行监测。县森防森检站人员有限，复检工作处于较被动的状态。对木材市场、经营加工企业等松木及其制品的监测，主要靠经营加工单位的自觉登记和检疫人员的抽查，全面管理难以到位。另外，由于缺乏专门的检疫检查站，再加上高速公路的开通，调运检疫检查工作严重失控，难以把好“门口”关，防范松材线虫病传播工作开展艰难，常有外县松木及其制品无证进入。

3.3 经费投入严重不足

松材线虫病监测防治任务最终由森防森检站承担，县级财政没有专门的经费，而县林业局自身经费极为紧张预防工作开展异常艰难。

4 防控松材线虫病的具体对策

4.1 充分动员各方力量展开防控

松材线虫病是破坏我市森林生态系统稳定的最大杀手，严重威胁着生态安全。松材线虫病发生以来，已给松林资源和生态环境造成了不可估量的损失。要从政治高度和维护台州市生态安全的角度来统一认识松材线虫病防治工作，明确松材线虫病防控工作的重要性和必要性。绝不能因取得一点成绩而盲目乐观，更不能因久攻不下而麻痹厌战，无所作为，任其发展。我们要认清形势，多方宣传，增强防范意识。利用电视媒体进行宣传，与电视媒体积极配合，强化宣传，使松材线虫病防范工作逐渐深入人心；竖立防范松材线虫病宣传牌；张贴宣传通告；利用农民信箱对相关人员进行宣传；利用会议、检查、交流等各种机会进行口头宣传。深入认识松材线虫病防控的艰巨性和必要性，要看到面临的困难，更要树立信心，精心组织。将松材线虫病防控作为一项长期工作常抓不懈。

4.2 疫情监测全覆盖

逐步建立起并完善区、乡、村三级基层监测网络，疫情监测是做好松材线虫病防治工作的前提和基础。建立测报网络，确定专职或兼职测报员，实现松材线虫病疫情监测全覆盖。依法加强对松科植物及其产品的检疫检查，从而有效堵住疫木及其木质包装材料在台州市非法经营和流通。

4.3 加强防控的针对性

贯彻落实浙江省“预防为主、综合治理、严格检疫、积极扑灭”的防治方针。台州市积极开展松林改造工程，补植阔叶树种，抓好林种结构调整，逐步将市城周边的纯松林改造成混交林、复层林，增加林间生物多样性，提高林分的自控能力。

政府投入了数额巨大的资金防控松材线虫病，我们一定规范资金使用。政府补助资金要做到专款专用，提高防治资金使用效益。森防技术部门要逐步提高资金使用的技术含量，发挥公共财政资金的最大效益。根据监测和疫情分析结果将全市范围内的枯死松树分地区、地块，制定相应的防治措施，以增强不同地区防治的针对性和有效性。在全面准确掌握松材线虫病现状的基础上，提出切实可行针对性强的防治措施。

对松树占30%以上的还没有感染虫害的树林进行隔离保护，具体保护措施如：开辟空白地带，并在隔离带周围喷国家“九五”攻关新技术产品绿色威雷。主要成分为8%氯氰菊酯微胶囊剂（成本较低，20元/667m^2）。氯氰菊酯分子式：$C_{22}H_{19}C_{12}NO_3$，用绿色威雷400倍液将树皮喷湿后，每1cm^2可达400个微胶囊，当大型天牛成虫在喷有绿色威雷药的树干上，爬行距离3m后就中毒死亡。喷药后约40d内，光肩星天牛的校正死亡率仍达98%以上。对天牛成虫24h防效在95%以上，持效期达52d。绿色威雷是天牛的克星，避免农药重复使用造成的浪费，环境影响小。还可利用生物方法悬挂诱捕器诱杀天牛阻断传染通道。

对松树占30%以上的有感染虫害的树林视感染严重情况，如：枯死松树数量较大且相对集中成片的松林进行皆伐的清除方法，枯死松树数量较少且分散的进行择伐。由当地林业部门组织专业队，采取由枯死松树发生区外围向内推进的方式进行。之后还要进行除害处理：树桩用较厚塑料薄膜罩上，然后覆盖泥土。树干由区级疫木定点加工厂除害处理。

疫木定点加工厂接收的枯死松树木材等，要专场堆放并及时处理，不得将其改作他用，否则按《松材线虫病疫区和疫木管理办法严肃处理。直径大于 1cm 的枯死松枝就地集中后及时烧毁。保证清理工作顺利开展，务必要加强清理环节，全面到位，做到彻底清理发病林地，不留死角。坚决打击违法收购、加工本地疫木的行为，杜绝疫木流失。森防部门要逐步完善质量监理机制，充分发挥监理队伍的监管职能，提高疫木清理质量。对采伐的具体情况最好建档管理，以备后查。实施皆伐或择伐的区域，采用补植阔叶树苗进行植被恢复。对松树占 20%以下的植被，常绿阔叶林应是植被优势品种，让其自然更替，提高抗病虫能力。对国清寺、华顶、九峰公园等古松及一些园林观赏价值大的松树进行保护打孔注松线光（成本较高，50 多元/针）免疫，1 次打完后，1 株松树可以保 3 年。

4.4 提高防控科技含量

推广先进防控方法，提高防控科技含量。科技部门和森防部门自身要加强对松材线虫病防控技术的研究，特别是要开发具有自主知识产权药物替代进口，降低使用成本，自主开发新技术，突破防治瓶颈。在松材线虫病防治过程中，要加强实用技术的推广研究，加大推广应用范围，增加预防力度。充分吸收最新的科研成果，将研究成果转化为现实生产力，促进防治效率的提高。可引进不同种类天敌繁育和释放来控制病害。

尽量避免使用如磷化铝等剧毒农药，如需使用必须由培训合格的专业人员施药并配带防毒面具等，以防药物中毒。熏蒸袋要注明剧毒标示，防止人畜中毒。

山区施工，安全隐患较大，要严抓安全生产，减少施工中各类事故隐患。林业部门和劳动部门要研究如何给民工投保，减少安全事故隐患。落实安全生产的各项措施，做好安全生产工作，切实保障人民群众的生命财产安全。

我国杨梅病虫害简述

陈绘画，杨胜利，周钦富

（浙江省仙居县林业局，仙居　317300）

摘　要： 杨梅酸甜可口，肉质鲜美，深受广大人民的喜爱，但杨梅病虫害种类繁多，给杨梅的生产及贮藏造成了严重影响。

关键词： 杨梅；病害；虫害；病原；发病规律

杨梅（*Myria rubra*）为我国特产果树之一，具有悠久的栽培历史。由于杨梅具有耐寒、耐旱、耐瘠薄，根部有放线菌共生的特点，非常适合山地种植。随杨梅种植面积及区域的扩大，危害杨梅的各种病虫害也随之增加，现就我国杨梅生产及贮藏中的病虫害略作综述。

1　杨梅病害

1.1　杨梅褐斑病（*Mycosphaerella myricae*）

杨梅褐斑病是为害杨梅叶片的一种主要病害，发生在浙江省的余姚、慈溪、兰溪、黄岩、定海、温州等地，近年来日趋严重。发病初期首先在叶面出现针头大小的紫红色小点，后逐渐扩大成近圆形或不规则形，病斑直径一般为4～8mm，中央红褐色、边缘褐色，后期病斑中央转变成浅红褐色或灰白色，其上散生黑色小粒点为病斑的子囊果；很多病斑可互相联结成较大的斑块，导致病叶干枯脱落。

1.1.1　病原

一种真菌，属于子囊菌亚门，学名为 *Mycosphaerella myricae* Saw。

1.1.2　发病规律

于5月初在子囊果内开始形成子囊，5月中旬以后，子囊孢子开始成熟，此后，每逢雨后子囊果内都会陆续散出子囊孢子，通过雨水溅散传播蔓延。孢子萌发侵入叶片后，潜育期较长，故症状一般要到8月上旬才开始出现，10月下旬开始病斑数量增多，并出现大量落叶。该菌以子囊果于树上残留叶片和落叶中越冬；在自然条件下，一般不产生分生孢子，故无再侵染现象。

1.2　杨梅干枯病（*Myxosporium corticola*）

各杨梅产区均有发生，一般在衰弱的老树上发生较多，发病后造成枝干枯死。主要为害枝干，初期症状表现为不规则的暗褐色病斑，随着病情的发展，被害部位由于水分逐渐丧失，成为稍凹陷的带状条斑；病部与健康部分界处有明显的裂痕；后期病部表面生有很多黑色小粒点，即病菌的分生孢子盘，初埋生于表皮层下，成熟后突破皮层露出圆形或横裂的开口；发病严重时，病部可深达木质部，当病部环绕枝干一周时，枝干即枯死。

1.2.1　病原

一种真菌，属于半知菌亚门，学名为 *Myxosporium corticola* Rostr。

1.2.2 发病规律

一般从伤口侵入，当寄主生长衰弱时才能在树体内扩展蔓延，故发病轻重与树势关系密切加强栽培管理，保护树体，防止造成伤口，是防治该病的主要途径。

1.3 杨梅枝腐病（*Valsa coronata*）

该病发生普遍，以老树发病较多，发病后造成枝干腐烂枯死。主要危害枝干的皮层，初期病部呈红褐色、略隆起、组织松软，用手指按之即下陷；后期病部失水干缩，变黑渴色下凹，其上密生黑色小粒点，即病菌的子座，在小粒点上部长有很细的刺毛，这一特征可区别于杨梅干枯病；天气潮湿时，分生孢子器吸水后，可以从孔口溢出乳白色卷须状的分生孢子角。

1.3.1 病原

一种真菌，属于子囊菌亚门，学名 *Valsa coronata*（Hoffm）Fr.，无性阶段为 *Cytospora* sp.。

1.3.2 发病规律

同杨梅干枯病。

1.4 杨梅癌肿病（*Pseudomonas syringae* pv. Myricae）

杨梅癌肿病，俗称杨梅疮，是杨梅产区普遍发生的一种重要病害。病菌主要为害枝干，形成凹凸不平的木质化肿瘤。该病主要发生于 2~3 生枝条或主干，主枝及新梢上，严重时田间病株率可达 90%以上初期发病部位呈乳白色小隆起，表面光滑，而后渐渐扩展为近球形肿瘤状，表面粗糙且凹凸不平，木栓化而坚硬，呈褐色至黑褐色。大的肿瘤可达 10cm 以上，一个枝干上可有 1~5 个或更多的肿瘤，且多发生于枝节处，造成以上枝干枯死，从而导致植株早衰甚至死亡。

1.4.1 病原

华生等于 1981—1982 年通过该病的病原鉴定，明确该病的病原是一种细菌，属于丁香假单胞菌杨梅致病变种，学名为 *Pseudomonas* Syringae pv. Myricar Choei-Ogimi et al.。

1.4.2 发病规律

病原菌一般在树上和果园地面的病瘤内越冬，翌年春季细菌从病瘤内溢出，通过雨水的溅散和自上而下流动传播。据日本研究，病原菌还可通过空气传播，更多是通过接穗进行远距离传播。一般于每年 4 月底至 5 月初抽生新梢时，由叶痕或皮孔侵入茎干，并于树皮内大量繁殖，进而向韧皮部侵染皮层细胞受病菌所产生的毒素刺激而加速分裂，体积膨大而形成肿瘤，阻断营养物质运输并消耗于肿瘤生长，造成枝干或枝条枯死，植株最终死亡。该病一般是每年 5 月始发，7 月最为严重。

1.5 杨梅根腐病（*Botryosphaeria dothidea*）

该病主要发生于浙江舟山定海。李红叶等从 1991 年开始，对该病害的病原、发生规律等进行了研究。据杨梅树枯死的速度，根腐病可分为急性青枯型和慢性衰亡型二种。①急性青枯型。病树初期症状很难觉察，主要表现晚秋梢迟发，春梢转色缓慢，枯死前 2 个月左右才表现较明显症状。主要症状为：叶色失去光泽、褪绿，树冠基部部分叶片变褐脱落，在高温天气中午顶梢萎蔫，但每日晨昏及阴雨天仍能恢复。枯死常发生在采果前后（即 6 月下旬至 7 月下旬气温骤升时）和干旱的晚秋，枯死的病树叶色淡绿，并陆续变红褐色脱落，偶剩少量枝叶，但翌年不复生长。这种枯死主要发生在 10~30 年生的盛果期树上，占总死亡数的 70%以上。②慢性衰亡型。发病初期病树不抽发或很少抽发晚秋梢，春梢抽发正常，叶色变淡缺少光泽，地下部细根和根瘤较少，并且变褐腐烂。初期症状较难识别，病情进一步发展后，叶形变小，树冠下部大量落叶，在落叶的枝条上常有簇生盲芽。这种病树常不发晚秋梢，开花较多，结果多，果形小，着色不匀，含糖量下降，在干旱的天气或高温季节的中午，顶梢呈萎蔫状，最后叶片逐渐变红褐色干枯脱落，枝梢逐渐枯死，有时先是树体半边枯死，有时是全株枯死。慢性衰亡型从出现症状到全株枯死需 3~4 年，主要发生在盛果期后期特别是衰老期的树上。

1.5.1　病原

该病原菌有性阶段的学名为葡萄座腔菌 *Botryosphaeria dothidea*（Moug. ex Fr.）Ces. & de Not.，异名为茶藨子葡萄座腔菌 *B. ribis* Gross. & Dugg.，无性阶段学名为小穴壳菌 *Dothiorella* sp.。

1.5.2　发病规律

挖开病树根系，可见该病自细根开始逐渐向支根、侧根、根颈部及主干扩展。削开病根，在病健交界处可见形成层先变褐坏死；横切病根，可见木质部维管束组织先于其周围的组织变褐坏死，形成两个褐色的坏死环；在枯死树根部或主干上能发现长2~5mm 黑色的鸟眼状物，此为病菌的子座。

1.6　杨梅叶枯病（Phomopsos myricina）

2004 年 5 月，郭立中等在湖南省衡阳县白鹭坳杨梅生产基地做病害调查时，发现人工栽培的靖州乌梅上发生了严重的叶枯病，发病率达 30%以上，被害株新梢枯死，严重地影响了植株生长。该病主要为害叶片，病斑从叶尖或叶缘开始发生，在叶片上病斑初为针尖状的红褐色小点，然后逐渐扩大成圆形、椭圆形或不规则形的红褐色病斑，有的病斑边缘有一褪绿晕圈，有的褪绿晕圈不明显，以后形成半圆形斑或叶尖或叶缘枯死，病部深褐色，病健交界明显，有的病斑中部干枯开裂，在病部有黑色小颗粒，为病原菌的分生孢子器。

病原：为 *Phomopsis myricina* Y. J. Huang et P. K. Chi。

1.7　杨梅根结线虫病（*Meloidogyne* spp.）

1991 年，在福建省南安县金丹示范区内的杨梅上发现该病危害，陈永宝等对此进行研究，并对病原进行了鉴定。发病初期表现为叶片褪绿，质脆，树冠生长不良，继而叶片黄化，脱落，枝梢枯萎，严重者可致全株死亡。病树产量低，果径小，味酸，质差，成熟期推迟。地下部表现为侧根和须根形成大小不一的根结呈近圆形或椭圆形，单生、念珠状或形成根结团。剖开新鲜根结可以见到乳白色球形雌虫。根结后期发黑腐烂。病根上须根和根瘤菌根发生量很少。

1.7.1　病原

病原线虫有 3 种，爪哇根结线虫 *Meloidogyne javanica*、南方根结线虫 *M. incognita* 和北方根结线虫 *M. hapla*，爪哇根结线虫为优势种。

1.7.2　发病规律

主要以卵囊中的卵及雌成虫在根结中越冬。翌年初春，新生根大量长出，这时线虫数量较少，活动亦不活跃，因此病树抽生出春梢，表现出暂时的恢复。至 4—5 月，二龄幼虫数量达到高峰，大量侵入新根，形成大量细小的根结。7—8 月高温干旱季节，地上部便出现叶片黄化，脱落。到 10—11 月，根结开始发黑腐烂，根大量减少，植株呈现“衰退”症状。病区中病情的发展呈辐射状，由某一点发病然后向四周扩散，2~3 年内可使整个植区受到侵染，中心病株相继死亡，但以向低洼积水的方向扩展最快。病树经常先从树冠顶部或一侧出现症状，继而整株发病。

1.8 杨梅赤衣病（*Corticium salmonicolor*）

杨梅赤衣病是近年来新发现的危害杨梅的一种病害。近几年，赤衣病在浙江省各地杨梅产区均普遍发生，且呈逐年加重的趋势，部分管理粗放的杨梅园发病率达到45%以上，严重影响杨梅产业的发展。该病为害枝干，以主枝、侧枝发病较多，一般多从分枝处发生。发病后的明显特征是被害处覆盖一层薄的粉红色霉层，故称赤衣病。发病初期，在枝干背面树皮上可见很薄的银白色或粉红色脓疱状物。从次年3月下旬开始，在病疤边缘及枝干阳面出现橙红色痘疮状小泡，散生或彼此相连成为长条状病斑，长达5~6cm。不久整个病疤上覆盖粉红色霉层，干燥时霉到处飘散。

1.8.1 病原

伏革菌 *Corticium salmonicolor* Berk. ct Br.。

1.8.2 发病规律

病菌以菌丛在病部越冬，次年春季气温上升。树液流动时恢复活动，开始向四周蔓延扩展不久在老病疤边缘或病枝干阳面产生粉状物，由风雨传播，从杨梅伤口侵入为害。一般从3月下旬开始发病，5~6月盛发，11月以后转入休眠越冬。整个生长季节出现5月下旬至6月上旬及9月上旬至10月上旬2个发育高峰期。病害的发生与雨量和温度有密切关系，其中降雨的多少尤为重要，多雨有利于病菌的传播，萌发和侵入；气温在20~25℃时菌丝扩展迅速，因而在4~6月温暖多雨季节发病严重。树龄大、管理粗放的杨梅树，枝干发病也较重。

1.9 杨梅梢枯病（小叶病、丛枝病）

1.9.1 病因

该病1988年由浙江省农业科学院郑纪慈等首先发现。实际上，该病是由于树体内缺硼引起的生理性病害。表现为新抽生枝条簇生，小叶，生长点死亡，梢顶落叶枯萎，花器发育不良，不结果或少结果；病株叶片狭小，呈晦暗的紫绿色，无光泽，厚而质脆，有时叶脉可见凸起，晚期极易落叶；发病时，轻者仅有部分弱小枝条表现症状，而其他仍表现经常，重者不抽春梢或比正常树晚7~14d抽梢，且新梢细弱，节间缩短，顶芽呈休眠状或干枯死亡，从而产生大量侧芽，形成丛枝簇状，进而引起大量顶梢枯死。由于春梢小，而秋季大量抽梢，易受冻害，花芽分化不良，坐果率低，导致果小而质差，味酸，造成徒长和减产。

1.9.2 发病规律

生长在红紫砂土和红紫泥土上的杨梅树较黄泥砂土和黄红泥土上的发病重；生长在土层浅的较土层深厚的发病重中；生长在不施有机肥、多施过磷酸钙土壤上的杨梅树，在施肥后的3~4年易发病，且病情发展快而重；朝南坡地上的杨梅树比朝北坡地上的发病重；同一株杨梅树朝南的一侧重于朝北的一侧；春季干旱年份发病程度重于春季多雨年份；品种间有一定差异。总之，发病的直接原因是土壤有效硼含量低，而土壤pH值与交换性钙、钾、速效磷含量较高以及有机质含量较低，则是诱发该病的间接因子。

1.10 杨梅锈病（*Caeoma makinoi*）

芽、花、叶、枝梢均会发病。受害树提早开花，花量明显减少；发病植株刚开放的新芽就着生橙黄色斑点，破裂后从中散发橙黄色粉末；花器被害时，常还原成叶形，且多呈肥厚的肉质片，上面生橙黄色病斑，肉质叶不久腐烂掉落。病树结果少或结果小，而且前期大量落花，中后期又大量落果。该病对老龄树危害较重。

1.10.1 病原

该病病原菌为 *Caeoma makinoi* Kusano。

1.10.2 发病规律

多产生性孢子及锈孢子。冬末春初，在杨梅花期，病菌陆续侵入危害。3 月中旬至 4 月上旬为发病高峰期。

1.11 杨梅肉柱坏死病（杨梅肉葱病）

1.11.1 病因

杨梅肉柱坏死病，即杨梅肉葱病，又称“肉疣病”、“肉赘病”，俗称“杨梅花”、“杨梅火”、“杨梅虎”。目前，在浙江省的杨梅主产区，单株发病率在 45%左右，有的高达 80%以上，是近期杨梅果实上发生率较高的一种生理性病害。发病初期，症状一般表现为幼果表面破裂，果肉呈不规则凸出，并且失水绽开，裸露的核面褐变，随着果实的成熟，果面蝇虫吮汁，鲜果不能食用。

1.11.2 发病规律

一般长势过旺的树冠中、下部或长势过弱、结果较多的树受害严重，使果实提早脱落；该病在硬核后至果实成熟时，肉眼最易发现。

1.12 杨梅膨叶病（*Taphrina mume*）

1993 年，蔡煌报道福建省福鼎县发生了该病害。症状表现为叶片受害后呈短小畸形，密集丛生、肥厚，叶面皱缩粗糙；被害枝梢肥大短缩，停止生长，老化；病株结果少或完全不结果；果肉突刺少，汁苦涩；果小而僵，未熟先落；树势早衰，寿命缩短，有明显大小年之分。

1.12.1 病原

该病病菌为 *Nishida*。

1.12.2 发病规律

以菌丝体在被害枝梢上越冬，次年产生袍子，进行再次侵染。

1.13 杨梅日灼病

1.13.1 病因

杨梅日灼病是由由阳光直射到树干上或地面温度过高，树皮受到灼伤而引起的非侵染性病害，多发生在树龄 5 年以下的杨梅上。靠近地面的树干基部，最初产生块状、条状褐色斑块，随后斑块开裂，树皮和木质部分离、脱落，叶子失水萎蔫下垂，颜色从绿变黄，直至红黄色而死亡。

1.13.2 发病规律

与气温有关。4 月下旬开始发病。梅雨季节，特别是雨后天晴时，树皮裂开增多，并随气温的升高而逐渐加剧。

1.14 杨梅腐烂病（*Cytospora leucostoma*）

1.14.1 病因

2004 年 5 月，郭立中等在湖南杨梅病害调查中，发现人工栽培的靖州杨梅上发生了严重的腐烂病，发病率达 30%以上，被害株茎干病部腐烂，病部以上枝条枯死。该病主要为害主干与主枝的分杈处，引起干腐和枝枯；病斑圆形、椭圆形或不规则形，边缘不清晰。病斑初呈红褐色，病部组织松软，水渍状，稍隆起压之病斑稍下陷；后向四周发展，病部皮层腐烂，湿腐状，发出酒糟味；后期病斑呈深褐色，失水干缩，病部龟裂，上有黑色的颗粒状子实体，潮湿时，病部释放出黄色分生孢子角；夏季高温时，病部迅速失水干缩下陷，病斑深褐色至黑褐色，不久上部枝条枯死。

1.14.2　病原

初步鉴定为核果壳囊孢菌 *Cytospora leucostoma* Sace。

2　杨梅虫害

2.1　介壳虫

介壳虫是杨梅上的重要害虫，刺吸寄主汁液，引起杨梅长势衰弱，受害严重者枝梢甚至整株枯死。介壳虫体小，形态特殊，一般不易引起注意，而一旦发现往往已危害成灾。同时，介壳虫体背面覆盖各种介壳或蜡质，又给药剂防治带来了困难，一直是生产上害虫防治中的难点。在浙江省，为害杨梅的介壳虫主要有柏牡蛎蚧 *Lepidosaphes cupressi* Borchsenius、樟（臀）网盾蚧（又叫蛇眼蚧）*Pseudaonidia duplex* Cockerell、榆蛎盾蚧（又叫茶牡蛎蚧）*Lepidosaphes ulmi* L.、锯腹蛎盾蚧 *L. abdominalis Takagi*、杨梅硬胶蚧 *T. decorella*（Maskell）、茶糠蚧（茶褐盾蚧、茶片盾蚧）*Parlatoria thear* Cocherell、蚌形蚧（半蚌圆盾蚧）*Pseudaonidin trilobitiformis*（Green）、台湾蜕盾蚧 *Fiorinia taiwana* Takahashi、杨梅翠胶蚧 *Metatachardia myricae* Tang、吹绵蚧 *Icerya purchasi* Maskell、角蜡蚧 *Ceroplastes ceriferus*（And.）、红褐圆盾蚧 *Chrysomphalns dictylospermi*（Morgan）、茶硬胶蚧 *Tachardina. Theae*（Green eg Mann）、桑纽蚧 *Takahashia japonica* Cocherell、蔷薇白轮盾蚧 *Aulacaspis rosae*（Bouche）和月季白轮盾蚧 *A. rosorum* Borche 等。

2.2　小细蛾 *Phyllonorycter* sp.

以幼虫潜入叶片内取食叶肉，被害处叶表留下 1 层薄膜（囊泡），如有多个囊泡，叶片就会脱落，影响光合作用，导致减产减收。该虫在浙江慈溪 1 年发生 2 代，以老熟幼虫在囊泡中越冬，翌年春暖后继续危害。4 月中旬老熟幼虫吐丝化蛹，5 月上中旬羽化为成虫，5 月下旬产第 1 代卵，6 月中下旬幼虫孵化，8 月上旬陆续化蛹，8 月中旬羽化为第 2 代成虫，8 月底产第 2 代卵，然后孵化幼虫继续危害，直至越冬。

2.3　白蚁

主要有黑翅土白蚁 *Odontotermes formosanus* Sniraki 和黄翅大白蚁 *Macrotermes barneyi* Light 两种。该虫啃食杨梅树的主干和根部，伤害韧皮部及木质部，造成树体水分和营养物质输送受阻，最后叶黄脱落、枝枯树死。除为害活树外，还为害死树及树桩。在浙江慈溪，当气温 >20℃时，白蚁就外出觅食。每年 4~11 月为活动危害期，5~6 月为有翅繁殖蚁分飞期，白蚁飞出蚁巢交配或分巢，11 月至翌年 3 月为越冬期。

2.4　油桐尺蠖 *Buzura suppressaria* Guenee

俗名造桥虫、量尺虫，系杂食性害虫。初龄幼虫灰褐色，在叶片尖端食害上表皮，被害叶干缩成紫红色；3~4 龄虫体渐转青色，在树冠内危害。叶片被害后呈弧形缺刻；5 龄后幼虫呈深褐色，食量大增，有时可把整株杨梅树的叶片吃光，仅剩枝干和叶片主脉，状似火烧一般。该虫在浙江慈溪 1 年发生 3 代，以蛹在树冠下表土中越冬。第 1、2、3 代幼虫分别发生于 5 月、7 月、9 月间。

2.5　乌桕黄毒蛾 *Euproctis bipunctapex*（Hamsson）

属鳞翅目毒蛾科，又名枇杷毒蛾，俗名毛虫，为杂食性害虫。该虫 1 年发生 2 代，以幼虫在树干结网越冬。翌年 4 月中下旬，1~3 龄幼虫群集于杨梅新梢顶端为害，啃食幼芽、嫩叶和叶片，危害严重时，新梢一片枯焦，如同火烧；幼虫 3 龄后分散食害叶片，体黄褐色，体侧及背上有疣突，上有白色毒毛。5 月中下旬幼虫老熟，于树根边或杂丛中结茧化蛹；6 月上中旬成虫羽化，产卵于叶背，约经半月孵化；8 月中旬幼虫老熟，9 月上旬出现成虫。第 2 代幼虫于 9 月中旬开始取食危害，11 月上旬越冬。

2.6　栗黄枯叶蛾 *Trabla uishnou* Lefebure

俗名杨梅老虎，系杂食性害虫，1 年发生 2 代。一代幼虫 4 月中旬孵化，食害杨梅叶片，严重时可将全树叶片吃光。幼虫具有保护色，栖息在杨梅树干上不易被发觉，6 月中旬幼虫结茧化蛹，7 月上中旬成虫羽化并产卵。第 2 代幼虫 7 月下旬出现，9 月下旬陆续结茧化蛹，11 月成虫羽化，产卵于枝叶上越冬。卵块成长条状排列，上覆灰白色或黄白色片状长毛，形似毛虫。

2.7　袋蛾类

在浙江省杨梅产区都有发生，俗称蓑蛾、避债虫、袋皮虫、背袋虫等，主要是大袋蛾、小袋蛾及白囊袋蛾 3 种。袋蛾类害虫为害杨梅新梢叶片和 1 年生枝梢木质部，往往以大量的虫口集中到少数树上食害嫩叶并使小枝枯死，影响杨梅树体生长。

大袋蛾 *Cryptothelea uariegata*：1 年发生 1 代，以老熟幼虫在袋囊中越冬，翌年 4 月中、下旬化蛹，5 月中、下旬成虫羽化。羽化后雌虫仍在囊内，雄虫从护囊末端飞出，与囊内雌虫交配产卵。5 月下旬幼虫孵化爬出护囊分散活动，并咬碎叶片一起筑成新护囊，以 7~9 月危害最严重。

小袋蛾 *Acanthopsyche subferalbata* Hampson：1 年发生 2 代，以三四龄幼虫越冬。第 1 代在 4 月下旬出现，此代虫口较少，危害较轻，第 2 代于 8 月中旬出现，此代虫口多，危害严重。

白囊袋蛾 *Chalioides kondonis*：1 年发生 1 代，以幼龄幼虫越冬，翌年春暖继续危害，以 7~8 月危害最严重，食害下层叶肉，致使叶片脱落。

2.8　拟小黄卷叶蛾 *Adoxophyes cyrtosema* Meyrick

杂食性害虫，以危害杨梅顶梢为主。1 年发生数代，有世代重叠现象，尤在 7~8 月夏梢抽生后危害更烈。以幼虫越冬，翌年春暖开始危害，幼虫常将顶梢的 3~4 片叶吐丝裹成一团，或将叶片横向卷起，躲在里面食害嫩芽和叶肉。幼虫活泼，遇惊即迅速向后跳动，并吐丝下垂；老熟后在卷叶内化蛹；成虫日间栖息，夜间飞翔活动；卵产于叶表面，成块状，米黄色。受该虫危害后，杨梅新梢无法伸长，叶片光合作用削弱，影响树体生长发育。

2.9　咀壶夜蛾 *Oraesia emar ginata* Fabrieius

又名吸果夜蛾、桃黄褐夜蛾，为杂食性害虫。1 年发生 4 代，以幼虫越冬，成虫于 5 月下旬到 6 月上旬危害杨梅果实，果实外观可见针头大小的刺孔，湿度大时，以刺孔为中心出现软腐，反之，刺孔周围略凹陷里黑色于腐。该虫白天蛰伏，晚上出来危害，较难发现。

2.10　杨梅卷叶蛾类 *Adoxophyes cyrtosema*

在杨梅树上卷叶危害的卷叶蛾类有多种。由于这类幼虫能吐丝将叶片卷缩，又能吐丝下坠，随风飘荡迁移，转株危害，因而，果农常称之为丝虫、卷叶虫或青虫。在浙江杨梅产区危害较严重的杨梅卷叶蛾类主要是小黄卷叶蛾 *Adoxophyes orana*（Fischer Von Roslerstamn）、褐带长卷叶蛾 *Homona coffearia* Nietner 及拟小黄卷叶蛾 *Adoxophyes cyrtosema* Meyrick。这 3 种卷叶蛾的生活习性和发生规律相似，常相伴危害。幼虫在初展嫩叶端部或嫩叶边缘吐丝，缀连叶片呈虫苞危害；幼虫活泼，3 龄后受惊常群跳坠地逃脱。杨梅新梢受害后，枝条抽发伸长困难，生长慢，树势弱，严重危害时，新梢一片红褐焦枯状。在浙江省，这 3 种卷叶蛾 1 年常发生 4~5 代。春季当气温回升至 7~10℃时开始活动危害。除第代发生较整齐外，其余各代常有重叠。幼虫第 2（5 月中旬至 6 月中旬）、第 3、第 4 代（7 月上旬至 8 月下旬）对杨梅的危害最为严重。

2.11　油茶枯叶蛾 *Lebeda nobitis* Walher

又称杨梅毛虫，在浙江杨梅产区普遍发生，个别年份局部地区危害严重，可将整株或成片杨梅叶片吃光。因虫体大，危害期长，受害枝条多枯萎，甚至引起树体死亡。在浙江杨梅产区 1 年发生 1 代，以卵越冬。翌年 3 月底至 4 月上旬开始孵化。幼虫共 7 龄，发育期为 123~160d，8 月下旬老熟幼虫吐丝结茧，9 月下旬至 10 月上旬羽化、产卵。初龄幼虫喜群集取食，吐丝结成袋状薄膜群居，3 龄后分散危害，4 龄后白天静伏于树干下部或阴暗的地方，在黄昏和清晨取食；老熟幼虫在受害树上或灌木丛中吐丝结茧化蛹。

2.12　金龟子

为害杨梅的种类主要有大丽金龟子、铜绿金龟子、黑绒金龟子和茶色金龟子等。以幼虫在土壤中越冬，翌年 3~4 月上中旬气温回升时爬上浅土层中化蛹，然后羽化为成虫。成虫在闷热的傍晚，特别是雨后转晴时大量羽化出土，4~7 月是成虫活动高峰期。8~9 月成虫产卵于疏松、腐殖质丰富的泥土、厩肥、腐烂的杂草或落叶中。

2.13　油茶黑胶粉虱 *Aleurotrachelus camelliae*

原为油茶害虫，现在发现该虫也危害杨梅，为害时以口针插人叶片组织取食。绝大多数幼虫寄生于叶片背面，成虫羽化要求日均温度在 18℃左右，时晴时雨天气最适宜羽化产卵。在台州杨梅产区还有杨梅粉虱、柑橘粉虱、黑刺粉虱等各类。

2.14　杨梅圆点小卷蛾 *Eudemis gyrotis* Meyrick

在江西省、广东省、广西壮族自治区、台湾省及浙江省等在均有分布，以幼虫危害杨梅新梢嫩叶。严重时新梢可全部被害虫缀成虫苞。杨梅圆点小卷蛾在浙西南 1 年发生 6 代，以不同龄期的大小幼虫在虫苞内越冬，有世代重叠现象。越冬幼虫遇气温回升即可恢复取食活动，无冬眠滞育现象。3 月上旬杨梅花芽萌动时即有部分幼虫开始化蛹，部分幼虫则继续取食至 4 月间化蛹；3 月下旬即有成虫出现。1~5 代成虫分别开始出现于 4 月下旬、6 月上旬、7 月上旬、8 月中旬和 10 月上旬。

2.15　斜线网蛾 *Striglina scitaria* Walker

斜线网蛾又称梅穿蛾、栗窗蛾、红边窗蛾和鱼藤窗蛾，幼虫常为钻蛀性害虫，只有极少数种类为食叶性的。食叶性幼虫卷叶危害，寄主为栗、梅和茶等，在福州尚见在杨梅和余甘上危害。斜线网蛾分布于福建省、黑龙江省、江西省、江苏省、浙江省、四川省、海南省和中国台湾等地；在日本、印度、朝鲜、马来西亚、大洋洲等国家和地区也有分布。

斜线网蛾在福州地区1年发生5代，以老熟幼虫于杨梅树下的枯枝落叶、杂草的卷叶以及土缝石缝内吐丝作室越冬。越冬幼虫于3月化蛹，3月底至4月中旬羽化，以后各代成虫羽化期分别在5月中旬至月上旬、6月下旬至7月中旬、8月上旬至9月上旬以及9月下旬至10月下旬。

2.16 果蝇类

为害杨梅的果蝇主要有黑尾果蝇（也叫黑腹果蝇）（*Drosophila melanogaster* Meigen）、杨梅红眼果蝇、*Drosophila suzukii*、*D. pulchrella*、*D. immacularis*、*D. immigrans*、*D. annulipes*、*D. obsurinervisToda*、*Leucophenga* （*Nankangomyia*） *philippinensis*、*Paraleycophenga shimai Okada* 和杨梅拟果蝇 *D. simulans* 等。

3 影响杨梅果实的病虫害

3.1 蝇类

影响杨梅果实贮藏的害虫主要是果蝇，有即黑腹果蝇 *Drosophila melanogaster*、拟果蝇 *D. simulans*、高桥氏果蝇 *D. takahashii* 和伊米果蝇 *D. immigrans* 等4种。蝇害从采后第1天即开始，第4天果蝇成虫羽化以后成虫逐渐增多。由于果蝇世代周期很短，随着世代的增加，果实的腐败进程加快。

3.2 真菌类

3.2.1 杨梅轮帚霉 *Verticicladiella abielina*（Peck） Hughes

该霉是杨梅果实主要病害之一，发生普遍，危害严重。果实感病后3d，表面出现灰黄色绒毛状菌丝，菌丝体不断向周围扩散，产生粉红色、针尖大小、带有黏液的孢子头。

3.2.2 桔青霉 *Penicillium Citrinum* Thom

菌落黄绿色，气生菌丝絮状或毡状，边缘白色，扩展快，受害果实发软腐败，是杨梅果实的最主要病害。分生孢子梗垂直于菌丝，壁光滑，上生3~4个梗基，每梗基簇生6~10个瓶梗；分生孢子球形，光滑。此病发生普遍，蔓延快，鲜果存放1d发现霉变。病原借分生孢子飞散传播。

3.2.3 绿色木霉 *Trichoderma Viride* Pers. ex Fr.

菌落黄绿色或艾绿色，气生菌丝初期白色，絮状，致密，产孢后显绿色。分生孢子梗为菌丝短侧枝，分枝繁复，瓶梗锥状或瓶状，基部狭窄，中部较宽，颈长，近直或弯曲。分生孢子多数球形，壁粗糙。

3.2.4 子囊菌 *Ascomycotina*

菌丝初期灰白，絮状，绒毛状蓬松，后期灰黑色。菌丝不断向周围空间生长，形成绒毛状球。最后菌丝体发黑，果实僵硬。培养后期见大量子囊果，但未见无性世代。

此外，为害杨梅果实的菌类还有尖孢镰刀菌 *Fusarium oxysporum* 等。

基础林业篇

苦槛蓝插条造林试验简报

池方河[1]，黄　河[1]，吴　日[1]，郭旭东[2]

（1. 浙江省玉环县林业特产局，玉环　317600；
2. 浙江省玉环县干江镇政府，玉环　317610）

摘　要：通过对苦槛蓝在不同土壤含盐量的滨海堤岸的插条造林试验表明，苦槛蓝对盐度的适应范围较广，从含盐量 0.8%的盐土到含盐量低于 0.1%的脱盐土均能生长，造林成活率均达 95%，而且在土壤含盐量达 0.8%的盐土中的生长量明显大于脱盐土。插条长度大于 30cm 的苦槛蓝林分生长量明显高于插条长度 10cm 以下的林分。

关键词：苦槛蓝；插条造林；盐土

苦槛蓝（*Myoporum bontioides*），又名叉蓝盘、苦蓝盘，属苦槛蓝科（*Myoporaceae*）苦槛蓝属（Myoporum）。玉环人又称它“塘霸”。原产广西壮族自治区、广东省、海南省、台湾省、福建省等地。另外，日本也有分布。玉环县于 1964 年由原玉环盐场向乐清盐场引种的（据考证，乐清是向福建省东山县引种的）。玉环盐场引种苦槛蓝主要在盐场四周的前堤坡、河岸、路旁及房前屋后。主要目的是解决薪炭用材紧缺问题，同时也为了防止水土流失。到 1987 年，苦槛蓝也仅在玉环盐场范围内发展，累计种植面积 5.33hm^2，林带长 4 850m。为此，玉环县林业局在 1990 年开始进行了插条造林试验，现林带生长情况良好，并经多次台风的考验，取得了良好的社会效益，现将有关情况报道如下。

1　试验概况

1.1　地理位置

试验地位于玉环县东部的干江镇。该镇地处玉环县漩门湾湾口北侧，地处北纬 28°17′，东经 121°24′，背靠大陆，南临漩门湾，东濒东海。

1.2　自然环境状况

干江镇属中亚热带季风气候区，四季分明，温暖湿润，冬无严寒，夏无酷暑，雨量充沛，日照充足，无霜期长，是浙江省光热较优的地区。

据该镇 1961—1980 年气候观测资料统计，年平均气温 17.6℃，其中最低月（1 月）平均气温 7.2℃，最高月（8 月）平均气温 28.0℃；全年≥10℃的积温为 5 400℃。年无霜期 252d。年降水量 1 331.8mm，主要集中在 3—9 月，占全年总降水量的 77%，而 6—8 月、

11—12 月则为明显的伏旱与冬旱期。年平均风速为 3.8m/s，风向以 NE 为多（20%），全年≥6 级（≥10.8m/s）大风日数 209d，>-8 级（≥17.0m/s）大风日数 48d。

该镇灾害性气候较为频繁，主要有伏秋的干旱、洪涝，夏秋的台风，其中台风是危害最严重的灾害性气候之一，给工农业生产和人民生命财产带来严重的损失。

苦槛蓝虽喜温暖湿润气候，但抗寒能力较秋茄等真红树林强，能在 1 月均温 5℃ 地区安全越冬。能适应多种生境，在堤塘内侧、养殖塘堤埂上栽植长势良好，也见于海岸潮界线上的岩缝中或陡坡地方。该种对土壤要求不高，能适应盐碱度较高的土壤，一定的盐碱度有利于苦槛蓝与一些本地植物的竞争；也适应于风大、土壤肥力较差的地方，但土壤含水量要较高。

试验地的土壤主要为潮土化盐土，分布于前堤塘内侧，处于脱盐脱钙熟化过程，含盐量在 0.1%~0.6%，土壤熟化较差，层次不分明，熟化层不足 10cm，干旱期尚有不同程度的返盐，质地黏重，为中一重黏土，肥力低，有机质含量在 1.74%，全氮 0.104%，全磷 0.059%，但是钾含量丰富，速效钾为 660×10^{-6}。

2 试验设计

苦槛蓝营养繁殖试验采用正交试验设计。试验田均采用插条造林（表 1）。

表 1 各试验田情况

试验田编号	1	2	3
插条长度（cm）	43	4.3	37.0

考虑到全面比较法需投入的人力和物力太大，本次试验采用有选择的轮换比较法进行试验对比，以栽植树高、月生长量、冠幅为试验指标，并根据实际情况确定 2 个影响因素。

2.1 因素 A ——土壤盐度

土壤盐度是影响苦槛蓝生长的重要因素，苦槛蓝对盐度的适应幅度是证明其为半红树林的重要条件。本次研究的土壤盐度分 3 个水平，即属盐土的 0.8%（A1），0.6%（A2）和属脱盐土 0.1%以下（A3）。

2.2 因素 B——插条长度

主要是观察不同的插条长度对苦槛蓝生长的影响。该因素分 2 个水平，扦插条选取 2 年生已经木质化的枝条，直径 1.5~2.5cm，生理上端削平，下端削尖，以便于造林时区分，将插条分为 10cm 以下（B1），10cm 以上（B2）。

根据上述两个因素，本次试验设计了 3 块试验田，其组合为：试验田 1：AlBl，位于干江镇小门屿，种植于一线海塘内侧坡；试验田 2：A2B2，位于干江镇小门屿，种植于围垦区的河岸；试验田 3：A3Bl，试验田位于干江镇小门屿，种植于围垦区的机耕路，表层覆盖脱盐土，因而盐度较低（表 1）。

试验于 1990 年开始，当年的 3 月 29 日栽植，之后每半月测 1 次树高和冠幅。至 1993 年 9 月 30 日，也即栽植后 3 年半，苦槛蓝已枝蔓相接，不易量测，测量工作停止。

3 造林技术

3.1 造林地清理与整地

造林前应对造林地进行清理，割除高草、杂灌，清理范围一般为1m×1m。

造林前应对造林地稍作平整和松土整地。整地方式以穴状整地为宜，规格为40cm×40cm×30cm，整地深20~30cm。对于地下水位较高的沿海湿地，可采用丘状整地，种植面积1m²，一般高出原地面20~30cm，种植面平，或呈土堆状，或将根系盘结的土壤表层翻转。

3.2 造林密度

造林密度因立地条件和经营目的而异：堤坡造林一般为（1.5~2.0）m×2.0m；河岸造林一般为1.0m×（1.0~2.0）m；如兼作薪炭用材或特种经济用途（如药用林），造林密度可增加到1.0m×（1.0~1.5）m。为加速郁闭成林以尽早起到防护效益，宜适度密植。

3.3 栽植技术

每年3月、4月、6月、9月和10月气候温暖、雨水较多的时间均可进行造林，其中尤以春季3~4月为最佳造林季节。

一般采用插条法造林。采用插条法造林时，选取合格的扦插条，生理下端口向下，深约占整个枝条长的2/3。

4 试验结果（表2）

4.1 成活率

在常年适宜条件下，在不同土壤盐度、不同插条长度苦槛蓝的成活率均在95%以上。苦槛蓝的枝茎只要与土壤接触（叶痕处），就极易扎根生长。据观测，扦插2个月后，平均发根9.6条，造林第3年，苦槛蓝的郁闭度就能达到0.9以上。

4.2 树高

从试验的情况看，苦槛蓝树高生长在造林当年生长相对较慢，第2年、第3年生长量增大。经对3个试验田的对比，插条长短对苦槛蓝树高生长有较大影响，插条长度在10cm以上时，苦槛蓝的树高生长量要大于插条长度在10cm以下。此外，不同土壤对苦槛蓝也有较大影响，盐土中苦槛蓝的生长要快于脱盐土。

4.3 冠幅

冠幅的生长与树高生长类似，第2年、第3年的生长量要明显大于第1年，插条长短对苦槛蓝冠幅影响较大，插条长度在10cm以上时，苦槛蓝的树高生长量要大于插条长度在10cm以下。但2号试验田、3号试验田之间比较，两者平均冠幅生长量差异不大。

表2 试验结果

项目		试验田号		
		1	2	3
插条情况	栽植时平均高（cm）	43.0	4.3	37.0
	栽植时平均冠幅（cm×cm）	45.4×35.0	5.4×4.8	39.7×27.8

（续表）

项目		试验田号		
		1	2	3
成活率（%）	1年	95.0	95.0	95.0
平均树高（cm）	1年	52.3	18.0	40.0
	2年	76.0	30.2	46.33
	3.5年	120.7	69.6	78.0
树高生长量（cm）	第1年	0.3	1.1	0.25
	第2年	2.5	1.02	0.53
	第3年	2.5	2.19	1.78
平均冠幅（cm×cm）	1年	101.3×97.0	29.4×27.6	76.0×59.7
	2年	206.7×210.7	79.4×80.2	158.0×154.3
	3.5年	376.0×392.7	196.6×211.0	263.33×243.7
冠幅平均生长量（cm×cm）	第1年	4.7×5.2	2.0×1.9	3.0×2.7
	第2年	8.8×9.5	4.2×4.4	6.8×7.9
	第3年	9.4×6.3	6.5×7.3	5.9×5.0

4.4 生物量

本项试验还对苦槛蓝地上部分生物量进行了测定。用于测定的苦槛蓝采自干江、芦浦两镇的试验地、1m×（1.5~2.0）m 造林密度的苦槛蓝树。测定结果如下。

4.4.1 单株产量

3 年生平均单株鲜重为 45~50kg；4~5 年生的单株平均鲜重达 150kg。

4.4.2 单位面积产量

3 年生平均干柴产量 1.14 万~2.70 万 kg/hm^2；5 年生平均干柴产量达 3.45 万~5.25 万 kg/hm^2。

4.5 结果分析

4.5.1 生长适应性

根据本次试验，结合苦槛蓝在玉环县其他乡镇和邻近县市的推广情况看，苦槛蓝对黏质土壤和盐土的适应性非常强，而且苦槛蓝生长较为迅速，扦插造林 3 年后，其冠幅已在2m×2m 以上，其中，1 号试验田的冠幅近 3m×3m。

4.5.2 树高生长和冠幅生长

苦槛蓝的树高生长量和冠幅生长量都较大，但冠幅生长量远远大于树高生长量，单侧冠幅月平均生长量是树高月平均生长量的 1.6~17.3 倍。表现了苦槛蓝对沿海多风气候的一种适应性，同时，多根系、多枝蔓、匍匐状的特点能起到明显的固堤、消浪作用。

4.5.3 土壤盐度对生长的影响

从试验情况可以看出，苦槛蓝对盐度的适应幅度较大，从盐土到含盐量低于 0.1%的脱盐土均适合其生长，而且，从试验田 1 和试验田 3 的对比来看，苦槛蓝表现出了对盐土的较强适应性，它在盐土中的生长量要明显大于脱盐土。

5 效益分析

5.1 生态效益

苦槛蓝的防风固堤效果十分突出。苦槛蓝枝茎茂密，呈匍匐状，根系发达，与土壤接触的枝茎到处生有不定根。同时又能耐盐碱和积水，在 pH 值为 5.5~8.0 的黏质土壤上能正常生长发育，据在玉环盐场和海山潮汐发电站调查，苦槛蓝种在河边、堤脚、离海水很近的地方，甚至部分根、枝常浸在海水中，仍能茂盛生长。

在 20 世纪 90 年代末标准堤塘建设以前，玉环县大部分沿海平原是靠泥质海堤防潮御咸的（全县泥质海堤长约 75km）。堤坡、堤脚营造苦槛蓝防浪林带，一是具有明显的消浪固提作用，二是可以大大减少海堤、河岸的水土流失。这主要是由于苦槛蓝的枝茎和叶片茂密，能直接阻挡和缓和海浪、暴雨对海堤、河岸的冲刷。例如，1974 年，玉环县遭受 13 号强台风袭击，全县 62.7km 海塘有 80%过水（海水倒灌），倒塌、缺口长度达 13.4km 淹没农田、盐场 1 330余 hm^2，玉环盐场南塘因有一条完整的苦槛蓝林带保护而安然无恙；又如玉环解放塘农场，在 1985 年与 1990 年的台风袭击下，解放塘前堤分别倒塌、缺口 430m 和 48m，直接经济损失达 80 万元和 62 万余元，而海山潮汐发电站、楚南塘、红沙塘、干江等地的堤塘，因分别有 3 年生以上的苦槛蓝防浪林带均未发现倒塌、缺口现象。

此外，由于苦槛蓝枝叶茂密，叶片丰富，肉质，它还是沿海地区改良滨海盐土的一个难得的优良树种。

5.2 经济效益

栽有苦槛蓝的堤塘，可以节约覆塘经费，延长使用寿命。一般泥质海塘每隔 4~5 年就要覆土 1 次，覆土成本 200~300 元/m，而苦槛蓝林带郁闭成林的堤塘，10 年 1 次，减少了覆土成本。

苦槛蓝的地上生物量较大。据测定，5 年生的苦槛蓝平均地上部分的生物量（干物质）可达 3.45 万~5.2 万 kg/hm^2，为沿海地区居民解决薪材，或供作药用植物提供了可能。据华南农业大学昆虫毒理研究室试验研究报道，苦槛蓝 n = 10g/L 的叶、茎浸提物对菜粉蝶 3 龄幼虫的非选择性拒食率均在 90%以上，对 4 龄和 5 龄幼虫拒食率分别为 80%~86%和 46%~65%。Potter 喷雾处理 72h 以后，n = 10g/L 叶甲醇浸提物对 3 龄幼虫的校正死亡率可达到 86.1%，而 n = 10g/L 叶石油醚浸提物对 4 龄幼虫的校正死亡率则为 88.5%。此外，苦槛蓝根可供药用，主要用作治疗肺病。

5.3 社会效益

苦槛蓝造林成活率高，生长快，成林早。适宜在浙江省中南部地区推广营造苦槛蓝防护林，可以加快沿海平原的绿化步伐，提高沿海地区的森林覆盖率和防护林体系的建设质量，从而极大地保障了沿海地区人民群众的生产条件和生活质量。

此外，苦槛蓝树形优美，叶片常绿，花形、花色美丽，花期长，四季常绿，树冠自然成球状，呈深绿色，四季有花，具有较高的观赏价值，是一种值得在适宜地区推广的园林树种之一。

长叶榧树模式标本采集地的考证与研究

杨胜利[1]，俞美星[1]，吴相祝[1]，高兆蔚[2]，陈哲明[2]

（1. 浙江省仙居县林业局　317300；2. 福建省林业厅　福州　350003）

摘　要：长叶榧树是新生代第三纪残存的孑遗裸子植物，秦仁昌教授于1924年6月在仙居县南100km处采集到模式标本，1925年发表在美国哈佛大学阿诺德树木园杂志上。模式标本采集地点50多年来一直困惑着许多研究者。笔者从1979年以来进行多方面的考查，经有关专家提供的线索，终于找到了长叶榧模式标本采集地的确切位置，为有效保护和开发利用长叶榧树的资源，提供了科学依据。

关键词：长叶榧树；模式标本；采集地；考查研究

长叶榧（*Torreya jackii* Chan），又名浙榧、加氏榧，当地群众称为山榧、臭榧、白榧和青榧等，属红豆杉科榧树属，是新生代第三纪残存的孑遗裸子植物，我国特有的珍贵树种，1992年10月林业部公布的第一批国家保护的珍贵树种名录中，列为Ⅱ级重点保护野生植物。

1　长叶榧树等模式标本采集的历史背景

从18世纪初到20世纪初，都是外国人来我国采集植物标本，拿到国外标本室进行研究，至20世纪20年代，钟观光先生首先在全国各地大量采集标本，建立标本室，嗣后钱崇澍、胡先辅、秦仁昌、郑万钧等，先后都参加到采集植物标本这一行列，为我国植物学的创建作出了重要贡献。

秦仁昌先生时任金陵大学（现为南京东南大学）教师，1921—1927年间，先后到舟山、宁波、天台、仙居、温州、庆元、临安等地，采集了大量标本，其中包括多种珍稀植物和新种及新记录种，如长叶榧、天目铁木、天台鹅耳枥、光叶木蓝、温州冬青、稀花槭、裂叶黄芩、浙江黄芩等，这类模式标本就达40余种。在仙居采到的各类标本共214种，号码是1600—1813号，其中，模式标本有以下10种，长叶榧（*Torrya ackii* Chun）、光叶木蓝［*Lndigofera neoglabra*（Chien）Hu（*I. giadra* Chien）］、平翅三角槭（*Acer buerianum* Miq. var. Horizntale Metc）、稀花槭（*Acer pauciflorum* Fang）、白叶椴（*Tilia hypogiauca* Rehd）、杨桐（黄瑞木）属（*Adinandra chingii* Metc）、秃红紫珠（*Leyana* DieAls f. Subgjadra pei）、浙江黄岑（*Scutellariacheekiangensis* C. Y. wu）、裂叶黄岑（*Scutellarria incisa sttn rx* C. H. Hu）、毛枝常绿荚蓬（*Viburnum semperviens* K. Koch var. *trichophorum* Hand. -Mazz），丰富了我国植物分类的品种。

2　长叶榧树模式标本采集地之迷

据1953年出版的中国树木分类学（陈嵘著）中记载，“本种系1924年由秦仁昌氏发现于仙居县南二十里”。陈焕镛教授发表论文后的半个世纪多过去了，有志于探索研究长叶榧树的科技工作者，在仙居县城南10km的范围内苦苦寻找均无结果。从采集到模式标本，至我国乃至国际植物科学论坛上，再也没有出现过一篇有关长叶榧树的论文报导。长叶榧树的模式标本采集地到底在仙居县什么地方，长叶榧树的分布范围有多大，长期以来一直困惑着人们。

3　长叶榧树模式标本采集地的考证

时间追溯到1924年6月，秦仁昌教授从金陵大学出发，经临海坐船到仙居，那时候的仙居生态条件好，山清水秀，植物品种资源相当丰富，有许多植物处于野生状态，植被保存完整，对外主要交通工具只有永安溪上的长船。1996年访问湫山乡湖头村86岁老人陈大奶时，老人回忆说“20世纪解放前时竹排可以通到曹店”（原溪港乡政府所在地），从曹店上岸走路到陈庄正好是“二十里”，所以，陈嵘先生编著的《中国树木分类学》上记载的是仙居县南“二十里”。1979年，全国良种资源普查时，在安岭乡石家坑水库周围、陈坑村、石舍村，淡竹乡中坑树发现长叶榧树小范围群落片状分布，当时由高兆蔚同志写信同85岁高龄的秦仁昌教授联系，秦教授在回信中写到：“一天是偶然的机遇，我给当地一户中等富裕人家，写好中堂的对联后，到了村庄对面小山坡上，却发现了几株树高过人的榧树新种”“标本采集地到温州府、永嘉很近”。另一方面，据福范建师大林来学官教授1982年来仙居县考察长叶榧树资源时讲，据查证的资料，长叶榧树标本采集地在“陈村村，加凤坑（为英译地名）”。对此，课题组人员进行实地考查。

据考证解放前仙居县城关出西门到永嘉、温州府，溪港乡陈庄村是陆路交通的必经之路，而陈庄村对面山上的有个叫夹坟坑的小地名，经实地考证确有野生状态的长叶榧树分布生长。至此，长时间困惑人们的迷团终于解开，确认溪港乡陈庄村夹坟坑，就是当年秦仁昌教授长叶榧树模式标本的采集地。

4　长叶榧课题研究进展情况

1981年，课题组进行了长叶榧树的种子采集、处理、贮藏和人工繁育栽培试验，种子育苗于1983年获得成功，突破了种子育苗难关，接着开始进行造林试验。《我国特有树种长叶榧育苗成功》一文发表在浙江科技简报1984年第11期上。

1991年由中国科学院植物研究所傅立国研究员提议，长叶榧树资料编人《中国植物红皮书》（第一册）。

1994年4月，由福建省森林资源管理站和浙江省仙居县林业局共同完成的《我国特有珍贵树长叶榧树资源调查及繁育栽培技术研究》课题，由福建省林业厅组织有关专家通过鉴定。主要完成人员为：高兆蔚、杨胜利、陈哲明、吴相祝、李贞猷和俞美星。

1996年，该课题荣获福建省人民政府颁发的科技进步三等奖，困惑人们半个世纪多的长叶榧模式标本采集地探寻工作圆满完成。

5　目前的生长现状

据笔者长期的调查与观察，目前仙居县的长叶榧树仍以野生状态为主，在长叶榧生长分布范围内生活的村民，对长叶榧树的保护意识还比较淡薄，不知道长叶榧是受国家二级保护的特有珍贵树种。目前该物种分布范围狭窄，野生资源稀少，各产地肆意樵采破坏现象仍时有发生，如不及时采取保护措施，该树种就有灭绝的危险。

6 保护措施与对策

鉴于仙居县是长叶榧树的模式标本采集地，各级政府和有关部门要加强宣传力度，一方面采取有效措施加强保护，建议在溪港乡陈庄村夹坟坑和安岭乡石长坑周围，以及淡竹乡淡竹村、黄坦村周围，结合生态公益林区划界定，划定长叶榧树自然保护小区或禁伐区，对长叶榧树进行重点保护，使这一特有珍稀树种得以繁衍生息；另一方面应增加资金投入，开展人工繁育和植树造林，为发展丰富和开发利用长叶榧树资源创造条件，使长叶榧树这一珍贵树种免于灭绝。

浙江分布新记录——白花映山红

颜福彬[1]，陈征海[2]

（1. 浙江省温岭市农林局，温岭　317500；2. 浙江林业规划设计院，杭州　310020）

摘　要：报道了在浙江温岭大溪镇水坦村岩火尖发现的浙江分布新记录植物：白花映山红（*Rhododendron simsii* var. *albiflorum*），并对其形态特征、生境及伴生植物作了介绍。

关键词：白花映山红；植物区系；分布新记录；浙江

2006年4月，笔者在浙江温岭大溪镇水坦村岩火尖发现一种花冠、花丝、花柱均为白色的映山红，经鉴定为白花映山红，该变种在《浙江植物志》和《浙江种子植物检索鉴定手册》中未见记载，属浙江分布新记录，现特予报道。

白花映山红，杜鹃花科（Ericaceae）

Rhododendron simsii Planch var. *albiflorum* R. L. Liu. Acta Bot. Yunnan. 15（2）：190. 1993

浙江：温岭（Wenling），大溪镇（Daxi），水坦村（Shuitan）岩火尖山坡草丛中，陈征海（Zh. H. Chen）、颜福彬（F. B. Yan）WL06410，2006-04-19。分布于江西井冈山。浙江新记录。

该变种为半常绿灌木。小枝密被棕褐色扁平的糙伏毛。花冠、花丝、花柱均为白色，花冠内的斑点绿色，花柱基部被白色扁平的糙伏毛。

生于山坡灌丛中。伴生植物有马尾松（*Pinus massoniana*）、黄檀（*Dalbergia hupeana*）、枫香（*Liquidambar formosana*）、乌饭树（*Vaccinum bracteatum*）、柃木（*Eurya japonica*）、山莓（*Rubus corchorifolius*）、美丽胡枝子（*Lespedeza formosa*）、映山红（*Rhododendron simsii*）、橘草（*Cymbopogon goeringii*）、蕨（*Pteridium aquilinum* var. *latiusculum*）、芒萁（*Dicranopteris pedata*）等。

依据标本存放于浙江林学院植物标本馆（ZJFC）。

规划设计调查数据在林分生长模型中的应用初探

施灵栋

（浙江省天台县赤城街道林业站，天台　317200）

摘　要：采用森林资源规划设计调查小班数据编制了硬阔叶林分的地位级指数表，并建立了硬阔叶林分的生长模型。检验表明，所建模型达到了一定的精度，基本能满足森林经营的要求。

关键词：规划设计调查；硬阔叶林；生长模型

林分生长模型是指描述或模拟林分蓄积量、林分平均直径、林分平均树高等林分因子生长发育过程的数学模型。林分生长模型在森林经营与管理、森林经营优化决策、森林资源档案建立和数据更新等方面具有重要的意义。在建立生长模型时，通常采用固定标准地或临时标准地数据拟合所建数学模型，因而这种标准地数据具有典型性，但缺少随机性。森林资源规划设计调查（二类调查）小班数据则正好相反，虽然典型性稍差，但具有很强的随机性，并且可获得性比标准地数据要好得多，但目前主要用于森林资源统计汇总。本文的目的是通过采用森林资源规划设计调查（二类调查）小班数据建立天然硬阔叶林分生长模型，研究探讨森林资源规划设计调查小班数据在林分生长模型研制中的应用，为拓展小班调查数据应用范围作一尝试，以提高小班调查数据的应用效率。

1　研究地区概况

1.1　自然地理条件

研究地区天台县位于浙江省东部，台州市西北部，地理坐标为北纬 28°57′02″～29°20′39″，东经 120°41′24″～121°15′46″。土地总面积 1 432.1km^2。该地区四面环山，中部为平坦的丘陵盆地，海拔多在 500m 以下，气候属中亚热带季风气候区，四季分明，热量充足，雨水较多，光能充裕。多年平均气温 16.8℃，≥10℃的活动积温为 5 291.8℃。多年平均降水量 1 320.5mm，主要集中在 3～9 月。

1.2　森林土壤

该地区土壤有 5 个土类、10 个亚类。山地森林土壤主要为黄壤和红壤。黄壤土类，分布于 600～800m 以上的山地，成土母质基本上是酸性火山岩的风化残积坡积物。有机质含量 5.78%，全氮含量 0.29%，pH 值为 4.8～6.3，是一种肥力较高的森林土壤，适合多种树种的生长。主要植被有云锦杜鹃、柳杉、黄山松、马尾松、檫木、木荷、毛竹、箬竹、青钱柳、绵槠、岩青冈、映山红等。

红壤土类，分布于海拔 600.8m 以下的低山、丘陵地区。有机质含量 1.77%，全氮含量 0.09%，pH 值为 4.9～6.2。主要植被有马尾松、杉木、甜槠、木荷、光皮桦、岩青冈、映山红、马银花、红楠、柃木和茶叶等。

1.3　森林植被

植被属中亚热带常绿阔叶林北部亚热带，浙闽山丘甜槠、木荷林植被区，天台山、括苍山、山地岛屿植被片。有常绿阔叶林、常绿落叶阔叶混交林、针阔混交林、暖性针叶林、温性针叶林、竹林、山顶苔藓矮曲林、灌丛等 8 个植被型。主要建群种，乔木有樟科、冬青科、槭树科、山茶科、山矾科、金缕梅科、木兰科和壳斗科；灌木主要有杜鹃科、忍冬科、豆科、蔷薇科、紫金牛科和茜草科等。由于受到人为的干扰，常绿阔叶林多为次生林。

1.4　森林资源条件

全县林地面积 99 372hm^2，其中，有林地 86 879hm^2。活立木总蓄积 1 927 129m^3（包括散生木和四旁木等）。

2　应用数据

本文所用数据来源于森林资源规划设计调查（二类调查）的硬阔小班数据。其中，硬阔蓄积占小班蓄积的 65%以上。样本数为 141 个。所用小班数据有关调查因子的范围如表 1 所示。

表 1　硬阔小班调查因子数据范围

项目	单位	最小值	最大值
年龄	年	9	48
胸径	cm	5	25
树高	m	4	18
株数	株/hm^2	225	3540
蓄积	m^3/hm^2	3	90

3　地位级指数表的编制

根据森林生长理论，林木生长除受树种的生物学特性影响外，还受林木所处立地条件的影响。立地条件对林木生长的影响可以通过立地质量评价来反映。目前，立地质量评价方法通常采用基准年龄时的优势木林分平均高作为评价指标的地位指数法。由于规划设计调查中没有测定林分优势木平均高，因此采用地位级指数法评价立地质量，即用基准年龄时的小班（林分）平均高来评价立地质量。

通过用小班平均高和年龄数据，对各常用单变量的生长模型进行拟合，并以离差平方和与相关系数作为拟合优度指标，选择离差平方和最小、相关系数最大的生长模型作为导向曲线。由此得导向曲线为：

$$H = 117.0682\times(1-e^{0.0004562\times A})^{0.6409} \quad (1)$$

离差平方和为 275.34，相关系数为 0.7160。

用比例法展开该导向曲线可得硬阔的地位级指数表，根据小班年龄、平均高查地位级指数表，可以判定各小班的地位级指数。

根据硬阔叶林的生长特点和小班实际年龄分布，取基准年龄为 30 年。经用上述方法对各小班进行地位级指数判定后得到小班数按地位级指数的分布如表 2 所示。

表 2　小班数按地位级指数分布

地位级指数	合计	6	8	10	12	14	16
小班数	141	114	5	12	2	2	6

从表 2 可看出，硬阔林的地位级指数很低，平均不到 8m。这说明：一是组成硬阔叶林的树种生长慢，生长量小；二是硬阔林遭受破坏比较严重，而且是经过多次采伐或受人为干扰而形成残次林后，造成正常的生长发育受到了很大影响，生长量降低。

经对导向曲线进行相对相差百分数检验，得平均值相对相差百分数为-0.69%，相对相差百分数平均值为-0.83%，相对相差百分数绝对值平均标准误为 1.55%。检验结果表明地位级指数导向曲线拟合精度很高，能满足立地质量评价的要求。

4　林分生长模型建立和检验

目前，林分生长模型很多，根据模型的特性可以归成若干个种类，如根据研究对象可以划分为全林分生长模型、直径分布模型、单木模型，根据模型中自变量的特性可以分为动态生长模型、静态生长模型，根据林分特征因子可分为林分蓄积量生长模型、林分断面积生长模型、林分平均直径生长模型、林分平均树高生长模型、林分株数生长模型等，根据数学模型的特点和模型建立的方法可分为林分模型、微分方程模型、马尔科夫模型、矩阵模型及非线性林分表预估等。每一种模型都有其独特的特点，对采用的数据也有不同的要求。根据本文所采用原始数据的特点，选择以下适用范围广、灵活性较好、并具有较好生物学意义的全林分生长模型。

$$M = a \times SCI^{b} \times N^{c} \times (1 - e^{d \times A})^{f} \tag{2}$$

$$M = a \times SCI^{b} \times N^{c} \times e^{d \times A} \tag{3}$$

$$M = a \times N^{c} \times (1 - e^{d \times A})^{f} \tag{4}$$

$$M = a \times N^{c} \times e^{d \times A} \tag{5}$$

式中：M——林分单位面积蓄积量；

SCI——地位指数；

N——林分单位面积株数；

A——林分平均年龄；

a、b、C、d、f——模型参数。

用实际数据拟合得结果如表 3 所示。

表 3　林分单位面积蓄积量拟合结果

模型号	参数					拟合优度	
	a	b	c	d	f	SSR *	R **
(2)	126.6080	0.8167	0.5022	−0.0005797	1.9078	24 536.64	0.7411
(3)	1.1646	0.2490	−0.5458	0.09504		32 468.36	0.6353
(4)	1 384.5580		0.7771	−0.0005797	2.1691	22 947.20	0.7605
(5)	0.01081		0.7913	0.09311		36 187.23	0.5789

注：* 为离差平方和；** 为相关系数

从表 3 可看出，式（2）和式（4）拟合优度显著优于（3）和式（5）。其中，以式（4）拟合效果最好。由于缺少固定样地数据，无法对上述模型进行独立性检验。为此，用相对相差百分数检验法和拟合生长模型的原始数据对式（2）和式（4）进行自检，得检验结果如表 4 所示。

表 4　林分生长模型检验结果

模型号	平均值相对相差百分数	相对相差百分数平均值	相对相差百分数绝对值平均标准误差
(2)	11.1	13.2	3.13
(4)	9.12	12.86	3.04

5　结论和建议

第一，由于缺少固定样地数据，未能对地位级指数表进行符合性检验，即不能对同一样地的地位级指数变动情况进行检验。但对导向曲线的拟合性检验表明，导向曲线的拟合效果很好。

第二，从所建立的林分生长模型看，式（2）和式（4）的拟合优度好于式（3）和式（5），说明模型的型式不同，拟合效果不同，具体本例来说，$(1-e^{d\times A})^f$较 $e^{d\times A}$更灵活，拟合效果更好。从式（4）拟合优度好于式（2）、式（3）拟合优度好于式（5）看，地位级指数（SCI）对模型拟合优度的影响随模型的型式而有差异，这在一定程度上也表明了硬阔天然林分受到人为干扰后，林分的结构发生了一定的变化，有可能使得林分平均树高曲线产生了一定程度的波动，反映在模型中产生了拟合效果的不稳定。

第三，对所建林分生长模型用相对相差百分数检验表明，所建模型的平均精度较高，特别是对于受人为因素严重干扰的天然次生林，能达到表 4 中的结果是可以接受的，亦即所建林分生长模型可以用于生长预测。

第四，上述结果表明，森林资源规划设计调查样地数据可用于林分生长模型的研制。

第五，当前规划设计调查小班数据主要用于森林资源的统计汇总，其应用范围很窄，使用效率很低。本文的初步结果表明，采用规划设计调查小班数据建立林分生长模型取得了较满意的结果。为此，建议加大对规划设计调查小班数据使用范围的研究，特别是在替代标准地、样地方面的研究，以提高其使用效率，大量减少标准地、样地调查的人力、物力和财力，并节省时间。

桂花夏季光合特性及其与环境因子的关系

柯世省，魏菊萍，陈贤田，叶伟杰，周卫敏

（1. 台州学院生命科学学院，临海　317000；2. 三门林业局，三门　317100）

摘　要：对盆栽5年生丹桂的研究结果表明：净光合速率日变化曲线为“双峰”型，光合效率午间明显降低，主要由非气孔限制引起。表观量子效率和实际光化学效率的降低是非气孔限制形成和发展的深层原因。蒸腾速率的日变化为“单峰型”，午间最高。利用多元逐步回归方法得到净光合速率和蒸腾速率与环境因子的最优方程，气温和光合有效辐射对净光合速率和蒸腾速率的影响较大。夏季适当遮阴有利于丹桂降低光抑制，提高净光合速率，促进植株生长。

关键词：光合特性；环境因子；夏季；多元逐步回归；桂花

光合作用是植物最重要的生理过程，是评价植物第一生产力的标准之一。它是植物生长发育的基础，同时又是复杂的生物物理化学过程，受到诸多因素的影响。自然条件下，影响植物光合作用的因子之间的关系错综复杂，研究植物的光合特性及其与环境因子的关系显得十分重要。桂花（*Osmanthus fragrans* Lour.）是木犀科（*Oleaceae*）木犀属（Osmanthus）常绿灌木或小乔木，是我国长江流域各省及华南地区常见的观赏树种和经济树种，为我国十大名花之一，花期正值仲秋，香飘数里，深得人们喜爱。桂花有四季桂、银桂、金桂和丹桂4个品种群。在其主要生长季节夏季，桂花受到午间强光高温的胁迫，影响生长。现就夏季晴天自然条件下，以丹桂（*Osmanthus fragrans* var. *aurantiacus* Mak.）为材料，研究环境因子对其光合作用的影响状况，以期为桂花的栽培管理提供科学依据。

1　材料与方法

1.1　试验材料

以盆栽5年生丹桂为试材，植株生长健壮，受光良好。8月初选取植株顶部生长状况相似的当年生成熟叶片，用英国ADC公司生产的LCA-4型便携式光合测定仪对连体叶片进行测试，采用开放式气路。重复测试3张叶片，每叶片重复记录4~6组数据，结果取平均值。测试前往花盆中浇适量水，保持土壤水分充足。

1.2　研究方法

光合日进程测试。从7：00~17：00每隔1h测定1次。测定的指标有光合有效辐射（PAR/μmol/m^2·s）、气温（T_a/℃）、大气相对湿度（RH/%）、大气CO_2浓度（T_a/μmol·mol）、净光合速率（P_n/μmol/m^2·s）、蒸腾速率（T_r/μmol/m^2·s）、胞间CO_2浓度（C_i/μmol·m）和气孔阻力（r_s/m^2·s·mmol），这些指标在仪器上同步显示。

光响应测试。以黑布和多层纱布均匀遮光的方法调节光合有效辐射从0到1 500μmol/m^2·s，弱光下（小于160μmol·m^2·s）每梯度为20~30μmol/m^2·s、强光下为100~

300μmol/m^2，每梯度光照持续 3min 到数据稳定，测得从低到高一系列光合有效辐射下叶片的净光合速率。从低光强下净光合速率-光合有效辐射的直线斜率求得表观量子效率，计算光补偿点。实测光饱和点和最大净光合速率。

实际光化学效率测定。暗适应 5min 后，以 OS30P 型叶绿素荧光测定仪（OPTI-sciences，USA）采用快速动力学法测定叶片的光化学效率（F_vF_m）。

1.3 数据处理

用 DPS 数据处理软件对观测数据进行多元逐步回归、偏相关分析和通径分析。

2 结果与分析

2.1 环境因子日变化

自然条件下环境因子日变化如图 1 所示。日出后，环境光合有效辐射（图 1-A）逐渐增大，在 11：00~13：00 达到最大值后逐渐减小，一天中变化幅度很大。空气 CO_2浓度（图 1-B）早晨最高，8：00以后快速下降，至 11：00 有较大幅度的下降，以后则变化平缓，傍晚时稍有上升，但没有恢复到早晨水平。气温（图1-B）在 13：00~14：00 左右达到最高值。空气相对湿度（图 1-A）随着光合有效辐射的增强和气温的升高而逐渐下降，午后降至最低，以后随着光合有效辐射和气温的下降又逐渐升高。

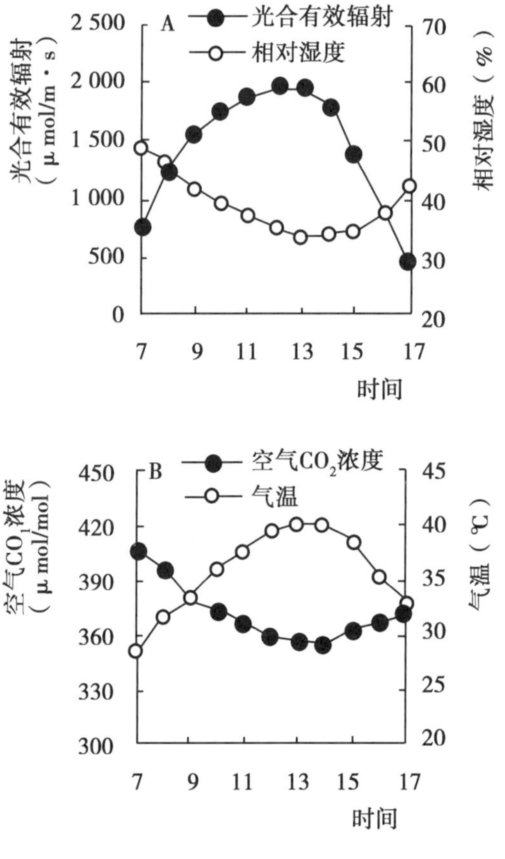

图 1 环境因子日变化

2.2 光合参数日变化

在 8 月初晴朗天气下，丹桂净光合速率日变化呈“双峰”型（图 2-A），第 1 峰出现在 8：00~9：00，第 2 峰则在下午 16：00 左右，而谷底则出现在中午 12：00~14：00。蒸腾速率日变化呈单峰曲线（图 2-B），最高值出现在中午（12：00~ 14：00），此时气温接近一天中的高峰（图 1-B）。胞间 CO_2浓度的日变化（图2-A）基本上与净光合速率相反，因为当净光合速率较大时，固定的 CO_2较多，引起胞间 CO_2浓度降低。早上光合有效辐射逐渐增大有利于气孔张开，气孔阻力减小，至 10：00 左右达到低值，以后随着叶片失水过多，促使气孔部分关闭，气孔阻力逐渐增大，15：00 以后，空气相对湿度有所回升，气温下降（图 1-B），气孔阻力小幅下降，但 16：00 以后光合有效辐射过弱，气孔阻力增大（图2-B）。

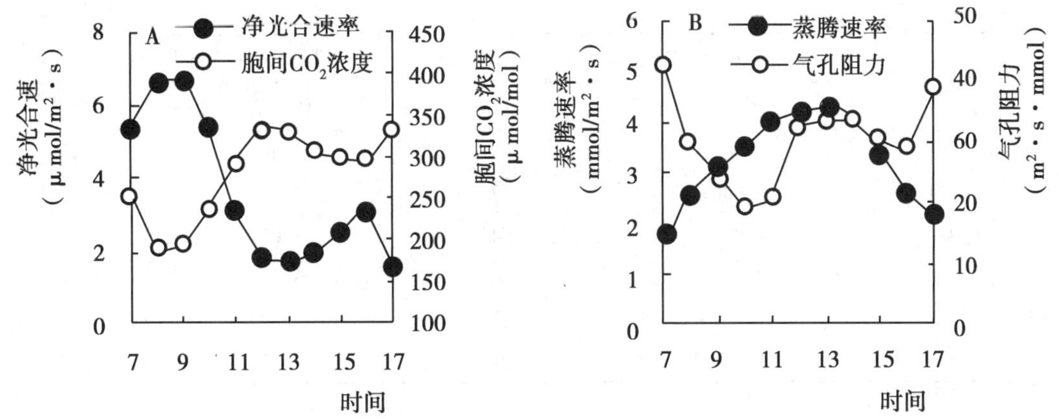

图 2　净光合速率、胞间 CO_2 浓度、蒸腾速率和气孔导度日变化

2.3　净光合速率和蒸腾速率与环境因子的回归分析

净光合速率和蒸腾速率的变化是植物复杂的生理过程，对各种环境因子的影响非常敏感。应用逐步回归分析方法，能挑选出对这些生理过程影响较大的因子，建立最优回归方程。以光合有效辐射（x_1）、空气 CO_2 浓度（x_2）、空气相对湿度（x_3）、气温（x_4）与净光合速率（y）或蒸腾速率（y）的日变化数据进行多元逐步回归，得到净光合速率和蒸腾速率的回归方程（表 1）。

表 1　净光合速率和蒸腾速率与环境因子的回归方程

光合参数	回归方程	复相关系统 R	F 值	显著水平 P
净光合速率	$y=51.8863+0.00402x_1-0.30097x_3-1.17670x_4$	0.9020	10.1823	0.0060
蒸腾速率	$y=-6.1569\_\ 0.00081x_1+0.04003x_3+0.18587x_4$	0.9942	199.5597	0.0000

这两个回归模型可信度分别达到 90.20% 和 99.42%，方程的显著性经 F 检验都达到了极显著水平（$P<0.01$），拟合值与观察值接近（表 2），表明其具有较强的预测能力，是较好的回归方程。从回归方程挑选的环境因子可以看出，影响丹桂净光合速率和蒸腾速率日变化的主要因子是光合有效辐射、空气相对湿度和气温。

表 2　净光合速率和蒸腾速率日变化的观察值与拟合值

时刻	净光合速率/μmol/（m²·s）		蒸腾速率/mmol/（m²·s）	
	观测值	拟合值	观测值	拟合值
7：00	5.36	6.53	1.76	1.73
8：00	6.58	5.64	2.51	2.61
9：00	6.63	6.05	3.05	3.05
10：00	5.42	4.44	3.53	3.58
11：00	3.12	3.90	4.16	3.89

（续表）

时刻	净光合速率/μmol/（m^2·s）		蒸腾速率/mmol/（m^2·s）	
	观测值	拟合值	观测值	拟合值
12：00	1.90	2.83	4.20	4.19
13：00	1.69	2.52	4.34	4.22
14：00	1.97	1.54	4.07	4.12
15：00	2.51	1.86	3.39	3.51
16：00	3.12	2.27	2.58	2.69
17：00	1.56	2.21	2.17	2.02

在有多个变量的情况下，变量之间的相关关系是很复杂的，因为任意两个变量之间都可能存在着相关关系，计算得到的两个变量之间的简单相关系数，往往不能正确地说明这两个变量之间的真正关系。但偏相关系数分析可帮助排除假象相关，找到真实联系最为密切的变量。从逐步回归中被挑选的几个因子的偏相关系数来看（表3），净光合速率和蒸腾速率日变化与光合有效辐射的偏相关关系分别达到了显著和极显著水平。

通径分析研究多个相关变量之间的关系和对应变量作用的大小。通径分析表明（图3），从直接作用大小看，环境因子对净光合速率和蒸腾速率影响的顺序都为气温>光合有效辐射>空气相对湿度。这与丹桂在高温低湿条件下净光合速率明显降低的实际情况相一致。光合有效辐射是植物光合作用能量的最终来源，但由于存在严重的光合午休，降低了光合有效辐射与净光合速率的相关性和作用。而蒸腾作用是一种热效应，主要受环境温度的影响。

表3　净光合速率和蒸腾速率与环境因子的偏相关分析和通径分析

光合参数	环境因子	偏相关分析			通径分析
		偏相关系数	T检验值	显著水平p	直接通径系数
	光合有效辐射	0.7284	2.8126	0.0228	1.0675
净光合速率	空气相关湿度	-0.2257	0.6130	0.5569	-0.7919
气温	-0.4919	1.4949	0.1733	-2.2474	
	光合有效辐射	0.8883	5.1172	0.0009	0.4836
蒸腾速率	空气相关湿度	0.2683	0.7368	0.4823	0.2370
气温	0.6278	2.1337	0.0654	0.7987	

2.4　不同时刻光响应参数和最大光化学效率

为探讨高温强光下丹桂光合“午休”的成因，分别于上午8：00~9：50（光合日变化峰值时间内）和12：00~13：50（光合作用“午休”时间内）进行了光响应测试和实际光化学效率测试，结果如表4所示。丹桂光合“午休”时，气孔阻力增大（与在峰值时相比，图2-B），胞间CO_2浓度升高（图2-A），表明光合“午休”的成因主要是非气孔限制。同时表4表明，光合“午休”时，最大净光合速率、表观量子效率和实际光化学效率明显下降，光补偿点增大，光饱和点变小，对光的利用能力降低，说明此时丹桂受到了明显的光抑制，光抑制是其光合“午休”非气孔限制形成和发展的深层原因。由于丹桂正常光饱和点在 1 000μmol/(m^2·s) 上下，而夏天晴天的光合有效辐射大多在 1 500μmol/(m^2·s) 以上，远远超过其饱和点，所以可适当遮荫或将其栽培于稀疏的林下，以降低叶片温度和蒸腾速率，减轻光抑制，提高光合速率。

表 4　自然条件下一天不同时间光合参数

光合参数	时间	
	8：00~9：50	12：00~13：50
最大净光合速率（μmol/m^2·s）	7.83	2.07
光补偿点 LCP（μmol/m^2·s）	54	196
光饱和点 LSP（μmol/m^2·s）	931	587
表观量子效率	0.0281	0.0125
实际光化学效率	0.752	0.539

3　小结与讨论

研究表明，丹桂净光合速率日变化呈“双峰”型，第 1 峰出现在 8：00~900 左右，第 2 峰则在 14：00 左右，但峰值较小。蒸腾速率日变化呈单峰曲线，最高值出现在中午。胞间 CO_2浓度的日变化与净光合速率基本相反。气孔阻力的日变化为双谷型，中午有所增大。所以丹桂净光合速率午间降低主要是由非气孔限制因素造成的，表观量子效率和实际光化学效率的午间降低是非气孔限制形成和发展的深层原因。应用多元逐步回归分析方法，建立的方程表明净光合速率和蒸腾速率与气温和光合有效辐射关系密切，气温升高对丹桂净光合速率有更大的抑制作用。夏季高温由高光强引起，由于丹桂的光饱和点在 1 000μmol/(m^2·s) 左右，而夏季的光合有效辐射大部分时间里都在 1 500μmol/(m^2·s) 以上，所以在夏季丹桂的栽培管理中可以适当遮阴，以降低叶片温度，减轻光抑制，提高净光合速率，促进植株生长。

云锦杜鹃气孔导度和蒸腾速率对水分的响应

柯世省[1]，魏　燕[1]，陈贤田[2]，葛　勇[1]，吴秀珍[1]，陶梦希[1]

（1. 台州学院，临海　317000；2. 浙江省三门县林业局，三门　317100）

摘　要：为云锦杜鹃的合理开发和引种栽培提供科学依据。以5年生云锦杜鹃苗木为材料，通过盆栽试验，模拟四种不同程度的土壤水分胁迫：对照（最大田间持水量MFA75%~80%，下同）、轻度胁迫（MFA 60%~65%）、中度胁迫（MFA45%~50%）、重度胁迫（MFA30%~35%），研究土壤水分胁迫对云锦杜鹃的气孔导度和蒸腾速率的影响。在轻度、中度、重度胁迫下，蒸腾速率和气孔导度与对照相比分别降低了21%和33%、65%和44%、67%和82%，气孔导度的下降幅度比蒸腾速率大，云锦杜鹃蒸腾速率日变化曲线为单峰型，而气孔导度日变化曲线为双峰型。经逐步多元回归得到了不同水分处理下蒸腾速率日变化与生态因子的回归方程。蒸腾速率与气孔导度、土壤含水量和叶片相对含水量关系密切。

关键词：水分胁迫；气孔导度；蒸腾速率；云锦杜鹃

云锦杜鹃（*Rhododendron fortutrei*）为杜鹃花科（*Erieaceae*）杜鹃花属（*Rhododendron* L.）常绿灌木或小乔木，是常绿杜鹃亚属中最原始的一个类群，自然分布于长江流域各省，生于海拔400~1 900m的沟谷阔叶林中或山顶灌草丛，是一种观赏价值高、开发潜力大的园林树种，原生境阴凉潮湿，水分充沛。将其引种到低海拔的平原地带，引种地与原产地在自然条件方面存在诸多差异，其中水分是差异极为显著的因子之一。笔者采用盆栽控水法，模拟不同程度的土壤水分状况，研究水分胁迫对云锦杜鹃蒸腾速率和气孔导度的影响，为云锦杜鹃的合理开发和引种栽培提供科学依据。

1　材料与方法

1.1　试验材料生长状况相似的5年生盆栽云锦杜鹃实生苗。

1.2　试验设计

盆栽，7月初开始。设对照（土壤水分含量为最大田间持水量的75%~80%，下同）、轻度胁迫（60%~65%）、中度胁迫（45%~50%）、重度胁迫（30%~35%）4个水分处理，分别用CK、W1、W2和W3表示。每处理3盆，每盆1株。盆置于防雨棚下，自然光照。不浇水，待土壤水分自然消耗至设定标准后，用称重补充法控制土壤含水量在设定范围内，持续胁迫10d后测定各项指标。

1.3　测定指标

①土壤含水量（SWC）测定用烘干法，叶片相对含水量（RWC）测定用饱和含水量法。②蒸腾速率和气孔导度测试。在实验室控制条件下进行，用LCA4型光合作用仪（ADC，UK）控温装置控制叶室温度为（30±1）℃，光合有效辐射（PAR）为（800±20）μmol/（m^2·s），自然CO_2浓度，叶片连体测定。测定蒸腾速率和气孔导度。重复测试3张成熟叶片，每叶片重复记录4~6组数据，结果取平均值。③蒸腾速率和气孔导度日变化测试。在7

月晴天下，用 LCA4 型光合作用仪从 6：00～17：00 每隔 1h 测定 1 次，重复测试 3 张叶片，每叶片重复记录4～6 组数据，结果取平均值。测定的指标有光合有效辐射、气温、大气相对湿度、大气 CO_2浓度蒸腾速率和气孔导度。

2 结果与分析

2.1 叶片相对含水量和土壤含水量

叶片相对含水量常用来表示植株受水分胁迫的程度。4 种处理的云锦杜鹃叶片相对含水量和土壤含水量如图 1 所示，叶片相对含水量与 Hsiao 划分水分胁迫程度的标准相符。结果表明，随着土壤水分胁迫的加重，叶片相对含水量显著降低。

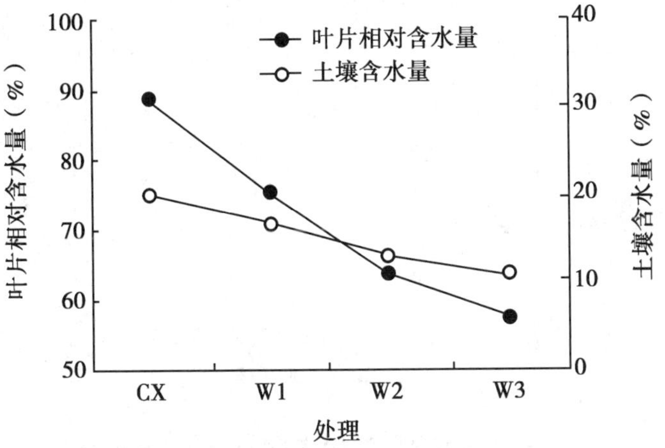

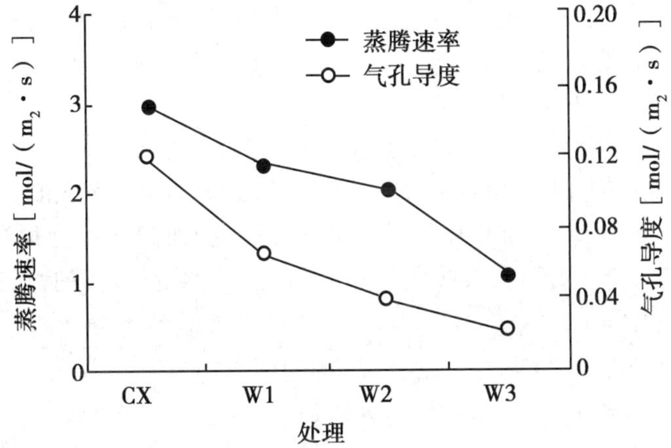

图 1　水分胁迫对叶片相对含水量和土壤含水量的影响

2.2 控制条件下的蒸腾特性

2.2.1 蒸腾速率、气孔导度及相互关系（图 2）

随着水分胁迫程度的加重，蒸腾速率和气孔导度均下降，在轻度、中度、重度胁迫下，蒸腾速率和气孔导度与对照相比分别降低了 21%和 33%、65%和 44%、67%和 82%，气孔导度的下降幅度比蒸腾速率大，表明其对水分胁迫更加敏感。

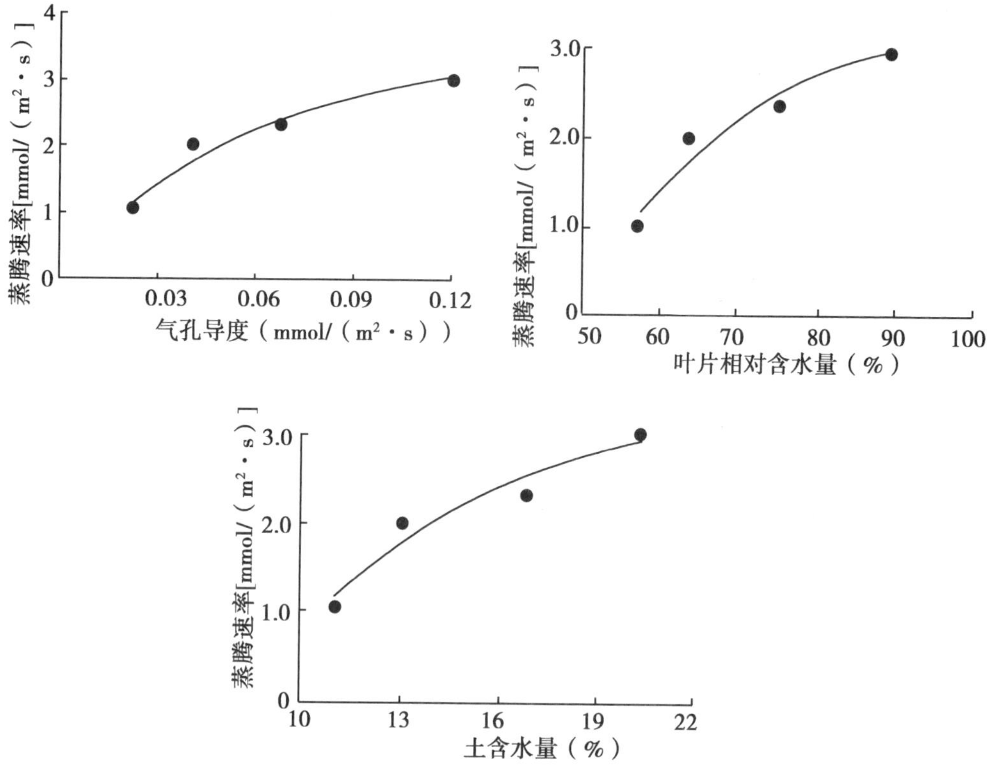

图 2　水分胁迫对蒸腾速率和气孔导度的影响

蒸腾速率（y）与气孔导度（x）的回归方程为：$Y = 1.1143\ln(x) + 5.3852$（$R^2 = 0.9804$），方程经 F 检验达极显著相关。表明在水分胁迫下，云锦杜鹃叶片能通过控制气孔的开放程度有效地调节蒸腾作用，以尽可能地减少失水。

2.2.2　蒸腾速率、气孔导度与叶片相对含水量和土壤含水量的关系

土壤含水量明显影响叶片相对含水量，而叶片相对含水量又影响到植物的蒸腾速率和气孔导度（图 3）。蒸腾速率（y）与叶片相对含水量（x）的回归方程分别为：$y = -0.0013x^2 + 0.2513x - 8.8223$（$R^2 = 0.09477$）；蒸腾速率（y）与土壤含水量（x）的回归方程 $y = -0.0128x_j + 0.5903x_j - 3.7861$（$R^2 = 0.9458$）。

气孔导度（y）与叶片相对含水量（x）的回归方程：$y = 0.014e^{0.0505x}$（$R^2 = 0.9674$）；气孔导度（y）与土壤含水量（x）的回归方程 $y = 0.0037e^{0.1733x}$（$R^2 = 0.9778$）。

2.3　自然条件下的蒸腾特性

2.3.1　生态因子日变化

自然条件下生态因子随时间的变化见图 4 所示。从 6：00 开始，环境光合有效辐射逐渐增大，在 11：00~13：00 达最大值，以后则逐渐减小，1d 中变幅很大空气相对湿度随光合有效辐射的增强和气温的升高而逐渐下降，午后降至最低，以后随光合有效辐射和气温的下降又逐渐升高。空气 CO_2浓度早晨最高，8：00 以后快速下降，至 11：00有较大幅度的下降，以后则变化平缓，傍晚时稍有上升但未恢复到早晨水平。气温在 13：00~14：00 达最高值。

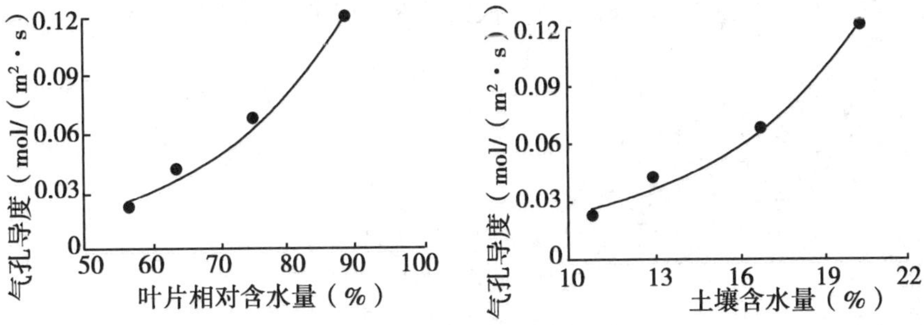

图 3　蒸腾速率、气孔导度与叶片相对含水量、土壤含水量的关系

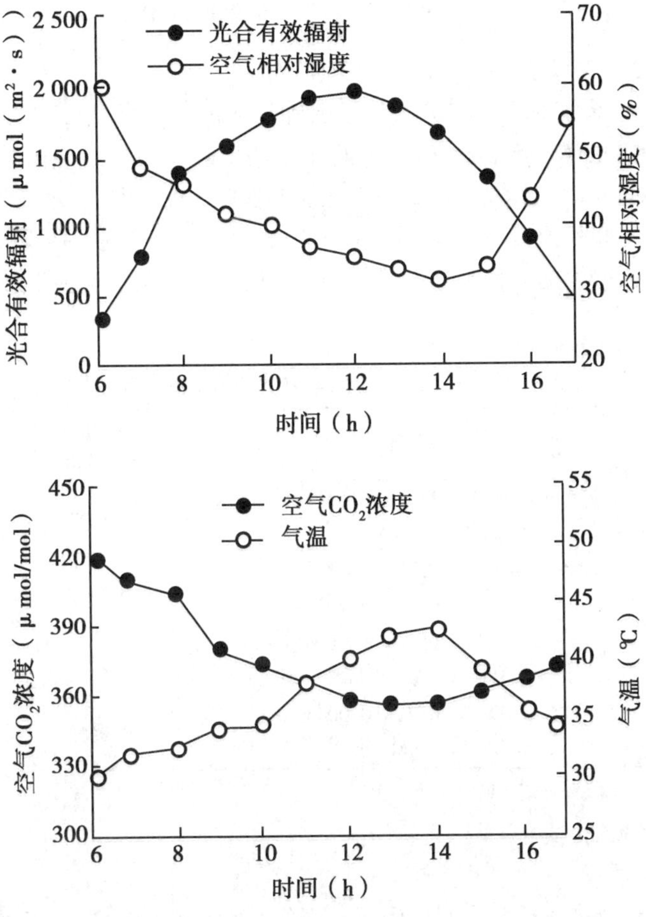

图 4　生态因子日变化

2.3.2　蒸腾速率和气孔导度日变化

蒸腾速率日变化在各个水分处理下均为单峰型（图 5），但峰值和出峰时间有明显差别，随着水分胁迫程度的加重，峰值减小，出峰时间前移。气孔导度的日变化在对照、轻度和中度水分胁迫下基本相似（图 5），呈现出早、中、晚较低的特点，且随着水分胁迫的加重，气孔导度值不断降低。在重度水分胁迫下，气孔导度值很低，几乎不对环境作出响应。

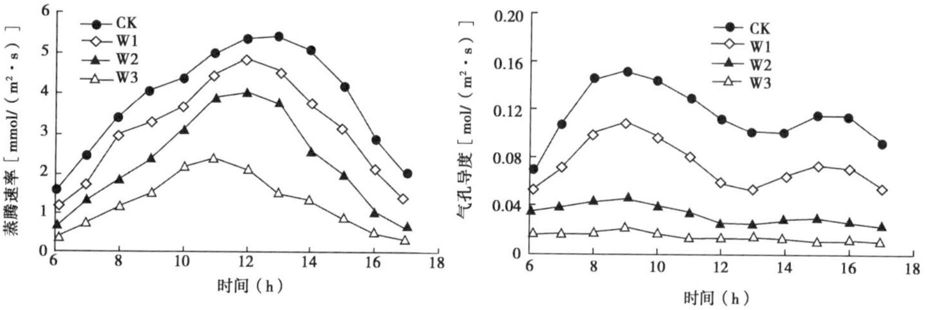

图 5　蒸腾速率和气孔导度的日变化

2.3.3　蒸腾速率与环境因子日变化的回归分析

用 DPS 数据处理系统对不同水分胁迫下云锦杜鹃蒸腾速率（y_1）与生态因子进行多元回归，生态因子包括光合有效辐射（x_1）、大气 CO_2浓度（x_2）、空气相对湿度（x_3）和大气温度（x_4），得到回归方程（表 1）。回归方程经 F 检验，变量与自变量的相关性都达到了极显著水平，拟合值与观察值接近（数据未列出）表明其具有较强的预测能力。在不同水分胁迫下，经逐步回归得到的方程都选中了 4 种生态因子，表明这 4 种生态因子与蒸腾速率日变化关系密切。

表 1　水分胁迫下蒸腾速率对生态因子的回归方程

水分胁迫程度	回归方程	复相关系数 R	F 值	显著水平 P
CK	$y_1=-6.0616+0.0018x_1+0.0062x_2+0.0039x_3+0.1387x_4$	0.9980	438.4722	0.0001
W1	$y_1=-8.4439+0.0023x_1+0.0055x_2+0.0472x_3+0.1222x_4$	0.9931	124.7063	0.0001
W2	$y_1=-11.3194+0.0026x_1+0.0046x_2+0.0868x_3+0.1293x_4$	0.9677	25.7899	0.0003
W3	$y_1=0.6309+0.0017x_1-0.0053x_2+0.0411x_3-0.0374x_4$	0.9625	22.0338	0.0005

3　讨论

土壤水分胁迫对植物生长和代谢产生多方面的影响，其中对蒸腾作用的影响尤为突出。许多研究表明，适度干旱能使植物水分利用效率（其值为净光合速率与蒸腾速率之比）显著提高。干旱胁迫明显影响气孔导度，而 HO_2的气孔扩散速率是 CO_2的 1.56 倍，所以气孔导度的降低对蒸腾速率的影响比净光合速率更大，即水分散失对气孔开度的依赖大于光合对气孔的依赖。该试验结果表明，随着干旱胁迫程度的增强，云锦杜鹃叶片气孔导度明显降低，蒸腾失水减弱，说明云锦杜鹃能通过控制气孔的开放程度来适应较干旱的环境，但在严重干旱胁迫下，由于光合作用气孔限制加重和非气孔限制的发展，将大幅度降低云锦杜鹃的光合能力，对其生长发育产生严重影响。在日变化测试过程中，由于午间气温较高，从正常供水水平（对照）到严重水分胁迫，云锦杜鹃蒸腾速率在午间均较大，但峰值随胁迫的加重而前移，这是因为叶片水分供应不足造成的。不同水分处理下，叶片气孔导度在午间都有程度不等的降低，气孔出现了部分关闭，表明云锦杜鹃在午间叶片都存在程度不等的水分亏缺。在严重水分胁迫下，气孔导度日变化不明显，对蒸腾速率的调节作用微弱，此时蒸腾速率主要受气温和叶片水势影响，导致峰值明显前移，正午时蒸腾速率明显降低，蒸腾降温能力减弱，叶片有遭受高温灼伤的危险。所以，在云锦杜鹃的夏季栽培管理中，应避免使其处于严重的水分胁迫下，并采取适当的降温措施。

浅论林业耕作制度创新模式的构建

王冬米[1]，何理坤[2]，卢国耀[1]，洪小玲[2]，邱智敏[1]

（1. 浙江省台州市林业局，台州　318020；2. 浙江省台州市林业科学研究所，台州　318020）

摘　要：建立以满足可持续发展要求的新型林业耕作制度，已成为现代林业发展的必然要求，也是林业增效、林农增收的根本出路。通过积极的探索和实践，提出了几种林农高效复合经营模式。

关键词：耕作制度；模式；构建；林农高效复合经营

耕作制度又称“农作制度”，指人们利用土地种植农作物所采取的用地与养地相结合的一整套农业技术措施，包括种植制度和养地制度。耕作制度随生产力发展而不断发展的。在林业上，好的耕作制度能充分运用生态系统学的原理，在时间、立地和空间上，改善生态系统中的每个结构成分，使每个结构成分都能够良好运行并达到最佳配合，在生态优先的前提下不仅能提高土地利用率和产出率，而且有利于提高林地的生物多样性，构建较稳定的生态系统。近几年来，台州各地在林业耕作制度创新方面进行了积极的探索和实践，逐步探索出了适合台州的几种林农高效复合经营模式，取得了较好的经济效益和社会生态效益。

1　林农高效复合经营的概念及其通则

1.1　林农高效复合经营的概念

林农高效复合经营是充分运用生态学、生态经济学和林果栽培学等原理，在同一土地经营单位上，把林、农、牧、渔、副等业有机结合在一起而形成的具有多种群、多层次、多效益、高产出特点的复合生产系统。

林农高效复合经营，一方面通过林木在生长过程中形成的林下生态环境，为林下生物创造了良好的生长发育条件；另一方面通过林下种植养殖，改善了土壤结构，增加了土壤肥力，在加强对林下植物管理的同时，也加强了对林木的管理，促进了林木的生长，并提高了林分的生态功能，形成了良好的生态结构模式。通过集约调控栽培，实现物种间的互补，达到了以短养长、长短结合。从经济上看，这种生产系统收益高、见效快、投资回收期短；从生态方面看，林农复合系统在空间上是多层次的立体结构，在时间上是合理套种农作物，更有效地提高光、热、水、肥和土地资源利用率。林农复合经营比单一经营能更有效地改善生态环境，增加植物种类，并增加了生物量和经济产量，实现了林木经济加林下经济的双重收入，能明显提高林地的综合效益。

1.2　林农高效复合经营的通则

林农高效复合经营的通则是速生阳性树种宜选择矮秆耐荫作物，浅根性树种宜间作深根性作物，深根性树种宜间作浅根性作物，早期能耐荫或生长缓慢的树种，初期可间种高秆作物，但间作年限以造林后 2~3 年为度。随着幼林年龄的增长，作物的种类宜相应改变。农作物与幼树之间要保持一定距离，一般是小树和低矮作物距离可小些、近些，大树和高秆作物则相反，一般至少离幼树根际 60cm 以上。

2 林农高效复合经营模式的构建

2.1 立体种植复合经营模式

立体种植复合经营模式有：林×茶、林×药、林×菜、林×苗、林×桐、林×草、林×菌、林×油等。

2.1.1 林-茶复合经营模式

是指在经济果木林等林内种茶树或在茶园内栽植经济果木等树种，形成经济果木为上层、茶树为下层的复合经营模式。复合的原理是充分利用茶树喜散光、忌直光的生态学特性，通过上层林木的适度遮阴效果，提高茶叶的产量和品质；同时又利用茶树形成的良好地被覆盖，增加林内湿度，从而促进果木的生长。该模式既具较高的经济效益，又具良好的保持水土等生态功能。林-茶复合经营模式有：柿-茶、板栗-茶、杉-茶、杨梅-茶、青梅-茶等。

柿-茶复合经营模式：柿-茶复合模式能形成相对较稳定的群落结构，成年柿树平均高约 7m，栽培技术要求茶树高控制在 0.7~0.8m，这种高度差形成了明显的垂直双层结构。上层落叶乔木柿树与常绿灌木茶形成的复合结构，能充分利用空间和太阳能，且林相整齐，景观效果也较好；下层茶叶整齐、覆盖度高，减少了雨水对地表的直接侵蚀，茶还有很强的拦截泥沙、固土涵水功能。柿树初植密度为 300 株/hm^2，行株距 8m×4m，第八年后视管理水平和经营目的，确定是否调整密度，一般每公顷保留 120~180 株，即行株距 8m×8m。茶叶 4 500株/hm^2，行株距 1.5m×0.2m，每穴 2 株。梯地种植，柿树靠外侧，茶树种内侧。柿树种植穴规格为 0.8m×0.8m×0.6m；茶实行条带种植，带宽 60cm、深 50cm。浙江省天台县柿-茶 5 年生基地平均产值达 83 130元/hm^2，经济效益比纯茶园提高 39.3%。

板栗-茶复合经营模式：板栗-茶复合模式也是相对较稳定的垂直双层群落结构。板栗株间距 5m×5m，每公顷栽 300~450 株，茶树株行距 0.3m×1.3m 或 0.5m×1.2m，每公顷栽 24 000株以下，每穴 2 株。一般 2~3 行茶栽 1 行板栗，或是 1~2 行茶栽 1 行板栗；一般春季栽植，栗苗要剪去过长的主根。板栗和茶树生长过程中，适时地修剪或间伐板栗树，使林分郁闭度不大于 0.55~0.60，整个园地中板栗树之外应有 40%~50%的垂直空间，正好处于茶树行上。板栗定杆高度不低于 1m，通过修剪，使板栗保持良好的主干分层形或自然开心形。成年茶树定型后采取轻修（每年春茶采摘后剪）与深修（隔几年剪 1 次）相结合的办法修剪。

2.1.2 林-药复合经营模式

是指在林果行间或树冠下种植需光量较小、喜低温湿润环境的药用植物的栽培形式。山地果园地形复杂多变，为多种药用植物提供了适宜的生长条件，如种植乌药、浙贝、元胡、白术、铁皮石斛等。林药间作，林木为药材提供蔽荫条件，以防夏季烈日高温伤害。对于贝母、白术等偏阴性植物，可为其提供阴湿的环境。同时，林下间作药材大多采用集约化的精耕细作，有利于改良土壤理化性状，增加肥力，促进林木速生。合理的林-药复合经营，能使林下种植药材保持较高的产量。如在稀疏林下间种白术，干白术产量可达 1 500~2 250

kg/hm^2；林下间种芍药，种植3年后收获，产量为6 000~7 500kg/hm^2。马尾松林下套种乌药，有利于保持水土、改良土壤、提高土地利用率，同时复合经营有利于乌药地下结球的发育，提高乌药的产量，获较好的经济效益，并达到以短养长的目的。在进行林药间作时，应根据林木不同生长时期选择相应生长习性的药材。同时也应按照中草药各自不同的特性进行播种。

2.1.3 林-菜复合经营模式

森林野菜复合经营模式：是指结合原生的立地环境进行仿生栽培野菜的复合经营模式，如板栗-败酱，厚朴-三脉紫菀等。鸭儿芹、山马兰、紫萼、败酱、三脉紫菀等野菜的自然生长需要适当的庇阴，特别是炎热的夏天，易被日光灼伤。在林冠下套种野菜，上层林木的庇阴作用不仅降低了夏天人工遮阴的成本投入，而且保持了野菜的自然品质，提高了森林的经济效益。浙江省天台县采用林下仿生栽培鸭儿芹，产量高、质量好、效益佳。鸭儿芹在林下仿生栽培、遮阳网蔽阴栽培和露地栽培比较，播种后50d的生长量和采收情况：仿生栽培下的产量和产值分别为7 080kg/hm^2和21 240元/hm^2，比蔽阴栽培高133%，比露地栽培高415%，且仿生栽培的产品相对较嫩绿，外观、质量均较好。

林间套种蔬菜复合经营模式：是指在林果下套种蔬菜，如杨树林下种马铃薯、番薯等；葡萄行间种植青椒、大葱、蒜等；橘、桃树行间套种白菜、油菜、洋葱等。蔬菜见效快，能为追加果树投入提供经济来源，套种大葱、蒜等因其刺激气味，还可驱避一些害虫。

2.1.4 林-苗复合经营模式

林-苗复合经营模式：该模式特点是充分利用造林初期林间地培育各种苗木，增加造林（如退耕还林、迹地更新等）后农民的前期收入。该模式适宜在土质较肥沃、土层较厚的平原地区或缓坡地推广。造林树种的密度稍小，南北成行，以利采光，行间种植适宜的花卉苗木。林苗间作的时间为1~3年，在林木树冠郁闭以前出圃。3年后也可间种较耐阴的苗木。

林苗一体化复合经营模式：该模式特点是在造林规划内先育苗，在苗木出圃前按照造林施工设计的密度定株，其余的苗木出圃，定株留下来的苗作为目的树种培育（即以育代栽模式），省去了造林的过程，不但苗木长势壮而且保存率非常高。

2.1.5 林-桐复合经营模式

杨桐是散生小乔木，其枝叶是日本代替焚香供佛的最流行祭品，每年从我国大量进口，经济价值高。杨桐喜湿润、肥沃、庇荫之地，是林下栽培的优良植物之一，但需一定的散射光，否则品质较差，商品性不强。

马尾松-杨桐复合经营模式：纯松林效益低、生态功能差。两者复合，松树喜光、杨桐适当庇荫的生物生态学特性，通过上层松蔽荫，促进下层杨桐生长。形成的针阔复合结构，能起到防止地力衰退、保持水土、增加生物多样性、丰富景观和经济效益。5~7年生的基地，经济效益为75 000元/hm^2。

2.1.6 林-草复合经营模式

板栗等果木因经营不妥，造成林分生态系统功能下降，效益不佳，特别是经营措施不妥，地下物种稀少，生态恶化。选用低矮的草本植物栽植林下，既能避免生态恶化，又能促进果木生长。

板栗-假俭草复合经营模式：板栗林冠大，蔽阴、降温效果好，假俭草喜温但不耐高温，喜阴而不耐强光，系多年生地坪植物，地表覆盖快，两者互补，有利于提高林内湿度、降低高温季节的地表温度，促进板栗生长，并保持水土。同时，假俭草可作牧草及良好而耐踏之草坪材料，可以在林内发展养殖业，或作草坪生产销售，增加经济效益。板栗栽植株行距为2m×3m，假俭草采用条播或撒播，播量为18~22.5kg/hm^2。

2.1.7　林-菌复合经营模式

无论是速生丰产林或果树栽植，3年后树木逐渐郁蔽，行间不见阳光，恰好为食用菌生长提供了优越的环境，此时可在行间培育平菇等。由于平菇生长发育只需散射光，忌直射强光，林内蔽阴、湿润、凉爽的生态环境很适于培育平菇。栽植平菇，结合人工喷水的情况下，鲜菇产量15 000~30 000kg/hm^2，按市场价2元/kg计算，产值45 000元/hm^2左右。同时，林下育菇，有益于高效利用残余基料，促进林木生长。

2.1.8　林-油复合经营模式

主要是指在林下种植花生、大豆等油料作物。油菜秋季栽植，第二年5月收获，而此时林木处在休眠和萌芽展叶时期，遮阴较小，光照较好，对油菜生长影响不大。花生、大豆属低秆农作物，在林木生长季节种植，不仅不会影响林木生长，而且其根部固氮菌，可增加林木的氮素养分，对林木生长非常有利。林木可改善农田小气候，增强油料作物抗御自然灾害的能力。实行林油复合经营，技术简单、劳动强度小、成本较低。种植油料作物每公顷可增加收益7 500元以上。

2.2　种养结合经营模式

2.2.1　林下养禽畜（鸡、鸭）结合经营模式

在竹林（毛竹、早竹等）、经济林（杨梅、桃、猕猴桃、葡萄、桑、茶等）或生态林、苗圃下放养禽畜，林木为禽畜创造了良好的栖息环境，禽畜可大量觅食害虫和杂草，可减少林木的病虫危害和杂草滋生，大量的禽畜粪便又能增加林地的肥力。

林下养鸡结合经营模式：在林下放养土鸡，解决了养殖场占地紧张的问题，扩大了饲养量，林中空气新鲜，生长有大量的杂草和昆虫，放养土鸡，有利于对这些资源的充分利用；鸡在林中可自由采食杂草、捕捉昆虫，在土壤中获得自身所需要的矿物质元素和其他一些营养物质，不仅降低了养殖成本，提高了品质，而且有利于果园的除草、灭虫，达到保护林果，软化土地，节约种植、管理成本，提高林果经济收入的目的；鸡粪是很好的有机肥料，山林、果园放养土鸡后可减少化肥的施用量，提高林果、蔬菜等农产品的品质，减少鸡粪对环境的污染，形成良性生态循环。

林下放养成本降低，一般比舍饲的成本低10%以上，售价比舍饲的高10%~15%，因而效益则高20%以上，林下养鸡利润约22 500元/hm^2。林中放养比普通家养长得快，放养90~130d便可上市。放养密度每公顷750~1 500只鸡，每群以500~1 000只为宜，第3~4周龄开始放养，宜采用3个分区围栏轮放，每周期换一块地，轮放周期一般控制在1个月左右。为了使家禽有充足的食物来源，可在林间种植青菜、苜蓿、黑麦草等，并保留蒲公英、狗尾草等野生植物。

2.2.2　林、农、渔复合经营模式

是指利用滩地或低洼地进行开沟抬田，垛面栽植林木，林下套种农作物，沟内养殖鱼、虾、蟹等复合经营模式。

林木株行距为4m×1.5m，2m×3m，3m×4m等，主栽树种包括池杉、水杉、柳树、杨树等。林下间作的夏熟作物主要有油菜、蚕豆、西瓜、蔬菜等，秋熟作物主要有黄豆、棉花、甘蔗、蔬菜等，可间作农作物5~10年。垛沟宽度为10~40m，可实行粗养、半精养或精养3种形式，主要养殖草鱼、鲫鱼、鲤鱼、虾、蟹等，池埂边种植黑麦草等鱼饲草，可下塘喂鱼。该类型可充分利用地面和水面资源，兼顾经济效益和生态效益。可根据当地地面高差、地下水位高低及土壤特性选择适宜的组合类型。

3 结语

3.1 林业耕作制度的创新必须充分运用生态系统学原理

在时间、空间和立地上科学配置，努力改善生产系统中的每个结构成分，使每个结构成分都能够良好地运行并实现最佳配合，达到生态有益、经济高效、社会认可和“资源节约、环境友好”目的。

3.2 林业耕作制度的创新是经济与社会发展新阶段的必然要求

能在提高土地利用率、增加农民的收入、改善生态环境等方面发挥重要的作用，是循环经济在林业上的具体体现，符合林业可持续发展的要求，是发展高效生态林业的抓手，有利于提高林业综合生产能力，是科学发展观在林业发展上的具体体现。

3.3 林业耕作制度的创新是林业增效、林农增收的根本出路，是林业现代化建设的内在要求

从节约耕地，提高综合生产效益，促进我国农林业可持续发展开劈了一条新的探索之路。

天台山红朱柿嫁接育苗技术试验

王国英[1]，卢国耀[2]，余启蛟[3]，陈青芳[4]

（1. 浙江省天台县林业特产局，天台　317200；2. 浙江省台州市林业局，黄岩　318020；
3. 浙江省天台县街头镇林业站，天台　317200；4. 浙江省天台县石梁镇林业站，天台　317200）

摘　要：通过采用不同的砧木和不同的嫁接方法对比试验，结果表明，以浙江柿为砧木、冬季采集天台山红朱柿接穗冷藏至翌年3月上中旬进行切接的育苗方法，嫁接成活率达91.7%，同时，加强肥水管理，当年合格苗可达85%以上。

关键词：天台山红朱柿；嫁接育苗；成活率

天台山红朱柿（*Diospyros kaki* cv. *Tiantai-hongzhbu*）（以下简称红朱柿），因果实朱红色，又为天台所特有而得名。为落叶乔木，高6~15m，果实卵圆形，直径7~8cm，肉细汁甜，核无或24枚，9月下旬至10月中旬成熟，喜光，耐瘠薄，适应性强，是理想的经济树种，适宜于在海拔200~600m的山地上种植，并适宜与茶叶混交，是茶柿混交退耕还林生态治理模式中的优良树种。

在天台县，山区群众通常以当地野柿为砧木，培育红朱柿嫁接苗。由于柿树单宁含量较高，氧化后在嫁接面形成黑色的隔离层，阻碍树液的畅通，影响成活，因而柿树较苹果、桃、梨等果树嫁接难度高，嫁接成活率低，大多在40%以下。为解决红朱柿嫁接育苗成活率低的问题，我们于2000—2001年开展了嫁接育苗对比试验，本试验通过对浙江柿和当地野柿嫁接方法、嫁接时期、接穗处理、砧木处理等几个方面的试验比较，确定天台红株柿嫁接繁殖的适宜时间、方法、砧木和接穗处理方法等，对促进天台乃至浙江退耕还林地区柿树的产业化发展具有重要的意义。

1　试验地概况

试验地设在浙江省天台县雷峰乡西山头村，年平均气温16.8℃，最热月7月平均气温28.2℃，最冷月1月平均气温4.9℃，年平均降水量1 300~1 600mm。光照充足、无霜期240d。海拔350~460m，以陡坡为主，山脊较平缓，土层较厚，属山地黄红壤。

2　材料与方法

2.1　试验材料

砧木：浙江柿、野柿；接穗：红朱柿；包扎材料：专用嫁接膜、纤维绳。

2.2　试验方法

采用双因素随机区组试验设计，4个重复，40个小区，每小区100株。A因素为砧木，分浙江柿、野柿 2 个水平；B 因素为嫁接方法，分为 5 种方法。

2.2.1　套管芽接

7 月中旬采集生长健壮饱满的红朱柿当年生枝条，剪去叶片，留叶柄，用湿毛巾保湿。嫁接时，先将砧木离地 8cm 截杆，基部留 2 张叶片，剥去砧木上部 3cm 长的皮，然后迅速取出接穗等长带芽皮套套入砧木，用专用嫁接膜包扎并进行遮阴。

2.2.2　丁字形芽接

8 月下旬，采集红朱柿当年生枝条，采用常规的丁字形芽接法，用专用嫁接膜包扎。

2.2.3　冷藏枝切接

3 月中旬，以上年 12 月采集的红朱柿当年生枝条冷藏作接穗，采用切接法嫁接，用专用嫁接膜包扎。

2.2.4　切接套膜

将冷藏切接法嫁接的包扎材料改为纤维绳，包扎好后再套上薄膜袋。

2.2.5　当年枝切接

将切接法嫁接的冷藏接穗换作新鲜接穗，随采随接。

3　结果与分析

3.1　砧木对嫁接成活率的影响

不同嫁接方法的天台山红朱柿嫁接成活率如表 1 所示。从表 1 中可以看出，不同的砧木对嫁接成活率有显著的影响，除了套管芽接嫁接成活率均为 0 之外，其他 4 种方法中，以浙江柿为砧木的嫁接成活率分别比以野柿为砧木的嫁接成活率要高。但切接套膜法成活率也极低没有实践意义。因此，只对丁字形芽接、冷藏枝切接和当年生枝切接进行方差分析和多重比较（表 2）。

表 1　天台山红朱柿嫁接成活率统计

处理	浙江柿					野柿				
	Ⅰ	Ⅱ	Ⅲ	Ⅳ	平均	Ⅰ	Ⅱ	Ⅲ	Ⅳ	平均
套接芽接	0	0	0	0	0	0	0	0	0	0
丁字形芽接	68	67	65	69	67.3	37	33	38	36	36.0
冷藏枝切接	90	93	92	92	91.8	58	58	60	61	59.3
切接套膜	13	12	10	14	12.3	4	3	4	4	3.8
当年生枝切接	57	55	55	58	56.3	24	24	24	26	24.5

表 2　红朱柿嫁接成活率砧木与嫁接方法双因素试验的方差分析

变异来源	自由度	平方和	均方	F 值	$F_{0.05}$	$F_{0.01}$
区组间	3	4.47	1.49	1.52	3.29	5.42
处理间	5	4 610.99	922.20	941.02	2.90	4.56
砧木	1	2 413.62	2 413.62	2 462.88	4.54	8.68

（续表）

嫁接方法	2	256.65	1 085.36	1 107.51	3.68	6.36
砧木×方法	2	26.65	13.33	13.60	3.68	6.36
误差	15	14.71	0.98			

由表2表明，砧木间嫁接成活率存在极显著差异。多重比较表明，以浙江柿为砧木的嫁接成活率平均为71.8%，比以野柿为砧木的嫁接成活率提高31.9%，以浙江柿为砧木的嫁接成活率极显著高于以野柿为砧木的嫁接成活率（表3）。

表3　2种砧木小区平均成活率的差异显著性测验

砧木	小区平均成活率（%）	差异显著性	
		5%	1%
浙江柿	71.8	a	A
野柿	39.9	b	B

表4　不同嫁接方法小区平均成活率的差异显著性测验

砧木	小区平均成活率（%）	差异显著性	
		5%	1%
冷藏枝切接	75.5	a	A
丁字形芽接	51.6	b	B
当年枝切接	40.4	c	C

3.2　嫁接方法对嫁接成活率的影响

从表1中可以看出，采用不同的嫁接方法，对嫁接成活率的影响是明显的，方差分析表明差异极显著。进一步作多重比较表明，3种嫁接方法之间都存在显著差异（表4），冷藏切接成活率最高，与丁字形芽接、当年生枝切接有明显差异；丁字形芽接成活率次之，与当年生枝切接比较，差异也显著。并且接穗的不同处理对嫁接成活率的影响亦很明显。因此，将上年12月采集红朱柿当年生枝条冷藏至翌年3月上中旬进行切接能明显提高嫁接成活率。

3.3　砧木×嫁接方法的互作

由表1还表明，2种砧木采用不同的嫁接方法对嫁接成活率的影响是一致的，嫁接成活率均为冷藏枝切接>丁字形芽接>当年生枝切接，且3种方法之间都存在极显著的差异（表5）。同时，不难看出，以浙江柿为砧木，采用冷藏枝切接方法嫁接成活率最高，平均达91.7%。

表 5　不同砧木在不同嫁接方法下的小区平均成活率及其差异显著性

嫁接方法	浙江柿			野柿		
	成活率（%）	差异显著性		成活率（%）	差异显著性	
		5%	1%		5%	1%
冷藏枝切接	91.7	a	A	59.3	a	A
丁字形芽接	67.3	b	B	36.0	b	A
当年枝切接	56.3	c	C	24.5	c	C

4　小结

综上所述，红朱柿嫁接苗的培育宜以浙江柿为砧木，上年 12 月采集红朱柿枝条冷藏至翌年 3 月上中旬进行切接，嫁接成活率可达 91.7%。同时，加强肥水管理，当年合格苗可达 85%以上。

大荨麻种子萌发特性及引种栽培技术

王国英

（浙江省天台县林业特产局，天台 317200）

摘 要： 对大荨麻种子的萌发特性及引种栽培进行了研究。结果表明：大荨麻种子引进后，通过引种栽培，种子千粒重虽有一定变化，但差异不显著。进口大荨麻种子浸种变温发芽率 33.3%，变温比恒温处理种子发芽率提高 20.2～25.0 个百分点，但浸种处理比不浸种只提高 3.3～8.1 个百分点；自产种子发芽率为 47.4%，比进口种子发芽率提高 14.4 个百分点，说明经驯化后，大荨麻种发芽能力大大提高。同时初步完成了大荨麻在我国的生长与繁殖研究，取得了对大荨麻采种、育苗、栽种、立地选择、密度控制、作业方式、生物产量、经济效益等高效栽培的技术规范，每年生物产量可达 7500kg/hm^2 风干重以上。

关键词： 大荨麻；种子；萌发特性；引种；栽培

大荨麻（*Urtica dioic*）又称异株荨麻，属荨麻属荨麻科，遍布整个欧洲，属多年生林下植被，已广泛用于生物肥料、生物农药、植物药制剂和家禽饲料等。用大荨麻制成的液态或颗粒肥在德国作为一种广谱性的生物肥料和生物农药，用于花卉、苗木、果蔬类植物的无公害栽培。这种生物肥料含有超抗原植物凝集素等，具抗真菌活性和杀虫作用，能有效抵御病虫害的侵袭，增强植物抗性；而且还含有丰富的有效氮肥（其中 40%为氨），可为植物迅速吸收，促进植物生长。大荨麻在欧洲很早就是一种药用植物，已被广泛用于生产泌尿系统用药，是一种宝贵的植物资源。本研究通过对大荨麻种子萌发特性的测定及引种栽培试验，旨在探索其种子发芽生理特性和栽培技术措施，为科学繁殖提供理论依据。

1 材料与方法

1.1 种子测定

1.1.1 种子千粒重

测定在随机取的样品中，按四分法取测定样品，再按千粒法测定千粒重。

1.1.2 种子发芽率及发芽指数测定

（1）德国进口种子：分浸种变温（白天 25℃、晚上常温）、浸种恒温、不浸种变温、不浸种恒温等 4 个处理，4 次重复，浸种处理采用始温 45℃24h，每一重复 200 粒种子。种子用 0.2%HCl_2，消毒 20min，蒸馏水洗净；将种子置于培养皿中，在培养皿内放置滤纸，加水使滤纸完全湿透；将种子均匀放置其上，在上述处理下发芽，于规定时间测量实验数据。

（2）2001 年，天台试验基地采收的种子：随机抽取种子 100 粒，4 个重复，45℃温水浸种 10min，采用 25℃恒温常规的纸床发芽法，于规定时间测量实验数据。

发芽结束后计算发芽率、发芽指数。发芽指数按下式计算：

$Gi=\sum Gi/Di$（式中：G_i为 i 时间的发芽数，D_i为相应的发芽时数）。

1.2 引种栽培试验

1.2.1 试验地概况

天台县位于浙江省东部，年平均气温 16.7℃，最热的 7 月份平均气温 28.2℃，最冷的 1 月份平均气温 4.9℃，年平均降水量在 1 300~1 600mm。光照充足，无霜期 240d。试验地位于天台县城郊农业良种实验场，土壤分析结果为：pH 值为 5.5~6.5，全氮 0.0633%，全磷 0.0744%，有机质 2.6427%，速效 K 61.37mg/kg，速效 P 36.7277mg/kg，速效 N 51.25mg/kg。

1.2.2 引种栽培试验

（1）育苗方式。A 育种盘育苗：大荨麻种子为德国进口。采用规格为 54cm×28cm 的育苗盘，3 月 6 日播种，底下铺 1 层防虫网，再铺上进口育苗泥炭作为基质，基质厚度略低于苗盘高；播种后盖上 1 层纱布，然后喷水至基质完全湿润；苗盘放置在大棚内，每天喷水 1 次，具体视基质湿润程度而定。B 搭拱棚育苗：Ⅰ整地：圃地经冬季翻耕后于早春细整，结合整地进行土壤消毒（硫酸亚铁用量 150kg/hm^2）。Ⅱ作床：床面宽 80cm，沟距 35cm，床高 25cm，床面经初步平整后铺黄心土，厚 5~6cm，用木板轻拍使床面平整。Ⅲ播种：播种前种子用高锰酸钾消毒后始温 45℃温水浸种 24h，4 月 5 日播种。播种量 22.5kg/hm^2。适量黄心土拌种，均匀地将种子撒于苗床，用复合土（黄心土、焦泥灰比例为 2：1）覆盖，厚度以不露种子为宜，撒上少量猪粪。最后用 2m 长的竹片搭拱棚，用塑料膜覆盖。Ⅳ苗期管理：根据苗床干湿程度，适时喷水，晴天每天喷水 1 次，以保持苗床边干为宜，遇高温加盖遮阳网，并及时拔除杂草。幼苗出土 30%以上时追肥 1 次，浓度为 1/1 000（50g 尿素+50kg 清水）；出土 70%以上时，追施稀人粪尿 1 次。C 露地育苗：整地、种子处理方法及播种量与搭拱棚育苗相同，但苗床整理好后上面不铺黄心土，播种后只用狼衣覆盖，播种时间 3 月 6 日，其他苗期管理与搭拱棚育苗相同。

（2）移栽。当 70%左右的幼苗高达 5~8cm 后进行移栽。育苗盘小苗移栽时间为 4 月 19 日，搭拱棚育苗移栽时间为 5 月 16 日，露地育苗移栽时间为 5 月 9 日。株行距（移栽密度）15cm×8cm，丛状移栽，每丛 3~5 株。

（3）田间管理。除草、施肥、浇水、病虫害防治与一般育苗相同。除草一般采用手工拔除，也可用精禾草枯除草，用量 675ml/hm^2 加水 420kg，除草效果非常明显（6 月 1 日喷洒，6 月 6 日禾本科杂草开始发黄，6 月 13 日枯死），施药后大荨麻生长不受影响。

2 结果与分析

2.1 种子千粒重测定结果

大荨麻种子为极小粒种子，经测定，进口大荨麻种子千粒重为 0.13552g，自产大荨麻种子千粒重为 0.13625g。大荨麻种子引进后，通过引种栽培，由于受当地水土环境的影响，千粒重虽有一定的变化，但差异不显著，而且这种差异有可能是第 1 年结的籽所产生的；同时可以表明，大荨麻种子引进后其种子质量与原产地基本一致。

2.2 种子萌发特性

大荨麻种子实验室发芽结果表明，进口种子浸种变温种子发芽率 33.0%、浸种恒温种子发芽率 8.0%、不浸种变温种子发芽率 24.9%、不浸种恒温种子发芽率 4.7%，变温比恒温处理种子发芽率提高 20.2~25.0 个百分点，但浸种处理比不浸种只提高 3.3~8.1 个百分点。大荨麻种子发芽不整齐，试验后第 5 天才发芽，一直持续到第 37 天。种子发芽指数的变化趋势与种子发芽率变化趋势一致。自产种子发芽率为 47.4%，比进口种子发芽率提高 14.4 个百分点，试验后第 3 天就发芽，一直持续到 15d；其发芽指数也明显高于进口种子（自产种子发芽指数为 8.60，进口种子中浸种变温、浸种恒温、不浸种变温和不浸种恒温发芽指数分别为 3.76、1.03、2.71 和 0.58），说明经驯化后大荨麻种子萌发能力大大提高。

2.3 生长及生物量测定结果

经年终调查测定，大荨麻茎高 64~94cm，平均 67cm，而在德国大荨麻茎高为 0.5~1.0m，说明生长没有明显差异；当年大荨麻产量为 3 829.5~4 113kg/hm^2 风干重（风干得率为 24.66%，干重得率为 21.75%）。大荨麻是一种根蘖植物，10 月 20 日采茎叶后，留根进行试验，至 11 月中旬生长已有 5~10cm。第 2 年开始大荨麻 1 年可生长 2~3 茬，第 1 茬 4 月底就可采收；2~3 年的产量测定结果，大荨麻产量可达 7 650kg/hm^2 风干重。

2.4 种子采收观察结果

大荨麻播种时间很重要，3 月初播种的大荨麻当年能结实，而 3 月底以后播种的当年不能结实。当年播种在 8 月中旬至 9 月底陆续采收种子，而 2~3 年生基地的大荨麻采种期在 7 月上旬至 8 月上旬，可采收 45kg/hm^2 种子。

3 结语

第一，大荨麻种子引进后，通过引种栽培，由于受当地水土环境的影响，千粒重虽有一定变化，但差异不显著，而且这种差异有可能是第 1 年结的籽所产生；同时可以表明，大荨麻种子引进后其种子质量与原产地基本一致。

第二，进口大荨麻种子浸种变温后发芽率 33.0%。变温比恒温处理种子发芽增加 20.2~25.5 个百分点，但浸种处理只比不浸种增加 3.3~8.1 个百分点。自产种子发芽率为 47.4%，比进口种子发芽率提高 14.4 个百分点，试验后第 3 天就发芽，一直持续到第 15 天，其发芽指数也明显比进口种子高，说明经驯化后，大荨麻种子萌发能力大大提高。

第三，通过对大荨麻采种、育苗、栽种、立地选择、密度控制、作业方式、生物产量、经济效益等一系列高效栽培的技术探索，每年生物产量可达 7 500kg/hm^2 风干重以上，初步完成了大荨麻在我国生长与繁殖的研究。

致谢：参加本项研究的还有浙江省林业科学研究院高智慧、洪利兴、钱华，台州市林业局卢国耀等，谨此致谢。

木麻黄嫩枝水培育苗试验

林雪锋[1]，陈顺伟[2]，林雪朝[1]

（1. 浙江省温岭市林业技术推广站，台州 317500；2. 浙江省林业科学研究院，杭州 310023）

摘　要： 以木麻黄无性系501和惠-1嫩枝为材料，研究了不同浓度NAA处理及处理时间、水培方法对其成活率的影响，结果表明，40mg/LNAA处理24h、流动水培育为最优条件，在此条件下，水培20d时501和惠-1无性系插穗生根率分别为88%和87%，相应的不定根长度在0.5~0.7cm；501和惠-1无性系水培小苗经移植后其容器育苗成活率分别为78%和80%。

关键词： 水麻黄；嫩枝；扦插；生根率

木麻黄（*Casuarina equiserifolia*）原产于大洋洲和太平洋群岛，广泛应用于防风固砂、盐碱地改良和干旱区造林，现已发现4属96种。我国广东省、福建省和海南省等地在20世纪50年代引种木麻黄营造防护林，现已在7 000km海岸带建立起绿色屏障，对改善生态环境和促进经济发展起着重要的作用。近年来，根据我国沿海木麻黄人工林面临种质资源缺乏、品种单一等问题，开展了耐瘠薄、抗旱、抗风等品种的选育和引进工作，并取得了显著成绩。

本文以从福建引种的速生抗强风木麻黄无性系惠-1和501嫩枝为材料，开展水培和容器育苗相结合的快速繁育试验，以缩短育苗时间，提高苗木培育质量，为加速木麻黄优良品种在浙江省沿海防护林工程建设中的应用提供基础材料，并丰富相应岸段沿海防护林种质资源。

1　材料与方法

1.1　材料

1.1.1　种源与试验地点

采用木麻黄优树子代无性系惠-1、普通木麻黄优良无性系501，种源均来自福建东山县。水培和容器育苗试验分别在浙江省林业科学研究院苗圃和温岭市中心苗圃进行。

1.1.2　a-萘乙酸（NAA）

上海化学试剂公司生产，使用时分别配制成20mg/L、40mg/L、80mg/L 3种浓度，清水对照。

1.1.3　水培器皿和基质

选用长方形塑料盆3只，高×宽×长=35cm×60cm×80cm。水培基质为石英砂。

1.1.4　容器培育和基质

容器袋规格径、高分别为8cm、15cm。基质配方为黄泥：泥炭：蛭石=6：2：2（V/V）。

1.2 方法

1.2.1 插穗选择

于2006年6月10日，在瑞安市上望试验点选取2个品种的2年生无性系木麻黄为插穗采集母树，分别选取母树中上部当年生半木质化粗壮侧枝，先将木麻黄侧枝剪下装入塑料袋，带回室内剪成长度为8~10cm的小枝作为插穗，每品种600条插穗备用。

1.2.2 激素处理

随机选取插穗各50条为一组，共24组，用橡皮筋绑缚并作标记。其中，2个无性系各8组共800条插穗，以组为单位分别放入已盛有清水（对照）和20mg/L、40mg/L、80mg/L 3种浓度NAA的1 000ml烧杯中，使插穗基部浸入各处理液约3cm，处理24h；另8组共400条插穗以同样方法处理12h。各处理取出后用清水冲洗。

1.2.3 水培

将石英砂用清水洗净，分别倒入塑料盆，整平，使砂平面距盘上沿约2cm（即盘中砂层厚度约为33cm）。将对照和经3个浓度处理的2个无性系插穗分别插入石英砂中，插入砂层深度3~4cm，每处理1行，每行50条插穗，每盘共8行，各行等距分布。

将3只塑料盆置具遮阳网标准大棚，分别灌满自来水，之后任选二只以呈线状不间断流量自来水作动态流水处理（盘面上沿需锯一个约1cm深度的“V”形出水口），另1只盘以每24h换1次水的方法进行水培。

1.2.4 容器培育

将基质装入容器袋，装土时应边装袋边摇实，装好基质经喷水后的土面以比容器袋边缘低2cm为度，以防灌溉时水溢出容器。装好基质后以约100cm宽的畦为单位，各容器袋紧靠排列，置于具遮阳网的标准大棚内培育。

移植时先用竹签插入容器袋的土中挖穴，然后将小苗植入基质中，深度约2cm，并压紧基质，容器苗培育期间，应适时浇水。

2 结果与分析

2.1 NAA处理浓度对生根率的影响

对照和NAA3个浓度处理24h、在水培（含流动水和换水处理）20d时试验调查结果如表1所示。

表1 NAA处理浓度对2个木麻黄无性系生根率的影响

品种	NAA浓度（mg/L）			
	20	40	80	对照
501	29	77	63	3
惠-1	25	70	60	5

由表1表明，2个木麻黄无性系之间NAA处理生根率相近，均以40mg/L NAA处理时为最高，分别达77%和70%，此时，该处理不定根长度为0.5~0.7cn；其次为80mg/L，分别为63%和60%，此时不定根长度在0.4~0.5cm；20mg/L NAA处理居第三，而对照2个无性

系生根率则仅 3%、5%，且呈刚萌发状，长度约为 0.2cm。同时，水培 10d 时的调查结果也表明，40mg/L NAA 处理生根率均在 65%以上，80mg/L NAA 处理生根率也达 55%以上，对照则未发根。此外，试验结果也表明，水培 30d 时生根率与 20d 时基本一致。

2.2 NAA 处理时间对生根率的影响

2 个木麻黄无性系经 3 个浓度 NAA 处理 12h、24h 后在流动水培育条件下 20d 时的试验调查结果如表 2 所示。

由表 2 表明，经 24hNAA 各浓度处理的插穗生根率均高于 12h 处理的，其中，插穗经 24h 处理组中以 40mg/L 处理的生根率为最高，分别为 88%、87%，在插穗经 12hNAA 处理组中，则以 80mg/L 80 处理的生根率为最高，均为 53%，但该处理生根率仍低于 24h 处理组中 80mg/L 处理的 75%和 71%。此外，试验结果也表明，2 个无性系在相同处理条件下，其生根率无明显差异。

表 2　NAA 处理时间对 2 个木麻黄无性系生根率的影响（%）

品种	24h				12h			
	20mg/L	40mg/L	80mg/L	对照	20mg/L	40mg/L	80mg/L	对照
501	35	88	75	3	25	40	53	3
惠-1	38	87	71	5	21	41	53	4

2.3 水培方法对生根率的影响

采用流动水和换水培育条件下 20d 时 2 个木麻黄无性系 3 个 NAA 处理试验调查结果如表 3 所示。

由表 3 表明，流动水培育的二个无性系插穗生根率明显高于换水培育，其中流动水 40mg/L NAA 浓度处理的二个无性系生根率为最高，分别达 90%和 86%，而换水处理相同条件下生根率仅为 64%和 54%；其次为流动水培育条件下的 80mg/L NAA 浓度处理，其生根率也分别达到 78%和 72%，分别比换水培育条件下的 40mg/L 高 21.88%和 33.33%。

表 3　水培方法对 2 个木麻黄无性系育苗试验

品种	流动水				换水			
	20mg/L	40mg/L	80mg/L	对照	20mg/L	40mg/L	80mg/L	对照
501	38	90	78	3	20	64	48	2
惠-1	42	86	72	5	8	54	48	2

2.4 容器育苗成活率和生长情况

经约 30d 水培小苗不定根长达到 0.8～1.0cm 时，即可结束水培，将水培小苗移入容器袋基质进行容器培育。培育期间，要适时浇水，浇水最好采用喷灌，其中幼苗期水量要足，以促进幼苗侧根生长；速生期要适当控制水量，宜采用喷水与适当干燥交替进行，以促进苗木充分木质化，提高耐旱性，抑制高生长，促进苗径生长。此外，还应根据苗木长势，结合浇水施用 0.2%尿素和 0.2%磷酸二氢钾各 1 次。

2 个无性系各处理中选择不定根长度为 0.8～1.0cm 的水培小苗各 200 株经移植培养后

其营器苗翌年3月的移植成活率、高和地径生长量调查结果如表4所示。

表4　1年生木麻黄容器苗移植成活率和生长情况

品种	苗高（cm）	地径（mm）	移植成活率（%）
501	32.3	3.1	78
惠-1	25.4	2.9	80

从成活率来看，2个无性系分别为78%和80%，二者基本一致；从生长情况来看，经4个月生长期的容器苗501无性系苗期高和地径生长量均稍大于惠-1。

3　结论

本文以木麻黄501和惠-1嫩枝为材料，研究了不同浓度NAA处理及其处理时间、水培方法对成活率的影响。结果表明，在3个NAA处理浓度中，以40mg/L浓度处理时生根率最高，501和惠-1无性系分别达77%和70%，该处理20d时不定根长度已在0.5~0.7cm；在2个NAA处理时间水平中，则以24h处理生根率明显高于12h处理，其中，插穗经24h、40mg/L处理的生根率为最高，分别为88%、87%；而在水培的2个方法处理中，流动水培育的插穗生根率明显高于换水培育，其中流动水、40mg/LNAA浓度处理的2个无性系生根率为最高，分别达90%和86%，而换水处理相同条件下生根率仅为64%和54%。此外，测定了经4个月生长期的容器苗成活率和生长情况，结果表明，501和惠-1容器苗成活率分别为78%和80%，苗高分别为32.3cm和25.4cm。

肉花卫矛育苗技术

钱金海[1]，林雪锋[2]

（1. 浙江省温岭市温峤镇农业服务中心，温岭 317500；2. 浙江省温岭市林业技术推广站 台州 317500）

摘 要：肉花卫矛是温岭市乡土景观树种，树姿形态优美，秋叶紫红，果实较大，淡红至紫红色。具较强的耐盐能力，在台州市海岛、海滨轻盐碱地、山区均有分布，是优良的园林景观树种，极好的盐碱地造林树种。本文作者在温岭市沿海临海面丘陵选择母树，通过多年的试验，现总结肉花卫矛的育苗技术如下。

关键词：肉花卫矛；繁殖；育苗技术

肉花卫矛（*Euonymus carnosus* Hemsl.）属卫矛科（*Celastraceae*）卫矛属（*Euonymus* L.）半常绿乔木，高可达15m。叶对生，叶片近革质，长圆状椭圆形或长圆状倒卵形，长4~15cm。聚伞花序疏散，有花5~9朵，花绿白色，花瓣圆形，表面有窝状皱纹或光滑。蒴果近球形，有4条翅状窄棱，初黄色，后变红色；种子数颗，亮黑色，假种皮深红色。树姿形态优美，具较高观赏价值，是优良的园林绿化树种。

肉花卫矛属阳性树种，喜光，稍耐荫，对土壤要求不严，能耐干旱、瘠薄和寒冷，在中性、酸性及石灰性土上生长良好，也可以在轻盐碱的土壤中生长，病虫害少。深根性，根系发达，萌蘖力强，耐修剪，生长较慢，对二氧化硫有很强的抗性。产于我国东北、华北及长江中下游各省区，辽宁省、河北省、河南省、山东省、甘肃省、安徽省、江苏省、浙江省、福建省、江西省、湖北省和四川省均有分布。

1 种子采集

肉花卫矛果熟期为11月上旬，在果皮开裂前采收。日晒待蒴果开裂放在通风干燥处晒干，种子量少可用手搓，然后用簸箕或筛子，除去果壳等杂质。种子处理干净后即冬藏，一般采用干藏。干藏是将种子完全晾干后装在密封的容器内放入地下室贮藏。

2 圃地选择与作床

圃地应选择地势平缓，土质疏松，透水性好，不易积水且有灌溉条件的沙壤土，要求土壤有机质含量较高。土壤酸碱性适中，pH值在6.5~7.5之间。肉花卫矛播种可用于床播，苗床的规格为1 000cm×120cm×20cm。床间距为20cm，先将腐熟饼肥铺于床面、厚度为5cm，每667m^2施肥量为200kg，同时施入5%辛硫磷颗粒剂5kg、黑矾15kg，以防苗期病虫害。清理圃内杂物，做到地平、土碎、肥均。

3 播种

3.1 播种时间

播种时间根据圃地设施而定，在台州地区露地育苗一般在3月下旬到4月初，在温室或大棚内可提早 1 个月进行。

3.2 播种前种子处理

采集后的种子干藏至翌年 1 月中、下旬，取出种子催芽。先用 30℃温水浸泡 24h，捞出后拌入 2~3 倍的湿沙，堆置背阴处沙藏，上盖湿润草帘防干，并经常洒水保持一定的温度。3 月中旬土地解冻后将种子移至背风向阳处，并适当补充水分催芽，为防止种子发霉应经常翻倒。4 月初待 50%的种子露白时即可播种。

3.3 播种方法及苗期管理

圃地全面整地，施足基肥，播种前 1 周灌水，播种方法采用苗床开沟条播，行距 30cm，沟深 2~3cm，覆土厚约 1cm，每 667m^2 播种 6kg，撒完种子将土楼平盖住种子，覆土要薄，然后铺 1 层稻草，稻草的厚度为看不见床面且越薄越好，铺完稻草立即浇透水。

4 抚育管理

4.1 苗期管理

播种后约 20d 左右出苗，出苗后要及时撤掉稻草和除草间苗，当苗高 4~5cm 时定苗，苗距 20~25cm。幼苗期不灌水，待苗高达 7~8cm 再灌水，以后每隔 20~30d，土壤较干时灌水 1 次；在 5~6 月，各追施 1 次挪威复合肥，每次每 667m^2 施 5~20kg，并用 0.4%尿素和 0.4%磷酸二氢钾，喷叶面肥 3~4 次，及时中耕除草。

4.2 分级育苗

第 2 年春天，及时移苗扩大株行距，可按 40cm×50cm 株行距栽植。每年追肥 3~4 次，再经 1 年培育即可出圃。或隔一株去一株，变成 50cm×80cm，继续培养大苗。其间要注意疏除下部萌生的侧枝、萌蘖要及时摘心，控其生长，促主干生长。

4.3 定植后管理

肉花卫矛生性强健，适应性强，栽增管理简便。定植时每株施 2~3 锹堆肥作底肥，生长期一般不需再追肥，可每年入冬时施 1 次腐熟有机肥作基肥。从春季萌动至 5 月可灌水 2~3 次，夏季天旱时可酌情浇水，入冬前灌 1 次封冻水。秋季落叶后可适当疏剪，疏去一些过密枝、病枯枝、徒长枝，使枝条分布均匀。

4.4 病虫害防治

肉花卫矛的苗木病虫害防治同其他阔叶树有所不同，主要虫害有丝棉木金星尺蛾和卫矛矢尖盾蚧。对丝棉木金星尺蛾可喷洒胃毒剂、触杀剂防治，药剂可选用 1.2%烟参碱乳油 2 000倍液防治。对卫矛矢尖盾蚧可喷洒 1 000倍液烟参碱防治，对已开始结蜡危害的若虫喷洒 10%吡虫啉可湿性粉蚧或 6%吡虫啉液剂 2 000倍液防治。

毛红椿播种育苗技术及苗期生长规律研究

张汝忠，彭佳龙，王坚娅，万泽辉

（浙江省仙居县林业局，仙居 317300）

摘 要：于2005—2006年对毛红椿的播种育苗技术和苗期生长规律进行观测研究，结果表明，毛红椿于3月下旬播种，4月上旬出苗，7月下旬至9月中旬苗木高生长最快，9月中旬以后进入缓慢生长，至10月底苗木停止生长，其高生长量可达100cm以上，最高可达150cm；21株/m^2、27株/m^2、33株/m^2、45株/$m^2$4种留苗密度实验表明，苗木地径生长与留苗密度密切相关，留苗越密则地径越小、高度越大，留苗越稀则地径越大、高度越小。生产上建议播种量为1kg/hm^2，留苗密度以30~33株/m^2为宜。

关键词：毛红椿；播种育苗；苗期生长规律

毛红椿（*Toona ciliate* var. *pubescens*），别名毛红楝，为国家二级保护植物，系楝科香椿属落叶高大乔木树干通直圆满，材色为红褐色，刨削切面光滑，花纹美丽，香气浓郁，耐腐性好，木材不翘裂，可与桃花心木相媲美，为良好的单板材、胶合板贴面板材和建筑、装饰、家具的上等用材，是一种生长迅速的珍贵用材树种和优良的四旁绿化树种。毛红椿产于中亚热带地区，在我国分布不广，主要分布在福建、安徽、贵州、云南等省区低海拔至中海拔的山地阔叶林内。在浙江省的开化、遂昌、龙泉、平阳、仙居有天然零星分布。

为了探索并掌握毛红椿的播种育苗技术，了解其苗期生长规律，并为制定毛红椿省级、国家级苗木分级标准提供参考依据，笔者于2005—2006年连续2年开展了毛红椿的育苗试验。

1 试验地概况

试验地位于浙江省仙居县，东经120°17′16″~120°55′51″，北纬28°28′14″~28°59′48″，年均气温17.2℃，极端最高气温41.2℃，极端最低气温-9.9℃，年降水量1 644mm，年蒸发量1 260.8mm，年均相对湿度79%，年均日照时数1 932.6h。试验圃地分别设在官路镇西陈村和双庙乡上王村的水稻田，土壤为红壤，微酸性，土层较厚，肥力中等，光照、排灌条件良好。

2 材料与方法

2.1 试验材料

试验用种子采自浙江省仙居县俞坑自然保护区。当蒴果为褐色但又未开裂时采摘，采回后摊晒干脱粒去杂，干藏待播。经对种子进行检测分析，其千粒重为6.5~8.5g，每1kg种子（11.7×10^4）~（15.3×10^4）粒。

2.2 试验方法

2.1.1 播种时间

2005年于3月25日播种；2006年于3月19日播种。

2.2.2 整地作床

整理苗床时，整地要细致，先施入复合肥 450~600kg/hm^2、磷肥 375kg/hm^2 和焦泥灰 7500kg/hm^2 作基肥，再二耕二耙（拖拉机整地只需一耕一耙），捡净圃地杂物。整地作床，苗床宽 1.2~1.5 m，床面呈龟背状，步道宽 25~30cm。

2.2.3 播种方法

开浅沟条播，条距 20~25cm，将种子均匀散入播种沟，上覆细土或焦泥灰 0.5cm，用稻草覆盖，保温保湿并可防雨水冲击。由于种子细小，为便于均匀播种，可将种子浸湿后加 5kg 焦泥灰或细泥拌和。播种量 15kg/hm^2。

2.2.4 苗期管理

苗期主要为水肥管理、病虫害防治和松土除草。5~6 月的梅雨季节和8~9 月的台风季节要及时排除沟内积水，干旱季节及时灌溉。出苗后及时除草，以免杂草与苗木争水争肥。施肥要少量多次，一般以每年 3 次为宜，第 1 次于 6 月底至 7 月初施复合肥 37.5~45kg/hm^2，第 2 次于 7 月底施复合肥 60~75kg/hm^2，第 3 次于 8 月中旬施复合肥 135~155kg/hm^2。苗高 8~10cm 时进行间苗，以确保合理的苗木密度，间出的小苗另外移植培育。

2.2.5 病虫防治

苗期要预防立枯病、茎腐病等发生，可用 50%多菌灵 300~400 倍液或 50%甲基托布津 300~400 倍液防治。害虫防治，用地护净 305kg/hm^2 在苗床整地时与基肥一并施入，可有效防治蛴螬等地下害虫；刺蛾等食叶害虫，用 40%三唑磷 400~500 倍液防治。

2.2.6 苗木地径调查

试验分设 4 种留苗密度处理，即 21 株/m^2、27 株/m^2、33 株/m^2 和 45 株/hm^2，各试验小区面积 15m。12 月分别对四种密度的小区调查苗木地径和高度。

2.2.7 苗木高生长调查

分别在西陈村和上王村 2 个苗圃地各随机设立 3 个固定样方（共 6 个样方），每样方选定 60 株固定样株，从 5 月开始，每月 2 次（每 15d 1 次）测定苗木高度，停止生长后测定全株高度。

3 结果与分析

3.1 出苗率与产苗量

2005 年的试验，毛红椿 4 月 15 日开始出苗，20 日基本出齐；2006 年的试验，4 月 10 开始出苗，15 日基本出齐。2 年的试验均表明毛红椿出苗时间比较集中。

经调查出苗率为 30%左右，苗数可达 37.5~60.0 株/m^2，产苗量可达 22.5~45.5 株/m^2。

3.2 留苗密度与苗木地径

4 种不同留苗密度的苗木地径与全株高度测定结果如表 1 所示。同由表 1 表明，苗木地径与留苗量有非常密切的关系，留苗越稀则地径越大、高度越小，留苗越密则地径越小、高度越大。

表 1 密度、地径、苗高测定

留苗密度（万株/hm²）	2005 年测定数据		2006 年测定数据	
	平均地径（cm）	平均高（cm）	平均地径（cm）	平均高（cm）
21	1.19	75.5	1.02	80.2
27	0.81	89.3	0.85	90.1
33	0.75	92.2	0.77	101.9
45	0.54	120.7	0.52	125.3

3.3 苗高生长量

对 2005 年和 2006 年的育苗试验，均定期测定了苗高生长量，以便了解其苗期高生长情况（表 2）。2 年的苗高生长情况均表明：毛红椿自 3 月下旬播种至 10 月底基本停止生长，高生长量可达 100cm 以上，最高的达 150cm。6~7 月苗木生长很快，7 月下旬至 9 月中旬苗木高生长最快，9 月中旬以后进入缓慢生长，10 月底基本停止长高。

表 2 苗高生长量

日期（月/日）	2005 年平均高度（cm）	下期与上期差（cm）	2006 年平均高度（cm）	下期与上期差（cm）
5/10	3.9	1.5	4.1	1.5
5/25	5.4	1.7	5.6	1.6
6/10	7.1	5.7	7.2	6.3
6/25	12.8	7.9	13.5	9.7
7/10	20.7	5.2	23.2	10.2
7/25	25.9	18.8	33.4	23.1
8/10	44.7	26.6	56.5	21.5
8/25	71.3	19.8	78.0	23.7
9/10	91.1	7.8	101.7	6.5
9/25	98.9	5.1	108.2	4.9
10/10	104.0	2.8	113.1	2.9
10/25	106.8	0.2	116.0	0.3
11/10	107.0		116.3	

3.4 讨论与分析

3.4.1 追肥种类与方法

传统苗期追肥多采用尿素等氮肥，易引起烧苗，采用复合肥作追肥可避免烧苗且方法简单、效果更好；最后一次追肥时间，最迟必须在 9 月 10 日前完成，确保苗木完全木质化，以利于苗木安全越冬。

3.4.2 播种量与留苗密度、播种量的多少，视种子的饱满度和净度而定

播种量过多则间苗用工大且浪费种子，播种量过少则苗量不足。

4 结论

第一，毛红椿播种苗当年高生长量可达100cm以上，最高可达150cm，表明苗期生长迅速。为提高造林成活率，建议山上造林苗木的高度控制在100cm左右，不要超过120cm，并要求地径在0.6cm以上。

第二，7月下旬至9月中旬是苗木生长的最快时期，苗高生长量占全年苗高生长量的70%，因此该时期一定要加强圃地的土肥水管理，防止干旱。

第三，为培育出更多的壮苗，建议播种量为15kg/hm^2，种子净度高的可适当减少至10.5~12.0kg/hm^2，留苗密度为30~33株/m^2。

冬季苗圃抗冻及病虫害防治技术

朱小华

（浙江省临海市河头镇林特站，临海　317034）

冬季是一年中苗圃管理的关键季节，及时做好冬季苗圃管理工作不仅为苗木来年生长打好基础，而且是提高苗木产量和质量的重要措施。苗圃冬季管理重点是防冻害和病虫害。

1　防冻害

冬季，幼嫩的苗木组织极易发生冻害，轻者苗梢干枯，重者导致苗木死亡。苗木防冻害的技术要点包括以下几方面。

1.1　提高自身抗寒能力

①适时早播，延长生长期，使苗木长大长粗。②在夏、秋季打梢，使苗木停止生长，促进组织生长充实。③在生长季后期多施磷、钾肥，少施氮肥，使枝条充分木质化。④秋季以后减少灌水，有利于苗木枝梢木质化，提高抗寒能力。⑤秋末冬初上冻前向叶面喷施 0.5%磷酸二氢钾液肥 1~2 次，可提高苗木抗寒能力。

1.2　搭暖棚

为苗圃搭塑料大棚或塑料拱棚，棚上铺层草帘，既可提高棚内土温，又可提高气温，苗木保温效果最佳。在无霜冻的白天将暖棚的草帘掀开，使苗木接受光照。在夜晚或霜降冰雪天再将草帘盖上。

1.3　包裹树干

包裹树干多在入冬前进行，将苗木的主干用草绳或麻袋片等缠绕或包裹起来，高度在 1.5~2m。

1.4　覆盖

在冬季用干稻草覆盖幼苗可大大提高地温，降低冻害程度。

1.5　熏烟

一般在晴天的夜里，将枯枝、草皮、谷壳、锯屑等杂物堆放在苗圃四周，暗火燃烧，让浓烟覆盖苗圃，利用烟雾减少土壤热量散失，提高苗圃的气温。此法对环境有一定污染，在靠近市区的地方尽量避免使用。

1.6　浇封冻水和返青水

在土壤封冻前浇 1 次透水，土壤含有较多水分后，严冬时表层地温不至于下降得过低、过快。开春，表层地温升温也缓慢。浇返青水一般在早春进行，由于早春昼夜温差大，及时浇返青水可使地表昼夜温差相对减小，避免春寒危害植物根系。

1.7　根部培土

浇封冻水后，在苗木根茎四周堆 5~10cm 厚的土堆，拍实，可提高苗木根系周围的地温，能有效降低苗木冻害程度。春季解冻后再将土移走。此法不适用于苗小易折和易腐烂的树种。

2 防病虫害

冬季，大部分苗木病虫以各种方式进入越冬或休眠状态，基本上不活动或移动性很小，此时正是防治的好季节。生产实践证明，冬季病虫防治的成效直接关系到翌年病虫的发生状况，如果措施得力，可大大降低来年病虫的发生和危害程度。主要技术要点有：

2.1 剪除病虫枝

冬季修剪是苗木管理的一项常规性措施，除了剪除枯枝、密枝、下垂枝、断裂枝外，更重要的是剪除病虫枝。剪下的病虫枝要及时运出苗圃集中销毁。剪时要注意剪口平整，以防病虫感染。对大的剪锯口要涂抹酒精、波尔多液、石硫合剂等保护剂保护伤口。

2.2 清洁圃地

冬季，大多数病虫和病菌在圃地的枯枝落叶或杂草中越冬。将这些枯枝落叶和杂草彻底清除销毁，改善圃地卫生条件，可减少各种病原物，对防治病虫害有重要作用。

2.3 深翻土壤

深翻土壤可以破坏地下害虫的越冬场所。有的害虫可被翻土机具直接杀死，暴露在地表后又可被鸟类等害虫天敌啄食，可大大减少害虫的越冬基数。同时，还可将土壤表层的病原物翻埋入深土层，深土层中的病原物被翻到地面，破坏病虫的适生环境，可有效防止来年病源传播。翻土深度以10~20cm为宜，把表土翻到下面，底土翻到上面。遇直径1cm以上的根时要注意保护，切忌切断。

2.4 刮树皮

冬季，许多病虫藏在苗木枝干的粗皮、病皮及裂缝中越冬，可采用刮树皮的方法防治病虫。一般从土壤结冻到第二年立春之前均可进行刮皮，其中以12月至次年1月和2月为佳。冬季温暖的地区可适当早刮，寒冷的地区宜推迟刮皮时间，以防受冻。刮皮主要是刮除主干上的病皮、翘皮、粗皮，堵塞较大的裂缝。刮皮前要在树干周围铺麻袋或塑料薄膜，将刮下的树皮集中处理。

2.5 涂白枝干

涂白枝干除了能有效防止冻害外，还能对残留在枝干上的病虫起到良好的防治作用。特别是对在树皮里越冬的螨类、蚧类等害虫的防治效果更佳。要特别注意的是，配制涂白剂的生石灰一定要充分溶解，否则涂到苗木枝干上易造成烧伤。

2.6 钩杀害虫

在冬季，对蛀干类害虫可进行钩杀。将细钢丝端部弯成钩，从蛀孔伸进去钩杀害虫。

2.7 药物防治

冬季各种病虫多处于休眠状态，对那些在发生季节不易防治的病虫可以采用冬季药物防治。在上述措施的基础上，对苗圃全面细致地喷1次药，可收到显著效果。常用的药剂有1%波尔多液、2~3波美度的石硫合剂、0.5%五氯酚钠等。

乌桕芽苗移栽育苗技术

马桂莲[1]，林　松[2]，金建国[3]，潘红青[4]

（1. 台州市黄岩区林业特产局，台州　318020；2. 台州市黄岩区富山乡　台州）

摘　要：根据乌桕的生物和生态学特性，通过乌桕种子繁殖芽苗移栽育苗技术试验，总结出了一套乌桕芽苗移栽育苗技术。通过科学方法和精心管理，培育出的乌桕苗木不仅产量高，而且质量好，当年生苗高可达 1m 以上，长势好的可达 1.5m，每公顷可出圃Ⅰ级、Ⅱ级苗 50 万株。

关键词：乌桕；芽苗；移栽；育苗技术

乌桕是浙江省主要的秋景树种之一。乌桕树冠整齐，秋叶深红、紫红或杏黄，娇艳夺目，落叶后满树白色种子似朵朵白花，经冬不落，“偶看桕树梢头白，凝是江梅小着花”可在庭园、公园、绿地孤植、丛植或群植，亦可在池畔、溪流旁、建筑周围作庭院树。乌桕喜光，喜温暖气候及深厚肥沃而水分丰富的土壤，较耐寒，并有一定的耐旱、耐水湿及抗风能力，乌桕能抗火烧，对二氧化硫及氯化氢抗性强，造林成活率高。幼龄树若进行疏枝修剪定型，树型似团团云朵，甚是美观。由于我国化学工业的迅速发展，乌桕种籽的需求量逐年减少，乌桕树也随之见少，至今成为濒危稀有树种。为了进行大量繁殖以满足现在的需求，我们从 2006 年开始进行乌桕种子繁殖芽苗移栽育苗试验，总结出了一套科学的芽苗移栽育苗技术，苗木不仅产量高，而且质量好，当年生苗高可达 1m 以上，长势好的可达 1.5m，每公顷可出圃Ⅰ级、Ⅱ级苗 50 万株。

1　生物学特性

乌桕［*Sapium sebiferum*（Linn.）Roxb.］，别名蜡子树，大戟科乌桕属落叶乔木，高可达 15m；有乳汁；树皮暗灰色，有深纵裂纹。叶片纸质，菱形或菱状卵形，长 3~7cm，宽 3~9cm，先端突尖或渐尖，基部楔形，全缘，无毛；叶柄长 2.5~6cm。蒴果木质，梨状球形，直径 1~1.5cm。种子黑色，圆球形，径 6~7mm，外被白色蜡质假种皮。花期 5—6 月，果期 8—10 月。乌桕分布于长江中下游流域及华南、西南各省、区。

2　繁育技术

2.1　试验地条件

试验地设在浙江省台州市黄岩宏源园林绿化有限公司的苗圃地内，属亚热带季风区，温暖湿润，雨水充沛，日照充足，四季分明。年平均气温 17℃，年降水量 1 675mm，年均相对湿度 82%，无霜期 259d。

2.2　种子采收和处理

乌桕果于 10—11 月成熟。蒴果 3 棱状球形，径约 1.5cm，熟时黑色，3 裂，果皮脱落；种子黑色，外被白蜡，固着于中轴上，经冬不落。1 月初从本地山上采收种子，然后进行种子脱蜡。将果实采下堆沤，软化后搓下白蜡，用清水漂除，将洗净的种子放在通风处阴干，采用撒播，直接播种。

2.3 苗圃地的选择与苗床建造

苗圃地以地势平坦、坡度平缓、交通方便、土层深厚、疏松肥沃、排水良好的砂质壤土为宜。为防止病虫害的发生，不宜选择上季种蔬菜瓜类的土地。圃地要深耕翻土，使土壤充分风化，然后施腐熟的有机肥 4 500kg/hm^2 或用复合肥 1 500kg/hm^2，并用 50%甲基托布津可湿性粉剂 0.2%的溶液进行土壤消毒，防治地蚕等地下害虫。经“三犁三耙”后，即可作苗床。一般苗床宽100~120cm、高 25cm、步道宽 30cm。

2.4 芽苗培育

于 1 月在细致整地后的苗圃地里，做好培育芽苗的苗床，苗床用 5%三氟氯氰菊酯 15ml 加辛硫酸 50%乳油 2ml 对水 15kg 进行喷洒防治地下害虫，然后将脱蜡后的种子均匀地撒播在芽苗苗床上，覆盖一层 0.5cm 厚的黄心土，以不见种子为宜，再加盖稻草，盖草宜薄，最后平盖上塑料薄膜。当种子萌动、子叶伸展时，薄膜覆盖由平盖改为拱形，晴天早上揭开薄膜，晚上盖回，以保持苗床的温度和湿度，并及时分批适量揭草，注意揭草通常选在阴天或傍晚。

2.5 芽苗移栽

一般在 4 月中下旬，当芽苗长至 2~3cm 高，出现 3 枚真叶时进行移栽。准备芽苗移栽时，先将培育芽苗的苗圃地灌 1 次水，使苗床湿润，土壤疏松，便于起苗。移栽时，先用竹签在移植苗床上插 1 小孔，移入芽苗，再压紧土壤。移苗宜选阴天进行，晴天应在早晚进行，移栽后及时浇透水。定植密度为 50 株/m^2。

2.6 苗期管理

2.6.1 病虫害防治

为防止地蚕蛴螬、食叶害虫等侵害，用 50%敌敌畏乳油 6ml 加甲基托布津 50g、乐斯本 48%乳油 16g 和杀虫单 90%可溶性粉剂 30g 对水 15kg 喷施芽苗，杀菌和杀虫同时进行，防治效果较好。

2.6.2 除草

除草要勤，要掌握除早、除小、除了的原则。

2.6.3 抗旱、抗涝

梅雨期和台风季节要做好清沟排水。在高温干旱季节要及时灌溉，以免苗木脱水影响生长。

2.6.4 施肥

施肥要掌握少量多次的原则。追肥以速效肥为主，用尿素 600kg/hm^2 或用复合肥 750kg/hm^2，分 3~4 次施。立秋过后，应停止追施 N 肥，适当施 P、K 肥，用量为 450kg/hm^2，以促进苗木木质化。

国有林场改革与发展探讨
——以浙江省天台县华顶林场为例

徐太方[1]，庞伟峰[2]，卢国耀[2]

（1. 浙江省天台县天台山景区管理总站，天台　317000；2. 浙江省台州市林业局，黄岩　318020）

摘　要：当前，我国林业正处在一个重要的变革和转折时期，正经历着由以木材生产为主向以生态建设为主的历史性转变。随着经济体制改革的不断深化，国有林场存在的诸多困难与问题日益凸现。人员多、负担重、基础设施落后、分类经营改革缺乏有力的财政支撑等因素，严重制约着国有林场的发展。通过对浙江省天台县华顶林场近10多年来改革与发展实践经验的总结与分析，立足该场的资源优势，提出了今后的发展思路。

关键词：国有林场；改革与发展；途径

1　华顶林场基本情况

华顶林场位于浙江省天台县东北部，前身是浙江省省立第四林场，始建于1929年，是浙江省早期国有林场之一，以天台山主峰华顶山为主体，最高峰海拔1 098m，平均海拔800m；年平均气温13℃，极端最高温36℃，极端最低温-14℃，霜期11月中旬至翌年2月下旬，年降雨量1 700mm；属亚热带中部季风气候，气候温暖，光照充足，四季分明，雨水充沛。夏冬季风交替明显，夏季凉爽，冬季寒冷，森林植被茂郁，类型多样，生物资源丰富。经营总面积3 650hm^2，其中有林地面积3 270hm^2，森林覆盖率95.7%，活立木蓄积12.6万m^3，毛竹立竹量31.13万株。茶叶面积30.3hm^2，竹林面积150.6hm^2。在册职工130人，其中在职职工80人，离退休职工50人。下设13个林区，场部设办公室、技术科、财务科等办事机构。2004年底，资产总额1 229万元，其中固定资产346万元，林木资产613万元。房屋建筑面积12 000m^2，林区公路16km，电力线路30km，通讯线路40km，防火线124km。2004年度，总收入134万元，总支出154万元，收支相低亏损20万元。

2　改革实践

2.1　合理分流人员，减员增效

华顶林场与大多数国有林场一样，在创建初期乃至计划经济时期，在低收支水平下，主要依靠造林经费、基本建设经费、木材及多种经营收入和少量的事业费过日子。进入改革开放时期，随着职工工资水平的提高和社会保障体系的建立，费用成倍增长，而以销售林产品为主的收入增长速度缓慢，人员过多已成为制约林场发展的主要因素。为此，林场于1993年开始采取“发包经营安排一批，借用与停薪留职分流一批，老、病工人退养一批”的办法，全方位积极稳妥进行人员分流。①积极争取有关部门的支持，比照国家有关退休政策，共有19名职工提前5年办理了退休手续；先后有13名职工申请内退，内退职工生活费按同等退休工资的70%~80%发放。②鼓励职工借用与停薪留职，自谋出路，林场负责缴纳社保费用，共有8名职工停薪留职。③大力推行承包经营。将9个下属单位（林区、队、宾馆）进行了不同形式的长期承包，核定上交林场基数承包给职工经营，一切生产、投资、税收、管理费用自理，并由承包者负责所属职工的工资、社保费、医疗卫生福利等，经营期间，由林场技术人员提供技术指导。共分流职工63人。

2. 2 完善承包合同，共度难关

1990年代末，农林产品价格大幅下降，承包经营项目普遍出现亏损，承包经营者纷纷提出要求解除合同，而被动分流职工思想波动更大，要求重吃大锅饭，林场正常工作难以开展。面对新形势、新问题，场领导班子一方面进行调研，反复听取各方意见，做好承包经营者的思想工作，在维护合同严肃性的原则前提下，对原承包合同规定的承包款基数进行了阶段性调整。同时，做好在岗职工思想工作，所有在岗职工的工资打折发放，得到在岗职工的理解和支持。另一方面，贷款数百万元投入到森林公园基础设施建设中去，使广大职工看到林场发展潜力和希望，树立起振兴林场的信心，巩固了原有承包经营成果，从而达到齐心协力、共度难关的目的。

2. 3 加强资源培育，夯实基础

“以林为本，合理利用，综合经营，全面发展”是国有林场的办场方针，实践证明这条方针是正确的。为此，林场始终牢牢抓住森林资源培育这个中心工作，在灭荒的同时，切实加强了森林防火和森林资源保护工作，加强了对阔叶林资源的保护，申请建立了华顶、石梁两个自然保护小区，为发展森林旅游业打下了坚实基础。并在商品林区发展了200余hm^2的毛竹、茶叶和苦丁茶基地。

2. 4 发挥资源优势，旅游兴场

良好的森林景观和丰富的自然、人文景观，为发展森林旅游业创造了得天独厚的条件。1991年经林业部批准，在华顶林场的基础上建立华顶森林公园，1997年3月经林业部批复确定为“华顶国家森林公园”，与林场实行两块牌子，一套班子。在困难面前，林场人作出了决择——旅游兴场。1985年以来，加大了对旅游基础设施建设的投资，先后向省林业厅、县财政、县有关部门争取到各项资金400多万元，新建了园门景点、归云亭、葛玄茶圃、茶室、游乐园、杜鹃林浏览区、杜鹃精品园以及游步道等一批旅游基础设施，极大地提高了森林公园的品位、档次。同时，积极争取政府对旅游建设的投入，完成了华顶公路拓宽和沙改油工程，并启动了石华环线工程。1999年初，经多方协调还开通了县城至华顶的班车。交通条件的改善和旅游基础设施的兴建，为华顶森林旅游业的发展夯实了基础。加大旅游宣传促销力度，从1997年开始，连续6年举办了华顶云锦杜鹃节，并于2000年元旦成功举办了千年曙光节。先后组织人员到上海、杭州、宁波、苏州、温州等地开展促销宣传活动，发放宣传资料近20万份。一系列的促销活动，极大地提高华顶国家森林公园的知名度，促进了森林旅游业的快速发展。2004年，旅游门票收入达112万元，占林场总收入的83. 6%。

3 存在的问题

3. 1 基础设施落后，生产生活条件差

华顶林场属于典型的帽子林场，地处边远的高山区，经营条件差，加之一贯推行先生产

后生活、先造林后建设的方针，导致基础设施欠帐多，13 个林区中，未通电、未通电话的有 2 个林区，建场初期建造的房屋大多未得到及时维修，危房面积达 3 500m^2。

3.2 人员多，债务重

由于近年来职工工资的大幅度提高，养老保险、基本医疗保险（或大病保险）、失业保险、工伤保险、生育保险等五项统筹费也相应提高，2004 年高达 50 万元，占林场总支出的三分之一，在职职工应缴纳的统筹费人均在 5 000元以上。由于负担重，收不抵支，导致用于基础设施建设的货款无法及时偿还，累计负债 852 万元。

3.3 职工文化素质低，思想观念滞后

林场职工多数是过去造林时招工进来的，也有接班顶替的，从整体结构上看，文化素质低。现有在职职工中，大专以上 10 人，中专及高中 29 人，初中及以下 41 人，分别占 12.5%、36.3%、51.2%。加上山区信息闭塞，了解新鲜事物少，接受再教育更少。过去一直按国家规定的标准发工资，吃惯了大锅饭，养成了平均主义的思想，对改革开放、转换经营机制不易接受，自谋职业能力差，一定程度上影响了改革的进程。

3.4 事业费少，分类经营缺乏有力的财政支撑

国有林场虽然是全民事业单位，但事业费比较少，只有 5 万元，且长期没有变动。2001 年，根据浙江省林业厅的统一部署，林场开展了森林分类经营区划界定工作，共界定公益林面积 2 685hm^2，占林场林业用地面积的 71.3%，定位为生态公益型林场。但到目前为止，财政对生态公益型林场的扶持政策尚未到位，分类经营仍然是纸上谈兵。

4 今后的发展思路

针对华顶林场的资源优势，今后的发展思路是：坚持以林为本，生态优先、合理开发，可持续发展的办场方针，全面推进以分类经营为主线的各项改革，强化森林资源培育和保护，实施旅游兴场发展战略，促进林场健康快速发展。具体应采取以下 5 方面措施。

4.1 实施分类经营，强化资源培育和保护

培育和保护森林资源是国有林场永恒的主题，也是林场的生存之本。而实施分类经营改革则是国有林场的发展之道。根据华顶林场的生态区位，将其定位为生态公益型林场。林场要依据最近完成的分类经营区划界定成果，对生态公益林区和商品林区采取不同的经营措施：生态公益林区以提供良好的生态服务为主导功能，强化资源保护，科学育林，提高森林质量，为发展森林旅游奠定基础；商品林区，采取集约经营方式，发展速生丰产林和短周期工业原料林，在交通便利、立地条件好的地方发展名特优经济林、竹林和高山花卉，积极发展森林蔬菜。

4.2 深化经营机制改革，提高科学管理水平

根据中共中央国务院《关于加快林业发展的决定》精神，生态公益型林场按从事公益事业单位管理，所需资金按行政隶属关系由同级政府承担。《决定》既为生态公益型林场的发展提供了政策保障，同时也要求林场对其内部结构和运行机制做出相应的调整。为此，要具体抓好 3 项工作：①重新核定人员编制。从南方国有林场经营的林地普遍较为分散和狭长的特点，按照“精简、高效”的原则，认为按每 667hm^2 编制 8～10 人为宜，坚持“公开、公平、公正”的原则，实行竞争上岗。对落聘人员按有关规定进行安置，也可将一些经营性项目或部分商品林通过资产评估，用于安置。②选聘优秀人才当场长，建立场长任期目标责任制，定期进行考核。③改革分配制度，实行工效挂钩。按照“效率优先，兼顾公平”的原则，打破现行的事业单位工资制度和单一分配形式。如护林员可根据管护面积，管护难易程度和管护质量计酬；后勤管理人员可按岗位职责和岗位系数核定工资；场长可设立基本年薪，再与单位整体效益挂钩。

4.3　积极开发旅游新产品，提高服务功能

随着社会的进步和人们物质生活水平的不断提高，人们对森林旅游和生态旅游的需求与日俱增，据有关资料表明，生态旅游将占据21世纪旅游业的主导地位，而生态旅游主要是建立在森林资源的基础上。华顶国家森林公园植被繁茂、气候凉爽、环境宜人，有罕见的石梁飞瀑、黄经洞、归云洞等自然景观，有浙江省少见的千亩云锦杜鹃林、甜槠木荷林、浙江七子花、古柳杉林等植物景观，有串联四季的日出、云雾、雨凇、雾凇等天象景观，还有悠久的佛、道历史文化。所有这些，为华顶国家森林公园建成集游览观光、休闲避暑、科普教育、宗教朝觐于一体的多功能国家森林公园打下了坚实的基础。鉴于目前华顶森林公园旅游产品结构单一，仅以观光游览型为主的现状，开发新的旅游产品迫在眉睫。①重建拜经台。拜经台是天台山山脉的主峰，是登顶和观日的主景点，现为军事禁区，在原来位置上重建不妥，建议向东移500m复制建拜经台。开发以登顶、览胜、观日为主的名山旅游品牌——“不到拜经台，枉游天台山”。②开发休闲保健游。森林中高浓度的空气负离子和植物精气，良好的空气质量和森林小气候，为发展森林保健旅游奠定了基础。空气负离子被称为“空气维他命”，空气负离子具有强身、防治疾病、调节人体代谢功能，同时，对周围环境具有降尘、灭菌等功能，呼吸空气负离子有利于身体健康。因此，开发森林保健旅游有着广阔的前景。③增设参与性项目和森林趣味定向运动、生态保健教育长廊项目。

4.4　加强职业培训，提高服务水平

由于林场干部职工几乎都是从事营林生产，对从事旅游开发和服务方面的专业知识比较贫乏。因此，加强森林旅游专业知识的培训已成为当务之急。通过培训，提高从业人员的业务素质和职业道德水平，从而提高服务质量，使游客高兴而来，满意而归。同时，加大旅游促销力度，进一步提高华顶国家森林公园的知名度。

4.5　拓宽融资渠道，切实化解资金不足的矛盾

深化改革的目的就是要促进国有林场健康发展。从当前的情况来看，资金困难也是制约着林场发展的主要因素之一。因此，要克服等、靠、要的思想，采取积极的措施，多渠道筹措资金，以解决发展资金不足的困难。主要措施有：①积极争取政府的支持，争取地方财政对生态公益型林场的扶持政策到位；②提高经营管理水平，努力经营好森林公园，力争从管理上要效益；③盘活林场资源，以资源为基础，招商引资，合作开发；④在不破坏森林资源的原则前提下，将部分项目实行租赁经营。

浙江括苍山自然保护区种子植物区系分析

彭佳龙，史小华，张汝忠

（浙江省仙居县林业局，仙居 317300）

摘 要：括苍山自然保护区共有种子植物115科、336属、616种，其中，裸子植物5科7属8种，被子植物110科329属608种。含10种以上的科共15科，单、寡种属共323属，其区系地理成分复杂多样，在植物区系组成中具有重要作用。科的分布区类型中，泛热带分布型36科，世界分布型34科，分别占总科数的，31.30%和29.57%；属和种的分布区类型中，都是泛热带分布最多，北温带分布紧随其后，表现出区系过渡性的特点。科、属、种的特有现象不明显。

关键词：括苍山自然保护区；种子植物；区系；地理成分

植物区系是一定地区或国家所有植物种类的总和，是植物界在一定自然条件下，特别是自然历史条件下综合作用和演化的结果。对某一地区植物区系的调查研究是研究该地区不同时空尺度上植物多样性的重要基础。以吴征镒教授为代表的中国植物学家通过近20年的系统研究，在研究内容方法等方面取得了很大发展。目前，我国对小区域的研究也在逐渐开展，研究内容多种多样，这对认识区域植被形成基础，演化分析有重要参考价值。

括苍山自然保护区位于浙江省东南部动植物“基因库”括苍山脉的中段，拥有相当面积的常绿阔叶林，植物种类繁多，区系成分复杂。近年来，临近的箬寮岘自然保护区、百山祖自然保护区等的植物区系都有学者进行了研究分析，为深入研究该地植物区系的基本特征奠定了良好的基础，但作为括苍山脉重要核心区域的括苍山自然保护区，对其植物区系的研究尚未见报道。本研究以括苍山自然保护区为研究对象，在进行植物系统调查的基础上对种子植物区系的组成和地理成分进行了分析，探讨其发生发展，旨在为该区的生物多样性保护、种群动态研究、植物资源开发利用、农林业生产规划提供基础理论支持。

1 研究地区自然条件概况

括苍山自然保护区位于浙江省仙居县境内，北纬28°31′57″~28°36′37″，东经120°33′29″~120°39′54″，距仙居县城57km，总面积3 200hm。保护区的气候属中亚热带湿润季风气候，年均气温14.2℃，年降水量1 493.8mm，年蒸发量1 189.6mm，年日照时数1 785.5h，年日照率40%，≥10℃年活动积温2 909℃，无霜期206d，年相对湿度82%。土壤类型有红壤和黄壤两大类，以黄红壤和乌黄壤为主。保护区的植被类型呈较明显的垂直分布，海拔700~800m以下为常绿阔叶林、针阔混交林和暖性针叶林，800~1 000m为常绿落叶阔叶混交林和温性针叶林，1 000m以上为山地矮林和灌丛。常绿阔叶林乔木层 以壳斗科（*Fagaceae*）和山茶科（*Theaceae*）种类占优势，常见壳斗科的是甜槠［*Castanopsis eyrei*（Champ. ex Bench.） Tutch］、褐叶青冈［*Cyclobalanopsis stewardiana*（A. Camus） Y. C. Hsu et

H. W. Len]、大叶青冈［*Cyclobalanopsis jenseniana*.（Hand. –Mazz.）Cheng te T. Hong]，山茶科有木荷（*Schima superba* Gardn. et Champ.）和格药柃（*Euryamuricata* Dunn）等，共有种如多脉青冈（*Cyclobalanop–sis muleinervis* Cheng et T. Hong），白栎（*Quercus fabric* Hance）等，还有拟赤杨［*Aliniphyllum foetunei*（Hemsl.）Perk.］、秀丽槭（*Acer elegantulum* Fang et P. L. Chiu）和南酸枣［*Choehospondias axiliaris*（Roxb.）Burtt et Hill］等落叶树种；常绿落叶阔叶混交林如赤皮青冈［*Cyclobalanopsis* Gilva（Blume）Oerst.］一蓝果树（*Nyssa sinensis* Oliv.）林和木荷一枫香（*Liquidambar formosana* Hance）林；针阔混交林有马尾松（*Pinus massoniana* Lamb.）一木荷林、柳杉（*Cryptomeria fortunei* Hooibrenk）一木荷林和甜槠一黄山松（*Pinus taiwanensisi* Hayata）林等；针叶林主要是分布在海拔较高的黄山松林；山地矮林如杜鹃（*Rhododendron simsii* Planch.）矮曲林；灌丛主要有胡枝子（*Lespedeza bicolor* Turcz）灌丛、箬竹［*Indocalamus tessellates*（Munro）Ken f.］灌丛等。

2 研究方法

依据仙居县林业局多年的野外调查和收集的标本，参考《浙江植物志》等统计植物科、属、种的数量和比例，按照吴征镒等的植物地理成分划分的原则对括苍山自然保护区植物区系分布区类型进行划分。

3 结果与分析

3.1 植物区系的科属种组成

括苍山自然保护区共有种子植物 115 科 33 属 616 种。其中，裸子植物 5 科 7 属 8 种，被子植物，110 科 329 属 608 种。本区种子植物分别占浙江（182 科，1 217属，3 367种）种子植物总数科的 63.2%，属的 27.6%和种的 18.3%，占仙居（142 科，616 属，1 347种）种子植物总数科的 81.0%，属的 54.6%和种的 45.7%。为了说明括苍山自然保护区种子植物区系在浙江省的地位，本文选取区系资料比较完整的百山祖、大罗山、古田山和天目山 4 个自然保护区进行比较（表 1）。

表 1 括苍山与其他 4 个自然保护区种子植物区系的比较

保护区	面积（hm^2）	科	属	种
括苍山	3 200	115	336	616
天目山	1 050	140	548	931
古田山	8 107	147	642	1 409
大罗山	11 400	128	413	740
百山祖	10 880	167	700	1 545

由表 1 可知，括苍山与大罗山自然保护区的种子植物种类数相近，括苍山自然保护区的种子植物丰富度比其他 4 个保护区均要低。考虑到括苍山自然保护区的面积比百山祖、大罗山和古田山要小，故可认为括苍山的种子植物还是比较丰富的。

括苍山自然保护区各科所含属、种数差异较大（表2）。含10种以下的科为100个，占总科数的86.96%；属数高达204，占总属数的60.71%；种数333个，占总种数的54.05%。10种以上的科共15科含132属283种，分别占总科、属和种数的13%、39.3%、45.9%，说明优势科在区系组成中具有重要作用。

表2 括苍山自然保护区种子植物科级统计

级别	科		属		种	
	总数	占总数比例（%）	总数	占总数比例（%）	总数	占总数比例（%）
单种科（1种）	32	27.83	32	9.52	32	5.19
寡种科（2~10种）	68	59.13	172	51.19	301	48.86
中等科（11~20种）	10	8.7	66	19.64	147	23.86
大科（≥21种）	5	4.35	66	19.64	136	22.08
（合计）	115	100	336	100	616	100

表3 括苍山自然保护区种子植物属级统计

级别	属		种	
	总数	占总数比例（%）	总数	占总数比例（%）
单种属（1种）	212	63.1	212	34.42
寡种属（2~5种）	111	33.04	305	49.51
中等属（6~10种）	11	3.27	69	11.2
大属（≥11种）	2	0.6	30	4.87
（合计）	336	100	616	100

括苍山自然保护区属内种的组成如表3所示，其中，10种以上的属有13属；2~5种的属有111属，种数达305种；单种属有212属。寡种属和单种属共323属517种，分别占总属数、总种数的96.1%和83.9%，说明区系中属的分化程度较高。

3.2 植物区系的地理成分

在明晰括苍山自然保护区种子植物区系基本组成的基础上，分别对科、属、种3个分类等级的地理成分进行了分析，结果如下。

3.2.1 科的地理成分分析

根据吴征镒等关于中国种子植物科分布区类型的划分系统，本区种子植物115科可分为14个分布类型（表4）。在括苍山自然保护区中世界分布科共34科，占本区总科数29.57%；热带成分的科（第2至第7项）51科，占44.34%；温带成分的科（第8至第14项）30科，占26.09%。

表 4　括苍山自然保护区种子植物种的分布区类型

分布区类型	属数	占属总数百分比（%）	种数	占种总数百分比（%）
1. 世界分布	25	7.44	50	8.12
2. 泛热带分布及其变型	62	18.45	147	23.86
3. 热带亚洲和热带美洲间断分布	7	2.08	20	3.25
4. 旧世界热带分布及其变型	20	5.95	31	5.03
5. 热带亚洲至热带大洋洲分布及其变型	11	3.27	17	2.76
6. 热带亚洲至热带非洲分布	9	2.68	11	1.79
7. 热带亚洲分布及其变型	29	8.63	56	9.09
8. 北温带分布及其变型	61	18.15	117	18.99
9. 东亚和北美洲间断分布及其变型	30	8.93	63	10.23
10. 旧世界温带分布及其变型	17	5.06	22	3.57
11. 温带亚洲分布	4	1.19	5	0.81
14. 东亚分布及其变型	57	16.96	73	11.85
15. 中国特有分布	4	1.19	4	0.65
（总计）	336	100	616	100

（1）世界分布科共 34 科，多为草本，如禾本科（*Gramineae*）、菊科（*Compositae*）、车前科（*Plantaginaceae*）、唇形科（*Labiatae*）等，分布在森林群落的草本层。

（2）热带分布科共 51 科，其中，泛热带分布 3 科，是本区植物科成分中的最大成分，集中组成了常绿林群落 的优势科，如樟科（*Lauraceae*）、卫矛科（*Celastraceae*）、山茶科（*Theaceae*）、大戟科（*Euphorbiaceae*）等；东亚及热带南美洲间断分布，也是本区热带分布的主要成分之一，其中许多科在本区系中起重要作用。如冬青科（*Aquifoliaceae*）、杜英科（*Elaeocarpaceae*）和五加科（*Araliaceae*）等。

（3）温带分布科共 30 科，其中，又以北温带分布比例最大，含 21 科，占本类型总科数的 70%，如忍冬科（*Caprifoloacecae*）、杜鹃花科（*Ericaceae*）、报春花科（*Primulaceae*）、龙胆科（*Gentianaceae*）和桔梗科（*Campanulaceae*）等。

一些分布区类型在保护区内是缺失的。如中亚分布及中国特有等分布区类型。通过对科的统计分析，可以看出，热带分布科在本区植物科中占有很大比重。

此外，本区植物有些科是原始、古老的科，如木兰科（*Magnolicaeae*），一般被认为是最原始的被子植物之一，在该保护区分布的有 5 属 9 种；金缕梅科（*Hamamelidaceae*）也是一个古老而复杂的科，是许多科、属演化的分支点，在该保护区分布有 4 属 5 种，其中枫香属（*Liquidambar* L.），是古老而原始的木本植物，也是浙江的乡土树种，分布较为普遍。此外，括苍山植物区系还有多种合生心皮的柔荑花序类群，如桦木科（*Betulandaceae*）、杨柳科（*Salicaceae*）和桑科（*Moraceae*）等。以上可见，括苍山植物区系中存在着一些较为原始或古老的科、属，这在一定程度上表明括苍山植物区系的起源可能较为古老。

3.2.2　属的地理成分分析

根据吴征镒关于中国种子植物属分布区的划分方案，浙江括苍山自然保护区，336 属可划分为，13 个分布区类型（表 5）。

（1）世界分布的共 25 属。木本植物有鼠李属（*Rhamnus* L.）、悬钩子属（*Rubus* L.）、槐属（*Sophora* L.）和铁线莲属（*Clematis* L.）4 属，其他皆是草本如蓼属（*Polygonum* L.）、千里光属（*Senecio* L.）、堇菜属（*Viola* L.）、鼠麴草属（*Gnaohalium* L.）、排草属（*Lysimachia* L.）、毛茛属（*Ranunculus* L.）等。

（2）泛热带分布共 62 属，占该区总属数的 18.45%。是本区属数最多的分布型。本分布型不少属是组成括苍山自然保护区常绿阔叶林的重要成分，可见本类型强烈地影响了本区的区系组成。组成林木上层的主要有本区的大属冬青属（*Ilex* L.］和山矾属（*Symplocos* Jacp.），还有杜英属（*Elaeocarpus* L.）、榕属（*Ficus* L.）等；灌木层主要有卫矛属（*Euinymus* L.）、菝葜属（*Smilax* L.）等；林下草本植物有凤仙花属（*Impatiens* L.）、冷水花属（*Pilea* Lindl.）金粟兰属（*Chloranthus* Sw.）、天胡荽属（*Hydrocotule* L.）、白酒草属（*Conyza* Less.）等，同时还有藤本属植物。在泛热带分布类型中，热带亚洲、大洋洲和南美洲间断分布和热带亚洲、非洲和南美洲间断分布均包含 1 属，分别是石胡荽属（*Centipeda* Loue.）和粗叶木属（*Lasianthus* Jack）。

（3）热带亚洲和热带美洲间断分布共 7 属，占本地区总属数 2.08%，绝大部分是木本属，如柃属（*Eurya* Thunb.）、木姜子属（*Litsea* Lam.）、楠属（*Phoebe* Nees）、苦木属（*Picrasma* Bl.）、泡花树属（*Meliosma* Bl.）等。对于这一分布型，一般认为起源于古南大陆，但据李锡文的研究[5]认为，该分布型中的木姜子属可能起源于我国南部至印度、马来西亚。因此，这一分布型的起源可能比过去所认为的更复杂。

（4）旧世界热带分布属共 20 属，占全区总属数的 5.95%。正如吴征镒指出，这一分布型的热带性更强且富有古老和保守成分。木本属和草本属多为少种属或单种属，如野桐属（*Mallotus* Lour）、海桐花属（*Pittosporum Banks* ex Soland）、八角枫属（*Alangium* Lam.）、楼梯草属（*Elatostema* Gaud.）。

（5）热带亚洲至热带大洋洲分布属共 11 属，占总属数的，2.68%。大多为木本，如柘属（*Cudrania* Trec.）、樟属（*Cinnamomum* Trew）、香椿属（*Toona* Roem.）、野牡丹属（*Melastoma* L.）等，草本属仅包括淡竹叶属（*Lophatherum* Brongn.）、姜属（*Zingiber* Boehmer）、兰属（*Cymbidium* Sw.）和石仙桃属（*Pholidota* Lindl.）4 个属。

（6）热带亚洲分布属共 29 属，占总属数的 8.63%。它们也是组成本区常绿阔叶林的主要成分，对本区的区系组成也有较大的影响，本分布区主要木本属有青冈属（*Cyclobalanopsis* Oerst.）、木兰属（*Magnolia* L.）、构属（*Broussonetia* L Herit. ex Vent.）、润楠属（*Machihes* Nees）、新木姜子属（*Neolitsea* Merr.）、茶属（*Camellia* L.）、山胡椒属（*Lindera* THunb）等；草本属有蛇莓属（*Duchesnea* Smith）、糯米团属（*Conostegia* Turcz.）、草珊瑚属（*Sarcandra* Gardn.）等。此外，单种属木荷属（*Schima* Reinw.）和拟赤杨属（Alniphyllum Matsum）分别分布于爪哇、喜玛拉雅和我国华南、西南，越南至我国华南（西南）。

（7）北温带分布属共 61 属，占本区总属数的 18.15%，其总属数位居本保护区分布型的第二位（仅次于泛热带分布），木本属较丰富，如裸子植物中的松属（*Pinus* L.）、柏木属（*Cupressus* L.）、红豆杉属（*Taxus* L.），被子植物中的杨属（*Populus* L.）、柳属（*Salix* L.）、槭属（*Acer* L.）、栎属（*Quercus* L.）、苹果属（*Malus* Mill.）等是构成本区落叶阔叶林的优势成分。构成落叶阔叶林下木层和灌丛的有花楸属（*Sorbus* L.）、山梅花属（*Phila-*

delphus L.）、荚蓬属（*Viburnum* L.）、胡颓子属（*Elaeagnus* L.）、蔷薇属（*Rosa* L.）和杜鹃花属（*Rhododendron* L.）等，草本常见的有天南星属（*Adsaema* Mart.）、紫菀属（*Astl* L.）、黄精属（*Polygonatum* Mill.）。

（8）东亚和北美间断分布共 30 属，占总数属的 8.93%。乔木属主要有栲属（*Castanopsisi* Spach）、石栎属（*Lithocarpus* Blume）等；灌木属主要有十大功劳属（*Mahonia* Nutt.）、绣球属（*Hydrangea* L.）、胡枝子属（*Lespedeza* Michx.）等。草本属基本上都是单种属，如金刚大属（*Croomia* Torr. ex Torr. et Gra）等。

（9）世界温带分布属共计 17 属，占本区总属数的 5.06%。其中包括地中海、西亚（或中亚）和东亚间断分布变型 3 属，欧亚和南部非洲（有时也在大洋洲）间断分布变型 1 属。绝大部分是草本属如重楼属（*Pads* L.）、益母草属（*Leonurus* L.）等。

（10）温带亚洲分布属共 4 属，占本区总属数的 1.19%。

（11）东亚分布及其变型共 57 属，占本区总属数的 16.96%。其中全东亚分布 26 属，木本的种类如五加属（*Acanthopanax* Miq.）、旌节花属（*Stachyuru* Sieb. et Zucc.）、三尖杉属（*Cephalotaxus* Sieb. Et Zucc）、猕猴桃属（*Actinidia* Lindl.）等，草本的有败酱属（*Patrinia* Juss.）、山麦冬属（*Liriope* Lour.）、石荠宁属（*Moslla* Buch. -Ham. ex Maxim.）和兔儿风属（*Ainsliaea* DC.）等。中国-喜玛拉雅分布 11 属，如鹰爪枫属（*Holboellia* Wall.）、八角莲属（*Dysosma* Woodson）、梧桐属（*Firmiana* Marsili.）兔儿伞属（*Syneilesisi* Maxim.）等；中国一日本分布有 20 属，如柳杉属（*Cryptomeria* D. Don）、山桐子属（*Idesia* Maxim）、化香属（*Platycarya* Sieb. et Zucc.）、桔梗属（*Platycodon* A. DC.）等。

（12）中国特有属共 4 属，占本区总属数的 1.19%。有杉木属（*Cunninghamia* R. Br.）、青钱柳属（*Cyclocarya* Iljinskaja）、大血藤属（*Sargentodoxa* Rehd. Et Wils）、山拐枣属（*Poliothyrsis* Oliv.）在本区域都是单种属。

3.2.3 种的地理成分分析

根据科、属相同的标准，括苍山自然保护区种子植物 616 种，可分为，1 种分布类型（表 5）。

（1）世界分布种共 50 种，以林下灌木和杂草为主，如重瓣铁线莲（*Clematis florida Thunb.* var. *plena* D. Don）、红腺悬钩子（*Rubus sumatranus* Miq.）、山鼠李（*Rhamnus wilsonii* Schneid.）、鼠麴草（*Gnaphalium affine* D. Don）、水蓼（*Polygonum hydropiper* Linn.）、地耳草（*Hypericum japonicum* Thunb. ex Murr.）、过路黄（*Lysimachia christinae* Hance）等。

（2）热带分布种共 282 种，占总种数的 45.78%，在植物区系和植被组成中具重要作用。泛热带分布及其变型 147 种，占总种数的 25.97%，是本区分布最多的种，代表植物如冬青（*Ilex purpurea* Hassk.）、榕叶冬青（*Ilex ficoidea* Hemsl.）、卫矛［*Euonymus alatus*（Thumb.）Sieb.］、杜英（*Elaeocarpus decipiens* Hemsl.）、山矾（*Symplocos sumuntia* Buch. -Ham）等它们组成括苍山森林植被乔灌木的主体；热带亚洲分布及其变型种 56 种，以木本为主，如深山含笑（*Michilia maudiae* Dunn）、油茶（*Camellia oleifera* Abel.）、细叶青冈［*Cyclobalanopsisi gracilis*（Rehd. et Wils.）Cheng et T. Hong］等；热带亚洲和热带美洲间断分布种、热带亚洲至热带大洋洲分布种及其变型和热带亚洲至热带非洲分布种在本区所占的比例都不超过 4%，但所包含的物种也是组成该自然保护区优势建群种的主要组份。

（3）温带分布种共 284 种，占总种数的 46.1%，其中，以北温带分布及变型最多，乔木种如马尾松（*Pinus massoniana* Lamb.）、鹅耳枥（*Carpinus turczaninowii* Hance）、白栎（*Quercus fabric* Hance）等，灌木种有浙闽樱（*Prunus schneideriana* Koehne）、忍冬（*Lonicera japonica* Thunb.）、荚蓬（*Viburnum dilatatum* Thunb）等，草本种有香青（*Anaphalis sinica* Hance）、大蓟（*Cirsium japonicum* DC.）、天南星（*Arisaema heterophyllun* BL.）等。东亚和北美洲间断分布及其变型共 63 种，有甜槠（*Castanopsisi eyeri*（Champ. ex Benth.）Tutch）、石栎（*Lithocarpus glaber*（Thunb.）Nakai）、美丽胡枝子（*Lespedeza formosa*（Vog）Koehne）和络石（*Trachelospermum jasminoides*（Lindl）Lem.）等。

东亚分布及其变型共 73 种，占总种数的 11.85%，其中，东亚分布最多 38 种，大多为灌木层物种，代表植物有三尖杉（*Cephalotaxus fortunei* Hook. f.）、溲疏（*Deutzia scabra* Thunb.）、旌节花（*Stachyurus chinensis* Franch.）、毛竹［*Phyllostachys edulis*（Carr.）H. de I Lehaie］等；中国—日本分布 23 种，主要有柳杉（*Cryptomeria fortunei* Hooibrenk）、枳椇（*Hovenia acerba* Lindl.）、半夏［*Pinellia ternate*（Thunb.）Breit.］；中国—喜马拉雅分布 12 种，如兔儿伞［Syneilesisi acomitifolia（Bunge）Maxim.］和八角莲［*Dysosma versipellis*（Hance）M. Cheng］等。它们多为括苍山中高山森林植被和灌丛植被的建群种或优势种，在区系和植被组成中具有突出作用。

中国特有分布 4 种，仅占总种数的 0.65%，包括杉木［*Cunninghamia lanceolata*（Lamb.）Hook.］、青钱柳［*Cyclocarya paliurus*（Batal.）Iljinskaja.］、大血藤［*Sargentodoxa cuneata*（Oliv.）Rehd. et Wils.］和山拐枣（*Poliothyrsis sinensisi* Oliv.）。

4　结论

基于对括苍山自然保护区种子植物科、属、种组成及地理成分的分析和研究，得出如下结论。

第一，该区植物种类较为丰富，共有种子植物 115 科、336 属、616 种。其中，裸子植物 5 科 7 属 8 种，被子植物 110 科 329 属 608 种。本区种子植物分别占浙江种子植物总数科的 63.2%，属的 27.6%和种的 18.3%，占仙居种子植物总数科的 81.0%，属的 54.6%和种的 45.7%。相比其他 4 个保护区，该保护区面积不大，但保存丰富的种类。

第二，种子植物各科所含属、种数差异较大。大科占总科数的比例较小，但含有较多的属、种数，在区系中占主导地位。10 种以上的科共 15 科含 132 属 283 种，分别占总科、属和种数的 13%、39.3%、45.9%。对属的组成而言，单、寡种属占有绝对优势，共 323 属 517 种，分别占总属、种数的 96.1%和 83.9%，说明区系中属的分化程度较高。

第三，种子植物区系成分复杂多样。泛热带分布科居多，共 36 科；其次是世界分布科，共 34 科。属和种的分布区类型中，都是泛热带分布最多，北温带分布紧随其后。热带成分与温带成分之间相比较，则热带成分的科数较多，但属数较少，种数则较多，温带成分的科数较少，但属种数较多，种数较少。这是南北过渡地带在植物区系上所表现的一个特征。

第四，科、属、种的特有现象不明显。没有中国特有科，中国特有属仅 4 属，占总属数的 1.19%；中国特有种 4 种，占总种数的 0.65%，这与中国特有属在我国分布状况有关，即总规律是以云南或西南为中心，向华东、华南和西北不同方向辐射状分布，并逐渐减少。

附录 1

创业创新　科技兴林
为台州现代林业建设再立新功

——台州市林学会第八届理事会工作报告

王冬米

（2009 年 9 月 2 日）

各位领导、各位来宾、各位代表：

己丑初秋，九峰山下，群贤盛聚，凤鹊归林。今天，全市林业科技界精英毕至，少长咸集，在黄岩共谋市林学会工作大计，同商台州林业科技事业发展和科技兴林的对策。这是我市林业科技的一次盛会。现在，我受市林学会第八届理事会的委托，向大会作第八届理事会工作报告，请予以审议。

一、第八届理事会工作回顾

自 2004 年 6 月在椒江区召开台州市林学会第八次会员代表大会以来，市林学会第八届理事会在市林业局的直接领导下，在省林学会、市科协和市民政局的关心指导下，紧紧围绕林业建设的中心任务，准确把握学会定位，认真履行职责，依靠广大会员，团结全市林业工作者，大力开展林业科学试验、学术交流、科学普及推广和决策咨询等活动，为繁荣台州林业科技事业，推进台州林业又好又快地发展提供了有力的服务，取得了显著的成绩。下面，从 6 个方面汇报八届理事会的工作。

（一）以重点工程建设为主线，大力实施林业科技攻关

开展林业科学试验，是提高林业生产力的前提，是林业创业创新的基础。本届理事会就任于中共中央、国务院作出《关于加快林业发展的决定》和市委、市政府作出《关于全面推进台州林业现代化建设的实施意见》后不久，台州市林业实施跨越式发展的关键时期。面对林业建设的形势和任务，理事会充分发挥学会人才荟萃、知识密集的优势，积极组织广大会员和林业科技工作者，以科技支撑林业重点工程建设为出发点，围绕市委、市政府提出的实施生态公益林、百万亩阔叶林、沿海防护林和城乡一体化绿化等四大生态工程和打造名特优经济林、花卉种苗、竹木加工与原料林、野生动植物繁殖和森林旅游休闲等五大产业基地，积极开展各项林业科学试验，组织实施林业科技攻关。市局学会会员自加压力，负重拼搏，针对全市林业建设中的方向性和关键性问题，主动组织开展杨梅、枇杷和梨等山地水果高效栽培技术的优化集成与推广示范、针叶林阔叶化发展集成技术示范推广、沿海防护林体系建设综合配套技术研究、退耕地生态治理集成技术示范推广、经济林生态栽培模式技术集

成与推广、林木种质资源清查与开发利用研究、柿特色品种选育和开发利用研究、柚类品种防裂果集成技术的研究与示范推广等 8 项课题。县（市、区）学会会员孜孜不倦，克难奋进，针对各地林业建设中的技术难题，也认真开展课题试验。如天台县组织开展了茶柿混交退耕还林生态治理模式研究与示范、森林蔬菜栽培和利用技术、红朱柿良种选育研究、晚春造林技术研究等；仙居县组织开展了松材线虫病综合防范、木制原料材钻蛀性害虫发生与防控技术、珍贵树种资源调查及培育、仙居杏的特性及配套栽培技术以及化学除草等方面的研究；黄岩区组织开展了林业有害生物普查及防治技术、杨梅矮化早结优质栽培技术、毛竹笋竹两用林和一竹三笋培育技术、竹林立体经营技术等研究。在坚持自主创新的同时，各地还积极寻求科技合作，如市林科所、三门、临海、温岭、天台和仙居等地分别与中国林业科学研究院亚林所、浙江林学院、省林科院合作，开展短周期工业原料林树种选择对比试验、林业生态工程构建-生态系统修复关键技术研究与示范、沿海防护林树种优化配置技术、经济林高效复合栽培模式及配套技术研究等。据统计，本届理事会期间，由学会会员主持或参加的科研项目有 42 项，其中省林业重点科技招投标项目 7 项，列入市“十五”期间十大农业科技攻关项目 2 项。参加的科研人员达 100 多人。至今已通过评审或鉴定的项目有 30 项。这些科研项目的实施为全市林业生态建设和产业发展提供了有力的技术支撑，并取得了显著的成效。有 22 项课题项目获奖，其中省部级 4 项、厅市级 16 项、县级 2 项。如由王冬米主持完成的“杨梅、枇杷和梨等山地水果高效栽培技术的优化集成与推广示范”和“针叶林阔叶化发展集成技术示范推广”项目，分别获省林业厅科技兴林成果一等奖，尤其是后者，全面系统地提出了针叶林阔叶化发展的途径、模式和适宜树种，研制了相应的技术规范和质量评价体系，在全省全面推广，国内领先，2007 年又获省政府科技进步奖三等奖，2015 年进入市政府科技进步一等奖候选项目，实现了全市林业科技的历史性突破。由王国英主持完成的“茶柿混交退耕还林生态治理模式研究与示范”项目获省政府科技进步三等奖，该模式成为全省林业生态高效复合经营的首推模式之一。

（二）以送科技下乡为抓手，大力推广林业适用技术

开展科技下乡活动是实践“三个代表”重要思想的具体行动，是林业科技与生产实践相结合的有效途径，也是实现林业创业创新，推进社会主义新农村建设的客观需要。为此，学会始终把组织开展送科技下乡活动作为学会工作的重中之重来抓。重点抓住两个环节：一是紧扣林情林时，及时组织广大会员深入到乡村、农户、到山头地块，采取多种形式传授林业实用新技术。如举办培训班和专题讲座、现场答疑和操作示范、街头设摊和讲解咨询以及发放技术资料等。特别是 2004 年的“云娜”台风、2005 年的“海棠”、“麦莎”、“卡努”台风以及 2008 年雨雪冰冻等自然灾害发生前后，学会都及时组织和发动广大会员积极参加灾害预防和灾后生产自救的技术指导工作，灾区都会看到学会会员主动忙碌在第一线，成为防灾、抗灾和救灾技术指导的中坚力量。据统计，2004—2008 年，全市累计林业科技下乡 1 931次，进村入户 4.59 万户，发放技术资料 45.07 万份，举办培训班及讲座 1 590场次，受训林农 11.05 万人次。二是建立科技人员联系科技示范户制度。全市有 150 名会员与 174

户农户进行结对技术指导，经营面积1.87万亩*，平均年亩产值达到3 500多元，效益比结对指导前增60%以上，带动农户1.5万余户，辐射面积10.8万亩。通过建立联系科技示范户制度，既使广大会员有了用武之地—试验基地，又使示范户得到直接的技术服务，获得增产增收的效果，同时也产生了明显的示范辐射作用，达到了“联系一批科技示范、送去一批实用技术、培训一批实用人才、带动一片林业增效、致富一方农民群众”的效果。

（三）以林业科技周等活动为载体，大力开展林业科普工作

从2004年开始，省林业厅每年举办一次省、市联动的林业科技周活动。市林学会积极响应，配合市林业局精心组织台州分会场活动，并做到市、县联动，声势浩大，突出主题，讲求实效。2004—2008年，我市林业科技周活动的主题分别是：科技与数字林业、科技与生态高效林业、科技与兴林富民、科技与林业现代化、“山上浙江”建设台州市林业行动。每年的科技周活动，都做到3个有机结合：即科技周活动与林业重点工程建设有机结合；与林情林时有机结合；与广大林农的需求有机结合。因此，深受农民群众的欢迎、广大会员与科技人员的认可和地方党委、政府的肯定。尤其是2008年6月下旬，市林学会会同仙居县林学会，全力配合省林业厅、省林学会在仙居举办了以“建设山上浙江，促进林兴民富”为主题的全省第五届林业科技周活动，并为科技周的成功举办做了大量卓有成效的工作。据统计，2004—2008年林业科技周期间，全市共举办学术研讨会、技术培训班、科普展览等168场次，参加和受训人数5.3万人次，科技下乡208次，发放技术资料8.9万份。科技周活动，使广大会员和林业科技人员受锻炼，林业科技知识被普及，农民群众得实惠。不仅如此，市林学会每年还利用绿化造林活动月、野生动物保护月、爱鸟周、植树节等时机，大力开展林业的科普宣传和林业科学普及活动。同时根据市科协的安排，积极做好每年1次的科普周活动。去年，学会配合省树省花评选活动，还有声有色地组织开展了森林、树木、花卉等系列科普知识的宣传活动和以“关注森林、人与自然和谐”为主题的“人与森林的关系”大众科普论坛活动，取得了良好的效果。并赢得台州电视台、广播电台、台州日报、台州晚报、台州商报等所有市级新闻媒体的关注和大力宣传，在台州城乡产生了广泛的影响。

（四）以学术交流与考察为平台，大力提升学会工作活力

学会是一个学术性的群众团体，能否开展正常性的学术交流和专题考察活动是衡量一个学会是否具有活力的重要标志。学会十分重视林业的学术交流和专题考察活动，并作为学会服务科技人员的平台来抓。首先，本届理事会积极组织开展学术交流或举办学术报告会活动。2004年6月16—17日，市林学会第七届会员代表大会期间举行了会员学术论文交流会。2004年9月8日，学会举办了“信息技术在林业上的应用”专题报告会，邀请浙江林学院信息学院院长方陆明教授作学术报告，市林业局全体人员、县（市、区）林业（林特、农林）局的林特、林政、办公室从事信息化管理业务骨干和分管领导等共65人参加报告会。2005年9月19日，学会在黄岩区召开生态高效林业发展对策研讨会，全体理事、各县（市、区）林业（林特、农林）局分管领导、林技站长等共60多人参加会议。会上，各县

---

* 1亩≈667m²，15亩=1hm²，全书同

（市、区）分别交流了各自在发展生态高效林业方面所取得的成绩、存在的问题及今后的发展对策。会员撰写的31篇论文也在会上作了交流发言。2007年7月24日，学会举办“林业现代化发展战略”学术报告会，邀请了省林业厅副厅长吴鸿教授作报告，市局机关全体工作人员、各县（市、区）局班子成员和业务骨干等60人参加了会议。2007年9月13—16日，学会与市林业局在仙居举办“全市首期乡土树种识别与应用”培训讲座，省林业调查规划设计院副院长陈征海教授级高工应邀授课，各县（市、区）局分管领导、林技站长和业务骨干等50多人参加了学习培训。2007年10月23—24日，市林学会配合省林学会在温岭召开了“生态公益林与沿海防护林体系建设”学术研讨会。2008年6月26日，市林学会又配合省林学会在仙居召开杨梅产业发展论坛。除此之外，学会还努力创造条件，积极推荐和选派会员参加全国性、省级学术交流会。通过学术交流，既充分展示会员在科研推广中取得的成绩，又让广大会员和务林工作者学到了新知识，提高了自身的业务水平，还营造了全市林业科技的良好氛围；其次是动员广大会员及林业科技人员积极撰写科技论文（著作）。据统计，本届理事会期间，广大会员和全市林业科技工作者发表了196篇论文，其中在省级以上学术刊物上发表154篇，入编省级以上学会论文集10篇，在其他专业杂志上发表32篇。发表的论文中有52篇获县级以上自然科学优秀论文奖。彭佳龙同志撰写的“刺叶栎在浙江的分布特点和种群结构的研究”和王冬米同志撰写的“针叶林阔叶化改造质量评价体系的研究”分别在浙江大学学报和南京林业大学学报上发表。此外，会员和林业科技人员还结合自身的工作与专业特长，积极编写著作。据初步统计，共有近10本著作出版发行，有3本著作完成初稿，并即将出版。为满足农民对林业实用技术的需要，学会又会同农口相关学会组织专家编写了《台州特色农业实用技术丛书》，并由中国农业科学技术出版社正式出版，其中涉及林业的有11本单行本。该丛书通俗易懂，图文并茂，成为林业科技下乡的主要技术资料。为了促进学会情报资料的完整性和加强学会与社会各界的学术交流，学会还在市林业局和各县（市、区）林业局、林学会的大力支持和配合下，编辑出版了《新世纪台州林业建设实践与探索》一书。该书既是一本比较完善的台州林业科技资料汇编，又是一本全市林业科技人员重要的参考书；再次是有目的地组织开展专题考察活动。本届理事会共组织外出考察6次，累计达120多人次。每一次组织考察，都做到主题明确，针对性强，力求有所收获。如2005年8月25日至9月5日，学会组织全市从事森防工作的科技人员共11人，赴新疆维吾尔自治区和内蒙古自治区等地参观考察林业有害生物防控工作。同年11月9—11日，组织沿海6个县（市、区）的营林业务技术骨干共12人，到上虞、慈溪、舟山等地参观考察沿海防护林树种的选育。同年11月13—16日，又组织人员到广州、深圳参观考察植物园建设。2006年7月上旬，组织学会理事及技术业务骨干赴陕西、青海等地考察西部林业生态建设。2007年8月上旬，组织学会理事及部分技术骨干赴宁波考察沿海防护林建设、林业特色基地建设和村庄绿化。2008年12月中旬，组织县（市、区）分管营林局长、林技站长和业务骨干到温州参观学习沿海防护林基干林带、红树林、生物防火林带及生态公益林等林业生态重点工程建设，并专门安排半天时间召开座谈会，交流学习考察体会和各县（市、区）重点防护林项目建设的思路。同年6月27日至7月6日，组织森林公安、森林消防业务骨干赴东北地区考察了森林公安、森林消防等工作。各县（市、区）林学会也有目的地组织了近30次的业务参观和考察活动。通过专题考察活动，及时掌握了市内外林业发展的动态，拓宽了工作思路，达到了互相学习、取长补短的目的。

（五）以调查研究为基础，大力开展决策咨询活动

发挥参谋和助手作用，积极参与林业的决策咨询是新形势下学会的一项重要工作。而决策咨询要以调查研究为前提。只有通过调查研究，才能掌握第一手资料，才有发言权。几年来，市林学会针对我市林业发展中遇到的新问题、新情况，都及时组织广大会员开展调查研究活动。如针对林种树种结构不合理，存在生态安全隐患等问题，提出了百万亩阔叶林发展的思路，为市政府抓好林业建设提供了科学的决策依据。针对沿海防护林体系建设中遇到的土地等瓶颈问题，通过调研及时向有关领导和各级林业主管部门反映情况，并极力主张将海岸基干林带建设标准从原来设想的一条林带宽200米降低到2~3条林带合计宽200米。建议得到省林业厅和市委、市政府领导的采纳，市政府还根据该建议与县（市、区）政府签订了沿海防护林体系建设责任状。为抓好兴林富民工作，开展了林业产业发展和特色乡、特色村的调研，提出了“十乡百村兴林富民示范工程”建设的建议，得到市政府领导的高度肯定，并加以部署实施。此外，为进一步加强公益林的建设和保护，开展了公益林建设成效的调查。为促进林业耕作制度创新，更好地实现林业增效、林农增收的目标，开展了生态高效林业发展对策的调研工作。针对乡镇林业站和国有林场发展面临的困难，通过调查研究，又提出了改革发展的建设性意见。值得一提的是，2009年3月1—8日，根据市领导的指示，王冬米理事长带领作为业务骨干的3名会员，随台州支援四川省青川县沙州镇农业代表团对当地林业的受灾情况进行了走访调研，提出了沙州林业重建比较完整的思路和建议，深得当地政府和台州援川指挥部的认可，为市委、市政府援助沙州林业灾后重建的决策提供了重要依据。在开展调研、积极建言献策的基础上，广大会员作为技术业务骨干，还亲自参与了阔叶林发展工程、沿海防护林体系建设工程、生物防火林带工程等相关规划的编制和实施工作。仙居、玉环等还由县林学会牵头，组织技术业务过硬的会员对林业生态重点工程造林作业设计进行论证，使造林作业设计更趋科学合理。

（六）以创建先进学会为目标，大力加强学会组织建设

市林学会八届理事会选举产生以后，即召开了第一次全体理事会，确立了常务理事机构，明确了理事分工，并在全面分析全市林业发展态势后，将学会分为种苗营林、资源保护、生态与园林绿化、森林资源利用和信息情报等5个学组，进一步完善了学会的组织机构。同时制定了学会的相关工作制度和主要活动计划，向全体会员和林业工作者提出了要求，为学会的工作和自身建设奠定了基础。在此基础上，学会秘书处还具体抓好以下几项工作：一是根据上级业务主管部门的工作部署，及时调整工作思路和重点。如省林业厅作出从2004年起每年举办林业科技周活动的决定后，学会把开展林业科技周活动作为每年的工作重点之一，做到早筹划、早准备，精心部署，扎实开展。同时要求县级学会也要同步开展，并认真做好科技周专题总结，及时上报省林学会。二是按照《社团登记管理条例》的规定，每年及时向民政部门办理社团年检年审工作，做到依法办会。三是积极吸收新会员。本届理事会新发展会员127人，为学会增添了新生力量，注入了“新鲜血液”。到目前为止，市林学会拥有会员360人，其中，具有高级技术职称的30人，占8.3%，中级技术职称的212

人，占58.9%，与上届相比，高、中级技术职称会员所占的比例提高了7.8个百分点，会员素质明显提高。同时推荐加入省林学会会员85人。四是开展先进集体、优秀会员和科技成果、优秀论文的评选与推荐工作。经本届理事会推荐，名誉理事长陈肇基获中国林学会从事林业科技工作50年以上荣誉奖，戴纪顺、何小广、徐叨林等14名会员获中国林学会劲松奖。学会有2名会员入选市级拔尖人才，4名会员入选“台州市211人才工程”第二层次培养对象。84名会员（138人次）被评为县级以上先进个人，其中省部级先进14人。龚洁强、王冬米同志获全国林业先进工作者（省级劳模），徐叨林、戴云喜等同志获“全国绿化奖章”，柳希来、张云生、胡明辉、王友富、胡荣达、卢国耀等分别获国家林业局全国“四五”普法、全国森林资源管理、全国沿海防护林体系建设、全国林政案件管理、全国林业有害生物监测预报、“十五”全国林业工作站等方面先进工作者，杨春国被国家林业局森林公安局评为全国森林公安机关百名优秀侦察员。王国英等还获得省政府农业科技成果转化推广奖。张云生等“大树进城问题探讨”、吴道圣等“植被类型、结构与引发森林火灾相互关系的研究”、陈绘画等“基于人工神经网络的马尾松毛虫发生量预测模型的研究”等论文获第十三届省自然科学优秀论文三等奖。陈绘画等“鞭角华扁叶蜂滞育幼虫空间密度估计的研究”论文获第十四届省自然科学优秀论文三等奖。经各县（市、区）林学会推荐，市林学会审核后经市林业局领导批准，仙居、黄岩二县（区）林学会被评为本届学会先进集体，吴才华、崔相富等10位同志被评选为本届学会优秀会员。

在各级各部门的关心支持和学会会员的共同努力下，市林学会得到了健康发展，各项活动正常开展，并取得了明显的成绩，为全市林业建设作出了应有的贡献。市林学会也因此被省林学会评为学会工作先进集体。在此，我代表市林学会第八届理事会，向关心和支持学会工作的各级各部门领导表示衷心的感谢！向长期工作在一线以及致力学会工作的广大会员和林业科技工作者表示亲切的问候和衷心的感谢！向上述获奖的单位和个人表示热烈的祝贺！

在肯定成绩的同时，我们也深深地感到，我们所做的工作离上级对我们的要求，离广大科技工作者对我们的殷切期望还有较大的差距。如学会在开展中介服务方面还有待进一步的探索；学会自我发展的能力仍很薄弱；学会的活动形式、活动内容有待于进一步丰富和完善；学会的凝聚力以及会员献身林业科技的激情等有待于进一步的提高。

二、做好林学会工作的几点体会

通过八届理事会几年来的工作实践，我们认为做好学会工作必须做到“三个要”，即要有人支持，要有人做事，要有所作为。

要有人支持，就是要取得党政部门的支持。学会是非营利性群团组织，是党联系广大林业科技工作者的纽带和桥梁。没有党政部门的重视和支持，学会工作就难以开展，就会失去方向。市林学会之所以能健康发展，首先是挂靠单位市林业局和县（市、区）林业部门给予了鼎力资助。其次，省林学会、市科协和市民政局也经常对市林学会的活动进行悉心的指导和真情的帮助。黄岩区林特局又为本次大会的召开给予了大力的支持。在此，我代表市林学会第八届理事会再次致谢关心支持市林学会工作的各级领导。

要有人做事，就是要有人热心学会的工作，抓好学会的日常事务。学会要健康发展，活动要正常开展，除要建立完善的组织机构外，必须要有学会工作的热心人，尤其是学会秘书长，必须要尽心尽责，要有一定的精力化在学会工作上。有个别林业大县就因为没有人去关心和从事学会工作，连社团登记工作也没跟上，以致林学会被注销。而仙居、黄岩两地的林学会组织健全、活动正常，市林学会布置的工作也能及时很好地完成，就是最好的例证。

要有所作为，就是学会工作必须围绕林业中心工作，积极服务林业发展的大局。要充分发挥人才优势和桥梁纽带、宣传发动、服务保障等作用，针对林业建设中的重点、热点和难点问题，积极开展科学研究和学术交流，强化技术普及和成果推广，注重调查研究和决策咨询，并加强学会组织建设，创新学会工作机制，增强学会的服务能力、吸引能力和凝聚力，努力建设一个学习型、研究型、创新型的学会，为广大会员和林业科技工作者提供一个展示才华、施展本领的舞台，为全市林业又好又快发展提供强有力的科技支撑。以有所作为来谋取一定的地位。

三、对市林学会今后工作的建议

各位代表，八届理事会的使命就要完成，九届理事会即将产生。九届理事会诞生于新中国成立60周年和全国上下学习贯彻中央林业工作会议精神之际，学会工作将面临新的形势，任重而道远。关于市林学会今后的工作打算，新产生的第九届理事会将会专题研究。这里我代表八届理事会仅提出3点建议，抛砖引玉供新一届理事会参考。

（一）要加强学习，提高服务本领

当前，我国经济社会蓬勃发展，科学技术日新月异。党中央、国务院提出的资源节约型、环境友好型社会建设和生态文明建设，也使林业的地位发生历史性的转折，林业建设的内涵不断深化。这对我们务林工作者来说，既是施展才华的机遇，也是一个严峻的挑战。广大会员和林业科技工作者只有努力学习，才能适应形势的要求，跟上时代的节拍，挑起历史的重任。新一届理事会要积极创造条件，大兴学习之风。政治学习方面，要自觉学习党的路线、方针和政策，特别要认真学习党和国家关于林业发展的方针、政策。近期要着重学习好中央林业工作会议的精神，深刻领会新时期林业的“四个地位”、“四个使命”、“三个转变”和“九大任务”。业务学习方面，要主动学习林业的新理论、新知识，注重学习林业的前沿学科、边缘学科和生态文化思想以及林业现代化的系统知识，同时学好林业的法律法规。通过不断加强广大会员的政治和业务学习，强化综合素质，提高工作水平，切实增强服务林业建设的能力。

（二）要准确定位，拓展学会职能

市林学会是台州林业建设的重要社会力量，是党和政府发展林业的得力参谋和助手。学会要牢记宗旨，准确把握定位，始终坚持围绕中心、服务大局的工作方针，以“发挥纽带桥梁作用，促进林业科技进步”为己任，充分发挥自身优势和特长，努力拓展学会的职能，大胆探索新形势下学会的工作机制，不断丰富学会工作的内涵和服务形式，开阔学会工作的领域和活动空间，为全市林业三大体系建设提供有力的智力服务和科技支撑，并以此赢得各级各部门的更大支持。

（三）要搭好平台，增强学会活力

学会是一个学术性的群众团体，是林业科技工作者之家。学会的性质决定了学会是一个松散的社会组织。学会经费的不确定性、会员单位的分散性、会员人数的众多性、专业结构的差异性和需求层次的多样性等特点，给学会工作带来了许多困难。但学会的学术权威性、横向联络的广泛性、活动内容的多维性和活动方式的多样性，也为学会开展工作提供了有利条件。学会的活力主要来源于学会的活动。因此，学会要努力为会员搭建学术交流平台、技术服务平台、产学研合作平台、科学普及平台和承担政府转移职能的平台，使学会的活动有组织、有计划、有针对性地进行。同时，学会要加强对会员的人文关怀，倾听会员的呼声，反映会员诉求，切实维护会员的合法权益，使林学会真正成为广大林业科技工作者之家。以此来不断增强学会的凝聚力和生命力，使林学会成为广大会员知识创新的园地、展示才华的舞台、人才培养的摇篮和合理诉求的场所。

盛世铸伟业，盛会展宏图。各位领导和嘉宾、各位代表，中央林业工作会议，确立了林业在国家建设大局中的位置，赋予了林业在我国经济社会发展战略全局中新的更加突出的历史使命。这为我们市林学会的工作指明了方向，也提出了新的要求。我们相信，新一届的理事会一定会更好地带领和团结广大会员和林业科技工作者以科学发展观为指导，以发展林业生产力为中心，找准位置，明确任务，发挥优势，创业创新，科技兴林，为台州现代林业建设再立新功。

预祝大会取得圆满成功，谢谢大家！

2005—2009 年林业科技成果获奖情况

序号	成果名称	获奖时间	获奖级别	颁奖单位	完成单位与主要人员
1	松材线虫病 RNA 干扰研究及其关键防控技术研发与应用	2008.12	浙江省科学技术奖二等奖	浙江省人民政府	黄岩区森防森检站；胡荣达、吴敏祥、蔡燕玉等
2	茶柿混交退耕还林生态治理模式研究与示范	2005.12	浙江省科学技术奖三等奖	浙江省人民政府	天台县林业特产局、台州市林业局；王国英、卢国耀、孙林峰、余敢蛟、叶文国、谢金华、陈青方等
3	针叶林阔叶化发展集成技术示范推广	2007.11 2007.8	浙江省科学技术奖三等奖 科技兴林奖一等奖	浙江省人民政府 浙江省林业厅 浙江省林学会	台州市林业局、黄岩区林业特产局、临海市林业特产局、大台县林业特产局、三门县林业特产局、仙居县林业局；王冬米、卢国耀、高智慧、何理坤、戴云喜、陈献志、叶文国、陈贤田、张汝忠、颜福彬、吴才华、池方河、许明贞、俞谐琴、庞伟峰、陈 爽
4	杨梅、枇杷和梨等山地水果高效栽培技术的优化集成与推广示范	2005.8	科技兴林奖一等奖	浙江省林业厅 浙江省林学会	台州市林业局、黄岩区林业特产局、仙居县林业局、路桥区农业林业局、天台县林业特产局、三门县林业特产局；王冬米、张加正、龚洁强、郑后斌、陈伽等
5	柑橘优质高效栽培技术推广示范	2006.7	科技兴林奖二等奖	浙江省林业厅 浙江省林学会	黄岩区林业特产局、浙江省柑橘研究所；龚洁强、王立宏（3）、王允镔（6）、梁克宏（7）等
6	微波处理松材线虫病疫木技术研究	2006.7	科技兴林奖二等奖	浙江省林业厅 浙江省林学会	温岭市森林病虫防治检疫站；奚小华、颜福彬、梁景彬、葛吕琴、陈伽、张丽君、林雪锋、林高峰、吴敏霞等

（续表）

序号	成果名称	获奖时间	获奖级别	颁奖单位	完成单位与主要人员
7	温岭市维管束植物资源调查研究	2007. 7	科技兴林奖二等奖	浙江省林业厅 浙江省林学会	温岭市林业技术推广站、浙江林学院；颜福彬、李根有、奚小华、曲金中、梁景彬、林雪锋、吴敏霞、李俊、王晓明、段聚佳
8	退耕地林业生态治理模式研究与推广	2008. 6	科技兴林奖二等奖	浙江省林业厅 浙江省林学会	台州市林业技术推广总站、三门县林业特产局、天台县林业特产局；卢国耀、王冬米、叶文国、陈献志、王国英、高智慧、谢相林、张汝忠、俞谐琴、颜福彬、池方河、何理坤、陈琴、周瑾
9	仙居县珍贵树种资源调查及培育技术研究	2009. 5	科技兴林奖二等奖	浙江省林业厅 浙江省林学会	仙居县林业技术推广总站；张汝忠、彭佳龙、王坚娅、项云飞、史小华、万泽辉、沈宝江、郑永祥
10	柚类果品防裂果集成技术的研究与示范推广	2009. 5	科技兴林奖二等奖	浙江省林业厅 浙江省林学会	台州市林业科学研究所、浙江省柑橘研究所、台州市林业技术推广总站、玉环县特产技术推广站；王冬米、陈方永、卢国耀、陈青英、何理坤、任正初、赵　凯、倪海枝
11	刺叶栎在浙江的分布特点和种群结构的研究	2008. 5	台州市科技进步奖二等奖	台州市人民政府	仙居县林业局； 彭佳龙、张汝忠、金孝锋、潘洁雅、张豪杰
12	仙居县松材线虫病综合防范工程技术研究	2005. 8	科技兴林奖三等奖	浙江省林业厅 浙江省林学会	仙居县森林病虫防治检疫站；崔相富、陈绘画、杨胜利、周钦富
13	玉环柚利用异源四倍体防裂果技术和杂种三培体选育	2006. 7	科技兴林奖三等奖	浙江省林业厅 浙江省林学会	浙江省柑橘研究所、华中农业大学、台州市林业局； 陈方永、王冬米等
14	东魁杨梅高效益产业体系关键技术研究与推广	2007. 7	科技兴林奖三等奖	浙江省林业厅 浙江省林学会	黄岩区特产开发公司、黄岩区果树技术推广总站；王立宏、龚洁强、王允镔、陆胜民、刘高平、王毅、茅葆菊、梁克宏、黄茜斌、解崇斌
15	桉属树种引种栽培技术研究及推广	2007. 7	科技兴林奖三等奖	浙江省林业厅 浙江省林学会	台州市沿海盐碱地绿化研究所、椒江区林业特产总站等；许基全、张云生、许明贞、张婷芳等

（续表）

序号	成果名称	获奖时间	获奖级别	颁奖单位	完成单位与主要人员
16	晚春造林技术研究	2007. 7	科技兴林奖三等奖	浙江省林业厅 浙江省林学会	天台县林业特产局；陈锡连、谢金华、王灵娟、叶文国、王国英
17	仙居杏的特性及配套栽培技术	2008. 7	科技兴林奖三等奖	浙江省林业厅 浙江省林学会	仙居县果品产销协会；吴相祝、王康强、陈宝福、吴世军、章爱凤、吴卫阳、项云飞
18	枇杷防裂果及生态高效果园建设术示范推广	2009. 5	科技兴林奖三等奖	浙江省林业厅 浙江省林学会	台州市路桥区林特总站、浙江省柑橘研究所、台州市林业技术推广总站；陈方永、吴才华、王冬米、王明月、谢长明、任正初、卢国耀、苏坚、赵凯
19	仙居县松材线虫病综合防范工程技术研究	2006. 8	市科技进步奖三等奖	台州市人民政府	仙居县森林病虫防治检疫站；崔相富、陈绘画、杨胜利、周钦富
20	观赏植物陶粒基无土栽培技术改良与推广	2009. 11	市科技进步奖三等奖	台州市人民政府	台州市林业局、浙江省林科院、天台县林业特产局；张加正、王冬米、卢国耀、洪利兴、钱华、施亚东、王国英、叶良宰、何小广
21	黄岩区林业有害生物普查及防治技术研究	2005	县科技进步奖二等奖	黄岩区人民政府	黄岩区森防森检站，胡荣达、蔡燕玉、吴敏祥等
22	杨梅矮化早结优质栽培技术研究	2005	县科技进步奖二等奖	黄岩区人民政府	黄岩区果树技术推广总站；龚洁强、梁克宏、王允镔

2005—2009 年受表彰先进集体（个人）

序号	表彰名称	表彰单位	表彰时间	受表彰集体（个人）
1	第五届“科技兴林奖”组织奖	浙江省林业厅、浙江省林学会	2005. 7	台州市林业局
2	第六届“科技兴林奖”组织奖	浙江省林业厅、浙江省林学会	2006. 7	黄岩区林业特产局
3	第九届“科技兴林奖”组织奖	浙江省林业厅、浙江省林学会	2009. 5	仙居县林业局
4	2005 年度生态市建设先进集体	中共台州市委、市人民政府	2006. 4	台州市林业局
5	2006—2008 年台州市兴林富民工程建设先进集体	台州市人民政府	2009. 4	黄岩区林业特产局、临海市林业特产局、 路桥区林特总站
6	学会工作先进集体	浙江省林学会	2007. 8	台州市林学会
7	全国绿化劳动模范（省级劳模）	人事部、全国绿化委员会	2006. 4	罗仙桃
8	全国林业先进工作者（省级劳模）	人事部、国家林业局	2007. 12	王冬米
9	全国林业先进工作者（省级劳模）	人事部、国家林业局	2010. 12	蒋爱民
10	2006 年度全国绿化奖章	全国绿化委员会	2007. 3	郑经坤、蒋大鹏
11	2007 年度全国绿化奖章	全国绿化委员会	2008. 3	戴云喜
12	2008 年度全国绿化奖章	全国绿化委员会	2009. 3	蒋爱民
13	2009 年度全国绿化奖章	全国绿化委员会	2010. 3	郑从都
14	全国森林资源管理先进个人	国家林业局	2005. 12	张云生
15	全国林业工作站建设先进工作者	国家林业局	2006. 3	卢国耀
16	全国“四五”普法先进个人	国家林业局	2006. 6	柳希来
17	全国营造林质量管理先进工作者	国家林业局	2006. 12	王冬米

（续表）

序号	表彰名称	表彰单位	表彰时间	受表彰集体（个人）
18	全国沿海防护林体系建设先进个人	国家林业局	2006.12	胡明辉
19	全国林政案件管理先进个人	国家林业局	2007.12	王友富
20	全国林业有害生物监测预报优秀工作者	国家林业局	2007.12	胡荣达
21	华东区林业信息委员会优秀常委	中国林学会	2005.11	柳希来
23	从事林业工作五十年以上科技工作者	中国林学会	2008.12	陈肇基
24	中国林学会第六届劲松奖	中国林学会	2008.12	何小广、叶丹、戴纪顺、徐叨林、雒椒江、张新民、梁寒生、王明华、卢国耀、潘春琴、罗士元、胡加共、郑士军、李春
25	浙江省延长山林承包期工作先进个人	中共浙江省委、省政府	2007.8	谢长明、陈纪旺、王明生
26	浙江省延长山林承包期工作	中共浙江省委	2008.8	丁启会、胡正贤、徐从达、管远定、谢长明、方龙、方夏初、柳希来、陈纪旺、庞才兴、周胜、王明生、戴斐琦
27	2003—2005年度浙江省森林防火先进个人	浙江省人民政府	2005.12	孙德斌
28	浙江省农业科技成果转化推广奖	浙江省人民政府	2008.6	王国英
29	浙江省农业科技成果转化推广奖	浙江省人民政府	2009.6	王冬米
30	全国森林公安机关百名优秀侦查员	国家林业局森林公安局	2008.12	杨春国
31	全国打击破坏森林资源专项行动先进个人	国家林业局森林公安局	2005.7	程波
32	2003—2005年度省森林防火工作先进个人	浙江省森林防火指挥部	2005.12	杨春国、王明月
33	森林防火先进个人	浙江省森林防火指挥部	2007.12	庞才兴
34	2007年度浙江省绿化奖章	浙江省绿化委员会	2007.11	戴云喜、陶学竹、王洪喜、蒋爱民
35	2008年度浙江省绿化奖章	浙江省绿化委员会	2008.11	王明月、陶智敏、郑从都、陈加根

（续表）

序号	表彰名称	表彰单位	表彰时间	受表彰集体（个人）
36	2009 年度浙江省绿化奖章	浙江省绿化委员会	2009. 11	陈献志、池方河、胡云方
37	省树省花评选先进个人	浙江省“关注森林”执行委员会	2008. 5	吴才华
38	浙江省森防检疫工作先进个人	浙江省林业厅	2005. 11	胡荣达
39	全省林业法制工作先进个人	浙江省林业厅	2007. 1	胡正贤 郑士军
40	全省林业系统演讲比赛三等奖	浙江省林业厅	2007. 8	胡俏俏
41	浙江省林业信息工作先进个人	浙江省林业厅	2007. 12	李　萍
42	2006—2007 年全省基层农技推广优秀工作者	浙江省林业厅、浙江省农技推广基金会	2008. 11	孙林锋
43	民革全省优秀特约信息员一等奖	民革浙江省委员会	2005. 5	张云生
44	2002—2007 年参政议政先进个人	民革浙江省委员会	2007. 12	张云生
45	2004—2006 年度全国森林防火纪念奖章	浙江省森林防火指挥部办公室	2007. 3	陈哲明、周仓基
46	省学会工作先进个人	浙江省林学会	2007. 8	卢国耀、王明生
47	2005 年度生态市建设先进个人	中共台州市委、市人民政府	2006. 4	卢国耀、李连富、应连友
48	台州市农业科技先进工作者	中共台州市委、市人民政府	2006. 11	王冬米
49	2007 年度生态市建设工作先进个人	中共台州市委、市人民政府	2008. 4	卢国耀、陈贤田
50	台州市林业建设先进工作者	台州市人民政府	2006. 3	卢善昌、卢国耀、陈彪、戴云喜、吴才华、金国强、林雪锋、池方河、王必华、陈青方、张汝忠、张小平、何才宝
51	台州市第五届拔尖人才	台州市人民政府	2007. 1	王冬米
52	台州市优秀科技工作者	台州市人民政府	2007. 11	王冬米
53	2006—2008 年台州市兴林富民工程建设先进个人	台州市人民政府	2009. 4	卢国耀、张云生、戴云喜、吴才华、周书永、王晓明、王美霞、王必华、吴相祝、高云振
54	台州市政协优秀信息员	台州市政协委员会	2007. 5	张云生
55	全市优秀科技工作者	台州市科学技术协会	2007. 11	王冬米
56	台州市首届老干部创艺贡献奖	台州市老干部局、台州市科技局	2007. 8	崔相富

（续表）

序号	表彰名称	表彰单位	表彰时间	受表彰集体（个人）
57	台州生态市建设工作先进个人	台州生态市建设工作领导小组	2009.5	王冬米
58	台州市学会工作先进个人	台州市科学技术协会	2009.12	王冬米
59	椒江区山林延包工作先进个人	椒江区人民政府	2007.3	张云生、黄美富
60	山林延包工作先进个人	中共黄岩区委、区政府	2007	王友富
61	2005年度森林火灾综合治理先进个人	黄岩区人民政府	2006.12	胡俏俏、陈仁春
62	黄岩区第二届劳动模范	黄岩区人民政府	2007.4	戴云喜
63	2006年度森林火灾综合治理工作先进个人	黄岩区人民政府	2007.2	王永敢
64	2007年度森林火灾综合治理先进个人	黄岩区人民政府	2008.2	王娴洁
65	黄岩区"十佳科技兴农标兵"	黄岩区人民政府	2009.1	马桂莲
66	路桥区生态区建设先进个人	中共路桥区委、区政府	2008.11	吴才华
67	2008年社会治安综合治理工作先进个人	中共路桥区委、区政府	2009.3	谢长明
68	路桥区抗台救灾工作先进个人	中共路桥区委、区政府	2005.9	谢长明
69	2006年路桥区山林延包工作先进个人	路桥区人民政府	2007.3	谢长明
70	临海市镇（镇）专职优秀农村工作指导员	中共临海市委、市政府	2008.12	章新华
71	2007年度全市安全生产工作先进个人	临海市人民政府	2008.3	李鸿飞
72	2008年度全市安全生产工作先进个人	临海市人民政府	2009.3	李鸿飞
73	2008年度临海市食品安全先进工作者	临海市人民政府	2009.3	李鸿飞
74	温岭市首届优秀青年人才	中共温岭市委、市政府	2008.1	颜福彬、奚小华
75	玉环县新农村建设先进个人	玉环县委、县政府	2007.12	池方河
76	玉环县新农村建设先进个人	玉环县委、县政府	2008.12	池方河
77	2004年度农业农村工作先进个人	中共天台县委、县政府	2005.2	余啟蛟

（续表）

序号	表彰名称	表彰单位	表彰时间	受表彰集体（个人）
78	2005年抗洪救灾先进个人	中共天台县委、县政府	2005.9	奚基武
79	2005年度农业农村工作先进个人	中共天台县委、县政府	2006.2	余啟蛟
80	优秀共产党员	中共天台县委	2006.12	孙林锋
81	农业产业化先进个人	中共天台县委、县政府	2006.12	孙林锋
82	2006年度农业农村工作先进个人	中共天台县委、县政府	2007.2	余啟蛟
83	“科技创新英才奖”	中共天台县委、县政府	2006.4	王国英
84	天台县第五届拔尖人才	中共天台县委、县政府	2008.12	王国英
85	县第五届专业技术拔尖人才	中共仙居县委、县政府	2006.8	崔相富、张汝忠
86	2007年生态县建设先进个人	仙居县人民政府	2008.5	彭佳龙